U0749030

天津近代纺织工业档案选编

天津市档案馆　天津工业大学　编

天津出版传媒集团
天津人民出版社

图书在版编目(CIP)数据

天津近代纺织工业档案选编 / 天津市档案馆, 天津工业大学编. -- 天津 : 天津人民出版社, 2017.12
ISBN 978-7-201-12779-8

Ⅰ. ①天… Ⅱ. ①天… ②天… Ⅲ. ①纺织工业企业-档案资料-汇编-天津-近代 Ⅳ. ①F426.81

中国版本图书馆 CIP 数据核字(2017)第 308864 号

天津近代纺织工业档案选编

TIANJIN JINDAI FANGZHI GONGYE DANG'AN XUANBIAN

出　　版　天津人民出版社
出 版 人　黄　沛
地　　址　天津市和平区西康路 35 号康岳大厦
邮政编码　300051
邮购电话　(022)23332469
网　　址　http://www.tjrmcbs.com
电子信箱　tjrmcbs@126.com

责任编辑　韩玉霞
特约编辑　李佩俊
封面设计　卢炀炀

印　　刷　山东德州新华印务有限责任公司
经　　销　新华书店
开　　本　889 毫米×1194 毫米　1/16
印　　张　40.5
插　　页　5
字　　数　1300 千字
版次印次　2017 年 12 月第 1 版　2017 年 12 月第 1 次印刷
定　　价　798.00 元

编委会

序　言

天津作为北方重要的港口、交通枢纽和工业城市，在我国近代工业发展史上占有举足轻重的地位。其中，近现代纺织工业历史悠久，曾经是天津的支柱产业之一。

1898年，曾任汇丰银行买办的吴懋鼎创办了天津机器织绒局，生产毛毯、呢绒等毛织品并制作军服，此为天津纺织工业之肇始。1903年9月，天津候补道周学熙在津创办直隶工艺总局，并于次年奉袁世凯之命在津成立实习工场，包括织机、染色、印花等12个科目，这里不仅是制造各种纺织品的示范工场，也是天津最早培养初级纺织工业人才的场所。

民国成立以后，一批大型纺织工厂在天津出现，如华新纱厂、裕元纱厂、恒源纱厂、北洋纱厂、裕大纱厂等。纺织工业的内部分工也开始细化，机器针织业、提花业、帆布业、地毯业等企业也开始逐渐建立。1912年至1918年，天津各种纺织厂已达1400余家，总资本额占据当时天津民族工业资本额的三分之一。19世纪20年代末30年代初，随着南京国民政府在形式上统一全国，民族经济进入了一个快速发展的周期，仁立毛纺股份有限公司、东亚毛呢纺织股份有限公司，这两家在全国享有盛誉的企业就是在这一时期建成的。七七事变后，华北沦陷，天津地区的纺织工业几乎全部被日本资本以各种形式垄断，日资企业也涌入华北，大部分的纺织生产被用于日本侵略战争需要，少量民族纺织企业苦撑危局，艰难度日。

抗战胜利后，国民党政府接收了日本在天津的纺织企业，组成了中国纺织建设公司天津分公司，该公司的设备当时在我国纺织工业中最为先进，纺织业工人人数的比重也占全市工人总数的三分之一。解放战争时期，由于战火波及，加之国统区通货膨胀严重，交通不畅，原料周转也时常受到影响，各纺织企业生产困难，基本处于停产半停产状态。直到1949年中华人民共和国成立后，天津纺织工业才逐渐恢复并发展兴盛。

本书以于天津市档案馆馆藏为基础，对20世纪天津纺织工业档案进行梳理分类，具体介绍了仁立、恒源等民营企业及中国纺织建设公司天津一、二、三、五厂等著名企业的经营、生产、组织活动，以及抗战时期日伪政权对民族纺织企业的控制掠夺，抗战胜利后企业的恢复重建等内容。文献时间跨度从20世纪初到20世纪50年代天津解放初期。

恒源纺织股份有限公司，由直隶模范纱厂与恒源帆布有限公司合并组建，创办人为章瑞廷，发起人为曹锐、章瑞廷、王鹿泉、田中玉、鲍贵卿、冯伯崇、边守靖、宋文轩等。开办时有137户认股，资本额400万元。1919年在农商部注册，1920年8月正式开工，厂址在西窑洼（现河北区天纬路）。本书选录了恒源初创时的申办文件、政府训令、公司章程、股东大会决议以及财务文件等。恒源公司在19世纪二三十年代末由于管理、销售等多种原因连年亏损，后委托金城银行、中南银行组建的诚孚信托公司代管，经过整顿，业务逐渐恢复好转。本书节录了一部分诚孚信托公司代管期间的档案，总结了旧中国银行业挽救民族工业的历史经验。

裕大纺织股份有限公司，1922年开工生产。创办人陈承修，专务董事王克敏。资本总额号称300万，实际134万元，厂址位于河东郑庄子。由于建厂初期募资已告用罄，即向日商东洋拓殖株式会社借款，1925年，由于经营不善，东洋拓殖株式会社和日商伊藤洋行共同成立大福公司，管理裕大公司。后又收购了宝成纱厂，将两厂合并组成了天津纱厂，抗战胜利后改称为中国纺织建设公司天津第三厂。因档案缺失，故本书选取的多为抗战中期裕大公司与政府机构来往的一些函件。

中国纺织建设公司天津分公司，是抗战胜利后国民党政府接收日本在天津的纺织企业组成的，分别为：

中国纺织建设公司天津第一厂，原裕丰纺织株式会社天津工场，1936年由日资在天津建立。

中国纺织建设公司天津第二厂，原裕元纱厂，由天津金城银行总董事王郅隆、安徽督军倪嗣冲及安福系军阀和官僚投资创办，王郅隆任总经理。1918年4月正式投产，资本总额为556万元。裕元纱厂是当时天津规模最大、获利最丰、实力最雄厚的纺织纱厂，开近代天津大型纱厂之先河。20世纪30年代初因日资控制，裕元纱厂转卖给日本中渊纺织株式会社，改为公大六厂。

中国纺织建设公司天津第三厂，原天津纱厂，是裕大纱厂与宝成纱厂合并而成的，宝成纱厂创建于1920年，创办人刘伯森，资本总额300万。30年代初宝成也被转卖给大福公司，大福公司成立天津纺织公司，将宝成和裕大合并为天津纱厂。

中国纺织建设公司天津第四厂，原上海纺织株式会社天津工场，1936年由日资在天津建立。

中国纺织建设公司天津第五厂，原双喜纺织株式会社天津工场，1936年由日资在天津建立。

中国纺织建设公司天津第六厂，原大康纺织株式会社天津工场，1936年由日资在天津建立。

中国纺织建设公司天津第七厂，原华新纱厂，1916年在津建厂，1918年正式投产。资本总额为200万元，30年代初华新纱厂转卖给日本中渊纺织株式会社，改为公大七厂。

除了这七个大厂之外，中国纺织建设公司天津分公司还拥有天津第一机械厂（现天津纺织机械厂）和部分丝织厂。本书选取了中纺公司天津第一、二、三、五厂有关法规、公司管理制度、工作报告、财务报表、工人薪酬福利、调查表等档案文献，以及1947年中纺公司天津分公司的年度报告。

1931年，仁立毛纺股份有限公司在天津英租界建立，朱继圣任总经理。仁立公司采用国外先进的经营管理制度改进企业管理，使企业得到较快发展。该厂从最初生产地毯逐步扩展到生产粗纺毛呢和精纺毛绒，到1937年已成为粗纺、精纺、织造、染整全能厂，是华北第一家民族资本毛呢厂，也是国内外知名度较高的毛纺企业之一。本书收录的仁立公司档案始于1928年设在北京的仁立实业股份有限公司（仁立公司的前身）第七十三次董事会记录，终于1952年仁立公司第二百五十五次董事会记录。以董事会、股东会记录和生产会议记录为主，还收录了仁立公司的管理制度、调查报表、公文函件、福利制度等档案。

本书收录的档案文献，大部分为首次整理出版，目的在于全面反映天津近代纺织工业的历史状况。这部分历史档案资源再现天津纺织工业昔日情况，希望对于历史研究和当代纺织企业的发展起到借鉴作用。

编辑说明

一、本书收录的档案资料，基本按原文照录，少量因内容重复或与主题关系不大者略有删节。

二、基本保留档案史料原标题，并对不能准确揭示其内容、要素有缺失的进行了修改。

三、本书档案按企业分别编排，同一企业的档案按时间排序。个别无具体时间的档案，排在该年份的最后。

四、档案正文中的旧体格式一律改为现代使用格式；繁体字改为简体字；原文中的英、日文予以保留，无标点者由编者加以句读；为便于阅读，编者对原文中的年代、数字、序号等表达混乱的问题酌情进行了规范。

五、文献中的一般错别字、异体字径改，不再注出；缺漏字加（　）补之；残缺或字迹不清者用□表示；删节部分用（略）表示。

目 录

恒源纺织股份有限公司

裕大纺织股份有限公司

中国纺织建设公司天津市第一厂

中国纺织建设公司天津市第二厂

中国纺织建设公司天津市第三厂

中国纺织建设公司天津市第五厂

仁立实业股份有限公司

津纺统计年报
[中国纺织建设公司天津市分公司(1947年)]

恒源纺织股份有限公司

1.恒源帆布有限公司经理章瑞廷呈为章程批准事致天津县知事齐

民国八年五月(1919年5月)

具呈人恒源帆布有限公司经理章瑞廷,呈为公司创办纱厂推广工业,谨具章程呈准批准立案事。

窃敝公司创始于民国五年春,共集股本10万元,在天津河北黄纬路设立织染工厂,采用火力织机制造各种防水帆布,业经禀,蒙农商部批准注册在案。甫及3年成效昭著,所出成品恒不足以供销售,而所需线料仍不免取资于日产,其价值则继长增高,成本过巨,获利自微,揆以维持国货之初心,敢不亟筹补救之良策。查我国所产之棉颇多,输出于日本者,故欲挽回利权断非自立纱厂不可。爰于上年股东常会创议推广纺纱办法,幸得一致赞成,然非资本雄厚不足以言利益筹画,经年甫得同志9人共担发起之职务,购定地址于河北天纬路西闸口,计面积6000余方丈,拟设纺机3万锭,增足织机300部。先集股本200万元着手开办,并议决发起人担任6/10余股分认招集,乃上年欧战未终,机器甚贵,基地价值亦昂,均超过预算之数,非追加股额仍不足以言利益。当查直隶模范纺纱厂之设经已6年,制造极有进步,而获利甚觉微茫,其故职由于此。爰具呈实业厅请将该厂租归商办,嗣蒙指令饬改官商合办,拟订章程,遵照接收,计入官股51万元,复加股额39万元,连同旧厂新股,合计已达股本300万元。一面继续营业得兹官股提倡之功,一面筹备新厂冀可速收扩充之效。况农商部维持实业,早颁保息之明文,敝公司敢不亟起直追,以期挽回外溢之权利。为此,附具章程及概算书,呈请省长鉴核批准立案,以资保护。一俟奉到批示,由发起人将应添招之股招足,禀请验资,并呈请农商部注册,即行禀报开办日期。再者恒源纺织有限公司系由帆布公司推广,故由瑞廷具呈所有发起人另单附禀立案,不再列名合并声明。除呈省公署及实业厅外,谨呈天津县知事齐。

附呈章程及概算书1册。

恒源纺织有限公司

(J146-1-3)

2.直隶省长曹锐为恒源纺纱厂官商合办训令

民国八年六月(1919年6月)

直隶省长公署训令第　　号令恒源帆布公司,按准顺直省议会咨开:为咨复事准贵公署咨以官商合办恒源纺纱厂情形,请查核追认见复,附抄章程一分,呈文一件。等因,准此。当经大会公决组织特别委员会详加审查,旋据该会报称查直隶模范纺纱厂资本过小,不利竞争,如欲巩固将来该厂地位,谋与恒源筹新等大公司相对立,非扩充营业不可,欲扩充营业,非招揽商人入股不可,拟将直隶模范纺纱厂变更组织,改为官商合办,委员会同人认为合理之举动,惟与恒源纺纱厂归并手续不合,且保障公款之方法殊欠完备,合拟修改来咨,所附简章请令知该厂照办,附列修改简章五条等语。遂于四月二十八日列入议事日表,经大会讨论,按照审查结果多数可决,除抄修改简章各条附送外,相应咨复贵省长,即希查照办理可也。等因。准此。合行照抄简章,训令该公司仰即遵照。此令。

计抄简章一分。

曹　锐

(J146-1-3)

3.直隶省长曹锐为高工学校等占用恒源纱厂地基事训令

民国八年八月三十一日(1919年8月31日)

直隶省长公署训令第5013号令恒源纺织股份有限公司,案准教育、财政、实业3厅呈称为会呈事。

案奉省长令据教育厅转据工业专门学校呈称准直隶实业厅公函内开:查模范纺纱厂与恒源公司合办一案,案奉省长核准,所有旧管实习工厂各房屋均已划入合办财产之内,兹据恒源公司函开,前奉令将模范纺纱厂更名恒源纺纱厂,所有财产已经交接,惟高工学校及贵厅借用之房屋地基等项亦在敝公司接管之内,现在扩张营业亟需使用,未知何时腾挪,即祈示知等情。到厅查贵处备用之屋基系在划归该公司财产之内,既据函请腾让,相应函致贵校设法腾挪,以便点交等由。准此。查本校附设甲种工业、染织两科,自民国三年以染织学校需裁经费归并本校办理,此因本校房舍无余,又不能另行建筑,所有讲室及实修、工场、宿舍等均系实业厅资产为本校所借用,兹经该公司需索势不得不另行筹画,以便归还,惟查染工场一处线工场一处面积已占200余方丈,讲堂一处、库房20余间、宿舍19间,其他可暂归并之房尚不在内。从新建筑势需巨款,现时库储不充,又恐筹措匪易,急待□移势又难,已因经再四筹商节俭房间,切实估计工场2座,长11丈、宽12丈,长11丈、宽14丈各1处,共价4.2万余元,若换用泥灰房顶长6丈,宽5丈价6400余元,宿舍11间价2100余元,移置锅炉、机器等费约亦需1500元,上下统共需银5.76万余元。若工场改用泥顶亦需4.5万元左右,勘估至再实属无可再减之数,兴工建筑非数月难成,移置各种机器亦颇需时日,以本校进行而需似以在暑假内布置完竣方无窒碍,而该公司需索甚亟亦属势难从缓,理合具呈。敬乞鉴核。准予转请省长饬拨经费,以便早日兴工建筑,无碍学校课程,实为公便。等情。据此查该校附设甲种工业、染线两科,实修工场及库房等项从前均系借用,现在亟需归还,其势不能不另行建筑,以备迁移,所请建筑费4.5万元,据称均从节省估计可否照数拨给,俾便兴修。除指令外,理合呈请鉴核令遵。等情。据此除指令并分行外,合行令仰该厅会同财政、教育两厅悉照核议具复核夺。等因。奉此查该校交还原借各房后,必须另行修建以利进行,自系实情。惟所需工费为数较巨,现值库诸万分竭蹶实属无力筹拨,当经士元函商智怡以此项工款虽属教育范围,而与实业亦颇有关系,筹画至再拟,即在于恒源纺纱厂应付官股红利项下提前借支以济急需。咨商章祜意见相同,惟该校原估工费等项共需银洋4.5万元,究应有无核减抑或如数拨付之处厅长等未便擅专,拟请钧座核定。准支数目指令祇遵,以凭分令遵照。所有会核此案缘由是否有当,理合会呈省长鉴核。再此案系实业厅主稿合并呈明此情。据此除指令据会呈已悉现值公款支绌原估工费自应再切实核减,兹准由恒源纺织股份有限公司官股红利项下提前借支洋3.5万元以济工需,仰即查照转饬该校核实复估设法节减陆续支领,撙节动支务款不应糜工归实用是为至要,并录令咨会财政、教育两厅知照。此令印发发外,令行训令该公司仰即知照。此令。

曹 锐

(J146-1-3)

4.直隶省长曹锐为定名恒源纺织股份有限公司训令

民国八年八月(1919年8月)

直隶省长公署训令第2201号令恒源纺织股份有限公司,按准农商部咨开:经咨称直隶模范纺纱厂与恒源纺织公司合并,兼办纺纱织布,拟定名为恒源纺织股份有限公司,咨行查照。等因前来。查该公司既拟兼管纺织,定名为恒源纺织股份有限公司,自无不合,应准备案,相应咨行查照。等因。准此。合就令行。该公司仰即查照。此令。

曹　锐

(J146-1-3)

5.直隶实业厅厅长严智怡为恒源纺织公司商标事训令

民国八年九月三日(1919年9月3日)

直隶实业厅训令第494号令恒源纺织公司,前据该公司呈与模范纺纱厂合并,拟仍用“蓝虎”商标,并请免税案。当经据情转呈,并指令在案。兹奉农商部指令内开:呈悉,查恒源纺织公司与模范纺纱厂合并,拟仍用“蓝虎”为商标,请予备案,自应照准。至所请免税一节,已据情转咨税务处核办,合行令仰该厅转饬遵照。此令。等因。奉此,合亟令仰该公司知照。此令。

直隶实业厅厅长　严智怡

(J146-1-3)

6.恒源纺织股份有限公司缘起

民国九年(1920年)

启者,敝公司创始于民国五年春,先行集股10万元,在天津河北黄纬路设立染织工厂,采用火力机器制造各种帆布,命名恒源帆布有限公司,业经禀蒙农商部批准注册在案。甫及3年成效昭著,所出成品恒不足以供销售,而所需线料仍不免取资于日产,其价值则继长增高,较之上年奚啻倍蓰,成本过巨,获利自微。揆以维持国货之初心,敢不亟筹补救之良策,况自日本输入之线类多,我国产出之棉以彼熟货易我生货一转移间,无不利市场3倍。我国人从事织业者,皆将为他人作嫁。故欲挽回利权,维持织业断非自立纱厂不可。爰于上年股东会提议推广纺纱办法,幸得一致赞成,然非资本雄厚不足以言利益,初拟增集股本100万元,设纱锭1万个,既因发起职务共得9人担任,逐购定地址于河北天纬路西闸口,计面积6000余方,足敷纺机3万锭,织机300架之建设。乃值欧战未终,美国机厂转运甚贵,濒河基地价值亦昂,均超过预算之数,非追加股额仍不足以言利益。当查直隶模范纺纱厂之设经已6年,制造极有进步,而获利甚觉微茫,其故职由于此。爰具呈实业厅请将该厂租归商办,嗣蒙指令改为官商合办,拟订章程,遵照接收,计入官股51万元。原有纱锭5000余个,其地址尚可扩充,公司议决再添纺机5000锭,共卒成4万锭,庶足于他厂争衡,而盈余亦较有把握,除官股及老股61万元外,预计成本、行本两项非添招339万元不足以完全成立。兹由鄙人等认定6/10所余1万股亦经分认招集,并另订简章及概算书籍呈同志诸名公鉴核,倘荷投资入股无任欢迎想热心实业者,必能熟审时机赞成此举也。再者,恒源纺织概算系由帆布公司推广一切筹办经费,备极俭约,以表示优待新股之意。诸祈鉴查是幸。

发起人　章瑞廷　王鹿泉　田韫山　张雨亭　冯伯崇

鲍廷九　边洁清　宋文轩　曹健亭

赞成人　齐照岩　张燮元　王懋宣　张绍卿　靳翼卿

张子志　余立之　严慈约　萧绍庭　徐端甫

曹秉权　王慕沂　申殿元　徐少笙　王彦侯

赵仲宣　朱铁林　杨敬林　吴秋舫　孟慎斋

张韵樵　章玉苏

(J146-1-34)

7.天津恒源纺织股份有限公司章程

民国九年(1920年)

第一章 定 名

第一条 本公司定名为恒源纺织股份有限公司。

第二章 宗 旨

第二条 本公司主要业务为纺纱、织布意在提倡实业,以辟利源而裕民生。

第三条 凡于本公司业务性质相等,或其产业于本公司相宜者,无论全部或一部或属私人营业或其他同等公司均可联络,或合办或收买或租用意在厚集实力而杜国外觊觎。

第三章 商 标

第四条 本公司棉纱以"蓝虎"为商标,布匹以"炮车"为商标。

第四章 地 址

第五条 本公司设在天津河北天纬路闸口,总办公处附设于公司内。如须另设发行所时,由总协理酌定之。

第六条 本公司南厂与公司同一地点,北厂设于黄纬路西头。以后再添设分厂时,由董事会裁决之。

第五章 资 本

第七条 本公司额定资本400万元,俟有成效再行扩充。至扩充股本时,由股东会决定之。

第六章 股 额

第八条 本公司股额定为4万股,除官股5100股外,余为商股,每股作银币100元。迨扩充时,续招股本先尽旧股东认加,如有不足,另招募之。

第七章 股 票

第九条 本公司股票及息单均用记名式。

第十条 本公司所收股份以本国人为限,概不附设外股。

第十一条 股票息单遇有遗失、损坏,须先到本公司声明理由,并妥具凭信挂失,一面登报声明逾2个月后,无人干涉,再凭妥实保人出具证书补给新股票,并须缴换票费1元。

第十二条 股票转售必须售票者与承受者偕同到本公司填写让渡证书,经本公司许可,方能换给新票,并须缴换票费1元。

第十三条 本公司股票无自行收买之权,股东亦不得向本公司退股以符商法。

第八章 股 息

第十四条 股本官息均一律定为周年6厘,上半月收款以十六日起,下半月收款以次月一日起算。

第十五条 每年营业所有盈余照第十五章分配,倘营业尚不敷6厘官息之分配,应尽数分配,不得动用股本。

第十六条 本故事如须添招股本时,所有股东应得官息、红利集有成数均可补充股本。

第十七条 每年之官息红利于翌年四月间定期发给,并登报宣布,股东持股票息单来本故事领取息银及账略,如愿存储本公司预为扩充股本者,其手续另定之。

第九章 责 任

第十八条 本公司设有亏累及意外危险因而停歇营业,以所集股份为限止,股东无担负清理债权之责。

第十章 议 权

第十九条 本公司股东每1股有1选举权及一议决权,50股以上之股东以50权为限，百股以上之股东以百权为限,300股以上之股东以200权为限,500股以上之股东以300权为限,千股以上之股东以500权为限,遇有否可问题以票权多数为定。

第十一章 职 员

第二十条 本公司遵照法规就股东中推举董事7人,监察人3人,除由官股各派1人外,余均由股东会票选,即于董事内举定1人为总经理,1人为协理,其董事余额即以候补董事递补。

第二十一条 凡股东年逾25岁而无神经病、身世清白有本公司200股份以上者,均有被举为董事及监察人之资格。

第二十二条 董事任期3年,任满如被推举仍可连任。

第二十三条 监察人任期1年,任满另选不得连任。

第二十四条 总经理、协理任期无定限。

第十二章 职 任

第二十五条 本公司总经理综理公司全局企图事业发展,对外为公司代表,对内为完全主宰。

第二十六条 本公司协理协助总经理办理公司一切事务。

第二十七条 本公司事务分总办公处及工厂两大部分，总办公处办理公司营业出纳一切事宜,工厂督率工人监造成品。

第二十八条 本公司设厂经理1员统筹工务全局,考核出入货品,并对于总办公处日行事务负监督考察之责。

第二十九条 本公司设厂副经理1员协同厂经理办理一切事务,负共同责任。

第三十条 本公司总办公处分设会计、营业、庶务、文牍4科,各设主任1名、副主任1名及员司若干名,所有各科事务由该科主任负完全之责。

第三十一条 本公司工厂各设厂务总管1员,由厂经理、厂副经理分别兼任办理工厂一切事务,负担工作完全责任。

第三十二条 本公司工厂各设工务主任1名、副主任1名所有工务、工账、物料、管栈、稽查及监工、书记各员司日行职务由该主任负完全之责。

第三十三条 本公司总办公处各科例行事务由该科或会同有关联之他科开具呈单，呈由厂经理、厂副经理盖章施行,其关系较重者,呈候总协理核办。

第三十四条 本公司工厂事务由各厂务总管督率工务主任及工厂各员办理,其重大事件呈候总协理核办。

第三十五条 本公司厂经理、厂副经理均由总协理延聘,其余各员司均由总协理任用或由各主管荐请,总协理任用。

第三十六条 本公司总办公处及工厂各部分办事手续,另以办事细则规定之。

第十三章 会 议

第三十七条 本公司每年阳历四月间开股东大会1次,报告上年营业情形及本年一切筹画方针,遇有特别事务可临时招集开特别会议。

第三十八条 本公司每年三月间开董事常会1次,遇有特别事故非总协理所能解决者,可随时招集。

第三十九条　本公司股东会由董事会议定时日、地点，并备置入场券随同通知书送交股东，如届期不到，又未经委托代表是自放弃权利。对于议决选举各事不得另生他议。

第十四章　簿　记

第四十条　本公司收支银钱簿记均按阳历立账，每月小结1次，每年终总结1次，经监察人查核账目确实签字盖章，再开董事会议商账略，以备股东会报告一切。

第四十一条　本公司股东有股本1/10如有提议或质问事由，得请求招集临时股东会，如有查账情事须预函通知监察人，经监察人函复定明日期共同查账。

第十五章　盈　余

第四十二条　本公司每年终总结营业所得盈余按照5%至10%提存公积，并提存机器占款自2%至10%，厂房占款自2%至5%作为折旧，以固公司根基。

第四十三条　本公司盈余除以上提存公积、折旧外，先支付股本官息6厘，并酌提教育奖励、抚恤等若干，其余作为红利分作百成按照下列之数目分配。

（一）股东得60成。

（二）发起人共得6成(按集股之多寡另订支分办法)。

（三）董事及监察人共得6成(指是年任职者)。

（四）总经理得5成。

（五）协理得3成。

（六）厂经理及厂副经理共得5成。

（七）总办公处各科主任、各工厂工务主任及各部分员司共得15成。

第十六章　人事证券

第四十四条　总经理、协理被举后，当由董事会议定总协理之义务与权力，各条件载在敦请书内，由董事会请其就职。

第四十五条　厂经理、厂副经理由总协理聘定后，即将其义务、权力分别载明延聘书，请其就职。如不称职由总协理免任。

第四十六条　各科主任及各员司由厂经理、厂副经理荐请，总协理任用并取具保证书。如不称职或不守章程，即行呈请总协理免职。

第四十七条　工厂技艺等员均系推荐任用，如不称职由厂经理、厂副经理呈请总协理免任。

第四十八条　工人、夫役等由厂经理、厂副经理雇佣，如不遵厂规，即行斥退。

第十七章　通　告

第四十九条　对于股东各项通告均用函达法，对外通告均登载有价值之报纸二三处。

第十八章　附　则

第五十条　本公司此项章程经股东会公同议决，呈部立案，如有应行修改之处须经股东会议决更正。

第五十一条　本公司此项章程以公司成立之日为实行期。

第五十二条　本章程未尽事宜悉遵照公司条例股份有限公司规定办理。

中华民国九年十二月五日接奉天津县公署函开：案奉实业厅训令开案，查前据该县呈送恒源纺织公司改正章程呈部查核注册颁发执照一案，当经指令并呈请在案。兹奉农商部令开呈悉，查该公司改正章程大致尚合应准注册，所缴恒源帆布公司旧照应准注销合行填发执照一纸给领。等因。奉此合亟令发该县，仰即转饬该公司具领此令。等因。奉此除将注册执照随函奉上，希即查收并祈补具领状送县，以便备案。

(J146-1-34)

8.恒源纺织股份有限公司呈为官商合办纺织资金归属事致直隶省长曹锐

民国十年七月(1921年7月)

天津恒源纺织股份有限公司为呈复事，六月二十八日奉省长第3704号训令开，按准顺直省议会咨开云云，仰即遵照。此令。计抄简章1份。等因。奉此。伏查敝公司前奉实业厅令，以直隶模范纺纱厂原有资本暨一切资产共洋51万元作为官股，与敝公司合办，按照公司条例股份有限公司规定办理，自本年三月起，为实行合办日期业经呈报实业厅有案，并将章程及概算书依法修正，业于上海大生公司定购机器、测量营造实行扩充矣。今简章第一条拟将名称改为官商合办顺直恒源纺纱厂。查敝公司与前模范纺纱厂均系直隶商业团体，"于京兆无关"，且商股比较官股虽占有5/6，然与其他纺织各厂仍觉望尘不及，亦无冠以省名之必要，况敝公司商股股东多非直省籍贯，如冠以省名亦恐难邀股东会之赞许，似简章内"顺直"二字可以删去，且本公司主要营业兼办纺纱织布，如仅以纺纱厂名之，似嫌脱略织布一层，况以公司之资格而论，在法律上既认为法人，则筹办有限公司即应标明股份有限等字，以表明公司在性质，俾与无限两合等公司有别，又此次改组，系由实业厅呈明，仿照龙烟铁矿公司、华新纺纱公司办法定为官商合办，在钧署及实业厅省议会等处均已有案可稽，且即以上两公司言之，原系官商合办，而各该公司对外所用名义，仅称为龙烟铁矿公司及华新纺织有限公司，亦属有例可援，似"官商合办"四字，亦可省去，且敝公司未足股额，尚未招齐，如冠以"官商合办"字样，恐与招股一事必至发生障碍，拟请照敝公司所定简章改为恒源纺织股份有限公司，以副名实而进推行，其简章第二及第四两条系关于官股董事监察人之规定。查敝公司简章第二十四条载，本公司额设董事7人、监察人3人，除由官股各派1人外，均由股东会推举。等语。敝公司每届选举时，其官股之董事、监察人自应先期呈报实业厅转呈核办。第三条系为调查公司营业而设，惟敝公司简章第三十七条已定有详细办法，官股方面如有调查质问之事，自应按照公司条例办法办理，以符定章。现在公司正拟召集股东会筹商一切，并选举董事、监察人及他项重要职员，一面报部注册，登录商标，以策进行，理合具呈。吁恳省长体恤商情，维持营业，惟将名称定为恒源纺织股份有限公司，其余四条，凡与公司章程无所抵触者，不妨遵照办理，俾与营业前途不致发生滞碍，则感戴鸿施无既矣。即乞转咨省会查核照办，实为公德两便。谨呈直隶省长曹。

(J146-1-3)

9.直隶省长曹锐为官投资纺织股息等归属事训令

民国十年十二月(1921年12月)

直隶省长公署训令第　　号令恒源纺织公司，案查该公司前发官股收据系用实业厅名义，惟全省地方经费均由财政厅统收统支，官股应得利益系属省库收入，自应由财政厅记名注册，以符名实。惟纺织事宜系归实业范围，前拨各款除由省银行分拨之26万元外，其余拨款暨其他管理等事，向归实业厅承办,应以官股中之25万元所得股息、红利作为本省兴办实业之用,除分令财政、实业两厅遵照,并咨省议会查照外。合行照抄令稿令发,该公司仰即查照。此令。

曹 锐

(J146-1-3)

10.直隶省长曹锐为官商投资合办纺织等归属事训令

民国十年十二月(1921年12月)

直隶省长公署训令第174号令财政、实业厅,案查前直隶模范纺纱厂自民国初年筹办以来,先后计拨给公款163160余元,嗣因扩充营业,复经朱前巡按使饬厅在省银行存放纺纱厂成本100万元款内动拨本息洋26万元,后因锭数太少获利无几,难期发展,经于八年四月开咨准省议会将该厂归并恒源纺织公司,改为官商合办,并将原有资本暨一切资产计洋513843.252元,以51万元作为官股,其余尾数统为该厂员司、夫役等奖励金,业经恒源纺织公司按照核定之数填给收据送交本署暂存有案。又,查该厂归并恒源纺织公司公款、公产向由该实业厅处分,是以收据暂用该实业厅名义,惟全省地方经费均由该财政厅统收、统支,官股应得利益系属省库收入,此次正式股票自应由该财政厅记名注册,以昭统一,但名称拟改为官商合办顺直恒源纺纱厂,纺织事宜系归实业范围,前拨各款除由省银行分拨之26万元外,其余拨款暨其他管理等事向归该实业厅承办,本省长详加之擘画,应以官股中之25万元所得股息红利作为本省兴办实业之用,并由该财政厅照章分别列入预算用资考核。现在已将收据换到正式股票即由该财政厅径向恒源纺织公司将名称更正,以符名实。除咨请省议会查照,并分行外,合亟令仰该厅遵照办理。此令。

(J146-1-3)

11.天津恒源纺织有限公司股东大会

民国十七年四月八日(1928年4月8日)

一、摇铃开会。

二、公推章公瑞廷主席,本公司总计权数20693权,到会权数17451权。

三、报告第八届账略。全体通过。

四、建议将本公司股本5折作股,并招优先股案。

五、全体改选董事9人,监察人2人案。

当选董事9位:鲍廷九16623权、章瑞廷14100权、宋文轩12200权、王彦侯11964权、曹少珊11085权、田韫山10520权、张燮元10125权、陈秀峰9814权、李筱庭9525权。

候补董事7位:曹秉权8020权、齐斐章7630权、李颂臣7320权、张子志7130权、李芳朴5345权、王子铭100权、徐少笙100权。

当选监察2位:章玉荪15414权、徐少笙12466权。

候补监察6位:王子铭9485权、姒继先8010权、李颂臣800权、王彦侯800权、鲍廷九300权、陈秀峰100权。

六、摇铃散会。

(J146-1-34)

12.天津恒源纺织有限公司董监联席会公推董事长致各股东函

民国十七年四月十七日(1928年4月17日)

敬启者:案查民国十七年四月十七日董监联席会公推鲍董事廷九为董事长、曹董事少珊为协董,相应函达,即希查照为荷。此致各股东台鉴。

董事会启

推举第一任董事及监察人名单

董事额定7人:边洁清(官股) 曹健亭 章瑞廷 鲍廷九 张燮元 田韫山 王鹿泉

备选董事2人(如有董事被选为他项职务,得以备选者补充之):王彦侯 曹秉权

监察人额定3人:李颂臣(官股) 宝墨查徐(将来徐府派朱铁林办事大家承认即可) 孟慎斋

恒源纱厂公司事务处抄呈

(J146-1-34)

13.天津恒源纺织有限公司聘王竹铭为本公司厂经理函

民国二十年七月十四日(1931年7月14日)

敬启者:兹聘任台端为本公司厂经理,督率工厂长及工务各员司办理工务一切事宜,月支薪水洋280元,其年终酬劳应分红利另外送给。此致王竹铭先生。

恒源纺织公司董事会启

附厂经理职权:

一、厂经理对于全厂工作、保全机器、训练工人及造具工务报告、统计表册等事负完全责任。

二、工厂所辖原动修机、纱布各主任、技师、监工、书记、工人及查工处统归厂经理直接节制。

三、厂经理得有进退、调动、赏罚、工务各员司、工人之权,如经理有欲进退、调动以上各员司、工人时,须商得厂经理同意。

四、工厂制造货品种类随时由经理核定,知照厂经理遵办,厂经理对于调度机器、工人及配用原料、物料等事,统以有利营业,适合经济为原则。

五、厂经理对于厂内应用原料及物料如认为不适宜时,得商承经理知照,承办者停购,并随时补充原料及物料,进厂时须注明价值、牌号、产地等详情,以便计算成本并酌定用途。

六、厂经理对于所管事务除特别重大事项先行商承经理转呈董事会定夺外,其余可斟酌办理随时陈明经理。以期接洽。

七、关于中外各国出版之纺织机器及工厂经济管理等之杂志书籍,厂经理随时开单购买,以供工务同人研究改良之用,每年以600元为限,所有购到之杂志书籍统归公司所有,由厂经理负完全保管者责。

(J146-1-34)

14.天津恒源纺织股份有限公司章程

民国二十二年(1933年)

第一章 名 称

第一条 本公司定名为恒源纺织股份有限公司。

第二章 事 业

第二条 本公司以纺纱、织布为主要事业。

第三章 商 标

第三条 本公司棉纱以“蓝虎”“彩蓝虎”“八仙”为商标，布匹以“炮车”“三果”为商标。

第四章 地 址

第四条 本公司设在于天津河北西窑洼，将来扩充营业时，得以选择地点添设分公司。

第五条 本公司工厂设于公司内部，将来扩充厂务时，得以选择地点添设分厂。

第五章 资 本

第六条 本公司资本总额定为400万元，将来增加股本时，应由股东会决定之。

第六章 股 额

第七条 本公司股份总额定为4万股，以100为1股，将来增加新股时，应先尽旧股东分认，如不足额，始得另募。

第七章 股 息

第八条 本公司股份每股股息定为周年6厘，于每年股东常会开会后公告发给股息日期。

第八章 股 份

第九条 本公司股票及息单均为记名式。

第十条 本公司所收股份以有中华民国国籍者为限。

第十一条 各股东之股票息单遇有遗失、损坏，须先备具公函持赴本公司接洽，一面登报声明过2个月后，无人过问，再觅具妥实铺保之证明书送请本公司补给新股票，并纳换票费1元。

第十二条 股票转让时，须由转让人及受让人备具公函持赴本公司接洽，由本公司将受让人之姓名、住所记载于股东名簿，始得注销旧股票换给新股票，并由受让人纳换票费1元。

第十三条 本公司股票不得自行收买或收为抵押品，股东亦不得向本公司退股。

第十四条 本公司股东名簿应依法备置，以便股东随时请求查阅。

第十五条 本公司股东之责任以所缴股份之金额为限。

第九章 会 议

第十六条 本公司每年四月间开股东常会1次，由董事会召集于一个月前通知各股东。报告上年营业情形及本年一切筹画方针。

第十七条 遇有特别必要时得由董事会或监察人召集股东临时会。如由股东请求开临时会时，应依照公司法第一百三十三条第一项之规定办理。

第十八条 股东会定期开会时应先备置入场券，由股东于开会前3日持股票领取，届时持券出席，如股东因事不能到会，得出具委托书委托本公司其他股东为代理人持券出席。

第十九条 股东会开会时应具备出席股东名簿，凡股东入场之时，须在名簿内依式填写。

第二十条 股东会开会时以董事长为主席。

第二十一条 本公司各股东每1股有1表决权，其1股东而有11股以上者，其超过之股数每2股作为1权，但尾数遇为1股时亦作为1权。

第二十二条 股东会之决议除遇有公司法第一百七十六条、第一百八十六条、第二百零三条事项外，出席人表决权之过半数行之。

第二十三条 股东会开会时应备置决议录，所有决议事项须在会场依式作成，由主席签名盖章连同出席股东名簿及代表出席委托书一并妥为保存。

第十章 职 员

第二十四条 本公司设董事9人，由股东会就股东中选任，任期3年，但得连选连任。

第二十五条 董事被选之后应即组织董事会互选董事长、协董各1人及常务董事2人，董事会办事规则另定之。

第二十六条 本公司设监察人2人，由股东会就股东中选任，任期1年，但得连选连任。

第二十七条 本公司股东其股银在1.2万元以上者，有当选为董事之资格。股银在4000元以上者，有当选为监察人之资格。

第二十八条 股东会选举董事、监察人额外之次多数作为候补董事及候补监察人，遇有董事或监察人缺额时，应以原选次多数候补人递补。

第二十九条 本公司设经理及工务长1人，由董事会遴选聘任。

第三十条 董事会设稽查、文牍2处，各设主任1人暨办事员、书记各若干人。

第三十一条 经理办公处设营业、会计、材料、庶务、稽查5科，各设主任1人暨办事员、书记若干人。

第三十二条 工厂设纺纱、织布、原动3部，各设技师1人，工务员若干人，练习生若干人。

第三十三条 本公司设工账房、医疗处各设主任1人、司事若干人。

第三十四条 本公司设法律顾问及会计师各1人以备咨询，由董事会遴选聘任。

第十一章 职 责

第三十五条 董事会监督全体职员执行业务，对外代表公司。

第三十六条 监察人得随时调查本公司业务及财务状况，查核一切簿册、文件。

第三十七条 监察人对董事会造送股东会之各项表册负有核对调查之责，并应造具意见书报告于股东会。

第三十八条 经理秉承董事会之指挥管理全体职员，综理一切业务。

第三十九条 工务长秉承董事会之指挥及经理之监督办理工厂一切事务。

第四十条 稽核处、文牍处各主任秉承董事会之指挥办理各该处主管事务。

第四十一条 经理办公处各科主任秉承经理之指挥办理各该科主管事务。

第四十二条 工厂各部技师秉承经理、工务长之指挥办理各该部主管事务。

第四十三条 工账房、医疗处各主任秉承经理、工务长之指挥办理各该部分主管事务。

第四十四条 本公司全体职员对于主管事务应负完全责任。

第十二章 会 计

第四十五条 本公司营业情形每月底结算1次，由经理开具账略1份送由董事查核后，送请监察人复核盖章，并得随时调阅各项账簿。

第四十六条 每届营业年度终由董事会造具营业报告书、资产负债表、财产目录损益计算书及提存公积金、分派股息红利之议案，于股东常会开会1个月前送交监察人查核。

第四十七条 前条各项表册及监察人之报告书，应由本公司分别印制于股东常会开会10日前备置于本公司，以备各股东查阅。

第四十八条 董事会所造具之各项表册经股东会承认后，应即照章公告。

第四十九条　本公司每年所得除一切开支及提存机器、厂房占款各1/20作为折旧外，方为盈余，盈余中应先提1/10为公积金，然后再付股息，如股息不足6厘时，不得提本作息。

第五十条　本公司每年所得盈余除提存公积金及6厘股息外，其余作为红利分作百成照下列各项之数分配。

(一) 股东得60成。

(二) 发起人得4成，发起人姓名、住所附列章程之后。

(三) 董事长、协董、董事、监察人共得12成。

(四) 经理、工务长及全体职员共得14成，由董事会酌量分配。

(五) 工人共得10成，按工资比例分配。

第五十一条　前条各项分配之红利于每年股东常会开会后公告发给红利日期。

第十三章　公　告

第五十二条　本公司遇有应行公告事宜，择登天津两报馆为公告机关。

第十四章　附　则

第五十三条　本公司一切办事手续暨事务职掌员司进退以及本章程未载事宜，应另定办事细则，以期完密。

第五十四条　本章程如有应行变更之时，应依照公司法第一百八十六条之规定办理。

第五十五条　本章程如有未尽事宜，应悉照公司法第四章股份有限公司各条办理。

发起人　章瑞廷　住天津法界12号路

王慕沂　住天津义租界荆花里

田韫山　住天津法租界32号路

冯叔安　住天津宇纬路

鲍廷九　住天津义租界花园旁

边洁清　住天津英租界墙子河

宋文轩　住天津特别二区大安街

曹少珊　住天津英租界19号路

(J146-1-34)

15.恒源纺织股份公司临时股东会决议录

民国二十三年七月八日(1934年7月8日)

恒源纺织股份公司民国二十三年七月八日临时股东会决议录。

一、本公司股东全体计共221户，股权总数计共20118权，本日到会股东人数计为116户，到会权数计为15872权，当即摇铃开会。

二、由出席股东全体公推边常务董事为主席。

三、主席请各股东全体肃立。

四、主席率各股东襄党国旗及总理遗像行三鞠躬礼。

五、恭请总理遗嘱。

六、静默三分钟。

七、由主席报告谓今日开会系根据三月五日股东大会议决，由董事会筹议维持办法，同人等仍与银行团设法接洽，由银行团提出组织债权代表会之意见及合同底稿1纸，散给各股东阅看逐条研究，以期完善，由主席提议其赞成此项合同大纲者请起立，全体起立。

八、主席报告谓关于此次与银行团商订新合同一节，银行团要求在诚孚公司代管营业合同有效期间内，股东会应暂停召集，以俟全部债务清结后再行开会，至董监亦暂勿改选，以便仍由签名新合同之董事等负责，众股东无异议。

九、主席宣告闭会。

(J146–1–8)

16.恒源纺织公司与诚孚公司签订借入新债及整理旧债契约

民国二十四年十一月二十六日(1935年11月26日)

立契约：天津恒源纺织股份有限公司(以下简称甲方)为一方，与诚孚信托股份有限公司(以下简称一方)为他方。

前因甲方需用流动资本，指其南厂全部财产充担保，于民国十六年八月二十七日向天津盐业、金城、中南、中国、浙江兴业、东莱、道生各银行、永济银号及旧农商银行(以下简称旧债权银行)借入定额之银元银两借款，立有合同，中因历年迭遇兵事，纱价低落致旧欠未清，又续向旧债权银行中或以库存物料抵借款，或对于南厂厂机设定第二抵押权以供往来透支之担保均未偿清债本，其利息自十九年六月以后未付。此项债务其原债本为银两者，现经一律折合银元，并为减轻甲方负担计，自十九年停息之日起，其利率一律改为周息9厘，每半年本息滚结1次，结至二十四年六月三十日止之总数，即为甲方所欠之债本。又甲方对于其他债权人所负担之债务，亦久未清理。甲方因以上两项债务之负担，并因缺乏流动资金，业将纱厂停工。

又，因甲方股东会决议委任其董事会设法救济，一方另借新资以期纱厂之复工，一方整理旧债以臻担保之巩固，并由其董事与贷款者签订必要之契约及设定所需之担保。

又，因乙方承受甲方前项之要约，请求甲方编制担保物清册并约明此次乙方所集贷与甲方之薪资事关挽救纱厂，其本息应先于甲方其他一切之债务受偿。依此约定，乙方邀请旧债权银行于此次新借款内视其旧债额比例搭放，其搭放至额列入乙方名义，对于甲方列为担保债权第一位，乙方与搭放者间者契约另定之，惟在甲方即以乙方为此次新借款之惟一债权人，旧债权银行于乙方新借款内搭放者，其旧债额列为对于甲方之担保债权第二位甲项，未搭放者列为同位乙项，甲乙两项除偿还本金经本约另定外，其余则均同等待遇。本约叙因第一项，甲方所负其他债务列于债权顺位第三。以上三位债权分编3表，列为本约附件第一至第三，自签订本约之日起，所有甲方供债权各表代表之财产，均移转占有于乙方，由乙方组织债权管理人会专管之并主持其嗣后关于纺织之营业。

双方基于上述原因，并以本约及债权管理合同所订各节为条件，兹即协议订定条款如下：

第一条　甲方兹向乙方声明业向旧债权银行接洽，各行债权除现分列上述债权顺位表外，其以前第二位各项债权现因质量而合并，其利率自二十四年七月一日起改为周息8厘，每本年一结，其共同或单独之债权担保物现经乙方接管占有者，即由乙方组织债权管理人会依本约各债权表之顺位及其他所定管理之。其不足千元之零数由乙方旧流动资金项下找清之，以便日后计算。

第二条　乙方新借款额数定为银120万元，于立本约以前已先垫付一部分，其余视营业需要由债权管理人会通知乙方分一次或数次给付之，各自付款之日起息，其利率定为周息一分，于每半年结账时付息一次，其本金于盈余内提还之，每半年还本一次。

第三条 甲方兹更向乙方声明，除本约第一条担保物外，其未经原担保历举之续置各项财产及锭数及属于甲方之权利，凡为甲方所有（包括现有及嗣后取得之不动产、动产在内），概由甲方对于乙方就本约附件第一至第三所列之债权及其应付利息、迟延利息及实施处分费用，设定不动产及动产，质权暨权利质权，并移转所有担保物占有于乙方，使乙方完全管理之。

为达上述目的计，甲方就其所有南厂等关联地亩计面积133亩8分余、建筑物大小1746间及附属于建筑物之设备编制不动产清册，列为本约附件第四，逐处移交乙方占有，由乙方悬揭自己牌号。所有产契及其他凭证概由乙方收执，并由甲方会同乙方为不动产质权之登记。

甲方所有南厂等原动力、纺绩或其他机器设备，工具、账款、债权、票据、请求权及其他属于甲方之动产及权利，不论与以上历举名称是否同其种类凡为甲方所有者，概在设定动产质权及权利质权范围以内，甲方应将关于其动产及权利之文卷、账簿及单据移交乙方收执，并将现有动产依主要分类编制动产清册，详载物品及其量数列为本约附件第五，由乙方点收占有之。

第四条 甲方于乙方接管时，应呈请天津市社会局及河北省建设厅转呈实业部登记，同时并公告嗣后甲方之纱厂由担保债权人以自己名义管理营业。

由乙方接管之营业除获有盈先偿担保债权外，其损益仍为甲方之损益。

甲方于接管前所负之债务未经列入本约各位债权表者，应归甲方自理。

第五条 乙方借款应付之利息应列入纱厂逐月营业开支内计算，每届月终以额提拨，开立专户存储，每6个月付给一次。

第六条 纱厂每年营业所得净益应首先偿还乙方新借款之本金，其偿还成分由债权管理人会酌定之，但每年偿额至多以总债额1/5为度。如有余款得由债权管理人会视业务情形提付第二位债权，遇第二位债权付息时，甲项与乙项应平均受偿，遇偿清第一位债权本息后，于开始偿付第二位债本时，甲项与乙项应按三一比例同时分偿，即以7.5/10还第二位甲项之债本，2.5/10还第二位乙项之债本，遇第二位乙项债权之债本受偿至半额以上时如仍有余款，得由债权管理人会酌量情形，提拨一部分交与甲方董事会清理第三位债权之债务。

第七条 乙方接管后，每半年结账一次。

上半年至六月三十日止为中间账，营业费用应就营业收入内扣除之。所谓营业费用包括经常开支、修理与保全费用及本约应提新债利息在内，遇中间账营业收入超过营业费用时，其余额滚入终局账内合并计算。

下半年至十二月三十一日止为终局账，于终局账内滚结营业收入超过营业费用之数，即为年终盈余，此项盈余之支配由债权管理人会决定之。

第八条 甲方兹授权于乙方对于厂房或其他建筑物及房内机器物品继续用乙方名义保取适当额数之火险及其他可保之险，其额数依产值及保险公司允保之额由乙方酌定之，保险费用就纱厂营业费用内支出之。其利益视债权之顺位，就位次在前者先受补偿，其第二位甲乙两项债权应视为同等，其分配应依各债额比例办理。

第九条 自乙方接管后，关于纱厂经理、工务长、技师、各科主任暨其他职工之设置及选任，均由债权管理人会另行编制，径行任用之。

第十条 在本约存续期内,甲方不得向乙方请提年终盈余、分配股利,亦不得将业经移转占有于乙方之财产,指其余额抵借款项,并不得自营或与他人同营纺绩事业。

第十一条 遇每届中间或终局结算,如有营业收入不敷营业费用而乙方认嗣后市面情形实非凭此次新借款所能赓续时,乙方应即书面通知甲方清偿。如甲方无款清偿,应即于接通知30日内召集股东会决议解散公司,并选任乙方或其指定之人为惟一清算人以便变卖抵质之财产还欠。

第十二条 甲方于接前条通知30日以内未经如约选任清算人时,乙方应着手处分担保物。其处分方法或就动产先行变卖,或将附着于不动产之机器设备与不动产一并变卖,或声请拍卖,或招人投标倒盘,或凭契约取得全部担保物之所有权,总以取得标的物最高价值之方法咨询管理人会行之。

以上变卖所得之金依设定担保债权顺位之次序,尽先偿付位次在前债权之本息,不敷尽偿同位债权时比例摊还之,俟清偿各位债权时,如尚有余额,即交与甲方分配。

第十三条 本约第二及第三位债权均为已逾清偿期应偿者款,为减免各方损失计,特由乙方另贷新款,以资挽救,其性质及期限亦为即期应偿之款。

除本约第十一条情形外,遇甲方有不履行契约或乙方新借款亏损逾半数时,乙方得准本约第十一条书面催告甲方清偿本约各债,或解散清算并选任乙方为清算人。遇甲方未依催告办理时,乙方即依本约第十二条着手处分。

第十四条 自签订本约之日起,关于甲方南厂等一切财产之管理及业务之执行,由债权管理人会专决之。债权管理人会之组织,另以契约定之。

第十五条 本约及债权管理合同签订时,由乙方检同印本取得第二位甲乙两项债权人之承认及委任,由甲方检同印本通知第三位债权查照。

第十六条 本约第一位担保债权表所列乙方允贷与甲方新借款总额银120圆为借贷及质抵性质之契约。至本约第二位及第三位担保债权表所列之债额为甲方以前已借及逾期未偿之旧债,现由甲方及旧债权人一并委托乙方整理,因此关于此项旧债额为委托性质之契约。

本约共备正本两份,由双方签订各执1份存证,同时由双方签证副本7份以备应用。

本约计列附件5种。

甲方　恒源纺织股份有限公司董事　曹少珊　王慕沂　边洁清

乙方　诚孚信托股份有限公司董事　周诒春　包光镛

见证人　林行规　律师王明毅

附件第一:

第一位担保债权表

诚孚信托股份有限公司

总额　银120万元　　利率　周息1分

附件第二:

第二位担保债权表

甲项	
户名	结欠各银行数(元)
天津中国银行	102000
天津盐业银行	347000
天津金城银行	590000
天津中南银行	272000
合计	1311000
乙项	
户名	结欠各银行数(元)
天津浙江兴业银行	130000
天津东莱银行	157000
天津道生银行	118000
天津农商银行	52000
天津永济银号	81000
合计	538000

附件第三:

第三位担保债权表

户名	结欠各户数(元)
天津中国银行	11172.43
天津盐业银行	80392.19
天津金城银行	69368.72
天津中南银行	29549.28
天津浙江兴业银行	14159.41
天津东莱银行	17146.03
天津道生银行	12870.42
天津农商银行	9000.45
天津永济银号	8939.81
田氏中学校	245567.51
田镜宇	128947.16
君记	107928.08
君记	59738.31
臣记	39797.48
文记	13173.93
药膳堂	48043.09
章氏学校	12014.62
合计	907808.92

附件第四:

不动产清册

恒源纺织公司南厂地基、厂房及场外地基房屋

第一　南厂地基厂房之部

一、南厂地基93.1938亩,地契13张,随带老契29张。

二、水泵地基8.6232亩,地契1张附图1张。

三、一号门前院计1.公事房28间;2.东厢房4间;3.西厢房4间;4.车房7间;5.万年库2间。

四、四合院计1.北房8间;2.南方9间;3.东房5间;4.西房5间。

五、东偏院计1.北房2间;2.东房10间;3.厨房3间;4.厕所3间。

六、厂房计1.纱厂602间;2.布厂195间,另厕所7处;3.染房14间;4.三号库28间;5.四号库28间;6.修机厂木工室1座;7.六号门更夫方3间;8.员司宿舍前后楼80间;9.大饭厅60间;10.小饭厅18间;11.大厨房18间;12.菜窖1座;13.五号库16间;14.六号库20间;15.修机厂19间,另木房8间;16.材料库20间;17.茶炉房2间;18.消防队3间;19.工账房2间;20.稽查处3间;21.二号门房1间;22.一号库72间;23.二号库72间;24.洋井水泵房2间;25.水塔1座;26.警察所 3间;27.沐浴室4间;28.原动部74间;29.存料室1间;30.煤池3座;31.泄水池1座;32.四号门车房2间,另厕所1处;33.更夫房2间;34.杂役室3间;35.废花棚1座;36.花窖14间;37.五号门更夫房1间;38.三号门外原动部水泵房2间;39.三号门外水池大小各2座共4座;40.三号门外废花厂房3间。

以上共计地基101.817亩,各房屋1463间,修机厂木房8间,花窖14间,厕所8处,修机厂木工室1座,水塔1座,煤池3座,泄水池1座,废花棚1座,水池大小共4座,菜窖1座。

第二 厂外地基房屋之部

一、第一宿舍地基10.9418亩,地契1张,随带老契6张。

二、第一宿舍房屋261间。

三、津浦铁道外起土地21.046亩,官纸1张,随带老契2张,白契1张,随带老契3张。

以上共计地基31.9878亩,房屋261间。

附件第五:

动产清册

恒源纺织公司各部分机器、工具、仪器开列于后

第一 原动部机器、工具、仪器

一、机器:司特令式锅炉5台附属品在内,锅炉上水机2台,蒸汽温水机1台,废烟温水机1台,滤水机1台,特宾抽烟风扇1台,引擎抽烟风扇1台,齿轮过滤上水机1台,蒸汽过滤上水机1台,华盛顿救火机1台,混矾机1台,立式汽机1台连发电机,750启罗瓦特发电机1座附属品在内,1250启罗瓦特发电机1座附属品在内,电力抽水机5台特宾抽水机1台,电力去水机2台,特宾去水机2台,引擎真空机2台,滤空气机2台,冷水柜2座,全厂电动机146台残坏在内,电板1组,存汽柜2座,喷雾机2座附属品在内,洋井水塔上水机全份,抽水机1台。

二、工具:捣练7挂(内1挂存库坏)。

三、仪器:千分尺1件,千分片1件,转数表1套,电压表1件,电流表1件,气压表试验器1套附带铜坨29件,轻便变流器1件,汽力试验器1套,平角测量尺1件,面积计量尺1件,试电表1件,量轴器1套,60安皮电流表1件,12寸水平仪1件,皮尺1件,斤磅1件,12件绘图仪器1盒,天平1件,电扇2件。

第二 修机厂机器、工具、仪器

一、机器:二丈刨床子1台,一刨床子1台,六尺刨床子1台,2台,锯床子2台内有1台无天轴吊挂皮带轮,刨床子2台,洗床子1台,钻床子4台内有1台无天轴吊挂皮带轮,刨木床1台,大小砂轮机3台,煤油机1台,电焊机1台此台无天轴吊挂皮带轮,外附天轴吊挂皮带轮俱全。

二、工具:轧扣机2架,铁皮搬眼机1架,滚口机1架,丝板5套,管子板3套,大小管钳子11把,搬钻2把,摇钻1件,新旧式虎钳子16件,汽炉子1件,风葫芦1件,捣练3挂,铁炉房家具1套。

三、仪器:磅秤1件,水平2件,螺丝号规1件,元号规1件,转数表1件,皮尺1件,线坠1件,电扇1件。

第三　纱厂机器

一、采用者

美纱机清单：松花机1台天轴吊挂皮带轮俱全，开花机1台天轴吊挂皮带轮俱全，立式开花机1台天轴吊挂皮带轮俱全，送花机1台，头道清花机3台，二道清花机6台，除土机1台，纱头机1台，棒棉机1台天轴吊挂皮带轮俱全，钢丝机80台天轴吊挂皮带轮俱全，并条机32头每头4尾天轴吊挂皮带轮俱全，头号粗纱机8台每台84锭，二号粗纱机14台每台112锭，三号粗纱机8台每台160锭，细纱机66台每台320锭，并纱机2台每台50头天轴吊挂皮带轮俱全，大合股机2台每台180锭，小合股俱5台每台260锭，摇纱机190台天轴吊挂皮带轮俱全，小包机8台天轴吊挂皮带轮俱全，大包机2台天轴吊挂皮带轮俱全。

英纱机清单：开花机1台，头道清花机2台，二道清花机2台，去土机1台天轴吊挂皮带轮俱全，钢丝机旧38台新18台天轴吊挂皮带轮俱全，并条机旧5台（3头6尾4台，3头5尾1台）新5台（3头7尾）天轴吊挂皮带轮俱全，头号粗纱机旧5台（80锭4台，50锭1台）新2台（每台102锭）天轴吊挂皮带轮俱全，二号粗纱机旧5台（120锭4台，94锭1台）新2台（每台138锭）天轴吊挂皮带轮俱全，细纱机旧26台（400锭21台，384锭5台）新10台（每台400锭）。

二、不采用而仍质受保管者

美纱机清单：卧式净花机1台，三号粗纱机20台每台160锭，并条机1台每台50头天轴吊挂皮带轮俱全，大合股机2台每台180锭，小合股机5台每台260锭。

英纱机清单：松花机1台美纱机清单：松花机1台天轴吊挂皮带轮俱全，三号粗纱机旧13台（160锭10台，120锭3台）新5台（每台176锭）天轴吊挂皮带轮俱全。

第四　布厂机器

一、采用者

浆纱部：筒子机3台，整经机5台，浆纱机2台，并轴机1台，掏缯机8台，配浆箱2套。

织机部：洋布机100台，平常帆布机80台，大帆布机20台，老帆布机18台，日本洋布机50台，打穗机50台，日本打穗机1台。

布房：验布机3台，缝布机1台，刮布机1台，叠布机1台，打印机1台，打包机1台，轧布机1台。

染科：烘干机1台，卧式锅炉1台。

二、不采用而仍质受保管者

浆纱部：筒子车1台（加池式），掏缯机8台。

织机部：老帆布机41台，喷穗机1台。

除上开机器、工具及仪器外，其家具等什件亦在移转占有之质物以内，另编清册存查。

（J146-1-8）

17.恒源纺织公司与诚孚公司债权管理合同

民国二十四年十一月二十六日（1935年11月26日）

立债权管理合同：天津恒源纺织股份有限公司（以下简称甲方）为一方，与诚孚信托股份有限公司（以下简称乙方）为他方。

兹因上开两方业于本日签订借入新债整理旧债契约（以下简称债约），依债约所定甲方之纺绩业务，现由乙方借款经营，而甲方所负之旧债亦由乙方予以整理，为谋各方利益计，特由乙方组织债权管理人会，授以执管甲方供债约担保之全部财产及主持其营业之权。兹经双方协议订定条款如下：

第一条　为管理甲方供担保之一切财产及营业计，设置一管理人会，定名曰“天津恒源纺织厂债权管理人会”。

前项管理人定额5人，由乙方选任4人，甲方选任1人充之，管理人中应选1人为主席，2人为常委。

第二条　于债约存续期内，对于甲方纺织厂之管理及指挥权完全归属于债权管理人会，而以该会为该厂之惟一代表及管理人。

关于处分或保管供债约担保之财产以及关于管理营业一切之处置，管理人会得用自己或诚孚信托股份有限公司名义行之。

关于纺织厂应采之营业方针、计划以及其财产之管理，由常委提交管理人会决之。

常委为管理人会之对外代表并处理一切经常事务，管理人会之决议由常委执行之。

第三条　管理人会得自定会议规则，但每月至少须在天津集议1次，会议由主席召集，以出席者多数之可决，即为管理人会之正式行为，管理人会为便利计，亦得将应议事项用通知单传递表决，经多数签署可决者，即生效力。主席得随时召集临时会。

第四条　管理人会依其视为适宜，得随时用诚孚信托股份有限公司或自己名义选任经理、副经理、厂长及其他驻厂使用人，并订定其职务及薪给，此项经副理、厂长及其他使用人选应对管理人会负责，厂长秉承管理人会之监督指挥，对于厂务有处理权，经副理、厂长及其他使用人之薪给，由管理人会就所管营业收入内负担之。

第五条　管理人会得用自己或诚孚信托股份有限公司名义购入需要之棉花与其他材料及机器，随时酌量售出棉纱及其他物品，用自己或诚孚信托股份有限公司名义对于纱厂财产保取适当之火险，代甲方缴纳各种中央及地方政府之赋税捐款，偿付债约所定各位债权之利息及其债本，用自己或诚孚信托股份有限公司名义随时任免厂务需要之使用人，包括技师、会计、其他职员及劳工在内。

第六条　在本合同存续期内，非经乙方之同意，甲方不得再行增借有担保或无担保之债务，已不得给付股息、股利或为其他利益之分配，亦不得自营或与他人合营纺绩事业。

第七条　非遇发生下列情事之一，本合同仍继续有效存在：

一、债约内所定次序甲方之债务业经全数清偿，并经甲方于债约所定结算终局账目一个月以前，用书面通知声明解除本合同者。

二、遇乙方依债约所定着手处分担保物时，或乙方经甲方股东会或法院选任为清算人或清理人，业经乙方如选就任者。

本约正本一式签订9份，甲方收执1份，乙方收执5份，余3份呈官府登记备案。

甲　方　恒源纺织股份有限公司董事　曹少珊　王慕沂　边洁清

乙　方　诚孚信托股份有限公司董事　周诒春　包光镛

见证人　林行规　律师王明毅

（J146–1–8）

18.天津市社会局为恒源纺织股份公司呈报借入新债整理旧债等登记通告

民国二十五年四月十八日(1936年4月18日)

案查前据该公司呈报借入新债整理旧债并对南厂设定质权移交诚孚信托股份有限公司管理营业等情,当经转呈并批示各在案。兹奉市政府本年四月十日甲字第1621号训令内开,案准实业部二十五年四月三日商字第42547号咨内开:“案准贵市政府二十五年三月十一日甲字第108号咨,以据社会局呈为恒源纺织股份有限公司呈报借入新债整理旧债并对南厂设定质权移交诚孚信托股份有限公司管理营业等情,请转咨查核登记等情,嘱查核见复等由,查公司发行公司债,应依法呈请登记;至普通债款,毋须经过登记之程序。惟如该公司有公司法第147条之情事,董事应即依照该条规定办理。至诚孚信托股份有限公司未经登记有案,其组织与资本应即查明并饬依法登记。相应复请查照分别饬遵为荷。”等因。准此,合行令仰该局转饬遵照。此令。此告。

上通告恒源纺织股份有限公司知照。

局长　刘冬轩

(J146-1-8)

19.黄华平为诚孚公司代管恒源纺织有限公司事致王毅灵书信

民国二十五年十月三十一日(1936年10月31日)

毅灵仁兄阁下:日前章元群先生来署面谈诚孚信托股份有限公司代管恒源纺织有限公司始末暨恒源呈请验发新照情形,当以本案尚未据咨到署未能详细探讨。兹阅天津市来文对于该公司声叙情节,计有数点须待补充。

一、诚孚公司代管恒源合同有效期间股东会停止再开董监不得改选,二十三年七月股东会各股东均无异议之议决录。

二、诚孚公司代管恒源业务二十四年呈经津市社会局登记原案之文件。

三、该公司呈请设立登记时核准之章程及股东名簿。

四、该公司未经诚孚公司代管前负债项目及实额。

五、诚孚公司代管后历年收支纯益与清偿债务之实况。

六、诚孚公司代管该公司业务合同之抄本及原合同之照片。

七、现时健在之恒源董监姓名及其住址。

该公司由诚孚代管既系事实,以上各节似以自动充分声明呈请津市续咨较为适妥,俟此项续咨文件到署当即准法酌情谋为解决。又查该公司此次所呈附件中资产负债表及损益表系用诚孚公司管理,恒源公司印纸所编造主办人员均未署名盖章亦嫌未妥,并希于呈递补充各件时一并改送知关,锦注专草布陈。至祈察酌见复为祷。此颂时祺。

弟黄华平　拜启

(J146-1-8)

20.诚孚信托股份有限公司管理
恒源纺织股份有限公司
资产负债表

民国二十九年十二月三十一日(1940年12月31日)

诚孚信托公司天津分公司

资产类	金　额	合　计	负债类	金　额	合　计
(固定资产)			(资　金)		
地　产			股　本		
房　产	331050.16		银行垫付厂机设备		
机　器	1017082.07		公积金	419841.64	
器　具	60930.10		营业准备金		
设　备		1409062.33	公益事项金		
			折旧准备金	939237.82	
(流动资金)			股利平衡准备金		
银行往来	1494375.67		盈余滚存	1293978.65	2653058.11
同业往来					
总分公司往来			(外来资金)		
受托管理公司往来			定期借款		
委托公司董事会	443374.36		定期抵押借款	345000.00	
有债证券			活期抵押借款	11200.00	
存出保证金	927.00		银行往来		
暂付款项	189758.74		同业往来	1299.90	
垫付款项			总分公司往来		
期收款项			受托管理公司往来	4029.33	
应收票据			委托公司董事会		
应收款项	3099.92		押　汇		
现　金	34806.69	2166342.37	存入保证金		
			暂收款项	220526.97	
(预付款项)			备付款项	1283204.22	
预付花款	1840362.92		期付款项		
预付机器款	373.88		职工储金	30438.73	1896699.16
预付保险费	30796.09				
预付物料款	34168.93		(应付款项)		
预付杂项	520.80	1906222.62	应付利息	34706.51	
			应付机器款	14650.88	
(未收货品)			应付物料款	25579.34	
买入期花			应付工资	14854.03	
			应付股息		
(存　货)			应付保险费		
棉纱在制品	58865.22		应付票据		
棉布在制品	136480.16		应付捐税		
棉　花	871472.87		应付杂项	127919.49	217709.25
棉　纱	366466.13				
棉　布	466687.83		(未付货品)		
下　脚	12001.07		棉纱栈单	210300.00	
物　料	701462.82	2602336.10	棉布栈单	208325.00	
			下脚栈单		
			卖出期纱		
			卖出期布		418625.00
(其　他)					
开办费			(其他)		
上年损益			上年损益		
本年损益			本年损益		
本月损益			本月损益		
合　计	8083963.42	8083963.42	合　计	8083963.42	8083963.42

(J146–1–8)

21.恒源纺织公司验发执照申请书

民国三十年八月二十七日(1941年8月27日)

呈为呈请验发公司执照事奉实业部公布验发公司执照规则，凡以前领有登记执照之各公司均应检同原发执照及最近贷借对照表、损益计算书呈请本公司、本厂所在地主管官署审核,转请实业部验发执照。等因。奉此兹遵照验发公司执照规则第四条呈明下列各款。

一、恒源纺织股份有限公司经营纺织兼染各色帆布,资本总额银400万元。

二、本厂设天津河北天纬路西堤头闸口,事务所设天津法租界中街新华大楼二楼。

三、民国二十二年九月十八日奉前实业部发给新字第176号执照(业于本年七月十二日呈缴)。

四、呈请人边洁清河北省静海县人,住天津英租界10号路112号。

五、呈缴验发执照费180元,另印花税2元(业于本年七月十二日呈缴)。

再遵照同规则第一条应呈奉之最近贷借对照表及损益计算书，又同规则第五条应附之保证书均于本年七月十二日同时呈奉。谨此陈明,恳请鉴核转请验发执照,实为公便。谨呈天津特别市公署。

具呈人　代理董事长

(J146-1-8)

22.恒源纺织公司为本公司与银行团缔约及董监未改选原因呈复天津特别市公署

民国三十年八月二十七日(1941年8月27日)

呈为遵批声复事。案奉钧署建荣字社贰第1318号批开呈件暨验照、印花等费收悉卷,查该公司自民国二十二年呈准修正章程、改选董事、监察人、换发新照后,迄今将届八载,究竟该公司历届董监有无变更均未据呈报,变更登记无凭查核,仰遵照声复,并仰备具验照呈请书2份呈署以资存转,附件费款暂存。此批。等因。奉此查商公司自民国十二年因棉贵纱贱亏损颇重,曾经一度停工,至十三年二月间虽完全恢复工作,然以历年天灾战祸迭起,环生市面萧条营业不振,尤以自十六年以后时局丝棼,工潮鼎沸,金融奇紧,纱业衰沉,以此种种原因,益苦年年赔累,收入之款不敷开支,流动之金全持借贷,负债愈巨周转愈难,以致又于二十三年二月宣告停工。惟对内欲免重大之损失,对外欲维社会之信用,遂由董事会与银行债权团磋商,经年始获成立新借款缔借新契约,公司业务暂委托银行团组织之诚孚信托公司代管，曾于二十四年呈请前社会局转呈登记有案。商公司之董事等至二十五年已届改选之期,惟前与银行团磋商新约时正值债主阗门,濒于破产,幸承银行团顾念旧谊,协助进行,惟银行团要求在诚孚公司代管业务合同有效期间,股东会停止再开,董监亦不得再行改选。经于二十三年七月间开股东会时,由临时主席报告各股东均无异议,董监之未曾改选实因,此特别情形。又商公司董事长原为鲍廷九,已于二十三年病故,即由协董曹少珊代理,而该协董又于二十八年病故,当经各董事互推常务董事边洁清代理。此商公司历年内部详情之概要也。奉批前因,理合备文据实陈明,并备具验发呈请书2份呈复钧署鉴核转呈请予验发执照,实为公便。谨呈天津特别市公署。

附呈验照呈请书2份。

具呈人　天津恒源纺织有限公司代理董事长边洁清

(J146-1-8)

23.天津特别市公署为恒源纺织有限公司呈报业务情形及未改选董监原因批令

民国三十年十月二十三日(1941年10月23日)

原具呈人恒源纺织股份有限公司代理董事长边洁清呈1件,为遵批呈复商公司业务情形暨未改选董监原因,并备具验照呈请书2份请予转咨核办由。呈件均悉,仰候检同前呈文件及验照、印花等费咨转实业总署查核办理,附件分别存转。此批。

市长　温世珍

(J146-1-8)

24.诚孚信托公司与天津盐业等三行合作契约续订一年协议书

民国三十年十二月二十九日(1941年12月29日)

立协议书:

诚孚信托公司管理恒源纺织厂(以下简称甲方)

天津盐业、金城及中南三银行(以下简称乙方)

兹因甲方向乙方以棉花纱布质借款项除签有借约外,又因备乙方堆存质物复由乙方向甲方承租仓库3所签有租约。惟租约中:一、关于期限一节第2条载明,自签订之日起发生效力于双方所签之抵押借款契约解除后失其效力等语,至借款契约第10条则载明,契约有效期间暂定1年,经双方同意得随时冲算清结或续订之;二、关于租金租约第三条订明,以甲方出质物之栈租抵冲等语。是上述关于租赁期限及租金无确定规定,于办理不动产租借权之登记有所不便。兹经双方协议:一、期限暂以1年为度,借约延长再行延展;二、租金估计每月依国币2250元计算,特立本协议书如上。

甲方　诚孚信托公司管理恒源纺织厂卢统之印

乙方　天津盐业银行陈亦侯印

天津金城银行王毅灵印

天津中南银行张重威印

(J146-1-8)

25.河北天津地方法院为天津金城等银行与诚孚信托公司恒源纺织厂借款契约声请备案裁定

民国三十一年一月二十六日(1942年1月26日)

河北天津地方法院民事裁定三十一年才字第□□□号,声请人　天津金城银行(设极管区中街),法定代理人　王毅灵;声请人　天津盐业银行(设法租界8号路),法定代理人　陈亦侯;声请人　天津中南银行(设极管区中街),法定代理人　张重威。上声请人民国三十一年非字第31号因与诚孚信托公司恒源纺织厂签订借款契约事件声请备案,本院裁定如下:主文:准予备案(陈铁生章)　中华民国三十一年一月二十六日

河北天津地方法院民事庭

推事　田政和

本件证明他与原本无异

26天津特别市公署为恒源纺织有限公司呈请验发执照通告

民国三十一年二月十三日(1942年2月13日)

天津特别市公署通告建亚字社贰第10号,为通告事前据该公司呈请验发执照一案,经咨准实业总署商字第50号咨略开,查恒源纺织股份有限公司申请验发公司执照,既经贵公署卷查该公司自民国二十三年九月呈准换发新照后,迄今将届八载,所有历年董、监有无变更均未呈报变更登记批饬声复补具文件。据复查明所称各节尚属实情,本总署复核所缴验照费款及呈请书、保证书等件大致亦无不合,姑准先将旧照加盖验讫戳记,依公司执照未制定以前,先发通知书办法填具登记通知书一纸送请贵公署转发收执,惟公司执照印花税费最近税率已收4元,应饬再为补缴2元并案存备粘贴,又附之损益表、资产负债表经办人均未签署盖章,应饬另行补送以符程式。至该公司业务尹由诚孚信托公司代管,所缔各种契约、合同暨二十四年呈请前社会局转呈登记原案与二十三年七月间开股东会时之文件,仍应请由贵公署饬抄1份核转本署,俾便存查。诚孚信托公司何时呈准设立,本总署无案可稽,应并请转饬另案申请验发执照,以凭核办,准咨前因相应咨复统希查照办理见复。等因。附填发登记通知书暨验讫旧照各一纸,到署合行通告该公司仰即遵照办理,并携带公司图章及董事长名章到本署社会局具领通知书暨旧照为要。特此通告。

市长　温世珍

(J146-1-8)

27.诚孚信托股份有限公司天津分公司为验发公司执照致恒源纺织公司函

民国三十一年三月三日(1942年3月3日)

敬启者:查前以实业厅部公布验发公司执照,当函贵会请将贵公司登记执照掷下,俾便敝处照章办理,当于去年六月十六日接奉大函附下实业部新字第176号执照嘱查收办理各情在卷。兹奉天津特别市公署建亚字社贰第10号通告略开,准实业总署商字第50号咨内附填发登记通知书暨验讫旧照各1纸,仰即携带公司图章及董事长名章到社会局具领各情,敝处业已遵照领得,除将市公署建亚字社贰第10号通告另纸录奉外,随函附奉实业部新字第176号验讫旧照暨实业总署通字第153号验发公司执照通知书各1张,至希检收,见复为荷。此致恒源纺织有限公司董事会。

附件如文。

(J146-1-8)

28.天津金城等银行为约租诚孚信托公司管理恒源纺织厂仓库不动产登记证明书

民国三十一年六月一日(1942年6月1日)

宙字第1899号

不动产登记证明书	
登记人姓名	盐业、金城、中南银行
登记号数	不动产登记簿第100册第3121号
收件年月日及号数	中华民国三十一年一月二十三日收件第179号

续表

不动产登记证明书	
不动产之标示	天津西二区、西窑洼大街、西头路等处内计第一仓库、第三仓库及第四仓库共计3所
登记原因及其年月日	民国三十年十二月二十九日立约租得诚孚信托公司管理恒源纺织厂之仓库
登记标的	租借权设定登记
权利先后栏数	他项权利部第一栏
登记年月日	中华民国三十一年六月一日
上证明登记完毕	中华民国三十一年六月一日 登记处

(J146-1-8)

29.天津特别市公署为恒源纺织有限公司补具各项文件验发执照通告

民国三十一年六月二十四日(1942年6月24日)

天津特别市公署通告建荣字社贰第59号，为通告事案查本署前据该公司遵令补具验发公司执照案内应备各项文件一案，当经批示并转咨各在案，兹准实业总署商字第297号咨略开，查该恒源纺织股份有限公司呈请验发公司执照案，应补各文件既经贵公署转饬补送咨转过署核与贵公署三十一年建荣字社贰第192号咨转声称各情节大致尚属相合，除将印花税费2元存备粘贴外，所补各文件并准姑予存查。至与该公司缔结代管合同契约之诚孚公司，仍应遵照验发公司执照规则声请验发公司执照，并希贵公署查照前咨转饬另案申请验发，以符规定等因。准此。除通告诚孚信托公司另案申请验发执照外，合行通告该公司仰即遵照。特此通告。

上通告恒源纺纱股份有限公司知照。

市长　温世珍

(J146-1-8)

30.恒源纺织公司委托诚孚公司管理契约书

民国三十二年一月十六日(1943年1月16日)

立委托管理契约：

甲方委托人恒源纺织股份有限公司(下简称甲方)

乙方受托人诚孚股份有限公司(下简称乙方)

缘甲方曾于民国二十四年间与乙方订立借入新债整理旧债契约(下称原约)，又同时订立债权管理合同，由乙方组织债权人会执管甲方提供债权担保之全部财产及主持甲方纺织业务，数年以来已经乙方将甲方所有民国二十四年前之旧债一律清偿。现在事实既殊原约及上开合同自应酌加修改，并即解除管理约定。惟甲方因以后营运尚属需款，前与乙方订立借入新债整理旧债契约内所定由乙方名义经中国、金城、中南、盐业四银行(下称四银行)搭放之新债，计国币120万元仍须继续借用，并因乙方管理原理成绩昭著，为将来业务顺利起见，仍拟继续委托管理。但原约所列第二、第三位之旧债，既已终了，以后管理情形与前较有不同，原约及上开合同内所定条款大半不能适用。故由甲乙两方根据原约就继续质借新债部分加订协约作为原约附件,并由双方同时另订此委托管理契约。一面由甲方与上开之四银行另行组织管理人会以继续前债权管理人会之事权以便外，则因□环境内则对于乙方受托管理之业务立于监□之地位,所有□托管理事宜经与乙方协定以后即依照本约所定条款办理,其条款如下：

一、本月签订日为乙方新旧管理划分界限之时期,乙方依照原约及债券管理合同所定之管理事务截至本约签订之先1日止,由乙方组织之债券管理人会将前管理时期内之一切资产负债制成资产负债表、财产目录连同一切关系文件、全部财产(包括不动产、动产暨剩余之原料、半制品与制成品之未经处分者)及流动资金一律点交甲方,由甲方派员点收查验,证明解除乙方及其债权管理人会在前管理时期内之责任,同时再由甲方按照本约仍将以后管理事务有关之文件、财产(包括不动产原料货物)及流动资金点交乙方,由乙方依照本约规定之条款继续管理。

二、乙方受托管理财产经营业务由甲方授与处理全权,除有需增加甲方负担或减损甲方财产及利益,须先征求甲方同意外,其他日常业务范围内之事项得不先征询甲方意思,以等于自己业务所为之方法以办理之。

三、乙方处理业务依前条规定固已由甲方授与全权,但所管理之财产仍应负善良保管责任,其因原约及协约质借款项或将来由乙方代表甲方质抵透支借款所设定质权之质物，乙方因管理业务运用关系而不能移转占有于债权人者,均由乙方径与债权人分别订约代负保管占有责任。

四、甲方接受乙方点交,仍依本约交付乙方之原料货物依资产负债表、财产目录按照市价所定价值连同剩余之现金均为甲方依照本约委托乙方管理所交付之流动资金。

五、甲方依照原约及加订协约向乙方继续质借,即由四银行搭放借款之国币120万元,及乙方在本约签订前代表甲方以原料货物质抵透支之国币100万元暨国币22.5万元两笔,无论已支及未经支用部分,均并入于前开流动资金项内计算,乙方代表甲方因义务保管棉向银行质借之国币200万元亦同。

六、工厂职员之任免暂仍由甲方以全权委托乙方,由乙方遴员充任,其薪给亦由乙方酌定,分别开列清册送由管理人会转送甲方备查。职工中倘有以故意致甲方受有意外损失,查有确据时,应由乙方负责赔偿。但虽未发现有显著受损事实,而经甲方或管理人会查明职工中有不正当之行为时,为防止受损起见当随时通知乙方,由乙方查核为适当之处置。

七、甲方在民国二十四年委托乙方管理时,曾经呈请天津市社会局及河北省建设厅转呈实业部登记,并同时公告声明甲方纱厂以乙方名义管理营业。现为乙方管理业务上需要及便利暂不取消此项登记及公告所有对外营业及商标仍以乙方管理名义行之。

八、乙方管理业务其资产负债及营业账目应独立会计,不与乙方或乙方同时管理他人业务之账目相混。

九、乙方管理时期内所有甲方业务上之损益概归甲方承担,乙方不负盈亏责任。其因业务所有之开支及甲方单独利益或单独立场所有之支出,又于甲方工厂建筑物及机器所支出之必要修理费,又以乙方名义代甲方对于工厂及其他建筑物与机器物品支出适当之保险费亦均归甲方负担，但乙方对于各项费用应力求撙节核实支销。

十、乙方管理费照现在状况暂定年支国币8万元整。

十一、第九条所列各项费用及管理费暨应付之借款利息,均在营业费用内支出之。

十二、乙方对于甲方之厂房及其他建筑物与机器除第九条所列之修理费外,如认有需改良或扩充时,应先向甲方报告征求同意。

十三、乙方保管甲方一切财产如因天灾、地变、兵燹或发生罢工及其他不可抗力,而非出于乙方之故意致甲方受有损害时,乙方不负任何责任。

十四、乙方管理时期内所有制成品成本业务状况及会计情形□由管理人会派有稽核员□时稽核外,应每月详制表报送,由管理人会派复核转送甲方备查,年度决算后应将营业报告书、资产负债表、财产目录及□□□□书送交管理人会转送甲方查核备案。

十五、每年以一月一日起至十二月三十一日止为一年度年终决算,□□有盈余时先提下列各款:

(一) 折旧金

(二) 公积金

(三) 所得税

(四) 股息

除上列各款外,所有纯益仍以百分分配,提30%为乙方及工厂职员之酬劳由乙方分配之,提10%为甲方酬劳由甲方董事会分配之,其余纯益60%交由甲方董事会处理之。

十六、本约有效时期自签约之日起至解除委托管理之日止,在委托管理1年以后,任何一方愿意解约时,应于2个月前书面向对方声明,但此项声明如出于甲方,须将一切借款本息先行清偿。

十七、本约倘有未尽事宜,得由双方同意交换书面修改或补充之。

十八、本约同样2份各执1份,以资信守。

立委托管理契约委托人甲方　边洁清　王慕沂　马升安　曹郁文

受托人乙方　诚孚股份有限公司天津分公司　朱梦苏

关系人　金城银行经理　王锡文

中国银行副理　林鸿赉

盐业银行经理　陈亦侯

中南银行代理经理　张重威

见证人　周　衡

(J146-1-8)

31.恒源纺织公司为继续借款与诚孚公司立协约

民国三十二年一月十八日(1943年1月18日)

立继续质抵借款协约:

甲方:恒源纺织股份有限公司(下简称甲方)

乙方:诚孚股份有限公司(下简称乙方)

缘甲方在民国二十四年间因旧欠债务未清,又缺乏流动资金曾与乙方订立借入新债整理旧债契约(下简称原约),以所有不动产及动产全部向乙方设定抵押权及质权借入国币120万元,经乙方邀约甲方之旧债权银行列入于原约担保债权第二位甲项者,即天津中国银行、天津金城银行、天津中南银行、天津盐业银行(下简称四银行),按照旧债额比例搭放,另由乙方与四银行间订立信托契约,此项借款按照原约规定名为新债列入原约担保债权下第一位,其在订立原约前所有甲方旧债则各按其性质分别列于原约担保债权第二位,甲乙两项及第三位分编三表附于原约,同时又由双方另订债权管理合同，由甲方将所有提供担保之财产编制清册为原约第四、第五附件一律移转占有于乙方，由乙方组织债权管理人会以管理之，并由乙方依照原约及债权管理合同所定条款主持纺织工务，营业之一切业务乙方自接受委托管理以后数年间积极整理及营运之，结果已将原约所列于担保债权第二位甲乙两项及第三位各旧债款之本利扫数清偿，仅原约列于担保债权第一位之新债国币120万元，甲方因将来营运尚属需款不能按照原约归还，仍需继续质借，所有原约及债权管理合同所定条款内关于整理旧债□□各规定，虽因旧债已清失其效用，而原约因新债仍须继续借用，其与新债有关各款仍应继续适用。故经双方协议除债权管理合同全部及原约内于整顿旧债有关各款因失其效用应一律废止，另由双方更定委托管理契约及由甲方与四银行间另行组织管理人会，并订有协定外，而原约因借入新债所有各款仍应继续适用关系应仍存在，并以双方意思订此协约，将所应适用各款详加修正作为原约附件，以资证明存□各款之界限，其条款如下：

一、原约第二条所定借款数额计国币120万元，仍由甲方按照原约继续借用，并由四银行仍照原约钱因第三项比例搭放所有乙方与四银行间另订之，信托契约仍继续有效。

二、借款利率依照原约第二条所定为周息1分。并仍照原约第五条规定列入纱厂逐月营业开支内计算，每届月终依额提拨另款存储，每6个月给付1次。

三、每年决算营业所得利益除去折旧、公积、股息及依照委托管理契约所定40%职员酬劳金外，所有净利由甲方董事会酌量情形依照原约第六条规定偿还借款之本金，倘还不足额或虽能足额而因营运需款时，经双方及搭放债权人之同意，得依本协约之规定继续质借。

四、按照原约第三条甲方原以不动产及动产全部向乙方设定抵押权及质权，现自签订本协约之日起，改以原约附件第五动产清册内所开动产全部设定质权为本借款之质物，所有前以不动产设定抵押权之登记应由双方共同声请注销。依另订之委托管理契约虽由甲方以所有不动产及动产一律移转于乙方以备管理业务之使用，但不动产部分仅系交付使用性质，而动产则因设定质权关系移转占有于乙方。

五、甲方不得以已向乙方设定质权之动产再向第三人设定任何负担，倘因本协约借款尚不敷营运，由甲方自行或乙方因行使管理权代表甲方将所有原料或存货全部或一部一次或分批向第三人质抵□支借款，无论在本协约订立前之继续行为或在本约订立后□□之约定均不得妨害乙方，因本约已取得之权利。

六、设定质权之动产倘因价值低落或因不可抗力致有损失毁灭，经乙方认有增加质物补足减少之额之必要时，得限期通知甲方提供其他担保。

七、□届结账结算甲方营业收入不敷营业费用，而乙方认以后布面情形实非凭此借款及其他透支借款所能赓续营业时，应即以书面通知甲方清偿。如逾30日甲方无款清偿时，乙方得即停止工务业务，清算借款本息依法处分质物，以所得价值除去应分费用外，□□之有余归还，甲方不足应由甲方不足之。

其处分方法或声请拍卖或招人投标倒盘或凭契约取得质物之所有权，总以取得标的物可能最高价值之方法，以书面通知甲方30日内行之。

八、本约借，款不定期限，除依原约第六条规定甲方应以年终营业所得净益偿还本金外，得随时偿还之。

九、本协约有效时期自订立本协约之日起至本协约所定债权债务完全终了之日止。

十、本协约同样两份，各执一份存证。

立协约甲　方　边洁清　王慕沂　马升安　曹郁文

乙　方　诚孚股份有限公司天津分公司　朱梦苏

见证人　周　衡

(J146-1-8)

32.恒源纺织公司与天津中国银行等四行及诚孚公司组织恒源纺织厂管理人会协定

民国三十二年一月十八日(1943年1月18日)

甲方　恒源纺织股份有限公司(下简称甲方)

乙方　天津中国银行　天津金城银行　天津中南银行　天津盐业银行(下简称乙方)

丙方　诚孚股份有限公司(下简称丙方)

缘甲方与丙方订有委托管理契约，将全有不动产及动产全部交付丙方以备管理业务上之使用，又甲方在民国二十四年间与丙方订有借款契约，现因借款继续借用，又加订协议，此项借款系乙方四银行按照旧债额比例搭放甲方，对此借款设定质权之动产，又因丙方管理使用不能移转占有，于乙方加以丙方会代表甲方以原料货物向乙方抵借款项3笔，共达322.5万元之巨(详委托管理契约第五条)，故甲乙两方对于丙方管理之业务实均有利害关系之存在，而丙方前组织之债权管理人会又因旧债逐清应即取消。当经三方协议由甲乙两方共同组织管理人会以赓续前债权管理人会之事权，而实施监督丙方管理之业务其条款如下：

一、本会定名为恒源纺织管理人会，由甲乙两方共同组织之。

二、本会以管理人9人组织之，由甲方于其董事中推举5人，乙方四银行中各推1人。

三、本会管理人中互推甲方3人、乙方2人为常务管理人，并由常务管理人中互推1人为本会主席为本会对外之代表人。

四、本会每月开常会1次由主席召集，以出席多数之可决为本会之正式行为，并得为便利计将应议事项用通知传递表决，经多数可决者即生效力。

临时会由主席认为必要时随时召集之。

五、本会在不妨害丙方管理权之范围内实施监督丙方管理之业务。

六、本会酌派稽核4员分驻丙方管理甲方之工厂及业务所，随时稽核工务营业及会计。

七、本会接收稽核员之报告或直接对于丙方营业之方针及计划与工务之处置认为有需改善或变更之必要时，应即备具意见书送由丙方参酌办理。

八、丙方处理业务因应环境有需本会对外代表时，本会应酌量情形协商办理。

九、丙方因营运需款拟将管理之原料或货物或其他动产向任何银行设定质权质抵透支借款时，应先征询本会之同意。

十、因前条所列之透支借款由债权人派员管理储存质物之仓库时，其派管仓库之员应随时将质物及用款数目报告本会存查。

十一、本会接受丙方报告无论表册或文件经审核后随送甲方董事会，倘对于表册或文件另有意见时，并应加具意见书。

十二、本会存续期限以甲丙两方之委托管理契约及甲方与丙方暨乙方间之借款契约存续期限为期限。

立协定甲　方　边洁清　王慕沂　马升安　曹郁文

乙　方　中国银行副理　林鸿赉

盐业银行经理　陈亦侯

金城银行经理　王锡文

中南银行代理经理　张重威

丙　方　诚孚股份有限公司天津分公司　朱梦苏

见证人　周　衡

(J146-1-8)

33.华北政务委员会经济总署为恒源纺织有限公司换发执照批复

民国三十三年五月九日(1944年5月9日)

实字第232号,原具呈人恒源纺织股份有限公司呈1件,为呈缴原领通知书请予换领公司登记执照由。呈件均悉,所请换发执照一节应予照准,除将原缴通知书注销外,合行填发执照1纸,仰即收执,并仰将所领执照号数呈报地方主管官署备查。此致。

附执照1纸。

督办　汪向璟

(J146-1-8)

34.恒源纺织有限公司为债务账目结清自办厂致天津诚孚公司函

民国三十四年十二月二十一日(1945年12月21日)

径启者:查贵我双方自民国三十一年底已将账目及债务结算清楚,嗣因种种关系将合作契约续订一年至今早已满期,然因双方感情之关系,由贵公司暂作事实上之代管,在此期间正值营业环境不佳,贵公司督促员工诸事努力,使厂中不至大为亏损,敝会同仁实深为感谢,现因顽敌降服,和平实现,敝方股东因鉴于目下社会实际情形,咸欲解除事实上合作之约束,收归自办。兹经于十二月二十日董事会议决,函知贵公司即日收回自办,想贵我双方合作十年感情夙洽,以目下社会之实况,由敝会收回自行努力增产,当亦贵公司之所赞同者也。兹定于十二月二十四日由敝会曹常务董事携带人员亲自前往接收外,特此预为函达,并颂公祺。此致天津诚孚公司。

本会启

(J146-1-8)

35.诚孚公司为恒源纺织有限公司自办事复函

民国三十四年十二月二十二日(1945年12月22日)

敬启者:顷奉尊十二月二十一日函略开,现由贵董事会议决定于本月二十四日派曹常务董事携带人员赴恒源厂接收收回自办。等因具洽。惟查委托契约第十六条与贵会来函参照有请示敝总公司之必要,现已函电向敝总公司请示,候复到当再行奉达,即祈台洽是行。此致恒源纺织公司董事会。

诚孚信托股份有限公司天津分公司启

(J146-1-8)

36.恒源纺织有限公司为接收日期致天津市党部天津市社会局

民国三十五年二月一日(1946年2月1日)

呈为呈报备案事。窃敝公司于民国九年在天津市西窑洼闸口招募股款建筑工厂,经营纺织事业,业务尚称顺利。自十六年以后,因时局金融之关系及棉贵纱贱之影响,加以工潮纠葛,内战蔓延,以致货物滞销,亏赔甚巨。迨至民国二十三年敝公司愈感困难,业务日形竭蹶,遂于二月间宣告停工,所欠银行堂号旧债款之本息为数颇巨,以彼时全厂资产之价格核计纵破产不足清偿旧债矣。而敝公司董事等深虑停工过久,所有厂房、机器均将蒙非常之损失,经与银行债权团洽商借款筹画复工,以资整理而维信用。至二十四年商议妥协,由银行团借得新款120万元订立借款合同暨债权管理契约,工厂事务委托银行团组织之诚孚公司代管,并即修建厂房、添购机器,期将经营之余利逐年偿还各债权之本息。嗣因事变以来纱价增涨,事机好转,至三十一年底,已将旧债本息一律清偿,业将一切账目核算清楚,债权管理告一结束。然因流动资金之关系,复与四银行商订借款协约,委托天津诚孚公司管理,将合作契约续订一年,至今早已满期。然契约满期后未收回自办纯因双方感情之关系,仍由天津诚孚公司暂作事实之代管。在此期间正值营业环境不佳,该公司对于敝公司委托之事务处理亦均难圆滑,业务因此月有亏累,而开支则日见扩大,长此以往将至不可收拾,幸顽敌现已降服,和平实现,正应在此时期解除事实上合作之约束,收归自办,努力增产,以期营业发展,而弥补近年来之赔累。兹定于三十五年二月一日将恒源纺织厂收回自办,所有敝公司接收恒源纺织厂日期缘由除分呈社会局、市党部备案外,理合具文呈报钧部、局鉴核,俯赐备案,是为德便。谨呈天津市党部、天津市社会局。

具呈人　恒源纺织股份有限公司董事长

(J146-1-8)

37.恒源纺织有限公司为接收日期致天津统税局驻恒源厂办事处函

民国三十五年二月十二日(1946年2月12日)

径启者:查敝场于民国二十四年因债权关系由银行团以诚孚公司名义管理,现以合同期满收回自办业于三十五年一月底接收完竣,自二月一日起由本厂负责办理,嗣后对于厂务请即随时指导特予关照。兹检同本厂暨经理印鉴各份函送贵处,务乞查收备案,是为至荷。此致天津统税局驻恒源厂办事处。

附印鉴　份

本厂戳启

(J146-1-8)

38.恒源纺织股份有限公司创立以来经过小史

民国三十五年三月(1946年3月)

本公司创始于民国五年,由发起人曹健亭、边洁清、宋文轩等在天津河北黄纬路设立染织厂,采用电力机器制造各种帆布,命名恒源帆布有限公司。甫及三年成效昭著,所出成品不足销售,而所需线料不免取诸外产,价值继长增高,以致成本过巨,补救之策,非自立纱厂,不能发展业务,嗣经股东会议决定,推广纺纱办法,增集股本,逐购定地址于河北西窑洼闸口,计面积60余方丈建筑厂房、订购机器,至民国九年,筹备就绪开始营业。直至民国十五年,数载经营业务尚获有盈余。惟自十六年以后,历年既感战争影响,交通阻滞,复受日货倾销,纱价低落,营业大受亏损,增加负债甚巨,感受内外交迫,势近难支,遂于二十三年停止工作。嗣经董事会与银行团洽商,整理旧债,续借新款,以便复工。至二十四年成立新约,委托银行团管理。在此期间,以经营之余剩逐年将各债权之本息扫数偿还。遂于民国三十五年二月经董事会收回自办,以图达成增产报国之使命。

(J146-1-3)

39.恒源纺织股份有限公司之沿革

民国三十五年三月(1946年3月)

恒源纺织公司缘起创始于民国五年,由发起人曹健亭、章瑞廷、宋文轩诸公在天津河北黄纬路设立染织工厂,采用大力机器制造各种帆布,命名恒源帆布有限公司。甫及3年成效昭著,所出成品不足销售,而所需线料不免取诸外产,价值继长增高,以致成本过巨,亟筹补救之良策,断非自立纱厂,不能挽回利权。嗣经董事会议决推广纺纱办法,增集股本,遂购定地址于河北天纬路西西窑洼闸口,计面积6000余方,足敷纺机3万锭、织机300台之建设。于是建筑厂房、购按机器,并将恒源帆布公司并入,命名恒源纺织股份有限公司。至民国九年,诸务筹备就绪,呈由前农商部发给营业执照,开始营业。至民国十五年,数载经营业务尚获有盈余。自十六年以后,历年屡受战事影响,交通阻滞,销售维艰,纱价一落千丈,营业大受亏损,负债甚巨,势近难支,遂于二十三年二月间停止工作。而本公司董事会深虑停工过久,所有厂房机器均将蒙受非常之损失,经与银行债权团洽商借款复工。至二十四年七月商洽妥协,续借新款,成立契约,工厂事务委托银行团组织之诚孚公司代管,并即修建厂房,添购织布等项机器。期将经营之余利逐年偿还各债权之本息。至三十一年底,因历年纱价增长,颇获利益,已将旧债本息一律清偿债权告一结束。嗣因种种关系,将合作契约续订1年,至三十三年已经满期,惟双方因事实上需要,不能不继续维持,以应付彼时之环境,故仍由诚孚公司作事实上之代管。至三十四年八月,顽敌降服,和平实现,董事会以社会实际情形,正应解除合作之约束。遂决定将本厂收回自办,由曹常务董事郁文兼任经理,即于三十五年一月二十四日由诚孚公司将本厂收回自办,以期增加生产,而发展业务,此即本公司沿革之大概情形也。特此陈述,敬请察鉴。

(J146-1-3)

40.天津市政府社会局为恒源厂自办事批复

民国三十五年四月十三日(1946年4月13日)

天津市政府社会局批字第4196号。具呈人恒源工作股份有限公司呈一件为呈报接收日期并请备案由，呈悉所请姑予照准，仰依限来局遵照经济部收复区各种公司登记处理办法，办理登记手续以凭核办，勿延为要。此批。

局长　胡梦华

(J146-1-8)

41.恒源纺织公司概况报告

民国三十五年(1946年)

查敝公司前于民国五年春间在天津河北黄纬路开办恒源帆布有限公司，曾经呈准前北京农商部注册颁给执照在案。嗣于七年开股东会议决推广纺织工厂，共招集股本400万元，设纺机3万锭，织机300部，卜地于河北天纬路西堤头闸口兴工营造。于八年五月呈奉前直隶省长公署暨实业厅批准，一面赶办工程筹备新厂，添购机器，一面从速集收股本，至九年五月诸务筹备就绪，奉诸前北京农商部核准注册发给执照，开始营业，并将原领恒源帆布公司注册执照缴销。嗣于十八年五月将原领前北京农商部核准注册执照呈送天津市社会局转呈国民政府工商部查验填换新照。复于二十二年因敝公司改选董事、监察人事有变更，呈请河北省实业厅转呈实业部换填新字第176号注册执照1纸发给收执。惟敝公司自民国九年五月间开始营业起讫至十年底结算，营业部分有盈无亏，然当民国十一年间棉价奇涨，纱价沉衰，营运难望活跃，遂于是年十月仅开昼工1万锭，勉为支撑，不意支持。至民国十二年八月间棉纱价格仍无起色，工厂难以维持，营业倍增艰窘，迫不得已又将工厂工作完全停止，以免赔累甚巨。嗣于民国十三年二月底将工厂工作完全恢复，原期棉料望收略图自振，以挽回近年来之颓势，讵意春旱夏潦天灾重降，原棉价贵成本频加，发展莫能，加以战祸频仍，金融停断，百业凋残，货存不销，来源竭蹶，虽减工辍作勉为现状，牵萝补屋挹注为难，甚感受困苦情形，较之十二年为尤甚，结果至年终清算亏损匪轻。至十四五两年营业较前数年稍优，惟自十六年起，以迄二十三年二月止，年年亏损，愈以洋纱充斥，价格低落，棉价提高成本过巨，且工潮叠起，工资倍增，并且时局杌陧，金融奇紧，种种问题为致其营业衰落之原因，然不仅此也，其主要原因由于固定资产超过股本流动资金全恃借入，利息加多，负债甚巨所致。向使无此情形则营业决不能至不可收拾之局面，然终因有上项情事，于二十三年二月十三日不幸宣告停工，嗣敝公司董事会恐停工日久厂房、机器损失非轻，随与银行团洽商借款清理欠外债务，筹备恢复工作。经二十三年七月临时股东会承诺，并委由敝公司董事会继续与银行团协商期底于成，以免受重大损伤，且可对外保全信用。嗣与银行团往复磋商几经折冲，始得于二十四年七月与银行团组织之诚孚公司成立新借款，并委托管理工厂营业，业将厂房、机器改进修理完竣，照常开工矣。

(J146-1-8)

42.天津恒源纺织股份有限公司章程

民国三十五年(1946年)

第一章　名　称

第一条　本公司定名为恒源纺织股份有限公司。

第二章 事　业

第二条 本公司以纺纱、织布为主要事业。

第三条 本公司棉纱以“蓝虎”“彩蓝虎”“八仙”为商标，布匹以“炮车”“三果”为商标，并得随时增添新商标。

第三章 地 址

第四条 本公司设于天津河北西窑洼，将来扩充营业时，得选择地点添设分公司。

第五条 本公司工厂设于公司内部，将来扩充厂务时，得选择地点添设分厂。

第四章 股 份

第六条 本公司资本总额定为国币400万元，将来增加资本时，应由股东会决定之。

第七条 本公司股份总额定为4万股，以100元为1股。

第八条 将来增加新股时，应先尽旧股东分认，如不足额，始得另募。

第九条 本故事股票定为记名式。

第十条 本故事股东以有中华民国国籍者为限。

第十一条 股东转让时，应向本故事领取过户申请书照式填写，经本公司核对无误，并将一切手续办理完竣后，方为有效。但在股东会开会前1个月内或股东临时会开会前15日内不得转让。

第十二条 本公司股票不得自行收买或收为抵押品，股东亦不得向本公司退股。

第十三条 本公司股东名簿依法备置，以便股东随时请求查阅。

第十四条 各股东之股票遇有遗失时，须先备具公函持赴本公司接洽，一面登报声明，俟过两个月后，无人过问，再行觅具妥实铺保之证明书送请本公司补给新股票。

第五章 股东会

第十五条 本公司每年二月开股东常会1次，由董事会召集，于1个月前通知各股东。

第十六条 遇有必要时得由董事会召集股东临时会，于15前通知各股东，应于通知内载明召集事由。

第十七条 股东会开会前应由董事会备置入场券，由股东于开会前3日携带股票领取，届时持券出席。

第十八条 股东如因事不能到会，得出具委托书委托代理人出席，但此项代理人不限于公司之股东。

第十九条 股东会开会时应备具出席股东签名簿，凡属股东到会验券入场并于名簿内签名书到。

第二十条 股东会开会时以董事长为主席，董事长缺席时就出席股东公推1人充之。

第二十一条 本公司各股东每1股有1表决权，其1股东而有11股以上者，其超过之股数每2股作为1权，但尾数如为1股时亦作为1权。

第二十二条 股东会之决议除遇有公司法第二百四十六条第二项、第二百六十四条事项外，应有代表股份总数过半数之股东出席，以出席股东表决权过半数之同意行之。

第二十三条 股东会对于董事造具之表册、监察人之报告均得公共查核，并决议分派盈余及应发之股息。

第二十四条 股东会之决议事项应当场作成决议录，由主席签名盖章、连同出席股东之签名簿及代理出席之委托书一并妥为保存。

第六章 董事及董事会

第二十五条 本公司设董事9人，由董事会就股东中选任，任期3年，得连选连任。

第二十六条　各董事选出后应组织董事会互推董事长1人，常务董事2人。

第二十七条　董事会监督全体职员执行业务，对外代表公司以董事长为公司负责人。

第二十八条　董事会每月开会1次，于第四星期六日举行，必要时得随时召集临时会。

第二十九条　董事会决议事项以其过半数之同意行之。

第三十条　董事会应将公司章程及历届股东会决议录、资产负债表、损益表、股东名簿备置于公司，以便股东及债权人请求查阅。

第三十一条　本公司董事会设稽核、文牍、庶务三科，各设科长1人暨科员、书记各若干人。各科科长秉承董事会之指挥办理各该科主管事务。

第七章　监察人

第三十二条　本公司设监察人2人，由股东会就股东中选任，任期1年，得连选连任。

第三十三条　监察人得随时调查公司财务状况、查核簿册、文件，并请求董事会报告公司业务详细情形，得单独行驶其监察。

第三十四条　监察人对于董事会造送股东会之各种表册负有核对调查之责，并得编造意见书报告于股东会。

第三十五条　监察人认为公司必要时得自动召集股东会。

第八章　职　员

第三十六条　本公司设经理、副理各1人，由董事会遴选聘任。

第三十七条　经理及副理秉承董事会之指挥管理公司及工厂会员，综理一切业务。

第三十八条　经理及副理对于董事会决议事项不得变更，对于规定之权限不得逾越。

第三十九条　经理及副理处理业务涉及文件、表册者，均应签名负责。

第四十条　本公司设事务长1热不，分设营业、会计、庶务、医务4科，各设科长1人暨科员、书记各若干人。

第四十一条　本公司工厂设工务长1人，分设纱厂、布厂、原动部修机厂主任各1人，另设栈务、材料、人事、工资4科，纱、布2厂各设保管1科，各科各设科长1人暨科员监工、练习生若干人。

第四十二条　事务长秉承经理及副理之指挥督同各科科长办理主管事务。

第四十三条　工务长秉承经理及副理之指挥督同工厂各主任、科长办理主管事务。

第四十四条　本故事全体职员均受董事会之监督，对于主管事务应负完全责任。

第九章　会　计

第四十五条　本故事营业情形每月底结算1次，由经理造具账略1份送由董事会查核。

第四十六条　每届营业年度终由经理造具全年总账略1份，送由董事会查核。另由董事会造具下列各项表册于股东常会开会前30日，交由监察人查核。

（一）营业报告书；

（二）资产负债表；

（三）财产目录；

（四）损益表；

（五）盈余分派之议案。

第四十七条　前条所造具之表册与监察人之报告书于股东常会开会前10日备置于公司，以便各股东随时查阅。

第四十八条　董事会应将所造具之表册提出于股东常会，经大会承认后，即将资产负债表、损益表、盈余分派之决议分发于各股东。

第四十九条　本公司于营业年度终除去一切开支及全年应纳之国税后，所得盈余应提存1/10为公积金，1/20为机器厂房之折旧。

第五十条　依前条规定所有盈余应按股份每股发给股息，周年6分，其余分为100成照下列分配。

（一）股东得60成；

（二）发起人得4成；

（三）董事长、常务董事及其他各董事、监察人共得12成；

（四）董事会各职员及经理以下各职员全体公役共得14成；

（五）全体工人共得10成。

以上第三项至第五项之成数，均按薪费工资之多寡比例分配。

第五十一条　前条所定发给之股息及分配之利益，于每年股东常会开会后公告发给日期。

第十章　公　告

第五十二条　本公司遇有应行公告事项，择登平津著名两报纸为公告机关。

第十一章　附　则

第五十三条　本公司董事会及工厂办事细则另定之。

第五十四条　本章程未尽事宜悉照公司法第六章股份有限公司各条例办理。

第五十五条　本章程依公司法第二百四十六条第二项，由股东会决议行之。

（J146–1–34）

43.恒源纺织公司沿革节略

民国三十七年（1948年）

本公司由民国九年设立，当时集资400万元，以纺纱线布为主要业务，厂址设于河北西窑洼。民国三十五年经股东大会改选，边洁清为董事长，冯叔安、曹郁文、陈亦侯、张重威为常务董事，王慕沂、周作民、张星桥、李颂臣为董事，冯曙山、王子瑞为监察人，增加资本共法币4亿元，均经呈报南京经济部备案。嗣于民国三十六年十二月复遵照工矿运输事业重估固定资产价值，调整资本办法，将资本增至法币240亿元，业经南京工商部核准，惟尚未办理增资登记手续。此本公司之沿革。

（J146–1–3）

44.恒源纺织股份有限公司登记事项表

民国三十七年（1948年）

公司名称	恒源纺织股份有限公司	电话
所营事业	纺纱　织布	
资本总额及股份总额	资本总额600亿元　股份总额2.4亿股	
每股金额	250元	
每股实缴金额		
公司所在地	天津三区河北西窑洼	

续表

董事名单			
姓名	籍贯	简历	住所
边洁清	河北静海县	恒源纺织公司董事长兼经理	天津一区承德道连璧里2号
冯叔安	河北省河间县	曾任裕大纱厂董事,大陆银行董事,保定电灯公司董事长,现为充东方漆厂监理本公司董事	天津十区重庆道299号
张重威	江苏省仪徽县	曾任本公司常务董事,现充中南银行副总经理,诚孚管理上海新裕纺织公司总经理	天津十区云南路55号
李颂臣	天津市	曾任滦州矿务董事及本公司董事	天津十区长沙路□□9号
王慕沂	河北省临榆县	曾任恒源纺织公司常务董事, 中国盐业公司蓟县分销店经理	北京东单门大街90号
陈亦侯	浙江温州	前清京师译学馆毕业,滦州矿务公司董事,达生纺织公司董事	天津十区西安道161号
王耕	河北省深泽县	曾任晋察冀边区银行中分行行政秘书, 天津交通银行副理交通银行华北分行副理	天津交通银行
杨固之	江苏省镇江县	历任哈尔滨、汉口、天津太平公司经理,天津金城银行副理,现任北洋纱厂副理	天津十区保定道□□□号
王竹铭	河北省阜城县	辉华新纱厂、济南鲁丰纱厂经理,本公司总工程师	天津一区承德道36号
监察人名单			
姓名	籍贯	简历	住所
杨鹤轩	河北省固安县	曾任前京奉铁路局职员,恒达古玩公司协理,蕴宝斋古玩店经理	天津二区元纬路向阳里1号
赵元方	北京市	天津中南银行经理	天津十区解放北路中南银行

经理人名单				
职别	姓名	籍贯	简历	住所
经理	边洁清	河北省静海县	恒源纺织公司董事长兼经理	天津一区承德道连璧里2号
副理	董权甫	天津市	北京工大纺织系毕业,本厂监工工务员	天津十区大沽路崇德里13号
副理	李振武	天津市	本公司稽核科办事员、科长,总稽核副理	天津八区府署街136号

(J146-1-34)

45.恒源纺织有限公司工厂管理规则

民国三十七年(1948年)

第一章 总 则

第一条 本厂之管理依本规则行之,凡本厂工人均须切实遵守本规则之规定。

第二条 本厂工人于本规则之外,凡本厂随时所出之布告及规定须服从之。

第三条 本厂工作分为昼夜两班,每班工作11.5小时,每星期调班1次,但遇特别情形时可提前或移后。

第四条 本厂各部工作法及技术标准依本厂之条规及同业者之习惯定之。

第五条 本厂工人须将工号徽章挂于显见之处,无工号徽章者不准进厂。

第六条 本厂工人上工时,须亲将工折交到工账房不得倩人代交,下班时仍凭工账房已换还之工折出厂,遇必要时须受警卫之搜检并查验工折不得拒抗。

第七条 各部交班时各工人须认真交接清楚,事后不得互相推诿责任。

第八条 本厂工人在工作时间不得任意喧哗叫嚣敲打物件,放工时须整列徐行不得任意争先拥挤。

第九条 工作时机器遇有损坏障碍或发出异声时,须立即报告该管员司视察不得俄延疏忽以致延误。

第十条 输运原料、物件、成品等车须徐徐推行不得卤奔猛进,以免撞损机器、墙柱等处。花纱支别切须注意分清,不得调误。

第十一条 公用家具什物不得锁入私橱致误他班工作。

第十二条 遇有火险各间须互相施救,不得藉端起哄。

第十三条 凡携带饭证出厂者,夏季时间上午11点出厂,下午半点回厂;冬季时间上午11.30出厂,下午1点回厂,绝对不准早退及迟到。

第十四条 放上工汽号后立即闭门,迟到者不得入厂。工作凡无出门证者,非至下工时间不准出厂。

第十五条 原动部须轮流吃饭,不得妨碍运转。

第二章 受 雇

第十六条 本厂受雇工人须年在16岁以上30岁以下之男子,由妥实介绍人带领至主任处报名,先由医员检验出具身体健壮,身长目力合格确无宿疾嗜好之证明单后,再送至厂内考验。

第十七条 厂内考验由该厂工务员会同监工正副目办理,并各签名负责。

(一) 须粗通文字,有普通常识,有合作精神者。

(二) 对于生手须心灵手敏,有可造就之希望者。

(三) 对于熟手须当众认真考试,其手艺能力相当及工作合法者。

第十八条 考验合格之生手初进厂工作之半个月作为试用工,只供给食宿不给工资。过半个月后准行留厂工作者,作为帮工以一年半为期,在起初半年内除供给食宿外,每月酌给工资洋8角至1元,试用工之不堪造就者,半个月后即令其出厂。

第十九条 帮工在厂工作过半年后按其手艺能力及工作成绩分别等第增加工资,其增加之额由8角至1.2元。

第二十条 帮工在厂工作过一年半后,由该部主任及公务员会同监工正副目切考验其手艺能力、工作法并参照其平日品行、合作精神等项,成绩优良者提升机工,每工酌给3.6角以上之工资,其成绩不良者仍为帮工,每月再考验1次,以及格为限。

第二十一条 熟手工人之考验合格者即派充机工,按照其手艺能力及工作法酌给每工3.6角以上之工资。

第二十二条 凡曾在本厂或他厂因违犯厂规或滋生事端开除及曾受刑事裁判者,概不录用。

第二十三条 已经录用之工人须于进厂前填具志愿书,并觅妥实保证人签名盖章,该工人如有违犯厂规及发生意外事故,保证人负完全责任。

第三章 解雇除名及革除

第二十四条 本厂工人在雇佣期间如有下列情形之一时,即行解雇。

(一) 公司经济陷于绝境不得已而缩小范围或全部停工时。

(二) 公司遭逢人力不能抵抗之灾变,难复原状时。

(三) 工人年老或病衰难再继续工作时。

第二十五条 本厂工人在雇佣期间如有下列情形之一时,即行除名。

(一) 保证人撤销保证义务而于一星期内无继续保证者。

(二) 一年内因事请假2个月以上,因病请假3个月以上者。

(三) 无故旷工连续7日者。

(四) 自行告退者。

(五) 病故。

(六) 缺乏工作能力或工作性盾与本人技艺不合者。

第二十六条 本厂工人在雇佣期间如有下列情形之一时,即行革除。

(一) 有窃盗行为者。

(二) 殴打逞凶者。

(三) 扰乱秩序妨害厂务进行者。

(四) 偷换机件或无故损坏机件及物品,影响生产或酿成危险者。

(五) 伪造履历或冒名顶替希图蒙蔽者。

(六) 特别刁难不服指挥、侮辱司员、工头及工作太懒者。

(七) 造谣恐吓致他人不能安心工作者。

(八)紊乱风纪、赌博、饮酒或在禁地吸烟及携带危险物或凶器进厂者。

(九)自造私活或嘱台人为其代造私活者。

(十)触犯刑法者。

第四章 工 资

第二十七条 本厂工人分论工、论月2种,给资论工者之工资每月结算2次,论月者之工资每月结算1次,每次皆发给当地通用之货币。

第二十八条 星期日调班休息不给工资。

第二十九条 星期调班日全厂加工照常工作时,照平时工资加倍给资。

第三十条 星期调班日加工扫除及修机者,照平时工资加半倍给资。

第三十一条 法定纪念日全厂加工照常工作时,除照给工资一工外,再照平日工资加倍给资。

第三十二条 法定纪念日加工、扫除及修机者,照给工资一工外,再照平日工资加半倍给资。

第三十三条 延长工作时间加工连续作工者,照平日工资加倍给资。由二十九条至三十三条加工时间俱以11.5小时作为一整工,其时间不足一整工者,按时间比例计算。

第三十四条 星期调班日看厂者照平日工资给资,看厂兼作工者照平日工资加倍给资。

第三十五条 法定纪念日看厂者除照给工资一工外,再照平日工资给资。看厂兼作工者除照给工资一工外,再照平日工资加半倍给资。三十四条、三十五条加工时间俱以12小时为一整工,其时间不足一整工者,按钟点比例计算。

第三十六条 凡加工时除长日班者外,其余甲乙两班工人有同等工作能力者,由该部监工会同工务员轮流指派。呈明技师核定加工时必须确守工作时间绝对不准迟到及早退,下班时以摇铃为号。

第三十七条 临时请假照下列办法扣除工资,自半小时至3小时者扣二五工,自3小时以上之6小时者扣半工，自6小时以上至9小时者扣七五工，自9小时以上至11.5小时者扣整工。

第五章 休 假

第三十八条 本厂放假日期规定如下照给工资。

一月一日开国纪念放假1日 三月十二日总理逝世纪念放假1日 三月二十九日72烈士殉国纪念放假1日 五月一日劳动节放假1日 五月五日革命政府成立纪念放假1日 七月九日国民革命军誓师纪念放假1日 十月十日国庆纪念放假1日 十一月十二日总理诞辰纪念放假1日

第三十九条 本厂工人每年因事请假不得过2个月，因病请假至多不得过3个月，请假时须本人或亲属来厂面陈该管员司核准。

第四十条 请假时如有虚伪假托情事或请假逾期未来续假者，作无故旷工论。

第六章 待 遇

第四十一条 凡本厂工人得在本厂工人宿舍居住，房间床铺、电灯、炉火、热水等项概不收费。

第四十二条 凡本厂工人患病由本厂中西医药室诊治，特别病重者送往本厂指定之医院治疗。

第四十三条 本厂设有义务学校，本厂职工子弟得免费入学。

第四十四条 本厂设有工人补习学校，本厂工人得轮流入学。

第四十五条 本厂设有消费合作社，本厂工人可以廉价购买各项日用物品。

第四十六条 本厂设有工人饭厅及厨房减收工人饭费，其不足之数由本厂贴补。

第四十七条 本厂设有浴室工人沐浴不收费用。

第四十八条 本厂工人因父母大丧及本身完婚请假10日以内，照给工资。

第四十九条 凡本厂工人因公受伤者，在治疗期间工资照给。

第五十条 本厂工人因重病回家疗养者，酌给路费。

第五十一条 凡工人因病死亡者，给予20元之葬费，其有特别劳绩者除葬费外，酌给遗族恤金。

第五十二条 凡工人因公受伤以致死亡者除葬费外，依其成绩及来厂年限酌给遗族恤金。

第五十三条 凡工人因公受伤而成残疾者，即改任相当轻便工作。非有重大过失不予革除，其不愿继续作工者，依其轻重情形及来厂年限酌给退工恤金。

第七章 奖 励

第五十四条 凡机工半月内不请假，其工资在6角以下者，奖给一工工资。工资在6角以上者，奖给半工工资。

第五十五条 凡帮工及小工一月内不请假者，奖给四工工资。

第五十六条 本厂工人有下列情形之一者，酌给奖金或增加工资。

(一) 工作成绩超过标准数以上者，无标准之工作每月择成绩优良者给奖。

(二) 厂内遇有火警及其他灾变，工人异常出力或受损失者。

(三) 工作认真看车特别清洁，所管之车少出油花纱头者。

(四) 督工不辞劳怨出数独多出品优良者。

(五) 手艺精进对于厂用机器有新发明或改良之处，试验后确于出品及经济有益者。

第五十七条 每年年终酬劳按营业状况及各工人工作成绩酌定之。

第八章 责 罚

第五十八条 凡工人未经请假私自停工者，每停工1日扣罚1日工资。

第五十九条　本厂工人有下列情形之一者,依其情节轻重分别责斥或扣罚工资。

(一) 违犯本厂规则及工作法者。

(二) 违背本厂临时布告及不受约束者。

(三) 工作不慎致成品恶劣或损坏物件者。

(四) 糟蹋原料、物件及毁弃成品者。

(五) 出数不及标准数者。

(六) 工作取巧舞弊及偷懒偷睡者。

(七) 私自出厂或迟到早退者。

(八) 在厂内口角争吵或妨害他人工作互相戏谑者。

(九) 私自停车或开慢车者。

(十) 偷拨汉克、涂改工折及各项簿册者。

(十一)污损刻画墙柱及窗上玻璃粉漆者。

(十二)在规定处所外倾泼水浆或污秽者。

(十三)擅自启闭窗户、电灯及喷雾暖气等者。

(十四)未到下工时间擅离车位者。

(十五)遗失工号徽章或工折者。

第九章　附　则

第六十条　本规则如有未尽事宜得随时会同本厂工会协商修正之。

(J146–1–34)

裕大纺织股份有限公司

1.天津特别市社会局为递送裕大纺织公司改订章程及股东会议事录等件呈致实业总署咨文

民国三十一年十一月二十六日(1942年11月26日)

为咨请事。案据本市裕大纺织股份有限公司专务董事王克敏呈称,窃本公司成立于民国九年,专营机器纺纱织布事业云云,并案准予变更登记办法新照,只领等情,附卅一年八月十六日股东会议事录。监察人许修直、邵东湖证明书修正章程,新旧股东名簿各一份。据此查该公司呈请验发公司执照一案,业经转咨核办在案,兹据前情,除批示外,相应检同原附件各一份,备文咨请查核并案办理,并希见复为荷。此咨实业总署。

附股东会议事录一份

监察人证明书一份

修正章程一份

最新股东名簿一份

旧股东名簿一份

中华民国卅一年十一月

(J25-2-1030-10)

2.裕大纺织公司为递送改订章程及股东会议事录等件呈天津特别市社会局文

民国三十一年十一月(1942年11月)

为增加资本改订章程检同股东会议事录等件仰祈鉴核转呈备案事。窃本公司成立于民国九年,专营机器纺纱织布事业,曾领有前国民政府工商部颁发公司注册第三类第301号执照,业经遵照验发公司执照规则,备文呈缴钧局转呈实业总署验发新照在案。查本公司资本总额原定300万元,开办伊始实收200万元,嗣因历年营业滚存积达100万元,于民国二十年经股东会议决将资本总额补足为300万元有案,惟中经本公司砸厂工潮,复逮事变,未及奉颁新照。自民国二十年以后,营业滚存又已积数甚多,复经本年八月十六日股东会议决将资本额增加为375万元,并将公司章程依照修改等因记录在卷。除前领国民政府工商部执照业经呈缴钧局转呈外,理合检同三十一年八月十六日本公司股东会议事录,监察人许修直、邵东湖证明书,修正公司章程及新旧股东名册各一份,备文呈请钧局鉴核,转呈实业总署并案准予变更登记,颁发新照只领。实为德便。谨呈天津市社会局。

天津裕大纺织股份有限公司专务董事王克敏呈

计附呈

一、民国三十一年八月十六日本公司股东会议事录一件

二、本公司监察人许修直邵东湖证明书一件

三、本公司修正章程一件

四、旧股东名簿一件

五、新股东名簿一件

中华民国三十一年十一月

(J25-2-1030-9)

3.裕大纺织公司为补呈验照增资所需附件事致天津特别市公署函

民国三十一年十一月(1942年11月)

为呈送事,窃查本公司呈请验照增资两案,奉钧署建亚字社二第2366号及2367号批,除全案候转咨实业总署并案核夺外,并饬将原呈各附件补呈一份备查,等因。奉此,遵将原附件全份,计天津通成公司保证书一纸,本公司三十一年八月十六日临时股东会议事录一纸,监察人许修直、邵东湖证明书一纸,修正公司章程一份及新旧股东名簿各一册,检齐补呈,敬请核收存查,实为德便。谨呈天津特别市公署。

天津裕大纺织股份有限公司专务董事王克敏呈

附件

一、天津通成公司保证书一纸

二、本公司三十一年八月十六日临时股东会议事录一纸

三、监察人许修直、邵东湖证明书一纸

四、修正章程一册

五、旧股东名簿一册

六、新股东名簿一册

保证书

为出具保证书事。查天津裕大纺织股份有限公司系于民国九年成立,领有前国民政府工商部公司注册第三类第301号执照,营业至今并未停歇。现依验发公司执照规则,呈请验发新照是实。特此保证。

具保证书人 通成公司天津分公司

天津法租界十一号路25号

监察人证明书

本公司截至三十一年度上期止,历年滚存实达75万元。经本年八月十六日股东会议决将本公司资本额自300万元增至375万元。所有公司一切帐目表册,均经本监察人详细查核无误,特此证明。

天津裕大纺织股份有限公司监察人

许修直

邵东湖

天津裕大纺织股份有限公司三十一年八月十六日临时股东会议事录

时间:民国三十一年八月十六日下午三时

地点:北京银行公会

出席:股东　三十一人

　　股权　全部股权三分之二以上

列席:卓会计师定谋

主席:王专务董事克敏

宣布开会。

报告事项:

一、宣读三十一年七月三十一日止收支各款对照表

二、监察人许修直、会计师卓定谋分别报告关于各项收支帐目详加查核无误

议决事项：

一、本公司历年滚存金已积达75万元，兹拟将本公司资本额自300万元增为375万元，并将公司章程照为修正，呈请官厅备案，检同修正章程请公决案。(董事会提出)

议决：本公司增加资本额为375万元及修正章程均照案通过，其备案手续交由董事会办理。

闭会，下午五时十五分。

天津裕大纺织股份有限公司章程

三十一年八月十六日临时股东会议决修改

第一章 总纲

第一条 本公司依照中华民国公司法组织之，定名为天津裕大纺织股份有限公司。

第二条 本公司专以经营制造棉纱织布及其有关事业为目的。

第三条 本公司设总公司于天津，对必要地点得设分公司及办事处。

第四条 本公司公告事项揭载于总公司所在地之新闻纸。

第二章 股份

第五条 本公司资本总额国币375万元，每股100元，计37500股。

第六条 本公司股票为记名式，分为一股10股票、100股票及1000股票等四种。

第七条 本公司股票并无优先普通之别，一律待遇。

第八条 本公司遇增加资本时，其增加部分应仅旧股东先行认购，余者再行招募。

第九条 股东须将其本人及其法定代理人姓名、住所、印鉴通知本公司注册，其变更亦同。

前项法定代理人注册时应提出资格证明文件。

第十条 股东如转让其股份时，应填具本公司所定之名义更换请求书，连同股票向本公司提出之。

因继承或赠与及其它原因取得股份时，应填具本公司所定之名义更换请求书，附具其取得事实之证明文件，连同股票向本公司提出之名义更换手续费，股票每张收国币5角。

第十一条 因股票遗失而请求补发新股票者，应于本公司所定之请求书填明事由，并由本公司认为适当之连带保证人二人以上，连名盖章向本公司提出之，本公司须俟股东自费在新闻纸作二日以上之公告，并自其最后公告日起经过三十日无异议发生时，始发给新股票。

发给新股票之手续费，每新股票一张收国币1元。

第十二条 因股票损坏或分割而请求发给新股票者，应于本公司所定之请求书载明事由，连同股票向本公司提出之。

第十三条 本公司自每期决算末日起至股东常会终了止，停止股票之名义更换。

在前项之外遇有停止更换股份名义之必要时，得预先通告行之。

第三章 决算及分配

第十四条 本公司每年决算二次，于五月底及十一月底行之，但如有特别情形，得将营业期合并决算。

第十五条 每期决算后除各项开支外，所有盈余加入前期滚存金，处分如左：

一、法定公积金利益之百分之十以上；

二、股息红利若干；

三、董事及监察人酬劳金若干；

四、职员酬金若干；

五、后期滚存金若干。

第十六条 股息红利按照该决算末日股东名簿分配，其支付日期以董事会决议通知之。

第四章 股东会

第十七条 本公司每年召集股东常会两次，于六月及十二月召集之，遇必要时得由董事会决议或全股份十分之一以上之请求召集临时股东会。

第十八条 股东会之议长由专务董事任之，专务董事有事故时，由常务董事任之，专务董事及常务董事均有事故时，推董事一人代之。

第十九条 本公司股东每一股有一议决权。

第二十条 股东会之决议以出席股东议决权之过半数行之，可否同数取决于议长。

但关于修改章程及增加资本事项须有股权总数三分之二到会，而以过半数议决之。

出席股东不足法定员数时，以出席股东议决权之过半数为假决议，并将假决议通告股东于一个月内再行召集股东会，以出席股东议决权之过半数议决确定之。

第二十一条 股东及其法定代理人得委托代表行使其议决权，但应出具委托书为证明。

第二十二条 股东会之议决事项记于决议录，由议长签名盖章，与出席股东之名簿一并保存。

第五章 董事及监察人

第二十三条 本公司设董事五人至九人，监察人一人至三人，由股东会投票选举，并由董事中互选专务董事一人、常务董事二人。

第二十四条 董事须于五十股以上之股东选任之，监察人须于三十股以上之股东中选任之。

第二十五条 董事之任期为三年，监察人之任期为一年，任满续举，均得连任。

董事或监察人在任期中最后营业期之股东会终结前，遇有任满之时，其任期得延长至该会终了为止。

第二十六条 董事或监察人出缺时，得举行补选，但法定员数不缺，且事务亦无障碍时，得不补选。

第二十七条 董事会每月开会一次，由专务董事主席，专务董事有事故时，由常务董事代之。

第二十八条 专务董事为本公司代表处理一切业务，常务董事辅佐专务董事，如专务董事有事故时，得代行其职务。

第二十九条 董事及监察人之报酬由股东会决定之。

第六章 附则

第三十条 本章程未尽事项根据公司法办理。

第三十一条 本章程得由股东会议决修改。

天津裕大纺织股份有限公司股东名簿 民国二十年冬季			
户名	姓名	股数	
公记		16,824	
王叔鲁		1,300	
侗记	王叔鲁	100	
信记	同前	100	
仁记	李律阁	100	
倜记	同前	100	
僖记	同前	100	
倬记	吴荣宅	100	
俦记	同前	100	
九合堂冯公记	冯叔要	1,550	
冯机记	同前	250	
冯华充	同前	50	
陈秀峰	陈幼山	600	
秀记	李桂山	500	
春华堂	张岱杉	500	
云方记	同前	100	
积庆堂	方灌青	400	
燃藜堂	刘肖颖	400	
陶敏芬	同前	20	
陈叔琇	同前	10	
冯树德堂	冯幼伟	300	
垂裕堂	曾蝬生	200	
聚奎堂	同前	50	
淦记	同前	15	
朱旭初		200	
敦厚堂廣记	周泽岐	500	
敦厚堂	同前	100	
郑绍记	郑绍鹤	105	
梅浣记	梅浣华	100	
陈铭侯	刘肖颖	100	
达记		100	
可记	梁燕孙	100	
蝬记	朱桂莘	100	
春记	任振采	100	
作记	周作民	100	
周任厚堂	同前	13	
徐星记	徐星曙	100	
潘子欣		100	
周善记	周弢甫	75	
蒋彬记	蒋彬侯	50	
陈淮生		50	
屠宝记	屠宝慈	50	
屠振记	同前	20	
屠慎记	同前	20	
屠聿记	同前	10	
鲍守善		40	
鲍星槎		35	
许卓然		25	
卓本愚		25	
谈丹崖		25	
陆润记	陆闰生	25	
常醉经堂	常朗齐	25	
陈叔良		25	
陈恂叔		25	
仁裕昌	刘厚生	20	
义裕泰	同前	20	
礼裕恒	同前	20	
智裕隆	同前	20	
信裕源	同前	20	

一慈堂张	张孝劼	20	
郭啸麓		13	
王干丞		10	
顾子记	顾子言	10	
眉寿堂	林子有	10	
邢冕之		10	
李孟记	李功尚	8	
孙元齐	孙子涵	5	
兰记	李直士	2	
王肇能	王公之	2	
严曾统		20	
夏馨如		2	
桐记	刘伯荃	8	
陈庆容		1	
无锡宝成银楼		10	
刘文卿		13	
张晋阶		10	
远记	穆藕初	480	
惠记	同前	400	
公记	同前	400	
善记	同前	400	
凌润记	凌润台	100	
杨雪记	同前	20	
廖月记	同前	5	
何佩瑢		100	
理本堂	刘秀九	100	
沈少泉		100	
张润亭		100	
管洛声		70	
管亚强		10	
安记		10	
干记		10	
交记	北京证券交易所	50	
李伯琦		50	
杜蔼篯		50	
琴龕	潘季襄	50	
吴梅岑		50	
吴黔		50	
永存堂	区尺君	50	
桂馥堂	杨锡九	40	
云记	聂云台	50	
佛记	同前	30	
管记	同前	30	
健心室	同前	30	
清心室	同前	30	
忘机室	同前	30	
任便堂	同前	30	
莹记	同前	10	
福记	同前	10	
璞记	同前	10	
强记	同前	10	
阁记	同前	10	
阊记	同前	10	
沈声隐	沈定九	30	
庄缄记	庄思缄	30	
胡务本堂	胡友裴	30	
唐易庵		25	
黄述西		25	
镕记	曾镕甫	25	
寿昌记	施寿昌	10	
赵子久		10	

颐德堂	葛仲勋	20	
金严智圆		20	
信义堂	韩玉堂	20	
翔记	王秀臣	20	
万记	张翔万	5	
吴棘记	吴棘夫	20	
张朱佩琼	张彦云	15	
曾彝隆堂	曾叔度	13	
汪楞记	汪楞伯	13	
李炳郁		12	
顾宝记	顾宝慈	10	
陈岱楚		10	
陈佑之		10	
雪记	李师彦	10	
张翼后		10	
戴则均		4	
史汝舟		4	
殷罣卿		4	
张保纶		3	
吴迅如		2	
吴锦如		2	
葛渊如		2	
张竞宇		2	
戴谷平		1	
敦裕堂		2	
瑞竹堂		2	
朱定园		10	
朱嘉祉堂	朱定园	10	
朱道腴斋	朱定园	10	
李彦记	华贯千	10	
丁方记	同前	5	
荣懋堂	同前	5	
艾记	同前	1	
末记	同前	1	
兴记	同前	1	
陈古香		10	
许公遂		10	
黼记	张恩黼	10	
张苇航		10	
竹如记	张苇航	10	
孙彝伦堂	孙文轩	10	
纯记	聂云台	10	
吴绍海		10	
孙吴毓蘅		10	
马雄冠	马润生	10	
马任全	同前	10	
养记	严养之	8	
徐殿记	曹钧衡	7	
唐璧		6	
秦凤记	秦凤鸣	5	
秦荫记	同前	1	
六皆堂正记	陈正甫	5	
汪玉记	汪孟舒	5	
袁惠人		5	
玗记	邹玗青	5	
王鞠记	王幼棠	5	
唐瑞芝		5	
任望记	任志平	5	
蒋励真		5	
吴选闲		4	

祁仲丹		3	
郑炎佐		2	
王觉民		2	
耿敬安		2	
陈芝怡		2	
陈燕愉		2	
朱还记	朱莘耕	1	
于以恒		1	
张荫林		1	
徐菊农		1	
厚德堂记	高有梅	1	
陈季芬		1	
共计	193户	30000股	

天津裕大纺织股份有限公司股东名簿 民国三十一年九月			
户名	姓名	股数	备考
平城记	杨济成	956	每股一百元正
王君重	王叔鲁	500	
王君朔	王叔鲁	81	
威记	李律阁	500	
律记	李律阁	398	
杨文记	李律阁	200	
杨云记	李律阁	200	
孙雪记	李律阁	200	
孙如记	李律阁	100	
李燕记	李律阁	200	
李友记	李律阁	100	
鲍析记	李律阁	200	
鲍珠记	李律阁	100	
金记	杨济成	417	
整记	北京盐业银行	314	
中国联合准备银行	汪时璟	312	
九合堂冯公记	冯季远	388	
九恩堂	冯季远	53	
冯机记	冯叔安	55	
冯华充	冯着唐	13	
正义堂		199	
光裕堂		150	
修明堂		150	
龄记	屠启龄	162	
敦厚堂廙记	周彬岐	125	
敦厚堂	周彬岐	25	
津金记	杨济成	100	
燃藜堂刘	刘肖颖	100	

松山记		100	
仲记	潘蕃孙	100	
张远堂	张同德	88	
育记	韩诵裳	52	
乐寿堂	朱旭初	50	
许修直		62	
邵记	邵东湖	63	
俭记	邵东湖	13	
直记	张仲直	40	
白德卿		40	
徐薇记		25	
潘子欣		25	
理本堂	王天恩	25	
陈如松		25	
达记	吴心娱	25	
周善记	周维蕃	19	
管洛声		18	
林同甫		15	
李伯琦		13	
交记	高友伯	13	
斌记		13	
琴盦	潘季襄	13	
屠宝记	屠启龄	13	
屠慎记	屠启龄	5	
屠振记	屠启龄	3	
屠聿记		10	
胡务本堂	胡懋源	8	
沈声隐		8	
严曾统		5	
陶敏芬		5	
金严智圆		5	
一慈堂张	张孝劼	5	
张保伦		4	
周仁厚堂	杨济成	4	
曾彝隆堂	曾彝进	4	
李树楠		3	
眉寿堂	孙锡三	3	
陈淑琇		3	
公记	陈公望	3	
管亚强		3	
殷墨卿		2	
宝玉堂	汪孟舒	2	
秦凤记	秦祖荫	2	
秦荫记	秦祖荫	1	
蒋励真	蒋伯阳	2	

吴选闲	吴保容、吴保衡、吴保量	1	
戴则均		1	
张苇航		1	
夏馨如		1	
张竞宇		1	
耿敬安		1	
李炳郁		1	
葛渊如		1	
戴谷平	戴仑	1	
张荫森		1	
顺记	吴棘夫	1	
恒裕堂	瞿兑之	8	
云记	聂云台	13	
佛记	聂云台	8	
管记	聂云台	8	
健心室	聂云台	8	
清心室	聂云台	8	
忘机室	聂云台	8	
任便堂	聂云台	8	
莹记	聂云台	3	
福记	聂云台	3	
阁记	卓其纯	3	
闾记	卓其纯	3	
纯记	卓其纯	3	
孙元斋		2	
信义堂	韩玉堂	5	
朱还记		1	
任望记		2	
宝记		3	
养记		2	
厚德堂记		1	
李孟记		3	
淦记		5	
陈燕愉		1	
黼记		3	
陈淮生		13	
无锡宝成银楼		3	
史汝舟		1	
屠振记		3	
刘文卿		4	
王鞠记		2	
王干丞		3	
孙彝伦堂		3	
垂裕堂		50	

聚奎堂		13	
刘厚生		25	
张晋阶		3	
廖月记		2	
何佩瑢		25	
沈少泉		25	
杜蔼篸		13	
吴梅岑		13	
吴黔		13	
永存堂		13	
桂馥堂		10	
唐易庵		7	
镕记		7	
寿昌记		3	
赵子久		3	
王秀臣		5	
万记		2	
张朱佩琼		4	
陈岱楚		3	
雪记		3	
吴锦如		1	
丁方记		2	
荣懋堂		2	
艾记		1	
未记		1	
兴记		1	
许公遂		3	
张苇航		2	
竹如记		3	
吴绍海		3	
孙吴毓蘅		3	
马雄冠		3	
马任全		3	
徐殿记		2	
唐璧		2	
干记		3	
安记		3	
玗记		2	
唐瑞芝		2	
祁仲丹		1	
王觉民		1	
于以恒		1	
存记		66	
公记		11,000	
朱信行堂		8,000	
朱信记		5,000	
朱行记		5,750	
共计	164户	37500股	

（J25-2-1030-12）

4.为设立中日合办裕大纺绩股份有限公司合记呈请核准备案由

民国三十一年十二月七日(1942年12月7日)

为呈请备案事。窃商等现在天津市大直沽下郑家庄设立中日合办裕大纺绩股份有限公司合记,资本总额750万元,业经发起人等如数认足,理合遵照公司法施行法二十三条先行备具营业计划书、发起人姓名、经历及认股数目,连同章程呈请钧署赐予核准备案,实为公便。谨呈天津特别市公署。

具呈人　中日合办裕大纺绩股份有限公司合记

发起人　裕大纺织股份有限公司　王克敏

李律阁

杨济成

许修直

冯季远

屠启龄

张仲直

潘蕃孙

邵东湖

侯　蕃

东洋拓殖株式会社　总裁　佐佐木驹之助

池边龙一

斋藤力

香川正一

青井真光

种野文雄

滨田康吉

水鸟五郎

猪熊信行

吉川武男

井口保夫

附件

1.营业计划书一份

2.发起人姓名、经历及认股数目清册一份

3.公司章程一份

4.理由书一份

赐批请寄天津日租界福岛街七番地十七号

裕大纺织股份有限公司合记计划书

一、名称

裕大纺织股份有限公司合记

二、法人格

中日合办，定为中华民国法人

三、资本

国币　　750万元（75000股，一股100元，全数缴足）

中国方面　375万元

日本方面　375万元

四、设立方法

依照中华民国法令发起设立

五、营业种类

（一）纺绩并纺织业

（二）与前项关联附带之一切业务

六、董事及监察人

董事　八名　监察人　二名

由董事中互选董事会长、董事长及常务董事各一名，董事长代表公司

七、决算期

定为每年五月及十一月二次

八、利益金处分方法

1.法定公积金　利益金百分之十以上，

2.特别公积金　若干，

3.退职基金　若干，

4.董监酬劳金　若干，

5.股息红利　若干，

6.后期滚存金　若干。

九、设立费用

国币三千元以内

十、事业计划

由本公司将天津裕大纺织股份有限公司所有之天津大直沽下郑家庄裕大纱厂（设备35712锭，目下委托天津纺绩公司经营中）收买后，依照中日经济提携之根本精神积极经营纺织实业及其附带实业。

十一、收支预算书

（一）总收入　13,260,970元正

1.制品贩卖数额 13,233,730元

纱支号别	数量（捆）	估定标准价格	卖出总额
32	5,505	1,392	7,662,960
17	3,586	1,185	4,249,410
10	1,592	830	1,321,360
总计	10,683		13,233,730

注 估定标准价格系采用前期(民国三十年四月一日至同年九月末日)之卖出总平均单价

2.废花卖出数额 27,240元

废花屑 2,724担 每担十元,共27,240元

(二)总支出 11,989,374元正

1.原棉费 9,857,040元

预定着手制品	所需原棉数量	估定混棉单价	
32	18,717担	280元	5,240,760
17	12,192	270元	3,291,840
10	5,094	260元	1,324,440
总计	36,003担		9,857,040

2.经费 2,132,334元

内 容

科目别	金额	摘要
人事费	194,400元	以二十支纱作为一捆计算 每捆15,36
事务费	8,208	65
营业费	48,528	3,84
原动力费	159,667	12,62
纺工工费	275,947	21,81
修理费	51,264	4,06
工场消耗品费	64,080	5,06
搬运费	720	0,06
打包费	192,240	15,19
保险费	17,280	1,36
利息	270,000	21,34
折旧费	450,000	35,57
税金及捐款	400,000	31,62
总计	2,132,334	168,54

(三)纯益金 1,271,596元

(四)利益金处分

法定公积金 130,000元

特别公积金 150,000元

退职基金 60,000元

董监酬劳及交际费 50,000元

股息(八厘) 600,000元

后期滚存金 281,596元

发起人姓名、住所及其认股数目如左:

裕大纺织股份有限公司 天津大直沽下郑家庄 36,950股

王克敏 青岛莱芜二路一号 50股

李律阁 北京东四十一条四十七号 50股

杨济成	北京金城银行转	50股
许修直	北京西城受璧胡同二号	50股
冯季远	北京大中银行转	50股
屠启龄	北京东交民巷马凯汽水公司	50股
张仲直	北京西城手帕胡同十二号	50股
潘蕃孙	北京小羊宜宾胡同甲九号	50股
邵东湖	北京前内新大路六号	50股
侯蕃	天津法租界三十三号路同德里二十四号	100股

东洋拓殖株式会社

总裁　佐佐木驹之助	东京麹町区幸町一丁目二之二	37,000股
池边龙一	东京麻布区笄町一八一	50股
斋藤力	东京市牛込区市ヶ谷加贺町二之二	50股
香川正一	天津日本租界福岛街七番地之一七	50股
青川真光	天津日本租界福岛街七番地之二一	50股
种野文雄	东京市大森区田园调布三之九一	50股
滨田康吉	天津日本租界福岛街七番地之一八	50股
水岛五郎	北京特别市内六区北池子大街三四号甲	50股
猪熊信行	东京市淀桥区上落合一丁目四二四	50股
吉川武男	东京市世田谷区等ヶ力町二之四七九	50股
井口保夫	天津日本租界福岛街七番地之三一	50股

裕大纺织股份有限公司合记为设立依据公司法第八十八条及八十九条规定章程

发起人署名于左

中华民国三十一年六月八日

发起人之姓名、经历及其认购股数

裕大纺织股份有限公司

代表专务董事　王克敏　36,950股

王克敏　50股

字叔鲁，浙江杭县人，年六十七岁，前清举人，历任留日学生监督、天津交涉使、中国银行总裁、财政总长、临时政府行政委员会委员长等职，现任华北政务委员会咨询会议委员。

李宣威　50股

字律阁，福建闽侯人，年六十一岁，东京高级工业学校毕业，历任清邮传部员外郎、中国银行总文书、中国银行董事、全国经济委员会委员、财政部顾问、临时政府行政委员会交通局兼总务局长、建设总署副署长、中国民国政府联合委员会秘书长，现在华北政务委员会参议、华北电业公司理事、中国联合准备银行董事。

杨济成　50股

安徽怀宁人，年五十岁，日本东京明治大学毕业，历任交通银行主任、东三省银行经理，现任北京金城银行经理。

许修直　50股

江苏无锡人，年六十二岁，前交通银行常驻监察人，现任天津裕大纺织股份有限公司监察人、华北电信电话股份有限公司副总裁。

冯季远　50股

河北河间人，年三十三岁，清华学校毕业，现任北京大中银行副经理。

屠启龄　50股

江苏武进人，年三十五岁，南满医科大学毕业，曾任宝兴煤矿公司经理，现任马凯金星汽水公司经理、北京玉泉酿造公司董事、内务总署科长等职。

张仲直　50股

湖北鄂城人，年四十二岁，神户高级商业学校毕业，历任各大学教授讲师、华北政务委员会事务处长，现任华北政务委员会参议、华北电业公司理事兼北京分公司经理。

潘传显　50股

字蕃孙，浙江杭县人，年四十二岁，美国哈佛大学硕士，历任外交部办事、驻巴东领事、驻瑞典使馆首席秘书、江西省烟酒印花税局副局长、临时政府邮政局局长，现任华北政务委员会参议。

邵东湖　50股

浙江吴兴人，年三十六岁，日本东京工业大学毕业，历充上海纺织印染股份有限公司工厂厂长、上海协和工业原料行营业部长兼宁波恒丰纱厂驻上海代表，历任临时政府行政部简任秘书、华北政务委员会参事，现任华北政务委员会参议、华北电业公司理事。

侯蕃　　50股

河北南皮人，年四十七岁，江西大同学校卒业，历任天津赛马会稽核、盐务署秘书，现任裕大纺织股份有限公司经理。

东洋拓殖株式会社

总裁 佐佐木驹之助　37,000股

秋田县人，年七十岁，庆应大学理财科卒业，三和银行、山口合资会社、共同火灾、日本火灾等各代表，于昭和十四年五月充任东拓总裁，继续至现在。

池边龙一　50股

年六十二岁，东京高等商业学校卒业，历任朝鲜总督秘书官、朝鲜银行局长、东拓理事，现在东拓副总裁(傍江界水力、朝鲜有烟炭之各董事社长，天津纺织公司董事会长)

斋藤力　　50股

东京市人，年六十三岁，东京帝国大学法科卒业，朝鲜土地改良会社专务，东拓理事现职(傍天津纺绩公司、日满制粉、日鲁渔业、朝鲜无烟炭等之各会社董事，南洋兴发会社监察人及北满产业会社之董事会长)

香川正一　50股

香川县人，年五十二岁，东京帝国大学法科卒业，东省实业支配人，历充东拓、天津、元山、哈尔滨、奉天各支店长(傍中东海林理事长、大同酒精董事、东拓土地建物、满蒙毛织董事、东省实业专务、满洲特产工业监察人)，现在华友制粉公司理事长。

青川真光　50股

冈山县人，年四十三岁，冈山商业学校卒业，历经东拓奉天、天津支店，裕大纺委任经营业务从事，现充总裁席勤务，驻在天津。

种野文雄　50股

北海道人，年四十六岁，东京帝国大学法科卒业，东拓实业课勤务，现充第一事业课长（傍江界水力电气、富宁水力电气及日本无水酒精特许各会社之监察人）。

滨田康吉　50股

高知县人，年四十岁，东京帝国大学法学卒业，东拓青岛支店长（傍济南兴业专务、山东起业、胶澳电气各监察人），现充天津支店长（傍天津纺绩公司监察人、长城煤矿董事）。

水岛五郎

东京市人，年四十岁，庆应大学政治科卒业，东拓京城支店金融主任第二事业课次席，青岛支店次长（傍济南兴业监察人），现充北京支店长（傍长城煤矿董事）。

井口保夫

熊本县人，年三十四岁，上海东亚同文书院卒业，东拓木浦支店服务、天津支店勤务，现充天津支店次长。

猪熊信行

三重县人，年三十七岁，上海华友制粉公司理事。

吉川武男

奈良县人，年四十岁，东京帝国大学法科卒业，朝日炭素工业株式会社董事。

裕大纺织绩股份有限公司合记章程

第一章　总则

第一条　本公司遵照中华民国法令组织之，名称为裕大纺绩股份有限公司合记。

第二条　本公司以经营左列之事业为目的：

一、纺绩及纺织业。

二、前项之一切关联附带业务。

第三条　本公司设总公司于天津，对必要地点得设分公司及办事处。

第四条　本公司公告事项揭载于总公司所在地之新闻纸。

第二章　资本及股份

第五条　本公司资本总额国币750万元，每股100元，共75000股。

第六条　本公司之股份为记名式，得限于中国人及日本人所有。

第七条　本公司股票有1股票、10股票、100股票及1000股票四种。

第八条　股东于应缴股款期未能照缴时，其未缴金额每百元，一日按四分计算，征收其迟延利息。

第九条　股东及其法定代理人姓名、住所、印鉴须通知本公司，其变更亦同。

法定代理人之前项通知应提出法定代理人资格证明文件。

第十条　股份如有转让时，连同股票向本公司提出本公司所定之名义更换请求书。

因继承或相赠及其它原因取得股份时，应于本公司所定至名义更换请求书，附具其取得事实之证明文件，连同股票向本公司提出之名义更换，手续费股票一张收国币五角。

第十一条　因股票遗失而请求补发新股票者，应于本公司所定之请求书将事由载明，并由本公司认为适当之连带保证人二人以上之连名盖章向本公司提出之。

本公司须于二日以上公告之最后公告日起，经过三十日无异议发生时，方发给新股票。

第十二条　因股票损坏或分割而请求发给新股票者，应于本公司所定之请求书将事由载明，连同股票向本公司提出之。

股票更换之手续费，新股票一张收国币1元。

第十三条　本公司自决算末日起至股东会终了止，停止名义更换。

在前项之外，遇有停止更换股份名义之必要时，得预先通告行之。

第三章　股东会

第十四条　本公司股东常会每年两次，于六月及十二月召集之，必要时得召集临时股东会。

第十五条　股东会之议长由董事长任之，董事长有事故时，由常务董事任之，董事长及常务董事均有事故时，推董事一人代之。

第十六条　各股东之议决权，每一股有一权。

第十七条　股东会之决议，以出席股东议决权过半数取决之，可否同数取决于议长。

凡遇有法律规定必要员数，而出席股东不足法定员数时，以其出席股东议决权过半数为假议决，将其意旨通告股东，于一个月内召集股东会，以出席股东议决权之过半议决确定之。

第十八条　股东及其法定代理人得委托其它股东行使其议决权，但须有委任状为其代理权之证明。

第十九条　股东会之议决事项须记于议决录，由议长及出席股东二人以上署名盖章保存。

第四章　董事及监察人

第二十条　本公司设董事八人、监察人二人，由董事中互选董事会长、董事长、常务董事各一人。

前项董事会长一人、董事三人及监察人一人，以中国人充之。董事长一人、常务董事一人、董事二人、监察人一人，以日本人充之。

第二十一条　董事于五十股以上之股东中选任之，监察人于三十股以上之股东中选任之。

第二十二条　董事在任期中应将其所有本公司股票五十股提交监察人保存。

前项提交之股份遇该董事退任时，非经股东会承认，其营业期之决算不得发还。

第二十三条　董事之任期为三年，监察人之任期为一年。

董事或监察人如在任期中最后营业期之股东会终结前遇有任满之时，其任期得延长至该会终了为止。

第二十四条　董事或监察人有出缺时得施行选举补缺，但法定员数不缺且事务亦无障碍得不选举补缺。

补缺就任者之任期以其前任残余期为任期。

第二十五条　董事会长主持董事会，董事会长有事故时，董事长代之。

董事长为本公司代表，处理一切业务。

常务董事辅佐董事长，如董事长有事故时，得代理其职务。

第二十六条　董事会以董事组织之，审议并决定重要业务。

董事会由董事会长或董事长召集之，以其出席者之过半数审议并决定前项重要业务，但可否同数由议长取决之。

第二十七条　董事及监察人之报酬由股东会决定之。

第五章　计　算

第二十八条　本公司每年决算二次，于五月底及十一月底行之。

但限于初期，得将营业期合并决算。

第二十九条　各决算期以自总益金中扣除营业上诸经费损失，并资产折旧抵偿金之余额为本公司利益，加入前期遗存金，处分如左：

一、法定公积金　利益百分之十以上

二、特别公积金　若　干

三、退职基金　若　干

四、董事监察人酬劳金　若　干

五、股息红利　若　干

六、后期遗存金　若　干

第三十条　股东利益按照决算期末日股东名簿分配，其支付日期以董事会决议通知之。

第六章　附　则

第三十一条　本章程未尽事项，根据公司法处理之。

第三十二条　本公司担负之设立费用为国币三千元以内。

裕大纺绩股份有限公司合记设立理由书

民国三十一年十二月七日(1942年12月7)

窃查敝裕大纺织股份有限公司创设于民国九年，于民国十年时因业务关系，曾向敝东洋拓殖株式会社订立借款契约，嗣后因经营困难，于民国十三年经股东会议决将裕大工厂委托东拓经营。有案至今十有余年，该厂始终在东拓经营之下，近年纱业日趋发展，经营成绩尚称圆满。经双方协议，本中日经济提携之精神，废除以前各项契约而另行组设中日合办公司，定名为裕大纺绩股份有限公司合记，依法按双方平均出资，经营该厂事业。除另制定公司计划书章程，连同发起人经历及认股名单等件呈核外，谨将过去及设立新公司各情形历陈如右。伏乞鉴核。

天津裕大纺织股份有限公司

东洋拓殖株式会社

同　呈

(J25-2-1030-13)

5.天津特别市公署为裕大纺绩股份有限公司备案等情致实业总署咨文

民国三十一年十二月十日(1942年12月10日)

为咨请事。案据商人王克敏等呈称，窃商等现在天津市大直沽下郑家庄设立中日合办裕大纺绩股份有限公司合记，资本总额750万元云云，核准备案等情.据此，卷查商人王克敏等呈请组织裕大纺织股份有限公司，早经呈准登记并在贵署呈准验发执照及增资登记各在案。兹据王克敏等复呈，以组织中日合办裕大纺绩股份有限公司合记请予备案前来，查公司法施行法第二十七条之规定，凡同种类之公司，不问是否在同一省市区域以内，不得使用相同之名称等语，是该旧有裕大公司尚未撤销登记，新裕大公司可否准予备案之要，本署未便擅专，相应检同原附件各一份，备文咨请查核见复以凭核办为荷。此咨实业总署。

附呈文一件

设立理由书一件

计划书一件

发起人姓名、经历及认股数日一件

章程一份

6.实业总署为裕大纺绩公司备案相关事宜复天津特别市公署咨文

民国三十一年十二月三十一日(1942年12月31日)

为咨复事。案准贵公署建亚字社二第365号咨开，案据商人王克敏等呈称，窃商等现在天津市大直沽下郑家庄设立中日合办裕大纺绩股份有限公司合记，资本总额750万元，业经发起人等如数认足，理合遵照公司法施行法二十三条先行备具营业计划书、发起人姓名、经历及认股数目，连同章程呈请钧署赐予核准备案等情。据此，卷查商人王克敏等呈请组织裕大纺织股份有限公司，早经呈准登记并在贵署呈准验发执照及增资登记各在案。兹据王克敏等复呈以组织中日合办裕大纺绩股份有限公司合记请予备案前来，查公司法施行法第二十七条之规定，凡同种类之公司，不问是否在同一省市区域以内，不得使用相同之名称等语。是该旧有裕大公司尚未撤销登记，新裕大公司可否准予备案之处，本署未便擅专，相应检同原附件各一份，备文咨请查核见复以凭核办等因，附件到署。查同种类之公司不得使用同一之名称，系公司法施行法所规定，该裕大纺绩股份有限公司既加有合记二字，与原有名称自属有别，于法尚无抵触，所请备案，姑先予以照准。惟合记二字，应加在裕大之上，或裕大之下，若于公司下加以合记二字，殊与向例不合，应令将来召开股东会时遵照修改，以符向例。相应咨复，即希查照办理为荷。此咨天津特别市公署。

督办　王荫泰

(J25-2-1030-14)

7.天津特别市公署为公司备案需将名称改动事致裕大公司批文

民国三十二年元月七日(1943年1月7日)

原具呈人王克敏、佐佐木驹之助呈一件，为发起组织中日合办裕大纺绩股份有限公司合记备具营业计划书等件请予备案由，呈件均悉，姑先准予备案，惟合记二字应加在裕大之上，或裕大之下，若于公司下加以合记二字，殊与向例不合，仰即遵照召开股东会，遵照修改具报为要，附件存。此批。

天津特别市公署

(J25-2-1030-15)

8.裕大公司为公司创立会议请派员莅会监督事呈天津市特别市公署函

民国三十二年三月十九日(1943年3月19日)

呈为定期开创立会请派员莅会监督事。窃查敝公司设立手续业经呈蒙钧署备案在案,兹定于本年四月一日午后二时,在北京前门内新大路六号开创立会,理合遵照公司法施行法第二十四条,呈请钧署派员莅会监督,实为公便。谨呈天津特别市公署

具呈人　中日合办裕大纺织股份有限公司合记

代理人　李律阁

住址　　日租界福岛街七番地之十七

天津特别市公署回函

呈悉,除派本署社会局第二科科长杨福保、科员薛世昌前往监督办理,仰即知照。此批。

(J25-2-1030-16)

9.天津特别市公署为裕大纺织股份有限公司可依法登记事及通告等函件一组

民国三十二年四月三日(1943年4月3日)

关于裕大纺织股份有限公司召开创立会一案,当派科长杨福保、科员薛世昌前往监督,兹据报告结果前来,理合检同原卷,签请鉴核。

附原卷

四月三日

为报告事。窃职等奉派于本年四月一日赴北京前门内新大路六号监督裕大纺织股份有限公司合记召开创立会一案,遵即如期前往。查该公司原系发起人认足股款,依法应自行召开创立会,选举董事监察人后再行呈请本署派员验资。兹查该公司召开创立会既呈请本署派员监督,本署应注意事项:一、选举董事监察人,二、监察股款。是日,该公司出席股东二十二人,股权七万五千权,已足法定全数,如仪开会。公推李律阁为议长,发起人代表香川正一报告公司成立经过后,遵照实业总署指示改正公司名称为"裕大合记纺绩股份有限公司",全体通过。开始选举董事监察人(名单另附),由议长报告选举结果,复由全体董事监察人提出股款存单,经职等查验尚属相符,理合检同选举名单一纸,存款照片二份,备文报告敬请鉴核。谨呈局长。

附名单一纸 照片二份。

职　杨福保

薛世昌

谨呈

裕大合记纺织公司选举董监名单

董事　八人

王克敏　749万权

杨济成　749万权

冯季远　749万权

潘蕃孙　　749万权

香川正一　　749万权

青井真光　　749万权

池边龙一　　749万权

猪熊信行　　749万权

监察人　二人

侯蕃　　7485万权

斋藤力　749万权

查该公司股款既经认足并经本署派员检查无讹,拟即通告该公司依法呈请登记。

四月六日

(J25-2-1030-17)

10.天津特别市公署为裕大公司可依法呈请登记通告

民国三十二年四月九日(1943年4月9日)

为通告事。查该公司股款750万元既经认足,存储于东洋拓殖株式会社,取具第64号定期预金证书为证,并经本署派员检查无讹,备具证书照片报告前来,仰即遵照依法呈请登记可也。特此通告。

右通告裕大合记纺织股份有限公司董事王克敏等、监察人侯蕃等知照。

(J25-2-1030-18)

11.裕大公司为遵令已将公司名称更名完毕呈请登记事呈天津特别市公署文

民国三十二年四月二十二日(1943年4月22日)

呈为遵批修正名义并呈请登记事。窃商等设立裕大合记纺绩股份有限公司一案,业经呈蒙批准备案,并指示修正名义各在案。嗣召集创立会,复呈蒙钧署派员莅会监督,当经全体议决,敝裕大纺绩股份有限公司合记名义修改为裕大合记纺绩股份有限公司。兹奉通知略开,公司股款750万元既经认足,仰即遵照依法呈请登记可也。等因。奉此,理合遵具设立登记呈请书及应备附件,随文呈请鉴核赐予,转咨实业总署,实为公便。谨呈天津特别市公署。

具呈人　裕大合记纺绩股份有限公司

住址　兴亚第二区福岛街七之十七

附件　1.设立登记呈请书二份

2.公司章程二份(略)

3.股东名簿二份(略)

4.董事监察人名单二份

5.营业概算书二份(略)

6.批准备案文照片二份(略)

7.许可登记通知照片二份(略)

8.执照费国币1500元

9.印花税4元

裕大合记纺绩股份有限公司设立登记呈请书

为呈请登记事。窃商人克敏等现在天津市大直沽下郑家庄设立裕大合记纺绩股份有限公司,兹依法呈请登记。遵照公司法第一百零九条规定,将应行声请登记各事项逐一填载于后,并依照公司登记规则第二十九条规定加具各项文件,随缴执照费国币1500元、印花税4元,备文呈请鉴核。转咨实业总署核准给照。谨呈天津特别市公署。

具呈人　裕大合记纺绩股份有限公司

董事　王克敏

杨济成

冯季远

照片二份

选任董事监察人名单二份

主管官署依公司法第九十一条规定出具检查股款证件照片二份

执照费1500元

印花税4元

登记事项:

公司名称　裕大合记纺绩股份有限公司

所营事业　纺绩及纺织并一切关联附带业务

资本总额及股份总额　国币750万元,75000股

每股金额　国币100元

每股已缴金额　国币100元

本、支店所在地　天津市大直沽下郑家庄,支店无

公告方法 揭载于公司所在地之新闻纸

裕大合记纺织股份有限公司选任董事监察人名单

中华民国三十二年四月一提发起人会

董事　八人

姓　名	持有股数	当选权数
王克敏	50	74900
杨济成	50	74900
冯季远	50	74900
潘蕃孙	50	74900
香川正一	50	74900
青井真光	50	74900
池边龙一	50	74900
猪熊信行	50	74900

监察人 二人

姓名	持有股数	当选权数
侯蕃	100	74850
斋藤力	50	74900

12.裕大纺织股份有限公司解散并入裕大合记纺织股份有限公司事相关函件一组

民国三十三年一月二十一日(1944年1月21日)

查核所呈各附件均系一份,不敷存转,拟先行检同原附件转咨经济总署核办,并批饬再另行补具原附件各一份,呈府备查。

一月廿一日

为呈请事。窃查本公司于民国九年成立,原收资本300万元,嗣于民国二十九年清理债务,三十一年增资为375万元,并本中日提携精神,与日商东洋拓殖株式会社各出资375万元,设立中日合办裕大合记纺织股份有限公司(以下简称合记公司)一节,经具呈钧府转请前实业总署核准在案,惟查本公司投入合记公司资本375万元,系以本公司全部场屋机械作价,数目实占本公司资本之全部,此外本公司未营其它事业,亦无其它资产及收入,至于债券债务,除对于东拓会社缔有借款契约一项外,所有对内对外债权债务,于前次清理时,均经分别清理完竣。似此情形,本公司本身既毫无其它财产及营业事务,各股东可径为合记公司股东,本公司自应宣告解散,合并于合记公司,以节开支,而免重复。前因东拓会社借款契约尚未清结,是以暂时未能解散。现在该项借款业经偿还清楚,经本公司三十二年度下期股东常会议决,本公司于东拓成立合记公司时,曾经约定该公司代理中国股东之董事及监察人,应由本公司推选。本公司解散后,各股东即转为合记公司之全体中国股东,自仍应结成团体,以便执行推选中国董事及监察人之权利,并经三十二年度下期股东常会议决,于本公司解散后,全体股东联合成立裕大合记纺织股份有限公司华股联合办事处,办理所有股东权利义务事宜,不作对外行动,并拟定章程各在案。兹拟遵照上述股东会议决案,即日宣告本公司解散,合并于合记公司,并同时成立合记公司华股联合办事处,除所有本公司股票前于清理时业经陆续收回,改发合记公司换股证,本次即径以该项换股证换发合记公司股票,交由本公司股东收执外,事属公司合并,自无办理清算之必要。理合检同股东议事录、会计师卓定谋、监察人许修直、邵东湖证明书、华股联合办事处章程草案,并登报公告稿各一纸,备文呈请鉴核。转请经济总署分别备文并撤销登记,原领前实业总署通字4250号换照通知书一纸,一并呈缴,并请转送核销,实为德便。谨呈天津特别市政府。

天津裕大纺织股份有限公司专务董事 王克敏

常务董事 李律阁

杨济成

董事 张仲直

潘蕃孙

冯季远

屠启龄

附件

一、三十二年度下期股东会议决录

二、会计师卓定谋证明书

三、监察人许修直、邵东湖证明书

四、裕大合记纺织股份有限公司华股联合办事处章程草案

五、解散公告稿

六、缴销通字第250号换照通知书一纸

七、撤销登记费5元整

通讯处　北京前内新大路六号

（J25-2-1030-26）

13.为据裕大纺织股份有限公司呈报解散登记请予核转等情检同原附件咨请核办见复由

民国三十三年一月（1944年1月）

为咨请事。案据本市裕大纺织股份有限公司专务董事王克敏等呈称，窃查本公司于民国九年成立，原收资本300万元云云，并请转送核销等情，附三十二年度下期股东会议决录，会计师卓定谋证明书，监察人许修直、邵东湖证明书，裕大合记纺织股份有限公司华股联合办事处章程草案，解散公告稿各一份，缴销通知书一纸，撤销登记费5元。据此，除依照规定由本府扣留办公费5元并批示外，相应检同原呈各附件，咨请贵署核办，见复为荷。此咨经济总署。

附　三十二年度下期股东会议决录一份

会计师卓定谋证明书一份

监察人许修直、邵东湖证明书一份

裕大合记纺织股份有限公司华股联合办事处章程草案一份

解散公告稿一份

通知书一纸

中华民国卅三年一月

（J25-2-1030-27）

14.华北政务委员会经济总署为裕大公司申请解散事相关手续复天津特别市公署函

民国三十三年二月四日（1944年2月4日）

为咨复事。案准贵市政府协甲字社贰第9号咨开，案据本市裕大纺织股份有限公司专务董事王克敏等呈，略称本公司自与日商东洋拓殖株式会社各出资本375万元，设立中日合办裕大纺织股份有限公司，业经呈请前实业总署核准登记在案，惟查此次所投入资本系以本公司全部厂屋机械作价数目，此外未营其它事业，亦无其它资产及收入，现在对内对外债权债务均经分别清理完竣，本公司自身既无业务，自应宣告解散，以节开支，而免重复。兹经三十二年度下期股东常会议决通过，并议决于本公

司解散后，成立裕大合记纺织股份有限公司华股联合办事处，办理股东权利义务事宜，不作对外行动。检同股东议决录暨联合办事处章程等件呈请核转分别备案。沅陵通知书随缴注销等情，附股东议决录、会计师卓定谋及监察人许修直等证明书、解散公告稿及华股联合办事处章程草案各一份，随缴登记通知书一纸、登记费5元。据此，除照规定扣留办公费5元外，检同原呈各附件，咨请核办见复等因，附原附件。准此，查该公司申请解散登记所具文件，核与法规尚无不合，应予照准，惟于公司解散后成立华股联合办事处一节，于法殊无根据，既据声明专为处理股东权利义务事宜，不作对外行动，姑准备案。除将原呈文件存查，随缴登记通知书注销外，相应咨复，即希查照转饬知照。此咨天津特别市政府。

督办　汪同璟

(J25–2–1030–29)

15.裕大公司为呈请宣告解散遵批补呈各附件事呈天津特别市公署文

民国三十三年二月八日(1944年2月8日)

为呈送事。查本公司呈请宣告解散，合并于裕大合记纺织股份有限公司一案，奉钧府协甲字社二第10号批开呈件及登记费收悉，除检同原附件转咨经济总署核办外，仰再补具附件各一份，呈府备查等因。奉此遵将原附件再行造具全份，备文呈送。敬祈鉴核存查。谨呈天津特别市政府。

裕大纺织股份有限公司专务董事　王克敏

计附呈

一、三十二年度下期股东会决议录

二、会计师卓定谋证明书

三、监察人许修直、邵东湖证明书

四、裕大合记纺织股份有限公司华股联合办事处章程草案

五、解散公告稿

天津裕大纺织股份有限公司三十二年度下期股东常会决议录

日期　民国三十二年十二月二十六日下午三时

地点　北京银行公会

出席　股东二十一人

股权　全部股权五分之四以上

一、宣布开会。

二、公推李常务董事律阁主席。

三、宣读本期决算。

四、监察人许修直、会计师卓定谋报告本期账目，均经查核无误。

五、李常务董事报告，查本公司对东拓借款，以前迭有从速清偿之议，复经董事会讨论，均以目下纱业收入大减，东拓借款长此迁延不清，将来本息积累，为数日巨，公司全部收入势将不足偿付债款。爰经商定，设法就抵押东拓之换股证110万元项下处分一部清还，并请东拓酌量让步，嗣经与东拓迭次接洽，该社承认于详细清算后，就本公司所欠借款余额50万元中，退回本公司24万余元(确数俟精算决

定)，其余25万余元，由本公司一次偿清。上项办法，东拓干部均已完全同意，惟因手续上必要，须俟呈准日本内务省后，始能作为正式决定。其呈准日期约在十二月底，或来年一月等语。现在清偿办法既经商定，所余仅属手续问题，经董事会详细研讨关于公司前途连带应商之事甚多，兹拟订下列议案，请分别讨论。

六、议案：

(一)清偿东拓借款案

查商定清偿东拓借款办法，顷间业经报告拟俟东拓正式答复到来之日，即在抵押东拓之本公司换股证110万元项下处分25万元，照商定办法一次清偿该项借款，请公决。

议决：本公司结欠东拓借款余额50万元，俟东拓正式答复到来后，即依照商定办法在本公司抵押东拓之换股证110万元项下处分25万元一次偿清。

(二)本公司宣告解散案

查本公司现在全部股本均已投入合记公司，本公司并无其它财产，亦无营业可言，前因东拓借款未清，不能宣告解散，现该项借款已有清偿办法，各股东均可直接为合记公司股东，本公司自无存在之必要，拟于东拓借款清偿完了后，本公司即宣告解散，请公决。

议决：本公司俟对东拓借款偿清后，立即宣告解散，届时由董事会负责召集临时股东会一次报告经过。

(三)成立合记公司华股联合办事处案

查本公司在合记公司成立契约中系与东拓处于对手方地位，所有该公司之中国董监，应由本公司负责推选，故本公司解散后，由全体股东联合成立裕大合记纺织股份有限公司华股联合办事处，代表全体中国股东继续享有合记公司成立契约中本公司所有之权利义务，请公决。

议决：本案通过交由董事会负责与官厅接洽成立，俟下次召开临时股东会时一并报告。

闭会。

时下午五时十分

证明书

查裕大纺织股份有限公司经民国三十二年度下期股东常会全体议决宣告解散，一切对内对外债权债务业经分别清理完竣，所有帐目，均由本会计师查核无误，特此证明。

会计师　卓定谋

民国三十三年一月二十一日

证明书

查本公司依照民国三十二年度下期股东常会议决案宣告解散，一切对内对外债权债务业经分别清理完竣，所有帐目，均由本监察人查核无误，特此证明。

裕大纺织股份有限公司监察人　许修直

邵东湖

民国三十三年一月二十一日

裕大合记纺织股份有限公司华股联合办事处章程草案

第一条　裕大合记纺织股份有限公司中国股东为联合办理关于股东应享权利义务事宜，组织本办事处，定名为裕大合记纺织股份有限公司华股联合办事处。前项所述中国股东系由裕大合记纺织股份有限公司(以下简称合记公司)全体中国股东所构成。

第二条　本办事处代表全体中国股东继续享有合记公司成立契约中前裕大纺织股份有限公司所应处之地位及其权利，不作对外行动。

第三条　本办事处代表全体中国股东出席合记公司股东会，行使股权并负责召集华股联合会，推选合记公司成立契约中所规定之中国董事及监察人。

第四条　本办事处每年召集全体华股联合会，于合记公司股东常会之前一个月内，但遇有必要时，得召集临时华股联合会。

第五条　本办事处设华股代表一人至三人，综理本处一切事务。

第六条　华股代表由华股联合会推选之，其任期与合记公司董事之任期同。

第七条　本办事处得酌用办事员若干人，承代表之名，办理处务。

第八条　本办事处由全体中国股东指定约款作为基金，交由华股代表负责运营。

第九条　本办事处之经费以运营基金之所得及其它收入充之。

第十条　本章程如有未尽事宜，得提出华股联合会修改之。

天津裕大纺织股份有限公司公告

查本公司经三十二年度下期股东常会全体议决宣告解散，现在所有债权债务业经分别清理完竣，已由会计师卓定谋查核证明，除呈报官厅，即日解散外，特此登报公告。

据呈遂批补送声请解散登记文件各一份等情应准存查由

中华民国三十三年二月(1944年2月)

批　157

原具呈人 裕大纺织股份有限公司

呈一件为遂批补送声请解散登记文件各一份请予存查由

呈暨附件均悉，应准存查，即知照附件存，此批。

中华民国卅三年二月

(J25-2-1030-31)

16.天津特别市公署为批准成立股东联合办事处等事致裕大公司函

民国三十三年二月九日(1944年2月9日)

为通告事。案据该公司呈以因与日商合组新公司，申请解散登记等情，当经转咨并批示知照各在案。兹准经济总署实字第72号咨略开，查该公司申请解散登记所具文件核与法规尚无不合，云云，查照转饬知照等因。准此，令行通告该公司知照，特此公告。

右通告裕大纺织股份有限公司知照。

(J25-2-1030-30)

中国纺织建设公司天津市第一厂

1.中国纺织建设公司天津第一厂损益明细表

民国三十四年十二月(1945年12月)

摘要	金额		备考
	借方	贷方	
收货收益及杂收入		44724651	
合计		44724651	
本期纯益	44724651		
总计	44724651	44724651	

厂长　　　　主任 吴克智　　审核　　　　制表 王□□

(J156-1-32-11)

2.中国纺织建设公司天津第一厂三十五年上半年工作报告

民国三十五年(1946年)

一、点查工作之经过

原裕丰纺绩天津工场向经济部特派员办公处移交时，曾呈奉移交书载明应行移交一切资产。本厂接管之后，理应即时开始点查。惟以人员不足、职责未定，遂延至三十五年三月始进行点查工作。其方法计分纱厂、布厂、机动、物料、原料成品、会计、庶务7部，由各该部之主管人员会同有关之候命日人、一面点查，一面填写点查表，以便汇总编制点查清册，呈报上级主管机关。兹将各部点查人员列表于下：

部别	点查人员		备注
	本厂负责人	原日方负责人	
纱厂	柳克复、李文华、柯诚甫、于　樾	铃江昂	
布厂	张焕章、王保璋	铃江昂	
机动	陈华松、侯维焕	柳原国会	
物料	吴仁丙、费秉义	山本利雄、角田正夫	
原料成品	吴仁丙、王杏雅、邵浩然	杉崎半吉、松岛　保	
会计	吴克智	杉崎半吉、高桥四郎	
庶务	汪礼明、韩景源	饭岛乙松	

点查工作继续月余，至四月中旬大部完竣，由各部负责人员填写点查表并出具证据申明短缺或溢出之理由。所有物资之数量多与移交书所载不符者，甚至尚有未列入移交书者。其一般理由乃因停战之后日人心情沮丧，对于物资之保管及账簿之登记多有疏忽，以致记载与货存不符。而被接收编制移交书之际又甚仓促，未克先为点查而后据实编制，仅系根据账面记载，故至点查之时乃有出入。凡此情形均由原日方负责人出具说明与点查表1份送呈葛副厂长核阅，而后交与文书汇总编制点查清册。该项清册于五月底编制竣事，接收工作亦即全部告终。

所有候命办理移交之日人共7名，于四月中旬点查完毕时，即令其回国，均于四月十九日携眷离厂。彼等离厂后仍恐有何未了事宜，乃责令原工场长山本利雄留厂侯办。至五月底因政府命令将所有留用日本技术人员全数遣送返国，故山本利雄携同留用人员10名及其家属于五月二十三日全部离厂，本厂内日籍人员乃告绝迹。

二、机械设备之现状及修配之经过

(一)纱厂

接收时第一工场设纱锭52384枚,全未开动,第二工场纱锭5万枚,仅能开纺1万锭左右。接收后只能将开机台稍加整理,其他机件在多拆卸凌乱,损坏锈蚀,整理修配,颇需时日。自三十五年一月始,加工积极整理,兹将第二工场整理概况,简述于后。

1.清棉间

(1) 机械设备

排列法:H.B.B-H.B.B-H.F.-L.F.-C.O.-D.T.-EX.O-S.S.F.S.F.S共5组

(2) 损坏情形:接收时混棉、清棉机2组轮流运转,因年久失修故主轴及步司磨减甚烈。

(3) 整理情形:混棉、清棉每组整理须101天左右,自三月间开始修理,历时1月,已告完竣。

2.梳棉间

(1) 机械设备:梳棉间(Flat Card)198台

(2) 损坏情形:机件缺损甚多,针布多有锈蚀者

(3) 整理情形:接收时运转62台,二月份整理30台,三月份整理30台,四月份整理45台,五月份整理25台,六月份整理6台,共198台全部整理完竣。

3.精梳间

(1) 机械设备:条卷机 (Sliver Lap Machine)3台,并卷机 (Ribbon Lap Machine)3台,精梳机(Comber)18台。

(2)损坏情形:机件无缺

4.并粗间

(1) 机械设备:并条机21台(每台8尾共168尾),头道粗纱21台(每台86锭共1806锭),二道粗纱 38台(每台134锭共5092锭)。

(2)损坏情形:并条机三道3台及No.4一、二、三道及二道粗纱机2台,均被拆卸(未开各机缺损机件甚伙)。

(3)整理经过:接收时开车并条机8台,头道粗纺机8台,二道粗纺机12台;三月份整理并条机3台,头道粗纺机3台,二道粗纺机8台;四月份整理并条机5台,头道粗纺机4台,二道粗纺机8台;五月份整理并条机4台,头道粗纺机5台,二道粗纺机8台;六月份整理并条机1台,头道粗纺机1台,二道粗纺机2台,长期停开之机台机件缺损较多,故整理亦费时日。

5.精纺间

(1) 机械设备:精纺机125台(每台400锭共5万纱锭)。

(2) 损坏情形:停开机件拆配于运转机台者甚多,尤以车齿轮及罗拉损坏较大,锭带盘,皮辊架及其他各项小零件遗失亦多。

(3) 整理情形

三十四年十一月接收时 开纺20台8000锭,累计:十一月底整理5台,2000锭,累计1万锭;十二月整理3台,1200锭,累计11200锭

三十五年一月整理11台,4400锭,累计15600锭;二月整理13台,5200锭,累计20800锭;三月整理16台,6400锭,累计27200锭;四月整理28台,112000锭,累计38400锭;五月整理25台,1万锭,累计48400

锭;六月整理4台,1600锭,累计5万锭

第一纺纱工场机械设备

清棉间:H.B.B.–H.B.B.–P.O.–C.O.–H.F.–L.F.–C.0.–With Delivery Part –D.T.–EXO.–S.S.F.SF.S. 1组

H.B.B–H.B.B–H.F.–L.F.–C.O.–D.T.–EX.O–S.S.F.S.F.S 4组

梳棉间:梳棉机200台。

并粗间:并条机21台(共168尾),头道粗纱21台(共1806锭),二道粗纱41台(共5494锭)。

精纺间:400锭39台15600锭,384锭68台26112锭,464锭23台10672锭,共计52384锭。

第一工场机械损坏情形

机件之缺损较第二工场为甚,计针布缺少36台,粗纱机拆卸11台,细纱机车头拆去12台,细纱机13台已装箱,故整理较第二工场需时费事,按过去工作之情形,若新制机件能尽速交货,则第一工场可能在本年十月底开齐。

(二)布厂

1.设备及损坏情形

第一工场:原有布机1002台,其中零件拆卸残缺不全者100台,宽幅织机6台零件不全,能用者仅896台,又浆纱机因过去保全不良,亦多损坏。

第二工场:原有布机1020台,其中缺少马达者12台,改装帆布织机者30台,能用者尚有978台,染纱机5台零件全已拆用,残缺不全。

2.整理经过

接收后自三十五年一月十五日起即着手整理,兹将数月来整理情形简列于后:

月别	运转数	整理后增开数
一月底开布机	520台	28台
二月底开布机	548台	28台
三月底开布机	721台	173台
四月底开布机	886台	165台
五月底开布机	1200台	341台
六月底开布机	1729台	529台
总计	(六月底比一月底)	1209台

现以零件添购困难,加以技术职工缺乏,故工作不易进展,如以上2种问题获得解决。则九月底可能全部开齐。

(三)原动

1.修配

厂中机件年久失修,机料既甚艰窘,而本厂修机设备亦甚简陋,欲事扩充则受地位狭小之限制,致顾此失彼,为应付实际,拟先修其急迫者,而徐及其可缓者。

电动机原损未修者颇多,而本厂正在逐渐增开纱锭布机,无暇顾及且材料搜购不易,用是先交中央电工器材修理,将来自行修理或由天津分公司将七厂电气机件集中修理。

2.机件

本厂发电、送电、供电、用电诸种设备颇称完善,愈完善则修配愈多,且宜及时修配。否则运用倍感

困难。日人经营时期久未补充机料，亦未加意保护致失修之处甚多，例如锅炉虽有3座，而炉墙均已损坏，2座已全不能使用，1座虽勉可应用均需大修。接收之后即订购火砖，既以异形火砖关系，烧制费时，复以交通阻滞，因而未克及时修理。本国所能制者尚且如斯，其他外货如弹子培林、弹子牛油、电焊丝或存料有限，或毫无存储，均随时搜购，然际兹大战之后，补充倍感困难。此尚就普通外货机料而言，最难补充者厥为日本制之汽轮发电机及锅炉以在使用之中，不便停车拆卸实量尺寸及绘图，瑞士制之汽轮发电机既在使用之中复无样本，虽向上海通用公司函索，以便请购，然样本能否索得，请购之后零件何时可到，均难预料。

现时采购之蓄电池、进水泵、弹子培林各种管子估计需款数万万圆，其余材料尚在陆续请购中。

电动机尚有短缺者，而日本200伏电压标准与我国380伏电压标准各殊，非仅一隅之事，实乃全局所关。

3.人事

查日人时代关于机动部原动有工程师1人、技术员4人、电气有工程师1人、技术员4人共计10人。现时原动、电气、修机、营缮职员仅9人。日本管理之时既属正常状态，驾轻就熟且须改良设计时皆由东洋纺绩总公司代为研究，厂中只负责执行实施而已。今者管道埋于地下，电缆藏于暗管，检查图样或欠短或不确。接收伊始，生疏不明而人员缺乏复多事故，以致修配推进甚觉艰难，且工人尚须补充以利工作之推行。关于机动部工人之人数及待遇等级列表如下：

附注：抬煤出灰小工共计28人，不在上列数内。

部别 人数 等级	原动部	电气部	修机间	泥木工
优级	2	2		
一级	3	1	3	5
二级	1	2	4	1
三级	2	4	1	1
四级	8	4	2	
五级		3		5
六级	5	3		3
七级	2	2	1	
八级		1		
共计	23人	22人	11人	15人

4.设备

(1)锅炉间

锅炉程式：日本汽车制造株式会社1936出品，水管锅炉3座，蒸汽压力25kg/cm^2，蒸汽总温度385°，受热面积496.1m^2，过热面积300m^2。

每座附有链条式自动进煤机、送风、拉风装置，每座可供汽轮交流发电1座机二厂浆纱暨工人食堂之用，于冬季兼供暖气之用。

(2)透平间

第一号为日本日立厂1937年出品，第二号为瑞士皮皮西厂1937年出品，每座程式容量3500千伏安、3300伏612安。

此外并备有三菱出品125千伏安柴油发电机1座，仅可供电灯之用，以之作启动运转则嫌不足，盖进煤机、进水泵、循环水泵等须有250千伏安方可足用。

(3)发电间

交直流总配盘各2,并列盘受送华北电力盘各1,馈点盘14块,各继电器之操作,用110伏直流蓄电池以期稳安。

(4)配电间

计一厂、二厂各有配电室5所,电厂内自用电有配电室1所,此外另有电力及电灯变压器室多处。

变压器之最大者为3相300KVA,$\frac{3450\text{–}3000V}{550\text{–}210V}$

总计大小变压器102只,容量11878KVA。

(5)线路

3300伏外线多采用地下电缆,以期减少障碍,室内动力及电灯线路多采用铁管、暗线,以免时生意外。

(6)用电

电动机只最大者为3相3300伏120马力,75马力以下者其电压为550伏或200伏, 总计大小电动机1887只8269马力。

电灯用110伏电压螺纹灯口,以期减少偷盗。

(7)修机

6尺及8尺车床各1部,19寸及20寸占床各1部,铣床1部,8尺龙门刨床1部,砂轮1具。

(8)管道

二厂浆纱蒸汽管各1道、一和二厂浆纱蒸汽回水管各1道、喷雾水管、喷雾汽管、冷房水管、冷气地道、防火头水管、防火栓水管、防水水管、循环水进水管、循环水出水管、清水水管、自来水管、杂用水管等,计共20种。

三、生产之推进

接收时之生产甚少,计开纱机8000余锭,布机200余台,产量均甚低微。接收之后为多吸收失业工人,并多生产贡献于社会,乃力谋增开纱机及织机,先将其尚在装置中之机器修配零件油洗锈蚀,修毕即使之运转,而后亦将已拆卸毁损之机器,擦洗装备,一并增开,其推进情况分列数表以明梗概:

(一)纱厂

1、每月细纱机增开数量及产量比较表

月别	开机台数	运转锭数	增开锭数	纺纱种类	生产量(磅)	增产量(磅)
34年11月22日	20	8000		T21'S W23'S 60'S		
12月底	28	11200	3200	同上	1761	
35年1月底	40	16000	43800	同上	2969	1208
2月底	47	18800	2800	同上	5499.26	2530.26
3月底	66	26400	7600	同上	6321.74	822.48
4月底	70	28000	1600	T21'S W23'S 60'S 32'S	8231.27	1909.53
5月底	107	42800	14000	T21'S W23'S 60'S 32'S 20'S	14634.16	6402.89
6月底	164	65600	23000	20S 32S 42/2 60S/6 T23S W23S	20162.29	5528.13

2.每月产纱量比较表

月别	当月产纱量(磅)	增加磅数	备注
三十四年十二月	11327.00		二十六日至三十一日
三十五年一月	69212.00	57885.00	三日至三十一日
二月	81196.22	11984.22	七日至二十八日
三月	150447.02	69250.80	全月
四月	167282.19	16835.17	全月
五月	275463.19	108181.00	全月
六月	383375.60	107912.41	全月

(二)布厂

1.布机每月增开台数及产量比较表

月别	运转台数	增开台数	日产棉布	增产量	备注
34年11月底	350				11月23日接受
12月底	392	42	190.40		
35年1月底	520	128	260	69.40	1月15日起积极增开织机
2月底	548	28	350	90	
3月底	721	173	530	180	
4月底	886	165	680	150	
5月底	1200	314	937	257	
6月底	1729	529	1313	376	
合计		1379		1122.60	

2.每月棉布产量比较表

月别	当月产量(匹)	增减匹数 △增×减	备注
三十四年十二月	908.8		二十六日至三十一日
三十五年一月	5706.9		三日至三十一日
二月	5836.9	△130	七日至二十八日
三月	11696	△5859.1	全月
四月	细布12774	△1078	全月
	斜纹2126	△1126	全月
	包布102	△106	全月
五月	细布16247	△3473	全月
	斜纹3641	△1515	全月
	包布137	△31	全月
	金巾36	△36	全月
六月	细布23644.2	△7417.2	全月
	斜纹3519.2	×121.8	全月
	金巾64.7	△28.7	全月
	包布111.0	×26.0	全月

(三)全厂工人之增产及待遇状况

本厂虽有10万锭之设备,但以前最高纪录仅开过6万锭,故失业之熟手工为数甚少,不得不着手招收新工。六月间所进之工人大部即系养成工，分前后纺数组训练，因为期甚短，增加开锭殊感困难，此本厂进展迟缓之主因也。

1.每月工人增加比较表

月别	人数	增加数	备注
三十四年十一月底	686		
十二月底	689	3	
三十五年一月底	736	47	
二月底	818	82	
三月底	975	157	
四月底	181	206	
五月底	1563	382	
六月底	2791	1228	

2.待遇

本厂工人待遇完全由分公司统筹决定，遵令实施除工资外尚发给棉布及玉米面，工资已数次增加，其计算方法以每月核定之倍数乘日资底数即应得之工资数额。此外，每日给予午饭津贴，其一月不欠勤者并加给四日之工资(乘倍数)，兹将六月份待遇列表如下：

等级		月配玉米粉斤	月配棉布码	每日工资元
优级工		180	12	4.50
一级工		180	10	3.70
二级工		170	9	3.40
三级工		160	8	3.10
四级工		150	7	2.80
五级工		140	6	2.60
六级工		130	5	2.40
七级工		120	4	2.20
八级工		100	3	2.00
养成工	一等	100	无	1.20
	二等	100	无	1.00
	三等	100	无	0.80
附注：1 棉布及玉米粉两项领实物或现款均可。 2 六月份棉布每码折价1705元，玉米粉每斤184元。 3 六月份工资倍数以327计算。 4 午饭津贴一律每日200元。				

四、建筑情形

(一)修理甬路油刷厂房

厂内所有洋灰甬路共计200余方丈，年久失修，多处损坏，自本年三月底即开始动工修筑，截至目前止，已完成120余方丈，其余正在继续修理中。厂房亦因疏于修补，朽坏最重，油漆剥落，砖墙破损，逢雨则屋顶遍处漏水，尤有碍于工作，亦于四月初鸠工修补，刻已有一部完工，其未完部分正向分公司建筑委员会申请设法修补中。

(二)改造职员宿舍

职员宿舍内部原皆为日式装备，且亦多破坏，为便于居住起见已于三月中旬着手拆除原铺之草席，修整地板，糊刷顶壁，修理厨灶，通畅水道，检换电线等项工作。至于暖气管治检修，亦在进行招工洽议中。

(三)修补工友宿舍

工友宿舍年久失修，加以民国二十八年洪水之侵蚀，颓败尤甚，本厂自接收后即着手修葺，现仍继续工作中，兹将各部修理情形简述于下：

1.浴室：锅炉原已腐锈，房屋亦多破坏，均重新修备，男女浴室已全部竣工。

2.小学校：原仅有教室1间，且已颓坏不能应用，现已施以修建并扩充为3间，已竣工开课。

3.国术室：顶壁原已塌废，门窗破落不齐，今已整修完竣。

4.管理员办公室：屋瓦门窗原已破坏且无纱窗，今已整修完竣。

5.水铺：原设于学校附近，殊不相宜，今改在浴室旁另建，现已竣工。

6.住房：原有房屋共604间，前被日军及洪水之摧毁，半已倒塌，仅余364间且多破漏不堪，现已修毕300间，其余继续修建中。

7.围墙：原为砖墙，亦因水灾颓坏，仅以铁丝网围绕，该工友宿舍位在郊野，时有盗窃事件发生，故重修围墙，实属急务，现正紧修中。

(四)修筑警卫室

四月中旬开始新建警卫室，砖瓦皆利用拆除已坏工房旧物，木料等项则系招商新购，每日工匠约40人，总计需用3800余工，现已完工居住。

五、创立工友子弟学校

原日人建立工场之时，对于工友子弟之教育未予注意，虽在工房有工友子弟学校之设备，既甚简陋亦未派专人管理，故毫无成绩可言。及民国二十八年，津市遭受水患，工房地势低洼，尽受水浸，房屋即多塌毁，学校亦毁而未建。六年于兹，工友子弟之教育贻误至今。本厂初来接收即认为当务之急，乃积极筹创学校，先就原址房屋修补3间，并制作桌椅等设备，于本年三月底聘来教员5人，即于四月一日招收工房所有工友子弟150余人入学，于是失学之儿童乃得步入学园接受初等教育。

(J156-1-8-1)

3.中国纺织建设公司天津第一厂三十五年度下半年工作报告

民国三十五年(1946年)

目录

第八章　人事课工作报告

第九章　会计课工作报告

第十章　未来计划

第一章　概述

本期工作可概括分为两个阶段，第一段为七月至十月，为增开机台之阶段，第二段为十一月至十二月，为整顿改进之阶段。

在第一阶段中按照预定计划增开纱机布机，只因接收之纱布机多缺乏零件，厂内既无库存，市面亦少现货，请购困难，耽误使用。虽曾向各厂匀借，为数亦微。而工人缺乏不得不招募养成工，施以短期训练之后即当班值机，终于九月底将布机开齐，于十月底将纱机开齐，概以全体员工齐心努力埋头苦干，有以致之也。

在第一阶段中忙于增开机台，疏于机器之保全及工作之技术，以致生产质量较低，一入第二阶段即努力于此。而于七月间总公司所派督导团莅厂视察之后，编制报告书对本厂各部工作多所指示，本厂乃根据该报告书之指示力求改善，而此种改善工作于十二月底大部完成。

第二章 纱厂工作报告

一、运转

自三月奉命增开纱锭之后，本部即积极工作，按照分公司之指示逐月增开，至六月底日班开47640枚，夜班开16000枚，然距开齐相差尚远。一入七月，酷暑袭人，车间工作倍感困难，工友中暑晕倒者每日辄数十人，加以工房缺少，远处工友常因大雨不克到厂，亦时有转往他处者，影响工作实为深重。复以熟练工人缺乏，开机颇受阻扰，乃于七月成立试训部招募养成工予以训练，因限期增开，养成工受短期训练之后即派正式工作，纱机乃得按期开出。至十月底全部开齐，进展情形列表如下：

月别	日班(枚)	夜班(枚)	合计(枚)	增加(枚)
七月底	47792	44400	92192	
八月底	63200	50000	113200	21008
九月底	77296	58800	136096	22896
十月底	96352	96352	192704	56608
十一月底	96352	96352	192704	
十二月底	96352	96352	192704	

至于出数，则以职员人数不足，增开纱锭期间，每感顾维不周，而养成工当车值机之后，成绩不仅不能提高，反因其训练不足技术低劣致出数降低，此虽未预料中必然之现象，但以限期开齐亦莫可如何。兹将本期各月份棉纱产量列下，藉明梗概：

月别	棉纱产量(磅)	增加磅数
七月	585709.68	1
八月	707480.01	121770.33
九月	866539.30	159059.29
十月	1139648.16	273108.86
十一月	1300034.19	160386.03
十二月	1350430.00	50395.81

二、试训

(一)试验

纺场试训部自七月份成立后，首自各有关牙轮数量上清理登记，进而揩拭整理分别涂色标明记号,并另添购补充,盖原有者只敷5万锭之用。

试验仪器本无多裕,接收时已行破损,勉强应用,鉴于试验之重要,爰已申请添购数种以符公司制度,一俟分公司交货,即可将现用公分制改为格林制。

(二)训练工人数目:纺场接收时,只开8000锭,陆续增台,需要大量养成工补充,初则招收新工尚易,直至八月下旬,招工颇感困难,对训练进度自有影响,且感供不应求,品质方面较逊,差幸各部通力合作,遂于十月间将纱锭开齐。兹将各月份招工训练情形,列表陈核:

缺表格一份

(三)毕业工能力:本厂纱锭96352枚,除原有及新招一部熟手工值车36352锭外,其余6万锭,悉由养成工补充致粗纺部至少可供7万锭用之,粗纱之值车工系由养成工补充,摇纱养成工补充约占90%。

部别	项别	毕业日期	最高能力	最低能力	备考
梳棉	每人值车	35年8、9月份	18台	16台	
条	同上	同上	24眼×19HK	24眼×15HK	
初纺	同上	同上	1台×7HK	1台×60HK	
再纺	同上	同上	1台×7HK	1台×50HK	
细纱	同上	同上	900锭	400锭	
摇纱	同上	35年9月份	40木锭×50车	40木锭×30车	管纱
同上	同上	同上	40木锭×75车	40木锭×40车	筒纱

三、保全

纱厂保全部工作分别如次:

(一)细纱:自六月份至十月份整理46352锭。六月份整理6800锭,七月份整理6992锭,八月份整理9568锭,九月份整理11824锭,十月份整理11168锭。

(二)线锭:至十二月份共整理3600锭。

(三)摇纱机:至十二月份共整理150台。六月份整理34台,八月份整理58台,十月份整理26台,十二月份整理32台。

(四)筒子车:至十一月份共整理20台。

(五)钢丝锡林针布更换28台,道夫针布更换10台。

四、对于督导团提供意见之处理

(以下列项符号与督导团津字第一号报告书相同,俾便参考)

纺部(第二工场)

(一)机械检点结果与清册不符之处已补报。

(二)现棉卷重量已逐步更改,又现所开线锭已经每日记载。

(三)本厂大半系养成工,故用人较多,俟后能力上进当可逐渐减少。

(四)清花间

1.直立开棉机只直立轴前为500转,因速度低,现已加快约1/3,已达6997余转。

2.豪猪式开棉机洋琴运动失效,除随时注意外并于揩车时校准之。

3.豪猪式开棉机之斩刀轴倍林发热,现购配置材料已到,业经换配修理。

4.开棉机拉损伤多处,亦已调换,轮流修理。

5.头道白铁管角度欠垂直,已逐步检查改正。

6.棉卷罗拉损伤多处,亦已调换轮流修理。

7.三道清花机,洋琴运动装置不灵活,亦已调整。

8.头道及三道棉卷中间较两边为厚,全部厚薄不匀,已于中平车时检查发现风扇位置不正常,现已将风扇位置矫正。

(五)钢丝

1.钢丝针布配置现于更换时按意见排列表逐步实行。

2.钢丝针状态调查盖板磨针不良,盖板针脱落甚多,及锡林针磨针不良,因熟手工人太少,且在整理一厂,致定期工作未能按期实行。又因磨辊少且有损,一时修配困难,现已逐步改正。磨车工作已改为日夜分班,轮流不停。所有脱落及化针布亦已逐渐掉换新品,前者磨车以9日一次,系每日工作10小时之磨针周期。今昼夜运转,故已改4天为一周期,磨研时间及压力轻重须视当时机台上针的情形而定。

3.除刺毛辊解体,保全及调正隔距与调正刺毛辊隔距为每月1次外,余均按意见实行。

4.抄钢丝辊均已弯曲,且木制部分长只40寸,因购买需时,如能短期货到即可调换,亦已改为长41寸。

5.盖板附着飞棉甚多,上斩刀已购买未到。隔距注意调正,因有偏斜,两端高低不一,于工作分配中逐渐改正。毛刷与盖板之隔距亦需整理,小毛刷应修应换,亦已换齐。盖板附着废棉,曾详细检视,结果大部为废针及针布损坏居多,已逐渐改正。已坏不堪使用之针布,均已换新,其余亦逐步更换或接用之。

6.刺毛辊落棉中有长纤维混入,已遵示调查落棉情形并逐步校正。炉底隔离现在情形已较好。

7.现在道夫每分钟9转,前以定作之快慢牙尚未制妥。当时道夫速度虽可改慢,惟现时后纺已增产,故前后供应适合,似可不予改慢矣。

(六)并条机

1.各种槽形罗拉震动已遵照将罗拉隔距调整,前曾试将60支重铊减轻情形甚好,故其他亦将减轻。

2.并条机之喇叭口原有以下之规定:

道数 支数	头道	二三道
T21's	7/32"	3/16"
20's	7/32"	3/16"
W23's	7/32"	3/16"
32's	3/16"	5/32"
42's	3/16"	5/32"
60's	5/32"	1/8"

前以增开纱锭机件不全,勉强开车,故有参差不齐之情形,现正竭力调换以谋改正。

3.自动停车装置失效事已在揩车时矫正之。

4.前罗拉直径1，每分钟转数360转，计算每10小时在24亨克以上，因前为养成工能力之关系，故较低，现已达到24亨克矣。

（七）粗纺机

1.头道粗纱稍粗，而二道粗纱稍细，现正研究中。

2.现已陆续调查逐步调换中。

（八）精纺机

1.骑马架子高低不齐，锭子与虾米螺丝隔离不正者甚多，亦因熟手工人既少又值增开机台之时，致保全周期一再延长，未免顾此失彼，今后拟在小平车周期中校准之。

2.依照意见之指示随时调查加以矫正。

3.皮圈情形不良者长短不一致，今规定在小平车期间修配更换之，以求符合标准。

4.因急于增开机台，致保全周期未能如期进行。

5.罗拉锭脚车面车身附带飞花甚多，现已实行时间与次数清理之。

6.锭带及张力盘现已遵示实行。

皮带之传动因压紧皮带轮装置无现成机件，现正计划添设中。

牙轮之结合不良，前因增开机台，各种平车又修理均未能如期举行，现已责令技工检查矫正中。

7.落纱工作方法之训练速度加快，缩短时间，业已逐步实行。现达到1.5分钟以内，必须达到1分钟以内为目的。

（九）洋线机锭子与虾米螺丝不正者，已饬工调查随时加以修正。

（十）摇纱机只各种缺点于摇纱平车时逐步修改之。

（十一）皮辊

1.现在并条机皮辊粗糙及起毛易卷花衣，因皮辊周期过久，今已改正。

2.二道粗纱机及精纺机皮辊损伤不良，因使用过久致中部成凹形，现已逐步更换。

3.现已指示该项工人随时注意加以改正。

4.皮辊掉换周期亦已改正。津市工人能力不若上海远甚，情形亦殊。过去实际工作均由日人为之，工人只能知其大概，如裁皮、粘皮工作又非熟练之人不可。

5.现正试用之。

（十二）今已饬令工人严格矫正以往情形，各种废棉回花务必分别放置，俾资利用。

五、关于原料及成品数量与品质之查考事项：

（一）开棉和花之方法业经改善，每日将收进之原棉包尽数打开，经过相当时间，使其恢复松弛力，而后撕开再以0/0数分层配布，每配一批为500磅。至于配花成份现已改良并指示工人特别注意和花率不得稍有差误。

（二）前以增开纱锭，工人不敷分配，多以养成工当车，故产量稍差，现已逐步改善，产量较前已有增加。据十二月十七日日报21′s，经纱已扯至0434磅。

（三）关于试验室之设备烘箱、检燃器及摇黑板等，前因机件损坏未□应用，俟后随时修理利用。

试验室用衡制以原有设备为公斤（kg）制，早知不合于本公司定制，已于五月份请购格林砝码等试验仪器，一俟购到时，当即改用。惟于未改用英制前，对外报表均经换算后报出。

试验室地址已遵示另辟较清净处所专供试验之用。

第三章　布厂工作报告

一、运转

自三月十五日奉命加开布机之后，经数月之整理至六月底，日班开至1230台，夜班开至500台，然距全部开齐相差尚巨，而技术工人缺乏为最大困难，乃自七月上旬成立训练部开始招收养成工，一方整理布机，一方训练工友，至七月底日夜班开机2713台，惟本厂决定每月增开布机之数最低须与分公司所订之进度表相符，经全部人员一致努力之结果，每月增开之数均超过预订，至九月底即已全部开齐，兹列表示明如下：

月别	日班		夜班		合计(台)	增加(台)
	细布机(台)	斜纹机(台)	细布机(台)	斜纹机(台)		
七月底	1356		1357		2713	
八月底	1779	80	1672	76	3607	89
九月底	1858	146	1884	120	4008	401
十月底	1804	200	1804	200	4008	
十一月底	1804	200	1804	200	4008	
十二月底	1785	224	1775	224	4008	

布机增开过速，养成工之技术未能熟练即分派当车，以致产量大减，由每台平均35码降至22码。复以工房缺少，所招养成工多住于距厂遥远之处，常有不堪往返之劳因而退厂者，以致工人之供应亦感不灵。及开齐之后积极整理，至十一月上旬产量略见增进，至十二月则已与前持平。

布厂准备部分养成工占70%，布机方面占50%，因此各部工作颇难完善，而技术之推进非可一蹴而就，故本期间工友能力尚未达标准。复以浆纱机从前保全不良，虽屡加整理仍时生故障，以致空轴而停机。又以物料缺乏，钢综难买因而周转不灵，近日常因此停机。兹将本期产量分月列表如下：

月别	细布(匹)	斜纹(匹)	合计(匹)	增加(匹)
7	36539	2910	39449	
8	44218	827	45045	5596
9	50060	1974	52034	6989
10	58487	3502	61989	9955
11	64375	6459	70834	8845
12	70739	8198	78937	8103

二、保全

保全工作可分为3期，分述如次：

(一) 修配期

自七月份起在第一布场修配空台，至九月中旬全部修毕，第二布场虽先开齐，但以各机弊端尚多，而清洁工作亦需改进，故在第二布场致力于改善工作。

(二) 修理期

在修配期间，忙于开齐，工作难免疏忽，为谋各机运转情形良好，乃重新检查，遇有不良者即行修理，此项工作于十月中旬完成。

(三) 整理期

1.准备间

(1)迄年底平络筒机3台，整经机3台。

(2)浆纱机因年久失修，漏浆漏汽而笼罩烂脱到处可见，在此期间积极检查修理，迄十二月稍见成绩。

2.布机间

(1)由十月初旬起布机即开始平车及小校车工作,因各机工多年未做此项工作颇感生疏,为谋训练计初设1组,用机工4名、小工3名组成,1周后复添1组,于1个月之后分别编成4组担任平车校车工作。

(2)校车工作亦分4组,每组由正副机工各1名组成之。

(3)加油及扫除工之管理专设小组长1人管理之。

三、对于督导团提供意见之处理

(以下列号与督导团津字第一号报告书相同,俾便参照)

(一)高速度宝塔筒子车

1.导纱隔距现已校正为20´S 、18s/1000、 21´S 又23´S 、 17s/1000,惟查此项隔距板因使用日久,中部略为磨损,现正设法向及其厂催做此项零件以便替换。筒子车各机之升降运动已修校完毕,目前所工作者为校正张力圈经隔距板至导纱架间成直线,以便经纱通过时减少摩擦为主。

机械保全工作

平车每年1周期(3人)按台修平,其工作除修理及检查磨损部分外,并注意彻底修正隔距张力圈及锭子各项。

揩车每二星期1周期,工友2名1组,每日1台工作为除去各处绕纱、调整隔距、校对裂鼓以及其他如轴领加牛油等。

2.运转部方面温度表因购买不易,各处辗转设法亦难购到,故只将早存者安装1只对付应用。温湿度调节业将喷雾设备整理完竣,较前工作方面大见良好。筒脚除由组长负责外因多系养成工,已另派指导工1人协助办理。

(二)高速度经纱机

1.经纱断头停车装置系属电气停动类,本部缺少此项技术工,原来本拟添设又因材料及其他各方面之关系未能如愿, 现已与电动部联络请该部派熟悉此项装置之工友1名常驻本部以备随时修理。目前因配件中之磁铁不易购买(现已由电动部赶制中),其中4台因材料关系尚未修理完善。

2.由于停车装置不良,除保全部负责整理外,本部当车工严禁开快车以减少倒头之弊端。

3.整理当车1人,换筒1人并负责清除飞花。

4.现已逐步改进。

(三)浆纱机

1.现在均已密盖。

2.现已选压力表之佳良者调换至大锡林处,以便于值车工之管理。又查此项20-25磅之压力表本市不易购买,50磅又不能使用。

3.已与原动部接洽,除零星损坏能自行修理外,余者如情形较为重大者,均请该部协助,目前尚称良好。

对于不良者本部之计划拟于平车时彻底修配之。

4.因本机亟待平车临时修理措置,已告一段落。

5.已考虑拟于各机平车时试装之。

6.已修理完毕。

备注:本厂之浆纱机械年久失修较各部尤甚,如锡林漏汽,浆锅漏浆,汽包之无作用,顾此失彼,本部工作员工对此均感棘手。现今除作局部修理之临时措置外，拟待抽风机装毕后即可开始浆纱机只大平车工作。其范围包括全车，如笼罩拆除不堪使用者，换新间曾软木于可能范围内换新或填补锡林之检查车架之水平以及一切浆箱凡而汽包等皆拟彻底修正，预计每月可平2–3台，4个月平毕。

7.现因气压表损坏尚未修复。

8.因浆纱机之卷取罗拉回转不正确所致，又因增开机台未能如期平车，现正竭力调正中。

9.浆纱盘头已用布卷取，不过2000余个整理起来非一日之功，由整理开始至今不过一半，因盘头上面号码及重量均从新整理。

10.现已责成充分利用开纱棒，以使浆纱分开。

11.了机后之浆纱盘头及浆缸间现均加以清除及整理。

(四)穿丝间

1.现已着手修正，如应调换即换新品。

2.钢综钢扣亦因购买不易除加修理外，已向国外申购中。

3.误穿扣眼者前因多系养成工，近已规定罚则比前大见好转。

(五)织布间

1.现已派工1名专责修理斜纹机224台，现在情形良好。

2.关于意见所指3项已开始月余，计划如下：

“大平车”分为4组，每组上下手机工各1名，小工3名。每日平车1台，1年1周期(现有3组)。

“小平车”本部现采用者名之曰检查修理(校车)，亦作4组，每组上下手机工各1名。每日修查8–10台，约1月1周期。

“了机保全”现暂行了机扫除及加油工作，最近拟作了机检查工作。

3.已着革工随时注意皮带之宽紧而修粘之。

4.对于加油机扫除现在统归1人专责管理，较前已有进步。

5.6.现正逐步改善中。

7.现已教导工人使之注意趋向合理化。

8.现已加紧训练。

(六)关于原料及成品数量与品质之查考事项。

12磅细布超过重量原系纬纱格林过重，即令细纱更正幅窄原因，布机送出与卷取不良及穿扣工作不佳已加以改善。照总经丝数本厂本较他厂为少，如加经纱30根则甚善，不过成本加大，迄今尚未施行。

(七)照计算方面与实地相差悬殊，因加开布机至怠，一面招收养成工训练之时间很难达标准，1周即上机当车且因种种条件，工友流动性太大，最近10小时最高产量不过35码。

第四章 染厂工作报告

本厂无染厂

第五章 麻厂工作报告

本厂无麻厂

第六章 机动课工作报告

一、工作概要

为求产业合理化，减低生产费用，与提高机械能力，实为最显明而最重要之问题，是以机动部工作人员使命之重大，实不可抹煞，与其他部门联系关系，实不能分离，在这半期间，为预期开足纱锭，以陈旧不堪之设备，又限于物质缺乏。工作方面，仅注意于机件修配及工友之督促，对产业合理化一节实未能全盘顾及。在接收以后，以人员分配不足，监督方面实感缺欠。以厂中设备如此繁杂，人事管理方面务须实际加强，否则物料消耗浩大，维持费无形增加，来年对于统盘技术之改善，研究计划增加效率，实为切要。再者锅炉器材，现在尤显缺乏，为保持原有设备之寿命，锅炉用水之处理，有专人负责研究之必要。本期工作报告，不仅列举工作事项，对于处理方法亦略加述及，以资提供研究，并希指教。

二、锅炉修理经过

(一)一号锅炉干汽管修理经过

查一号锅炉，以使用较他炉为久，又以锅炉用水水质不良，以致干汽管都被堵塞或腐蚀，在运用时常生故障，实不可幸免。近难将全部管子施行检修，惟以器材缺乏，谨将腐蚀较轻之旧管，用电气焊接，每管焊口多则十数节，少则六七节，且所用之电焊棍，在市面上买不到质料适合者，只于可能范围内设法施工。安全耐久方面，常不能确保，仅暂求运用，使不致成为废品。兹将修理经过及与原装管子之比较，列表于后，以资考察。

分别 事项	经修者	原装者	备考
进汽部分管数	新管16根、旧管32根	48根	新管装内部两侧，接口多者装于北侧外面，接口少者装于南侧外面
每管接头	6个至12个	2个	
压力试验	100kg/cm^2	100kg/cm^2	
强度试验	用15磅大锤连打10次可断	用15磅大锤连打10次不断	
火烧后情形	脆	不脆	
电焊棍种类	普通熟铁	特种　KSK　470	
使用相当日期后	在运用时管子可断	能生孔或裂缝不断	

(二) 二号锅炉以不能停止使用，故从未大加修理，查干汽管破损者已达10数根，拟即行修理，现正向各方设法购买较为适合之电焊棍(经火烧后不变脆性者)。

(三) 三号锅炉虽已将各部清扫检查，干汽管发现破损者已4根业经堵死，其修理事项列表。

1.上下罐清扫；2.水管清扫；3.干汽管检查；4.省煤器清扫；5.各汽水门检修；6.吹□器检修；7.前炉石旋砌新；8.吹吸风机检查；9.进煤机检修；10.水压试验30kg/cm^2。

三、透平发电机修理经过

透平发电机计有2台，每台最高容量为2800KW，一般运转情形尚属正常。第一号机于满负荷时，据闻振动加剧，第二号机于装设之初，即振动甚烈，最近于负荷增减时，动作欠灵活。又，以过去所用之润滑油油质太劣，各部轴瓦，显被磨损，现已大加清扫，更换新油。兹将检修经过分别列后：

(一)一号透平发电机

1.调速汽门油压控制器动作不灵且漏油，将铜轴瓦更换，使空隙适合，动作自如。

2.透平主轴上之调速器斜丝轮以使用年久而磨损，无备用品更换，将其反面装置，使与牙轮接触良好。

3.、调速汽门因使用年久漏汽过多，且作用该气门之偏心因日久摩擦而致伤损，动作不能顺序，乃将各汽门用金钢砂研磨，同时调整偏心轮之适合方向。

4.发电机界磁滑轮以过去使用炭精刷品质不合，致将其摩擦高低不圆，乃用砂轮在运转时，稍加磨圆。

5.发电机绝缘试验(三相分开)R.S.T.12meg Ω 动磁机绝缘试验 50meg Ω 界磁滑轮绝缘试验50meg Ω

发电机制造时,绝缘稍欠完善,据云过去未曾长期过量运用,或受意外灾害,现能出力2400KW。

6.透平为2000千瓦,短时过负荷为2800千瓦。

(二)二号透平发电机

1.透平与发电机主轴非在同一水平直线,经慎密检查,始断定两主轴过去定受严重故障影响而弯曲,彻底修理需耗时日,为急行运用,从速调整,仅将两中瓦下部垫高0.3M/M,在电机转动子一方加重量约1/3公斤,以资平衡,轴瓦全行从新调整,所留空隙为轴径4/‰。

2.调速器之斜丝轮及牙轮等都已磨损,自行制造以材料及工具难以到手,同行反面装置,以使接触面良好,松弛处将该孔钻大镶套或行加垫。

3.调速器及界磁滑轮照一号机同样方法修理。

4.发电机动磁机侧轴瓦下部填装绝缘胶板,地罗丝及法蓝等全用绝缘纸与机座隔离,而减少动磁机损失。

5.发电机绝缘试验(三相分开)R.S.T.50meg Ω 动磁机0.2meg Ω 界磁滑轮0.2meg Ω

发电机制造时绝缘极佳,惟动磁机即滑轮绝缘不良,据云此机前已受重大灾害,现能出力2600KW。

四、电气部装修统计

电气部三十五年度下半期工作统计表

部别	装修种别	数量	备考
清花间	电动机	7	配线及附件全
梳棉	电动机	3	同
梳棉	天轴及皮带轮	4	
并条	电动机	7	同
粗纱	电动机	21	同
细纱	电动机	13	同
细纱	电磁开关及保险	60	同
布厂	电动机	14	同
摇纱	电动机	2	同
摇纱	天轴并轴瓦	3	同
成包机	电动机	1	同
梳棉	电磁开关及保险	4	同
梳棉	天轴	2	附件全
粗纱	75HP电动机起动器	1	配线与附件全
细纱	电动机	4	同
细纱	电动开关及配线	50	同
整经	自动停车器	6	同
整经	故障表示用变压器	1	同
□纱	排气器电动机	1	同
布厂	油开关	4	同
整理	打印机用电动机	1	同
合股	电动机	6	同
合股	天轴	1	附件全
修机间	电动机	2	配线及附件全

五、修机间工作统计

修机间三十五年度下半期工作统计表

部别 \ 件数 \ 工别	元车	钳工	锻工	烧焊
布厂	704	249	501	7948
纱厂	3089	1800	909	5814
原动	2910	1100	900	2083
总务	801	1800	200	601

六、一般工作事项

(一)一、二厂冷房水泵全部检修完竣,唯喷雾水管年久腐蚀,以材料及时间关系尚需时日,方可彻底换修。

(二)厂内各部电灯接收后都被毁坏,自加开夜班以来,电灯配线及灯罩等已陆续补齐。

(三)职工宿舍自胜利后日人离去,屋外电灯配线及路灯并屋内电灯都有残缺,已陆续装齐,另装电扇。

(四)消防设备及各部暖气均加检修。

七、工作人员分配系统表

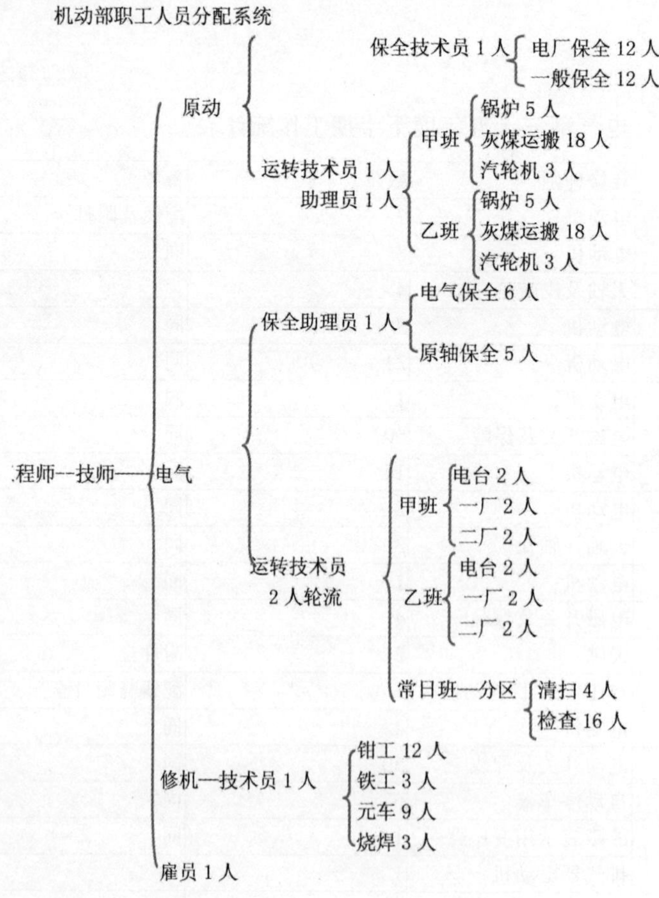

八、督导团提供重要意见之处理

(一)电动机之清查依照接收清册点查,电动机数量不符或记载错误之指示。处理情形,已制备电动机详细清册,载明型式、制造厂名、马力、回转数、号码、使用场所、制造年份等,惟以增开锭子装修繁多,工作倍极忙碌,整理方面稍行迟慢,今已整理完毕(附表)。

		接收数量	移交数量	复查数量
发电机	2800K	2	2	2
	125K	1	1	1
	30K	1	1	1
	15K	1	1	1
	145K	1	1	1
	共计	6	6	6
三相诱导发电机	马力	接收数量	移交数量	复查数量
	120	2	2	2
	110	1	1	1
	90	1	1	1
	75	2	2	2
	60	4	4	4
	50	1	1	1
	45	1	1	1
	40	3	3	3
	35	5	5	3
	30	13	13	13
	25	6	6	7
	20	76	79	80
	15	4	4	4
	10	25	29	28
	9	287	280	269
	8	39	40	38
	7.5	29	31	33
	6	4	3	5
	5	56	56	56
	4	18	19	21
	3	89	92	94
	2.5	2	2	2
	2	46	53	51
	1.5	1	1	1
	1	100	101	101
	0.5	52	51	51
	3/4	1023	1037	1027
	1/3	3	3	4
	1/4	0	0	1
	1/10	2	6	3
	共计	1875	1926	1907

(二) 斗形装煤器停止运用,希设法修理利用。

处理方法:查运煤装置,第一步用斗形装煤器,第二步用铁带形运煤器(Belt Conveyer),以该带形运煤器,原设计太长(长为138尺,速度每分钟176尺),又铁带质料不佳,致时生故障,在前日人经营时,已早停用,兹已拟就改装计划,将带形运煤器改为两段,每段约90尺,上下装置,接力输送,以减少其长度。再铁带改为胶皮带,在津市或易定制。

(三) 锅炉每日排水1次,希排水数次,并现应软水法,无水质试验,以明硬度。

处理方法:查白河水质以夏秋两季为最坏,冬春两季较佳,而水量较小,时有缺乏之虞。在夏秋时季,只有Zeolite 软水法实施,当嫌缺欠,应计划增建沉淀水池及储水池,以资改良水质。再锅炉排水日行两次足可,本厂无水质试验设备,必要时,须送外部化验。再锅炉器材极感缺乏,锅炉水质不良,影响锅炉寿命至巨,炉水之处理,应有专家负责研究。

(四) 自流井有4座,内2座从未用过,此外2座有帮浦设备,但时生故障,管理困难,希变更方法。

处理情形:查全厂面积,约占400余亩,在相距不远处,而作7井,深度同为600尺上下,底部都为砂层,如同时大量取水,则时有不足,故只用2井,已拟定作空气压缩机(Air Lift System)备用。

(五) 现在使用煤斤分三等,均为开滦产品而混合使用,发电1瓦时,约燃煤1.7公斤,似嫌过多。

处理方法:屡经试验及检修透平机,并锅炉运用方法,煤斤消费量已减少,每度电用煤1.3公斤上下,照小规模电厂而设备相同者比较之,成绩实不为低下,当仍尽力改善,以求能力向上。

(六) 现在运转中之透平,最高可发电2800启罗瓦特,六月份发电量自500–1150启罗瓦特,不足之时店由冀北电力公司供给,过剩之时,则向外送电,按上述情形,似甚低下。再锅炉设计为1座锅炉供给1座透平。

处理情形:查各种机械在夏季运用能力减低,再锅炉当时正在赶修,故未能达其最高能力,现已能发电2500启罗瓦特电力,已达其90%能力,锅炉设计时虽系1座锅炉供给1座透平,按现在产煤煤质低劣及器材缺乏,全负荷运用,实际效能不良,而寿命减低,且易生故障。再浆纱机冬季暖气亦须大量蒸汽,故仍用2座锅炉供给一座透平。

(七) 电灯装置、电动机皮带、天地轴、打风喷雾等,不良情形,希改善各节。

处理情形:已由各部门详加整理,并作定期清扫,一布厂打风帮浦,以钢珠轴锁在津不能购到,以致延迟未能修复,现已另行改变方法,修理完成,喷雾情形当能使其适合。

(八) 查得停用之节煤器内积存煤灰甚多,须时常清扫。

处理情形:早已施行行每周清扫1次。

(九) 锅炉用各项记录仪器都已损坏,再水汀管子接头都有漏汽。

处理困难:查各种损坏之仪器在本市已多方找人修理,终无所得。自行修配,又以内部机件多为合金金属购买不易,故仍未能着手,希请高明指教,在水汀管子漏汽随时修理之。

九、三十六年度主要工作之拟订

(一)查汽轮机用之循环水系直接取用河水,在夏季河水暴涨时,含泥沙成份太多,凝汽器极易堵塞,时生故障,拟建循环水储水池,以限于地基无从计划,拟取用井水混入,现在请专家研究中。

(二)锅炉及喷雾用水水质不良,改良水质须待专家研究,设法减少固形物及澄清水质,实为急要问题,拟建可容2000吨水之水池2座,一为沉淀水池,一为蓄水池。

(三)运煤及出灰拟设置小铁道,改用铁斗车。

(四)冷房用水,原用深井泵吸水,压入滤风机后放流水道,惟以下层细纱过多,本厂虽有深井7口,几全部堵塞,拟改用汽泵,俟水源畅通,再输用深井泵。

第七章 总务课工作报告

总务课工作繁多范围最广,计分文书、事务、机务及物料4股,每股工作情形依次分述如下:

一、文书股

(一)公文之收发与管理

1.收文

各机关商号及公私团体寄送本厂之函件,凡有关全厂而非对某一部之专洽事项者,概交文书股收转,其处理步骤如下:

(1) 登记:函件收到后先将收到日期、来文处所、函别、函号、摘由等项详载备查。

(2) 呈阅:登记完毕先送呈本课,主任查阅后再送呈厂长室,俟发回后再遵照批示分别送阅或作复等。

收文总计1220件。

2.发文

本厂对外发文大别为“公函”与“便函”,前者用于正式接洽、报告、答复等项,后者则用于无关重要之事项。

本股办理发文之步骤如下:

(1) 拟稿:拟稿系依据厂长或各部主管之通知办理之,若系复函则多系遵照来文上之批示编纂,拟就后编号登记备查。

(2) 呈阅:文稿拟就后呈上□核阅,如系各部嘱拟者,则先送请原部负责人查阅,以求慎重。

(3) 缮发:经呈阅认可然后缮印寄发,寄发前定当详为校对。

发文总计574件。

3.档存与保管

收发文件经阅办完毕即暂时收存,但为随时抽查方便,归档方法不得不力求简明。查卷之目标要不外两端,(一)按时期之先后检查;(二)按内容之性质检查。按时期检查时可即根据逐日登记之收发文簿,按内容性质检查时则不能不妥为分类。分类一事,门类过多则失之繁杂,太少则难以概括,兹将本厂收发文所定门类列下:

(1) 法令类:凡有关整个厂务行政之法令、规则、会议、记录等项公文属之。

(2) 表报类:凡有关整个厂务之调查表、报告书及经常报送分公司各种表报纸公文属之。

(3) 接收类:凡有关接收资产之处理、物资之提存以及被占用厂产收回之交涉等项公文属之。

(4) 工务类:凡有关纺织及机电工程之公文属之。

(5) 材料类:凡有关物料机件之收购、保管、修理等项之公文属之(其有关与各厂间机料之匀借(非调拨)者,另立借贷类以便统计)。

(6) 栈务类:凡有关原料、成品之处理与分配等之公文属之,但其为接收之资产者,则归入接收类以免混乱。

(7) 税务类:凡有关纳税事宜之公文属之。

(8) 人事类:凡有关职工之任免、调派、抚恤、奖惩登记等项之公文属之。

(9) 待遇类:凡有关职工之待遇问题之公文属之。

(10) 福利类:凡有关职工福利之公文属之。

(11) 会计类:凡纯粹或直接关乎会计之事务,如成本之计算、经费之开支、资产之估价、账务之结算等项属之。

(12) 借贷类:仅限于各厂间机料之匀借事项,该项匀借事宜既无折价与转账,又不经调拨之手续,故特辟为一类以便清查。

(13) 庶务类:凡有关生财器具、房屋建筑、运输、膳宿、警务、修缮等项之公文属之。

(14) 琐事类:凡有官庶务行政以外之琐事及对外之酬应、参观或无关大体之各项零星事宜者属之。

以上共计14类,若遇模棱两可者,则于索引目录中各类互见之。

公文重要,不能不妥为保管以防不测,除存置铁柜中以求安全外,凡缮制发文时,必多备1份两地存放。

4.其他:除正式笺函之收发者,他如通告、通知、电报、登报、捐启、请帖各项文稿之编拟亦由本股办理之。

(二)表报纸编制

1.经常报送分公司之各种表报,有日报,有旬报,有月报,有属于工务者,有属于人事者,均由本股根据各部资料,汇齐整理,缮就依限报送,兹列表如下:

表报名称	送达分公司课别	报送日期	备注
职员一览表	总务课	每月1次,于次月初报送	
职员考勤月报表	总务课	每月1次,于次月初报送	
人事奖惩月报表	总务课	每月1次,于次月初报送	如无奖惩事亦去函说明
职工人数旬报表	总务课	每月一日、十一日、二十一日报送	
生产日报	工务课	每日填报	日夜班2种
纺织二部盘存表	工务课	每月1次于次月初填送	
职工工资报告	工务课	每日填送	日夜班2种

2.接收资产点查清册之编制为半年来间续不断之工作,初稿虽由各部填供,然由本股综合编订缮因校对,工作确费时力,其后又屡经删定,计共打制2次,第一次10本,第二次11本,其间增删改定之处甚多。

其他如"接收资产估价表","日伪机构资产接收简报表","接收裕丰纺绩天津工厂资产明细表"等均为性质类似之表册,每重制1次,亦均为10本,且格式变更内容亦必有所改订。

分公司及其他各机构嘱填制之报告书、调查表等项,种类颇多,此种书表因有时间性,故每次填制,均须重新调查与编拟。

3.统计图表

厂内各方面之概况及工作情形与成绩,应不时调查与统计,以便查考而资改进,除用叙述式之报告书外,尚须编制图表方能简明了然,应以数字表明者,宜用统计表,不求数字之精微而仅欲明了其数量之分配或进展程度之概况者,宜用统计图,但无论图与表均须正确,且应依据事实之变化,随时改订与重制。兹将本厂已制之各种图表列下:

(1)统计表

①各月份棉布产量统计表

②各月份棉纱产量统计表

③各月份布机运转台数统计表

④各月份纱机运转锭数统计表

⑤各月份棉纱产量比较表

⑥各月份棉布产量比较表

⑦各月份各部用煤量统计表

⑧各月份各部用电量统计表
⑨各月份各部使用物料价格统计表
⑩各月份成本开支统计表
⑪各月份细布成本统计表
⑫各月薪俸工资统计表
⑬工人数统计表
⑭工人每月考勤统计表
⑮棉纱棉布销售数量统计表
⑯每月棉花使用量统计表
(2)统计图
①中纺天津所属七厂纱锭数量比较图
②中纺天津所属七厂布机数量比较图
③中纺津青各厂纱锭数量比较图
④中纺津青各厂布机台数比较图
⑤各月所开细纱机台数统计图
⑥各月所开纱锭数目统计图
⑦各月所开布机台数统计图
⑧各月使用原棉数量统计图
⑨各月棉纱产量统计图
⑩各月棉布产量统计图
⑪各月棉纱成本统计图
⑫各月棉布成本统计图
⑬各月出售棉布数量统计图
⑭各月工人增加数额统计图
⑮各月工资倍数统计图
⑯职员学历统计图
⑰职员籍贯统计图
⑱工人年龄统计图
⑲工人籍贯统计图
⑳各月成本开支统计图
4.代各部打制缮印表报文件
(1)会计课之各种月报表
(2)纱布厂拟订之规格表报
(3)事务股与外商所订合同
(4)其他各部烦代打制成缮印之件。
总计本期各部打制文件约150种,缮印文件约百余种。
(三)职员之人事

1.到职之登记与呈报

新任职员到职后，即凭厂长之批示到本股办理下列手续：

(1)发给各项人事书表　依照分公司之人事规则，职员到职必须填报下列书表：①履历调查表；②家庭调查表；③保证书；④随任直系亲属登记表；⑤印鉴表；⑥到职报告表。上列各种书表均经自行翻印齐备，于新同人报到时除第④种外，每种各发3份或4份请速填就缴回(其无随任眷属者第⑤种表暂不发给)。

(2)发给证章：俟各项书表填妥缴回经查合格后，发给证章1枚，有时保证书一项觅保较费时日，可先将其他各种书表缴来，即行发给证章以便早日配带，证章发给前先为登记，日后如有遗失者，即请其登报声明，以资慎重，并将报纸剪存备查。

(3)通知本厂有关各课股：新同仁报到后即分别通知①会计课以便计算薪津；②事务股以便筹备食宿；③物料股以便发给文具。

(4)对保：保证书缴来经查合格后，先呈请上□审核并转请事务股派员对保，如有不合格者，即行通知重填。

(5)呈报：各种书表缴齐后，除各存一种备查外，均备函呈送分公司备案。

2.名录之编制

全体职员须有总登记以便查核，兹已制有名单数种有较为简明者，有较为详备者，有按到职先后为序者，有依部别分列者，遇有人数增加或调转时，随时更改与重制。

3.考勤之记录与呈报

现用有关考勤之书表计有下列各种：

(1) 签到簿(2)出勤登记簿(3)请假条(4)公出条(5)人事月报

每日根据签到簿、请假条，登录“出勤登记簿”，事病各种假别登记，月中总计并累计填制“人事月报”呈核签章后报送分公司，年终累计记录并送会计课备查。

4.值日轮流之通知

每遇休假日厂中必有工务、事务职员各2人值班(分上下午)，该项轮值由本股于休假之前一日依次拟定通知单，呈请总务课主任审核并通知之。

(四)职员图书室之筹设与管理

1.筹办经过

本厂职员多数曾受高等教育，虽有相当繁重之工作，而多有业余研究之要求，盖此种一面工作一面研究之现象，对于纺织事业之改进，至为需要，本股有见于此，早有请设图书室之计划，迨经请准地址后即开始进行。

地址决定占职员单身宿舍二楼东头大室，惟以该室内装备门窗等项均须拆除，重新改造，连同室内所需各种家具，经妥为设计后均由事务股监督修造，同时本股即开始采购图书及管理计划等事宜。

采购图书室进行方法如下：

(1) 印发拟购图书单送请各部同仁填注。

(2) 利用假日或晚间赴市内各书肆书店搜购。

(3) 赴北平采购：北平为文化总枢，书店荟萃，欲购大量图书非北平不可，惟以限于时间，仅赴平2次。

(4) 向上海函购：纺织专书北方不易搜求，必须邮递函购，业经分向上海各书店函购，惟以寄递较为迟缓，往返颇费时日。

(5) 订购平、津、沪各种通行报纸杂志，又向美国直接订阅杂志数种，现已陆续按期寄到。

至于管理人员一节，因本室只能于工余晚间开放，故无需任用专人，经请示即由本股同仁兼理。

图书随时添购，随时登记整理，其图书之编订与出纳管理等项工作已拟具“管理大纲”呈奉核准照办。

至三十五年九月间，房屋家具已修备完竣，同时图书已购到500余种，乃于十月十四日开始阅览。

2.工作现状

自开始阅览后，各项工作即按照所定计划进行，惟初开时因图书数量较少，未办理室外借出手续，只限在室内阅览，约经1个月后，经陆续增加，数量渐多，乃开始借出，搜购图书须依据实用情形斟酌采择，当以精博为目的，惟恐不合实用，徒费金钱，而津市书店寥寥，存书又少，加以时间有限，故采购工作颇感困难，每次出外搜购，往往巡迴竟日，仅得三数本而归。

阅览时间每日下午7至9时，2小时中平均阅览人数约有二三十人，出纳书籍约在20种上下(仅指借出及缴还者，杂志报纸之自由取阅者除外)，图书之出纳，均经登记与检点，以防错误而免遗失，数月以来不仅阅览秩序极佳，而图书杂志亦均保持整洁，足征同仁对本室之爱护也。

(五)技术训练班之筹划

本厂培养技术人材提高工作能力，决定成立技术训练班，谕交本股统筹办理，其组织如下：

1.班主任1人由王厂长担任。

2.副班主任1人由葛厂长担任。

3.教导长1人由黄工程师担任。

4.副教导长1人由本股李永芳担任。

5.纺织科主任教师1人由柳工程师担任。

6.机动科主任教师1人由陈工程师担任。

7.各科教师若干人(名单见课程表)

为求课程之易于进行，先开预备班2个月，讲授普通课程，预备班期满后再开正班教授技术课程。

8.预备班参加学员均为高级工友，共50余名，自七月一日开班以来，上课情形甚为良好，该班课程如下：

时间＼课程＼曜日	月	火	水	木	金	土
晚:6:30-7:20	训话	数学	数学	数学	数学	国文
晚:7:30-8:20	数学	国文	数学	国文	英文	数学

各科担任教员如下：

训话——副主任、教导长、主任教师

数学——沈增藩

国文——邵浩然

英文——李永芳

预备班原定2月，后以事实需要，延长1月，于九月最后1周举行修业考试，九月底结束，为期共3个月。

9.预备班结束后，于十月七日起开始教授技术课程，除预备班学员修业试验合格者20名必须参加外，另有程度相当之新学员20余人参加，本期课程及教员如下表：

日 曜日	第一时 晚6:30至7:20	教师	第二时 晚7:30至8:20	教师	备注
星期一	纺织概论	张蕃锡	纱厂保全概论	柯诚甫 于樾	
星期二	英文	李永芳	组织分解	张焕章	每隔三星期由黄工程师在第二时讲演工厂常识
星期三	数学	赵文杉	力机机构学	张植玖	
星期四	制图	雷启航	纱厂计算概论	徐星阁	每隔三星期由柳工程师在第二时讲演工厂常识
星期五	电气	萧南崑 侯维焕	织布准备概论	陈国治 王保璋	
星期六	原动	沈培根	纱厂运转工作法	李文华	每隔三星期由陈工程师在第二时讲演工厂常识

各科教员除英文外，均聘请工务职员义务担任，就个人之所长分科任教，所需讲义，自行编制，交本股誊印。

正式技术课程定期6个月，自三十五年十月起至三十六年三月底止，期满举行考试，成绩及格者发给毕业证书。

(六) 其他

1.赈灾及救济捐款之筹办

本期赈灾捐款计2次。

(1) 湘灾捐款于六月十八日由本股与工会合办，计580500圆，送交民国日报社收转。

(2) 川滇灾区捐款于九月十三日由本股与工会合办，计493400圆，送交民国日报社收转。

2.工务会议记录之整理

本厂工务会议计分ABC三组，C组为最高级之全厂会议，每3周1次，集会之通知及记录由本股办理，会议记录于会后整理誊印分发予工程师及课主任作为厂务推进之参考。

3.厂长及课主任交办之其他事项

(七)工作计划

1.本股拟于每月初编制上月本厂大事记，于年终编制大事年表以资查考。

2.拟于每周编印本厂周报，藉以促进全厂人员精神上之联系及学术上之修养。

3.拟举办纺织研究会，分组研究纺纱织布之各种问题，藉以协助本厂之发展。

4.拟办理英文补习班，职员工友自由参加，藉以提高英文阅读能力，俾便研究英文纺织书籍，而有助于技术之改进也。

二、事务股

(一)营缮事项

营缮部原隶属机动课，于八月一日改隶本股，计管理员1人，木工7人，泥工7人，白铁1人。后以增开纱锭及布机，各项配件及修理工作逐日增加，故工人亦以事实上需要逐渐增加，截至十月九日止，计木工18人，泥工12人，白铁2人，管匠1人，共计33人。对于各项修理工程及配件，除力求品质精确工料节俭外，更着重于迅速，若此则泥木工人数纵再增加2倍，亦感难以应付，为谋解决此一困难，另采2种办法：1.酌雇临时工，2.将各项较大工程及数量较多之制品分别招商承包，其办法即包商以承包清工为原则。每批须有包商3家以上估价，由总务课主任呈准厂长指定之。兹将交商承包各项工程择其较大者，分列于后：

1.工厂部分

(1)一、二场屋顶补漏，因此项工程较为繁重，费用过大，由本股签请委托建筑委员会招商承办。

(2)一、二场天沟、立水管、下水道及办公厅修理梁架、屋顶补漏等工程委托建筑委员会承办。

(3)水泥甬道计由厂门至机动课办公室，及原棉仓库至后门码头2条，承包商华泰营造厂，监工人朱开木。

(4)原棉仓库及原动部屋顶补漏，承包商裕国营造厂，监工人朱开木。

(5)一、二厂改筑厕所及浆纱间改筑水泥地面，承包商裕国营造厂，监工人魏长荣。

(6)办公厅之一部改修为会客室、工务室、厂长室，承包商裕国营造厂，监工人朱开木。

(7)原动部水泵室接建车房一所，可储大型卡车2部，承包商华泰营造厂，监工人朱开木。

(8)改建修机间后身公共厕所一处，承包商裕国营造厂，监工人朱开木。

(9)新仓库屋顶补漏，委托建委会代办。

(10)一厂摇纱新筑水泥地面，承包商徐桂林，监工人魏长荣。

(11)二场合股间新建水泥水池1座，一场修理皮辊室1间，一场清花修理保全室及摇纱保全室，承包商文华斋及合记土木工厂，监工人魏长荣。

(12)一布场改建保全室，承包商文华斋，监工人魏长荣。

(13)重制原动部通一、二场蒸汽管包箱，承包商文化斋，监工人魏长荣。

2.宿舍部分

(1)单身宿舍全部修理，委托建委会代办。

(2)第三场基地新建1200工人宿舍楼3座，同上(尚在建筑中)。

(3)修理职员宿舍全部，承包商文华斋徐桂林，监工人韩景源。

(4)修筑职员宿舍全部水泥基炉焦甬道，承包商裕国营造厂，监工人朱开木。

(5)修改幼稚园及操场，承包商裕国营造厂，监工人朱开木。

(6)收回第三场基地房屋1所改建勤务宿舍1所，承包商华泰营造厂，监工人同上。

(7)改建汽车房1座，计可容车4部，承包商华泰营造厂，监工人同上。

(8)修理宿舍全部暖气设备及锅炉2座，承包商华兴工程社，监工人韩景源、何振华。

(9)修理宿舍全部下水道，承包商及监工人同上。

(10)新建篮球场，承包商裕国营造厂，监工人朱开木。

(11)修改浴室，承包商徐桂林、文华斋，监工人韩景源、何振华。

(12)改建理发室1间，承包商徐桂林，监工人同上。

3.木制品部分

(1)职员宿舍、图书馆家具计46件，承包商协申木器厂，监工人朱开木。

(2)职员宿舍用各项家具计740件，承包商协申、文华斋、合记3家，监工人朱开木。

(3)幼稚园家具计53件,承包商协申木器厂,监工人魏长荣。

(4)工场用木制器具计664件,承包商合记、协申2家。

4.其他部分

白铁消防水桶计358件,承包商双合成。

营缮业务派由办事员魏长荣君负责办理。

附工数统计表(包括长工及临时工)

工别＼月份	七月	八月	九月	十月	十一月	十二月	共计
白铁工	29	48	25	48	48	50	248
木　工	524	509	411	45	373	697	2559
泥　工	748	1081	976	324	300	327	3756
管子工						25	25

(二) 卫生事项

工厂卫生事务原由人事课办理,自八月一日起拨交本股,计转来杂工7名(现已增加1名)负责车间以外全部清洁,兹将处理办法分述于后:

1.清洁:将全厂各条道路及空地划分3区,每区派杂工2名负责,除规定每日晨午全部打扫2次外,并轮流由其中1名经常巡迴打扫,此项办法采用以来,颇收成效,将来拟继续采用。室内及厕所派工2名随时打扫。

2.炉渣:原存量约在3000吨以上,下半年度每日用煤量平均约80吨左右,在六七月间清除问题至为严重,曾数度呈准厂长标售,虽有多户接洽,但终以含煤量低、运输费高,无人出价。后于七月间,驻津美军建筑机场需用炉渣颇多,经厂长批准,无限量免费供给,装运月余全部出清。此后亦有多处呈准无价装运,截至目前仍在装运中,故近期内对炉渣之清除问题一时尚不致感到如何严重。

3.垃圾:全厂各处所清除之垃圾均集中于后门外围墙内,因其中杂有不少可用物品,未便及时运出,每日派工择拣,计分木质、铁质、花纱3类集中,视其种类及成色分别储存,标售或送还关系部门,剩余之纯垃圾逐日派卡车1辆,陆续运出厂外。

工厂部分卫生业务由办事员朱开木君负责办理。

(三)器具管理

本股业务直至本年五月始有专人负责,故对于器具方面经月余之交接清查,延至七月份始着手办理贴签及分布记录,关于器具登记于本年六月初即立有专册,分接收物及增制物两部分,并分木质、铁质其他3类记载,凡属于生财器具者除各项固定存放之物件及办公桌椅等外,其体积较小而易于提带或移动之物,领用人须开具领票负保管之责,宿舍部分另有卡片记载器具名称、数量1式2份,一份户主收存,一份由户主盖章后亦交回本股存查。

记账员:宋庆云君

(四)宿舍管理

本职员宿舍集中1处,且系日式建筑,简单紧凑便于管理。全部经粉刷油漆后,尚得整洁,计分单身与眷属2种,单身宿舍系3层楼房1座,二三层为寝室,底层为食堂厨房,并于2层附设图书馆1所,于底层附设合作社、理发室、诊疗室等3处,单身同人其职务在技师以上者得1人独居1间,其余视房间大小3人或2人合居1室。眷属宿舍共计76所，分A、B、C、D四级，A级者2所，正副厂长居住，B级者6所，工程师、课主任居住，C级者18所，技师、股长、高级技术员居住，D级者50所，办事员、技术员、助理员居住，练习生不得携带家眷。宿舍门前由人事科逐日派警轮流值岗，凡职员、夫役户及眷属如携带物品出门，必须持有门票方可通行，来宾拜会亦须填写门证方可进入。宿舍清洁分室内、室外2部分，室内由勤务打扫，室外由卫生夫打扫，办法与工厂同。宿舍内全部电灯所有灯泡不得超过40烛。冬季在晨7时至下午5时，晚11时至晨5时各时间内，除门灯、路灯及锅炉房外，不得开灯，宿舍内部各种修缮事项由户主书面通知本股办理，公用处所及户外部分由本股随时修理。

宿舍派由办事员梁颢宗君管理。

(五) 膳食事项

本厂职员食堂共计2处，一设宿舍一设厂内。宿舍食堂早、午、晚3餐，早餐于晨时6:30时开，10桌4小菜、稀饭、馒头，午餐分2班，头班于11:10时开1桌，二班于12:10时开10桌，6菜1汤、米饭、馒头。又每星期三晚餐为面条，每星期六晚餐为饺子(每桌菜金约6000元)。晚餐6时开，菜金与午膳同，厂内食堂为夜班同人而设，于每晚12时开2桌，每桌菜金约1.5万元元，开饭时除厨夫外并另派勤务轮流值勤(添饭自理)。同人加班或因公不能按时进膳者，得填具书面通知单，经主管盖章后通知本股备膳，其非因公误膳而须另开者按客饭收费办法收费。关于膳食开支除米面油盐燃料向物料股领用外，菜金由本股支付领取周转金，每次以100万元为限，并立有正式账册，逐日由厨夫开具菜金清单，交记账员制传票登账，于月终另编明细报表向会计课报销。

管理员梁颢宗君，记账员宋庆云君。

附职员膳食统计表。

月份	膳费总数	用膳人数	每人每月平均数
七月份	3069350	91	33729.12
八月份	4465125.59	103	43350.73
九月份	5543925	112	49499.50
十月份	7663680	116	66960.00
十一月份	8484099.60	122	69541.80
十二月份	6874700	123	55950.00

(六) 福利事项

本股所经办福利事项仅限于职员方面，兹将已办各事分述于后：

1.理发室：因限于房舍关系，仅设理发室1间，座椅2具，漏管磁盆1具，吹分机2具，雇用理发工人2名，凡本厂职员及其眷属皆得享受理发之权。

2.浴室：浴室系就原日人浴室改造，外部照旧，将内部分隔为4间，分置磁铁澡盆4具，喷头2具，漏管面盆4具，木凳4只，储衣箱2只，凡本厂职员及其眷属皆得享用。

3.洗衣：洗衣室雇用工人3名，凡本厂职员衣被均可送洗，衣服无限，被褥送洗，每月不得超过2次，眷属自理，平均每月收洗2400件，消耗肥皂200块，每月每人平均20件。

4.家具：凡在宿舍寄宿之职员，不论单身或眷属所需之家具概由厂方供给，其种类及数量均已遵照分公司规定陆续备齐。

5.燃料：凡携眷寄宿职员，不分阶级，每宅按月份2次配发炊□燃料，计煤球300斤，木柴100斤(本厂木工房剩余物)。取暖设备分2种，一为暖气，4时至10时，有壁炉者每户每6日配发块煤200斤。

6.沸水及热水：设茶炉2座，凡寄宿职员及其眷属皆可随时取用，开放时间每日晨6时至晚10时。

7.诊疗室：为便利眷属诊疗疾病起见，于宿舍内设诊疗室1间，由厂医2员轮流应诊，该室由人事课管理。

8.客饭：凡职员亲友拜会偶随职员在饭厅进膳者不收膳费，如须另开每份以2菜1汤为限，每份收费由500元陆续涨至1000元，开客饭者须于饭前半小时填具客饭通知单加盖印章通知本股，客饭费于月终结算后由会计课于发薪时扣缴。

9.勤务分配：单身职员宿舍共计4名，眷属宿舍计厂长、工程师每宅1名，课主任技师每3宅1名，股长、高级技术员每6宅1名，以下每9宅1名，本股备有勤惰登记簿，按月送各户填记，倘有懒惰或不受指挥情形，当随时予以处分。

(七)交通事项

原接收日人车辆计大客车2辆，小座车1辆，三轮车1辆，人力车2辆，后以业务上之需要，增重卡车2辆，小座车1辆，三轮车1辆，铲煤机1辆，兹将各车用途及分配分述于后：

1.大客车2辆：除于每日晨7时、午11时、12时、午后1时、5时半、8时往返工厂与宿舍间接送职员外，每逢例假前1日晚7时开往市区1次，10时回厂。例假日分于晨10时半、午12时半、晚5时、7时、10时往返市区与宿舍间各1次，市区终点国民饭店(因该处为中心区且便于停车)。本厂职员及其眷属皆得乘坐，此外凡职员6人以上同时因公外出，或参加经厂方许可之业余活动时亦得开行。

2.小座车2辆：厂长专用1辆，公用1辆(在本股登记乘用)。

3.卡车2辆：载运物料、炉渣、垃圾、燃料等。

4.三轮车、人力车：三轮车2辆，人力车2辆(暂用1辆)公用，乘车人须在本股登记乘用。

5.铲煤车：新置铲煤车1辆，以为装运原煤、炉渣、垃圾之用。既省人力复省费用，开用以来成绩甚佳。

(八)交涉事项

本厂第三场基地，在胜利前裕丰时代为日军占用并以半数面积建筑营房，胜利后即被各军事机关占用，其上建筑物并被列入营产。本厂以需用该地孔亟，交由本股办理，经长时间之交涉，各处奔走几经挫折，终于与联勤总部第五补给区司令部获得协议，除允尽速饬各占用单位迁离外，其建筑物亦允由本厂收购，计价标准经双方同意以每方2万元及3万元计算，总计国币1.165亿元，业经该部呈报国防部，俟批准后再办交款手续，预料可无问题。其空地部分原为该部建筑材料库占用，堆存木料甚伙，刻已让出约全面积75%强，并已委托建筑委员会建妥可容1200人之工人宿舍楼房3座，其余部分近期内当可迁出，其建筑物部分除该部第四燃料库，以一时无适当地点仍暂占用一小部分外，其大部分及第二物品库全部均已收回。

三、栈务股

本股工作范围在于收发并保管原料成品，兹分述半年来工作概况如下：

(一) 原棉

1.仓库分配：原棉、废棉及下脚数量极多，但接收时存放紊乱，本期积极整理，共占仓库25间。

甲库10间，乙库6间，丙库1间，新仓库8间，堆置情形大致如下：

甲库三至六号——印棉、美棉、埃及棉

甲库十五至十八号——美棉、华北棉

甲库十九至二十号——废棉(十九号有打包机1架)

乙库一至四号——华北棉

乙库五至六号——飞棉

丙库七号——废棉

新仓库——废棉

2.收发手续:原棉入厂由分公司填具解花通知单,由运输室发运到厂,经本股查核无误,即分别卸车搁置,俟分公司派员报请商品检验局验毕始行过磅入库,俟检验毕送到后,即行结账估价入账,造具收料报告单,并通知会计课转账,原棉出库由清花间开具领料单通知本股,照单发货,会同清花间逐包过磅,双方结算无误后分别记账,此外废棉乃根据清花间之废品入库报告单收货入库并入账,废棉标售后由分公司通知本股,客户持分公司提单提货,经查无误即照单发货。

3.日常工作:每日上午接到清花间领料单后即照单发货每日约200包,如有分公司发来原棉,同时卸车收货。废棉入库每日约150包,每日上午结昨日账,填造原棉日报表9份,废棉日报表2份,报送各部,每旬作原棉旬报送分公司业务课,月终作原棉、废棉月报。

4.接收事宜:原棉、废棉之点查,因装脚地位关系,全部过磅点查殊属非易,乃先点查包数后,并分别抽查过磅,估计总数,至四月十日制成点查清册,抽查结果与移交数量颇有出入,以致账目殊难轧对,至本期经多日之整理已全部转冲完毕,并全部由本厂收购。

5.本期各月原棉收付总量

兹将本期各月原棉收付数量列表如下,藉明收付工作之梗概:

单位:市担

类别月份		美棉	埃及棉	华北棉	印度棉	秘鲁棉	巴西棉	合计
七月份	收	12758.92	0	6267.00	13877.11	0	0	26698.70
	付	3348.73	0	959.88	2188.15	0	0	6496.76
八月份	收	1330.48	0	1448.82	0	0	4055.13	6834.13
	付	5156.24	0	406.30	1410.43	0	999.54	7972.51
九月份	收	6311.9	0	0	0	0	0	6311.99
	付	4370.47	97.90	444.61	2040.78	0	2522.83	9476.59
十月份	收	6130.26	200.59	179.93	0	2257.43	1347.71	10115.92
	付	8370.47	192.45	542.39	2401.64	100.58	2212.75	13845.01
十一月份	收	10757.91	0	2925.47	0	0	0	13682.30
	付	7258.89	123.17	2242.32	2956.71	216.58	0	12797.67
十二月份	收	8630.61	949.68	5440.65	0	0	1309.37	16330.31
	付	7006.28	180.67	2643.62	3419.93	161.62	0	13412.12

(二) 成品

1.仓库分配:保管成品共占用仓库7间,即甲七号至甲十三号,每库分8垛,接收时各种纱布大部零星散置,极为紊乱,常有一种成品数量甚少而分别放置数处,非但点收时感觉繁乱,其于接收后之整理亦多棘手,本期经多日之搬倒,现在库存成品大致分配如下:

甲七、八号处理局存各种纱布

甲九、十号细布

甲十一、十二号细斜纹及新制各支棉纱

甲十三号处理局存各种棉纱

2.收发手续：每日上午由纱布厂成包间填具成品报告单送交本股按单收货入库，同时即以该单位守护凭证入账。发手续分为两步：①根据分公司售货报单先行由厂存数量中付账，同时收进客存户，②客户提货时凭分公司所发提货单加盖背书前来提取，经本股与分公司发来之售货日报及售货通知单核对无误后即照单发货。

3.日常工作：每日晨由纱布厂成包间收运成品入库，平均棉布约160件，棉纱月80中包，其后如有提货者即开始发货，每日二、三百至六、七百件不等。每日上午结清昨日账目，填造日报表，计棉布、棉纱、缝纫线、特殊品4种，每种9份，分别送报分公司工务课、业务课、本厂文书股、会计课及货物税局驻厂办公处，每日另记栈务日志，报告昨日工作呈阅，每月终填报月报，分别报送有关各部。此外，每日纱场移送织布间纱支由工务室报知本股，填具纳税申请书送交货物税局申请纳税。至于售纱则由分公司在售出时填具申请书交本股转送货物税局申请纳税，以上皆用记账纳税办法，每月十五日及月底结算分2次报知分公司缴款完税。

4.接收事宜：关于接收成品，于三月初开始点查，其中即茶福云斋一项因长短不齐，堆置散乱，乃按匹过磅成包共须20余日至四月十日点查完毕造具清册，及至本期处理局曾凭分公司提单提货数次，至十一月分公司派人协同填送接收物资清查表，近日又与处理局协商估价，备由分公司悉数收购。

5.本期各月成品收付数量

月份	棉布(匹)		棉纱(件)	
	收入	付出	收入	付出
7	41595.6	19938.6	256.5	109.1
8	44910.4	52733.4	494.625	345
9	53908.5	59278.5	697	796.175
10	59065.4	68287.4	880.95	545.225
11	71516.3	57393.3	905	437.625
12	80065	80348.9	1045	1596

答督导团提供意见

七月中旬总公司督导团来厂视察所制报告书中对栈务之督导事项共有8项，并提供意见，兹已分别改善，并答如后：

一、新仓库离厂较远，已遵嘱全部堆存废棉，破漏处已于秋季修理，厂内仓库堆置成品及原棉，仅有少数仓库因打废棉包关系，暂存废棉。

二、仓库账簿前因分公司无划一账册，未能改用，现原棉已于九月份成品于十月份分别改用新账簿。

三、四月份解厂之美印棉已全部入账，其后所来原棉，在货价未结前，暂行估价入账，俟结出后再行冲转。

四、原棉、成品、脚花仓库已全部分清，装脚已逐渐整理大致就绪，原棉等级已分清，悬表已重新印制，详注悬挂，货存与账存完全相符。

五、甲库五号散花已全部过磅入账，共为78.26担，随检随用，已全部用罄。

六、原东洋造纸厂寄存华北棉439包已全部集中，现正与处理局商洽收购。

七、接收之古棉、废棉已由分公司代处理局全部标售，废棉已全部提清，古棉现正在陆续提取中。

八、栈外堆存原棉仅系原棉发到时暂时卸存，一俟手续办齐，即刻过磅入库。

四、物料股

本股工作可分为2大项，一为购料、收料及发料之日常工作，一为接收后之整理工作。

(一) 日常工作

1.购料

本厂拥有纱锭96352枚，布机2004台，所需物料之伙不难想象，而品质求佳价格求廉，亦不容忽略。幸天津分公司设有物料课代各厂搜购大宗物料，而另设机器厂代为修配机器零件，本厂所需大宗物料及修配零件多按章委托办理，其须由本厂自行办理者，则招商投标办理之。

本期初期时值溽暑，雨水连绵，宿舍车间莫不漏水，修房补漏需料极多，本股采买工作乃异常忙碌。一入秋季积极增开纱布机，开齐之后，日夜两班不断工作，物料之消耗，4倍于往昔，故采购工作愈形繁忙，各月采购物料数量可于次节见之。

2.收料

半年来因增开机台并修房筑路，用料甚多，故每日收货工作亦极繁忙，兹将每月收库各类物料按价表明如次：

类别	物料价值(圆)						
	七月	八月	九月	十月	十一月	十二月	合计
1传动用料	6034945.00	12094600.00	4033500.00	3767000.00	2833135.12	7443185.22	61706365.34
2机器油类			3223837.70	11398054.40	414163.00	32963872.56	17939927.66
3皮辊用料			462000.00	46710225.00	27475700.00	18115668.00	92763593.00
4浆料	78200000.00	19312500.00	29810000.00	20795000.00	775000.00	293427300.00	44231980.00
5.原动用料	4906000.00	601120.00	3072000.00	1758539.00	239925.00	19018136.50	19655720.50
6修配用料	13583645.00	7866462.00	13189830.00	15214942.00	24687925.00	51978615.30	126521419.30
7纱机用料	21562305.00	26171350.00	22223926.00	64939960.00	71563676.00	312256104.00	538717321.00
8布机用料	11075550.00	8747020.00	10349540.00	7335600.00	22154350.00	78730875.00	138392935.00
9麻机用料							
10染机用料							
11打包用料	33308250.00	693500.00	49661000.00	15100000.00	466400.00	78803100.00	184273750.00
12各种工具	2049520.00	1371100.00	1843250.00	3944100.00	2356200.00	8246045.00	19810215.00
13筒管木锭			6847540.00	3711000.00	1870000.00	24718510.00	37147056.00
14建筑材料	16590671.10	7022580.00	25332714.50	43234184.00	15082004.00	13868702.00	15124855.60
15电料	3726100.00	6688100.00	6581680.00	16383275.00	6057050.00	11978820.00	51415025.00
16医疗用品	332700.00	499700.00	213900.00	338000.00	724700.00	253500.00	2362500.00
17文具	3048090.00	6079350.00	7354333.00	8588100.00	5646150.00	13139922.00	43855945.00
18颜料涂料	1397550.00	4469220.00	1851300.00	1863100.00	2220700.00	5385700.00	17187570.00
19食料	2560000.00	43400.00	1062600.00	6302000.00	4063120.00	6336868.00	24668588.00
20杂项	23221772.00	4979336.00	11625640.00	66481034.55	160441000.00	24392021.00	291142003.55
21燃料	52742640.00	15690000.00	61734390.00	34300000.00	22635960.15	26221564.28	649324554.4
合计	274399738.10	132871438.00	260474181.20	292164113.96	627207158.27	1263212508.86	2950329136.88

3.发料

每日发出之物料按领料传票计算平均约在200张以上，每张可领物料3种，如此计算日发物料当在600种以上，最多可达千种，以每日工作10小时计每小时则发出物料百种，其纷忙情形可想而知，兹将各月各部领料数量按价列表如下，以示发料之概况：

领料部别	领料价值(圆)						
	七月	八月	九月	十月	十一月	十二月	总计
原动部	50708466.15	46938746.50	45403764.10	59103049.23	117016784.79	161430749.90	470601560.67
修机部	712355.50	217421.00	565056.82	398781.00	67230.00	5660.00	1966524.32
纺纱部	53449590.85	32065382.00	86371859.00	107018043.55	133392242.09	74452674.49	486749791.98
织布部	179374638.87	142934613.50	54338941.76	104471167.00	54348618.36	159854496.03	695322475.52
总务课	14252775.10	7387586.34	17525261.00	5175517.00	3510430.12	6161755.18	54013366.74
会计课	17624.00	65365.00	142162.00	205798.00	485076.83	258350.50	116373.73
人事课	2223585.22	2802234.50	1759155.50	1686367.00	3467219.92	10700453.34	22629015.48
修缮费	7077409.60	10045567.50	17724216.50	17035056.00	50714841.65	84268267.46	186865300.71
器具费			3397850.00	17107629.00	6907058.85	3755292.00	31167869.85
其他	21536979.80	3542514.00	5997923.50	7690781.50	13839764.04	5409191.81	57717154.65
总计	329353425.09	246000430.34	233226199.18	319893191.28	383389316.05	496296901.71	2006189463.65

(二)整理工作

接收之后，因旧有制度如单位名称、记账方法等多数不适用，工作颇感困难。上半期虽欲整顿，奈以接收繁忙未暇顾及，自本期开始，每日抽暇整理，至年终已见成效，兹分述如次：

1.实际盘存与编号：所存物料逐类盘点，所有盈亏概依重新盘点量冲正之。同时更予以编号，此后收发记账概以号码为准，以免混乱。

2.存库与放置：存库情形简分为二，即分类与分间，各种物料可置于一库者即分类保存之，如日常使用物品，大多贮于主品仓库，但亦有可分间者，如面粉每日必用以浆纱，故少量置于浆纱仓库，但大量仍贮存于丙三及丙四库中，此即分间保存也。整理时则同种物品力求集中放置一处，乃辟甲一号库为机件仓库，将所有机件集中于此。并制作新货架，分置物料以免堆存之弊。此外制作物料木盒，用以装置小件物品，以免散乱。

3.账册方面：日收日付完全凭账，并填制表报，而账存结余价类与库存日报结余亦力求一致，初以手续欠佳，时有差误。逐步改正，刻已完全相合矣。

对于督导团提供意见之处理

本年七月总公司巡回督导团莅津考察后，对本厂物料部门所提意见，均已逐步整顿改进，兹分述于后。

(1)物料方面：所有盈亏各项如油类、白钢丝、钻头、燃料、传动用料、皮辊用料及其他物料，概照接收清册冲正，每月实地分类盘查，遇有盈亏立即更正，日报表、账簿、卡片经常核对，同时已着手集中排列与编号，同类者完全集中一处顺序标注号码，此后发料以号码为准，避免使用复杂与易混之名称。

(2)机件情形：以前机器零件由普通机器厂投标承制，因赶开车锭，品质稍次者亦由工场验收领用，实不得已之举也。其后分公司第一机械厂成立，本厂需制零件一概委请该厂办理，品质不合用者随时退修或自行修理。

(3)仓库方面：按仓库管理，因物料虽体性不同，但用途常合并，又同类之材料而用途又不同，故管理可分为4项，①分类管理保存②分间管理保存③整批管理保存④混合管理保存，故本股仓库管理法不外采用上述四法，但督导团所谓同一种类分存数处之弊，已逐渐改善，极力使其集中，机件已另辟甲一号库为机件库，制作新货架，已加整理，不复堆置各地，杂粮等皆装于席袋，一面缩小面积，一面避免霉烂，此外库中物料之品名存量已完全记入卡片。

第八章　人事课工作报告

人事课之工作以工人为中心，工人之招募，出欠勤之统计，及工友宿舍之管理与工友之福利皆属之。厂内之警卫与上下工之检查由警卫队负责，该队亦隶属于人事课，兹分述半年来之工作如下：

一、采用股

(一)改正采用工人办法

1.各部需用生熟手工人，先由各部填写补用工人通知书，经技术员、技师盖章送交本股登记，再由本股布告或派人招雇，工人来厂即行填表，严格考试。

2.熟手工人应雇时即送试训部考验，如合格者，由主管人盖章批写合格二字证明方可登记。

3.凡各工人经认为合格即办理入厂手续，呈缴保单后发给工折及即入厂票分送各部工作。

(二)整编工号

将全厂工号缩编为6000号，内分机动部、纱厂甲乙两班、布厂甲乙两班共5个部门，按照各部门人数多寡，每部门以整数为单位，又如某一部门工人解雇后，其工号仍须保留，俟日后采用同性质之工人入厂补充之，但以1工人1工号为原则，若工人调整缩少后，则工号自最后数裁减，以免紊乱而利工账作账。

(三) 更换工折及设置工折木箱

全厂工人划为甲乙丙丁戊己六组，以一厂纱场为甲组，布场为乙组，二厂纱场为丙组，布场为丁组，机动部为戊组，试训为己组，同时各组设置木箱1个，漆为红黄蓝白黑绿6色，各颜色仍按6组次序分配，甲组以红木箱代之，余类推，又工折封面亦印红黄蓝白黑绿颜色。各组工人将所持工折按照规定颜色投入该同样颜色木箱内，以利不识字工人易于辨明。

(四) 拟定工人请假及解雇手续办法

工人请假假条须经该管技术员、技师签章，于先1日送至本股登记，送缴工折办理请假手续，如遇特殊事件发生，不克事先请假时，翌日10时前必须将假条送到本股，逾期不予登记，至工人解雇均须各主管人填写解雇通知单，加盖名章后送交本股办理解雇手续，由本股以解雇通知单转知福利股收回所领物件，再转工账股结账。

(五) 加强考勤

各部工人工折于每晨7时至晚8:30分由本股承办考勤业务人分别收折，实行按折打到，填入出勤簿，工人请假及旷工，亦同时登记，复核出勤人数及请假旷工人数，交承办统计人员办理统计，填写工人考勤日报表，再与工务室集工账股核对以求准确。

(六) 办理统计

为明了全厂工人人数及年龄、籍贯等事项，特拟订工人考勤日报表、工人人数统计日报表、工人解雇理由及入厂工作期间统计月报表、职工流动月报表、工人请假累计月报表、工人年龄籍贯统计表。

(七) 拟订发给工折简则

1.工折每人以1个为限，不得转借他人。

2.此工折各工人必须随身携带以便出入门禁，入场后再投入工折箱内，以便考核该日是否到工，否则以旷工论。

3.工折或遇特殊事故，因而遗失即须陈明理由，请该管技术员及技师证明并由组长3人以上保证方可补发,除赔偿工折损伤金法币200元外,其当日工作为无效,以示警戒。

4.各工人所带工折必须妥为保管,不得任意损坏。

5.各工人如工折未曾遗失而借故滋闹者即严办。

6.工折如有意毁灭者即予以除名。

7.各工人所带工折如发现借给他人即予除名,并视其情节轻重从严究办。

(八)调查工人婚丧病假及行为

各工人有请婚丧、病、生育等假者,先将假条送至本股,经派人调查属实后可照登记。关于厂内秩序及各工人之思想行为,随时派人密查以免发生意外。

(九) 添制工人工资证

全厂人数已达5000余名,特制发工人领取工资证,每人1枚凭证发给工资,工资证背面加贴本人照片正面填写工号、姓名发给年月日,以昭慎重,免生争端。

(十) 办理临时工

全厂各部雇用临时工,先由各部于第一日午后5时前填写申请临时雇工通知单,加盖技术员及技师名章送交本股登记招雇,翌日临时工到达指定地点集结,由本股发给临时工作证,分送各部工作并取回收据以清手续,下午5时退工时再由本股收回工作证点名发给工资,计分甲乙丙丁级,按照工人技术、体格、老少规定之,并于每月一日将上个月临时工继续工作不断者,填列表格以俾查考。

二、福利股

自本期增开纱锭以来,工友日有增加,开齐之后,工友已逾5000名,此5000余名工友之福利事宜,即为本股之责任,乃积极工作以求增进。兹将本期已办、正办及拟办事项分述于次:

(一) 既办:

1.理发室:按本厂规定章程,施行工友免费理发与眷属廉价理发,除分别发给理发证外并制有编号木牌40枚,举凡工友及眷属入室理发时,必须以理发证先向理发工人调换木牌,始得依号挨次轮流,不得争先恐后,自开办以来,工友咸称便利,现有理发工6名,学徒,1名,平均每日理发约120人,且有续增之势。

2.澡塘:设男女澡塘各1,每池可容10余人,由管理员监督之并派卫生夫整理清洁,其实施办法分每星期三、五、七3天,每天沐浴时间上午7时至10时,下午6时至10时。男女澡塘分别同时开放。

3.水铺:为注意工友与家眷卫生起见,特设立热水铺1处,由本厂制定编号木牌,每天发给工人2个,随时持木牌取用,除按日发给外,另制廉价售水票1种,每票20元以维持工友眷属日用所需,无限制购买,与市相较既沸且廉多矣。

4.篮球:体育运动为强种健身之要素,特组设工友篮球队,队员15人由厂方置备篮球1个,帽子、背心、裤衩、袜子、球鞋各11件,并规定业余练习时间,自组织以来,迭与室内各队比赛,成绩优异,且曾参加工商组篮球公开赛,且获得冠军荣誉。

5.足球:足球队队员25人,由厂购备足球1个,上衣、裤衩、球鞋各15件,护腿12件,球袜30双等运动用品,按规定日期练习,但于非练习时间所有运动物品均由福利股保管,以免遗失藉维公物。设立迄今,屡与各都市名队交锋,战无不胜,攻无不克,素有铁军雅号,本期参加市教育局主办之主席祝寿杯赛,荣获首席冠军。

6.乒乓球:劳工业余须有正当娱乐,复设乒乓球桌、球拍等,按时指导训练以促发展。

7.国剧社:组设国剧社,供应劳工余兴,响锣、手锣、水钵、星子、月琴、堂鼓、皮鼓、二胡、胡琴、旗钵、板丝弦等,并聘国剧教师2名,随时教导训练,曾数次假市内各戏院彩排,颇博好评。

8.医疗室:本厂医疗室设内科、外科、助产医士各1,护妇3,购备药品随时供应劳工疾病诊疗事务,并按季为工友及眷属施行预防注射、种痘等项,以杜疫痢流行,施行以来,工友患流行病者日减。

9.哺乳室:为女工婴儿哺乳便利起见,特设哺乳室,除派卫生夫每日整洁外,并由警卫维持秩序,监督哺乳时间,计每天哺乳3次,每次20分钟,(1)上午9时至9:20;(2)中午12时至12:20;(3)下午4时至4:20止,准时哺乳,不得藉故逗留。现已遵照公司规定改为每日2次,上午9时至9:10;②下午4时至4:10分,节省时间以资增产。

10.员工子弟学校:本厂为普及教育,创立子弟学校1处,现因校室不敷应用,仅有学生200余人,刻正实施增建校室,力图推广校务,第一班已于年终卒业,成绩优良名列前茅者由校方转请厂方发给证书、奖章、奖品等件。

11.国术馆:国术馆聘任国术教师1人,按规定时间教导国术、摔跤、砂口袋等。

12.图书馆:设立图书馆,购备杂志、小说、月刊、故事、文艺作品、各国文学史、社会科学、家政学、卫生与生理、世界小说名著集、工业与建设、纺织学、劳工生活等书籍,由管理员督导并派专人管理,按时开放阅览,多数工友经此熏陶,学识大进。

13.阅报室:为增长劳工社会常识,改进思想,矫正不良习惯,灌输国家观念设阅报室,订购津市大公报、益世报、民国日报、博陵画报、星期画报等,按规定时间阅览并派专人管理,近来大部工友对于时事认识颇清。

14.合作社:依据分公司总社章程办理,已于六月二十九日正式成立,本厂员工报请加入社员计有4064人,认股509万元整,分社社址设于厂内,东宿舍设临时营业所1处,西宿舍亦已设立1处,至各项物品均由总社统筹办理,合作社设经理1人,营业员若干人,亦系由总社委派,其待遇与伙食统由合作社开支,创立至今为时数月,得环境之许,粗具规模,因从业人员之限制及资金周转不灵,略现亏状,嗣后经改归厂方自办,经费补充,人事亦同时调整,两月以来业务蒸蒸日上颇显盛况,现并成立磨坊1处,为工友廉价磨面,添设菜摊及厂内食品零售部,工友咸皆称善。

15.台球:为工友业余稍作余兴,特设台球室,内设台球球桌、球杆等,按时训练以焕发精神。

16.识字班:本厂为挽救工人文盲起见,特设工友识字班,有教员担任授课已开学,现有学生460余名,并由厂方负责供给一切文具纸张等,即始以来甚为工友称赞,明年秋□厂内文盲尽扫而光矣。

17.排球:排球队现有队员15人,已由厂方购买球衣15套、球1只,与市内各队比赛,成绩优良。

18.幼稚园:为发扬基本教育,培养幼童,改造工人家境,已择定园址。开始报名以来,申请入学儿童颇为踊跃,已于年终举行正式开学典礼。

19.对于督导团提供意见之整理:

(1)哺乳时间:总公司规定每1婴母每日上下午各哺1次,并以每次10分钟为限,以免影响生产。

处理情形:总公司既有规定,自当遵行以增生产,现于室内添置长椅方桌,高矮相宜,哺坐舒适,并有类似保姆1人负责辅助婴儿尿布撤换、全室消毒、防疫、清扫机室温调合。

(2) 公共浴室:对于有皮肤病者希注意传染。

处理方法:每日派有专人负责洗池、消毒2次,毛巾自备,并禁于室内小便以杜疾病传染。

(3) 工人健康:工人皮肤病患者占大多数,当有其主因,今后希详加研讨注意及之。

处理经过：本厂地接海河，每届春暖湿风潮至，偶疏防范肤病易染，影响所及饮食失常牵连引起胃气不舒，此乃自然主原。几经精密研讨，除按季注射预防针及保持清洁，注意卫生外，并劝导工人常食有益抵抗潮湿之物品，自施行以来，旧患者皆痊愈，新染者颇属寥寥，由是观之，根绝为期非遥矣。

（4）环境卫生：欠于注意工厂内厕所少加清洁，下水道淤积秽水甚多，注意消毒设备。工房邻旁有晒粪场1处，有碍卫生，可具文与卫生局交涉迁移，又垃圾场鸭粪遍地，宜加清除，家禽可改圈养等。

处理情形：场内之下水道现已疏通完成，秽水畅流，并每日撒石灰、酸药水2次，清扫卫生检查数次，此外邻近工房之晒粪场早由本厂函请卫生局勒令他迁矣，再如工房垃圾每日派由专人负责清除，经善言劝导之下，工人深明大义，情愿将所有家禽施行圈养，以保公众卫生。

（5）工房下水道：未加整理疏通，秽水甚多，臭气四溢，务须积极清扫，以免有碍卫生。

处理经过：原有年久失修，经检查设计以工程甚巨，需费浩繁，故拟先事呈请分公司核准后，始可招标动工统修，至迟于春夏之交或能完成也。

（二）正办：

1.网球：现已开始修筑网球场1座，预购网球、球拍等。

2.儿童体育场：现正勘查场址进行修筑，并拟增设滑板、荡木、木马、儿童玩具等。

3.人寿保险：现由分公司呈请总公司开始办理。

4.托儿所：积极设计中。

（三）拟办：

1.本厂工友离厂遥远者甚多，上下班殊感困难，为谋工友便利及节省时间起见，除现购到汽船1艘刻正修理外，并拟向水上警察局租用汽船1艘并建筑码头数处以利接送。

2.为谋工友感情融洽，俾增工作效率，拟于本年劳动节举行全体工友庆祝聚餐大会，并订体育及乐剧节目以增兴趣。

3.为谋复兴建国计，拟请分公司选择优秀工友组织参观团至各大都市考察纺织工业，以达日新又新，俾资借镜。

4.为宣传工业重要，拟请分公司遴选足、篮球队远征京、沪、青、济等地，以资发扬藉维联系。

5.为谋工友眷属便利，凡所需日用品拟由合作社尽量添设补充。

6.为谋工友福利，拟发展农场栽种蔬菜及玉米、豆、麦，并收畜鸡鸭猪羊，磨豆腐，制粉皮、粉条，并利用四周深沟养鱼，廉价配售工友，俾实得其惠。

7.为谋工友福利，拟设电力磨坊1处，利用本厂节约电流为工友眷属廉价磨制米、麦、杂粮。

8.为彻底推行工友体育，拟组织体育会。

9.为求工友工余研究学识，拟将目下图书室之书籍积极添置。

10.凡工友子弟学业年龄至相当程度者，拟请本厂予以优先入厂工作权利。

11.为鼓励工友工作效能起见，凡技术特殊优良经主管考核合格者，拟请分公司予以荣誉奖励。

12.为鼓励工友身体健康，凡被派参加市上举行运动会之担任或团体，包括足、篮、排、网田径等项目竞赛，因而夺获冠军为公司厂方争誉者，拟请分别特予奖励以资提倡。

13.为提倡体育发挥技能，拟请分公司于春秋两季举行运动会，并备奖品赠予优胜者，分男女、混合等组，包括足、篮表演，田径赛、越野赛、障碍、竞走、自行车、花样竞赛等项。

14.为调剂工友身心，拟组织假日郊外旅行团，并备面包等举行野餐。

15.为提倡工友公余清兴，拟发起象、围棋比赛，本厂员工凡参加竞赛夺获冠亚军者，得予以胜利奖品。

16.为提倡工友品学，拟发起书法、论文比赛，书法篆、草、隶、正派别，大至3尺，小至3分不计，论文以现代国防、科学、工业为表彰，经审查合格选出最佳者前5名，各予优奖以昭激励。

17.为谋工友理发室秩序，免除拥挤之患，拟加扩充，并增添理发师若干人。

18.为顾及工友卫生，拟将原有水铺设备改良，务使水质澄清加沸以维健康。

19.为遇有纪念大会、典礼，奏乐及唱国歌时伴奏，拟添置乐器全堂及教师1人。

20.为免除工友跋涉，节约时间，拟成立工人伙食团，由工人遴选负责人若干名，管理一切事务，至厨工及各种设备、烧煤等，概由厂方负责供给。

21.为提倡工友室内运动，拟增设乒乓球数台。

22.为发扬国粹，拟将原有国剧社设备补充，并增设话剧社。

23.为谋工友哺乳卫生，拟将原有设备尽量达于立项。

24.为使工友敏于时事，拟将原有阅报室添订星期画报及杂志等。

25.为求文化水准达于理想，拟将原有子弟学校设备尽量改良，力达现代化。

26.为鼓励工友子弟求学，凡成绩优良名列前茅卒业出校升学时，拟酌予补助升学金。

27.为提倡工友户外运动，拟建筑夏季游泳池1座，冬季则改为溜冰场。

28.祝融祸患防不胜防，为挽救万一起见，特组救护队，内设抢救、担架、医药3班，担架抢救以股内及工房、医疗室等人员组成之，除配置十字药囊外，并配置担架4付。

三、警卫队

警卫方面

(一) 编练警卫

查工厂警卫责重职繁，欲使机构健全，必须提高警卫素质，充实力量方可，本队于下班年度起，全体警卫计分3班，每班13人，教练另设班长1名，负专责训练学术科，平素施以严格军训，学术并重，乃使养成精诚团结、生活纪律化武装警卫实力，截至十二月底术科完成班之徒手教练，学科则注意精神教育及机会教育，每日除值勤时间外，学、术科均为2小时。

(二) 检查工作

为遵守规定时间，增添女检查人数，训练检查技术，减短不必要时间，而使工友方便，厕所检查除看管人厕工友之行动外，并负清理卫生之责，关于出入本厂车辆、货物均由警卫施以缜密检查后始放行。

(三) 整理检查口

为维持工人上下工之秩序，使男女工友不致混杂免除意外，乃加添便道1条，使男女分歧而防拥挤便于检查。

(四) 工友考勤登记

所有工友迟到或早退于出入厂时均由内勤警卫登记，每日呈阅1次。

(五) 增设员工存车处

为维持厂内秩序以防意外，乃于前门里添设存车处。由警卫轮流负责管理。

(六) 整顿临时工人佩带证章

为明了临时工与正式工之区别，规定脚行佩带臂箍，其他临时工发钢质牌子，出入均走前门，并在警卫内勤处登记，由负责人领导队列，经门卫检查后方准出入。

（七）建筑防御工事

建筑炮楼警铃以利防务。

（八）钥匙管理

本厂各部钥匙在每日下班后，经各该部工头及负责人送交本队，俟上班时再发给各部负责人。

（九）会客登记

本厂拜访职员客宾及送物商号，在进厂时均需填写会客票，并登记入册，每□送呈核阅。

（十）整理交通

规定各种车辆出入路线并制定指示牌于交通要冲。

（十一）添设告密箱

为使怨者有申述意见及告密之机会，藉资改进及取缔，乃添设告密箱10个，分置厂内各处及东西宿舍。

（十二）调整警卫人事

为谋适合人地相宜之办法，而对人事时加调整，以利工作进行生效。

（十三）添置巡逻箱

为便于查勤及巡行，并察危害之发生，而添置巡逻箱18个，分装厂内及东西宿舍。

（十四）改善警卫勤务

分值勤、待勤、休勤之办法，使各班轮流更替，劳逸平均而利工作完成使命。

（十五）组织炊事委员会

为养成团体纪律化共同生活之习惯，规定警卫全体同餐同宿，为谋福利计，乃由警卫自动组成炊事委员会自行办理伙食事项。

（十六）编造警卫队长警奖惩规则

内容计分16条款，包括奖惩办法。

（十七）押运棉花及煤炭事项

凡大量棉花、煤炭等物资运来本厂，均派警卫押运。

（十八）处理窃盗案件

半年中破获窃纱案2起，窃布案10起，窃丝案3起，其他窃案3起。

消防方面

（一）编组全厂员工消防队

包罗全厂各部员工组织有系统之消防机构，而能遇事增强扑救效率，平时训练消防常识及扑救要领。

（二）拟消防队组织规则

内容计7条，附有消防队常识2则21项，业经呈报在案。

（三）整理消防设备

修理消防机车，增添蓄电池，修理不堪使用之机枪及水龙带、消防箱及胎盘水桶。

（四）补充消防器具

本厂原有消防设备已甚齐全，然损坏亦复不少，为补充使用便利计，新添尖底水桶329个，平底水桶29个,并增添铜口十个,小水龙带3条,大水龙带7条。

(五) 包装及修理消火

以草绳包装消火栓外部,并盖以木箱以防冬季冻结而利使用。

(六) 油漆消防器具

为防止用具腐坏使用便利,而派警卫负责油刷所有消防用具并编制号码。

(七) 添置水位尺2处

以防水患

(八) 施行消防演习

为使消防工作纯熟技术精巧,遇火扑救秩序化起见,乃于半年中施行综合消防大演习3次,每月消防演习2次。

(九) 火灾案件之扑救

半年中共计扑救火警14起,均幸未成灾。

第九章 会计课工作报告

本厂接收之初,人员不足事务纷繁,会计方面以会计科目成本计算及记账办法均为总公司颁定关系,当仍按前裕丰纱厂成本计算办法计算成本,由分公司规定会计科目暂行记账,其后总公司交下会计科目、成本计算及记账办法,遂自七月一日起按总公司规定办理。

七月间总公司巡迴督导团来厂作普通之查视,并有报告书抄件交下,其中关于会计方面指示之各项意见,均经先后遵照办理,容述于下:

一、以前暂计欠款科目下之传票,有未附单据者,系因各部常有临时借用款项,于正式报销后,即索回原出单据,故未附入,惟以原则而论,每一传票,均须附有原始单据方能证明,因经商得各部同意,由本课印就临时借支款项凭单1种,于凭单上注明“此项凭单系临时借支性质,一俟正式单据送交会课报销后,此凭单即告作废”,此后即以此种凭单,附于传票,不再退回,因之各项传票,均可免去无原始单据之缺点。

二、总账内所列土地、机器、建筑物、设备等4项金额,系根据移交清册由伪联币换算法币数字,较之实际相差颇多,惟此种情形各厂均同,如由各厂各自估价,易致分歧,曾于会计座谈会中,数向分公司提出请转呈总公司规定办法一致办理。惟以未奉指示,本年度决算经由分公司召开各厂会议,决定俟由总公司规定办法后统一处理。

三、保险一项,业经报请分公司投保竣事,所需保费由分公司划归本厂担负。

四、本年上期,系用分公司规定科目,以科目数少当感不敷分配,自七月间,应用总公司规定办法,遂经逐项调查,以前暂记欠款中子目颇多,其存出保证金已另立科目,总务课之备用金转入周转金,预付费用子目转入预付款项,暂时存款中之备抵原料损失专户,及备抵物料损失专户则转入其他准备。

五、银行支票存根中之原存、续存、结存各数字均经充分利用逐票填注。

六、关于成本计算方面

(一)原棉:当时系按每月实耗数量照当月市价计算,自总公司规定统一价格分发分公司转发到厂后,即按照总公司规定统一价格计算,溢额收入备抵原料损失专户划分公司。

(二)物料:当时接收物料价格均系以前日人购料时之原价,衡之市价相差过巨,若以之计算成本,似嫌稍欠确实，经会计座谈会议决照市价升值，其溢额收入备抵物料、损失专户，其后购入物料率多随购随用，除与市价相差过大者外，多不再作升价手续，其以不同价格购入者则以均价计算之。

（三）折旧：当时折旧办法以总公司尚无规定，经分公司会计课议决定暂以每件纱摊提1500元，每匹布摊提50元计算，十二月奉到总公司规定，折旧摊提金额及代机械厂摊题金额，共计每月摊提215372556元，除以二至十一月份摊提金额统行并入并于十二月补足摊提外，其一至十一月份应行摊提数额过大，无法摊入成本，由分公司销货成本冲抵。

（四）利息

（五）汇水

上开二项自七月份按总公司规定办法记账后，分公司拨款已不再计利息，分公司所用汇水亦归入分公司业务费内。

七、分公司规定之“等级待遇表”仅将工资划分为8种不同级数，未按工人部别职务分别规定工资标准，此点已由厂长转陈分公司予以严格之规定，务期避免竞以较高工资互挖工人之习惯。

八、请领工资之手续自经分公司颁发工资□结单格式到厂后，即按期造送分公司（每月分上下二期），经分公司核阅盖章发还后，会计课凭以拨款交工账股分发。

九、接收之初，工人极少，经陆续招收，多系生手，技术生疏无法以验货工资标准计算，自经积极训练后，技术日有进步，已在可能范围内尽量采取验货计算法。

以上各点系遵照巡迴督导团之指示而办理者，此外关于成本计算之办法、记账之手续以及各种表报之记载，均经按照总公司规定办法办理，日记账、日计表、银行存款机现金日报均于次日造送分公司。每月月报表及产销月报表则于次月十日前造送分公司，关于内部单据之审核力求严密，成本计算之各项材料则在可能范围内严予稽核以求□实，为期达成此目的并按月将厂方生产日报汇予统计以便参考。

总之，会计工作当以迅速正确为第一要义，本公司组织庞大于组织正确之外尤须力求一致，始克收统制稽考之效果，愿在总公司层层监督指示之下与各厂携手共进，达成生产建国之使命。

第十章　工作计划

三十五年上半年之工作以接收为中心，下半年则以增开纱布机为中心，幸全体员工齐心戮力，各期工作均按步完成，然以工友大半为养成工，技术尚未熟练，故出数较低，三十六年度工务方面当力求技术改良，产量增多，事务方面则力求工作增加效率，对工务方面供应圆滑以期并进，而使本厂业务蒸蒸向上也。至于工作计划已分载于各部工作报告中，兹不重述。

（J156–1–8–2）

4.中国纺织建设公司第一厂会计课工账股办事细则

民国三十五年二月十九日（1946年2月19日）

一、关于本股应办事项

（一）核算纱厂、布厂及各部直接、间接工人工资账目。

（二）核算纱厂、布厂及各部直接、间接工人解雇、加资、升级工资。

（三）核算纱厂、布厂及各部直接工人论货工资。

（四）核算纱厂、布厂及各部直接、间接工人定职值工资。

(五)发放纱厂、布厂及各部直接、间接工人工资。

(六)填制直接、间接工人工资、收据票及钱袋。

(七)统计直接、间接工人工资总数及工资总结单。

(八)结算各部直接、间接工人每期实发工资金额及人数。

(九)制作应付工资预计及实发金额比较表。

(十)填制未领及解雇工资支付通知单。

(十一)制作每期工资预计数目表报。

二、关于本股工作进行手续:

(一)核算每期(每月分上下两期,上期由一日至十五日,下期由十六日至三十一日)直接、间接工人工资,依据采用股所考核各部工人每日出勤、欠勤(包括婚丧、病、事、产、伤等假)记载,凭立折登记各部工人账按章核算每期应发工资数目。

(二)核算直接、间接工人解雇工资,依据各该部主管用解雇通知单通知采用股,该股另具解雇通知结账单通知本股,但须经福利股证明,追缴该解雇工人所用公物后方可送交本股按单核算解雇前工资,由本股填制工资交付通知单呈请人事、会计课主任考核后方可由出纳股照付。至加资、升级则依据各部主管拟定呈请厂长及工程师核准后登录加资、升级表册,再送本股依照核算工资。

(三)核算纱厂、布厂各部论货工资依据各该部每日送来之工资日报,按照各部不同性质之工作与规定,核算每人每日工资。

(四)核算纱厂、布厂及各部直接、间接工人定值工资,完全依据采用股考核后之立折及日报办理。

(五)每月分上下两期,上期工资于十六日起始核算,下期工资于下月一日起开始核算。每期核算期为五日,发放日为一日,且逾期结算实发工资,填制总结单呈报分公司。

(六)工资清册(工资账)每月更换,至汇齐账页呈经厂长、工程师及会计课主任核阅后,由本股保存,论货工资表按期记录,亦呈送厂长、工程师及会计课主任核阅后,由本股保存备查。

三、关于领发工资办法及手续:

(一)当于发放工资之日由本股填具支款通知单,支出本期工资实发金额总数,由会计课出纳股具领出,再由各记账人凭领发工资传票交领各部应发工资分别装入原已标明金额之工资袋。至发放时当与工资收据票号数及金额、工人工号、姓名、部别、班别核对相符,再经核对该工人领用工资证所载明各项与票袋无误方可照付。

(二)工资收据票于每期欠账全部结算完毕后照账填明各项,再经复核无误,编制号数由记账人及本股主管查核、盖章后,迄交由纱布两厂及各部主管盖章证明发予工人按指纹凭据领取。

(三)关于缴回各部工资票加盖发迄图章,核对实发工资书目而与所领取之工资金额相符(其未发工资在内),填具实发、未发工资统计表2份。其一份连同未发工资款项额转交出纳股,1份及本期缴回之工作收据票一并由本股保存备查,另将未领工资之工人工号、部别、姓名、金额登记表册,以作参考。至以后补发未领工资不能再凭原用工资收据票,则另由各该部主管开具证明,本股依据证明单据填制发付通知单,经呈核后交由工人本人面领工资。

以上各项其有不尽详或须改正之点,得随时补改以利进行。

中国纺织建设公司天津第一厂会计课工账股

(J156-1-32-1)

5.中国纺织建设公司天津分公司抄发《河北平津区敌伪产业之债权债务清理办法》致第一厂函

民国三十五年三月十五日(1946年3月15日)

通庶字第170号

径启者：顷准河北平津区敌伪产业处理局天津办公处三月十一日津理物字第1941号公函内开，"案奉本局清字第1063号训令内开'兹制定河北平津区敌伪产业之债权债务清理办法,除分别函令外，合行检发该办法,令仰知照。此令'等因。附发河北平津区敌伪产业之债权债务清理办法1份。奉此。除分函外,相应抄同原办法1份,函请查照为荷。"等因。并附敌伪产业之债权债务清理办法1份。准此。除分函外,相应照抄原办法一份送请查照为荷。

此致第一厂

附抄《河北平津区敌伪函之债权债务清理办法》1份

河北平津区敌伪产业之债权债务清理办法

民国三十五年二月十八日(1946年2月18日)第十次审议 委员会通过

第一条 本办法依据收复区敌伪产业处理办法第四条第四项规定之原则订定之。凡清理河北平津区敌伪产业之债权债务,除法令另有规定者外,悉依本办法之规定办理。

第二条 凡敌伪产业之债权债务无论为"应收账款""应收票据"或其他应收债权均由河北平津区敌伪产业处理局(以下简称"处理局")或处理区委托之机关责令债务人限期清偿,如逾限不缴则由处理局或处理局委托之机关移请法院押追。

前项债权得由处理局或处理局委托之机关公告责令债务人自动在限期内陈报 (陈报书向处理局索取)以防遗漏,如逾限不报一经查出,即以隐匿敌伪财产论处。

第三条 清理敌伪之负债采取定期申报方式,以1个月为期,自三十五年三月一日起至三月三十一日止,逾期不报者即不予受理(申报书向处理局索取)。前项申报应备具确实证明文件,详细说明日期、事由并具殷实铺保,如有虚伪不实情事,应予惩处。

第四条 前项负债之债权人以属于本国、盟国或友邦人民而无"附敌""附逆"行为者为限。

第五条 经审查准予清偿敌伪产业之负债,应就各该资产总值范围以内分别清偿,其清偿办法另定之。

第六条 凡敌伪产业经接收后而继续营业者,其所有债权均由各该受托机关负责调查,责令债务人限期清偿并汇报处理局备查。

敌伪产业经接收后而继续经营者,其所有债务均由各受托机关报请处理局核办,在未令准以前,各该机关不得擅自清理。

第七条 本办法经河北平津区处理敌伪产业审议委员会核定施行,如有未尽事宜,得随时提请修正之。

经 理 杨亦周

副经理 王瑞基

(J156-1-12-11)

6.天津纺织第一厂为前裕丰纱厂与前怡丰橡皮工厂债务关系及交涉经过致分公司函

民国三十五年四月三十日(1946年4月30日)

径启者:顷奉贵处通庶字第154号函嘱,查案详报前裕丰纱厂购买前怡丰橡皮工厂轮胎账款及承托合线棉纱厂15捆等由。自应遵办。案本厂于二月十一日曾接交通部公路总局汽车修配总厂天津制配厂第六工场函略谓:该场接收怡丰橡皮厂移交书内载有怡丰欠裕丰合线工价联币175856元,又裕丰欠怡丰橡胶皮带价款联币298150元。两项相抵,裕丰尚应拨付怡丰联币122294元。希速拨付,以清手续等节。本厂当即于二月十三日以第28号发文函复该厂略谓:该厂函称各节业经查明,前怡丰委托前裕丰合线15捆加工费每捆联币2万元,共计30万元,前怡丰除扣清胶皮带价款298150元外,尚欠前裕丰加工费1850元,此尾数业经前裕丰负责人向前怡丰会计石丸君说明抹零,双方债务即做结清,俟于二月十四日接奉贵处通料(35)字第14号函嘱,奉总公司电令,前日资怡丰胶皮厂寄存于本厂之纱线15捆,应由贵处接收。复于三月十六日接奉贵处通庶字第70号函发河北平津区敌伪产业之债权债务清理办法1份,根据该办法,敌伪产业之债权债务须由处理局或其委托机关责令债务人限期清偿。故接收后成立之产业机构互相查对账目则可直接催索则为不可。本厂复于三月二十八日接奉贵处通料字第39号函嘱,奉总公司电示,为前述纱线15捆确系怡丰橡皮厂交来,或经怡丰备价购交裕丰代织作为汽车轮胎裹布之用,应准提去等由。当即于四月二日以第98号函复略谓,本厂接收寄存客货中确有纱线15捆系由怡丰提交裕丰备制轮胎里布者,其中有无标20支10合股线3捆系由怡丰提交,"龙马牌"20支纱4捆由裕丰加工制成,其加工费早已付清。净存纱线15捆可照总公司电示拨付汽车修配总厂。惟以裕丰在怡丰投资40万联币,该项债权是否可以寄存纱线抵偿。希即核复等情。谅蒙查悉究应如何处置。即请查照核办见复为荷。

此上分公司

附抄件2纸

附件一　　捻系加工赁(本厂发文第28号附件)

20s/18	5捆	20000.00	100000.00
20s/10	3捆	同上	60000.00
40s/2/5×3	7捆	同上	138150.00
计			298150.00

原裕丰会计负责人　　高桥　章

附件二　　怡丰橡皮保管品(本厂发文第98号附件)

支别	商标	数量	
16支	龙马	5捆	
20支	龙马	3捆	
20支/10	无标	3捆	加工费受领济
22支/15	无标	4捆	

计　　　　15捆

原裕丰仓库负责人　　高桥　章　4/2

(J156-1-12-15)

7.中国纺织建设公司天津分公司为转发《收复区敌伪产业处理办法》致第一厂函

民国三十五年五月二十八日(1946年5月28日)

通庶字(35)字第214号

案奉经济部纺织事业管理委员会本年五月二十一日纺业字第1198号代电开:"奉经济部五月十三日京工(35)字第1542号令开,案奉军事委员会行政院三十五年四月二十二日会办秘二政字第72720号训令开,查敌伪产业文物非依《收复区敌伪产业处理办法》之规定不得接管运用,并应交由有关机关统筹处理,经于本年一月十七日以办秘二政667600、节31840号函令分行在案,近接各方呈据关于此次产业文物有已经擅行接管者,有隐匿不报甚至拒不移交或占据房屋不肯迁让,甚至拒绝清点诸种情事,似此侵越职权、妨碍接收、违背法令殊属非是,不论党团、军政机关、驻军部队、个人应即迅速遵照规定移交有关机关接管。如再有留难、隐匿、抢占等情事,准由有关机关查明情形呈报本院会依法究办。除分行外,合亟抄发处理办法,令仰遵照并转饬所属一体遵照此令。等因。附件奉此,除分令外,合行抄同原办法,令仰遵照等因。奉此。自应遵办。除分电外,合行抄发原办法,电仰遵照为要。"等因。奉此。自应遵办。用特抄发原办法。函请遵照办理为荷。

此致第一厂

附抄发《收复区敌伪产业处理办法》1份

经　理　杨亦周

副经理　王瑞基

收复区敌伪产业处理办法

一、收复区敌伪产业之接收及处理以全国性事业接收委员会为中心机关,其所作决定该区各机关均遵照办理。

二、全国性事业接收委员会在重要区域设敌伪产业处理局办理该区敌伪产业(德侨产业包括在内)处理事宜,如有必要得另设审议委员会呈由行政院令派有关机关首长及地方公正人士充任,决定处分办法由局督导执行。

三、处理局依下列规定分别委托有关机关接收保管运出

(一)军用品	军政部
(二)军舰	海军总司令部
(三)陆上运输工具	战时运输管理局
(四)水上运输工具	招商局
(五)空中运输工具	航空委员会
(六)码头仓库	海关或直接有关机关
(七)工厂矿场设备原料成品	经济部

(八)固体及液体燃料　　专管燃料机关
(九)地产房屋家具　　中央信托局
(十)粮食(粮食及打米厂、面粉厂)　　粮食部
(十一)农场(农场蠹桑、水产畜牧、及兽疫防治等事业)　　农林部
(十二)大学及文化机关之设备　　教育部
(十三)钱币金银证券珍宝师物　　中央银行
(十四)直接有关地方事业　　省市政府

四、处理敌伪产业之原则如下：

(一)产业原属本国、盟国或友邦人民,经查明确实证据系由日方强迫接收者应发还原主,但原主应备殷实保证,始得领回。

(二)产业原属华人与日伪合办者,其主权均收归中央政府。前项产业如由处理局查明确实证据并经审议会通过认为与日伪合办系属强迫性质者,得呈请行政院核办。

(三)产业原为日伪所有或已归日伪出资收购者,其产权均收归中央政府所有,分别性质,照下列办法办理:

1.与资源委员会所办国营事业性质相同者交该有接办。

2.纱厂及其必需之附属工厂交纺织业管理委员会接办。

3.面粉厂交粮食部接办。

4.规模较小或不在1、2、3三项范围以内者,以公平价格标售。

(四)敌伪产业之负债应就各资产总值范围以内分别清偿,其欠日伪之负债应偿还中央政府。

五、业已接收之各工厂应由经济部督饬从早复工。

六、业已接收之铁路、电讯应由交通部主持实行施用。

七、各收复区原有之接收及处理敌伪产业机关一律撤销移交处理局,以一事权而利调整。

八、本办法自公布日施行。

(J156-1-12-16)

8.中国纺织建设公司天津分公司关于所属各厂出品缴税问题致第一厂函

民国三十五年六月二十六日(1946年6月26日)

通庶字第263号

案准财政部天津货物税局本年六月十九日津货一字1551号函开,"案奉财政部本年六月三日京税四字第389号训令内开,案准经济部纺织事业管理委员会纺建业字第2380号齐代电开,案准大部本年四月五日渝税四字第17160号公函开,案准贵会三十五年三月十二日纺业字第754号文代电嘱,令饬河北省、山东省货物税局仿照上海货物税局办法订定记账出货办法等由。附《上海货物税局记账出货办法》抄件1份。准此。自可准予照办。惟本部核准上海货物税局所订该项记账出货办法其中一、五、2项,核与贵会抄送原文不无出入,仍应依照本部核定原案办理。除抄发前准《上海货物税局棉纱统税记账出货办法》分令冀察热及山东两区货物税局、天津及青岛两货物税局遵照外,相应抄同该项办法函复。

即希查照。等由。附抄财政部核定《上海货物税局棉纱统税记账出货办法》1份。准此。当经转饬中国纺织建设公司遵照并转饬所属遵照。去后兹据该公司申述意见以记账出货办法第一项‘由厂取具银行保证书’一节实行不无困难,拟请转请大部对本公司专案办理。将原文增列‘中国纺织建设公司暨分公司所属各厂,准由该公司或分公司出具证明书担保’等情前来。查所陈困难确属实情,可否将该项办法予以修正以符事实之处。相应电请查照,见复为荷’等由。准此。除以查历来办理棉纱统税成例,如厂商能取具银行保证书者,始可准予记账出货。现中国纺织建设公司所属各厂于上项办法既据声称施行不无困难。为念该公司所属各厂系属国营事业,所请改由该公司或分公司出具证明书担保一节,暂准照办,其余手续仍应依照《上海货物税局记账出货办法》办理等语。函复并分令外,合行令仰遵照此令。等因。奉此。自应遵照。查关于财政部核定《上海货物税局棉纱统税记账出货办法》,前奉令颁到局,当经分别转行在案。兹奉前因,除分别函令外,相应函达,即希查照为荷。”等由。准此。查关于本公司所属各厂出场物品缴税手续既经陈准采用记账出货办法,每半月清算1次,自当照办并定自本年七月一日起实行。除函复财政部天津货物税局查照外。兹抄附《记账出货办法》1份,通函布达,即希遵照办理为要。

此致第一厂

附抄件

经　理　杨亦周

副经理　王瑞基

照抄《上海货物税局记账出货办法》

一、由厂取具银行保证书担保(本公司所辖各厂由本公司担保),厂方记账税款不得拖欠。

二、由厂方送印鉴卡4份,1份交驻厂员存对,3份送局。

三、棉纱出厂由厂方填具申请书甲、乙2联,送由驻厂员核填完税照。

四、由厂方填具收领税照证,送驻厂员领取税照。

五、驻厂员填发缴款书,交由厂方赴中央银行国库缴款,并将收领税照证及完税照缴核、审核各联送局审核。

栈务股、事务股抄存。

(J156-1-32-3)

9.中国纺织建设公司天津分公司为附发各厂试办决算办法及表格致第一厂函

民国三十五年七月一日(1946年7月1日)

通庶字第31号

径启者:奉总公司会计处本年六月二十四日会字第414号函开“兹规定于本月底试行决算1次,特检附各分公司及所属各厂试办决算办法即附表1份,即祈查收遵照办理为荷”等因。自应遵办,兹特分示如次:

一、奉颁试办决算办法即表报,各该厂均应切实遵办。

二、决算表报限于七月二十日前办竣报送分公司合并转呈,不得逾限。

三、为本分公司与各厂表报易于合并起见,各该厂应在六月三十日或三十日以前将原用之旧科目分别转入新颁定之会计科目,此点各会计主任应切实遵办。

四、截至六月底止,各厂与分公司往来账应核对清理,不得有未达账项。

五、各厂已收到之棉花在总分公司未通知价格前,均应以市价入账。

六、各厂已收到之材料而分公司未经通知转账者,应即查明办理。

七、所有暂收、暂付及其他科目有关分公司清理者,均应查明通知办理。

以上各点,各该厂厂长应督促有关部分协助会计课办理,务期如限报送以利汇转,事关急要,万望切实遵办,勿稍违误为要。

此致第一厂

附:决算办法1份,表格7份

经　理　杨亦周

副经理　王瑞基

中国纺织建设公司制订《各分公司及所属各厂试办决算办法》

民国三十五年七月一日(1946年7月1日)

兹订于六月三十日止,各分公司及所属各厂试办决算1次。

此次系属试办性质,所有结账记录可另设三十日施行决算,传票及日记账一并过入正式账册,各账户亦不绘划红线表示结束,更无须将其差额转入下期(此手续于年度终了正式办理决算时方始为之)。至于正式传票、账册均照常继续记录,并不增加任何结账分录。

各分公司及各厂于试办决算时应注意下列各点。

一、整理

(一)整理应付、未付、应收、未收(如银行存息等须匡计按月入账)及预付、预收各款项。

(二)暂存暂欠各款应详加清查,尽量转入各相当科目。

(三)栈存之成品、物料、原料等货品应实地盘存,将各科目余额转正。此项盘存损益可正式转账(如事实上不能盘点,账面上之余额应与仓库记录完全相符)。关于自产成品与接收成品在总账及分类账上应划分清楚。接收品未估价者,应立即估价入账,产销报告表上接收品及自产品应分用两纸。

(四)货物盘存损益、货物运输亏损、货物整理亏损3余额由各厂划转分公司账(上述3科目必须报告分公司会计课核准后,方能记入)。

(五)停工维持费之有余额尚未摊提完毕者,可视为递延资产列入资产类之最末项。

(六)各厂对分公司之往来科目,双方应核对相符。分公司与总公司之往来户亦应核对相符,由各厂抄具清单送分公司核对,如有未达账项,应即查明转正再行编制合并表。

二、各厂除照常送呈成本计算表、月计表等外,于试办决算后应编制下列各表送交分公司,由分公司汇送总公司。

(一)月计表(已经决算整理者)

(二)各科目明细余额表

(三)资产负债表

(四)自产品汇总报告表(附表三)

(五)制造成本明细表(附表五)

(六)制造费用明细表(附表六)

(七)厂务费用明细表(附表七)

(八)财产目录:根据接收及自购之记录编制(如有困难可暂缓编制)

三、各分公司应编制下列各表汇交总公司

(一)月计表(已经决算整理者)

(二)各科目余额明细表

(三)损益计算书(附财务业务费明细表格式见会计规程草案附表二十八)

(四)资产负债表(格式见会计规程草案附表二十七)

(五)各厂制造成本合并明细表(附表五)

(六)各厂制造费用合并明细表(附表六)

(七)厂务费用合并明细表(附表七)

(八)三十五年上半年度各项成品产销汇总报告表(附表八)

(九)财产目录:根据接收及自购之记录编制(如有困难可暂缓编制)

(十)分公司及所属各厂合并资产负债表

中国纺织建设公司

第　厂

资产负债表

民国三十五年六月三十日(1946年6月30日)

(附表一)

资产额	金额		负债额	金额	
流动资产			流动负债		
现金			应付货款		
周转金			应付款项		
银行存款			暂收款项		
成品			总公司往来		
副产品			其他		
在途货品			折旧准备		
在制品			其他准备		
原料					
物料					
应收款项					
预付货款					
用品盘存					
固定资产					
地基					
房屋建筑					
机械设备					
运输设备					
生财器具					
存出保证金					
合计			合计		

中国纺织建设公司

第　厂

总公司调拨及提取成品汇总清单

民国三十五年六月三十日(1946年6月30日)

自产品(或接收品)　　(附表二)

品名	一月		---------------		六月		合计	
	数量	金额	数量	金额	数量	金额	数量	金额

中国纺织建设公司

第　厂

自产品汇总报告表

民国三十五年六月三十日(1946年6月30日)

(附表三)

品名	数量	金额

中国纺织建设公司

第　厂

财产目录

民国三十五年六月三十日(1946年6月30日)

(附表四)

品名	数量	金额

中国纺织建设公司

第　厂

制造费用明细表

民国三十五年六月三十日(1946年6月30日)

(附表五)

科目	金额		
原料			
直接工人			
制造费用			
制造总成本			
加期初在制品			
减期末在制品			
制成品总成本			

中国纺织建设公司

第　厂

制造费用明细表

民国三十五年六月三十日(1946年6月30日)

(附表六)

子目	金额

中国纺织建设公司

第　厂

厂务费用明细表

民国三十五年六月三十日(1946年6月30日)

(附表七)

子目	金额

(J156-1-32-4)

10.中国纺织建设公司天津分公司为送天津货物税局《三十六年第三期税额表》致第一厂函

民国三十五年七月十七日(1946年7月17日)

通庶字第315号

径启者:案准财政部天津货物税局津货一字第1661号公函开“案奉财政部本年六月二十九日京税评字第669号艳代电开,查三十五年第三期各项课税物品之完税价格及其应纳税额,业经本部税务署货物评价委员会依据查报材料并察酌市场情形分别评定。兹随电办法税额表1份,各该局奉到后应即遵照表内附发‘各期改订税额注意事项’之规定分别实施,其未经核定税价、税额之各项课税物品应由各分局克日查明最近1个月市场批价,报由该管区局核定,一面饬属实施,一面转电本部核备。除分电该省区局及分局外,合亟电令该区局克速督饬所属遵照要办,仍将办理情形报核为要等因。附发《三十五年第三期税额表》1份。奉此。自应遵办。兹定于七月八日起实施稽征,惟国产酒类依照规定应于七月一日按照新税额办理。除表内未经核定税价、税额之各项课税物品现正由局调查核定。一俟查定完竣再另函知照暨呈报并分行外。相应抄附有关税额表,函达查照为荷”等由。计附《三十五年第三期税额表》1份。准此。相应抄附原表。函请查照为荷。

此致第一厂

附:《三十五年第三期税额表》1份

经　理　杨亦周

副经理　王瑞基

棉纱类

单位:每百公斤　税率:3.5%

支数	完税价格	应纳税额	备考
三支	313914	10990	
四支	480000	16800	
六支	540000	18900	
十支	620000	21700	
十六支	700000	24500	
十七支	722785	25300	
十八支	772857	27050	
二十支	873000	30560	
三十支	1142857	40000	
三十二支	1165900	40810	
四十支	1421400	49750	
四十二支	1500000	42500	
五十支	1660857	58130	
六十支	1900000	66500	
八十支	2142857	75000	以上天津局

(J156–1–32–5)

11.接收裕丰纺绩株式会社天津工厂资产明细表

民国三十五年十一月(1946年11月)

表(一)土地调查表(工场土地) 三十五年十一月 日 调查者		
所在地	旧名:天津市第五区六号路 今名:同右	简 图
面积	83256.12平方米	
旧契主		
旧契号		
旧契登记机关		
旧契登记日期		
备注		

表(一)土地调查表(第三工场基地) 三十五年十一月 日 调查者		
所在地	旧名:天津市第五区一号路 今名:同右	简 图
面积	38726.92平方米	
旧契主		
旧契号		
旧契登记机关		
旧契登记日期		
备注	现被联合勤务部第五补给区所属兵仓库占用,正在交涉收回中。	

表(一)土地调查表(职员宿舍土地) 三十五年十一月 日 调查者		
所在地	旧名:天津市第五区三号路 今名:同右	简 图
面积	12573.11平方米	
旧契主		
旧契号		
旧契登记机关		
旧契登记日期		
备注		

表(一)土地调查表(工场通路永租地) 三十五年十一月 日 调查者		
所在地	旧名:天津市第五区第三、四、七及二号路 今名:同右	简 图
面积	12678.50平方米	见表(一)第三工场基地附图
旧契主		
旧契号		
旧契登记机关		
旧契登记日期		
备注		

表(一)土地调查表(码头门前永租地) 三十五年十一月 日 调查者		
所在地	旧名:天津市第五区十号路 今名:同右	简 图
面积	5475.47平方米	见表(一)第三工场基地附图
旧契主		
旧契号		
旧契登记机关		
旧契登记日期		
备注		

表(一)土地调查表(工友宿舍土地) 三十五年十一月 日 调查者		
所在地	旧名:天津市大直沽小鬼庄 今名:同右	简 图
面积	38437.65平方米	
旧契主		
旧契号		
旧契登记机关		
旧契登记日期		
备注		

表(一)土地调查表(工友宿舍扩张预定地) 三十五年十一月 日 调查者		
所在地	旧名:天津市大直沽小鬼庄村东 今名:同右	简 图
面积	80640.10平方米	
旧契主		
旧契号		
旧契登记机关		
旧契登记日期		
备注		

表(二)房屋调查表(厂房) 三十五年十一月 日 调查者		
所在地	旧名:天津市第五区六号路 今名:同右	简 图
面积	77143.304平方米	见表(一)工场土地附图
格式	钢骨红砖平房、钢骨红砖二层、木骨红砖平房等	
房屋间数		
卫生设备		
暖气设备		
电灯设备		
自来水设备		
备注		

表(二)房屋调查表(新仓库) 三十五年十一月 日 调查者		
所在地	旧名:天津市第五区一号路 今名:同右	简 图
面积	4308.368平方米	见表(一)新仓库土地附图
格式	木骨红砖平房	
房屋间数	19间	
卫生设备	无	
暖气设备	无	
电灯设备	无	
自来水设备	无	
备注	其中一至四号库房被陆军兽医卫生器材总库占用,现在交涉收回中	

表(二)房屋调查表(职员宿舍)　　三十五年十一月　　日　调查者		
所在地	旧名:天津市第五区三号路 今名:同右	简　　图
面积	9240.622平方米	见表(一)职员宿舍土地附图
格式	钢骨红砖、木骨红砖平房三层	
房屋间数	498间	
卫生设备	79组	
暖气设备	49组	
电灯设备	每间1盏	
自来水设备	82户	
备注		

表(二)房屋调查表(工友宿舍)　　三十五年十一月　　日　调查者		
所在地	旧名:天津市第五区大直沽小鬼庄 今名:同右	简　　图
面积	13926.239平方米	见表(一)工友宿舍土地附图
格式	砖瓦平房	
房屋间数	442间	
卫生设备	无	
暖气设备	无	
电灯设备	每间1盏	
自来水设备	有公共水龙头1个	
备注		

表(三)生财调查表(略)

表(四)物料调查表(略)

表(五)原料调查表(本厂存品)			三十五年十一月　　日　调查者	
名　称	规　格	数　量	单　位	备　注
埃及棉		1240.56	市担	
美棉		792.89	市担	
伯棉		299.05	市担	
华北棉一等		461.20	市担	
华北棉二等		537.25	市担	
华北棉三等		4012.48	市担	
华北棉四等		595.36	市担	
华北棉五等		1248.74	市担	
粗毛		18.82	市担	
华北棉等外		1577.77	市担	
华北棉次白		1055.59	市担	
华北棉赤棉		1477.91	市担	
再用棉		3681.93	市担	
古棉		17339.17	市担	
麻袋反毛		308.94	市担	
人绢反毛		280.91	市担	
麻绳反毛		17.03	市担	

续表

表(五)原料调查表(织维公司存品)		三十五年十一月　日　调查者		
名　称	规　格	数　量	单 位	备　注
蚕屑精练品		33.29	市担	
棉屑		819.62	市担	
棉系屑		376.60	市担	
棉布屑		90.58	市担	
实棉屑		15.36	市担	
扫寄屑		1902.60	市担	
包布屑		1.68	市担	
麻布屑		14.20	市担	
米纲屑		4.99	市担	
麻绳屑		2430.60	市担	
针金屑		55.44	市担	
带铁屑		103.15	市担	
火残破旧衣袜		20.00	市担	
华北棉次白		1803.30	市担	
华北棉赤棉		23.43	市担	
华北棉粗毛		275.46	市担	
华北棉次白		48.87	市担	

表(六)机器设备调查表(纱厂机器)								三十五年十一月　日　调查者
名　称	规格	式样	牌号	数量	单位	重量	修旧程度	备注
自调式拆包机		丰田		18	台		尚可使用	有机件不全者二台
自调式拆包机		OMM		2	台		尚可使用	
豪猪式开棉机		丰田		3	台		尚可使用	
第一和花缸		丰田		3	台		尚可使用	
自调给棉机		丰田		9	台		尚可使用	
自调给棉机		OMM		1	台		尚可使用	
帘子给棉机		丰田		9	台		尚可使用	
帘子给棉机		OMM		1	台		尚可使用	
第二和花缸		丰田 OMM		6 4	台		尚可使用	
除尘匣		丰田		5	台		尚可使用	有四台须修配
除尘匣		不详		5	台		尚可使用	
打粗纱头机		不详		2	台		尚待修配	
打皮辊花机		丰田		2	台		尚待修配	
排气式开棉机		丰田		9	台		尚可使用	有五台须修配
排气式开棉机		OMM		1	台		尚可使用	
二道弹花机		OMM		17	台		尚可使用	有四台须修配
二道弹花机		OMM		3	台		尚可使用	有一台须修配
钢丝机		丰田		326	台			大部须修配
钢丝机		OMM		108	台		28台可使用	有80台机件不全,为拟送其他工厂者

续表

表(六)机器设备调查表(纱厂机器)							三十五年十一月　日	调查者
名　称	规格	式样	牌号	数量	单位	重量	修旧程度	备注
并条机		丰田		36	台		尚可使用	有二三台机件不全
并条机		OMM		6	台		尚可使用	有二台机件不全
初纺机		OMM		23	台		尚可使用	有四台为拟送其他工场者
初纺机		丰田		19	台		尚可使用	有十台须修配
再纺机		OMM		45	台			须修配
再纺机		丰田		34	台			有十台须修配
细纱机		OMM		157	台		尚待修配	
细纱机		丰田		85	台		有六七台运转	有九台须修配
细纱机		勃来特		13	台		残缺不全者	为拟送其他工场
细纱机		不详		817	箱			东洋纺绩株式会社寄存清纺机及棉条机件
筒子机		OMM		16	台		有十一台机件不全	
筒子机		木本		8	台		机件不全	
并筒机		OMM		8	台		机件不全	
并筒机		丰田		8	台		机件不全	
并筒机		木本		2	台		机件不全	
合股机		OMM		41	台		机件不全	
合股机		丰田		5	台		机件不全	
合股机		IN HI WT		1	台		机件不全	特别合股机
合股机		不详		4	台		机件不全	特别合股机
摇纱机		木本		29	台		机件不全	
摇纱机		勃来特		17	台		机件不全	
摇纱机		CHUO		64	台		残缺不全	
摇纱机		丰田		1	台		残缺不全	
摇纱机		不详		39	台		残缺不全	
木质倒线机		旋风式		1	台		残缺不全	
小包机		不详		7	台		残缺不全	有一台可用
小包机		木本		1	台		尚可使用	
摇纱浸水机		不详		1	台		须修配	
大包机		油压		1	台		尚可使用	
木质除尘匣		不详		4	台		残缺不全	
落棉撰别机		不详		2	台		残缺不全	
纸管轴线机		OMM		3	台		残缺不全	
纸管轴线机		不详		2	台		残缺不全	
轴线机		不详		2	台		残缺不全	
条卷机		OKK		1	台		机件不全	
条卷机		OMM		2	台		尚可使用	
并卷机		OKK		1	台		尚可使用	
并卷机		OMM		2	台		尚可使用	
精梳棉机		OKK		8	台		尚可使用	
精梳棉机		OMM		10	台		尚可使用	有五台须修配
蜡光线机		不详		1	台		尚可使用	
小型罗拉钢丝机		不详		2	台		尚须修配	
小型开席机		不详		1	台		尚须修配	

续表

表(六)机器设备调查表(纱厂机器)							三十五年十一月　日	调查者
名　称	规格	式样	牌号	数量	单位	重量	修旧程度	备注
小型开绳机		不详		1	台		尚可使用	
小型打绳机		不详		1	台		尚须修配	
压呢心机		OMM		2	台		尚可使用	
裁衣机		NIPON		2	台		尚可使用	
压皮壳机		NIPON		2	台		尚可使用	
烧皮辊机		OMM		2	台		尚可使用	
皮辊压圆机		OMM		2	台		尚可使用	
套皮辊机		OMM		2	台		尚可使用	
皮辊检查器		OMM		1	台		尚可使用	
皮辊检查器		木本		1	台		尚可使用	
刨皮带机		GOBHO		1	台		尚可使用	
胶皮带机		OMM		1	台		尚可使用	
小砂轮		NIPON		1	台		残缺不全	
裁衣圈机		不详		1	台		残缺不全	
粘压皮圈器		NIPON		1	台		尚可使用	
皮带挟		不详		8	台		尚可使用	
摇细纱格令器		ONISHI		2	台		尚可使用	
强力试验器		ONISHI		2	台		一台损坏	
摇前纺格令器		ONISHI		2	台		尚可使用	
□度试验器		ONISHI		2	台		尚可使用	
黑板检查器		ONISHI		2	台		尚可使用	
纤维检查器		SHIMAZU		2	台		一台损坏	
电箱水分检查器		SHIMAZU		2	台			
格令天秤		CSAKA		6	台			
磨盖板机		OMM		12	台		尚可使用	
包盖板机		OMM		1	台		尚可使用	
砂轮		OMM		2	台		尚可使用	
包针布机		OMM		3	台		尚可使用	
包刺毛辊器		OMM		2	台			
小型滚筒偏重检查器		不详		1	台			
扫除盖板罗拉机		OMM		18	台		尚须修配	
长磨辊		OMM		15	台		尚须修配	
来去磨辊		OMM		96	台		尚须修配	

表(六)机器设备调查表(纱厂机器零件略)

表(六)机器设备调查表(纱厂工具略)

表(六)机器设备调查表(布厂机器)							三十五年十一月 日	调查者
名 称	规格	式样	牌号	数量	单位	重量	修旧程度	备注
络筒机		高速度	远洲织机	22	台			多已残缺不全
整经机		坂本式高速	远洲织机	18	台			多零件不全
润幅毛巾整经机			勃来特	1	台			多零件不全
部分整经机			天津竟成绵铁厂	1	台			多零件不全
浆纱机		烘筒式	丰田织机	14	台			多零件不全
混合桶	椭圆形			6	个			多零件不全
浸渍桶	箱形			18	个			多零件不全
供给槽	箱形			14				有5台零件不全
回转渍桶				3				有1台不能使用
大汽桶				1				尚能使用
汽筒式桶				1				尚能使用
穿箱机		普通	山阶铁工所	30	台			有9台零件不全
帆布织机			天津竟成铁工厂	1	台			零件不全
织带机			天津竟成铁工厂	1	台			零件不全
络纬机		盘子式	远洲织机	2	台		零件不全	
帆布络纬机		盘子式		2	台		零件不全	
毛布络纬机		盘子式		1	台		零件不全	
织布机		丰田式	丰田织机	2026	台		零件不全	
广幅织布机		水谷式		1	台		零件不全	
验布机			木林工作所	28	台		零件不全	
刮布机			丰田织机	9	台		零件不全	
叠布机		平面形	高田织机	13	台		零件不全	
打印机			丰田织机	3	台		零件不全	
小包机			大阪金属	1	台		零件不全	
打包机			大阪金属	3	台		零件不全	两台完整
自动接头机		4E型	大阪金属	3	台		零件不全	
压光机			マザ丨プヲット	1	台		零件不全	
混合槽				6	个		零件不全	三个尚完整
起毛机		法式	神谷铁工厂	4	台			
磨针机		水平式	出来助商店	1	台			
卷棉布机		水平式	本厂	1	台			
圆筒热风干燥机		水平	リナK铁工所	1	台			
圆筒干燥机		H型	京都染织机厂	1	台		零件不全	
拉宽机		水平	大林制作所	1	台			
脱水机		圆筒式	山濑	3	台			
棉系精练槽		箱型		7	个			
挂精练系槽				4	个			
挂精练系架				3	部		可用	可用
染棉线槽		箱型		4	个			
染色酸化槽		箱型		2	个			
水洗染色线架				4	个			
浸渍机				1	台			
粉碎机				1	台		尚未装置	能用否不详
硫溶机				1	台		尚未装置	能用否不详
缝纫机				205	台			有72台零件不全
电裁刀		圆形	KH商会	5	个			有2个不能用
码布裁断刀		水平	自制	1	个			
折型机				3	个		零件不全	

表(六)机器设备调查表(布厂零件略)

表(六)机器设备调查表(布厂工具略)

表(六)机器设备调查表(原动部机器工具略)

表(六)机器设备调查表(电气部机器)								三十五年十一月　日　调查者
名　称	规格	式样	牌号	数量	单位	重量	修旧程度	备注
三相变压器		300KVA	日立	2	座			
三相变压器		200KVA	日立	5	座			
三相变压器		5KV	大阪	2	座			
单相变压器		300KVA	日立	7	座			
单相变压器		250KVA	大阪	7	座			
单相变压器		200KVA	日立	7	座			
单相变压器		200KVA	大阪	3	座			
单相变压器		175KVA	大阪	10	座			
单相变压器		150KVA	大阪	4	座			
单相变压器		100KVA	大阪	4	座			
单相变压器		30KVA	大阪	2	座			
单相变压器		15KVA	日立、大阪	14	座			1座为日立,其中13座为大阪
单相变压器		10KVA	大阪	15	座			
单相变压器		7.5KVA	大阪	2	座			
单相变压器		5KVA	大阪	3	座			
单相变压器		3KVA	大阪	2	座			
单相变压器		3KVA	日立	1	座			
单相变压器		1KVA	大阪	2	座			
交流发电机		2800K	日立	1	只			
交流发电机		2800K	BBC	1	只			
直流发电机		300K	日立	1	只			
直流发电机		15K	日立	1	只			
直流发电机		14.5K	BBC	1	只			
重油发电机		125K	三菱	1	座			
电原蓄电池		100V	日本电池	1	组		残损	
电话用蓄电池		48V	日本电池	2	组		不能用	
诱导电动机		120HP	日立	2	台			
诱导电动机		110HP	日立	1	台			
诱导电动机		90HP	富士	1	台			
诱导电动机		75HP	芝浦	2	台			
诱导电动机		60HP	日立	1	台			
诱导电动机		60HP	安川	2	台			
诱导电动机		60HP	明电	1	台			
诱导电动机		50HP	东洋电气	1	台			
诱导电动机		45HP	日立	1	台			
诱导电动机		40HP	芝浦	3	台			
诱导电动机		35HP	芝浦	2	台			
诱导电动机		35HP	日立	3	台			
诱导电动机		30HP	日立	5	台			
诱导电动机		30HP	三菱	2	台			
诱导电动机		30HP	东洋电气	1	台			
诱导电动机		25P	明电	1	台			
诱导电动机		25HP	安川	2	台			

续表

表(六)机器设备调查表(电气部机器)							三十五年十一月 日	调查者
名 称	规格	式样	牌号	数量	单位	重量	修旧程度	备注
诱导电动机		25HP	日立	3	台			
诱导电动机		20HP	芝浦	72	台			
诱导电动机		20HP	日立	2	台			
诱导电动机		20HP	三菱	1	台			
诱导电动机		20HP	安川	1	台			
诱导电动机		15HP	日立	1	台			
诱导电动机		15HP	富士	1	台			
诱导电动机		15HP	芝浦	2	台			
诱导电动机		10HP	芝浦	14	台			
诱导电动机		10HP	日立	6	台			
诱导电动机		10HP	安川	5	台			
诱导电动机		9HP	芝浦	267	台			
诱导电动机		8HP	芝浦	39	台			
诱导电动机		7.5HP	芝浦	27	台			
诱导电动机		7.5HP	日立	2	台			
诱导电动机		6HP	芝浦	4	台			
诱导电动机		5HP	芝浦	53	台			
诱导电动机		5HP	三菱	1	台			
诱导电动机		5HP	伊吹	1	台			
诱导电动机		5HP	安川	1	台			
诱导电动机		5HP	不详	1	台			
诱导电动机		4HP	芝浦	18	台			
诱导电动机		3HP	富士	2	台			
诱导电动机		3HP	芝浦	80	台			
诱导电动机		3HP	日立	1	台			
诱导电动机		3HP	安川	5	台			
诱导电动机		2.5HP	芝浦	2	台			
诱导电动机		2HP	芝浦	42	台			
诱导电动机		2HP	安川	2	台			
诱导电动机		2HP	日立	2	台			
诱导电动机		1.5HP	日立	1	台			
诱导电动机		1HP	芝浦	72	台			
诱导电动机		1HP	日立	23	台			
诱导电动机		1HP	安川	5	台			
诱导电动机		3/4HP	芝浦	1020	台			
诱导电动机		3/4HP	安川	3	台			
诱导电动机		.5HP	日立	34	台			
诱导电动机		.5HP	芝浦	16	台			
诱导电动机		.5HP	富士	1	台			
诱导电动机		1/3HP	芝浦	3	台			
诱导电动机		1/10HP	日立	2	台			
直卷电动机		30HP	安川	3	台			
直卷电动机		30HP	东洋电气	2	台			

续表

表(六)机器设备调查表(电气部机器)							三十五年十一月　日　调查者	
名　称	规格	式样	牌号	数量	单位	重量	修旧程度	备注
直卷电动机		3HP	曾我□	1	台			
电灯分线盒		250V30A	松下	204	回线		尚能使用	
电灯		40-100W		1310	个			灯头多残缺不全
三相三线配电盘		30-800A		31	面		尚能使用	
三相三线配电盘		150-300A	日立	41	面		尚能使用	
三相三线配电盘		200-300A		22	面		尚能使用	
三相三线配电盘		400-600A		5	面		尚能使用	
三相三线配电盘		200A	日立	3	面		尚能使用	
三相三线配电盘		250-400A	日立	7	面		尚能使用	
三相三线配电盘		150-400A	日立	8	面		尚能使用	
三相积算电力计		110/3300V	西门子	16	个		尚能使用	
三相积算电力计		110/3300V	三菱	1	个		尚能使用	
三相积算电力计		110/3300V	东京电气	14	个		尚能使用	
三相积算电力计		200	东京电气	10	个		尚能使用	
三相积算电力计		210	三菱	81	个		尚能使用	
三相积算电力计		110/550V	东京电气	24	个		尚能使用	
单相积算电力计		200V	东京电气	1	个		尚能使用	
单相积算电力计		100V	东京电气	101	个		尚能使用	
电话交换台		自动	日本电气	1	组		已残缺	电话交换台
充电器		水银整流式	日本电气	1	组		已残缺	
蓄电池		汤浅	汤浅	8	组		已残缺	
电话机		棹上型	汤浅	5	架			有一部不能用
电话机		墙挂自动		11	架			有一部不能用
电话机				5	架			有一部不能用
电表				28	面			有一部不能用
指示电力机		500V		1	个		尚可使用	
电压计				4	个		尚可使用	
电流计				7	个		尚可使用	
计器用变压器		110/3300		5	个			线圈全部烧毁
计器用变压器		110/550		2	个		尚可使用	
计器用变流器				5	个			一部不能使用
绝缘抵抗计		100Mg		2	个			一个不能使用
Magnet Bell		1000Ω		1	个		不能使用	
变压器		220/110		1	个		内整流管	电全被拆毁
整流器				2	个		内整流管	电全被拆毁
电磁石				2	个		内整流管	电全被拆毁
绝缘试验装置		60000V		1	个			
油滤过机				1	个			
滤过纸干燥器				1	个		尚可使用	
滤纸				50	个		尚可使用	
第二种绝缘线		1.6-7/2.6	MM	5062	尺		使用中	
第三种绝缘线		5-19/23	MM	12201	尺		使用中	
高压三心电缆		7/0.8-127/2.9		35186	尺		使用中	

续表

表(六)机器设备调查表(电气部机器)							三十五年十一月　日　调查者	
名　称	规格	式样	牌号	数量	单位	重量	修旧程度	备注
电灯电线		7/0.6-7/2.0		143600	尺		尚能使用	
电线杆				169	棵			
天轴				655	棵		稍有残缺	
Double Houger				681	个		稍有残缺	
Single Houger				28	个		稍有残缺	
Terminal Bracket				35	个		稍有残缺	
Drum&V Belt				300	个		稍有残缺	
Motor Brackeet				55	个			
Bearing				946	个			
Pulley				242	个			
Flower Stand				32	个			
Drum Pulley				18	个			
Bracket				200	个			
Bearing Hanger				15	个			
Loose Blower			朝日工业	3	组			
吹雾器				341	组		多不能使用	
配管				1	组		内有残缺者	
空气洗涤装置				6	组			
洋井唧筒				3	套		已损坏	
洋井透平唧筒				6	套		已损坏	
Vacuum Calender				1	组		略有残缺	
除尘装置				1	组		略有残缺	
空气压缩机				2	组		略有残缺	

表(六)机器设备调查表(电气部工具及零件略)

表(七)半成品调查(略)

表(八)成品调查表(略)

表(九)信誉调查表(略)

12.中国纺织建设公司天津第一厂财产明细

民国三十五年十二月(1946年12月)

12月份

摘要	金额											备考
	万	千	百	十	万	千	百	十	元	角	分	
土地												
厂基 总面积278213.33平方米				1	9	0	3	2	6	3	7	
小计				1	9	0	3	2	6	3	7	
机器												
纺纱机 96352锭			1	3	3	6	7	9	4	0	9	
织布机 2056台				3	3	8	4	3	5	0	5	
捻纱机,起毛机,染色机,缝制机等				2	6	2	2	2	2	4	5	
小计			1	9	3	7	4	5	1	5	9	
建筑物												

续表

摘要	金额											备考
	万	千	百	十	万	千	百	十	元	角	分	
纱厂 厂房				1	9	2	9	6	8	7	5	
布厂				2	2	1	9	1	7	4	2	
附属建筑 宿舍,仓库等				3	3	2	0	8	2	1	3	
小计				7	4	6	9	6	8	3	0	
设备												
消防设备 消火器具					2	3	5	8	8	4	2	
小计					2	3	5	8	8	4	2	
器具工具												
器具						9	1	5	8	3	0	
小计						9	1	5	8	3	0	
暂计欠数												
有价证券 东洋化学株式会社股票5万股				5	0	0	0	0	0	0	0	
华北自动车株式会社股票2.5万股				2	5	0	0	0	0	0	0	
华北织维公司股票1万股				2	0	0	0	0	0	0	0	
怡丰橡皮工厂股票5000股					8	0	0	0	0	0	0	
华北开发会社债券					3	6	0	0	0	0	0	
天津公立医院新筑债券						5	8	3	5	8	0	
天津居留民团债券						4	1	5	4	8	0	
裕丰分配师 预借款				4	0	0	0	0	0	0	0	
银行存款 朝鲜银行			2	0	1	4	1	5	7	2	4	
暂记欠款												
银行存款 正金银行			2	2	3	3	6	8	1	8	7	
织维公司 提取各种棉布价款			6	1	3	7	8	3	8	0	0	
织维公司 提取各种特殊品价款				7	6	8	5	6	0	0	0	
小计		1	2	6	3	0	2	2	7	7	1	
原料												
100s埃及棉832.45担 e425.00				3	5	3	7	9	2	1	0	
80s埃及棉390.22担 e405.33				1	5	8	1	2	8	6	0	
3B美棉793.45担 e382.273				3	0	3	3	1	4	2	0	
4y伯棉332.28 担 e333.333				1	1	0	7	6	0	0	0	
一上 华北棉517.66担 e366.667				1	8	9	8	0	7	2	0	
二上 华北棉465.29担 e350.00				1	6	2	8	5	0	8	0	
三上 华北棉3835.34担 e325.00			1	2	4	6	4	8	6	8	0	
四上 华北棉366.05担 e308.333				1	1	2	8	6	4	6	0	
五上 华北棉1304.68担 e285.00				3	7	1	8	3	2	7	2	
粗毛 华北棉20.46担 e254.664						5	2	1	0	4	4	
其他 华北棉1659.02担 e275.00				4	5	6	0	3	1	6	0	
次白 华北棉1154.69担 e266.667				3	0	7	9	1	6	8	0	
赤棉 华北棉1642.12但 e213.023				3	4	9	8	0	8	6	0	

续表

摘要	金额											备考
	万	千	百	十	万	千	百	十	元	角	分	
再用棉 3450.40但 e200.00				6	9	0	0	8	0	4	0	
古棉 21662.99担 e111.6666			2	4	1	9	0	3	3	6	6	
麻袋反毛 368.78 e91.67					3	3	8	0	5	2	0	
人绢反毛 334.42担 e116.667					3	9	0	1	5	2	0	
麻绳反毛 19.36担 e50.00							9	6	7	8	0	
蚕屑精练品 39.48担 e117.458						4	6	3	7	2	7	
小计			7	3	1	6	5	4	3	9	9	
物料												
事务用消耗品					3	0	5	1	6	5	6	
物料												
工厂用消耗品			6	5	4	0	6	3	0	6	4	
荷造材料品			2	0	9	9	7	4	1	8	5	
修缮材料品				4	5	9	5	4	2	2	3	
消耗工具器具及备品				9	6	0	6	7	1	4	0	
食粮				3	2	4	4	5	7	7	7	
小计		1	0	4	1	5	5	6	0	4	5	
燃料												
煤炭 2306.83吨			1	8	5	3	6	3	5	1	4	
小计			1	8	5	3	6	3	5	1	4	
制成品												
棉纱 2.5s 10.5件 1838.92					1	9	3	0	0	0	0	
棉纱 17s 1件 1592.14						1	5	9	2	1	4	
棉纱 20s 2.5件 3051.377						7	6	2	8	4	2	
棉纱 20s/12 10件 10000.00				1	0	0	0	0	0	0	0	
棉纱 22s 4件 8000.00					3	2	0	0	0	0	0	
棉纱22sCH 20.05件 8000.00				1	6	0	4	0	0	0	0	
棉纱 22s/5×3 5.5件 1592.14						8	7	5	6	7	7	
棉纱 32s 30件 10000.00				3	0	0	0	0	0	0	0	
棉纱 32s/3 2件 1592.14						3	1	8	4	2	8	
棉纱 40s 109件 13000.00			1	4	1	7	0	0	0	0	0	
棉纱 42s/2 7件 30000.00				2	1	0	0	0	0	0	0	
棉纱 42s/3 4件 1592.14						6	3	6	8	5	6	
棉纱 别纲10s 1件 2000.00						2	0	0	0	0	0	
棉纱 难系6s 5.5件 2000.00					1	1	0	0	0	0	0	
棉纱 难系10s 2件 2000.00						4	0	0	0	0	0	
棉纱 难系30s/6 3件 3000.00						9	0	0	0	0	0	
棉纱 难系60s/6 6件 18458.29				1	1	0	7	4	9	8	5	
制成品												
棉纱 60s/6 57件 27367.68			1	5	5	9	9	5	7	7	6	

续表

摘要	金额											备考
	万	千	百	十	万	千	百	十	元	角	分	
棉纱 茶褐32s 54.5件 1577.93					8	5	9	9	5	8	2	
棉纱 茶褐32s/2 4件 1592.14						6	3	6	8	5	6	
棉纱 茶褐30s/16 1件 3000.00						3	0	0	0	0	0	
棉纱 茶褐60s/6 7件 18458.29				1	2	9	2	0	8	0	4	
棉布 细布 1620匹 799.727			1	2	9	5	5	5	7	7	3	
棉布 细布二等品 60匹 799.727					4	7	9	8	3	6	1	
棉布 细布轻目 180匹 799.727				1	4	3	9	5	0	8	6	
棉布 细布甲 80匹 799.727					6	3	9	7	8	1	6	
棉布 细布乙 20匹 799.727					1	5	9	9	4	5	4	
棉布 细布码不足 100匹 799.727					7	9	9	7	2	6	0	
棉布 细布云齐 635匹 745.842				4	7	3	6	0	9	6	5	
棉布 云齐二等品 1138匹 745.842				8	4	8	7	6	8	1	3	
棉布 云齐甲 45匹 745.842					3	3	5	6	2	8	0	
棉布 云齐乙 15匹 745.842					1	1	1	8	7	6	0	
棉布 云齐丙 15匹 745.842					1	1	1	8	7	6	0	
棉布 云齐丁 10匹 745.842						7	4	5	8	4	0	
七号帆布 8匹 1600.00					1	2	8	0	0	0	0	
九号帆布 8匹 1384.75					1	1	0	7	8	0	0	
九号帆布丁 5匹 1344.40						6	7	2	2	0	0	
棉布裁断木棉 2859匹 650.774			1	8	6	0	6	2	0	0	5	
棉布裁断木棉甲 500匹 650.774				3	2	5	3	9	7	0	0	
棉布裁断木棉乙 220匹 650.774				1	4	3	1	7	4	5	8	
棉布裁断木棉丙 120匹 650.774					7	8	0	9	5	2	8	
棉布裁断木棉码不足 220匹 650.774				1	4	3	1	7	4	5	8	
棉布细绫甲 20匹 322.01						6	4	4	0	1	8	
棉布细绫乙 20匹 322.01						6	4	4	0	1	7	
制成品												
十一号帆布(小) 25匹 983.71					2	4	5	9	2	7	5	
十一号帆布甲 10匹 983.71						9	8	3	7	1	0	
十一号帆布丁 60匹 983.71					5	9	0	2	2	6	0	
十一号帆布不足码 950匹 983.71				9	3	4	5	2	5	4	8	
别九号帆布 30匹 1600.00					4	8	0	0	0	0	0	
棉布 茶褐云齐 29匹 1000.00					2	9	0	0	0	0	0	
棉布 茶褐薄绫 400匹 1000.00				4	0	0	0	0	0	0	0	
棉布 茶褐霜降服地 60匹 953.846					5	7	2	3	0	7	7	
棉布 茶褐甲 10匹 953.846						9	5	3	8	4	6	
棉布 茶褐乙 8匹 953.846						7	6	3	0	7	7	
棉布 棉口生地 3180匹´ 481.327			1	5	3	0	6	2	2	7	3	
棉布 棉口生地 甲 120匹 481.327					5	7	7	5	9	2	4	

续表

摘要	金额											备考
	万	千	百	十	万	千	百	十	元	角	分	
棉布　棉口生地　乙 40匹　481.327					1	9	2	5	3	0	8	
棉布　棉口生地　丙 20匹　481.328						9	6	2	6	5	4	
棉布　厚织丙 200匹　800.00				1	6	0	0	0	0	0	0	
棉布　薄绫丁 90匹　800.00					7	2	0	0	0	0	0	
棉布　窗张布端物 303匹　800.00				2	4	2	4	0	0	0	0	
棉布　太绫　30匹　312.75						9	3	8	2	5	3	
轴线30s　茶褐2000码　2448打　268.799				6	5	8	0	1	9	0	7	
轴线30s　茶褐难系　72打 266.272					1	9	1	7	1	5	8	
轴线30s　黄2000码　4.16打　260.00						1	0	8	1	6	0	
轴线30s　茶褐5000码　16.66打　400.00						6	6	6	4	0	0	
轴线30s　白5000码　61.91打　400.00					2	4	7	6	4	0	0	
轴线30s　黑5000码　7.91打　400.00						3	1	6	4	0	0	
轴线60s/3 黄3000码　39.91打　300.00					1	1	9	7	3	0	0	
轴线　8s 茶褐3000码　6打　266.272						1	5	9	7	6	3	
起毛别绵绒　20匹　1000.00					2	0	0	0	0	0	0	
制成品												
起毛　棉口　197匹　1000.00				1	9	7	0	0	0	0	0	
小计		1	4	4	3	8	5	2	0	6	5	
下脚												
纱厂　2193.60担　13.333					2	9	2	4	8	0	0	
布厂　538.80担　30.00					1	6	1	6	4	0	0	
小计					4	5	4	1	2	0	0	
半制品												
纱厂				8	8	3	9	6	7	8	0	
布厂			1	0	2	0	7	5	2	1	8	
缝制				6	8	8	6	6	8	3	7	
染色					1	5	7	4	1	2	0	
小计			2	6	0	9	1	2	9	5	5	
现金												
法币						7	9	7	7	4	0	
小计						7	9	7	7	4	0	
应收账款												
军政部提取原棉71022.5斤				1	7	0	4	5	4	0	0	
军政部提取棉布5868匹			4	9	1	4	0	8	0	0	0	
经济部提取11号帆布50匹					5	6	0	0	0	0	0	
小计			5	1	4	0	5	3	4	0	0	
物料												
浆染材料			4	9	6	0	7	0	1	6	0	
小计			4	9	6	0	7	0	1	6	0	
合　计		6	2	3	2	5	7	3	5	4	7	

13.中国纺织建设公司天津第一厂三十五年下半期各月成本开支统计

民国三十六年(1947年)

月别	科目		比较
7	耗用原料	4721074623.06	
	直接人工	171690701.04	
	制造费用	306378745.07	
	厂务费用	176568764.11	
	小　计	2375712.833.28	
8	耗用原料	2204267872.30	483193249.24
	直接人工	251691587.08	80000886.04
	制造费用	262646225.78	43732519.29
	厂务费用	363522542.72	186953778.61
	小　计	3082128227.88	706415394.60
9	耗用原料	2466733807.56	262465935.26
	直接人工	354679816.43	102988229.35
	制造费用	201942701.02	60703524.76
	厂务费用	512184862.95	148662320.23
	小　计	3535541187.96	453412960.08
10	耗用原料	3773110286.35	1306376478.79
	直接人工	531842894.77	177163078.34
	制造费用	306802878.23	104860177.21
	厂务费用	403739887.93	108444975.02
	小　计	5015495947.28	1479954759.32
11	耗用原料	4766253587.76	993143301.41
	直接人工	588388051.80	56545157.03
	制造费用	333574009.88	26771131.65
	厂务费用	658944789.38	255204901.45
	小　计	6347160438.82	1331664491.54
12	耗用原料	6065828634.47	1299575036.71
	直接人工	641897680.42	63509628.62
	制造费用	576645418.61	243071408.73
	厂务费用	1045379704.78	286434915.40
	小　计	8329751428.28	1982590989.46
总计		28685790063.50	

14.中国纺织建设公司天津第一厂三十五年度下半期各月成本开支统计表

民国三十六年(1947年)

月别	耗用原料	直接人工	制造费用	厂务费用
七月份	1721074623.06	171690701.04	306378745.07	176568764.11
八月份	2204267872.30	251691587.08	26264622578	363522542.72
九月份	2466733807.56	354679816.43	20194270102	512184862.95
十月份	3773110286.35	531842894.77	306802878.23	403739887.93
十一月份	4766253587.76	588388051.80	33357400988	658944789.38
十二月份	6965828624.47	641897680.42	576645418.61	1045379704.78

15.中国纺织建设公司天津第一厂三十五年度各月棉布成本统计表

民国三十六年(1947年)

月别	单位成本	比较
1	12磅细布一等品 8440.89	
2	13461.55	+5020.66
3	16865.10	+3403.55
4	17017.29	+ 152.19
5	22989.77	+5972.48
6	23971.98	+ 982.21
7	25442.64	+1470.66
8	28578.56	+3135.92
9		
10		
11		
12		
总计		

厂长　　　　主任 吴仁丙　　审核 李录芳　　制表 廉标

(J156-1-32-9)

中国纺织建设公司天津市第二厂

1.国民政府公布工厂法

民国十八年十二月三十日(1929年12月30日)公布

民国二十年八月一日(1931年8月1日)施行

民国二十年十二月三十日(1931年12月30日)修正

第一章 总 则

第一条 凡用发动机器之工厂平时雇佣工人在30人以上者,适用本法。

第二条 本法所称主管官署除有特别规定者外,在市属政府、在县属县政府。

第三条 工厂应编工人名册,登记关于工人之下列事项并呈报主管官者备案:

一、姓名、性别、年龄、籍贯、住址。

二、入厂年月。

三、工作类别、时间及报酬。

四、工人证格。

五、在厂时所受赏罚。

六、伤病种类及原因。

第四条 工厂每6个月应将下列事项呈报主管官署1次:

一、前条工人名称有变更者其变更部分。

二、工人伤病及其治疗经过。

三、灾变事项及其救济。

四、退职工人及其退职理由。

第二章 童工女工

第五条 凡未满14岁之男女工不得录用为工厂工人,12岁以上未满14岁之男女在本法公布前已于工厂工作者,本法施行时得由主管官署核准宽其年限。

第六条 男女工在14岁以上未满16岁者为童工,童工只准从事轻便工作。

第七条 童工及女工不得从事下列各种工作:

一、处理有爆发性、引火性或有毒质之物品。

二、有尘埃粉末或有毒气体散步场所之工作。

三、运转中机器或动力转导装置危险部分之扫除、上油、检查、修理及上卸皮带、绳索等事。

四、高压电线之衔接。

五、已溶□物或□工之处理。

六、锅炉之烧火。

七、其他有害风纪或有危险之工作。

第三章 工作时间

第八条 成年工人每日实在工作时间以8小时为原则,如因地方情形或工作性质有必须延长工作时间者,得定至10小时。

第九条 凡工厂采用昼夜轮班制者,所有工人班次至少每星期更换1次。

第十条 除第八条之规定外,因天灾事变季节之关系于取得工会之同意后,仍得延长工作时间,但每日总工作时间不得超过12小时,其延长之总时间每月不得超过46小时。

第十一条　童工每日之工作时间不得超过8小时。

第十二条　童工不得在午后8时至翌晨6时之时间内工作。

第十三条　女工不得在午后10时至翌晨6时之时间内工作。

第四章　休息及休假

第十四条　凡工人继续工作5小时至少有半小时休息。

第十五条　凡工人每7日中应有1日休息作为例假。

第十六条　凡国民政府法令所规定放假之纪念日均应给假休息。

第十七条　凡工人在厂继续工作满一定期间者,应有特别休假及休假期如下:

一、在厂工作1年以上未满3年者,每年7日。

二、在厂工作3年以上未满5年者,每年10日。

三、在厂工作5年以上未满10年者,每年14日。

四、在厂工作10年以上者,其特殊休假期每年加给1日,其总数不得超过30日。

第十八条　凡依照第十五条至第十七条所定休息日及休假期内工资照给,如工人不愿特殊休假者,应加给该假期内之工资。

第十九条　关于军用、公用之工作主管官署认为必要时,得停止工人之休假。

第五章　工　资

第二十条　工人最低工资率之规定应以各厂所在地之工人生活状况为标准。

第二十一条　工厂对工人应以当地十足通用货币为工资之付给。

第二十二条　工资之给付应有定期至少每星期一次,论件计算工资者亦同。

第二十三条　依第十条、第十九条之规定延长工作时间,其工资应照平日每小时工资额加给1/3至2/3。

第二十四条　男女作同等之工作而其效力相同者,应给同等之工资。

第二十五条　工厂对工人不得预扣工资为违约金或赔赏之用。

第六章　工作契约之终止

第二十六条　凡有定期之工作契约期满时,必须双方同意方得续约。

第二十七条　凡无定期之工作契约如工厂欲终止契约者应于事前预告工人,其预告期间依下列之规定,但契约另定有较长之预告期间者从其契约:

一、在厂继续工作3个月以上未满1年者,于10日前预告之。

二、在厂继续工作1年以上未满3年者,于20日前预告之。

三、在厂继续工作3年以上者,于30日前预告之。

第二十八条　工人于接到前条预告后为另谋工作得于工作时间请假外出,但每星期不得过2日之工作时间,其请假期内工资照给。

第二十九条　在厂依第二十七条之规定预告终止契约者,除给工人以应得工资外,并须给以该条所定预告期间工资之半数,其不依第二十七条之规定而即时终止契约者,须给照工人以该条所定预告期间之工作。

第三十条　有下列各款情事之一者,从于工作契约期满前工厂得终止契约,但应依第二十七条之规定预告工人：

一、工厂为全部或一部之歇业时。

二、工厂不可抗力停工在一个月以上时。

三、工人对于其所承受之工作不能胜任时。

第三十一条　有下列各款情事之一时，从于工作契约前工厂得不经预告终止契约：

一、工人违反工厂规则而情节重大时。

二、工人无故继续旷工至3日以上或1个月以内无故旷工至6日以上时。

第三十二条　凡无定期之工作契约工人欲终止契约应于一星期前预告工厂。

第三十三条　有下列情事之一者，从于契约期满前工人得不经预告终止契约：

一、工厂违反工作契约或劳动法令之重要规定时。

二、工厂无故不按时发给工资时。

三、工厂虐待工人时。

第三十四条　对于第三十条第三款、第三十一条第一款及第三十三条各款有争执时，得由工厂会议决定之。

第三十五条　工作关系终止时，工人得请求工厂给与工作证明书，工厂不得拒绝。但工人不依第三十二条之规定而即时终止条约或有第三十一条所列各款情事之一者，不在此限。前项证明书应记载下列事项：

一、工人姓名、性别、年龄、籍贯及住址。

二、工作种类。

三、在厂工作时间及成绩。

第七章　工人福利

第三十六条　工厂对于童工及学徒应使受补习教育，并负担其费用之，全部补习教育之时间每星期至少须有10小时，对于其他失学工人亦当酌量补助其教育。前项补习教育之时间须在工作时间以外。

第三十七条　女工分娩前后应停止工作共8星期，其入厂工作6个月以上者假期内工资照给；不足6个月者减半发给。

第三十八条　工厂在可能范围内应协助工人举办工人储蓄及合作社等事宜。

第三十九条　工厂应于可能范围内建筑工人住宅，并提倡工人正当娱乐。

第四十条　工厂每营业年度终结算如有盈余除提股息、公积金外，对于全年工作并无过失之工人应给以奖金或分配盈余。

第八章　工厂安全与卫生设备

第四十一条　工厂应为下列之安全设备：

一、工人身体上之安全设备。

二、工厂建筑上之安全设备。

三、机器装设之安全设备。

四、工厂预防火灾、水患等之安全设备。

第四十二条　工厂应为下列之卫生设备：

一、空气流通之设备。

二、饮料清洁之设备。

三、盥洗所、厕所之设备。

四、光线之设备。

五、防卫毒质之设备。

第四十三条　工厂对于个人应为预防灾害之训练。

第四十四条　主管官署如查得工厂之安全或卫生设备有不完善时得限期令其改善，于必要时得停止其一部之使用。

第九章　工人津贴及抚恤

第四十五条　在劳动保险法施行前工人因执行职务二致伤病或死亡者，工厂应给其医药补助费及抚恤费，其补助之标准如下，但工厂资本在5万元以下者，得呈请主管官署核减其给与数目：

一、对于因病暂时不能工作之工人除担任其医药费外，每日给以平均工资之2/3津贴，如经过6个月尚未痊愈，其每日津贴得减至平均工资1/2，但以1年为限。

二、对于因伤病成为残废之工人永久失其全部或一部之工作能力者，给以残废津贴，其津贴以残废部分之轻重为标准，但至多得超过3年之平均工资，至少不得低于1年之平均工资。

三、对于死亡之工人除给与50元之丧葬费外，应给与其遗族抚恤费300元及2年之平均工资。前项平均工资之计算以该工人在厂最后3个月之平均工资为标准，丧葬、抚恤费应1次给与，但伤病津贴、残废津贴得按期给与。

第四十六条　受领前条之抚恤费者为工人之妻或夫，无妻无夫者依下列顺序，但工人有遗嘱时，依遗嘱。

第一子女；第二母；第三孙；第四同胞兄弟姊妹。

第四十七条　工人遇有婚丧人故急需用款时，得向工厂请求预支1个月以内之工资或发还储金之全部或一部。

第四十八条　工厂遇灾变时工人如有死亡或重大伤害者，应将经过情形及善后办法于5日内呈报主管官署。

第十章　工厂会议

第四十九条　工厂会议由工厂代表及全部工人选举之同数代表组织之。前项工厂代表应选派熟习工厂或劳工情形者充之，工人代表选举时应呈请主管官署派员监督。

第五十条　工厂会议之职务如下：

一、研究工作效率之增进。

二、改善工厂与工人之关系并调解其纠纷。

三、协助团体协约劳动契约及工厂规则之实行。

四、协商延长工作时间之办法。

五、改进厂中安全与卫生之设备。

六、建筑工厂或工场之改良。

七、筹画工人福利事项。

第五十一条　前条所列各款事项关于一工场者先由该工人代表与工厂协商处理之，如不能解决或涉及两工场以上之事项时，由工厂会议决定之，工厂会议不能决定时，以劳资争议处理法处理。

第五十二条　工人满16岁者有选举工人代表权。

第五十三条　有中华民国国籍之工人年满20岁在厂继续关注6个月以上者，有被选举为工人代表之权。

第五十四条　工厂会议之工人代表及工厂代表各以3人至9人为限。

第五十五条　工厂会议之主席由双方代表各推定1人轮流担任之。工厂会议每月开会1次，于必要时得召集临时会议。工厂会议须有代表过半数之出席，其决议须有出席代表2/3以上之同意。

第十一章　学　徒

第五十六条　工厂收用学徒须与或其法定代理人订立契约共备3份分存双方当事人，并送主管官署备案，其契约应载明下列各款事项：

一、学徒姓名、性别、年龄、籍贯及住址。

二、学习职业之种类。

三、契约缔结之日期及其存续时间。

四、双方之义务。

前项契约不得限制学徒于学习期满后之营业自由。

第五十七条　未满13岁之男女不得为学徒，但于本法施行前已入工厂为学徒者不在此限。

第五十八条　学徒之习艺时间准用本法第三章之规定。

第五十九条　学徒除见习外，不得从事本法第七章所列各种工作。

第六十条　学徒对于工厂之职业传授人有服从、忠实、勤勉之义务。

第六十一条　学徒于学艺期间之膳宿、医药费均由工厂负担之，并应酌给相当之津贴。前项津贴由主管官署酌量各该地方情形及工厂经济状况拟定标准，呈请实业部核定之。

第六十二条　学徒于学艺期间内除有不得已事故外，不得中途离厂，如未得工厂同意前离厂者，学徒或其法定代理人应偿还学徒在厂时之膳宿、医药费。

第六十三条　工厂所招学徒人数不得超过普通工人1/3。

第六十四条　工厂所收学徒人数过多对于学徒之传授无充分机会时，主管官署得令其减少学徒之一部，并限定其以后招收学徒之最高额。

第六十五条　工厂对于学徒在学习期内须使职业传授人尽力传授学徒契约所定职业上之技术。

第六十六条　除第三十一条所列各款项外，有下列情事之一者工厂得终止契约：

一、学徒反抗正当之教导者。

二、学徒有偷盗行为屡戒不悛者。

第六十七条　除第三十三条所列各款外，有下列情事之一者学徒或其法定代理人得终止契约：

一、工厂不能履行其契约上之义务时。

二、对于学徒危害其健康成坠落其品行时。

第十二章　罚　则

第六十八条　工厂违背本法第七条、第十一条至第十三条之规定者，处100元以上500元以下之罚金。

第六十九条　工厂违背本法第五条、第八条至第十条、第三十七条及第六十三条之规定者，处50

元以上300元以下之罚金。

第七十条　工厂违背本法第四十五条之规定者处50元以上200元以下之罚金。

第七十一条　工厂违背本法第一条、第四条、第十四条至第十九条及第三十六条之规定者，处100元以下之罚金。

第七十二条　凡工厂工头对于职务上如因不忠实行为或懈怠致发生事变或使事变范围扩大时，处1年以下有期徒刑拘役或500元以下之罚金。

第七十三条　工人以暴力妨害厂务进行或毁损工厂之货物器具者，依法惩处。

第七十四条　工人以强暴威胁迫使他人罢工者，依法惩处。

第十三章　附　则

第七十五条　工厂规则之订定或变更须呈准主管官署并揭示之。

第七十六条　本法施行条例另定之。

第七十七条　本法自公布日施行。

（J154-1-25）

2.国民政府公布工厂法施行条例

民国十九年十二月十六日（1930年12月16日）公布

民国二十年八月一日（1931年8月1日）施行

民国二十一年二月十日（1932年2月10日）第一次修正

民国二十四年四月十日(1935年4月10日)第二次修正

民国二十五年十二月十日（1936年12月10日）第三次修正

第一条　工厂法第一条所称之工人系指直接从事生产或补助其生产工作之工人而言，其雇佣员役与生产工作无关者，不在此限。

第二条　主管官署执行工厂法及本条例规定之事项应受最高主管机关指导监督。

第三条　工厂应置备簿册随时详载工厂法第三、第四两条规定事项，除安全缮呈主管官署外，应保存之工人名册及其他簿册表格之程式，由最高主管机关定之。

第四条　户□法未颁行前工厂雇佣工人于年龄发生疑义时由工人之法定代理人负责证明。

第五条　12岁以上未满14岁之男女在工厂法公布前已在工厂工作者，应于工厂法施行后2个月内将该工人姓名、性别、年龄、籍贯、入厂日期、工作种类及工作性质呈请主管官署后，展期限。

第六条　工厂依工厂法第八条之规定延长工作时间应详叙理由呈报主管官署。

第七条　工厂应将每日开工停工用膳及休息时间连同全年休假日期公布之。

第八条　工厂采用昼夜轮班制者，应将各班工人姓名、性别、年龄及工作日期与时间备簿登记之。

第九条　工厂法第十六条所称之纪念日如下：

一、一月一日中华民国成立纪念日

二、三月十二日总理逝世纪念日

三、三月二十九日革命先烈纪念日

四、五月一日劳动节

五、八月二十七日孔子诞辰

六、十月十日国庆纪念日

七、十一月十二日总理诞辰纪念日

八、其他由国民政府临时指定之日

第十条　工厂法第十七条之工作年数其在工厂法施行前者,应合并计算之。

第十一条　工厂应将每月发给工资次数及日期预定公布之。

第十二条　工厂为全部或一部之歇业或停工在1个月以上时,应事先呈报主管官署。

第十三条　工厂举办工人及学徒之补习教育时,应将办法及设备呈报主管官署,并应每6个月将办理情形呈报1次。

第十四条　女工依工厂法第三十七条之规定停工者,因厂方之请求应取具医生诊断书。

第十五条　工厂法第四十条所称营业年度由工厂自行规定,呈报主管官署备案。

第十六条　工厂法第四十条规定之奖金或分配余由工厂择用，其一于章程中规定之工厂法施行前已成立之,工厂应于工厂法施行后2月内将前项办法规定呈报主管官署。

第十七条　工厂平时雇佣工人在300以上者,应于厂内设置2室储备救济药品,并聘医生每日到厂担任工人医药及卫生事宜。

第十八条　童工、女工及年满50岁之工人其工作之分配应于健康检查后定之。

第十九条　有碍卫生及有危险性之制造场所工厂严禁儿童入内。

第二十条　工厂雇佣女工者应设哺乳室,于可能范围内并设置托儿所雇佣看护保姆妥为照料。

第二十一条　工厂之建筑应由注册工程师依工厂法第四十一条、第四十二条规定计划之。

第二十二条　一切机器及锅炉在使用前或使用一定期间后应由专家举行安全检查，如发现危险应即停止使用,并从事修理或更换机件。

第二十三条　工厂建筑物及其附属场所应设相当数目之太平门或太平梯。

第二十四条　工场门户应向外开,工作时间不得下锁。

第二十五条　工场内应严禁吸烟及携带引火物品。

第二十六条　工场有下列各款情事之一者,其场屋及附属之建筑地点应由主管官署核定之。

一、凡制造品及原料有危险性者。

二、凡物品制造时所散布之气体或泄出之液体危害公众卫生者。

第二十七条　工厂对于工业上所发出之有毒气体、液体及产余物质应视其性质与数量分别滤过、沉淀、澄清及分解之设备,不得任意散布或抛入江河池井之内。

第二十八条　工厂遇有工人在工作时间伤病者应延医生或送医院诊治，死亡者应即呈报主管官署并通知其亲属。

第二十九条　工厂法第四十五条所规定之津贴、丧葬费、抚恤等费,工厂应依下列规定给予之:

一、伤病及残废津贴至少每半月1次。

二、丧葬费于工人死亡翌日1次给予其家属。

三、抚恤费于工人死亡后1月内给予,工厂法第四十六条法定受领之。

第三十条　工厂应置备簿册载明发给医药、津贴、丧葬费、抚恤各费日期、数目及受领人。

第三十一条　工厂对于工人丧葬或抚恤费之法定领受人有疑义时,应由受领人觅保证明。

第三十二条　工厂会议之工人代表由厂内工人过半数以上之出席选举之，工厂各部分距离较远或人数过多者，得按各部分工人数之多寡分配。代表人数分区选举之，第一届工人代表之选举应由厂方于工厂法施行2个月内拟具选举办法呈准主管官署举行之。

第三十三条　选举工人代表时应选候备代表5人至9人，遇有工人代表不能出席时即由候备代表补充之。

第三十四条　工人代表之选举办法应于选举前3日于工厂显明处所公告之，并应于举行前向工人至少作1次口头解释。

第三十五条　工厂会议工人代表之在期为1年，连选者连任。

第三十六条　工厂应将工厂会议之双方代表名单呈报主管官署备案，其改派改选时亦同。

第三十七条　工厂应备置会议记录簿并于开会时派员记录下列事项：

一、开会日期及地点。

二、出席代表主席及记录员之姓名。

三、讨论及决议事项。

四、其他报告及建议事项。

每次会议终了时应由主席将记录当场宣读并署名盖章。

第三十八条　本施行条例与工厂法同日施行。

(J154-1-25)

3.中国纺织建设公司天津分公司为奉总公司职员医药费补助办法公函

民国三十五年八月二日(1946年8月2日)

通厂字第370号

奉总公司函发职员医疗费补助办法等因，抄发原件函请查照由。

径启者：案奉中国纺织建设公司同字第3775号函开："查本公司职员医药费补助办法业经制定，凡请求补助医药费人员悉依本办法办理，除分函外，相应检同原办法1份函达查照为荷。"等因。附本公司职员医药费补助办法1份，奉此。自应遵照分函外，相应抄发原办法，函请查照为荷。此致。

附职员医药费补助办法1份。

经　理　杨亦周

副经理　王瑞基

中国纺织建设公司职员医药费补助暂行办法

民国三十五年八月二日(1946年8月2日)

一、本公司暨所属各分支机关职员服务满3个月以上遇有疾病时，其医药费得依本办法之规定申请补助。

二、本公司及所属各分支机构职员如确系因公伤病，具有确切证明者，其医药费得视其病定之，轻重与治疗时间之长短酌予补助。如因本人不幸或以体质关系而致伤病者，无论急性、慢性其医药费补助以不超过本人当月薪津全部2/5。

(一)住院费：除八级以上人员外，均以二等以下病房为限。

(二)检验费

(三)手术费

(四)注射费:须经医院证明所患病症必须注射之药物费(补剂及非必要之注射不予补助)。

(五)药物费:非因公伤病人员之药物费应由本人负担板书,其余得并入申请补助

三、本公司及所属各分支机构职员如患重病必须住院者,应出:

(一)本机构已成立医院者,由医院诊断后转送(如因急病不及经本公司医院诊断时,事后应补具证明)。

(二)本机构医院尚未成立者,由所在地之公立医院或正式开业医师及特约医师之证明,否则医药各费不得依照前款之规定申请补助。

四、本公司及所属各分支机构职员在医院或卫生室未成立前因病申请补助医药费时,应缴检医院或正式开业医师正式诊断书及详细医药费单呈请主管人员核转办理。

五、凡因病所用之杂费、交通费或类似性病及花柳等症之医药费,均不得并入申请补助。

六、职员因病不能工作者应照章请假,申请补助医药费时应将请假附件一并呈缴,否则不予补助。

七、上项医药费应于病后一次检据申请补助,其因特殊情形呈经总经理核准者,不在此限。

八、本公司所属各分支机构职员直系亲属患病得就本公司或各分支机构已成立医院或卫生室免费诊治,其所需针药如非本公司及各属已成立之医院常备药品或转送其他医院诊治者,其费用概由职员本人担负。

九、本公司及所属各分支机构直接生产工人之医药费依照本公司所颁行之"各厂工人疾病公伤、婚丧、死亡及分娩津贴办法",不适用本办法所列各款之规定。

十、本公司及厂门、警、茶役暨月计工之技术工人医药费标准办法另订之。

十一、本办法自呈奉总经理核准之日施行。

(J154-1-25)

4.天津市机器棉纺织工业同业公会转发社会局关于女工小产给假暂行规定

民国三十五年十二月(1946年12月)

径启者:接奉社会局转发社会部训令略开,查女工小产给假事关女工福利,各厂矿实施自应一律,除将并入修正工厂法案办理外,合行抄发该项规定1份令仰转饬各厂矿遵办。等因。奉此相应函达,即希查照为荷。此致各会员工厂。

天津市机器棉纺织工业同业公会　启

附女工小产给假暂行规定1份

女工小产给假暂行规定

女工小产怀未满5个月者,应给假2星期,怀孕5个月以上者,应给假4星期,其入厂工作6个月以上者,假期内工资照给,不足6个月者,减半发给。

理由:

一、按工厂法三十七条对于女工大产规定为"女工分娩前后应停工工作共8星期,其入厂工作6个月以上者,假期内工资照给,不足6个月者,减半发给。"即假期内工资付给办法依工人服务久暂而异,

大产、小产在生理上既相仿,则其给资办法似以一致为宜。

二、小产对于母体之影响于其怀孕月数也有关系,怀孕仅二三月而流产母体尚无严重反应,若怀孕逾七八月则流产引起之疲劳初不亚于分娩或有过之。

三、给假日假定为半年,在应用上颇有困难,盖月大每月31日,月小每月30日,至于二月则为28日或29日,若为区区半日工资之故引起争执,致使劳资间融洽之感情似宜定为日数为要。

(J154–1–25)

5.中国纺织建设公司规定津青两地工人疾病分娩负伤死亡津贴计算标准

民国三十五年(1946年)

一、每日工资之计算:

(一)月计工资者以30日为1个月,应以30日除每月工资总数可得每日工资数额。

(二)论件工资者先平均计算其每月综合所得数额以30日除之,以求得每日平均工资数目。

(三)每月尚有实物配给者亦应以30日除得每日配给实物数额。

以上所得每月数额(包括工资及实物配给)均以各该工人上1月实得工资及实物数额为本月标准。

二、津贴之计算:

(一)凡规定津贴成数为1/2或2/3及1/3者,应以此成数除核准天数之工资,即得应给津贴数。

(二)实物之核给亦按前项办法计算,如计算后实物为奇零不能发给时,得按当地政府规定价格折成法币给予之。

三、工人因执行职务而致死亡之丧葬及抚恤金分别规定如次:

(一)丧葬费给予相当其一个半月之工资及应得一个半月之实物折成法币一次给予之。

(二)一次抚恤金按其本人5个月之工资及应得5个月之实物折成法币给予之。

以上规定希参照前本公司颁发各厂工人疾病、公伤、婚丧、死亡及分娩津贴办法办理之。

(J154–1–25)

6.新拟之各厂工人请假旷工升工加工及疾病伤亡婚丧分娩等暂行办法

民国三十五年(1946年)

一 事假

第一条 工人请假时须事前填写请假书,经本班主管人员许可后方准离厂,不得已时亦须托人代为请假,否则以旷工论。

第二条 直接工中之日给工、月给公请事假时,均按日扣除工资,论件工则不计工资。

第三条 间接工中之警卫、司机、车夫、厨司、勤务等请事假时,须由其本人请代理工,不扣工资,但仍以请假论,不得再报升工,其余随班上下之间接工仍照直接工办理。

二 旷 工

第四条 凡未经请假或请假未准及请假满期未经续假擅不到班者,均以旷工论。

第五条 旷工1日除扣除1日工资外,加罚半日工资(验货工按其当期工资平均计算)。

第六条 无故连续旷工3日以上或1个月内累计旷工至6日以上者除名。

三 升 工

第七条 日给工及验货工每半月内未请假或旷工者,升工两天(即加给2日工资),月给工每一个月内未请假及旷工者,升工4天。

第八条 前条之请假除公伤不作请假论外,其余之事、病、婚、丧分娩等假均以请假论。

四 加 工

第九条 各厂有下列情形之一者,各厂主管人员方得令工人加班工作并支给加工费:

一、有关各工厂生产及安全等重大突击偶发事件必须利用工人在规定工作时间以外加班办理者。

二、确因工厂设备欠缺或一部门发生意外至前后部门产品供应不足,必须于规定工作时间以外加班补充者。

三、因工作特殊必须昼夜班连续工作者(如锅炉间及印染部等)。

第十条 加班工资按实际加班时间比率核给工资。

第十一条 休假日期以不作工为原则,如遇必要经厂长特许后得报加班,但须严格限制人数。

五 病 假

第十二条 因病请假须有医师证明,否则仍以事假论

第十三条 普通病假不给工资及津贴,但在厂内医务室就诊及用普通药品时不收费用,如用特别药品或在厂外就诊时则须自备。

第十四条 如有执行职务而致疾病严重并合于下列各条者,得申请疾病津贴,亦不另给工资:

一、已在厂继续服务3个月以上者而无过失者。

二、病情严重不能到班经指定医生证明,并由人事科调查属实者。

三、由人事科调查确保病况严重者。

第十五条 因公致疾支给津贴规定如下:

一、服务满3个月者,按疾病天数支给相等于最近平均工资之2/3,以半个月为限。

二、服务满半年以上者,支给额同第一款,以1个月为限。

三、服务满1年以上者,支给额同第一款,以1.5个月为限。

四、服务满2年以上者,支给额同第一款,以2个月为限。

五、服务满3年以上者,支给额同第一款,以3个月为限。

六、服务满4年以上者,支给额同第一款,以4个月为限。

七、服务满5年以上者,支给额同第一款,以5个月为限。

八、服务满6年以上者,支给额同第一款,以半个月为限。

第十六条 工人疾病之津贴日数系指各种工人服务时期内先后□领津贴日数累积计算,并非按期有此日数。

第十七条 遇有特殊情形必须在厂外之医院诊治或需用特殊药品时,经由厂方核转分公司。

第十八条 凡连续请病假超过3个月者,即行除名。

六 伤 残

第十九条 凡患有传染病影响其他工人之安全者,得令其告退,可依十六条、十八条办理。

第二十条 工人因执行职务而受伤时,由厂方送往指定医生或医院诊治,除担负其正当治疗费外,并照下列办法支给津贴,不另给工资:

一、工人受伤经厂方查明为不可避免之灾害时，得按日支给相当于其最近一期平均工资之全额，至其治愈为止。

所谓不可避免之灾害如天轴油领下坠、机件飞出而负伤或因他人工作不慎致累及遭受伤害等情。

二、工人受伤经厂方查明系本人工作不熟练所致者，得支给相当于本人最近一期平均工资之半额，至其治愈为止。

三、工人嬉弄机件或作不必要之工作而致伤害者，概不支给津贴。

第二十一条　前条一、二两款内所指治愈日期完全根据厂方指定之医生或医院所出诊断书为凭。

第二十二条　工人因受伤而致残废，其原因合于第二十条之一、二两款，其治愈后不能工作者，视其残废部分之轻重给予1次相当于3年以下1年以上，以受伤前3月平均工资之残废津贴，其能工作者，得酌派适当职务，但不给残废津贴。

第二十三条　工人因受伤而死亡其办法参照死亡规定办理。

七　死亡

第二十四条　工人因不可避免而受伤致死者，以下列办法办理：

一、丧葬费一次给予基数依照市政府公布之上月份生活指数核给。

二、遗族抚恤费给予300元之基数依照市政府公布之上月份生活指数核给。

三、年资抚恤费依照下列一次付给：

服务年限	1年未满	1年以上	2年以上	3年以上	4年以上	5年以上	6年以上	7年以上	8年以上	9年以上	10年以上	11年以上	12年以上
抚金数目	12个月薪津	13个月薪津	14个月薪津	15个月薪津	16个月薪津	17个月薪津	18个月薪津	19个月薪津	20个月薪津	21个月薪津	22个月薪津	23个月薪津	24个月薪津

受前条之抚恤费者为工人之妻或夫，无妻或无夫者依下列顺序，但工人有遗嘱时得依其遗嘱：

第一子女　第二父母　第三孙　第四同胞兄弟姊妹

第二十五条　工人因工作不慎或不熟练二受伤致死者，除依前开第二十条第一款照给丧葬费外，其遗族抚恤费及年费、抚恤费减半发给。

第二十六条　工人因嬉弄机件及不必要之工作而受伤致死者，除依前开第二十条第一款发给丧葬费外，不另给遗族抚恤费及年费、抚恤费。

第二十七条　工人因疾病而致死亡，其服务期满半年以上者得酌给丧葬费。

八　婚丧假

第二十八条　请婚丧假时均须备有证明。

第二十九条　婚假系指其本人婚姻而言，丧假系指其直系亲属如父母、夫妻、子女之丧事而言。

第三十条　工人因办理婚丧事故均给公假3天不扣工资，如公假期满连续请假以及往返路程等，均以事假论。

九　分娩假

第三十一条　女工怀孕满4个月应持指定医师之证明书向厂方登记正产，在产前后各给假4星期，小产经指定医师证明在产后，亦得给假4星期，其工作满6个月以上者，假期内工资照给，不足6个月者，减半发给，不依照规定向厂方登记者，不给假亦不给津贴。

十　附则

第三十二条　各项津贴之发给除死亡津贴外，均应于各该工人销假到厂工作后申请发给之。但分娩、负伤二项如确因家境贫寒须预支津贴者，应取具保证经厂方核准后得预借其应得津贴额之半数。

第三十三条　本暂行办法内服务年表之规定一律自三十五年一月一日起计算。

第三十四条　本暂行办法经呈报总公司核准后通知各厂施行修正时同。

(J154-1-25)

7.各厂矿工人受雇解雇遵守事项

民国三十五年(1946年)

一、各厂矿雇佣工人应依法订定工作契约，并应将受雇工人造具名册抄同原契约呈报当地主管机关备核。

二、各厂矿解雇工人由契约规定者依其契约规定办理，如无契约规定须有下列情事之一方得解雇：

(一)厂矿经呈准主管机关为全部或一部歇业者。

(二)厂矿因不可抗力停工在1个月以上者。

(三)工人对所受之工作不能胜任者。

(四)工人违背厂矿规则情节重大者。

三、厂矿为前项情事解雇工人应于1个月前书面预告被解雇工人，同时通知该业工会。如工人因有前项第(四)款情事必须紧急处置者，得不经预告予以解雇。

四、厂矿如因第二项(三)(四)两款情事解雇工人及工人因厂矿有工厂法第三十三条各款情事声请解雇发生争执时，得由工厂会议决定。如无工厂会议之设置，应呈请当地主管机关裁定之。

五、厂矿于解雇工人后3日内应将被解雇工人之姓名、性别、年龄、籍贯、技能、解雇原因及工资发给情形详细列册，呈报当地主管机关备核。

六、当地主管机关对各厂矿解雇工人纠纷应详查真相依法妥速处理，并将处理情形层报本部备查。

七、各厂矿对被解雇之工人应一律发给工作证明书，但有第二项(四)款情事者不在此限。

前项工作证明书应载明下列事项：

(一)工人姓名、性别、年龄、籍贯、住址。

(二)工作种类及工资数额。

(三)在厂(矿)工作时间及成绩。

八、各厂矿如因第二项(一)(二)两款情事解雇工人，应俟该项解雇原因消灭方得招雇，并应遵照院颁“各机关团体厂矿招雇工人应有手续之规定”办理，其被解雇之工人应优先录用。

九、各厂矿所招学徒人数不得超过现有工人1/3，当地主管机关于必要时得令其酌予减少，并限定其收回最高额。

十、各厂矿雇佣临时工人其所雇人数应计入前项学徒收用数额之内，但当地主管机关得因各该厂矿基于特殊需要之请求酌予增加。

(J154-1-25)

8.中国纺织建设公司天津分公司各厂工人服务暂行办法

民国三十五年(1946年)

第一章　总　则

第一条　本办法为使工人服务有所遵循起见，特参照总公司颁订之工人服务细则草案及现时需要拟订之。

第二条　各厂工人系指直接从事生产或补助其生产工作之工人而言，其雇佣员役生产工作无关者不在此限。

第三条　各厂工人均应遵守本分公司及各厂所订之一切章则及通告,并应服从管理员之督导。

第四条　工场内严禁吸烟及携带凶器与引火物品,违者从严惩罚。

第五条　各工人间应互相友爱诚恳相处,不得发生意外倾轧。

第六条　各工人倘逢主管人员调派职务时须绝对遵从,不得任意要求调职或见异思迁。

第七条　各工人对于原料、成品、机械用具等均须加意爱护,不得浪费、损伤或私自携带出外。

第八条　各工人不得任意怠工或罢工。

第二章　门　禁

第九条　各工人上下工出入工厂均应严守秩序听候搜检人员之检查，不得私带亲友及任何物品出入厂内外。

第十条　凡携带物品出厂时必须先请主管人员证明,向总务科领取门票经门警检验后方可放行。

第十一条　各工人概凭工折入厂,并将工折投入人事科所备之工折箱内方准入场工作。如有遗失或忘带工折时均须向人事科声明理由申请登记后,再行入厂工作。不得假借工折冒名顶替,其因遗失须另补新工折时,除缴工本费并酌予处罚。

第十二条　各工人在工作时间内不准会客，但确有重要事故时须请经主管人员许可在人事科指定场所内会谈,但会晤时间不得超过10分钟。

第十三条　各工人在工作时间内非经请假照准发给出门证者,绝对不准出厂,违者以旷工论。

第十四条　各工人每日上工不得迟到,偶因不得已事故而致迟到者,须将理由向人事科及主管人员声明,经准许后方得入厂,但须按照时间扣除工资。

第三章　工作契约

第一节　雇　佣

第十五条　各厂添雇工人概须先由人事科登记审查,经检验体格、考试技能均认为合格后,得呈请厂长核准方可录用。养成工与前办法同,只不考试技能。

第十六条　工人进厂工作之前须填具志愿书及保证书(格式附表),该保证书上所列之保证人应经厂方之认可方为有效。如须更换保证人时应即另觅,不得推诿。

第十七条　各工人填具之志愿书及保证书经厂方认可后,发给工折即可到厂试用。在试用期内如认为不合格时,得取消其入厂资格。

第十八条　工人一经雇佣即应入厂工作,如逾期不到即取消其入厂资格。

第二节　解　雇

第十九条　凡工人患有疾病及家务上之关系不能继续工作时,厂方得准其辞退。如违犯厂规犯有重大过失或无故旷工及不能胜任其职务时,厂方得予以开除处分。

第二十条　凡遇工厂全部或一部歇业或因不可抗力停工在1个月以上时，厂方得酌将全部或一部工人解雇，工人不得提出任何抗议。

第二十一条　因前条(第二十条情事解雇工人时，应于1个月前书面预告被解雇工人，同时通知该业工会，但因犯有过失被厂方开除者不在此限。

第二十二条　凡工人由厂方解雇开除或自行辞退倘无赔偿厂方损失之必要时，于离厂时将其应得工资付给之。

第二十三条　凡被解雇之工人一律发给工作证明书(格式附表)，但被开除者不在此限。

第三节　复　勤

第二十四条　凡因前第二十一条离厂之工人志愿复勤时须先到人事科登记，遇厂方添雇工人时经甄选合格后可尽先录用，不得任意要求复勤。

第二十五条　自行辞退之工人志愿复工时厂方得查其服务时之成绩决定录用与否，工人不得作无理要求。

第二十六条　工人自行辞退3次以上及被厂方开除或犯刑事罪者，不准复工。

第四章　勤　务

第二十七条　各级工人工作时间一律规定为10.5小时内，有就膳半小时，上下工时间得视其情形由分公司与各厂商订之。

第二十八条　各工人应在规定厂所担当所派职务勤恳工作，不得与他人闲谈或有轨外行动，非经派遣不得私到其他部分与人接谈致碍他人工作。

第二十九条　各工人在工作时间内绝对禁止集会或散布流言煽惑群众，违者从严惩处。

第三十条　各工人在放工前须将每日所司工作处理完毕，并须将所用工具收拾清楚并予以接班上之便利，方准离厂。

第三十一条　各工人就膳应在指定时间及场所内，不得随时随处进膳，但遇特别情形经厂方临时调度者不在此限。

第三十二条　每日在工作时间外倘因厂方需要令其延长工作时间时不得借故推诿，其工资照加工办法计算，但延长时间不得超过3小时。

第三十三条　在工作时间内因患病或不得已事故经主管人员核准者，发给出门证，准许其早退，其工资按时间扣除。

第五章　待　遇

第三十四条　各级男女工人之工资标准及福利等事项由分公司核定通知施行。

第三十五条　依照分公司核定之工资标准分订各部各级男女工人每日应得基本工资数额，男以工资倍数相乘即为每日得工资数额。

第三十六条　各部各级工人之工资须视各人能力高低、进厂久暂、职务繁简及工作成绩之优劣，在规定最高最低范围内得有所伸缩，各工人不得任意要求及反对。

第三十七条　各工人由主管人派发他职时不得发薪。

第三十八条　各级工人工资一律不得超过最高标准，但因延长工作时间者不在此限。

第三十九条　各级工人除给以应得工资外，概不供给膳宿。如厂房富裕或单身工友志愿自行组织伙食团者，其办法另订之。

第四十条　各级工人擅自罢工、怠工者，不同局部或全部及时间久暂，其工资一律照扣。

第四十一条　各级工人有兼任工会代表者，不得要求厂方另行优给其工资。

第四十二条　工人工资每月分2次发给，其发给日期另定之。但发给工资时如因计算上之关系，偶有延迟一二日者，工人不得借故要求。

第四十三条　标准工资之变更须经分公司核准后施行。

第四十四条　计算平均工资不得并入加工及奖励金。

第四十五条　凡工厂法规定之固定放假日除照章放假外，工资照给。在放假日如需要工作时，其工资按加工办法办理。

第四十六条　年终结算如有盈利，各级工人得依照其工作日数、工资等级、服务成绩等项酌发奖金。

第六章　请　假

第四十七条　凡工人请假、续工、升工、加工及死亡津贴悉依本分公司颁行之请假条例办理。

第七章　奖　惩

第四十八条　奖惩条例另定之。

第八章　附　则

第四十九条　本办法如有未尽事宜得呈请总公司修改之。

第五十条　本办法自呈奉总公司核准之日公布施行。

(J154-1-25)

9.中国纺织建设公司天津第二厂办事细则

民国三十五年(1946年)

第一章　通　则

第一条　本细则依据中国纺织建设公司纺织工厂组织通则第十条之规定而定之。

第二条　本厂工务部分计分纱厂、布厂机动、训试4部，事务部分计分总务、人事、会计3课，纱布厂各设工程师1人至2人，机动部设工程师1人，试训部设技师1人，总务、人事、会计3课各设课主任1人，承厂长之命办理本厂工务事务。

第三条　本厂职员之任免、考勤、请假、旷职、考绩、奖励、离职悉依本公司人事规则办理。

第二章　总务科

第四条　总务科协同医卫分队长监督警卫之动惰，分配岗位指挥警卫本厂工作。

第五条　总务科派员驻守门卫室对于出厂物料凭庶务股所开具之出厂证，检验其数量、品名，经查验相符后，再予放行。至于进厂物料亦须逐一检验其品名、数量，制作检验进厂物料报告单送呈厂长核阅。

第六条　总务科派员对于进厂煤斤测算磅重记载煤炭日报申送分公司，并将收付结存煤斤数量记载账簿。

第七条　总务科设物料、栈务、庶务、文书4股，秉承厂长之命办理事务。

第一节　物料股

第八条　物料股办理检验物料、收进物料、购买零星物料、分发物料及物料记账与保管事宜。

第九条　物料股将会同需用物料各部分之指定人员检验发来物料之牌号、年份、品质，并审核其是否与实样相符。

第十条　经检验发来物料与实样相符后，即凭分公司送货车上记载之数量点收入库。

第十一条　物料股凭各部主管填具之申请购料单交主管人盖章送呈厂长核准后，再按分公司规定送转购料委员会购进。

第十二条　收进或购进物料后再凭各部填具之传票分发物料，并将发货日期、物料名称、规格、数量记载于发货登记簿。

第十三条　关于物料之收付、结存物料股须备具账簿逐一记载，以备查核。

第十四条　保管物料得分别种类编具号码粘贴货□，以便保存而利分发。

第十五条　物料之收付、结存须列具日报及月报，报送本厂会计课与中纺天津分公司。

第十六条　每日各部领用物料数量与价值须列具日报送本厂会计课。

第二节　栈务股

第十七条　栈务股办理原棉成品下脚之收付、存栈及仓库管理与计算税额事宜。

第十八条　收进各类原棉须逐一过称填具磅码车记载于原棉日志。

第十九条　纱厂领用各类原棉须填具领料传票，栈务股依据领料传票内所载原棉等级、数量发付原棉，并登载日志记入分户账。

第二十条　栈务股须填具原料收入报告单及原料领用报告单申报本厂会计课。

第二十一条　关于各类原棉之收付、结存情形栈务股须依式填具日报及月报申报分公司业务课、工务课及本厂会计课。

第二十二条　分公司所属各厂间调拨各级原棉概依分公司规定章则办理。

第二十三条　棉纱或棉布移入成品仓库后，由栈务股填具成品收入报告单申报分公司业务课、工务课及本厂会计课，并登载日志记载分户账。

第二十四条　调拨成品须填具成品调拨单概依分公司规定章则办理。

第二十五条　各部领用零布及各种下脚零星概须填具调拨单申报分公司业务课及厂会计课。

第二十六条　原棉成品下脚仓库之开启各物之收付由栈务处随时管理监视。

第二十七条　栈务须逐日计算移入织布间原纱数量填具申请书申报财政部天津货物税局派驻本厂职员以便颁发税照，并于每月十五、三十日计算半月应纳税额申报分公司业务课及本厂会计课。

第三节　庶务股

第二十八条　庶务股管理本厂家具、车辆、汽油、职员膳食、厨房及其他不属于各课股经办之事项。

第二十九条　庶务股负责购置本厂各部应用家具，并分类编号记载家具账簿在各类家具上粘附家具，如有变更放置处所并应分别登记。

第三十条　本厂车辆如汽车、2辆车载车均由庶务股统筹支配，各部人员因公外出需要汽车时，事先通知庶务股出具汽车行通知单，汽车夫凭单开车。

第三十一条　汽车夫应将汽车每日开行之时间起始及到达之地点、乘车人之姓名填具行报告表，以备存查而资考核。

第三十二条　汽车如需注入汽油汽车夫应通知庶务股派员监视领取，并填具领用汽油传票载明车号、蓄存汽油量、拨领汽油量、共存汽油量以备稽考。

第三十三条　庶务股得协同司厨外出购办职员厨房应用菜蔬。

第三十四条　司厨每日所采各项菜目应逐一开列报经庶务股核定。

第三十五条　庶务股凭商号之发货单及收据给付菜金,并保存单据登入菜物购买收付结存账,每届月终应将伙食费收支结存详细状况填具收支报告表申报本厂会计课。

第三十六条　为协助管理职员厨房由本厂技师以下职员公推委员5人组织伙食监理委员会。

第三十七条　伙食监理委员会协助庶务股管理购买菜蔬事项,必要时得协同买菜。

第三十八条　伙食监理委员会于所买菜斤进厂后得检验分量并是否新鲜。

第三十九条　委员会的协即庶务股管理厨房卫生清洁。

第四十条　委员会得比较菜蔬价目考核其是否相当并核算一切伙食之用费。

第四十一条　委员会得取一切不按公司规定进入饭厅就食情事,如有同仁必要加添各饭时,须先报庶务股登记。

第四十二条　本厂日需备用必须添置之器物应由需要部分填具申请购买票送由庶务主任核转厂长批准后,交庶务股筹备购进器物入厂后,再由通知原申请部分开具领物传票以资领用。

第四十三条　庶务股支配本厂勤务并分配其各人工作,必要时并得将调换勤务之服务处所。

第四十四条　本厂对外之交涉联络事项庶务股得秉承厂长及课主任之命负责办理。

第四十五条　庶务股秉承厂长及总务课主任之命办理不属于各课股之厂长交办事项。

第四节　文书股

第四十六条　文书股秉承厂长及总务主任之命办理典守印章、文件收发、稿件撰拟、管理档案、保管卷宗及职员登记事务统计事项。

第四十七条　本厂厂长及厂长小官章均由文书股负责典守。

第四十八条　外来文件到厂后文书股应将收文日期、来文机关、来文事由与附件逐一记载于文簿内,并登记编号送呈总务主任阅后,再转呈厂长批办。

第四十九条　厂长批示办法后如须与其他关系课股取得联系时,并应将原文件送交关系课股阅览。

第五十条　文书股须依照厂长及课主任所决定之办法拟办稿件回复来文机关。

第五十一条　发往厂外之文件缮写校对完竣后送交厂长盖用私章,再盖本厂正式印章登入发文簿记载发文年月日、发往处所、发文事由及附件依次编号毕始行封发。

第五十二条　文书股须依来往文件之性质分别种类汇录放卷,所有各类卷宗应依次编号登入卷宗簿妥为保管。

第五十三条　每届年度终了应将各类卷宗分订成册、记明目录、事由、页数作为档案,并将各种档案名称登入档案簿以资保存。

第五十四条　本厂职员经呈准进用后分别填具各种人事书表照章向分公司报到外,文书股应将职员姓名、年龄、性别、学历、经历、服务部门、核定薪额记载于职员登记簿,并分别通知各关系课股,俟后若有异动如一切任免、迁调、奖惩事项一一记载之。

第五十五条　职员因事、病、婚丧请假,文书股须逐一记载于职员请假登记簿,并逐月依式填具人事月报表及人事月报简表申报天津分公司。

第五十六条　文书股得根据各部供给之资料作事务统计表报,并办理统计事项。

第三章　人事课

第五十七条　人事课设招工、工人登记、职工福利，秉承公司颁发人事规则，办理一切事务，其各股应报之职务分列如下：

第一节　招工股

第五十八条　本厂各部需要工人无论生手熟手必须外招时，应填具增添工人申请簿记明科别、人数经厂长核准后，交由人事课布告招工。

第五十九　新工人(进)厂后由招工股填具考验工人检查证，测量其身高、体重如果合格，再送医务室检验其是否有传染病，经验确无各种病症后，再正式采用。至于经验工由人事课协同该部门技师考验，其技术以合格为标准。

第二节　工人登记股

第六十条　各项工人经考验合格后由工人登记股给工友服务证及徽章毕始准入厂作工，但养成工则交试训部训练。

第六十一条　无论经验工或其他工人等经各部门考试合格后通知本股填具工人名簿，由工人觅具妥保填列保单交登记股发给工折及服务证与徽章。

第六十二条　凡新工人厂由登记股在入厂账内登记载明工人姓名、年龄、籍贯、科别、学历、经历、保证人姓名，并转会计课工账股登入工账。

第六十三条　登记股备置工友考勤簿记明工友事、病、婚丧、生育各假及有无旷工情形，并凭工折上所盖之出勤图章逐一记载，月终总计以备年终奖惩。

第六十四条　工友自动退职须得本部主管许可通知本股转知会计课工账股计算工资，缴回各项证件。

第六十五条　旷工多日或病假、事假逾期之工友，由本股通知各部主管酌量除名。

第六十六条　违犯厂规及有轨外行动之工友，由人事课主任会同各该部主管议定除名交本股登载除名账及退厂账，并通知会计课工账股计算其应得工资发付该工友支出之。

第六十七条　工友转科须经两科主管人员许可转赴本厂其他部门工作时，由本股填具转科表登记转科账完毕后，始准转科。

第六十八条　本股应填写工人统计日报、厂工工作报告、工人月报、警役月报、每月到工欠勤表、各厂工资调查表、工人籍贯、住址、年岁统计表呈报分公司，并填每月工资人数调查表报天津市社会局。

第三节　职工福利股

第六十九条　关于职工福利事项依照公司颁发规章施行分别办理。

第七十条　为办理独身工友膳食事宜组织独身膳食委员会，由工友公推膳食委员数人在本股协助下主持其事，除厂方供给厨役煤水以外，其厨房用具亦厂方备齐一次发给，以后亦不添发。

第七十一条　本股派员管理男女工独身宿舍及工友眷属宿舍之一切事项。

第七十二条　为确保职工健康组织医务室办理医疗保健事宜。

第七十三条　为谋本厂员工体□□□组织体育部，组设篮球队、足球队、乒乓球队、国术社、车□皮条社。

第七十四条　员工业余之娱乐由本股组织员工俱乐部内分国剧社、话剧团、广东乐队、军乐队，以娱员工之身心。

第七十五条　为员工生活安定起见组织消费合作社办理各项必需用品，以供应各员工之需要。

第七十六条　为补充员工知识设立职员、工友图书馆各1处，规定每日开启时间以备员工阅览藉以增高知识水准，并设劳工补习班利用工余时间投以必要课程。

第七十七条　为抚育女工婴儿之计设立托儿所代其护养，俾使工友安心工作。

第七十八条　设立职工浴室、理发室及职员洗衣室，使职工身体保持清洁。

第四章　会计课

第一节　通　则

第七十九条　本厂一切账务及月算、决算等均按照总公司所颁订之会计规程办理之。

第八十条　本课员生对于本厂盈亏及制品成本、金融状况应严守秘密。

第八十一条　佥盖支票等重要图章应严密保管。

第八十二条　凡遇星期、假日应轮流派员值日。

第二节　出纳股

第八十三条　出纳股办理本厂现金收付事宜，对于收到现金须逐一点清核对数目无讹后再记入日记账。至于付出现金亦须与收款人将钱数点清当面交付。

第八十四条　现金收付除记载日记账外，尚须制作现金收付传票、总传票，并予装订妥为保管。

第八十五条　出纳股须将每日库存现金及银行往来情形填具库存表2份，以1份申报公司，1份自存。

第八十六条　出纳股须将日记账抄送总公司会计处、分公司会计课、分公司稽核室各1份，并以1份自存。

(J154-1-25)

10.中国纺织建设公司天津第二纺织厂技术人员及产业工人静态普查表

民国三十六年七月三日(1947年7月3日)

<table>
<tr><td colspan="5">工厂名称:中纺二厂</td><td colspan="8">详细地址:第六区小刘庄</td></tr>
<tr><td colspan="2">经营业务:纺织</td><td colspan="3">主管人职称及姓名:厂长彭雪舟</td><td colspan="8">成立年份:民国三十四年十二月</td></tr>
<tr><td rowspan="2">工作部门</td><td colspan="2">技术人员(包括工程师、技士、技师生产指导员等)</td><td colspan="2">工头(包括头目、班长、领班等)</td><td colspan="2">技工</td><td colspan="2">小工或杂工</td><td colspan="2">童工</td><td colspan="2">学徒</td></tr>
<tr><td>男</td><td>女</td><td>男</td><td>女</td><td>男</td><td>女</td><td>男</td><td>女</td><td>男</td><td>女</td><td>男</td><td>女</td></tr>
<tr><td>纱厂</td><td>24</td><td></td><td>34</td><td>2</td><td>443</td><td>1681</td><td></td><td></td><td></td><td></td><td></td><td></td></tr>
<tr><td>布厂</td><td>18</td><td></td><td>28</td><td></td><td>1269</td><td>889</td><td></td><td></td><td></td><td></td><td></td><td></td></tr>
<tr><td>机动部</td><td>9</td><td></td><td>23</td><td></td><td>270</td><td>2</td><td></td><td></td><td></td><td></td><td></td><td></td></tr>
<tr><td>试训部</td><td>4</td><td>2</td><td>2</td><td></td><td></td><td></td><td></td><td></td><td></td><td></td><td></td><td></td></tr>
<tr><td></td><td></td><td></td><td></td><td></td><td></td><td></td><td></td><td></td><td></td><td></td><td></td><td></td></tr>
<tr><td>合计</td><td>55</td><td>2</td><td>87</td><td>2</td><td>1982</td><td>2542</td><td>329</td><td>50</td><td></td><td></td><td></td><td></td></tr>
</table>

(J154-1-15)

11.中国纺织建设公司天津第二纺织厂介绍

民国三十六年九月(1947年9月)

一、沿革：本厂原为裕元纺织股份有限公司，系民国七年间由段祺瑞、倪嗣冲、王祝三所创办，民国八年正式开工，民国十一年又增资1次，此为鼎盛时期。迨后因日货充斥，国货滞销，遂致历年赔累，至二十五年四月终被日本钟渊公大实业株式会社收买,改称"钟渊公大第六工厂",因系负担特殊使命凭借政治背景各种条件均甚优越,而所投资本为6000万日元亦属异常雄厚,该厂内部得以大加扩充,计细纱机锭数104632枚、织布机3003架及日美战争爆发后该厂受命献铁且将织机1部售与他厂,故截至战争结束时止该厂仅余细纱机56952锭、织布机2016架,其能顺利开出者只有细纱机13600锭、织布机504架。而已胜利后该厂先于三十四年九月间由天津市党政接收委员会接收,至三十四年十月下旬交由经济部冀热察绥区特派员办公处接管,直至同年十二月二十五日始移归中纺天津分公司正式接收改为今名,并于三十五年元月三日开始复工。

本厂自接收以后因各部进去停用日久须详加整理始能逐步开动,故先招集保全工人急速擦洗修理稍具程序,即于三十五年一月三日正式开工,嗣后锭数渐次增加,本厂二厂精纺机原系100台内有OKK日本机444锭50台、Saco美国机改造400锭50台,惟在敌伪时代日本将Saco400锭美国改造机献铁20台,该厂为增开锭数将一厂楼上所存拆卸之OKK444锭46台内之20台补充从新装置OKK机与Saco机长短不一,以致以来地基不适应用,须在其两端加接地基拆除地板及地下电线装置。自二月十日起至三十五年三月底始经装竣。又一厂楼下精纺22台亦待加开,但此厂机器有七八载之久未曾动用,加以上次大水为患致将地基灌泡倾斜,从此又须顺次大平车详加调理乃未及完毕,复奉总公司来函通知命令各厂限期开足锭数,本厂原存锭数8万余锭内存有移交大兴、广益两厂2万余锭,下剩5.6万余锭,除一厂楼下22台及二厂100台外,尚有一厂楼上20余台及库房存320锭8台未装,值此时期大兴纱厂要求拨还机器,奉公司令逐将该厂一厂头号粗纱机4台、链条机4台共12节,二厂二号粗纱机5台代为拆卸交速重新装置。惟所应移交二厂Saco美国改造机16台所缺零件早经修配完毕开机已有数月,今每台完整交与大兴。又须将一厂楼上存机装移补充修配零件反复重装,除耗费人力、物力不赀外,对于增开纱锭亦颇受影响,否则二厂纱锭当早已开齐。因对该厂按期开足锭数之规定有关,故与大兴纱厂双方商议随拆随装,与一厂楼上之剩存细纱机正在加紧装修,预计至八月底一并装齐开机。

迨至三十五年八月十七日开齐昼夜班纱锭布机后,当以纱布厂供应问题与纱厂前后,纺布厂前后部供求相应调整非易,纱布机虽已开齐运转率稍见低下,迄九月底至三十五年年终,经几许调整供应幸得圆滑,运转率已增至95%以上,而夜班运转率为几为100%,同时纱布机速度逐渐增高,产量亦随之月有增加。自三十五年七月份生产12磅,细布7.4万余匹。迄至三十五年十二月份增达9.4万余匹矣。其他条粗亨司与细纱每锭扯数均随之增高,同时敌伪拟拨归广益纱厂存于该厂仓库内尚有9000余锭产权未经确定,暂可视同国有,查其零件残缺不多,因本厂前纺各机动力固有富裕,在全国增产口号之下不忍坐视其弃置不用,故于三十五年下半年亦搬出修装,早已陆续开齐,至保全工作推进尤为注重,除大平车工作依照规定加紧进行外,钢丝机整理更感棘手,因第一工厂原有钢丝车104台,内有盖板钢丝车70台,□拉钢丝车34台,在敌营时期因原棉缺乏,改纺废棉及麻纤维关系,以致盖板针布已全部脱锈,锡林道夫及刺毛滚亦有半数以上,脱针锈坏及磨损零件残缺更甚,因配合纱锭积极增开,故查夜赶制修配及改装皆如期完成。第二工厂152台亦多磨针不良脱针损坏俱已修配竣事,至三十六年度工作方针注重于增加生产,训练生手实行标准工作法,特别注重机械保全监督缩短平车、指车周期,藉以延长机械寿命,完成工业建国之目的。

二、组织:工务部计分纱厂、布厂、机动部、试训部,事务部分计分总务科、人事科、会计科。

三、职工人数:

(一)职员

1.厂长　1人。

2.工务　工程师4人、技师9人、技术员20人、助理员19人，共计52人。

3.业务　总务科20人、人事科6人、会计科5人，共计31人。

(二)工人(三十六年八月三十日到工人数)

1.直接工　纱厂2013人、布厂2078人、机动部294人，共计4385人。

2.间接工　杂工243人、警卫48人、其他90人，共计381人。

四、重要职员：

厂　长　彭雪舟

纱厂工程师　张汉卿

布厂工程师　马师尚　于德崇

机动工程师　张进德

总务科主任　靳炎彬

人事科主任　王林宗

会计科主任　沈同郅

五、设备：

(一)房地

1.地基　505.24亩。

2.房屋

(1)工厂房20所，占地126.97亩。

(2)仓库房13所，占地131.58亩。

(3)事务所2所，占地6.86亩。

(4)宿舍120所，占地23.37亩。

3.机械设备

本厂纺部、织布各有工厂2座，计纺厂为第一纺厂、第二纺厂，织厂为第二织厂、第三织厂，兹将机械配备分别如下：

纺厂机械

机械名称	每台锭数	数量	合计锭数	装置地点
清棉机		4列		第二纺厂
精弹机		9台		第二纺厂
梳棉机		152台		第二纺厂
并条机	3头×4尾	2台		第二纺厂
并条机	3头×4尾	12台		第二纺厂
并条机	3头×6尾	12台		第二纺厂
头道粗纱机	76锭	10台	760锭	第二纺厂
头道粗纱机	80锭	6台	480锭	第二纺厂
二道粗纱机	116锭	14台	1624锭	第二纺厂
二道粗纱机	120锭	16台	1920锭	第二纺厂
细纱机	444锭	100台	44400锭	第二纺厂
清棉机		4列		第一纺厂
精弹机		6台		第一纺厂
梳棉机		104台		第一纺厂楼下
并条机	3头×8尾	11台		第一纺厂楼下

续表

机械名称	每台锭数	数量	合计锭数	装置地点
头道粗纱机	76锭5台 80锭6台	11台	380锭 480锭	第一纺厂楼下
二道粗纱机	116锭	16台	1856锭	第一纺厂楼下
三道粗纱机	160锭	3台	480锭	第一纺厂楼下
细纱机	444锭	18台	7992锭	第一纺厂楼上
细纱机	320锭	27台	8640锭	第一纺厂楼上
筒子机	140轮	16台		第一纺厂楼上
合股机	384锭	7台	2688锭	第一纺厂楼上
摇纱机		110台		第一纺厂楼上
小包机		4台		第一纺厂楼上
大包机		1台		第一纺厂楼下
浸纱机		1台		第一纺厂楼上

织厂机械(包括广益纱厂细纱机在内)

部门	机械名称	台数
准备间	打轴机	40
准备间	整经机	16
准备间	浆纱机	8
准备间	穿丝机	9
准备间	递纱穿丝机	10
准备间	捻头机	22
准备间	刷钢扣机	1
整理间	验布机	14
整理间	刮布机	8
整理间	叠布机	9
整理间	打印机	2
整理间	打包机	1
整理间	缝纫机	213
第二织厂	刀织机	924
第二织厂	刀织机	86
第三织厂	刀织机	1006

动力机械

机械名称	台数(台)
锅炉(竖水管式)	2
锅炉(横水管式)	2
小锅炉(烟管式)	2
透平发电机	4(800KW2台、1250KW1台、2500KW1台)

中国纺织建设公司天津第二纺织厂运转锭数及产量统计表

民国三十五年一月起至三十六年八月(1946年1月至1947年8月)

年 月	1个月总锭数	平均支数	产纱总件数	每锭扯数(磅)	每件扯棉量(磅)	工作日数	工作时间(小时)	备考
1935年1月	211000	22.0	190.60	0.345	495.0	25单班	9.5	
1935年2月	319967	18.3	353.37	0.442	493.9	19单班	9.5	
1935年3月	534694	17.9	612.90	0.459	497.1	24单班	9.5	
1935年4月	901850	21.5	902.60	0.400	476.3	26单班	9.5	
1935年5月	1125060	21.9	1153.73	0.410	448.7	26单班	9.5	由17日起10小时 由27日起改双班
1935年6月	801500	22.8	1610.53	0.804	442.5	25双班	10	
1935年7月	1087411	22.8	2065.36	0.760	439.3	27双班	10	
1935年8月	1108950	22.9	2223.45	0.802	435.3	26双班	10	
1935年9月	1154375	23.1	2261.29	0.784	442.4	25双班	10	
1935年10月	1317600	22.8	2663.00	0.808	434.9	26双班	10	
1935年11月	1360615	22.2	3065.70	0.901	435.7	25双班	10	
1935年12月	1361100	22.0	3425.17	1.007	435.3	25双班	10	
1936年1月	1304462	22.3	2977.88	1.011	437.3	23双班	10	
1936年2月	1412226	22.5	3154.05	1.009	435.2	24双班	10	
1936年3月	1419080	22.4	3101.65	1.020	437.2	24双班	10	
1936年4月	1606934	22.4	3581.16	1.005	438.1	26双班	10	
1936年5月	1662040	22.4	3786.50	1.009	437.6	26双班	10	
1936年6月	1494624	22.7	3451.91	0.998	439.8	24双班	10	
1936年7月	1642636	22.6	3535.74	0.950	442.7	27双班	10	
1936年8月	1575350	23.9	3300.16	0.885	442.0	25双班	10	

中国纺织建设公司天津第二纺织厂逐月产布统计表

民国三十五年一月起三十六年八月(1946年1月至1947年8月)

月份	布厂设备台数	布别	精密	纬密	每日平均实开台数	每日平均实出锭数	每日平均扯码数	实出匹数	共出匹数	工作日数(1个月)	工作时间(小时)	备考
1935年1月	2013	蓝五福12磅细布	66	63	359	252	28.24	6050.4	6050.4	24天	95	
1935年2月	2013	蓝五福12磅细布	66	63	579	439	30.46	8336	8336	19天	95	
1935年3月	2013	蓝五福12磅细布	66	63	921	892	38.91	21412	21412	24天	95	
1935年4月	2013	蓝五福12磅细布 红五福12磅细布	66	63 60	879 375	965 346	44.48 32.37	25091 8988	34079	26天	95	
1935年5月	2013	红五福12磅细布 蓝五福12磅细布	62.1 66	60 63	407 910	396 1105	39.41 49.18	10284 28741	39025	26天	由17日起改每班10小时	由27日起增开夜班
1935年6月	2013	蓝五福12磅细布 红五福12磅细布	66 62.1	63 60	1037 148	1994 284	86.53 77.72	49861 7093	56954	25天	每天双班20小时	
1935年7月	2013	蓝五福12磅细布	66	63	1743	2805	78.73	75749	75749	27天	20	
1935年8月	2013	蓝五福12磅细布	66	63	1834	3063	75.16	79645	79645	26天	20	
1935年9月	2013	蓝五福12磅细布	66	63	1909	3256	76.72	81589.1	81589.1	25天	20	
1935年10月	2013	蓝五福12磅细布 红五福12磅细布	66 62.5	63 60	1397 454	2508 765	80.79 67.40	65196 19941	85137	26天	20	
1935年11月	2013	红五福12磅细布 蓝五福12磅细布	62.5 66	60 63	1035 977	2014 1664	87.57 76.64	50361 41590.4	91951.4	25天	20	
1935年12月	2013	蓝五福12磅细布 红五福12磅细布	66 62.5	63 60	786 1203	1405 2418	80.44 90.45	35119 60449	95568	25天	20	
1936年1月	2013	红五福12磅细布 蓝五福12磅细布	62 66	60 63	1433 556	2949 1046	92.60 84.66	67824 24047	91871	23天	20	
1936年2月	2013	蓝五福12磅细布 红五福12磅细布	66 62.5	63 60	488 1473	867 2985	79.95 91.19	20818 71640	92458	24天	20	
1936年3月	2013	粉五福12磅细布 蓝五福12磅细布	63.2 66	60 63	1543 438	3187 815	92.95 83.73	76480 19559	96039	24天	20	
1936年4月	2013	蓝五福12磅细布 粉五福12磅细布	66 62.89	63 60	80 1931	176 3934	88.00 81.49	4580 102284	106864	26天	20	
1936年5月	2013	粉五福12磅细布	62.89	60	2010	4140	82.39	107631	107631	26天	20	
1936年6月	2013	粉五福12磅细布	62.89	60	2010	4451	88.58	106821	106821	24天	20	
1936年7月	2013	粉五福12磅细布	62.89	60	1945	4039	83.06	109055	109055	27天	20	
1936年8月	2013	10磅特细布　粉 五福12磅细布	75 62.89	70 60	442 1532	766 3115	69.32 81.33	19160 77881	97041	25天	20	

经济部纺织事业管理委员会工厂调查表

民国三十五年五月五日(1946年5月5日)

工厂名称	中国纺织建设公司天津分公司天津第二厂	主持人	厂长姓名	彭雪舟	籍贯 湖南攸县	简单履历　日本东京工科大学纺织科毕业，恒丰纱厂、申新八厂、鸿章纱厂工程师，申新二厂总工程师，大通纱厂、大丰纱厂厂长
厂　　址	天津市第六区台儿庄路24号					
办事处或营业处地址	天津市第一区赤峰道中行大楼内 中国纺织建设公司天津分公司					
创办日期	民国三十四年十二月二十五日		总经理姓名		简单简历	
开工日期	民国三十五年一月三日		总工程师姓名		简单简历	
填表日期	民国三十五年五月五日					

资本及员工	资本总额国币		圆				流动资金				圆	
	职员		技师		管理或工头				工人			
	人数	每月薪资总数	人数	每月薪资总数	人数			每月薪资(三月份)	人数			每月薪资
					男	女	共计		男	女	童	共计
	34	暂借 510万元	7(工程师在内)	暂借 105万元	92	18	110	最高76664 最低31325	1388	590		1978

工人每月薪资：最高67786，最低25865

主要产品	名　称	品级或性质	单位名	单位长度或重量	折合市尺折合市斤	出厂单位价格	每天最大产量	平均每月产量	用途	主要销地
	五福市布		匹	40码12磅	104市尺		1200匹	3万匹		
	斜纹		匹	40码12磅	104市尺		290匹	7500匹		
	(纱机每天开足4.3万锭每锭平均产额20s–0.48，23s–0.40，16s–0.55，12s–0.80工作9.5小时)									
	(布机每天开足1500台每台每日平均产额12P细布42码)									

原料及材料	名　称	品质	单位名	单位长度或重量	折合市尺折合市斤	购进单位价格	每天需用量	来源地	运输方法	代替品
	美棉		担	100市斤		11万元	40担			
	细绒二等		担	100市斤		9.5万元	50担			
	细绒三等		担	100市斤		9.3万元	80担			
	细绒四五等		担	100市斤		9万元	20担			
	次白		担	100市斤		6.5万元	10担			

厂房	第一工厂		第二工厂		其　他
	厂地面积	261998726方公尺	厂地面积	方公尺	(所列厂地面积指全部面积而言)
	建筑物连楼面总面积	8600146方公尺	建筑物连楼面总面积	方公尺	(所列建筑物连楼面总面积系指全部建筑物面积而言)
	共　间　价值$		共　间　价值$		

(J154–1–15)

中国纺织建设公司天津市第三厂

1.中国纺织建设公司天津分公司关于前裕大纱厂接收处理情况致第三厂函

民国三十五年六月三日(1946年6月3日)

通庶字第226号

案查本公司前函河北平津区敌伪产业处理局请将裕大纱厂拨交接办一案，兹准处理局本年五月三十一日平一字第7637号函复内开:"案准贵公司中庶字第300号函以津市裕大纱厂如将来处理时,请先拨让接办等由,查裕大纱厂前经日军部指令三井洋行改建大陆酒精厂,已完全无纺织之设备,应委托经济部保管运用。准函前由,相应函复。即希查照为荷"等由。准此。用特函达,即希查照。如另有理由可以追加,再行洽办为荷。

此致第三厂

裕大机械设备虽已拆毁,但一切建筑及附属设备现时仍在使用之中,若不拨归三厂则必发生许多营建置障碍,仍函请再行交涉。

经　理　杨亦周

副经理　王瑞基

(J157-1-105-10)

2.中国纺织建设公司天津第三厂为拨交前裕大纱厂设备厂房等事致天津分公司函

民国三十五年六月六日(1946年6月6日)

径启者:接准通庶第226号公函略开,"准处理局函复以裕大纱厂改建大陆酒精厂,无纺织之设备,应委托经济部保管运用。即希查照。如另有理由,可以追加再行洽办"等因。准此。查裕大纱厂与天津纺绩公司合并多年,举凡一切设备向不划分,倘将来处理时如不拨让接办,则敝厂立将陷于停顿。谨胪列事实如下:

一、裕大库房9/10均归敝厂使用,若拨归他家,则库房问题极难解决。

二、裕大修理厂全部机械现全归敝厂使用中,若拨归他家,定即影响开工。

三、公事房、厨房、饭厅、水塔、水池、打水装置及警察、杂役住房、工人宿舍之大部分均归敝厂使用,若拨归他家,则立刻不能开工,其他不能分裂之种种情节尚不待言。谨请根据敝厂事实上之需要与便利,再向处理局妥洽,务达拨让接办目的。无任盼切。

此致中国纺织公司天津分公司

(J157-1-105-12)

3.中国纺织建设公司天津第三纺织厂现况

民国三十五年七月十八日(1946年7月18日)

本厂设施计有:纱锭48820枚,线锭4920枚,布机1008台,杂纤维机1组,染色加工机1组,锅炉4座,发电机(1000KW1部、3000KW1部)2部。

本厂乃系将两旧厂机械拼凑而成,布机、染机亦系购自某厂旧机,尤其布机支离破碎、缺少零件甚多。日人经营时期,因在战事时期,诸多统制,开机不多。一切均无长久计划,故纱布厂一部分机械至今尚未装齐。纱锭虽有4.8万余枚，机车则有5种之多，制造年有一九二一年之美纱克洛尔机，亦有一九三七年之丰田机，前纺则单程一、二、三纺各机皆备（虽三纺早已不用）。彼时因原料缺乏，曾将前纺一部机械拆除，改装纺杂纤维机，布机只装妥750台。曾运转过者不过400台。锅炉因使用年久，效率逐渐减低。发电机发电不能超过3000启罗瓦特。至染厂机械从购来即弃置未装，现已装起一部分。拟于最近期内开工。接收后，因环境恶劣，不过只能作初步之整理，尚须迁就事实。兹奉公司令，各机须于3个月内开齐，第一步即感前纺机不足，不得不将纺杂纤维机拆除，换装前纺各机。在日人经营时，纱厂除供布厂外，打筒子纱供军用，故摇纱机只24台。今如供布机千台，外尚有3万锭左右须付摇纱，拟多装摇纱机，而地基又被废棉仓库占用。此项废棉须听候处理局处理，曾一再催促出卖或搬移，该局一再拖延，欲自行搬移，因数量太多又苦无地方可存，不得已只得暂将捻线机拆除换装摇纱机。在此一拆一装，当需一相当时间，现已在加紧工作中，布机亦在赶装中。又工潮迭起，工人之招募、训练、管理诸多掣肘，影响到开机效率不小。至各机彻底整理改善及工作之合于合理化，须待纱布机开齐再循序进行。

(J157-1-105-5)

4.中国纺织建设公司天津分公司为接收裕大合记纺绩公司机械事致第三厂函

民国三十五年七月二十日(1946年7月20日)

通庶字第331号

径启者：案准经济部驻津办事分处津纺字第3769号代电内开：“中国纺织建设公司天津分公司公鉴，案查本处接收裕大、合记、纺绩股份有限公司移交书内载有机械若干件，由天津纺绩股份有限公司保管。查该天津纺绩股份有限公司已归贵公司接管，相应抄附清单电请查照。即希转饬该厂迅予查核见复为荷。冀特津纺铣印附件”等因。准此。相应照抄原附件，函请查照，迅予查明见复，以便核转为荷。

此致第三厂

附抄件1份

经　理　杨亦周

副经理　王瑞基

(J157-1-105-11)

5.中国纺织建设公司天津第三厂概况

民国三十五年十二月(1946年12月)

一、沿革：本厂在日人经营时名天津纺绩公司简称天纺。所谓天纺系指日人收买之宝成纱厂及受委托经营之裕大纱厂合并而言。日本投降后，本厂所接收者仅宝成部分，而裕大部分因机器早经日人拆除献铁，已无纺织设备，且厂屋大部分曾租与大陆酒精工厂，而该工厂系由经济部化工组接收。因造酒设备既未完成，酒精生产又非必要，迄今仍在厂置中。惟本厂与裕大有悠久之□□合作关系，故一部分仓库、工房及打水设备等仍为本厂借用。本厂为当前需要及将来发展计，必须将裕大全部接收方克有济。现已与有关方面竭力进行中。

二、地基：本厂位于海河沿岸之郑家庄，占地面积计200.2353亩，另宿舍占地26.3084亩。

三、建筑

(一)纱厂及原动部系洋灰、铁筋平顶二层楼共732间，系民国十一年建筑。式样及光线自不及现代化之壮观合理。

(二)布厂系砖瓦造锯齿式平房共216间,为民国二十六年建筑。

四、设备

(一)原动部:水管式锅炉5具,发电机2座,可发电量4400KW,除供本厂全部动力外,业经接济冀北电力公司若干。此外,修理厂备有工作机15台,专为修理本厂一切机件之用。

(二)纱厂:纱锭48820枚,线锭4920枚。

(三)布厂:布机1000台。

(四)染厂:染槽12个及附属设备俱全。

五、职工人数

本厂现有职员64员,工人男1500名、女1100名。

六、工作状况

每月工作26天,每天分昼夜夜班,各工作10小时。所有工人因工作时间较日人经营时为短,而待遇则远较彼时为优。生活既□安定,精神自是集中,故全部工人几无不欣欣然从事工作。□□近来纱布产量及品质之日渐增进益倍,工作情绪及出品成绩实与工人生活及管理至有关系也。

七、原料来源及用量

华布来路不畅,大部分多用美棉,每日约用300余担。

八、出品数量及商标

本厂初接收时,日产棉布不足百匹。迄后逐渐补充,产量递增。截止现在,已日产12磅细布1700匹,32支棉纱25包。染厂每日可染色布或漂白布1000匹。现只制设一小部份。本厂棉布商标为百福牌,棉纱商标为八马牌,染布商标为三皇牌。除染布商标为新创外,至八马牌棉纱,百福牌棉布,因销行日久,近日畅销,足征社会人士已有相当认识。

九、福利设施

福利设施列下:

(一)工房:现有第一至第四工房4处共1328间,现住工房者,占全工人数8/10,不收房费并供给灯、水。

(二)教育

1.员工子弟小学:现有6班学生310人,不收学费并供给书籍。

2.劳工补习班:在工余时间教育失学工人,现有3班计120余人。

(三)员工消费合作社:采购生活上必需品物,廉价出售。

(四)理发馆:工人理发概不收费,理发工人由厂发给工资。

(五)浴室:分男、女两部,定时入浴。工人患皮肤病者,另订沐浴时间,概不收费。

(六)水铺:工人以廉价购买沸水,每月由厂酌助煤斤。

(七)代办所:由厂供给灯、水及电力,专代工人磨制玉米粉。

(八)医务室:工人及其家属诊疗疾病不收费用,现有医师1人,助理医师1人,护士2人,每日就医者约百人以上。防疫及其他预约注射均及时举办,以谋公众安全。

(九)托儿所:现有助产士1人,护士2人,女仆2人,分昼夜班管理。

(十)俱乐部

1.国剧社:请有教师指导,除清唱外,并可彩排。

2.话剧:除编演话剧外,尚有杂耍、相声、双簧等项。

3.国术:请有教师指导。

4.篮球社:除本厂已组成之篮球队外,并以选手参加中纺联合球队。

5.弈棋:备棋类多种。

6.掼跤。

7.图书馆及播音教育在计划筹办中,足球队亦将于最近期间组成。

(J157-1-105-1)

6.中国纺织建设公司天津第三厂现况

民国三十六年(1947年)

一、沿革

(一)简历

中国纺织建设公司天津第三厂之前身系国人经营之宝成纱厂。第三厂创始于民国九年,至民国十一年三月开工后,适逢棉纱业不景气,未能获利,遂委托美商慎昌洋行代为经理,亦不过勉强支持,未著成效。延至民国二十四年七月十七日,终以无法维持,卒售与日人,改名为天津纺绩公司。嗣后陆续扩充,复于民国二十六年增设纱布机,但未装齐即遭统制。至民国三十四年八月,日人投降后,于十月二十二日,由天津党政接收委员会接收,复于同年十一月十六日由经济部特派员办事处纺织组接收,更于同年十二月二十五日由我中纺公司接收而改今名。

(二)与裕大纱厂之关系

裕大纱厂与宝成纱厂为邻,原为国人所经营,因债务关系而委托日商大福公司代为经营,历时约十余年。迨大福公司收买宝成纱厂,改名为天津纺绩公司后,而裕大纱厂又转委托天津纺绩公司代为经理。惟两厂只隔一墙,为使便于管理计,遂将隔墙拆除,而形成一厂之局面矣。倘非深明底蕴,详知其历史者,几不知其为两厂合并者也。延至民国三十四年春,日人因缺乏汽油急于增产火酒,遂将裕大纺机全部拆毁,而改建酒精工厂。但是未及完成,日军即告投降,因该厂已无纺机设备,我公司并未接收。至今仍由敌伪产业处理局保管中。惟其大部分仓库、办公室、工人宿舍、修理厂及修理工具则由我三厂借用中。

二、组织

总公司
|
分公司
|
厂长

- 人事课主任—办事员
- 会计课主任—办事员
- 总务课主任—办事员
- 原动部工程师—技术员
- 染厂—技师—技术员
- 布厂工程师
  - 保全技师—技术员
  - 运转技师—技术员
- 纱厂工程师
  - 保全技师—技术员
  - 运转技师—技术员

三、职工人数

(一)职员67人

(二)工人2962人

四、重要职员

厂长:张泽生五十岁,河北满城,保定工业学校纺织科毕业,曾充裕元纱厂工务主任、达生纱厂厂长;

工程师:陶迺荫四十六岁,天津市田氏中学毕业,曾任裕元及达生纱厂技师;

工程师:韩铁珊四十六岁,河北束鹿,保定工业学校毕业。曾任恒源纱厂、大兴纱厂、布厂主任;

工程师:马国桢三十六岁,河北博野,河北工业学院电机工程学系毕业,大同矿局技师、阳泉矿务局电厂厂长;

技 师:黄绍香四十六岁,河北徐水,河北省立六中毕业,棉业学校毕业,曾任青岛及卫辉华新纱厂技师;

技 师:李召荫四十七岁,河北定县,天津棉业学校毕业,曾任华新纱厂技师、中棉公司主任;

技 师:牛宗熙四十一岁,河北高阳,天津棉业专门学校纺织科毕业,河南卫辉华新纱厂技术员;

技 师:黄宝珊三十二岁,河北新城,保定高职毕业,恒源纱厂技师;

技 师:孟广达四十六岁,河北吴桥,南通学院纺织科毕业,曾任恒源布厂技师5年,唐山华新布厂技师9年;

技 师:王德权二十八岁,江苏海门,诚孚纺织专科学校毕业,恒源纱厂工务员;

技　师：邵继宗三十岁，河北清苑，保定高职毕业，天津达兴染厂技师；

主　任：黄哲生四十三岁，天津市，天津新学书院毕业，曾任天津裕元纺织公司会计科长兼营业科长、河北省银行总行总务科长；

主　任：陈广声五十七岁，河北安新，崇朴高商毕业，中国银行职员，新绛雍裕纺织公司总会计；

主　任：王崇礼五十岁，河北束鹿，河北省立第一师范毕业，北大国文系修业期满，曾任北平孔德学校主任。

五、设备

（一）厂基：厂地200.0948亩，宿舍27.4974亩。

（二）建筑：洋灰二层楼739间，锯齿式平砖房216间，工人宿舍砖瓦房1328间。

（三）机械：纱锭49204枚，线锭4920枚，织机1000台；漂染：精练釜1台（1吨），丝光机1台，拉幅机2台，干燥机3台，染槽7对。

六、生产能力

每日产纱18000磅，细布1000匹，漂染300匹。

天津中纺第三厂在日人经营时名天津纺绩公司，简称"天纺"。而多年来一般社会人士所公认之天纺系指日人收买之宝成纱厂及受委托经营之裕大纱厂合并而言。但分析其内容则性质略有不同，兹分述之。

一、宝成纱厂系于民国二十四年由日人集资收买，其全部财产应由我公司接收，自无疑义。

二、裕大纱厂最初亦系完全由华人集资经营，惟因债务关系于民国十三年委托日商大福公司经营。其后大福公司因增添一部分机器，又将华人股票收买一部分而造成彼此各有半数资本之情形。迨二十四年收买宝成后，因系比邻，遂将隔墙打通而形成一厂之局势。

三、两厂共有纱锭10万枚，布机千台，定名裕大部分为第一厂，宝成部分为第二厂，此以往之变迁经过情形也。民国三十年后，因原料缺乏，只开二厂一小部分，一厂遂全部停顿。至民国三十四年，日军因军用燃料缺乏，急于增产酒精，遂强令天纺将裕大纺机5万余锭完全拆除，租用该厂房改设大陆酒精工厂（产权仍属于原主），惟工程仅完成4/10，日寇遂宣告投降。是时，纺机虽全部拆毁，而造酒设备并未完成。当经济部特派员接收时，系只接收宝成部分，而裕大部分因系造酒工厂，遂由经济部化工组接收。后经济部负责人表示，此项造酒工厂工程既未完成，酒精生产又非必要，拟将所存原料移至他厂使用。设备拆除拍卖时，我厂因鉴于办公房屋及仓库之需要（现时大部分即为我厂占用）遂函请经济部特派员天津办事处，将裕大原有之一切地皮、建筑物及修理机械等移交我公司，以便利用而免损坏。而该办事处复函则谓，裕大既无纺织设备，似应仍归经济部保留云云。惟查裕大建筑物及修理厂机械大部分早归我厂借用。倘一旦停止借用，则我厂必发生极大困难，甚至不能照常开工。而裕大部分因北邻军仓库，周围挖河，交通断绝，若不从我厂大门出入，必致无路可通。其不能独立设厂，理至明显，故最好仍由我公司接收利用，可谓一举两得。至于华人一部分资本，其属于逆产者，应由国家接收。其非逆产部分，再行设法清算，亦无不可也。因我厂急于需用该建筑物及一切设备关系，谨陈明事实，请再向经济部特派员办公处交涉，仍移交我厂等情由是否有当。恳乞杨经理、王副经理转呈束总经理钧裁。

（J157-1-105-2）

7.中国纺织建设公司第三厂工务概况

民国三十六年(1947年)

一、机动部

(一)原动厂

发电设备有日本芝浦3000KW抽气式透平发电机1部,瑞典Stal厂1400KW透平发电机1部。锅炉设备有B4W8吨水管锅炉5具(内五号炉系自裕大纱厂移来)。此外为供厂内暖气及浸染厂蒸汽,特价购兰克夏锅炉2具,于去年十月底装妥即正式应用。为补充暖房供气,今秋将库存5尺5节单心锅炉1具装于兰克夏锅炉房内。除五号炉经大检修,始克应用外,其余各炉已均轮替修整。平时发电在2000KW以内,只烧3个炉.供给第五厂电量约在200KW左右。遇冀北电力停电日期,为供给第五厂用电,则发电量酌增,须烧4个炉,维持经年,尚无大碍。于锅炉出灰处增添水池及烟道,修整大节煤气燃烧率上已有显著进步。配电方面除锐意加勤检修及保全,力求减少电力消耗外,增辟专线供给厂址附近住户用电,由电力公司转账收费,藉以杜绝窃电情事。实行以来,尚有成效。

(二)修机厂

修机设备有工作机11台,锻炉2台,木工、钳工台案数座。此外,焊接、白铁、泥瓦等工作亦均有设置,最近更拟增设车床3具及小型翻沙设备。

(三)喷雾及冷风厂

喷雾设备在粗纱、细纱及织布各部原有50马力喷雾机1台,后因细纱织布扩充喷雾不足,复各增装20马力喷雾机1台。冷风方面原只布厂设有喷水式冷气设备2座,今夏增装2座,分别补充纱布厂冷风之不足。

二、纱厂

(一)前纺:在接收前,日人因环境关系,将前纺机械拆解一部分,改装纺制杂纤维机械。接收后,将此项机械拆除。

1.增装者计有:清棉机1组,细打棉机1台,梳棉机31台,始纺机2台,二纺机10台(原装三纺机8台拆除)。

2.现时前纺设备计有:清棉机5组,细打棉机8台,梳棉机192台,并条机16台计384眼,始纺机14台计1120锭,二纺机28台计3312锭,单程粗纺机6台计628锭。

如全纺20支纱仍嫌供给不足,故须长期以半数纱锭纺20以上之支数纱。

(二)后纺:细纱机共48820锭,计丰田厂造荣光式大牵伸95台,计39438锭;丰田厂造OMA式大牵伸16台,计4608锭;美国沙古洛尔厂造,经日人改装日东式大牵伸16台,计4864锭。各机制造年限不同,机身长短不一,排列既不整齐,派工亦感困难,故将沙古洛尔机每台304锭接长为每台400锭。现已改竣10台,预计本年终可以完工,共增锭1536枚,共有纱锭将为50356枚。

1.增装者计有:筒纱机3台,并筒机5台,摇纱机82台(原只有24台)。

2.现时后纺设备共有:筒纱机12台计1608筒,并筒机5台,计700筒,捻线机18台计4920锭。

(三)现有工人1397名,计男工596名,女工801名。

(四)每日工作20小时,产纱94件,计10支8件,20支6件,22支48件,32支32件。

三、布厂

(一)准备

1.筒子机原有7台，共924筒，供给千台布机实觉勉强，故由纱厂移来1台，现共为8台，计1056筒。

2.经纱机原有远州式5台，另有丰田式、金丸式各1台，与远州机滚筒直径及筒长不同，故使用颇不方便，现均照远州尺寸改造，使用极便。

3.浆经机共5台，原装3台，现已装齐。

（二）织机原为1008台，惟有一部分未装，经安装后，内有15台破坏不堪，不能安装，故仅余993台，后又添造7台，现共为1000台。

（三）现有工人1056名。

（四）日夜班共产12磅细布2100匹。

四、染厂

民国三十三年天津纺绩会社因需要关系，乃收买3个小染厂之旧机，惟并未安装即行投降。本厂接收后，遂积极安装、整理，添修残缺，现已装竣染槽12台，干燥机5台，拉幅机、压光机各2台及由七厂借来之1吨精炼釜1台，退浆、漂白、酸洗、平幅、洗布等设备1组及洗布、开布、轧水、丝光、折布等机各1台，每日（单班）可漂染细布300匹，惟因原有染槽供应不足，致产量无法增多，现已由第一机器厂新造染槽24台及又由7厂洽借1.5吨精炼釜1台，正积极安装染槽，俟该精炼釜借妥装竣后，则每日有漂染800匹之生产量供应市销矣。

（J157-1-105-7）

8.宝成纱厂节略

民国三十六年（1947年）

查宝成纱厂第三厂创始于民国九年至民国十一年开工，共有纱锭2.7万枚。适逢棉纱业不振，未能获利。又因慎昌洋行及通用公司之机械价款并未付清。遂于民国十四年由慎昌洋行经理，然亦未著成效。延至民国二十年，旧宝成联合上海、中国、浙江兴业等银行收回自办，亦不过勉强支持，终于民国二十四年全部停工，进行出售。斯时接洽购买者，据闻有诚孚公司、中国银行及日商大福公司等处。卒于民国二十五年仅以极少之差数而售予日人。当时正值国人反日情绪激昂之际，以致议论纷纭，多谓别有作用，实际如何则不得而知也。自日人收买后改名天津纺绩公司，即大事扩充，计先后增购土地约百亩左右，建筑仓库280余间，添建工房950余间，增加纱锭至48820枚，添建布厂，购置织机1000台，其原有机械或废弃或改造，现在可视为宝成者，只清花细打机6台，□丝76台，棉条2台，粗纱28台，细纱机16台，计480余锭，且已改为日东式大牵伸，锭子、罗拉、钢铃等主要零件均已换新。原动区剩锅炉4座，建筑则仅有纱厂厂房及工人宿舍200余间而已。

以上系设备之改变及卖与日人经过之大概情形也，按现有设备而言，超出宝成原有者甚多，不能复视为宝成矣，且闻日人购买时亦无强迫情形。

（J157-1-105-8）

中国纺织建设公司天津市第五厂

1.双喜纺织株式会社工场调查报告书

民国三十四年十一月二十五日(1945年11月25日)

工场:天津第五区郑家庄

营业所:天津第一区曙双喜纺织株式会社

常务取缔役　工场长:丹羽正近

常务取缔役　经　理:中村良七郎

一、资本系统:

敷岛纺织株式会社出资(所有股票百分之百)

二、工厂沿革:

旧福岛纺织株式会社(现称敷岛纺织株式会社)于中华民国十一年五月经买取天津县郑家庄白河左岸一带区域,其后数十寒暑之间时运低逆,并无可见建设工作。民国二十五年十月,决定在素称棉花产地之中国建立纺织厂,经创立资本500万元之双喜纺织株式会社,即当初以纺机5万钟及织机1000台之合计,订为第一次计划,次第进行建设中。忽遭到"七七事变",纺织诸役局势俄然变化,终于将第一次计划缩减为纺机3万钟及织机700台,至民国二十八年六月始见完成。

同二十八年八月,天津地方一带均罹空前之水灾,本厂亦蒙重大之损害,经全体华日从业员舍身努力,速谋恢复,于同年十月乃得复业。

尔后,华北逐渐繁荣,本厂亦得发绩,顺利经营,其时乃重由日本运来拈线机10台及合线机4台。然而,三十三年六月,由战局慌忙变动,乃将纺机9400钟作为"献铁"。于本年五月鉴于华北情势,更有日本运来特殊织机46台,正当安装,时至八月十五日,战争告结束,本厂工作亦一时终止。

终战后,遵照中国当局的命令,续行开工,终至于十月九日所谓"三一部队"侵入厂中,乃一时不得不停止工作。其后,十月二十五日,有军政部之接收,十一月初旬,国军监护人来往工厂一带治安,现全恢复,于十一月十八日正式开工,以至今日。

双喜纺织株式会社

(J148-1-3-1)

2.双喜纺织株式会社棉制品制造程序

民国三十四年十一月二十五日(1945年11月25日)

棉制品制造程序(日文)

一、纺绩

(一)棉花开捆

(二)开绵机　棉花ヲ□ゲム

(三)打绵机　莛状ェ绵ヲ揃ヘル

(四)梳绵机　纤维ヲ平行ェ揃 ヘナガヲ杂物ヲ取リ棒状ェス ル

(五)练涤机　尚纤维ヲ平行ェシナガヲ杂物ヲ取ル

(六)粗纺机　棒状棉ヲ引绅シナガヲ系状ェスル

(七)精纺机　完全ナル系トシ适当ノ捻ヲ方ク

(八)合系机　捻系ェスベク系ヲ引揃ヘル

(九)捻系机　捻ヲカケ捻系トス

(十)卷返机　制品积出ヲ便 ナ ヲシムベク同筒形トス

(十一)纫机　制品积出ヲ便 ナ ヲシムベク轮状トス

(十二)丸缔机　轮状ェナリタル纫ヲークフリトス

(十三)荷造机　捆包ス

二、织布

(一) 卷返机　经系准备

(二) 整经机　系ヲ引揃ヘル

(三) 糊付机　强力ヲ持タスタナェ糊付ス

(四) 引通机　织机仕挂准备

(五) 织机　制布

(六) 检查机　出来上リタル棉布ノ检查

(七) 除尘机　系屑其ノ他杂物ヲ出去ス

(八) 艳出机　绵布ェ艳与フ

(九) 折叠机　制品积出シェ便ナヲシム

(十) 印刷机　商标ヲ押ス

(十一) 荷造机　捆包ス

棉制品工作程序图

一、纺绩

棉花解包 → 开棉机 → 打棉机 → 梳棉机 → 练涤机 → 粗纺机 → 精纺机 → 合系机 → 捻系机 → 卷返机 → 纫机 → 丸缔机 → 荷造机

二、织布

卷返机 → 整经机 → 糊付机 → 引通机 → 织机 → 检查机 → 除尘机 → 艳出机 → 打叠机 → 印刷机 → 荷造机

麻制品工作程序图

(包括桑皮、棉茎皮等)

原料选别 → 打织 → 阿尔加里处理 → 水洗 → 酸酵处理 → 水洗叩解 → 干燥 → 切断 → 反毛 → 混棉纺锤

双喜纺织株式会社

(J148-1-3-6)

3.双喜纺织株式会社股东及董事监察人名单

民国三十四年十一月二十五日(1945年11月25日)

股东及董事监察人名册

一、股东　共计100000股(每股50元)

股东姓名	股数
山内　贡	95500股
八代祐太郎	500股
八代武次	500股
丹羽正近	500股
中村良七郎	500股
逸见元吉	500股
八代喜代	500股
八代荣三	300股
北野祐信	200股
木村敏信	200股
室贺国威	100股
加藤秀雄	100股
须须木重太郎	100股
安藤茂男	100股
久保理一	100股
江岛　浩	100股
古市宣三	100股
藤江浩一	100股

二、董事及监察人

取缔役社长　八代祐太郎

常务取缔役　工场长　　丹羽正近

常务取缔役　经　理　　中村良七郎

取缔役　　　逸见元吉

监查役　　　八代荣三

双喜纺织株式会社

(J148–1–3–7)

4.中国纺织建设公司天津分公司为放假加薪事致双喜纱厂函

民国三十四年十一月二十七日(1945年11月27日)

兹奉达下列数事,即希洽办为荷。

一、三十五年元月一、二、三日放假三天,元月一日工资照给。三十四年十二月三十日及三十五年元月六日之例假,均暂停休息;

二、原在厂工资之华籍职员自三十四年十二月十六日起,每月加给津贴联币1.8万元(后方调来人员除外);

三、留厂工作之日籍职员自三十四年十二月十六日期,请参酌裕丰日籍人员待遇情形,依其工作能力酌予提高;

四、自三十五年元旦日起，各厂账目一律按法币计算。

此致双喜纱厂

经　理　杨亦周

副经理　王瑞基

（J148-1-19-1）

5.中国纺织建设公司天津第五厂复查报告书

民国三十六年一月十四日（1947年1月14日）

建字第3号

日　期：民国三十六年一月二日、三日、四日

地　点：郑家庄

厂　长：王达夫

工程师：纺部孔宝华　织布谭锡潘

一、概　言

该厂在天津市之东南角海河之东岸，有公路通达厂前，水路绕过厂后，但水路尚未利用，此刻运输仅用卡车、马车两种，而马车因运输太慢，除小数目货品外，应用甚少。该厂原系日人敷岛会社创设，敷岛系日本纺织事业后起之秀，对于纺织技术及其他部门之研究早为日人所称道。此厂之设计虽为3万锭，织机700台，仔细观察似有扩大之企图，不如天津六厂四面为设备所限制，不易伸展。民国二十六年开工，嗣因业务发展，又增加线锭4000枚。后于民国三十五年献铁拆去纺锭9400枚，又在民国三十四年五月增加帆布□机46台，和平后由军政部接收转交经济部，又由经济部移交本天津分公司，有纺锭20640枚，线锭4000枚，织机700台（外有帆布□机46台存栈）。

该厂地皮有余，再增加5万锭之大工厂也无问题，惟地势稍低，二十八年之大水□□□浸水有6尺余深，厂方建筑颇新，平方□□式，比六厂约高1尺许，各工作之布局甚为合理，原为纺锭3万枚，布机700台之设计，若将现有厂方延长，布置5万锭1000台布机颇为方便，亦为该厂设计上之优点也。

纺纱机排列甚好，机器亦新为1936年制，在日人时期保全周到，清花有3组，尚少一、二和花缸，粗纱用二道，细纱为日东皮□式，布厂排列也善，惟织机颇旧，年代不明。

电力由冀北电力公司供给，每6日停电1天，尚有临时停电之虞。现由三厂另接一线，每日可供300KW，闻如发电充分时，可供500KW。该厂除钢丝机布机系用地轴传动外，其余均系用小马达传动。

锅炉原有两座，因年龄太久效率较低，稍历不敷，现另购到旧货1座正装置中。该厂冷温调剂装置较为完善，由地弄及墙壁分布纱布各车间，此点颇可供技术上之参考。喷雾设备两座，现仅用1座。

新建之房屋，有单身女工宿舍5排，约可容300人，又小学教室两大间，为增添小学生两班之用。

该厂七月八日起开始夜班，十月二十八日纺部开齐，十一月九日布机开齐，现在之出品纱为23支经、21支纬均供布厂用，20支为售纱，布为12磅细布及12磅军布两种。

接收后到八月二日与现在开工情形比较如下：

纺锭	13760锭	14160锭	37920锭	20640锭
织机	464台	438台	902台	700台
线锭	0锭	0锭	0锭	0锭
工人	923名	361名	1284名	1608名
职员			49名	52名

兹将纱布出产比较如下(根据抽查每月月底10天、工作20小时之实际扯数):

支别 / 每锭扯 / 月份	20S (磅)	23BT (磅)	23SW (磅)	12P细布 (码)
8	0.807	0.642	0.634	58.89
9	0.813	0.684	0.686	52.11
10	0.875	0.786	0.753	54.15
11	0.926	0.786	0.752	57.91
12				

最近数目之调查各支纱布20小时扯数如下:

20支每锭扯约0.98左右。

23支经每锭扯约0.81左右。

23支纬每锭扯约0.80左右。

21支经每锭扯约0.92左右。

12磅细布每台扯约68码。

天津工人之嚣张素称四、五两厂为最,而五厂工人尤以布厂更劣,据云:该厂在表面来看似乎均能安分守己,一遇有何工作上之变动与改进,必须费尽唇舌多方解释方可实施,至于命令式绝对行不通也。查该厂工人既能解释可通,即有路可导,希以诲人不倦之精神,谆谆训导,必能使其归入正轨也。又该厂建筑机器亦可称天津一流,而冷暖喷雾谐设备尤为完善,熟练人才虽云不足,亦够对付,目前虽无特殊表现,比较已有进步,但工人已渐渐安心工作,再能渐渐使其紧张,一切工作立定标准切实做到,想其成果必快也。

二、工务之实施机械之保全与运转

(一)原动

1.依照接收清册点验得机件不符。

据负责人云:由年终盘存同时补救。

2.锅炉间

(1)Boilec Drccon及水汀管之保温设备不良,水汀管法兰治及停止凡尔皆有蒸汽泄漏,均已修好矣。

(2)水管式锅炉2座,轮流每4月掉换1次,再锅炉排水每日1次。

现轮流使用已改每3月掉换1次,排水改为每天日班12时、晚班1时各1次。

意见:该厂无检验盐分设备,2次排水是否合宜,尚应疑问,宜往他厂试验,倘盐分仍多,排水再须增加次数。

(3)省煤器水管有1根破坏,蒸汽泄出,煤烟器损坏。

查省煤器在破坏者系中间1段，因锅炉每日使用不能拆出修理，现暂将此段断除不用，以免泄气，拟今春锅炉停用时修理。

煤烟扫除器原无设备，现已新做一具使用。

(4)无水表设备，省煤器出入口之水温未予记录。现已有装备庀记录。

(5)Boiler Stoker Link有损坏处。

已向分公司机厂制作新品，尚未到。

(6)锅炉及省煤器之底部有水淤积。

查此项淤水系前述之省煤器破管所流出，整修后现已无矣。

3.变电间主配电盘、变电器损坏。

此变流器高压瓶子已坏，内部电流之钢导管亦损，现在中央电工器材厂第三厂修理中，据云因高压瓶子须彼处定做，需时较久，近期或不能完成。

4.清花间豪猪式开棉机马达震动。

已经修好，地脚无震动矣。

5.钢丝车马达、防尘板飞棉阻塞。

查已破损，另制新品调换矣。

6.精纺部分电灯开关、无罩盖者甚多。

现已备齐。

7.同上。

8.织布地轴有一部分震动。

地轴震动，据云：已请购材料待到即换。

9.各部电灯均甚污秽，所用电灯瓦特数参差不一。

电灯现已擦扫，瓦特数现已调整，各工程稍有上下。

意见：该厂擦扫电灯，据云：系由车间保全负责似不适宜，因电灯清洁时尚可，检查调换或修理车间保全工人恐不能负此责任。

10.喷雾宜改用1600立方尺分之喷雾机，以求节省电力。又压力表须修理或调换新品，氯气钢环宜定期清洗浸油。

喷雾机现仅用3300立方尺分1台，供给纱布厂各部，据云：够用。

压力表已修理完好，氯气钢环现定每周洗1次。

意见：喷雾机改用事现入干燥时季已成事趋迁矣，据该厂负责人云：该厂扯原棉较重，又运纱布含水分未到标准云，由此或系湿度调剂及扎水不周所致，希研究之。

11.用水设备：有自流井3只，其中2只帮浦损坏未用。

已申请分公司设计新装置锁帮浦1部，装于现用自流井旁，另1部装于2坏井之一。

12.消防龙头位置不明。

已有标记但过低，应再高三四尺，使一望而知为宜。

(二)纺部

1.机械点查有与清册不符者。已清查入册并呈报分公司。

2.工人人数过多。

前因准备增开锭子并加开夜工故人数较多，现日夜班纱锭皆已开齐，查人数已较前减少。兹列表于后：

	月	日	平均支数	每万锭每班直接生产工人数	备注
督导团调查	6		21.88	205	根据生产日数
督导团调查	8	2	21.88	242	根据生产日数
现在调查	12	21、25	21.88	141	根据生产日数

3.清花间

(1)头道清花机棉卷起□叠。

已将棉卷罗拉之速度加快，查棉卷现不□叠矣。

(2)后斩刀与给棉罗拉间隔距为3/8似过宽。

现已依指示将后斩刀与给棉罗拉间隔距改为1/4，与前斩刀同。

(3)钢丝针布钢丝圈棍入回花而被损伤者甚多。

现除由精纺部及拣棉部特别随时注意拣花外并将头道清花机斩刀部罗拉从现有之16根改为15根，顾钢丝圈混入钢丝针布内之情形已减少。

4.钢丝机

(1)针部调查状态。

查该厂损坏针布已在陆续更换中，下列表中车号系已换新者。

组别 / 车号 / 名称	A	B	C	D	备注
锡林	1 2 3 6	20	2 23	2 10 19	共计10台
道夫	2		23		共计2台
□板	14 16 19 22	17 18 20 23	16 17 18 19 20 21 22 23	19 22 23 25	共计20台

现开车每天16台，每6天轮流1次磨锡林，时间为4小时。又磨道夫之时间照所指示本为磨锡林之半，但现磨时间与磨锡林同，亦为4小时，惟系轻磨耳。

(2)抄钢丝盖板之抄辊速度过快，且应用Quodront Motion不甚合理。

抄盖板之抄辊速度已调整与长毛刷速度相同，至于Quodront Motion已通知该部负责人停止使用为宜。

(3)磨盖板机及抄钢丝工作法均不合理。

查该厂已照所示分别改善。

(4)装自动抄钢丝者有6台，不适宜纺20支以上之纱使用。

该厂现纺20支以上之纱已停止使用。

5.粗纱机

粗纱机仅有锭壳失其平衡及高低不齐，机身清洁工作尚未彻底。

锭壳之不平衡及高低不齐者均已修正，关于机身清洁工作该厂规定每日扫除1次，并随时注意清洁。

意见：锭子与洋枪管之损伤于落纱后，宜注意加油。

6.精纺机

(1)皮圈下销子位置在前中罗拉表面直线下1"/16至3"/32处不甚适合。

已照所示提高在前中罗拉表面直线下1"/32至1"/16处。

(2)钢丝圈清洁器之隔距不正。

已逐一校正并于平常擦车时施行检查。

(3)精纺机锭上筒管高低不齐，尤以纺纬纱管特多。

查该厂筒管尺寸及眼子大小颇不一致，而又无新筒管调换，据云已向分公司申购，一俟新筒管由沪运到即可将不正之筒管调换，现除注意将锭上所绕之纱头随时除去外，并设法修理。

(4)锭带盘位置前后不齐。

已将新锭带加张力或置数日，使其伸缩减少，并规定长度为105英寸切断，使用正在试行中。

(5)横杆运动动程不齐□5"/16至23"/32不等。

查该厂经纱皮辊□1$\frac{1"}{2}$纬纱皮辊1$\frac{1"}{4}$照所示将横杆运动动程一律修正为3"/8似仍嫌短。

现将纺经纱者修正为5"/8，纺纬纱者修正为1"/2情形尚佳。

(6)上绒辊装置不当，多数与皮圈面不接触。

查该厂精纺机上中□□头高于皮圈，若将上绒辊装置稍向后移则上绒辊为中□□头所阻仍不能与皮圈接触，故上绒装置现仍旧未动专为保持皮辊之清洁。

(7)后下绒辊动作停止者甚多，并有未装置者。

已全数配齐校正。

意见：罗拉部及皮辊心上之废花仍多，须用竹签卷除。

7.摇纱机

白铁滚筒摇纱框运转时均有震动，横运动动程不一致，□□螺丝高低不齐，牙齿啮合不良及摇纱框停车时煞车失效。

该部于平车□车时正在逐步校正中。

8.皮辊

(1)调查并条机皮辊不良者占3.39%，头道粗纺机皮辊不良者占12.24%，二道粗纺机皮辊不良者占10.3%。

查该厂包装皮辊之皮系前日厂移交之羊皮，品质甚差所制皮辊颇不耐用，现该厂已向分公司申购好皮应用。兹调查并条皮辊96只，不良者2只占2.08%，头道粗纱皮辊132只，不良者16只占7.84%，似已较前改善。

(2)细纱机皮辊心子内有废棉侵入二端为短□□所卷，致旋轮不圆滑且皮辊间不加施压光工作。

现细纱机皮辊除在机上运转时饬工人随时注意清洁外，并由皮辊间将掉下皮辊心子彻底清除，轧光工作现每月施行2次。

(3)大牵伸皮圈厚薄不匀长短不齐，因皮面起毛而龟裂者甚多。

正在分别修理更换中。

(4)皮辊胶水配合成分似宜再加研究。

已照指示成分配合实验中。

(5)开夜工后调换皮辊日期宜改善。

已照指示周期施行。

(三)机部

1.百台布机所用直接生产工人甚多。

前因准备开车,所用养成工较多,现各机已全部开齐,故平均人数已较前减少。兹调查列表如下:

	年	月	日	百台布机每班平均直接生产工人数	备注
督导团调查	35	6月份		98.5名	根据厂务日志
	35	8	2	107名	
现在调查	35	11	21–25	53名	根据厂务日志
	35	12	21–31	52.7名	

2.筒子机

(1)第四号机锭□内注油,偏心盘与防磨小盘已修正。

意见:查作出之筒子,尚有一头大一头小恐系桃子磨损之故,以调换为宜。

(2)导纱板隔几不正,锭子未装配锭垫,锭带松弛。

导纱板隔几已调正为16"/1000,锭垫已配齐,但仍有少数又脱掉,锭带松弛已随时修理。

(3)经纱断头后,工人将筒子拔离锭子接头。又筒管绕纱前后排未见分别。

经纱断头后,不拔离锭子接头正在训练中,目前尚未能实行。又筒管绕纱前排宜小,后排宜大。负责人已随时指导工人实行,惟有少数工人仍在训练中,故工作上尚未能周到。

(4)锭子因锭带损坏而停止。

锭带损坏已饬工人随时检查调换,经检查已无此现象。

(5)导纱板损坏疏于修理。

导纱板损坏者已随时修补,经检查仍有少数损坏未修者,据负责人云:此项零件系由机器厂定制,尚未送来,致不能装配,已通知该厂如零件送来即行装配。

(6)筒子车机械不清洁,温湿度调节不良。

已规定每日擦车2次(中午1次,下班前1次),至温湿度调节不良,前因鼓风力量不足,致喷雾压力不足,现已调正号。

3.经纱机

(1)滚筒阔为53$\frac{1''}{4}$,经轴为53$\frac{7''}{8}$,希改为53$\frac{1''}{2}$。

经轴与滚筒阔相差$\frac{5''}{8}$,现在已陆续改为相差$\frac{1''}{4}$(即53$\frac{1''}{2}$),惟因经轴颇多,尚未能完全改完。

意见:此项工作应将经轴之法兰治□面与经轴成直角,否则因法兰不正不能达目的。

(2)断经停车落针未使用,伸缩梳与经轴左右地位不符,筒子调换未合标准工作法。

断经落针已令工人使用,伸缩梳与经轴地位不符已调正,调换筒子分三段工作,尚未能充分实现,已指示负责人加紧训练工人实行之。

(3)工人工作懈怠,接头不用剪刀。

该厂已严禁工人取凳闲坐,现在已无此现象。又女工接头亦使用剪刀。

4.浆纱机

(1)滚筒进气凡尔心子弯曲,传动部分磨蚀,打浆帮□拍根损坏,回水开关不洁,加油不足,运转迟钝。又水汀与冷气凡尔损坏蒸汽四溢。

该厂浆纱机共有4部、蒸汽式2部、滚筒式2部,据云:接收后因年久失修运转失灵,且损坏处颇多,开工后即着手彻底检查修理,查蒸汽式2部已修理竣事,一周后即将修理滚筒式2部,至打浆帮□拍根已换新,其他水汀及进气凡尔等,目前仅修理维持,一俟彻底修正完竣后,各损坏处将完全解决。

(2)浆辊外卷绒布10码以上。

现在压浆辊外表、内部用细布包卷,外再用绒布包3码,最外层则用细布1码包卷,并每日洗涤调换。

(3)经轴边缘直径有20英寸及18英寸者,用20英寸之经轴可增加经纱长度为24英寸。

该厂现在所用浆轴仍为20匹及18匹,如改浆24匹则经纱将超出边缘损坏经纱,拟增为22匹。

(4)浆纱伸长率调查:滚筒式浆纱机伸长率为2.4%、3%过大。

该厂滚筒式浆纱机因滚筒运转不圆滑,故伸长率仍未见减少,已通知负责人设法改善之。兹调查如下:

滚筒上浆机	20支纱12码细布
浆纱盘头长度	12000码
浆纱1匹长度	44码
上浆匹数	230.9匹
浆纱盘头只数	14只
生回丝及浆回丝	42码
浆纱盘头首尾回丝	34码
浆纱实际长度	10235.6码
伸长率	2.35%

(5)和浆成分:滑石粉及牛油对淀粉用量之百分数希减低为50%及10%。

和浆成分于两月前已调正,增加面粉之用量为490磅,混合粉之用量为144磅,滑石粉及牛油对淀粉之用量百分数已减少。

兹将现在和浆成分列后:

名称	磅数	百分数
面粉	490	48.0
混合粉	144	14.1
滑石粉	288	28.2
牛油	60	5.9
火碱	2	0.2
盐化亚铅	30	3.0
板胶	6	0.6
共计	1020	100

(6)经纱盘头之缺点调查。

在浆纱间检查运转之盘头之10分钟,其各处缺点较前稍好,但仍以接头过大及经纱条□不匀为最多,次为回丝及废花黏着,绞头与绕纱情形尚好。

(7)盘头摇经纱开始未用布作引导。

现在盘头卷纱仍未用布作引导,目前已依指示在计划实行中。

5.穿综

(1)断经停车铁片弯曲,坏箱未修,布机穿综箱法不良。

弯曲停经片已修,不能用者已换新,坏箱已饬工人修理,布机穿法已依指示改善,经检查已不见一综眼穿二根之缺点。

(2)穿综箱不正确。

穿综箱后之经轴,已规定由穿箱间指导工切实检查。

6.织机

(1)织机皮带松弛速度快慢不一。

皮带松弛多因新皮带伸长过多所致，现已饬机工随时注意检查修正，现除皮带盘不同速度不一外,余各机速度已无大差异。

(2)湿度百分比宜调正为80%至85%。

查现在布机间湿球为68度,干球为70度,则湿度为88%已通知该厂负责人再设法改善调正。

(3)机械状态调查:保全不良。

据负责人云:该厂下半年因忙于修配零件,赶装织机,而技术人员既缺,即熟练技工亦感不足,致织机之平擦调正工作未能兼□并顾,查现在织机已全部装齐开出,正从事检察及补装零件工作,俟检察完竣后,即可按照计划进行经常保全工作。现平车工已有3组,拟每组每天平车2部,每日6部约4个月后将可全部平正。

(4)卷布辊外表起锈:拟于今后平车时依指示方法办理。

(5)在机综架位置不正。

综架在机位置不正,已饬机工于上机时随时注意校正,查不正者已少。

(6)织机停车调查100台。

该厂织机停车率已较前减少。兹调查布机100,因经纱断头停车者约占10%。

经纱断头	10台	10%
了机	1台	1%
共计	11台	11%

(7)在机盘头调查25台。

完好	13台	
扬沙	6台	10根
挂纱	10台	21根
绞纱	2台	3根

前因积极准备开车,故大多数为进厂不久之养成工,能力低下,故在机盘头缺点颇多,经加紧训练,故不良之缺点已较前减少。

(8)在机布棉调查:由穿综扣之疏忽,使布面不良。

穿综扣之错误据云:多由于养成工技术之不熟,现仍在训练改善中。

兹将调查在布机面20台列后:

扣痕	4处	20%
一综眼2经	3处	15%
一扣三经	2处	10%
一扣四经	1处	5%
布边不良	0处	
断经缺点	1处	5%
纬纱捻度过多	0处	

(9)了机以后□□未见清洁。

了机之布机已饬扫车工及当车工分别清洁,空筒管及筒脚已严禁乱抛,检查已不多见。

三、原棉及成品数与品质

1.和花成分中墨西哥棉长度实为$1\frac{1}{32}$宜用纺32支以上纱,又清花间折散之原棉虽分别堆放,但无标记注明。

墨西哥棉于纺32支以下时已不用矣,又清花间折开之原棉已分别用标记注明。

现在该厂和花成份如下:

支数	名称	%	支数	名称	%	支数	名称	%
20/21W	美棉三级	15	T21/T23	美棉二级	25	W23	美棉三级	40
	美棉四五级	30		美棉三级	20		美棉四五级	25
	印棉四级	25		美棉四五级	25		印棉四级	15
	次白	20		印棉三级	20		华北四级	10
	再用棉	10		华北三级	10		次白	10
共计		100	共计		100	共计		100

意见:(1)查美棉中水渍棉据云约3/200。

(2)查同一级棉内①有纤维长短不同,②有色泽不同,③有垃圾不同,除应通知收花者注意外,清花负责进花时宜详检查分别混合。

2.精纺机每锭出数尚低。前罗拉速度似可加快。

查该厂精纺机前罗拉速度已渐次加快,出数亦较前增加,但效率颇好可再增加速度。

兹将十二月二十四日至二十九日各支纱每锭10小时平均生产量列后:

支别	前罗拉速度 RPM	罗拉直径(英寸)	假定效率%	应得出数(磅)	实际出数(磅)	效率%
20S	183	7/8	92	0.459	0.486	97
T23S	178	7/8	92	0.388	0.400	94
W23S	175	7/8	92	0.382	0.404	97

3.织机生产量甚低。

兹将十二月二十一日至三十一日每台织机10小时平均生产量效率列后:

布别	平均速度RPM	每英寸纬数	假定效率%	计算出数	实际出数	效率
12磅细布	172	55	88	52.11	34.2码	66%

4.试验设备：

摇格林器速度太慢，秤格林器有1台已损坏，烘箱内天秤亦已损坏，棉纱烘干后取出箱外秤之不十分准确，又试验棉纱希每天4次，对于均匀及捻度宜定期实施之。

查该厂摇格林器速度原为150转现已改为240转。秤格林器有1台损坏者，已另购1台分别作粗纱及细纱秤格林之用。

烘箱内天秤已修好应用。

试验细纱已改每天试验4次，对于均匀及捻度亦已规定每星期施行2次。

5.棉纱试验：

23支经纱格林差异率特大，又捻度方面23支总平均23.2，23支经平均21.07均过多，而纬纱之捻度为经纱尤多。

23支经纱格林差异率现正研究改善，捻度已改进如下表：

各支捻度表

支别＼月份	8	9	10	11	12
20S	1901	18.8	18.4	18.3	18.3
T23S	20.5	20.4	20.2	20.1	19.8
W23S	23.3	20.0	18.8	19.3	19.3

6.棉布试验：

经检查布润及长度大部尚合标准，但仍有润至36及长至41码者，又布面有扣痕、油渍、捻度不均、条干不均者，已通知负责人再分别注意改善。

四、劳工训管及福利

1.工人工作不力，精神散漫，希制定对策实施感化教育，藉以逐步推进。

查该厂工人精神散漫，自有其原因之存在，后经多方设法改善已能渐入轨道，现在利用工余之假作广泛之接头，以无形式之方法与个人精神上之训练，使其明了自身之立场与任务，并开设劳工补习班及技术讲习班，实施感化革除恶习、增进技术等教育，以期达到管训之目的。

2.对于工会代表宜采取密切联系，并纠正干涉厂方行政问题。

工会自六月二十一日改组后，代表7人素质尚佳，与厂方尚能取得联系，协助推进厂务，现在对于厂方行政已少干涉矣。

3.福利设备

(1)工房不敷分配：对工人眷属之居住已再作整顿，作合理之分配。对于公用之房屋及娱乐场所等占用房屋亦尽量减少，将原有灶事场所计8间已修理拨为宿舍，并于三十五年度新建宿舍58间现已落成，专作女工单身宿舍之用。

(2)劳工识字班及技术讲习班应行推进：已依指示办理。

(3)哺乳室应设置椅凳座位并规定哺乳时间：已依指示办理，规定哺乳时间每日上下午各1次，夜间2次，每次15分钟，并雇用保姆每4人日夜轮流负责管理，托儿所因无房子，尚未能就办。

(4)理发室宜定有规则,理发匠应规定每天理发人数:已再通知该厂依指示拟定。

(5)热水:由厂内供给煤水宜有所规定:已通知该厂办理。

(6)农场收获之菜蔬配给工人,应收回人工种子等费:已拟定办法,将是项消耗统由收获项下开支。

五、会计

1.各方有关之资料送来较迟,致成本计算不能如期完成。

现在各方有关之资料已如期送交会计课,故计算成本从1十月份以后已能按规定期限造竣。

2.会计课对于暂记预支备用款应随时检阅通知报销。

已依指示随时查核,通知报销或归还。

3.公司往来科目摘要栏仅填通知单号数,而无记明用途,又分户账各科目余额未能逐日填明。

已依指示详细登记,分户账亦按日记账并按日结记余额。

4.暂记款项科目之子目繁杂重复。

已调整简化。

5.津分公司会计课应常派员前往各厂审核督导。

津分公司会计课已依指示实行。

6.该厂十月份、十一月份成本计算表列后:

天津市五厂单位成本计算表

月份	名称	单位	数量	线成本金额	单位成本分配位				单位成本
					耗用原料	直接人工	制造费用	厂务费用	
10	20支棉纱	件	366.58	327351166.25	643434.74	73658.71	62825.82	113067.71	892986.98
	23支棉纱	件	448.94	420266883.24	643482.21	95357.63	76115.30	121176.38	936131.52
	12磅细布	匹	15344.825	580578204.84	23696.15	4410.99	3614.36	6113.94	37835.44
11	20支棉纱	件	280.365	299139327.87	692541.18	111922.69	97610.52	164889.49	1066963.88
	23支棉纱	件	562.133	633995295.08	719653.20	129568.24	113583.58	165033.58	1127838.60
	12磅细布	匹	1920	925048905.43	29053.97	5757.60	4949.76	7628.47	47389.80

六、仓库、房屋、车辆、用具之管理

1.花纱布

(1)仓库内堆放原棉应依其品名、等级、容量分别入栈,每一装脚上悬挂卡片,应载明名称、日期及收付数量,又卡存、货存与日期存账应相符。

已依指示办理。

(2)露天堆放原棉因遮盖不良,易于损坏,宜尽量存入仓库内。

已通知该厂注意,现厂外已无原棉堆放。

2.物料机件

(1)仓库存料情形

办公室宜迁入总仓库,以免账料隔阂:因房屋未能改修,故尚未实行。

仓库锁适宜由职员保管,对于物料正理应依其性质分类存储:已遵办。

白呢绒布应装箱子存储,以免受潮虫蛀:因樟木箱尚未制就,目前暂以双层牛皮纸内加樟脑□

□包妥。

大量新机件应拨归物料股集中管理,多余或不用物料应呈津分公司调拨他厂应用:已通知该厂办理。

(2)抽查物料情形

账册未能逐日结清账存数量与点查清册所载者不符:账册已正理就绪,无积压情事,故数量不符之事亦已减少。

(3)记账情形

领料单汇集后宜依领用部分顺序加编号码, 各部所需物料宜分批领用, 不可整批领取仍存仓库内。又账册与盘存发生盈亏时宜呈报改正:已通知该厂依指示办理。

3.房屋、土地、车辆、用具

(1)房屋

工场与仓库房屋破烂之处、水沟及下水道不通之处,除大部已饬工修理外,至所余未经修理者已列入三十六年度预行修缮工作计划中。被后动部第五补给区占用之仓库2座,虽经屡函洽商并请公司协助交涉,现在仍未见迁让。工房修后仍漏,经包工重修后已全数竣工,经由人事科协同验收检查,已无漏雨处。

(2)土地

该厂土地契约多为未经政府税验之白契,已函请公司调契向官方验税立案。关于厂内空地已利用种菜。

(3)车辆

被军政部汽车兵团驶去之一九三七年别克轿车1部,已请分公司总务课调查交涉中。

(4)用具

用具之编号与统计已逐步办理完成。

(5)消防

消防设备如有缺件或破坏者已加添配修理, 其消防队之组织与训练演习等, 已依总公司所订之"各厂消防组织通则"办理。

天津第五厂 李致一
孙必搢 呈报
朱克西

(J148-1-29)

6.1947年中国纺织建设公司天津第五厂年度工作报告

民国三十六年(1947年)

第一章 概 述

本厂系接收前日资双喜纺织株式会社敷设有纱布两场,装有纱机20640锭布机700台,原动部分则无大规模发电设备,现仍赖外电供应,致生产计划时常感受停电影响,旋为谋补救藉弥此损失,计于本年度会加修通三厂辅助输电线路一条,以裕电力供应而利生产。

溯自接收以还初期工作重心端在积极筹谋开工以利生产, 同时并侧重办理接收物资之点查储管与册报，惟当时机件残缺，厂中秩序紊乱，各部办事人员又感不敷分配，致增加复工之困难，复以本厂工友气焰素极嚣张，遇有措施动辄掣肘，然终承公司领导有方，暨本厂同人协调一致之努力，几经诱导干旋终能使工人渐渐剔除歧见，其恣意敌视之观点亦遂消弭于无形矣。

嗣后迭经锐意改进原有纱锭布机得以悉数开齐，一年中更遵照公司指示，除加强技工管训与增进工作效能作有效措施外，同时对于减低成本提高产量与品质以及机械保全等均寄予严格广泛之注意，与最大之努力回忆接管二年中从未敢一日懈也。

第二章 纱厂工作报告

一、前言：

三十六年度下半年工务报告

本部于上半年致力于产量之增进，下半年则兼及于品质之提高，除将各间纱机速度逐渐增大外，对于格林接头、换纱清洁、搿制等技术事项逐步加强管制，用棉下脚及物件等则力求减少，并改进各间工具与设备提高工作效能藉以减轻成本。兹将改进各点与实施状况分别报告于后：

二、各部工作进展状况：

(一)关于前纺部分者

1.人工区域和花加装木池

区域和花每使边缘不易垂直周外原棉凌乱不堪，安装木池后可使棉堆易入规范而收整洁之效。

2.花卷过磅

头二道清棉机原装有自动磅秤因缺少零件废弃未用，现已修理并凑齐全开始应用，并规定棉卷之轻重范围派专人监磅，遇有超出规定时，则退作回卷务求重量均一。

3.落棉之处理

车肚破子抄斩如直接作落棉用，则其中之破弃杂物未除影响成纱匀洁，今将其先经清钢处理后，然后使用。

4.钢丝卸筒管制灯

满筒之后因更换时间不一有过满情形，而使棉条磨损甚至溢出筒外，而产生回花之弊，现已装置管制灯，每隔30分钟自动灯亮指挥换筒，棉条高度籍以均等。

(二)关于后纺部分者

1.细纱筒管箱之设置：在日人经营纱管筒摆列于车面板上，既妨碍清楚工作，取管时又易碰断纱头，今以厚度1"6之铁板焊制可移动之，筒管箱装于锭脚盖板滑槽上，非但便于清除，而且落纱停车时间得以缩短。

2.细纱落纱箱铁架之改良：原用落纱箱自重即3磅外，附重约5磅之铁架用以滑行于锭脚盖板上，落纱时舞动笨重之纱箱至为苦恼，且箱与架时常脱落跌断焊接所费不赀。现以3"6之圆铁棍打彎铆钉箱侧用以代替铁架，则较前轻便、坚固、耐用多多矣。

3.各间清除工作指挥灯之装置：本厂旧习清除工作向以口头呼叫发布命令，机声嘈杂传音不清，每易误会。现于各间显明处所设灯牌，以不同颜色区别工作，按规定清除时间，转动电钮立即传布各处，较前简捷整齐甚多矣。

4.各间支数、人名、间别牌之标示：各间旧有之支数牌均不明显，易生混淆之弊，工人名牌亦尚厥，如查封不易。今已逐一标明悬挂于各间及各机之明显处所。

5.卖纱含水量提高便之适合标准:着水间仅有侵纱池1座,用□子带动纱筐吸收水分未足,旋即送出,故卖纱含水量仅及7.8%,及于该间增加莲蓬头1组,浸水后再用水喷射使达饱和程度,并于小包间添设喷雾嘴3组.现卖纱含水量已提高至9%,符合分公司规定之标准。

6.每锭产纱量之增加(见附表1)。

7.改纺粗支纱后保持用棉数量:上年度之平均所纺支数为20.5支,下半年度奉命改纺粗支纱平均支数为19.4支,但每件用棉数量仍保持上半年之标准,未因之加多(见附表2)。

附表1

月份 名称	1	2	3	4	5	6	7	8	9	10	11	12
产纱量(磅)	332.566	316.521	294.248	445.525	470.420	418.711	496.944	457.574	461.261	496.137	499.850	548.755
每锭10小时产量(磅)	0.430	0.475	0.494	0.526	0.518	0.564	0.546	0.540	0.541	0.554	0.563	0.570

附表2

月份 名称	1	2	3	4	5	6	7	8	9	10	11	12
每件纱扯用棉量(市斤)	425.34	415.56	418.39	411.17	413.49	403.45	404.72	404.31	409.49	410.75	410.18	409.98

(三)关于保全方面者

1.清棉

(1)No.3EX.O.锡林叶子装置方向不妥,校正后机内风力均匀。

(2)和花缸添装拨出废花摇杆。

(3)No.1及5贰道清棉机给棉木□子皮带更换。

(4)No.3贰道清棉机给棉木□子新制。

(5)No.1及3给棉机平□子更换皮带No.2给棉机更换新平□子1付。

(6)新制开棉机钉□子3个,No.1及No.2各装1个,余1个为配件。

(7)拆包机平□子因连接皮带过旧易断完全换新。

(8)除尘风扇速度加快增加除尘效率。

2.梳棉

(1)刷盖板由12台增为20台,增加清棉机效能。

(2)更换增布表。

机号	部位	机号	部位	机号	部位
A25	110s 盖板针布	A20	刺毛辊	D21	110s 盖板针布
D 6	90s 锡林针布	C 9	100s 道夫针布	B18	100s 锡林针布
D 6	100s 道夫针布	A15	刺毛辊	D 4	110s 道夫针布
C11	90s 锡林针布	A12	刺毛辊	D17	110s 盖板针布
C25	110s 盖板针布	A13	刺毛辊	A18	100s 盖板针布
A15	90s 锡林针布	A 4	刺毛辊	B18	110s 盖板针布
B 7	90s 锡林针布	A 5	刺毛辊	A 6	刺毛辊

续表

机号	部位	机号	部位	机号	部位
C24	110s 盖板针布	C 8	刺毛辊	B11	刺毛辊
B25	110s 盖板针布	B15	刺毛辊	B14	刺毛辊
C21	100s 锡林针布	B 6	刺毛辊	C24	110s 盖板针布
D 3	90s 锡林针布	A24	110s 盖板针布	A 1	刺毛辊
D20	100s 锡林针布	D18	100s 锡林针布	B13	100s 盖板针布
D20	110s 盖板针布	A14	90s 锡林针布	C21	110s 道夫针布
D22	110s 盖板针布	B24	110s 盖板针布	D 2	刺毛辊
A22	90s 锡林针布	C18	110s 道夫针布	A12	100s 盖板针布
D20	刺毛辊	B 8	90s 锡林针布	D13	90s 锡林针布
B19	100s 锡林针布	A20	110s 盖板针布	A 7	100s 道夫针布
A21	100s 锡林针布	B16	110s 盖板针布	B17	刺毛辊
D16	110s 盖板针布	A10	100s 盖板针布	A 7	刺毛辊
B25	刺毛辊	B21	110s 盖板针布	C 3	90s 锡林针布
C18	110s 盖板针布	B21	100s 锡林针布	C17	110s 道夫针布
C 1	刺毛辊	C15	110s 盖板针布	B22	110s 盖板针布
C13	刺毛辊	C20	110s 盖板针布	C10	100s 道夫针布

(3)整理机件不全梳棉机3台改梳斩刀花。

3.并粗

(1)并条机9台、初纺机8台,再纺机17台均小平车1次。

(2)并条机No.4、5、6大平车。

(3)初纺机No.1、2、3、4、5大平车。

(4)再纺No.11、12、13、14、15、16大平车。

(5)粗纺机皮辊架与支轴相结螺丝不易固定,易使皮辊架下落,今将支轴结螺丝处锉平得易固结之。

4.精纺

(1)精纺机50台小平车1次。

(2)精纺机No.31—50,20台施行大平车。

(3)添置14"皮带轮50付。

(4)添置$8\frac{1''}{2}$马达皮带轮20个。

(5)下毛棍重锤磨损全部修理。

5.筒摇

(1)摇纱机88台平正1次。

(2)筒子机10台增装小毛刷改进清洁能力。

(3)筒子机No.1、2、3、4、9、10平车并刷新

6.皮辊

(1)添置精纺机大牵伸皮圈7台。

(2)添置并条机皮辊1283个。

(3)添置初纺机皮辊1401个。

(4)添置再纺机皮辊5740个。

(5)添置精纺机皮辊(经)10665个,(纬)6856个。

(6)精纺机上毛棍20台,下毛棍20台。

7.其他:消防水桶改制尖底水桶。

(四)关于试调方面者

1.试验工作情况表

间 别	项 目	次 数
清棉	原棉水分	每日3仲
	棉卷重量	每周2次
梳棉	梳棉条格林	每周4次
	梳棉棉纲比较	每周1次
条粗	棉条格林	每日4次
	并条牵伸状况比较	每周1次
	粗纱格林	每日1次
	粗纱捻度	每周2次
精纺	格林强力	每日4次
	捻度	每周2次
	条干均匀	每周1次
摇纱	验纱	每周2次
	水分	每日1次
其他	速度(各间)	每日1次
	温湿度(各间)	每日4次

上表系日常工作,本厂近改制能让粗布专用之出口因之各支开车比率起伏不定,如遇改车时,则视当时实际需要而酌加试验工作,盖此种能让布格规较普通布为严格(如规格内“重量:标准9磅,最轻不得低于8.9磅,最重不得超过9.3磅”),故试验时尤需特加注意。

摇纱检验原由本室负责每周2次, 于本年十月间分公司实验室采用抽查制度协助各厂之验纱工作,检验结果交各厂再视情节轻重照规定予摇纱工人以赏罚。

2.训练工作

训练工作系照本公司颁布之生手训练细则规定办理,对厂内各重要部分(如粗纺、精纺、摇纱、穿扣、织造等)每隔一时期即举行测验1次并详为讲解,比赛规定期于正式工作竞赛时得以驾轻就熟。

不正常纱之消灭工作:各种不正常纱之成因胥由于成形牵伸加捻及纱条本身之不合理,故将此种不正常纱之成因详加分析,尤注意于补救方法。现准备绘图说明印制小册子,俾使所有工友均获得此项知识,于发生不正常纱时能从容不迫而改正之。

现行标准工作法之编制:分公司曾征集各厂现行标准工作法预备总其成做成一完善工作法,故本厂即开始参照实际工作情形编制标准工法历时月余始竣。

3.调查室

本室自上半年起除上午填制工务日报表呈报分公司外，下午则根据工务日报表分门别类录入各种工务统计表(见三十五年度工作报告及本室办事细则)，以发挥统计学术之真谛，而供月终盘存表编制之必需。

于本年七月份起月终盘存表改为工务月报表，其编制显异之处即每日之生产及连转状况须按日分别呈报，非但须与日报吻合，且其月终累计数字又须与总表相符，可谓备尽内部牵制制度(lnternal cheek system)之能事，然此项工作亦须于下午执行则与填制工务统计表之工作有所冲突，于是本室1名书记不敷应用上□有见，于斯逐于十月下旬特为增添书记1名以利工作。兹将本室工作状况图解于后：

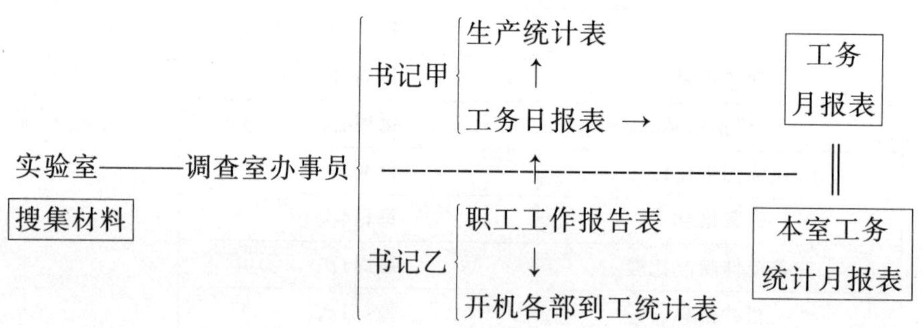

注：箭头方向系供应程序。

三、三十七年度工作计划择要

(一)加强训练车工：拟逐步分区训练车工，使各种工作动作一律标准化。

(二)逐月减低物料：感物料之缺乏、采购之困难、花价日昂、工缴日大，物料实有必要。

(四)出数加高：本厂纱机情况甚好，对各机详加审查出数仍有加高之可能性更大。

(五)讲室训练：利用老工务科旧址设置讲室，对于技术方面多加讲解。

(六)加强职工感情的联系：半年以来职工情况甚好毫无纠纷，此后加强警惕发挥管工最大能力。

(七)减低用棉：于不妨害品质及不影响出数条件下，脚花力求减少回棉尽量利用。

第三章 布厂工作报告

三十五年度为增开机器年保全方面尽力谋机器之装配以及零件之补充，运转方面则尽力谋工友之招收以及各部门值车之训练，本年度我公司又定为增加出数年，故一切工作均应照增加生产之目标前努力。谨将本年度工作大纲报告于下：

一、保全方面

(一)准备整理保全工作向无专人负责，兹由各部抽调5人，设机长1人专司准备整理两部保全工作，以转责成。

(二)筒子机纱管座子原系木制易坏难修，今已将全部改为铁制。

(三)筒子机连空管帆布带原系3片4"帆布带缝制而成容易开线破裂，现已改装为1根12"帆布带者。

(四)准备整理各主要机器已完成接收后第一次之平车工作。

(五)浆纱破旧之水管、气管凡而水门、浆门全换新。

(六)酸酵面粉及煮熟磁土原经由铜管注入调浆桶调和之浆多发现杂物及硬块,因此浆液由调浆桶打入浆锅之中途滤过器易于堵塞诸多不便,现改做木制输浆沟浆注入调浆桶之处滤浆篦子,浆内所有杂质及大块浆均不得混入调浆桶矣。

(七)全部织机平车1次。

(八)检查装配全部织机短缺之小零件。

(九)划一改作工衣储衣箱。

(十)添装工友洗手池2个。

(十一)改良喷雾机水管。

(十二)整理干燥机配装滚筒1个。

二、运转方面

(一)人员配备及调整各部工作人员:因去年力谋机械之开齐,而一时难得适当之技工织造部所添之养成工技术增进能力渐高,故人员之数量渐有余裕,即以技术欠优者分调其他各部而准备整理2部,随织造部生产之增加而需人员亦多,因而得收调整人员配备之效。

(二)特平布之制作:此种布匹因急需而使改革方面经过3种过程(布重12、25磅)。

1.由12磅市布经23支纬以21支改织者。

2.经用21支纬用21支而织成者。

3.用21支经纱纬以20支而织成者,此种产最多。

4.浆料之变更:因原棉之不足及减低成本计将浆料加重并另加减配浆成分,而使用纱量少并减少织布工之困难。

5.产量增加:关于此项工作与人事管理及技术管理方面最关重要。

(1) 因提高生产量而对于生产之品质考查规格略为放宽而免使织工过分顾虑而减少生产数量之兴趣。

三十六年度布厂工作统计

月 份	1	2	3	4	5	6	7	8	9	10	11	12
每百台布机扯用人数	53.32	51.32	53.05	52.56	51.78	52.97	50.70	51.06	51.21	51.29	51.33	51.43
每匹布用浆量(磅)	2.87	2.87	2.39	2.45	2.28	2.85	2.23	2.2.	2.23	2.23	2.25	2.06
每匹布用纱量(磅)	10.484	10.468	10.654	10.597	10.742	10.404	10.400	10.690	10.500	10.380	10.380	10.520
每月产布两(匹)	23392	21171	20082	31550	31075	28412	36189	34278	34960	35433	36315	39739
每台布机10时产量折合12细布(码)	34.376	36.772	39.012	41.724	45.097	43.831	44.153	46.310	46.108	46.771	47.021	47.980
次布及欠码布(匹)	1720	1540	980	1340	1220	1260	1203	1050	785	1181	815	708
次布及欠码布%	7.5	6.3	5.5	4.2	3.9	4.2	3.3	3.1	2.2	3.3	2.2	1.8
停电时数	81.3	121.1	146.1	98.1	126.4	109.5	70.2	68.6	85.8	88.4	57.5	67.5
备考	1.本年内布机除平车外,一律开齐。 2.次布率内包括欠码布,但不包括零布。											

(2)规定适当之生产竞争,标准以提倡并鼓励之。

(3)以各人之自强好胜心理,即使个人成绩比较及组别比较而竞争之。

(4)对于职工当日实织码数之详确记录并公布,而使个人确知每日之成绩。

(5)次布率按现行之规格由织造部之督导而渐减少。

6.秩序及整洁:因织工均以生产增高为中心思想,秩序方面自见整齐同时各部清洁进步亦可稍助织工之精神。

7.停电之影响:因电力公司供电不足,各部工作难于正常,今将所受影响分述于后:

(1)正在进行中之工作因骤然停电而终止,织工精神方面受一挫折。

(2)再开机时因温湿度不得保持正常而残布亦以增多。

(3)生产减少之损失。

(4)因供电不正常各部工作难于配合适宜,以及各部工友之劳逸不均,及停电时之秩序等问题均可增加管理之困难。

三、运转方面未来计划

(一)提高品质:按现有规格再加严格之检查,以备做出口之布匹,而争取国外市场。

(二)增进工作效能:以现有人员在可能范围内再尽量减少或不增添而保持此时之生产量。

四、保全方面未来计划

(一)布厂刷新计划

1.浆纱屋顶柱子窗户、织机部柱子擦净上白油。

2.浆纱汽罩及各部大门运输轨道上灰油。

3.浆纱织机大墙刷白浆。

4.全厂水管去锈上天蓝色。

5.全厂水汀管子去锈上银色。

6.全厂风管子去锈上白色。

7.浆管子去锈上绿色。

8.消防水管子上红色。

注:以上管子分别颜色一目了然。

(二)布厂机器设备改良计划

1.整经篦子添装清棉板。

2.筒子导纱杆加烧搪瓷皮。

3.打梭棍皮挡拟照自动机式样改做。

4.梭箱盖板、护梭皮小螺丝拟改铁制。

5.浆纱绒布轴拟装铜瓦。

6.磁土煮斧上面拟装出汽筒。

7.摺布机添涨力装置。

8.改良停机挠及停机门。

第四章 机动课工作报告

一、绪论

本课所辖范围为原动及修理诸部门。

(一)原动部有配电室及锅炉房本厂除用冀北电力外,尚用三厂之余电以备补停工之损失。锅炉房为供应纱布厂之喷雾、暖气等而设，凡厂内外水电之供应纱布厂电气设备之修理及改善总务课、人事课电气设备之安装等，皆为原动部之主要任务及工作。

(二)修理部分之工作约分机械及土木2种，凡纱布厂机件之修理及制造土木工程之实施，皆为修理部分之任务。至于总务课、人事课方面之修缮工作亦莫不设法筹划办理，总之以达成增加生产促进厂内工作效率为主旨。

二、各部工作报告

第一节 原动部

本部专司全厂电气、锅炉、水泵以及暖冷风、喷雾设备之运转、保全修理事宜，并以改善增进工作效率促进生产为宗旨。兹将本年度工作情形分述如下：

一、工作内容

(一)电气方面之工作

1.受电室

(1)受电室安装22KV变流器：本厂装设之22KV变流器(CURRENT TRANSFORMER)前曾烧损，故委中央电之器材厂修理，业经修理完了而安装应用，并将22KV之配电盘加以整理。

(2)受电室安装柱上油开关：本厂用电大部仰赖于冀北电力公司供给电流，惟因其时有障碍，时有停止供给电流之情形，即直接影响生产。本厂虽已安装有与中纺三厂之联络输电线，但未能充分利用，故而增添POLE OIL SWITCH 2个，俾能对应冀北之不足，而利用三厂之剩余电力双方同时供给电流。

(中国纺织建设公司天津第五厂原动部受电室单线接线图略)

(中国纺织建设公司天津第五厂原动部配电室单线接线图略)

(3)受电室22KV OCB之□□马达修理：本厂22KV之OCB为电气□□□□式者，惟该项□线马达已失效多年，未能利用，今为便于□□计，经检查结果乃为□线头断线，除将马达拆下修理外，并将各部详加修理，已修理完竣应用。

2.配电室

(1)□丝配电□增设力□：

前述为利用中纺三厂之有余电力，故于□丝增设力□3个，如此即可利用中纺三厂之电力。

(2)配电室变压器油之□□：配电室3300、460V、800KVA 3台变压器现用2台，故分别利用而将各变压器之油□□，其补充油□以备用者补充之。

(3)配电室各配电器VAKWMETER之修理：本厂配电室之电气气流压力表有损坏及不正□者，故拆下委托冀北电力公司校验修理，业经修妥安装应用。

(4)喷雾机3300V马达之改线：□亦为□□利用中纺三厂之电力而将其改线，由受电室□□控制电源。

3.纱厂□□修理纱厂各部马达及电线并分别拆洗各部马达。兹将本年度主要工作列后：

(1)清花室动力线之换线：通过检查厂内动力配线结果清花室之马达2台配线绝缘后不良，故换新线。

(2)粗纺室动力线之换线：粗纺室棉线部马达2台配线绝缘不良，故实行换线。

(3)筒子室动力线之换线：筒子室马达配线其自墙上至各马达之电线因使用年久绝缘不良，故换以线。

(4)纱厂各马达用之磁力电门修理:分别检修各马达之磁力电门并将破损者及保险装置之金属片烧损者换以代用品(因该项金属片市面无货而研究利用代用品)整理换用。

4.布厂:检查修理布厂各马达及电力配线,并分别拆洗各部马达。兹将本年度主要工作列后:

(1)马达与磁力电门连接线之换线:布厂马达与控制开关之磁力电门连接线为3股胶皮线,因使用年久胶皮腐蚀,故实行换线而使安全。

(2)布厂电灯配线之彻修:查织布厂安装之电灯因湿度关系,于灯口处时有连线之情形发生,故加以彻底之检查及修理。

5.外部动力及职工宿舍电线之检修之工作。

(1)外部电线整理工作:检查电杆之腐蚀程度换新杆或加以接退,检查绝缘物之损坏者加以更换,并将工宿之路灯闸按照于守卫室而使于控制。

(2)配电线路各变压器油之更换:检查各变压器油之绝缘耐力及油量不足者补充之,不良者换以新油。

(3)职工宿舍电灯线路之改线:为节省用电起见宿舍漱间不供给电流为便于控制,计于职宿门口将前由之二(POLEOILSWITCH)油开关合并而为一,而改装线路加3300V之配电线2条。

(4)工人宿舍新装路灯:工人宿舍每一弄口原均无电灯之安装,故为□□及需要,计增装路灯,每弄口装灯2个。

(5)工宿女单身宿舍新装电灯工程:本厂新建女工单身宿舍落成,经本部勘测设计安装电灯(附女工单身宿舍电灯配置图)。

(女工单身宿舍电灯配置图略)

(二)锅炉方面之工作:本厂原设有B与W水管式锅炉2座,惟因使用年久不能达到原有之效能,为加强汽力之设备增设兰亚谢尔式双锅心卧炉1座(其容量为750□者),已于本年元月安装完了,如此即可解决冬季之汽力不足之问题。

1.B与W水管式之检修工作:本厂锅炉之定期工作为每3个月洗炉1次,清灰工作每周实行1次。兹将本年度主要改善工作分述于后:

(1) 走煤机WORMGEAR轴之改善配制:B与W水管式锅炉走煤机WORMGEAR轴之压力轴领□为正扣螺旋改为反扣螺旋。

(2)走煤机调速牙轮轴之改善:调速牙轮轴之打字部分易于磨损,故其打字部分将其改为套管式者而防止磨损之虞。

(3)B与W水管式锅炉之发璇工作:本厂B与W水管式锅炉之发璇ARCH因使用日久烧损,故分别拆除从新□□并稍加改良。

(4)修理B与W水管式锅炉之省煤器:本厂B与W水管式锅炉之省煤器(ECONOM-ZER)在敌伪时已损坏,故省煤器之排管积灰甚多影响通风,致使锅炉效率减低,经本部制图委本公司机械厂配该项排管卡子而安装利用,积灰之问题逐迎刃而解(附刮灰卡子图)。

(刮灰卡子图略)

(5)彻修B与W水管式锅炉之炉箅及漏风:于夏季将一二号之炉箅分别拆下彻修炉箅并将翻灰搅更换扒铁修理出灰门,使后部完全闭塞,俾使炉膛之温度增高。

(6) 三号卧炉安装保险汽门及风闸重锤：本厂所装兰亚谢尔式卧炉原无保险汽门(BAFETY-VALVE)之机件,由本部设计制图委机厂配制安装应用,又风闸之控制作重锤及铁架滑车等安装之。

(7)B与W水管式锅炉安装干汽管:为增加一二号锅炉之效能增添干汽管之设备,详细情形见附纸(干汽管设备说明书)。

(三)水泵方面之改修工作

1.彻修35HP洋井水泵:本厂用水除河水外,均赖于该 洋井供给,前曾屡生障碍,今特将其水管油管全部提出,水轮轴换以新轴,水轴原为6个并增改为10个,而增加其出水量。

2.改建河水抽水泵水泵室:缘该水泵室内只安装10马力水泵1台吸用河水,今为防止水泵发生障碍且鉴于该水泵水量之供应不足,故特由中纺四厂借来20马力马达1台,新装水泵1座,故而改建水泵室增大其容量。

3.其他

(1)冷暖风机之检修工作:本厂设有冷暖风设备,经检察有漏水漏气者,故彻底加以修理增高其效能。

(白河畔入水口改建略图略)

此处缺页

2.彻修B与W水管式锅炉之省煤器:拟于明年夏季分别将省煤器之排管漏水者加以更换(现用者已将漏水排管隔断),如此上水温度即可提高。

3.三号卧炉加干汽管:拟将三号卧炉(兰亚谢尔式者)增装干汽管,提高其效率。

4.B与W水管式锅炉出灰坑之改善:拟将一二号之出灰坑改造,俾能防止冷风之侵入炉膛内。

(三)水泵方面

1.滤水室增装上水泵:为增强上水两拟增加水塔上水泵1座。

2.新设空气压缩式水泵1座:已备案本公司建委承做。

3.白河吸水10马力泵改造水轮:已由本部制图设计完了并已由机械厂制妥,拟于河岸新建水泵亭落成后安装应用。注:现用者为一面出水者,今改为双面出水者。

4.河岸设水泵亭:为利于锅炉用水,故拟于白河岸旁新建水泵亭1座而利于四季用水,且该水泵亭已由建委会招商施工。

第二节 修理厂

修理厂分铁工部及木瓦工部,铁工部有镟案、锻锌及□□等工,木瓦工部有木瓦、油漆及小工等,凡纺织机件及瓦木工程等皆为修理厂修制之对象,并竭力达成促进生产之目的。

一、工作内容

(一)铁工部

1.制造或安装之设备

(1)细纱筒管□:今年继续制造81件因纱管为截圆锥状者,故□口水平而□底由坡度为1/32英寸厚铁板制造,并镶扇形挂钩如图1所示。

(图1略)

(2)纱厂喷雾支管加截门:为节省动力计将各部喷雾支管安装截门,其不喷雾之部分可随时关闭之,图2为截门之大小及其位置。

（图2略）

（3）冷水预热器：供应布厂喷雾之冷水因温度太低□有凝结水□生于管壁上，且滴于地板上，今设此器可将冷水先用蒸汽传热后导入布厂，如图3所示。

（图3略）

（4）浆纱水泵之安装：浆纱回水甚多，先导入回水池并用水泵将水排至制浆室之一隅利用，此高温之水颇合经济原理。

（5）皮辊部花胶锅：旧花胶锅为铁板制成者，因热水长期侵蚀而朽坏，今用1/8英寸厚之黄铜板制造裁料合法用板1张而有余否则用1张而不足，故用碎接方法制造仅用2/3张。

（6）布厂综卡子：因铁板条之材料欠佳，故新制之综卡子不甚坚固或白铜板条者最佳。

（7）布厂装暖气管：布厂东西墙附近之空间气温较低，水蒸气管凝结于墙壁或室顶上致碍工作。今于东西墙侧装205英寸铁管两行行通热蒸汽后，水分则不凝结并保持布厂一定之湿度，如图4所示者。

（图4略）

（8）布厂天窗下之白铁水沟：去岁试作1行效用尚可，今年急修之，卒于三月七日将其余12行修造完毕，图5所示为白铁水沟之大小及位置，并涂以白油漆以增加其坚固性。

（图5略）

（9）运布车之制造：旧运布车于棉花测量时须由车上搬下并置于量布机上测量之，新装者可于车上旋转量布工作，简便且与地板无损，图6所示为运布车之大小及尺寸。

（图6略）

（10）消防水桶：为加强纱布厂防火设备起见，特制尖底消防水桶211个，此水桶既不影响防火效率，又无随意利用之弊，图7为消防水桶之大小及形状。

（图7略）

2.修缮之主要项目

（1）开棉机风道之修理：开棉机系将压紧之原棉恢复松软之状态，然风道位置之不当，足使空气逆流花卷之重量不匀，厚薄不一，故风道之修整十分重要，此工程之主要者为白铁匠之工作漏风处或位置不合宜处，则由白铁工修理之。

（2）开棉机尘笼之修理：尘笼边沿之铁丝头与尘笼边之接合处系用锡焊合，此种构造欠佳，故时常开焊，可用铜焊之。尘笼铁丝之间隔及其重心之调整合宜可使其吸引均匀及花卷重量均一。

（3）细纱重铊：重铊为精纺机零件之一，缺口磨损过巨，故需烧焊使平，再以砂轮打磨小型缺口迄今已完成6160件，如图8所示为重铊修补前后之形状。

（图8略）

（4）纱布厂天窗开关：大半失去作用，故配零件易滚珠制旋丝轮等。天窗之功用有二，一采光、二调节湿度，故需急修天窗开关，以利工作之进行。

（5）浆纱天轴彻底改善：按四号机旧天轴之直径较小，其跨距较任何机者为大，故振动较剧，在跨距之中间置一轴承且架设一新木梁以支撑天轴之载荷，并将天轴之直径加大如图9所示。

（图9略）

（6）布厂加修支柱：布厂中□□□梁跨度太大，材料欠佳，其垂度过重，以3英寸气管作支柱以防万一，图10所示为支柱之位置。

(图10略)

(7)纱布厂回水之利用:因年久失修而坏之回水管及回水阀等彻底修理之,并于35马力及50马力之暖风机之处所安设水泵,将回水送至锅炉房以供应锅炉之给水。

(8)原棉仓库防火水管:库内水管之三通□□□等有损坏者今已督工修理之。

(9)修理自流井:能用之自流井仅1口,其垂直铁管时常损坏必急修之,以利应用。

(10)修理地下防火栓:有撞毁者、冻裂者,电焊其裂隙并装于原处。

(二)木瓦工部

1.制造或安装之设备

(1)并线比例尺之制造:并线部卷纱之多寡,但以构计辄感不便,若有比例尺则可直接量度其重量,用计算所得之结果。而制一比例尺样品以作来日大批制造之参考,图11所示为计算之根据及其计算之原委。

(图11略)

(2)布厂衣箱:布厂工人无置衣之设备,今制衣箱15座,其尺寸大小如图12所示。

(图12略)

(3)浆纱回水池之修筑:该池为混凝土制成者,其盖为活动式,盖内加钢筋坚固□便。

(4)纱布厂工务室改修:因蒸汽总管通过该室使温增高,工作不便,故用灰条□隔开,并将他方增修1间。

(5)工人炊爨室:原有饭厅地势仄小且炉灶在饭厅内殊感不便,今于北侧接建一炊爨室,宽12英尺,长40英尺,其详细图如图13、14、15、16、17所示。

(图13、14、15、16、17略)

此处缺页

(3)摇纱、浸纱廉之修补:旧板朽坏以竹板修制之,竹板之长度间隔宜均匀,表面宜光滑。

(4)精纺部纱管□接长:旧者容管量太小,接长一格可容较多之纱管。

(5)纱布厂墙壁之灰围:旧历年期间包油刷竣工。

(6)贮水池之修补:混凝土之裂隙甚多,用灰砂浆加以修补。

(7)修葺白河畔水泵房:旧者破陋不堪,重新修整之。

(8)俱乐部厨房之修整:旧职员炊爨室在总务课室之一隅,今年迁于俱乐部楼下,新添炉灶并加烟气道一座与旧烟气道并立。

(9)工人宿舍外墙重建:工人宿舍西北角之外墙与炼铜厂相连墙向外倾斜恐有危险,故拆去重修之。

(10)小学校之修缮:建旗台铺甬路,并将旧教室之正面作洋灰外皮。

(11)工会前后门之兴修:前后门加修后使有一事宜之院落。

(12)羊毛间改为托儿所:旧羊毛间之房顶欠佳,故完全拆除重新修筑,如图35所示为托儿所之平面图。

(图35略)

二、未来预定计划(因前缺页序号是否对应)

(一)厂内暖气设备之修整:纱布厂暖气管因锈蚀损坏之甚多,宜彻底修缮。

(二)上水道修整:职员宿舍及工人宿舍之上水道为2"及2 1/2"者,就中腐蚀者宜检查修理之。

(三)浆纱天沟下沉甚巨,预定彻底修复之。

第五章 总务课工作报告

一、前言

本课夙本厂务方针并密切与各场课协调联系的原则下执行决议推动工作,回忆过去2个年头的工作,除于接收伊始及时完成点收、储管、册报等工作外,同时为了配备纱锭、布机之增开计划,则对应用物料、机料之添购补充以及栈内堆存原棉成品之整理,莫不力谋供求适应襄助生产,迨纱锭、布机相继开齐后,更为配备增产计划之需要,同仁等尤能站定岗位竭力同心分工合作共策推进,从未敢一日懈也。爰将各部工作分志于后。

(一)文书

(二)庶务

(三)物料

(四)栈务

二、各部工作报告

(一)文书股工作报告

本厂文书股现有职员2人,在总务课直接领导下秉承厂长意旨及时完成有关文书案卷之处理。溯自接收以□除于接收初期工作重心偏重清结接交部分之交涉处理与善后外,迨至纱布机相继开齐后,更与各部在工作上取得密切联系,以获取工作之便利与效能之提高,年余以来肱股合作协力共赴尤赖各部襄助差免陨越于万一,爰本检讨过去策□来兹之旨缕述如次:

1.工作类述

(1)拟稿收发虽原则分任,惟悉本分工合作方针共策推进。

(2)为工作便利计有关统计及人事册报仍有一部兼办,随时汇集资料整理汇编交核转送。

(3)列凡对外交涉处理事件率先请各关系部分主管会签意见后,呈判缮送。

(4)整理汇编各项有关书告表报。

(5)其他一切交办事宜。

2.现有案卷

本年度公文函件颇多,仅与公司往来即数逾4500件以上,所有案卷刻正以性质分类分别装订归档中计:

(1)庶字卷11宗

(2)科字卷6宗

(3)业字卷1宗

(4)工字卷14宗

(5)人字卷7宗

(6)会字卷2宗

(7)福字卷5宗

3.职员考勤报告

本厂职员除少数同仁因病请假较多外,一般均未逾限,即1年内始终未克请假者亦不乏人尤无无故旷职等情事。

4.工作检讨

(1)偶发牵连复杂案件之惨烈仍感事倍功半不无难臻时效之遗憾,殆以年来各部工作均感繁重,少数同仁强调主观责任间亦有之致影响接洽多有波折与困难量加强密切联系,并善自汇集资料之分类保管或不难迎刃而解也。

(2)与各部工作联系现拟密切。

(3)档案分类、文件编号现亦渐臻合理化。

(二)庶务股三十六年度工作报告

1.整理工作:兹将本年度经办之整理工作事项列下:

(1)修缮工程:由工程费之大小及其性质可分为申请建委会施工者及自行承办修补施工者。

①由建委会施工者Ⅰ、纱布厂外墙皮修补工程:因其年久失修墙皮脱落以致内部砖墙风化且有倾斜危险,故施以彻底修补,以臻巩固籍利观瞻;Ⅱ、纱布原棉仓库屋顶补修工程:因该仓库每逢雨季滴漏不堪,为防库内物品霉坏损失而施工全部翻修;Ⅲ、学校新筑工程:因施教需要而增添教室3栋、教员休息室及公役室2栋;Ⅳ、物料股办公室新筑工程:为便利与集中物料采购、收发记账等工作,于物料仓库内增辟办公室1座以利需要。

②自行修补之工程:Ⅰ、职员宿舍全部屋顶之修补工程:自接收以来屋顶迄未修补,致每届雨季全部宿舍几无一处不漏,故着手施工修缮,自行雇佣临时工全部翻修;Ⅱ、修补工友宿舍屋顶工程:因年久失修微雨即漏,故择选其最重者自行修缮;Ⅲ、清花地洞修缮工程:因临近海河地势低洼,洞内四周墙壁屡为水浸,故自行招工修缮以利工作;Ⅳ、办公室及医院之粉饰:办公室与医院之墙壁、门窗以增加光线而利观瞻;Ⅴ、花屋之修补:自接收迄今该屋日渐破损实属不堪,继续使用,故酌予修缮,以便实用而利观瞻。

(2)运输设备:修竣接收时之残坏汽车1部,完成1客货两用汽车,又修竣交通客车1部,增加内部容量,并于假期内增加开往市区次数,以便员工往返代步。

(3)福利设施:①特约医院:上年度曾与市立第三医院订立契约,为本厂特约医院,兹为谋确保员工之健康,与市立第四医院又订立特约契约,与第三医院同样享有优待;②增添女职员宿舍:于俱乐部旁一部房屋加以修缮,成立女职员单身宿舍;③扩充职员理发室:凡职员每人每月发给理发券5张,凭券理发;④增设洗衣室:按照分公司福委会厘订之洗衣室规章施建之;⑤增设男职员浴室:下午7时每日开放,以重卫生。

(4)职员伙食之调整:职员及勤务等之伙食加以改善,见比较表(附表),并将厨夫之人事调整扩充,饭厅充实设备,使其尽量清洁而重卫生。

职员及勤务等伙食比较表

月别	膳费总额	平均每人膳费	平均人数				
			职员	勤务	训生	其他	共计
1	7932750.00	81455.07	56	27	5.25	9.15	97.40
2	12074570.00	117228.83	58	27.75	5.25	12.00	103.00
3	12622820.00	121047.37	59	27.75	5.25	12.28	104.28
4	14955750.00	144235.22	58	27.75	5.25	12.69	103.69

续表

月别	膳费总额	平均每人膳费	平均人数				
			职员	勤务	训生	其他	共计
5	17069900.00	164244.20	59	27.75	5.25	11.93	103.93
6	21515510.00	218875.99	59	28.50	5.25	5.55	98.30
7	38214600.00	353446.17	59	33.60	5.60	9.92	108.12
8	38776800.00	333134.02	62	33.60	5.60	15.22	116.40
9	46205800.00	396039.09	62	33.60	5.60	15.47	116.67
10	由伙食委员会经管						
11	由伙食委员会经管						
12	由伙食委员会经管						
备考	以上人数为勤务、学生以3/4计算,客饭以2/5计算。						

以上人数为勤务、学生以3/4计算,客饭以2/5计算。

(5)生财器具之采购及保管:由各部申请需要之器具,再由本股权其轻重随时采购整理,遇有残坏则立即修理,并分门别类编排号数登记账目,按时节须要而定发给与收回以重器具之保管。

2.工作进行障碍:关于修缮事宜时有应行整顿及修补之事,而为经费所限未能尽臻完善耳。

3.今后工作之计划

清洁事宜:拟调配杂工及勤务施行定期大扫除,以保全厂经常之清洁与卫生。

(三)材料股工作报告

1.整理工作:本股工作在过去接收初期会忙于物料、机件之点查整理,以便储管藉免供应收发之困难,过去凌乱现象早已不复存在。

2.购料概况:本厂僻处市区边陲,交通不便影响进料困难,即调拨物料亦不例外,所有购料除零星急需不克申请而自行购置者外,悉由分公司购委会统筹供应,现自行购料手续办法亦经改善,以前困难,今亦克服。惟格于自行购料费金额兼以物价波动甚巨,自亦不无影响也。

3.工作环境之改善:为增进收发记账之便利,联系与提高工作效能,业于物料库内增辟1办公室。

4.总结过去一年工作除工作制度效能渐趋正规发展外,尤为配备纱布增产计划,而对物料机料之调拨添购与补充莫不力求迅速确切,藉裕供应而利增产计划之进展。

(四)栈务股工作报告

本股自三十六年一月以来泰半致力于栈内堆存物资之整理。

1.原棉

(1)前言:自三月一日奉总公司指令重分等级后,对于中间之距离较前缩短,故配花方面便利许多,无好坏悬殊之虞,在五月至六月间致力于水火残美棉之整理,能使用者归清花厂使用,不能使用者拨归下脚标售。至九月、十月间因为交通干线多被共匪破坏,棉花来源日益匮乏,厂方存量仅足供应短期使用,不得已除将拨归小脚之杂质棉等收回雇佣拣选外,更将已卖出海水美棉(彼时60万元1担□于军医院)设法交涉运回拨交清花间按次白棉以少量使用,三级棉无存货时则由四级内拣选递充,四级、五级不足时则由六级内选拣,彼时原棉匮乏不绝,如屡直至封冻前总公司大量美印棉始由沪到津藉以转危为安，在此一年中可谓最艰难之工作也。

(2)工作概述

①运棉方面向由分公司运输室送厂，即饬工速卸，以免影响输送，翌日过称，每批标以卡片以防错误。

②对于防火更为注意，每库内置有灭火器，库外置有大小水桶，库顶有自动流水管，倘遇意外，即可自动流出，藉防不虞而策安全。

③根据工务课每日来条领用原棉当按库存多寡平均交付，以免配花方面有偏枯情形，更与每日清晨赴清花间将交付之原棉检查1次，遇有内中品级欠佳时或少用或调换或平均配备使用，总以使配花方面不受影响为目的。

总之，在戡乱期间原棉缺乏之时，以节约用原料为原则，以无用变有用，俾符节约要求，而进谋减低成本也。

2.成品

(1)棉纱、棉布入栈工作情形：

①纱布厂成包部分将棉纱打包成件，由脚行先行过磅((每中包标准为203磅)搬运成品仓库保管，每垛悬挂卡片详填品名、数量以资区别而免混淆。

②纱布厂成包部将棉布及零布打包成件，由脚行过磅(每件标准为248磅)搬运成品仓库保管，每垛悬挂卡片详填品名、数量以资区别藉免混淆。

(2)棉纱、棉布及零布出栈程序：

①棉纱、棉布及零布出栈时依据分公司掣交提货人之提货单上面之品名、数量及提货人背书等手续，并与分公司发送之出货通知单对照相符，始行起运出厂。

②棉纱、棉布出厂后，即将出货通知当正面加盖年月日出清戳记呈缴分公司业务课备案存查。

(3)购自处理局之棉纱、棉布及零布、筒子纱等项物品处理办法：

①棉纱、棉布及零布系由分公司业务课牌价配搭售予各纱布商号。

②筒子纱数种由分公司业务课售予织染业公会配给津市各织布厂使用。

(4)各种废料库存及整理办法：

纱布厂各种废料逐日由仓库工友搬运，原棉仓库打包成件分别堆存保管，每垛悬挂卡片详填品名、重量以资区别而免混合。

(5)标卖各种废料程序：

各种废料计共23种，每届标售系由分公司业务课统筹办理，本厂依据分公司业务课掣交提货人之下脚废料出栈通知书上面之品名、重量及提货人背书等手续，并与分公司发送之下脚废料出门证对照相符，始行起运出厂。

(6)各项表报工作：

①棉纱库存日报表(业务课纱布厂股工务课)。

②棉布库存日报表(业务课纱布厂股工务课)。

③棉布、零布库存日报表(业务课纱布厂股工务课)。

④下脚库存日报表(业务课原棉股)。

⑤废料出厂报告表(业务课原棉股)。

⑥棉纱纳税数量表(业务课、纱布股、厂会计课)。

⑦棉纱库存月报表(业务课、纱布股、稽核室)。

⑧棉布库存月报表(业务课、纱布股、稽核室)。

⑨棉布、零布库存月报表(业务课、纱布股、稽核室)。

⑩下脚库存月报表(业务课、纱布股、稽核室)。

⑪花纱布盘存表(工务课)。

(7)各项账目工作:

①棉纱分类账。

②棉布分类账。

③棉布、零布分类账。

④下脚分类账。

⑤售纱总账。

⑥售布总账。

(8)全年出入栈数量表:

①入栈棉纱为3226.5大。

②出栈棉纱为2955.5大包。

③入栈棉布为371825匹。

④出栈棉布为357725匹。

⑤入栈废料为6334.15市担。

⑥出栈废料为5187.05市担。

(9)本厂脚行搬运物品及运费困难情形:

本厂纱布入栈均由脚行搬运,现在棉纱每中包搬运费1500元,棉布每件搬运费1500元,脚行不时要求增加运费至难应付,而格于积年惯例又不能收回自办,深感困难。至于纱布出栈装运车及起运出厂等工作均由脚行办理,其一切费用由提货人自理。

(10)货物税局驻厂稽征办法:

①棉纱纳税由分公司填具申请书详填包数税额转送驻厂员申请发给完税。

②棉布纳税依据纱厂移送织布间用纱支数重量填具申请书,详填包数、磅数、税额送交驻厂员申请发给完税照,俟棉布出厂时由驻厂员在棉布包上加盖验戳,不在申请纳税重征,即行出厂行销以符税章。

③每日应纳税款施行记账办法,每届十五日、三十一日分别填造收领税照证交由驻厂员,径向分公司执凭照缴税款,以清手续而符税章。

(11)应行改善事项:

①棉纱、棉布提货不得逾限之规定,依据提货单正面说明自开单之日起限7日内提清,逾期按照规定另收保管费。关于批售联勤总部平津被服厂及沈阳被服厂之棉纱、棉布多有不按期提取之情形,竟有逾期数十日仍不到厂提货者,此种情形时常发生,每届分公司业务课召开栈务会议时经数次提案,终无适当办法。兹以仓库保管责任慎重起见,建议改善办法,函请分公司业务课通知联勤总部以后持有各厂棉纱、棉布提货单依照限期将货取清,如逾限期另收保管费。如不照章缴纳保管费用,其纱布提

货单在逾限期时仓库发生意外情事，厂方概不负责，而促提货人之注意限期。

②棉纱、棉布出库搬运装车等费用向由提货人自理，而联勤总部每届持单提货时自备汽车，随带苦夫十数名到仓库搬运纱布，自行装车。兹以慎重保管仓库起见，拟禁止厂外人等进入仓库搬运货物，关于联勤总部及各军政机关提取货物时，由本厂脚行代为搬运装车（搬运费由购买人自理），以昭慎重而免发生意外情事。

第六章　人事课工作报告

本厂自接收伊始适值各处工潮兴起，本厂亦受工潮之波及，不独生产蒙受损失，抑而影响工人心理尤巨。因此，本厂负责管理工人者处境颇艰，而为革其心而导其向善力谋各种对策，用以表面之说服，并考其心理之转变，改造其环境，陶冶其身心，故在娱乐及福利方面尽量求其充实，适用摒弃空谈，着重实际，施以德、智、体、群各种训练，深入工人曾朝夕相聚，以身作则，互策互励，循循诱导，而主管福利者亦身立其间，以资提倡。以现在而论则工人虽不能臻于理想境地，较之以前确有长足进展。兹将本年度本课各项进展分述如下：

一、人事课福利部分工作报告：

（一）劳工教育

1.子弟小学：接收后本厂原有子弟小学1所，惟只有教室1间，学生一班四五十人，徒有学校之名而已。本年度开始即积极扩充增聘教师，添筑教师，使吻合吾国现行教育制度及标准，预计于明年度完成一完全小学。兹将本年度增添现状列后：

教室：原有教室1间，本年度增筑5间，共计6间，并聘有主任1人，教员5人。

学生：一年级　男45　女35　共计80人

　　　二年级　男37　女20　共计57人

　　　三年级　男29　女14　共计43人

　　　四年级　男17　女11　共计28人

以上总计人数208人。

2.劳工教育补习班：本厂男女工友共计1667人，未受教育者约占40%，故对对劳工教育之提倡乃刻不容缓。除遵照劳工教育实施办法办理外，并参照实际情形及一般工友程度分为三班，甲班为高小程度者，乙班为初小程度者，丙班为未受教育者，每3月为一期，现有学生193人，男生103人，女生90人，本年度高级班毕业者40人，预计下年度再招新生1班，并增设技术训练班之计划，劳工班教育由小学教员及职员兼任。

3.工友图书馆：为灌输工友现代常识增进读书兴趣，特于工房内成立书报阅览室，订有报纸、杂志由专人负责管理。

（二）体育

自接收后本厂在体育方面毫无设施，而一般工友对体育一项亦乏兴味，本厂则针对现实拟定提倡体育计划，其原则为力求体育普遍化、大众化，使一般工友心理不崇拜操场英雄而注重实际体魂之锻炼，养成合作耐劳、持苦守纪律诸美德。不注重个人技术而注重团体训练。因之，对于代表本厂之各项选手，其选择标准必须具有优良品德健全的体魄，对体育意义有充分之认识，遇有比赛时，只着重合作精神及技术之观摩比较，不以胜败为荣辱，因之，本届分公司主办之厂际篮球比赛虽获冠军，只不过认为系平日对体育训练之考验而已。兹志本年度以来对体育之设施如下：

1.运动:为促进工友身心健康,利用工余时间作友谊比赛,以资养成互助合作之精神,设备各种运动器具,其业经成立之各种运动单位如下:

(1)篮球:场地3个,除本厂代表队外,其个人组织球队计五六队。

(2)足球:场地1,本厂代表队1,练习队2队。

(3)排球:场地1,代表队1。

(4)□跤社:设有应用用具社员30余人。

(5)国术社:聘有教师1名,社员50余人。

(6)单杠、双杠等。

2.娱乐:为改善习惯陶冶性情,在娱乐方面力求普及化教育化置重点,于促进民族思想之正确团结合作之精神,以灌输现代之常识为主旨,所有各项娱乐摒去原有不良习惯,使均会有教育意义。兹列各项设备于后:

(1)电影班:备有电影机1架,利用假日租片放演。

(2)话剧社:计有团员40余名,由人事课人员担任,并聘有导演1名,新添布景及乐器等。

(3)国剧社:聘有教师1名,社员50余人,最近增添乐器多种。

(4)国乐队:附设于话剧社内,队员20余人,购置乐器等数种。

3.卫生:

(1)医院:本厂设有医院1所,有内外两科、病房5间、医师1人、护士2人、助产士1人,每日就诊者五六十人,并按期实行预防注射。

(2)工友理发所:由厂方雇佣理发师7人,工友每人每月由人事课发给理发票2张免费理发。

(3)工友浴室:本厂设有男女浴室各1所,雇佣杂役2人每星期一、三、五早晚开放。

4.宿舍概况:

(1)职员宿舍分类

A级2所,每所6间。

B级10所,每所4间。

C级20所,每所3间。

D级16所,每所2间。

男职员单身宿舍16间,女职员单身宿舍6间。

(2)福利设施

俱乐部:台球、乒乓球、杂志、书报、棋类。

理发室:每人每月只限5次,收费200元。

公共浴室:每星期二、四、六开放。

洗衣室:每位职员每月只限洗24件,收费每件平均300元。

(3)工友宿舍概况:住家庭宿舍者共计730人,约合44%,住男女单身宿舍者共计371人,约合21%。本年度修缮房顶、整理地沟、在消防方面设置消防水桶及清洁秽水池。

(4)类别

①忠字宿舍40间(计20所)。

②孝字宿舍40间。

③节字宿舍325间。

④公字宿舍14间。

⑤男单身宿舍10间。

⑥女单身宿舍58间。

⑦公用房20间。

总计534间。

5.其他

(1)合作社:本厂合作社于三十五年八月间成立,为分公司第五分社,主任1人、会计1人,杂役2人,营业尚佳。

(2)工友伙食团:由厂方雇用厨夫11人,供给煤火,除此均归工友自理,每日三餐,单身工友均在饭团,现约200余人(并附工友入伙人数及伙食费统计表一)。

(3)热水炉:系外人承办,厂方每月供煤电,以廉价卖给工友家族开水,其男女单身工友由人事课发给水票,每月每人免费取水四磅。

6.哺乳室:为10个月以上(婴)儿哺乳处所设有长凳,并雇用女仆2人日夜轮流看护,现有男孩56人,女孩33人。

7.托儿所:本厂原无托儿所之设备,一般有婴儿之女工均感十分困难,几经筹划决定添设利用原有洗毛房改建,已于本年八月终完成,雇有女护士12人、女仆2人、小儿床30张、简单医药器具,举凡婴儿床单、被褥及玩具均行设置,凡本厂女工之婴儿十个月以下者均可入所,现在送所婴儿男孩计有21人,女孩计有12人。

二、人事课三十六年度登记部分工作报告

本年度因纱布机逐渐开齐,故关于新进之工友不如上年度之踊跃,为提高工友之素质与配合实际之需要起见,嗣后再新进工友拟采用考核办法,此种计划于五月间因整理间申请刮布女工而试办,计分体格检查、口试、笔试3种,结果情形良好,录取中学毕业生2名。兹将本年度新进工友列表如下:

工别 性别	直接工	间接工	合计
男	21	52	73
女	38	6	44
共计	59	58	117

关于登记之工作主要为整理工友名簿,业于本年初全部告竣,工友服务证亦于一月间发出,嗣后工友一律凭此证方得入厂。至于工友之考勤除积极办理考勤之登记外,一方对于请假绝对加以限制,以期工友能自动到工而减少请假、旷工,增加生产。今年之请假情形较诸去年已逐渐减少,总计本年各月请假平均人数列表如下:

假别	病	事	婚	丧	公伤	产	合计
每月平均人数	68	23	7	4	1	17	124

本年度退职之工友计109名,其中除名一项数字较多,因旷工除名者占52名。兹附表如下:

退职原因	除名	自退	调迁	死亡	合计
人数	73	32	1	3	109

除上所报告者外，每年固定工作一仍旧惯，并为每日到工人数有精确之统计起见，由本课与厂间取得密切之联系，并于每日由本课制作，每日到工人数表将各部别到工人数分别填写，再由各部负责之技术员核对后，加盖图章证明。兹将本厂各部现有工友人数列表报如下：

部别/人数/性别	纱厂	布厂	机动	□役	杂工	合计
男	233	368	86	141	93	921
女	331	369		8	24	732
共计	564	737	86	149	117	1653

第七章　会计课工作报告

一、前言

本年度本课各组之办事人员除会计主任外，一无更动。前主任张阜厚君于十月奉调改任职分公司，遗职由分公司会计课账务股股长程金声君升充当，于十月十五日办清移交手续，本年九月中接奉分公司转奉总公司训令，以总公司会计处将原有关财务部分之事务划出，另设财务处办理一切钱，会计处长改任，财务处长另由国民政府主计处函派章长卿、马鸿万2员为会计处正副处长，所有各分支机构应办移交手续应以九月十日为截止期，以十一日为交接期，并指定原会计主管人员为点交人同时为点收人当即遵办，并于九月十日办竣造册具报。

二、经常事务计分成本、账务、工账、出纳4项工作部门。兹分述如下：

(一)成本：本年度成本计算除于年初“制造成本计算表”及“成品单位成本分析表”更加详尽外，其他一如客岁无可变更，惟与成本有关之统一价格，本年度则除原料统一价格仍每月由分公司通知1次外，更于四月份起实施燃料统一价格，其与市价之差额则收“其他准备”物料均价准备户，原料方面则更于四月份起依照上海各厂办法，由分公司颁布“原棉等级标记及百分差价对照表”(见附表一)。自本年十一月起纱布厂月终在制品盘存于月末，由会计全体同仁加班帮同盘点一以期此项工作之敏捷完成；再则示以在工作方面无分尔我，同舟共济之精神；三则可增加工务事务，同仁间彼此进一步之了解，从而产生更和谐之气氛也。至成本之原始资料偕乎各有关部分仍未能提前送来，泰半须次月八九日始能齐集，以致成本报表未能及时造送，是则须今后各有关部门之同仁予以更进一步之协助与合作也。

(二)账务

1.自结盈亏：津各厂自结盈亏，于三十六年十一月起实施，本厂当即遵照规定办理前此与收货损益有关之各项由分公司统筹各厂于次月初将成本结出后依照实数量划付分公司，今则工作忙碌繁复较前不啻倍徙矣。

2.自值资产折旧：于本年十二月份起除接收之资产折旧仍如前办理外，更遵照总公司颁布办法加办自置资产折旧。

3.耗用原料按百分率升值：自十二月份起耗用原料一律按分公司规定百分数提升价格，俾成本计算更加准确(见附表二)。

附表一:中国纺织建设公司天津分公司原棉等级标记及百分差价对照表

长度	等级	类别 / 品格 / 标记及百分差	美印棉及国内各地细绒棉						华北次白(S)			红花(R)	粗绒(T)
		品格	上	次上	中	次中	下	次下	上	中	下	——	——
		标记及百分差	A	E	I	O	U	Y	A	I	U	A	A
11"/16	一级	A	AA 113%	AE 111%	AI 109%	AO 107%	AU 105%	AY 103%					
1"	二级	B	BA 110%	BE 108%	BI 106%	BO 104%	BU 102%	BY 100%					
15"/16	三级	C	CA 107%	CE 105%	CI 103%	CO 101%	CU 99%	CY 97%	SCA 89%	SCI 87%	SCU 85%		
7"/8	四级	D	DA 104%	DE 102%	DI 100%	DO 98%	DU 96%	DY 94%	SDA 85%	SDI 83%	SDU 81%		
13"/16	五级	E	EA 101%	EE 99%	EI 97%	EO 95%	EU 93%	EY 91%	SEA 81%	SEI 79%	SEU 77%	SEA 70%	
3"/4	六级	F	FA 98%	FE 96%	RI 94%	FO 92%	FU 90%	FY 88%				RFA 65%	TFA 90%
11"/16	七级	G	GA 85%	GE 83%	GI 81%	GO 79%	GU 77%	GY 75%					TGA 85%

附表二:分类材料百分率升价表(由三十六年十一月底至十二月底止)

(1)传动用料　175%

(2)机器油类　119%

(3)皮辊用料　22%

(4)浆　料　110%

(5)原动用料　105%

(6)修配用料　53%

(8)布机用料　300%

(11)打包用料　40%

(12)各种工具　200%

(14)建筑用料　110%

(15)电　料　295%

(17)文　具　101%

(18)颜料涂料　36%

(19)食　料　74%

(20)杂　料　83%

(21)燃　料　52%

(三)工账

1.布厂论货工改定办法:由三十六年五月一日起本厂改产12.25P特平布,其工资系以12P细布为标准按八二折扣,仍照布厂论货工工资办法计算,更于八月一日起改行新办法(见附表四)以迄于今。

附表四:布厂织布论货工工资计算改订办法

(1)按个人实织码数计算,每织1码应得1码之工资。

(2)看一二台者以养成工论,每日工资0.4元。

(3)看3台者每台平均26码以上者,每日工资0.6元,每台不足26码者按养成工计。

(4)看4台者每码工资0.00705元。

(5)看5台者每码工资0.006元。

(6)看6台者每码工资0.0054元。

(7)看7台者每码工资0.0049元。

(8)看8台者每码工资0.0045元。

(9)以上每码工资系12磅细布,纬密64根为标准,如密度有变更时,照比例折合计算之。

(10)①如有请假者当日如遇停电时,该工之停电补给按时扣除之;

②如有请假者计算停电补给时,按个人实际工作时间计算之。

(11)如有调动时,以调拨之当日实际看台数而计算该日之每码工资。

(12)工资计算方法如下:

①无停电情形时=本期总计码数×每码工资×指数=本期应得工资(请假日数无关)。

②有停电情形时=$\frac{\text{本期总计码数×每码工资}}{\text{实际开车时数}}$×停电时数×指数=补给停电工资。

③本期织布应得工资+补给停电工资=本期实得工资。

④例本期实际工作70时停电50时,某工请假之当日上午停电5时,下午厂内有电而该工请假回家,则该工之本期实际工作为65时,停电补给仍为50时。

注:此项(BCD)办法只与计算停电补给工资有关与码数及应得工资无关。

(13)本办法实行后以往施行之每码工资及底新一律取消。

(14)本办法有未尽事宜得随时补充修订之,经厂长批准后施行之。

(八月一日起实行)

2.加造工友加班报告:本年八月接奉分公司函令,对于各厂加班为彻底明了,并统筹划一起见,令加报加班单,当于八月八日起遵照办理,除清纱布厂际各课与所营工友加班之次日填报外,并于每期工资发放完毕后,汇总呈报分公司。

3.工资改按本月份指数发给:工资由十一月份起改按当月份社会局公布指数发给,以此工账部分因之偕应忙碌。目前每月上期工资暂先依照上月份指数办理,下期发放时改按本月指数并补发上期差额,是不啻一月中计算工资3次而增加工作1/2也,幸赖同仁努力尚无迟期情事。

4.三十六年度工友奖金:奖金计算办法略同上年,惟日数不同,计甲级48天,乙级40图,普通32天,并于三十七年一月十六日发讫。

5.本年度各月份每人平均工资:各月每人平均工资约如下表:

三十六年度工友每月平均所得工资表

月份	1	2	3	4	5	6	7	8	9	10	11	12
每人平均金额	201469	223215	354868	373278	607138	932713	1006468	1022605	937305	1162198	1671740	3177570

(四)出纳:九月间奉分公司转奉总公司训令,转知国民政府主计处派章、冯二氏为会计处正副处长奉经到职,并成立财务处各等因。按照规定分支机构有关财务处理应秉承财务处办理,其出纳人员暂由分支机构主管人员负责督导,当即遵照。并自十月起加编"财务动态日报"分别寄报总公司财务处会计处、分公司会计课稽核室。

(J148-1-29)

仁立实业股份有限公司

1.仁立公司第七十三次董事会纪录

民国十七年一月九日(1928年1月9日)

民国十七年一月九日下午八时在清华同学会开第七三次董事会。到会者周寄梅、胡征若、夏廷献、杨仲达、顾佐忱、朱继圣、凌其峻诸君。周董事长主席,杨仲达为书记。

一、杨君宣读第七十二次会议纪录,表决通过。

二、朱君提出十二月份经济报告书,又,十七年分全年营业报告书,烧酒胡同、内宫监、三转桥等三工厂盈亏损益表,并经详细解释后均表决通过。

三、凌君报告自上次开会到今共运出地毯7200余方尺美术品,约值10200余元。一月之内未曾接到大宗地毯定货,但经接受美术品定货,约值15800余元。

四、朱君报告日前接到Mentruk & Co.去年十二月一日来信,云代售之地毯业经卖出2700尺,并附到详细价目单一纸,曾经详加计核,以卖价与成本比较,尚属顺利。惟统计委托该公司代售之货尚存五分之四强未经卖出。来信云,万一不能照此均价卖,或有滞销情事,恐须整批以贱价出卖,庶能以优劣不等之货一律脱手,届时当再用函电与本公司商量定夺。其传函内所报告各种情形法亦甚为满意。

五、朱君谓现因羊毛价虚,曾在康庄地方购完羊毛18000金,价为每百斤洋44元,运费在外。

六、朱君谓去年营业净利应当不止如报告中所开16500余元,实因羊毛上及托美商代售之货等原因致。将现金搁起,反须出利借款透支,在利息一项即耗去7000余元。此外,尚有"直隶省征收奢侈品用户"(地毯特)捐等等,均为意外之支出云。

十时半散会。

(J144-1-22-2)

2.仁立公司第七十四次董事会纪录

民国十七年二月十三日(1928年2月13日)

民国十七年二月十三日晚在清华同学会开第七十四次董事会。到会者周寄梅、王长信、费云举、胡征若、杨仲达、顾佐忱、朱继圣、凌其峻诸君。周董事长主席,杨仲达为书记。

一、杨君宣读第七十三次董事会纪录,经付表决通过。

二、朱经理提出十七年一月份营业及经济报告书,又,提出上年公司与各工厂盈亏结表,均付表决通过。

三、凌君报告自上次开会至今尚未接到大宗地毯定货,惟接受美术品之定货8800余元。再自上次开会至今,曾运出地毯9400数十方尺,又美术品8500数十元。

四、关于代售地毯事,前接Mentruk & Co.去年十二月三十一日来函,所有代售之地毯现已卖出共计14000余尺,除去该公司代填之各种费用外,尚余3200余元美金,开附汇票一纸寄京。嗣又接该公司一月十五日来电,云所有余剩之地毯或可无论货物高下一次卖出,平均每方尺获价1.25元美金,当即复电请其尽力酌量办理。复电去后尚未接有回音,统计已售之货除第一批因货物太轻不合时尚略有折蚀外,余为第二、第三批之卖价均有盈利。如果照Mentruk & Co.来电以每方尺1.25元卖出,则平均每方尺须折本0.15元。至于总平均之损益数目须俟全数卖出后方能计算。

五、议决定于三月十八日下午三时在清华同学会开股东会。

六、议决由历年所存特别公积项下提出5000元归入去年盈余项,不摊付官红利。

七、议决去年盈余为16552.34元，再加特别公积项拨入5000元，共为21552.34元，其分配之法为左：

官红利以一分二厘计算 洋 12000元

董事监察员分红 洋 1724.72元

职员分红 洋 7000元

公积 洋 827.62元

共计洋21552.34元。

十一时半散会。

(J144-1-22-3)

3.仁立公司第七十五次董事会纪录

民国十七年三月十二日(1928年3月12日)

民国十七年三月十二日晚在清华同学会开第七十五次董事会。到会者周寄梅、费云皋、胡征若、夏廷轩、杨仲达、王承祖、顾佐忱、朱继圣、凌其峻诸君。周寄梅君告假，公推费云皋君为主席，杨仲达为书记。

一、杨君宣读第七十四次董事会纪录，付表决通过。

二、朱君提出二月份营业及经济报告表，均表决通过。

三、凌君报告自上月开会至今运出小块地毯1880余方尺，又美术品计值洋12680元。自上次开会至今共接受地毯定货15000余方尺，又美术品定货23970元。

四、胡君征若报告稽核本公司上年账目事。曾经偕同王君长信与本月十四日到公司按照历年手续一一查核无讹。所有公司及工厂内各种生财存货，亦由费云皋君、顾佐忱君同往查点清楚，均无错误。

五、关于代售地毯事，朱君报告近接Mentrup & Co.来函，云一月内又卖出1000方尺，并汇到美金3000元，其余之货尚有6800余尺未经卖出，所托Victoria magic代售之货现已照本卖与J.Hopkins。

六、朱君谓因接受定货之希望，今又购完羊毛毛线等共值洋13000元。

七、朱君报告奢侈品用户捐现在虽尚未实行，万一无法取消，则北京地毯营业不能存在矣。

九时四十五分散会。

(J144-1-22-4)

4.仁立公司第七十六次董事会纪录

民国十七年四月九日(1928年4月9日)

民国十七年四月九日晚在清华同学会开第七十六次董事会。到会者周寄梅、费云皋、杨仲达、刁德仁、夏廷献、王承祖、顾佐忱、朱继圣、凌其峻诸君。周董事长主席，杨仲达为书记。

一、杨君宣读第七十五次董事会纪录，当经付表决通过。

二、朱君提出三月份营业报告及资产负债表，众无异议，付表决通过。

三、凌君报告自上次开会至今经运出地毯8400余方尺，又运出美术品均值洋12380元，共计接受地毯定货22000余方尺，又接受美术品定货价洋2000余元。

四、朱君报告Mentrup & Co.代售之货今又接到货价1170余元美金，所有第一批之货已经趸批售出，计亏折银洋700余元，幸差为数不巨。

五、朱君谓月内可望John Wanamaker有大宗定货到来，只以新旧两工厂内不能多出地毯以应需求,殊觉为难。将来或须往天津“设法,或在该处”设厂,或在该处设法发交外厂定制。两法必居欠一,方能维持顾主交易。

六、朱君报告本月五日烧酒胡同工厂内因些微小事全体工人不辞而走,旋经后言劝解,众即回厂照常工作,略有要求,当即酌量允许。风潮现已平静矣。

十时半散会。

(J144-1-22-5)

5.仁立公司第七十七次董事会纪录

民国十七年五月十四日(1928年5月14日)

民国十七年五月十四日晚在清华同学会开第七十七次董事会。全体董事、监察人到会,周董事长主席,杨仲达为书记。

一、杨君宣读第七十六次董事会纪录,众无异议,付表决通过。

二、凌君提出四月份营业报告及四月份资产负债表,并声明现因接受地毯定货增多,美术品定货亦增加,必须多购原料,并有先行垫款之处,故本月借款及透支之数亦见增加。一经解释后,即表决通过。

三、凌君报告自上月开会至今共运交各顾主计地毯6700余方尺,又运出美术品值洋15470余元。再自上月开会之后接受地毯定货20500余方尺,又接受美术品定货约值洋31800元。

四、凌君将去今两年一月至四月之营业量数列成比较表提出报告,其中关于地毯一项今年四个月内售货虽多,实因托人代售之货颇有亏折,之所获毛利及较上年四个月减少百分之二十三。惟在美术品佣金上今年较去年增加百分之六十一。

五、凌君报告Mentrup & Co.代售之货三月底又汇到货价4000余元美金,计算到三月底至尚有机纺线地毯2400余方尺存在该公司未曾售出。此项机纺线地毯向来每方尺可售价2元美金以上,此项存货为能售得善价,则前后统计照货物成本论,当不致折本,惟所有应此借垫款项之利息不计在内。

六、两经理报告今年春季接受地毯定货骤然增多,本厂及京内多毯厂出产力,均不能分任多大量数。现在时局不定,又不便作何扩充计划,不获已特往天津分发各厂承造,现已发出4000方尺。

十时半散会。

(J144-1-22-6)

6.仁立公司第七十八次董事会纪录

民国十七年七月九日(1928年7月9日)

民国十七年七月九日晚在清华同学会开第七十八次董事会。到会者周寄梅、费云皋、胡征若、夏廷献、刁德仁、杨仲达、朱继圣、凌其峻诸君。周董事长主席,杨仲达为书记。

一、杨君宣读第七十七次董事会纪录,众无异议,付表决通过。

二、朱经理声明六月份董事会因地方戒严,夜间出入不便,且以无甚重要事件讨论,故未举行。今将六七两个月之营业报告及资产负债表一并提出,请讨论,当经主席,付表决通过。

三、凌君报告自五月内开会至今,经共运交各顾主计地毯16980余方尺,接受地毯定货2000方尺,又运出美术品计值洋43531元，并接受美术品定货约值洋9000元。

四、朱君报告工厂情形，谓本工厂内现有工人110名，又艺徒十数人，内宫监厂内共有工人、艺徒70人，寻常无定货工作时，即用余剩之零星染色毛线配置小块地毯，间亦制造公司存货。现在所存毛线当不少，至于工厂内情形惟觉管理上当看不甚满意之处，此事只能设法逐渐改良。

五、朱君报告本月七日内因天安门开市民大会，本厂工人要求放假一日，厂内即代各工人付工会费，每人二角。此次地毯工会提出五项要求，似当平允，求中有两项似专为他工厂所设，其余三项当于毯行商会议所一致办法。本厂工人举动当属和平。

六、凌君谓，现在中国地毯在美国市场不甚畅销，因于美国新出机器可以仿制中国手工地毯，合价较虚。此项机制货如果通行，则中国地毯一业颇觉危险，惟仁立公司既有数年之经营信用，未斯不可在他种贸易上进行发展。兹事体大，应当从长计议。

十时散会。

(J144-1-22-7)

7.仁立公司第七十九次董事会纪录

民国十七年八月十三日(1928年8月13日)

民国十七年八月十三日八时在清华同学会开第七十九次董事会。到会者周寄梅、夏廷献、刁敏谦、杨仲达、王承祖、顾佐忱、朱继圣、凌其峻诸君。周董事长主席，杨仲达为书记。

一、杨君宣读第七十八次董事会纪录，于出席董事人名漏记刁君，当即加入外，付表决通过。

二、朱君提出本公司七月份营业报告及资产负债表，众无异议，付表决通过。

三、凌君报告自七月十九日开会之后，先后运出地毯计18000余方尺，又接受定货约700方尺，并运出美术品均值洋15000元，又接受美术品定货约值洋12000元。

四、朱军报告近来地毯工会连同总工会与毯行商会迭开会议，讨论毯业工人待遇等事。其中指导人员之言论主张均甚积极。工人方面今又提出新条件，合诸初次提出五条共为十三条。细察其各种要求，仍似专为他处工厂而发，因该项情形非一般工厂所尽有，目前本公司厂内工人当无特别举动。

五、朱君谓因美国机制地毯今能仿造手工地毯，故凡有手工地毯在美国销路日减，新出机制货每方尺只卖美金1元，中国手工货须价美金2元数角。似此情形价格上必难与竞争。但是究竟中国地毯是否尚有销售之余地尚不敢，必须详悉调查后方能无虑。

六、朱君谓中国地毯在美国市场既有如此大受动，国内工潮又蠢蠢欲动，殊堪计虑，亟应设法另图发展。美国顾主来中国货每年均一两次不等，言请问常希望本公司有人赴美调查商况。找课利益本公司营业向以通信办理，隔膜之处甚多。又系趸批交易利息微薄，若能与零买顾主直接来往，获利较厚。近来地毯虽减色，而半年来美术品之销路颇有增加，具见此项贸易正可发展，即地毯一项在美国销场究竟如何情形，亦有实地调查之必要。此外，鳜鱼别种营业亦当有进行之机会，须有人前往观察接洽，方能看到实在地步。若长此全凭邮电往来，究难见其真相。即有机会，并亦不敢十分放手做去。此事关系本公司营业前途，务诸各董事郑重讨论，酌量办理。嗣后周董事长发言谓，朱君所述各节同人中发知是实在情形。目下补救之策只有依照所说法进行做去。即请朱经理筹备一切，略带地毯、美术品及货样照片等约值五六千元之货赶于冬至节前到美兜销，为期暂定半年，即在美国大商埠接洽，并调查其它华货之销路，如有代销美货之经理人等事业，亦可招徕担任。朱君旅费可暂定为5000元，向特别公积项下提用,并应规定装费500元。如到美后情形顺利,可再另议办法。现关南美洲及欧洲大商埠,亦颇能抵消华货,如能一并前往查察接洽一次,必有良好之商业机会。总之此行可谓有益无损,即请东座诸君发表意见。业经各董事先后发言,均赞成此举,即由刁董事提议按照上述办法进行,由夏董事赞成即付表决,一致通过。

九时一刻散会。

(J144-1-22-8)

8.仁立公司第八十次董事会纪录

民国十七年九月十日(1928年9月10日)

民国十七年九月十日晚八时在清华同学会开第八十次董事会。到会者周寄梅、费云皋、夏廷献、刁敏谦、杨仲达、王承祖、顾佐忱、朱继圣、凌其峻诸君。周董事长主席,杨仲达为书记。

一、杨君因患目疾,不能宣读上次会议纪录,请俟下次会议一并宣读。

二、两经理提出八月份营业报告及资产负债表,经将两种报告略加解释,均付表决通过。

三、凌君报告自上月十三日起至本日止,共运出地毯10000余方尺,又运出美术品价值4400元。又谓自上次开会至今曾接受地毯定货800余方尺,美术品定货约值洋7000数百元。

四、朱君谓,上次开会议决赴美调查携带货样等赶于冬至节前到美兜销一层,近适因事赴津与Mentrup & Co.驻津经纪人请及,彼甚赞美此行,惟觉赶销外国,冬至货物照另时已晚,美国各商店必已囤积大批货品,况本年分选举年份,政府政策不能预期,最好俟选举竣事后再行到美兜揽生意,较为妥协。或者先到欧洲调查,至明年一月间到纽约,适当其时,故本席以为此种看法较为妥确,拟即决议先到欧洲英国,再赴纽约。此事提出后,后经各董事代为筹计一二,遂照此办法通过。

五、朱君谓,如往国外兜揽商业,最好应在天津设一办事处,所能在商埠地方经商,于名义上较为正当。当经议决先在天津物色相当房屋,设备一小局面之办事处。

六、朱君谓,本席出洋后,公司内各种事务由凌君担负,恐难周全,必须另请妥人分人其职,方为妥善,应请各董事筹画办理。众由周董事长发言,此事亟应讨论,公司营业至关重要,应请与本公司有关系之人担任方为妥当,本席以为请杨仲达君担任此事颇为相宜,又经朱、凌两经理申说,杨君对于公司营业向甚关心,内中情形尤甚熟悉,均表赞成,当经各董事报票一致赞成通过,惟杨君以为公司营业甚为重要,自问商业上经验尚少,不堪胜此重任,应请在公司中另请相当之人称承之,当由主席声请杨君善加考虑,不必谦辞。

十时散会。

(J144-1-22-9)

9.仁立公司第八十一次董事会纪录

民国十七年十月八日(1928年10月8日)

民国十七年十月八日下午八时在清华同学会开第八十一次董事会。到会者周寄梅、胡征若、费云皋、夏廷献、杨仲达、王承祖、凌其峻诸君。周董事长为主席,杨仲达为书记。

一、杨君宣读第七十九次及第八十次会议纪录,当经付表决均通过。

二、凌君提出七月至九月营业报告及资产负债表,均付表决通过。

三、周董事长发言杨仲达君已于十月一日到公司任事。现由凌君任代理经理，杨君任代理副经理。

四、凌君报告自九月十日至本日共运出地毯9000余方尺，又运出美术品约值洋12300余元，又谓自上次开会至今接受地毯定货480余方尺，又接受美术品定货约值洋5700余元。

五、凌君报告朱君于九月离津，九月三十日抵沪，后与顾主有接洽事，遂赴神户一行，大约十月十一日由神户返沪，即乘原船于十点启行赴欧。

六、凌君谓关于天津设立事务所，业经在董事会讨论多次，今因事实上之需要有应行设立之理由致层：(一)因现在毛线等原料尚多，拟即织成地毯以备门市交易，北平门市有限，天津较多，所以应在天津开设门市交易；(二)因本公司运货、出口、报关等事向交转运公司理，为在天津设有办事处，此项事务即可自办，可以省却各种费用；(三)将来营业发达接受定货发做地毯等事，即可在天津办理，虽属要增加开销，实际亦可节省用费。现拟"现行通盘筹画"，并往天津物色房屋，再行通盘筹备后，酌量进行。

七、凌、杨两君先后报告关于本公司房契事，北平税务监督公署屡次派人来，要将契纸送验。春间已验过一次，九月三十日又接到通知，即于十月四日先将契纸照相送验，五日即派人来验房，而仍要查看原契，定在增加税款，现拟于二三日内先讬人问明实在用意后，再行商酌办理。各董事意见，此事恐不能避免，只能照通行办法办理，遂议决赶速妥商措办。

十时一刻散会。

(J144-1-22-10)

10.仁立公司第八十二次董事会纪录

民国十七年十一月十三日(1928年11月13日)

民国十七年十一月十三日下午八时在清华同学会开第八十二次董事会。出席者周寄梅、费云皋、刁敏谦、杨仲达、顾佐忱、朱继圣、凌其峻诸君。周董事长主席，杨仲达为书记。

一、杨君宣读第八十一次会议纪录，当经付表决通过。

二、凌君提出七月至十月营业报告及资产负债表，当经略与解释，当表决通过。

三、凌君报告自上次开会至今共运出地毯1700余方尺，又美术品8273元，一月之内又接受地毯定货1050方尺，又美术品定货约值洋27251元。

四、周董事长发表意见谓，本年营业既较去年佳胜，应于折旧一项宽定数目，庶使公司之前途可格外巩固。众均赞成。

五、凌君报告朱君此次到日本与John Wanamaker之Jolles有所接洽，将来于美术品货物可以全由本公司代为采办。上海有某商店向来专做美术品营业，今拟添做地毯营业，事经朱君在沪接洽，以本公司所制地毯运交代售，所有详细办法已照朱君当面议定之，大意拟就会同寄去，现在尚未接到回信。如能成议，本公司营业亦可增加。此外为朱君到欧美各国，亦必能招徕多数顾主。

六、杨君报告公司内房屋税契事，业与税务公署商妥，上报后楼上下十间之契税计洋216.7元，又罚款四成，计洋86.4元，连同酬应等费共计洋345.8元。

七、凌君报告朱君行程，约于十五日可达意大利之Napples，于本月二十六日到伦敦，中间拟先往意、荷、法等国略加调查到纽约时，当在阳历新年前后。

八、关于天津设立分店事，凌君报告现拟法租界六号路114号租定铺房五间，月租60元，拟十七日前往布置一切，并带地毯、美术品若干赶做外国冬至节生意，此项分店能应获利。因不可必然将本年转运货物之费用平均统计，每月须费洋140余元，为将此数省下移作分店开支所差亦甚有限，即使获利不多，亦不致多所亏折，故颇值得一试。

九、凌君谓本公司现有烧酒胡同、内宫监及哈达门外三转桥之弹毛厂等三处，第二处及第三处现均无问题。内宫监之厂除因工潮减少工人外，其它实无所顾虑。弹毛厂作工方面一个半月已有微利，可得此后情形大有希望。惟烧酒胡同之厂因历年积习太深，不易整顿，综计本年九个月已亏耗2400数十元，不如想一收束或改组之法，使收发原料、染线等事在厂内照旧办理，而将织毯一部分至年底暂行停止，并将工人解散，俟至必要时再设法另组新厂或参照内宫监之办法亦可。应请诸位讨论，当经详细商议，均以为既有此情，只可照凌君所拟办法办理。

十、周董事长提议朱经理出洋后，凌君在公司任事甚是辛劳，拟请诸位同议每月加送津贴25元，聊表慰藉之意。众赞成。

十时散会。

(J144-1-22-11)

11.仁立公司第八十三次董事会纪录

民国十七年十二月十日(1928年12月10日)

民国十七年十二月十日七时在清华同学会开第八十三次董事会。到会者周寄梅、夏廷轩、杨仲达，再刁敏谦因事回南，请周寄梅代表职员凌其峻君。周董事长主席，杨仲达为书记。

一、凌经理提出七月至十一月营业报告及资产负债表，当付表决通过。

二、凌君报告自上次开会至今，共运出地毯2420余方尺，又运出美术品共值洋2710余元，再以一月内共接受地毯定货1080余方尺，又美术品定货价约值洋3230余元。

三、凌君报告接朱经理电报，已于本月　日行抵英国，在英留十日，接即拟启程他去。是否照原定计划再往大陆一行，未经提及，无论如何一月八日以前必须行抵纽约，以备与旧顾客接洽事务。

四、凌君报告公司内地毯图案每因不能翻新，以致销路难畅，前经与专门美术家商订办法，亦未能切实履行。今有侨居北平之美国女士Miss Lum，愿为本公司绘地毯图案。本公司拟与订立半年合同，作为试办，并与商定按张计值。

五、凌君报告天津分店开办伊始，已有少数营业，每月开支只领250元，如每月能有800元之贸易，即够开销。

六、凌君报告烧酒胡同工厂十一月二十九日罢工，又自十一月三十日下午至十二月六日上午共罢工七日经向工人代表善为解释，始克竣工。此事只得随时设法对付耳。

十时半散会。

(J144-1-22-12)

12.仁立公司第八十四次董事会纪录

民国十八年一月二十九日(1929年1月29日)

民国十八年一月二十九日下午八时在清华同学会开第八十四次董事会。出席者周寄梅、刁敏谦、费云皋、顾佐忱、夏廷轩、凌其峻诸君。周董事主席，杨仲达因病请假，由夏廷轩为书记。

一、夏君宣读第八十二次、八十三次会议记录，经付表决通过。

二、凌经理提出十七年十二月作营业报告及资产负债表及十七年全年营业报告与盈亏统计表，又提出烧酒胡同工厂、内宫监工厂、成记纺纱厂等三处去年十二月份营业报告，烧酒胡同工厂去年亏折4830余元，其亏折之原因实以出货少而开支大，工人少而薪资多之故。而工潮之发生尚不应为致命伤。内宫监工厂去年赢余840元，成记纺纱厂开办不及，三月居然赢余88.7元，按照契约，如有赢余，该厂与本公司应各得半数，即44.35元。各董事以烧酒胡同工厂开办多年，而成绩反不如新设之厂，既予请以整顿，不为赶速结束，以绝漏卮，遂决议将该厂织毯部先行停办。

三、凌经理报告朱经理自英国来函，略谓此次游历英、法、意、荷等国，经各该国人将本公司之出品指出优劣，各店所在，以资参改而镜得失。现得英商定货，每月四千余尺，双方试办两三月，又售出玉器一千四百元，现正与各商店分头接洽，大约一月后此间可得其切实报告也。

四、议决去年赢余为23947.16元，共分配除利之法如左：

公积金　百分之五　洋1197.053元

官红利　以一分二厘计算　洋12000元

董事监察员分红　洋2000元

职员分红　洋8744.107元

五、凌经理提议本公司员工渐多，不可无公共之娱乐以及相当之调剂，借助公益而联旧宜。周董事长谓可于此次职员分红内提出洋744.107元充作与办此举之经费。众议赞成。

十时散会。

(J144-1-22-13)

13.仁立公司第八十五次董事会纪录

民国十八年二月二十五日(1929年2月25日)

民国十八年二月二十五日下午八时在周寄梅董事宅开第八十五次董事会。出席者周寄梅、刁敏谦、顾佐忱并代表费云皋、夏廷轩并代表杨仲达，又凌其峻诸君。周董事主席，夏廷轩为书记。

一、夏君宣读第八十四次会议记录，经付表决通过。

二、凌君报告自一月三十日至二月二十五日止，共运出地毯1169方尺，值洋1909.52元，美术品3879.15元，又接受地毯定货值洋3240余元。

三、凌经理报告在此一月内接有朱经理来函七八件内，每述赴美登岸之困难情形，并嘱以后无庸再运货至美等语。前由本公司汇去美金2500元，以备货物进口税之用。今忽接朱君电汇美金1500元，是否货未进口，无需付税故仍寄还，抑系另一款项尚不明了，又各该函内有二月八日所发一件尚未述及离美日期。

四、凌经理报告烧酒胡同工厂遵照上次董事会议决，先将织毯部停办，遂于阴历新正初旬实行，经毕达三君及凌君向各工人婉为解说，并各给半个月工资，各工人亦为谅解，遵即分散，并无风潮，至为幸事。

五、周董事长提议刻下奉天省正值发展商业之际，本公司应派员前往调查详情，其工资用费规定1000元为度。众无异议。

六、议决三月十七日下午在清华同学会开股东会。

十时半散会。

(J144-1-22-14)

14.仁立公司第八十六次董事会纪录

民国十八年三月十一日(1929年3月11日)

民国十八年三月十一日下午八时在清华同学会开第八十六次董事会。出席者周寄梅并代表刁敏谦、费云皋、夏定轩并代表杨仲达,又顾佐忱君、凌其峻诸君。周董事主席,夏君为书记。

一、夏君宣读第八十五次会议记录,经付表决通过。

二、凌君报告自上届开会后二月二十日起至本日止,接有各处定货计地毯值洋6210余元,美术品值洋7920余元,又在此半月内共运出地毯4079方尺,计值洋6692元,又美术品计值洋1724元。

三、凌经理报告烧酒胡同工厂自将织毯一部分停办后,应曾将该厂自盖之棚帐等一律卸除。众议暂行缓办。

四、议决毕达三君辞职,照准。惟毕君在厂服务多年,不无劳勋,应另送酬劳及花红共洋1000元,以示特别待遇。

十时散会。

(J144-1-22-15)

15.仁立公司第八十七次董事会纪录

民国十八年三月十七日(1929年3月17日)

民国十八年三月十七日十二时于股东会开毕后继续举行第八十七次董事会。出席者周寄梅君、费云皋君、杨仲达君、夏定轩君新举代理董事、顾佐忱君监察、王兆龙君。

一、周寄梅君谓在会滥充董事长已历多年,现拟辞职,以资休息,经众挽留,联任以资熟手。

二、杨仲达君提出辞书记兼职,费云皋君以杨君已在公司服务具见贤劳,爰推夏定轩君继任。经众赞成。

十二时半散会。

(J144-1-22-16)

16.仁立公司第八十八次董事会纪录

民国十八年四月八日(1929年4月8日)

民国十八年四月八日下午八时在清华同学会开第八十八次董事会。出席者周寄梅、刁成章、胡征若、费云皋、顾佐忱、夏定轩、王兆龙、杨仲达、凌其峻诸君。周董事主席,夏定轩为书记。

一、夏君宣读第八十六次、第八十七次会议记录,经付表决通过。

二、本会对于本届新选董事及监察人均表示一致欢迎。

三、凌君报告自三月十二日起至四月八日止,接有各处定货计地毯值洋4155.75元,美术品值洋11177.22元,输出之货计地毯2185尺,值洋2946.95元,又美术品计值洋8606.05元。

三、朱经理自美国汇到售出货物美金3200元。

四、朱经理报告美国商店以经售波斯、土耳其等国积货，获利较丰，故中国地毯之销场迩来颇形呆滞。又，美国对于地毯进口本按百分之五十五征税，于众议院某议员提议增加毯税，除按二成征税外，并将不论货之优劣，每方尺征收美金四角。

五、周董事长征询刁董事等本日有无应行提议事件，众默然，遂即散会。

（J144-1-22-17）

17.仁立公司第八十九次董事会纪录

民国十八年五月六日（1929年5月6日）

民国十八年五月六日晚八时在清华同学会开第八十九次董事会。出席者周寄梅并代表费云皋、刁成章、杨仲达并代表顾佐忱、夏定轩、凌其峻诸君。周董事主席，夏定轩为书记。

一、夏君宣读第八十八次会议记录，经付表决通过。

二、凌经理报告自四月九日起至五月六日止，接有各处定货计地毯5134方尺，内有南非洲定货1400方尺，美术品计洋11069.7元，输出之货计地毯2687方尺，值洋4321元，美术品值洋16571元。

三、凌经理报告朱继圣君于四月一日行抵市加古[芝加哥]，曾在近处招徕新主顾一户，定制地毯若干，现正试办。朱君拟在市加古[芝加哥]留三星期，再往中美各市镇招揽营业。近又汇来美金2200元，连前共有美金5400元，现尚未曾卖出之货约有三四成。

四、凌经理报告四月间有John Wanamaker来此购定各种杂货，约值洋5000元，于地毯一项只定剔庄货五千尺，彼谓上等货现在美国市场不易畅销，只得暂存观望。本公司示以七十造之次等货样一种，彼看过后曾嘱添做几块寄美，俟看定后再行购。彼于离平之前，拟在银行内存有押汇款项洋二万元，以备此后联络陆续运□之用。此次于剔庄货一项，平津两处均无现货，容后随时采办。此次并与该顾客商定对于剔庄货及次等货运出时，可免去彼方驻沪经纪人之佣金，因此可减少定价，以期与纽约市场之剔庄、次等货相争衡之。

五、凌经理报告天津分号内除沈君薪水仍由北平本公司开支外，每月可有赢余百元左右。此外，各运费、报关等项节省之费亦不在少数。再，公司内职员随时因公赴津，住在分号内，亦可节省旅费。

六、凌经理报告烧酒胡同之染工厂及三转桥之毛厂，今年四个月内均能少有盈余，无亏蚀情事。

十时散会。

（J144-1-22-18）

18.仁立公司第九十次董事会纪录

民国十八年七月十三日（1929年7月13日）

民国十八年七月十三日晚八时在清华同学会开第九十次董事会。出席者周寄梅、胡征若、费云皋、顾佐忱、杨仲达、夏廷轩、凌其峻诸君。周董事主席，夏廷轩为书记。

一、夏君宣读第八十九次会议记录，经付表决通过。

二、凌经理提出本年五、六两月营业及经济报告，并声明本年六个月营业不如去年之盛，去年六个月售出地毯共16万元，今年则仅84000余元。惟本公司代办之古董杂物，其成绩较去年为佳，去年六个月中共计10600元，今年六个月则有11400余元之数。

三、凌经理报告本公司接受各处定货不在少数，惟有一老顾客John Wanamaker，本年定货独少，与往年相较，计少定25000尺之数。所幸朱经理近在伦敦招揽新顾客数家，而下半年古董生意亦较上半年更有起色也。

四、凌经理报告美国现在新增进口税，以后吾国毯货出口恐形锐减。然向来吾国劣货之输出颇多，此次增税以后，劣货因不合算而不顾出口，所输出者，都为上等货，故上等货并不受何影响。从此渐能恢复中华毯业之名誉，未可知也。

五、凌经理报告朱经理将于八月十五日左右返平，渠将于八月初旬由平动身赴哈尔滨及奉天一带，调查关于毯业等事，并顺便迎接朱经理一同回平。

十时半散会。

(J144–1–22–19)

19.仁立公司第九十一次董事会纪录

民国十八年十一月十八日(1929年11月18日)

民国十八年十一月十八日晚八时在清华同学会开第九十一次董事会。出席者胡征若、王兆龙、顾佐忱、夏廷轩、朱继圣、凌其峻诸君。夏君并代表杨仲达君。

一、公推胡征若君为本会主席。

二、由夏君宣读第九十次会议记录，经付表决通过。

三、顾董事提议本公司邻居万国储备会新建房屋，其门面较本公司伸出数尺，致本公司外观不免相形见绌，应否呈请工务、土地等局将门外空地购回，再将门面扩充，俾与储备会房屋并列齐观。夏君赞助此议经付表决通过。

四、朱经理提议现有西北实业公司，拟请本公司加入资本，合并办理，以图发展企业，应付本会讨论，以定从违。胡董事谓兹事重大，缓日再商。

十时半散会。

(J144–1–22–20)

20.仁立公司第九十二次董事会纪录

民国十八年十二月九日(1929年12月9日)

民国十八年十二月九日晚八时在史家胡同三十八号刁宅开第九十二次董事会。出席者胡征若、刁成章、费云皋、顾佐忱、夏定轩、朱继圣、凌其峻诸君。刁董事主席，夏君为书记。

一、由夏君宣读第九十一次会议记录，经付表决通过。

二、由朱经理报告此次游历欧美各国并实地调查毯业情形。在英国某公司已得定货每月三千尺，先以六个月为限。尚有荷兰国见中国毯样喜而未经订定者，现已分别发函征求定货。

三、朱经理谓天津西北实业公司拟发展企业，请本公司加入资本一节，上届已经报告，究应如何答复，胡董事提议由本公司投资10000元，俾成美举。费董事赞助。此议经付表决通过。

四、刁董事提议此次朱经理有力欧美各国调查毯业情形之甘苦备尝，成绩昭著，本公司应伸感谢。在座一致赞成。

(J144–1–22–21)

21.仁立公司第九十三次董事会纪录

民国十九年一月十三日(1930年1月13日)

民国十九年一月十三日晚八时在清华同学会开第九十三次董事会。出席者胡鸿〔猷〕征若、王兆龙、费云皋、顾佐忱、夏廷轩、朱继圣、凌其峻诸君。夏君为书记。

一、朱经理报告上年盘查存货,本公司由顾佐忱、夏廷轩二君担任,天津分公司由费云皋君担任,均照账查明无误。

二、十八年份全年账目公举胡征若、王兆龙二君会同检查,二君定于一月二十日竣事。

三、凌经理报告自上年十二月十日起至本年一月十三日至,接有各处定货计地毯值洋4479元,美术品值洋5350元,输出之货计地毯6366尺,共值洋18846元余,美术品计值洋18302元余。

四、费云皋君提议烧酒胡同工厂现用井水及土法染色,殊为不合时宜。本公司应积极改良筹措洋三千元滋事,凿洋井、设锅炉等工程,以期出品之精进。顾佐忱君赞助。此议经付表决通过。

十时半散会。

(J144-1-22-22)

22.仁立公司第九十四次董事会纪录

民国十九年二月二十四日(1930年2月24日)

民国十九年二月二十四日下午八时在清华同学会开第九十四次董事会。出席者周寄梅、顾佐忱、杨仲达、费云皋(顾佐忱代)、王兆龙、朱继圣、凌其峻诸君。周董事长主席,杨仲达代夏廷轩为书记。

一、杨君宣读第九十三次董事会纪录,经付表决通过。

二、凌君提出本年一月份营业及资产负债损益盈亏两项报告,均经决议通过。

三、王监察员报告盘查本公司全年账目,曾经逐项审查无误。惟有成记弹毛厂账上人欠有3000数百元之巨,应请注意。朱经理谓此项欠款业经逐渐催收,现只有1700余元,已责成该厂员司切实催缴余。由顾佐忱君提议,杨仲达君赞成,按照报告各节议决通过。

四、朱经理谓去年赴欧美各国调查商业及旅行费用账目曾在上次董事会提出报告。此项账目亦经胡、王二君审查无误,兹再依照胡、王二君建议,加函声明,各节如下,即请复议,加入记录。关于商业上调查,大致甚为有益,虽于携运各种货品,兜销颇有困难外,而于各旧顾客方面觉得更加联络。在各顾客所需要上,亦能当面详细讨论。此外,并能承揽到新主顾数家。以后可以随时发展本公司营业。此次随身所带及后寄到之货物,共售得国币8476.44元,而与此次旅行所费之数计国币9120.36元,相比较所差尚属有限。查出行之时曾经董事会议决由特别公积金项下之支拨国币5000元,作为旅费之用。兹除售货所获之利抵作旅费外,只需动用375.03元,故前次提出之旅费5000元,今尚余存洋4624.97元。此数现尚暂记在特别旅费项下,应否仍归入特别公积金,即请议决办理。当经一致决议,将此余存旅费洋4624.97元,仍拨回特别公积金项下。

五、凌君报告自一月十三日至今,共运出地毯近7200尺,又运出美术品约值洋23000元有零。又,自上次开会至今,接受地毯定货约近6200尺,并接受美术品定货约值洋10800余元。往年一、二月中定货较少,今年得有此数,亦是好现象云。

六、凌君报告近皆社会局转奉部令,所有各公司账册须经会计师查核后,报由社会局备报工商部。

当经议决缓办。

七、朱君报告本公司拟购进前面官地一节，前提出董事会，经议决办理。兹已向土地局商妥计量，定基地为7厘，照特等价每亩4000元计算，应合洋280元。缴价后由土地局给照陈，本公司营业将来不再加税契。

八、朱君报告现因成记弹毛厂远在哈达门外，于管理上实属不便。现拟迁入烧酒胡同染毛厂内，以备收弹生毛，对于发毛收线等等，亦较有稽核。所有烧酒胡同工厂门屋亦与房东商定，照本公司需要上加盖，备为弹毛厂及织毯标本室之用。改订租折，月租65元，定期十年，期满后并可由本公司续租五年，不加房租。

九、议决本届股东会定于三月三十日星期上午十时，地点在清华同学会。

十、去年赢余为28103.05元，分配之法议决如左：

公积金 百分之五 计洋1405.15元

官红利 每股一分二厘 计洋12000元

董事监察人分红 计洋2000元

职员分红 计洋8397.9元

特别公积 计洋四千元

职员公益金 计洋三百元

十一、本年职员加薪事，经议决，除朱、凌两经理应加薪水另议外，其余各职员增加之薪数定为五十元。

十二、周董事长报告本公司拟与西北实业公司合资发展实业。迭经双方多次讨论，兹已成议，由双方各筹集资本75000元，合为15万元，限民国二十年五月三十一日缴齐。任何方面逾期而不能缴足75000元者，即由他方面逾额添招，共合至15万元为止。所有经营之实业，议定为本公司物产之贸易及制造、土地之开垦，有关上项之连带事业，业经议定合同日内签字。请众决议，公推代表签订事。经全体董事决议，赞成并推定周董事长及杨仲达二君代表董事会签字。

十一时散会。

（J144-1-22-23）

23.仁立公司第九十五次董事会纪录

民国十九年三月十日（1930年3月10日）

民国十九年三月十日下午八时仁立公司在清华同学会开第九十五次董事会。出席者周寄梅、刁成章、费云皋、顾佐忱、杨仲达、朱继圣、凌其峻诸君。周董事长为主席，杨仲达代夏廷献为书记。

一、杨君宣读第九十四次董事会纪录，除末一项关于和济公司缴股期限经周董事长亲笔更正后，余无修正之处，均经议决通过。

二、凌君提出本年二月份营业及资产负债损益盈亏两项报告，均经决议通过。

三、凌君报告自上次二月二十四日开会至今为时只有半月，共运出地毯近300余尺，又运出美术品约值洋4300余元。又，自上次开会至今，接受地毯定货1300余尺，并接受美术品定货约值洋14800余元。

四、周董事长报告关于与西北公司合资开办和济公司招集新股事，至今确定者已有62000元，其余之数虽未确定，亦不难筹集。其营业范围即为上次纪录所载，并谓和济公司董事规定五人，第一年内由仁立方面推举三人，西北方面推举两人，以后再照担任股本之多寡再议。董事长、经理、副经理三职员，业经口头谅解，由仁立方面之董事、职员等分别担任，总经理由西北方面职员担任。所有营业损益资产负债表等均于每月终报告董事会。草合同业于二月二十七日由双方代表签字，现在新公司尚在筹备时期，容俟股东会开会，将添招股本及组织法通过后，再作正式成立。

五、凌君提出报告股东会底稿，众意以为此次报告及账略等文字上应求简单，详细情形请由董事长于开会时口头说明。

六、费君提议刁君赞成，议决朱总经理及凌经理之薪水每月各加25元，由本年一月起支。

七、公请周董事长退席，刁董事暂代主席。经朱总经理提议，因周董事长历年为公司尽力之处独多，向无特别权力，平日为公司事奔走忙碌，不遗余力，一切应酬等费□未向公司开支。此次添招新股，端赖周董事长多方联络，方能有此成数。以后新公司成立，尤须仰仗随时指导，本席以为权利与义务应属相等，兹特建议对于周董事长如许尽力之处，应否议定一种相当之酬劳，即请诸位董事议决办理，当经各董事详细讨论，签以为周董事长任职多年，所有对于公司出力之处，同人等亦所深悉，前此未曾议及酬报之事，甚为抱歉。兹当公司营业扩大之时，正应议定酬劳之数作为车马费，按月致送。当由费董事提议，顾董事赞成，议决□本年一月起由本公司按月致送周董事长车马费二百元，酬应等费另归公司开支。

十一时散会。

（J144-1-22-24）

24.仁立公司第九十六次董事会纪录

民国十九年四月十四日（1930年4月14日）

民国十九年四月十四日下午八时仁立公司在清华同学会开第九十六次董事会。到会者周寄梅、刁成章、顾佐忱、杨仲达、顾佑忱、凌其峻诸君。周董事长主席，杨仲达代夏定轩为书记。

一、杨君宣读第九十五次董事会纪录，经付表决通过。

二、周董事长宣告本届股东会议有夏廷轩、刁成章两董事期满，当经改选。刁成章、顾佐忱两君继续为董事。又选出朱成章、顾佑忱为监察人。今日应请诸位改选董事长及书记，当经举定，周寄梅继续为董事长，杨仲达为书记。

三、凌君提出三月份营业损益及资产负债盈亏两项报告，均经议决通过。

四、凌君报告自三月十一日至今，共运出地毯近4000尺，又美术品值洋9400余元，并接受地毯定货6200余尺，美术品定货近7900元。

五、凌君报告往年一、二、三三个月中营业向来清淡，惟今年情形颇称佳胜，所有运往英美寄售之碧玉石质等货亦获利尚厚，加以金价高涨，利益尤较平时为大。此外，并觅得一新商店，可以每月运往美术品寄售。关于地毯销路，目下虽不比往年为差，而其中有一旧顾客，因其本店内经理地毯一部分之职员主张在纽约进货，不赞成在中国定制，所以上月虽有其代表来华，亦未向本公司交易。经与一再商榷，遂允转为设法疏通，惟于图案、染色等乃须重加改良，方可生效，故朱总经理已于十二日赴津搜集新颖图案，以备寄往上海与该店代表阅看。如能合意，当可望即向本公司定制毯样，运往美国酌量进行。染色一层当俟工厂内设备上改良后，再为认真办理。关于地毯一项，必求此一方面之营业能恢复，方有大发展的希望。

六、凌君谓工厂内改良办法，前者会议时业经报告，兹又与房东一再磋商，大致也已就绪，不久当可照原计划进行。

七、和济公司在天津海大道西门子楼上租定房屋，分公司与西北实业公司均在一处。

八、凌君又谓新股本已收到12000元。

十时散会。

(J144-1-22-25)

25.仁立公司第九十七次董事会纪录

民国十九年七月二十一日(1930年7月21日)

民国十九年七月二十一日下午九时在清华同学会开本公司第九十七次董事会。出席者周寄梅、夏定轩、刁成章、顾佑忱、杨仲达、顾佐忱、朱继圣、凌其峻诸君。周董事长主席，杨仲达为书记。

主席声明前于五月十二日及六月九日两次开董事会，均因出席董事未足法定人数，未能开成，当改作谈话会，由两经理提出四、五两个月营业损益资产负债报告备阅。

一、杨君宣读第九十六次董事会纪录，经付表决通过。

二、两经理提出六月份营业损益及资产负债两项报告，均经付表决通过。

三、凌君报告自六月十日至七月二十一日，共运出地毯3070余尺，又运出美术品约值洋18940余元。再自上次开会至今，共接受地毯定货2600余尺，又美术品定货3895元。

四、朱经理报告天津分公司近来无甚发展，事因全世界商业衰败，以致任何种进口商业均不易经营。将来拟看机会，亦须有相当人才，方能着手。所谓相当人才，实属不易物色。

五、凌君报告烧酒胡同工厂内筹划之改良方法前者均经议及，进行至今，为添盖之房屋及为染线置备之气锅、织毯标本室等已有十分之九告成。城外之纺毛线厂亦已迁入。管理上较为方便。以后本席拟每日前去半日，监察一切。

六、朱经理报告用化学料洗毯方法，平沪等处已有多人试验，均不甚精美。本席近在天津觅致一人，专门洗毯为业，已历多年，成绩甚好。今拟请其来平，为本公司洗毯，预函商订条件，如能办成，将来仁立之地毯可在北平市场上独具特色。

七、朱经理报告和济公司已在萨拉齐购有荒地25顷左右，每亩1.2元，尚拟逐渐添购至40顷为度。一俟萨托水渠工竣，有水可供灌溉，地价必能看涨，将来自垦或招租或转买，当参酌地方情形酌量进行。现拟先将已买地亩之契据等手续办理清楚。

十一时散会。

(J144-1-22-26)

26.仁立公司第九十八次董事会纪录

民国十九年八月十一日(1930年8月11日)

民国十九年八月十一日下午八时，仁立公司在清华同学会开本公司第九十八次董事会。出席者周寄梅、夏定轩、顾佑忱、杨仲达、顾佐忱、朱继圣、凌其峻诸君。周董事长主席，杨仲达为书记。

一、杨君宣读第九十七次董事会纪录，当付表决通过。

二、两经理提出七月份营业损益及资产负债两项报告，均无疑义通过。

三、凌君报告自七月二日至今，共运出地毯2280尺，及美术品值洋6572元余。再在此二十日内接受地毯定货670尺，美术品定货7289元余。

四、朱总经理报告前此和济公司购买之羊毛价值二万数千元，原预备运销美国，迨因美国工业不振，尚未售出，国内毛价恐尚有跌落之势，不得已只有折价出脱，现已卖与清河线呢厂，作价三十六两六钱，先付款四分之一，余以该厂所织之呢货（价值二万几千元）作抵，容俟该厂将毛成纺毯线，可由本公司收买相抵。毛线价已为论定，每斤9角6分。西北公司近须现款运用，曾将其所有上项羊毛之半数及所有羊毛打土机价值之一半向本公司押借洋10000元，月息一分，言明两月为期，打土机原价为450磅，合洋近6000元，现因金价增高，此机之价值上亦有余利。关于萨拉齐购地事，现又添购约一顷余，共有26顷。再现因美国市面衰败，发展匪易，思将地毯及玉器运向英国寄售，已运出地毯约6000尺，玉器尚系前次运往之货，约值洋1900元。惟至今卖出甚有限，市情之坏，到处皆然。幸本公司上半年营业尚佳，否则大为可虑。再在美国方面亦经竭力设法销货，近与大华公司改订办法，由仁立在北平收货运美，大华在美国推销，所有货价大华先付半数，其余两方所垫之款项以及售货所得之利益各半分担，分收所有收货卖货之用费，由两方各自担任。此项新合同已于本年六月一日实行。

五、凌经理报告工厂改良办法，业照议定计划次第办成。现惟房租上每月增加40元，各种设备上之利息亦只有2、30元。但按各项所节省之数，可望相抵，而有余云。

十时散会。

（J144-1-22-27）

27.仁立公司第九十九次董事会纪录

民国十九年十一月十日（1930年11月10日）

民国十九年十一月十日，仁立公司在北平清华同学会开本公司第九十九次董事会。到会者周寄梅、费云皋、夏定轩、顾佐忱、杨仲达、顾佑忱、朱继圣、凌其峻诸君。周董事长主席，杨仲达为书记。

一、主席声明前于九月十五日、十月十三日两次召开董事会，均因出席董事未足法定人数，未能开会，当经改作谈话会，由两经理提出两月份营业损益资产负债报告备阅。

二、杨君宣读第九十八次董事会纪录，经付表决通过。

三、凌经理提出十月份营业损益及资产负债报告，略事解释，即付表决通过。

四、凌经理报告自十月十四日至十一月十日，共运出地毯3290余方尺，又美术品价值9950余元。又，在此时期内共接受地毯定货1320余方尺，及美术品定货6430余元。

五、凌经理报告工厂对于设备上之改良，兹已将次告竣，共用去4500数十元。今后当于人事上注意整顿。本席每日必有丰日在工厂内支配一切事物。

六、朱总经理报告近又购买高秋毛20000斤，价每斤150元。又买黑毛6000斤，每百斤价洋20元。

七、朱总经理又谓制毯图案虽经多方设法改良，迄今未能如愿。现拟再请美术家共同研究，以期与北平毯业界中外商人竞争。再，和济公司与清河织呢厂所纺机器线，今已全数卖出。价格上尚稍有余利，统计羊毛上所亏之款数，核计只有2000余元。和济公司抵借仁立公司之10000元，兹已将9000元之本利还清，现在只有1000元未经付还。在萨拉齐购买之垦地，今年已种四五顷田，年成不佳，收获只有两成，所有已购地之地契、垦照等，均已办竣领到。

十时一刻散会。

（J144-1-22-28）

28.仁立公司第一百次董事会纪录

民国十九年十二月八日(1930年12月8日)

民国十九年十二月八日下午八时在北平清华同学会开第一百次董事会。出席董事周寄梅、顾佐忱、杨仲达,监察顾佑忱暨朱、凌两经理。惟因未足法定人数,遂改为谈话会,照式开会。除两经理照常提出多项报告外,实以所提各事关系营业前途至为重要,虽非正式会议,亦不得不列入纪录,以昭郑重。特将有关要紧事项记述如左。

一、朱总经理提议美国现行地毯进口税统是百分之五十,以后市场上历行销者多系机纺线所织之地毯。惟平津两方面机线之来路甚少,共计只有五家机厂发卖。此五厂内且均自织地毯出口。本公司购买机纺线时,常受其限制,既不经济,获利亦少。此种困难情形发现已久,故于春间即有意组织纺线厂,自纺毛线,先供织毯之用。经数个月之调查商洽,今始稍具端绪。纺毛线机器在英国用过之货而重加修整者,价约50000元。在天津租屋设厂、购买羊料毛,流动资本亦须50000元。本公司今春已添招约资本40000数百元,现在亦无用处。南开学校教员何君曾力劝本公司应办纺线厂,并自愿待招资本至少30000元。当有前留美学生陈君均与本席及同仁交好,经商甚有经历,可以请为厂中经理。关于技术方面,有天津某洋行内任事之表君,对于纺线工业已有四年之阅历,亦愿为本公司效力。所以如果举办纺织厂,资本及人才两事可谓均不缺乏。至于出货后销路问题,今年秋冬间销美国地毯虽极停滞,然闻美国方面消息,确有转机。中国上等地毯销路必有恢复之时,正可趁此营业清淡之时,筹办纺毛厂,以备后日之用。纺毛厂设立后,为自用有余,且可发卖,并可改纺他种细毛线,发市行销,亦均可获利。开设机器纺毛线厂,不仅为防人居奇垄断,实亦为扩充本公司营业之道。北方为羊毛之处出,亦为羊毛之聚集市场,正应利用此良好机会,力图发展,方能由小而大,仅为目前之利害计,实亦本公司营业上可以发展之事业云云。事经当日出席董事详加询问讨论,均表赞成,并决定请在座诸君分向未到会之董事当面陈述,或函至远处之董事征求意见。所决进行,一方面请朱经理先作最初步之接洽,免得延误时日。

二、凌经理提议现在美国地毯滞销,本地门市亦甚有限,本公司所出之货不能随时销出,殊为可虑。工厂内管理上及设备上业照科学管理经济法则竭力改良,似应尽量利用其工力多出货品,方可获利。本公司应一方面等候美国市场恢复,同时亦应再在国内设法推销。查上海地方外侨甚多,地毯营业自当客观,应否再在上海开设分店,俾便扩充营业。当经出席董事尽情讨论后,咸以推广销路之意甚足,原则上极端赞成,惟恐两位经理均难分身前去,另觅相当人才亦非易事,应先物色人才,再计议进行各事。

三、本公司年终结账当经派定:

孙锡三、顾佐忱二君查核公司各项账册;

孙颂鲁、顾佑忱二君查核公司及各工厂存货、生财等各种账册;

费云皋、顾佐忱二君查核天津分公司各项银钱、生财、存货等账册。

十一时三刻散会。

(J144-1-22-29)

29.仁立公司第一百零一次董事会纪录

民国二十年一月十二日(1931年1月12日)

民国十九年一月十二日下午八时在北平骑河楼清华同学会开第一百零一次仁立公司董事会。出席者费云皋、夏定轩、顾佐忱、杨仲达暨监察顾佑忱、朱凌两经理。费董事代理周董事长主席，杨仲达为书记。

一、补读第九十九次董事会纪录及第一百次董事会谈话会纪录后，经指出有笔误两处，当即改正，付表决通过。

二、两经理提出十九年十二月份营业损益及资产负债两项报告，另附一报告解释表，又附提天津分公司、烧酒胡同、内宫监两工厂之报告，并全年营业损益总结表两纸。当经逐项详细解释后，均付表决通过，并谓本年结账曾于各项存货、生财、资产之新旧尽量扣算，备为以后回旋伸缩之余地。

三、朱总经理后谓，本年地毯及美术品营业甚少，均未能照往年之增加率继长增高，实受全世界商业衰败之影响。惟幸金价高涨，尚有如此成绩，否则难乎为计矣。并又将上次谈话会所讨论各事详细声述一遍，请今日到会各董事追认。并谓此后本公司营业方针，除于地毯、美术品两项照常经营外，拟即逐渐向毛织方面发展。迭经估计如买毛纺机器及流动资本均须洋35万元方能周转。现在新旧资本已有14万5千余元，即拟招足35万元，以资发展。各董事应允，追认上次谈话会纪录，并赞成朱总经理之提议。

四、凌经理报告自上次开会至今，共运出地毯2718方尺，又美术品7733元余。又接受地毯定货1609方尺，美术品定货约值洋2097元。

五、朱总经理谓关于本公司自办纺毛线厂，美国有一大顾客C.J.M.Co.甚为赞成。今搞公司总经理因事来津，拟即前往与彼商洽一切，探听此人之详细意见，并拟与商量以后销售地毯方法。

六、议决三月八日开股东会。

七、议决请夏定轩、杨仲达、顾佑忱三人为分派上年盈余委员，拟定后即提出董事会通过，再交股东会议决。

十时半散会。

(J144-1-22-30)

30.仁立公司第一百零二次董事会纪录

民国二十年二月八日(1931年2月8日)

民国二十年二月八日下午八时在北平骑河楼清华同学会，开仁立公司第一百零二次董事会。到会者周寄梅、刁成章、费云皋、夏定轩、顾佐忱、杨仲达、监察人顾佑忱及朱、凌两经理。夏董事定轩因事未到，委托杨仲达为代表。周董事长为主席，杨仲达为书记。

一、杨君宣读第一百零一次董事会纪录，当付表决通过。

二、两经理提出一月份营业损益、资产负债两项报告，均付表决通过。

三、凌经理报告自上次开会至今，曾运出地毯4564方尺，接受地毯定货19956方尺，又经运出美术品值价8574元余。并接受美术品定货约值洋18187元。

四、朱总经理报告关于上次董事会决议筹备组织纺毛线厂事，又将拟出之各种预算尽与天津久营此业之专门家二人详细讨论，均谓所拟之预算不但甚为准确且系极稳健之计算，办成之后，并可一定获利。纺毛机器准定购买、整旧如新者,凡属易于损伤之机件,均由厂家配换新货,将来绝不致不合用,亦不致不能耐久。天津倪克洋行所用之机器即是此种修整之货,今已行用七年,尚在工作。纺毛厂厂屋原拟在天津河北地方租赁,只因别有经济上之关系,拟改在英租界之偏僻处,所购地自建简单之厂屋。关于人的问题,此前原请袁君为纺毛技师,兹因其本人在津另有他项营业,不能兼任本公司之事。遂又多方物色,悉有一西洋纺棉专科毕业生王君,广东人,在纺织棉纱业任事已五年之久。虽属专业纺棉,想与纺毛工作亦不过稍有差别,略事习练即可胜任。天津之袁、李二君亦深悉其人,故愿介绍。现在即拟商请王君为本公司纺毛厂技师。朱君后将各项预算详细报告,并云照现在所拟办法以及雇用职工等,连同一切设备开销,势非有20万资本不能开办,即请诸位董事再加核议,以便进行。当经多数董事声言,此事既经迭次讨论,并已筹划到为此地步,似应决定举办。近日以来向各方接洽招股事,其认定者将有10万元,加以去年招集者,只差5、6万元即可招足30万元客。俟提出本届股东会开会通过后作为正式议决案。公推杨仲达君拟提续招股本说明书,并拟稿本公司第九届提出股东会之报告书。

五、议决民国十九年本公司盈利分配法,总数为33762.12元。杨、夏、顾佑忱三君原拟之数,经刁董事提议,顾佐忱君附议,表决全体赞成通过如左:

法定公积金　百分之十　洋3376.22元

官红利　一分二厘　洋1530.72元

职员分红连绘图人、工厂职员在内　洋9000元

董事监察人分红　洋2000元

特别公积　洋3500元

职员公益金　洋575.18元

十时散会。

(J144-1-22-31)

31.仁立公司第一百零三次董事会纪录

民国二十年三月八日(1931年3月8日)

民国二十年三月八日下午一时半在北平骑河楼清华同学会,开第一百零三次董事会。到会者周寄梅、费云皋、夏定轩、顾佐忱、孙锡三、杨仲达,又监察人顾佑忱,朱、凌两经理。周董事长主席,杨仲达为书记。

一、杨君宣读第一百零二次董事会纪录,经付表决通过。

二、周董事长致辞欢迎新当选之董事、监察人,并请随时协力提成本公司营业之发达。

三、选举董事会职员,周董事长谓本席担任董事长多年,迄今未更易。今届期满,请诸位另举他人,俾卸仔肩,不胜希望之至。当经出席全体董事一致推举周董事长继续担任,表决通过。又,推杨仲达君继任书记。杨君谓此事承乏已久,今并不能常在北平,于职务上实有未便,应另请他人为是,亦经全体表决,仍推杨君继任。

四、朱总经理谓组织纺毛线厂事,又在天津、北平两方面与人再四讨论,以求慎重。并询悉新机器之功用,固能比整旧之机器增加出货量数四分之一。然新货价目要超过一倍有余,是以只有注意在旧货。遂向倪克洋行原买机器之厂家详细询问据后,彼可负责担保其整旧机器必能有相当之功用。又托花旗银行经理间接探听该厂家之信用据后,甚为可靠,决不致误事,故只可决定用整旧之机器,其价约

须4000余磅，大概直接向厂家定货，须在运起时付价一半，货到天津时再付一半。近因金价涨落无常，应否一俟价格确定，即将金镑数目购备存储，兑换率上出入甚大，此层不可不预先决定，免得以后有万一之批详。当经多数董事赞成，由两经理酌量办理，即照现在之兑换率购存金镑，亦无不可，系根据今日股东会议决之预算数目，将来当不致发生问题。

五、再在天津购地造屋开办工厂一层，亦经详细讨论，议决仍照原议计划，在英租界中适宜区域购地自建厂屋。

六、所有开办工厂应须资本，应请各董事协力设法招足30万元，以备应用。

七、关于聘请工厂职员，朱总经理报告陈礼君已允任纺毛线工厂经理，王福卫君允任纺线技师，均于一月之内北来，先见习。本公司营业方法，一方面即协同计划组织工厂事，王君系美国New Bedford Jextile School毕业，在上海大中华、原生等纺纱厂任事共有五年之久。天津之纺毛线业中人，均谓纺棉纱与纺毛线之法则虽不尽同，实亦不难融会贯通之云云。

八、关于修改本公司章程，经主席派定夏定轩、凌其峻二君担任。

二时一刻散会。

(J144-1-22-32)

32.仁立公司第一百零四次董事会纪录

民国二十年四月十三日(1931年4月13日)

民国二十年四月十三日下午八时在北平骑河楼清华同学会，开第一百零四次董事会。到会者周寄梅、费云皋、夏定轩、顾佐忱、孙锡三、杨仲达、监察人顾佑忱、何淬廉及朱、凌两经理、王福卫诸君。周董事长主席，杨仲达为书记。

一、杨君宣读第一百零三次董事会纪录，除订购纺毛线之整旧机器原份两批，共约价款英币4000磅应照数修正外，余照原纪录通过。

二、凌经理报告自上月开会至今，共运出地毯4890余方尺，又美术品值价洋17260余元。又接受地毯定货5208方尺，美术品定货73360余元。

三、凌经理报告近来本公司门市营业颇见发展，三月份卖出地毯约值洋9000余元，四月内在十余日之中，门市上已卖到3400余元。

四、凌经理报告工厂内自经尽力整顿以来，颇着成效，簿记亦经改用新式。近经稍加工资，用期内鼓励工人出货优美。倘能长照现在之营业及振作情形做去，工厂内将来必能多得赢利。

五、朱总经理报告组织纺毛厂事，经将在天津租屋设厂或购地自建厂屋两种办法，及其应需款项之多寡等事详细陈述，即经各董事反复讨论后，多数表示意见仍决定择购适宜之地约6亩之数目建厂屋。朱总经理又谓购地造屋约须洋6万元，再加纺毛线机器价洋11万元，共须洋17万元，所有流动资本当不在内。又经多数董事表示意见，对于资本一层，应届时另行设法办理。

十时一刻散会。

(J144-1-22-33)

33.仁立公司第一百零五次董事会纪录

民国二十年五月九日(1931年5月9日)

民国二十年五月九日下午八时仁立公司在北平骑河楼清华同学会开第一百零五次董事会。到会者周寄梅、刁成章、费云皋、孙锡三、夏定轩、顾佐忱、杨仲达,又监察人顾佑忱、朱、凌两经理及陈问聃诸君。周董事长主席,杨仲达为书记。

一、杨君宣读第一百零四次董事会纪录,众无异议,照原文付表决通过。

二、朱、凌两经理提出四月份营业损益、资产负债两项报告,均付表决通过。

三、凌经理报告自四月十四日至五月九日,共运出地毯6175方尺,又运出美术品值价22264元余。在此时期内,共接受地毯定货2565方尺,美术品定货约值洋12769元余。

四、凌经理报告四月份全月门市营业曾做到6600余元。又谓工厂方面自滋竭力整理以来,在本年三月之前已有盈余1600元之数。三月份亦有盈余700余元。现在织毯厂工价每方尺增加5分,工人甚是欣感。本公司织出之地毯有半数系本工厂制成。

五、朱总经理报告在天津购地建筑纺毛线工厂之详细情形,谓现已择定津中里狄姓所有之地七亩,地价每亩2920两,再增加填土用费300两与卖主各半分担,计银150两,大致已商量妥协,应请董事会正式议决。当经刁董事动议,孙董事附议,付表决照案通过。又提出厂屋之草图,拟用钢筋、洋灰先造一层,因其基础,以备将来有扩充之需要时,即可加造第二层。房屋之预备,当经举定费、顾、杨三董事协同朱、凌、陈、王诸君随时商量购地建厂屋各项进行事宜,并推费君为主任。经刁君提议,孙君附议,付表决通过。

十一时散会。

(J144-1-22-34)

34.仁立公司第一百零六次董事会纪录

民国二十年六月二十七日(1931年6月27日)

民国二十年六月二十七日下午八时仁立公司在北平骑河楼清华同学会开第一百零六次董事会。到会者周寄梅、刁成章、费云皋、孙锡三、顾佐忱、夏定轩诸君,又监察人顾佑忱及朱、凌两经理。杨仲达君因事未到,委托夏定轩为代表。周董事长主席,夏定轩为书记。

一、夏君宣读第一百零五次董事会纪录,众无异议,当付表决通过。

二、凌经理报告自五月十日至六月二十七日,共运出地毯6611方尺,计洋14243元。又运出美术品计洋4589元余。在此时期内共接地毯定货4589方尺,美术品定货约值洋30107元余。

三、凌经理报告迩来门市营业颇见发达。自去夏将烧酒胡同工厂改造后,对于设备及织染方面竭力改良,以投各顾客之好尚。现在竹竿巷新添一厂,共计有四厂。惟因工人不易管理,不能多招工人,现四厂共有工人约200名。本公司所售之毯货,计由本厂自行出品者,约居半数。现得一新主顾,为美国某军官,在本公司定货颇多,前途甚抱乐观。

四、朱总经理报告天津纺毛厂房屋图样已于六月十七日开标。拟令价底而信用昭著者承揽此项工程。现有梁姓估价为32100余元,由杨宽麟工师审查办理。纺毛厂机器已寄到提单两份,由本公司告付出英金3297镑,约洋70000余元。该机马力如何尚未详细查明。

五、凌经理提议本公司门面地基早已购妥,应否即行建造,并应如何建造以壮观瞻。经议决先请专家计划图样两种，再行研究决定。

十时半散会。

(J144-1-22-35)

35.仁立公司第一百零七次董事会纪录

民国二十年七月十一日(1931年7月11日)

仁立公司于民国二十年七月十一日晚八时，在骑河楼清华同学会开第一百零七次董事会。到会者周寄梅、费云皋、孙锡三、顾佐忱、夏定轩、监察人顾佑忱，及朱、凌两经理，陈向聃君、杨仲达君因事未到，委托夏定轩君代表。周董事长主席，夏定轩为书记。

一、由夏君宣读上届董事会纪录，经付表决通过。

二、凌经理报告本年六月份一个月内，共运出地毯计6380余方尺，计洋13650余元，又运出美术品计洋26452.17元。在此一月中共接地毯定货计1962方尺有余，又美术品定货计洋5191.5元。

三、凌经理报告本公司工厂副厂长施复湘君办事颇见认真，厂中甚有秩序。各工人均能做工，刻下出产增加，每日可出毯货1000余尺。现由厂内略备运动器具数种，俾个工人于工作之假随时练习，以增兴趣。

四、陈向聃君报告天津纺织厂地基应税地契向各机关分别完纳就绪，计工付洋1100元。地面工程已竣。一个月内可盖房屋顶。窗扇已在定制，计洋2000余元。监工严、陈二君颇见认真，而陈君尤为得力。自来水约三星期内可以装就，惟灯盏尚未订完。第二批机器已到大沽，最后一批约下月可到，现正讨论事务所建设事宜。又工人寄宿舍应否预备，亦应研究之一问题也。

五、周董事长称，上项屋舍问题暂勿置议，俟朱总经理审查报告，再行定夺。

十时散会。

(J144-1-22-36)

36.仁立公司第一百零八次董事会纪录

民国二十年八月八日(1931年8月8日)

民国二十年八月八日下午八时，仁立公司在北平骑河楼清华同学会开第一百零八次董事会。到会者周寄梅、费云皋、夏定轩、顾佐忱、杨仲达、顾佑忱、朱、凌两经理。周董事长主席，杨仲达为书记。

一、夏君宣读第一百零七次董事会纪录，众无异议，当付表决通过。

二、朱总经理报告七月份共运出地毯3220余方尺，价值洋6123元余，又运出美术品价值洋25956元。再在七月内共接受地毯定货4889方尺，美术品定货约值洋27633元余。

三、朱总经理报告门市地毯营业近来又见增长。数月来且有一种钩织地毯，每每供不应求。天津分号情形亦颇优美，本年结算至七月底约有2000余元之净利。天津之纺毛线工厂因有一部工程须改做，将迟延两星期之时日。厂之屋顶约在八月底可以盖成。所有工厂应有之他种设备建筑均已分别估订合同，计有四种，即：

热气管及卫生设备　计洋6000元

电器发动机电极电线　计银690两

建筑锅炉房门房厕所　计洋3800元

钢架玻璃窗纱窗　计洋2693元余

四、朱总经理提议本公司将来现款不敷周转时，势必向银行商办透支。现已预为接洽，并拟请周寄梅董事长为担保人。此项担保责任，应请董事会通过一议案。凡在此项透支款数未经本公司还清以前，万一本公司发生意外情事，致有歇业清理或结束等情事，则此项透支款项应由公司首先清偿，俾得能除担保人之责任。各董事均以为此系当然办法。经全体赞成照案通过。

十时散会。

(J144-1-22-37)

37仁立公司第一百零九次董事会纪录

民国二十年九月十二日(1931年9月12日)

民国二十年九月十二日八时，在骑河楼清华同学会开第一百零九次董事会。到会者周寄梅、顾佐忱、顾佑忱、夏定轩及朱、凌两经理。夏君并为杨仲达君代表周董事长主席，夏君为书记。

一、由经理部分布本年八月份资产负债表。

二、由经理部报告本年八月份一个月，共运出地毯2803方尺，计洋6096元余。门市售出地毯计洋14286元余。又运出美术品计洋25929元余。在此一月中，计共接美术品定货洋15246元余，地毯定货4412方尺。又有上海Geam Linsay允为本公司代理人，运去代售地毯2000方尺，收洋3000元。

四、朱总经理报告天津纺织厂工程设置一切分别赶办，不久完工。

五、周董事长提议本公司门面扩展房屋事，应先请工程师绘图送阅，即行动土。

十时散会。

(J144-1-22-38)

38.仁立公司第一百十次董事会纪录

民国二十年十月十日(1931年10月10日)

民国二十年十月十日下午八时，在北平骑河楼清华同学会开第一百十次董事会。出席者周寄梅、费云皋、顾佐忱、杨仲达、顾佑忱、朱、凌、陈三位经理，杨仲达并为夏定轩代表。周董事长主席，杨仲达为书记。

一、杨君宣读第一百零九次董事会纪录，于Geam Linsay代销本公司地毯一层须修正外，即付表决通过。

二、朱、凌两经理提出九月份营业报告及资产负债表，经付表决通过。

三、凌经理报告九月份运出地毯6887方尺，计值洋12886元余，又运出美术品31897元余。九月份内并接受地毯定货19331方尺，又接受美术品定货约值洋11443元余。

四、朱凌两经理报告近来购买羊毛8万斤，毛价尚有10000余元未付。此项羊毛之成色似较去年所买者稍佳，但其确数须弹出后方能详细统计。现因织毯工厂地方过小，拟加租房屋，以图扩充。已在朝阳门大街看就一处，日内正在接洽中。钩线毯厂学徒正练习，六个月之久可以认真制毯。今每月出货已由七八百方尺增加至一千二三百方尺。

五、陈经理报告天津工厂房屋已建筑完工。电力设备亦已装好，热气管约至十一月中亦可装成，机器已装出三架，其余之机器亦在加工安装，约下月中可装齐。

六、周董事长提议现因本公司现金又将用罄，将来须添购他种机器，最好此次呈请增加资本，注册时即声明招足五十万，请各董事赞成，而先由董事会通过此项增加资本议决案，可俟至明年开股东〔会〕时，再提议。

七、议决天津新设之工厂定名为仁立纺毛厂。

十时半散会。

（J144-1-22-39）

39.仁立公司第一百十一次董事会纪录

民国二十年十一月十四日（1931年11月14日）

民国二十年十一月十四日下午七时，仁立公司董事会在北平骑河楼清华同学会开第一百十一次常〔会〕。到会者周寄梅、夏定轩、孙锡三、顾佐忱、杨仲达及朱、凌两经理。周董事长主席，杨仲达为书记。

一、朱、凌两经理提出十月份营业报告及资产负债表，经付表决通过。

二、凌经理报告十月份运出地毯13900余方尺，又美术品20920余元。十月份并接受地毯定货3350余方尺，又美术品定货13320余元。上月门市售出8440元，本月又在内宫监添设钩线制毯厂一所。

三、朱总经理报告现因天津发生事，亦又纺毛厂安置机器工人不能照常工作，又须稍延时日，大约下月初间方可开机。纺毛厂内存放羊毛地方当不敷用，拟再加，改洋钱篷厂一所，业已估价，约须洋1200元。又经详细筹划，关于洗毛事，现须请他人代办，既不合算，监督亦有困难，最好须自备机器，加盖厂屋，方能妥善，以后亦须设法措办。纺毛厂如须日应开工，王君一人不能照顾周全，现已请到林同与君为纺毛厂副经理，月薪80元。

四、朱总经理又谓，天津分公司租用西门子大楼，业已满期，现须另觅相当铺，而迁移须能兼做门市营业者为宜适。

八时半散会。

（J144-1-22-40）

40.仁立公司第一百十二次董事会纪录

民国二十年十二月十二日（1931年12月12日）

民国二十年十二月十二日下午二时，仁立公司董事会在天津大华饭店开第一百十二次常会。到会者周寄梅、夏定轩、顾佐忱、孙锡三、杨仲达，又监察人顾佑忱、何淬廉及朱、凌、陈、王四经理。周董事长主席，杨仲达为书记。

一、周董事长提议今日开会因时间短促，上两次之会议录可免读。

二、朱、凌两经理提出十一月份营业报告及资产负债表，经付表决通过。

三、凌经理报告十一月份运出地毯4889方尺零，值洋10677元余，又运出美术价值洋14382元余。又上月份接受地毯定货4173方尺，又美术品定货约值洋14052元余。

四、凌经理报告十一月份门市有5272元余。

五、朱总经理报告前此运往纽约、伦敦、上海三处托商家代卖之货物，近因销路不畅，在账面上已打折扣，今幸伦敦之美术品已卖出，惟地毯因市价低落，尚未脱手。纽约之地毯亦售出有限。上海十月份亦只卖出50000余元。惟大华方面销货情形尚好。

六、周董事长谓兹届年终结账时，应照往年成例派请股东查账，所有北平公司账目请金旭初、孙锡三二君担任查核，北平存货请夏定轩、顾佑忱二君盘查，天津账目、存货请何淬廉君查核。

七、朱总经理：天津分店今已移至法租界中街八十七号，除原来经办运货、出口及监制地毯等事，现拟兼做门市营业及收买羊毛及代纺发卖毛线等事。

八、陈经理报告设立纺毛工厂，前者用出各项账款清单分为购地、造房、机器、设备、工具、工价、修机、电话、组织、杂费等十项，总数为187910元余。

九、周董事长谓本日在天津开会，原希望可以同时参观纺毛工厂之工作，近因各种意外迟延，日内尚难开工，只可请诸位先去查看工厂之形式及布置机器之大概。各董事到纺毛厂参观后即于四时半散会。

(J144-1-22-41)

41.仁立公司第一百十三次董事会纪录

民国二十一年一月九日(1932年1月9日)

民国二十一年一月九日下午八时，仁立公司在北平骑河楼清华同学会开第一百十三次董事会。到会者周寄梅、费云皋、孙锡三、杨仲达、顾佑忱、朱、凌、陈三经理。周董事长主席，杨仲达为书记。

一、杨君宣读前三次董事会纪录，除一一〇次纪录中开于增加资本原议决之字面上须加修正外，余均付表决通过。

二、朱、凌两经理提出本公司天津分公司及织毯、纺线各工厂之全年报告，复加说明解释后，即付表决通过。

三、凌经理报告上年十二月份运出地毯4612方尺，门市卖出地毯计值洋5297元余，又运出美术品计洋15633元余。并接受地毯定货4890余方尺，又接受美术品定货计值洋5247元余。

四、凌经理报告本公司现有织毯、纺毛等厂八处，其中除新设者外，去年各工厂统计均略有赢余，详情另附报告。

五、朱总经理报告已经分公司去年结账亦能净余九百数十元。纺毛厂内机器已经装全一套，纺出毛线甚好。添盖之堆房不日即可工竣。

六、朱凌两经理提议公司局面日臻扩大，职员人数亦时有增加，应即厘定办事细则。关于运用资本各部分亦应定一种预算，再于职员薪水之增加及其限度，每年奖励职员将分红储蓄办法以及分配本届余利等事，均请董事会分别商定派人办理。以上各节经推定，周、孙两董事暨朱凌两经理共同商拟，再提出董事会核议。

七、朱凌两经理提议沈讷斋君在公司任事最久，办事亦认真，经管美术品一部分营业甚为重要。现拟升为本公司襄理，即请核议。众均赞成，即议决所有襄理薪水应俟办事细则订定后再行酌办。

八、议决本届股东大会定于三月六日上午十时，分发股利日期定在四月三十日。

十时半散会。

(J144-1-22-42)

42.仁立公司第一百十四次董事会纪录

民国二十一年一月三十日(1932年1月30日)

民国二十一年一月三十日下午八时,仁立公司在北平骑河楼清华同学会开第一百十四次董事会。到会者费云皋、孙锡三、顾佑忱、夏定轩、何淬廉及朱、凌两经理。杨仲达因事未到,请夏定轩为代表。公推费云皋君代主席,夏君代书记。

一、夏君宣读上次纪录,即付表决通过。

二、凌经理谓今日系提早开会,本月份之营业报告及资产负债表尚未做出,须俟下次一并报告。本月营业清淡,与往年此时相似,至今运出地毯8156方尺,又运出美术品计价洋5314元余。门市卖出地毯计值洋2042元余。本月份接受地毯定货1111方尺,又美术品定货计值洋2040元余。

三、朱总经理报告天津纺毛厂机器已开全机,每日纺出毛线250镑,夜工尚未开做,须俟阴历过年后方能添招新工人。王福卫君因母病,请假回南,厂事现由林君与王工头二人负责办理。本公司现存羊毛40000镑,内有十分之六系秋毛。因毛料过短,须另购套毛搀和,方能织成合用之毛线。

四、议决二十年份之盈余分配办法如左:

二十年分盈余共计49999.3元,另有特别公积金项下提出洋1000元,统共为50919.3元,分定:

公积金　4991.93元

股息、红利各六厘　30368.12元

董事监察人花红　2000.00元

职员花红　12326.60元

筹办职员储蓄及公益经费　1232.65元

五、朱总经理谓现有两宗地毯营业正在进行商洽,一在天津,一在非列滨,倘能商议就绪,本公司营业当可发展。

六、朱总经理报告本公司章程应加修改草稿现已拟就,客俟运交律师改正后再行提出详细讨论。

十时半散会。

(J144-1-22-43)

43.仁立公司第一百十五次董事会纪录

民国二十一年三月一日(1932年3月1日)

民国二十一年三月一日下午八时,在北平骑河楼清华同学会开第一百十五次董事会。到会者周寄梅、刁成章、费云皋、孙锡三、顾佐忱、杨仲达、夏定轩(杨仲达代)、顾佑忱、何淬廉、朱、凌两经理。周董事长主席,杨仲达为书记。

一、杨君宣读第一百十四次董事会纪录,即付表决通过。

二、凌经理报告二月份运出地毯8320余方尺,计价15631元余,又运出美术品计价5145元余。二月份接受地毯定货558方尺,又接受美术品定货价洋8554元余。上月份门市卖出地毯1937元余。天津分公司迁移后,系二月十日开幕,门市买出地毯价值约1000元。

三、朱总经理报告工程师王福卫君也已回津,纺毛厂出线每日已达400余镑,现在仍开一套机器,出货每多,将来两套开齐后,再加做夜工,纺毛厂亦可获利。

四、邀请林行规律师列席讨论修改本公司章程,除公司法中载明各条照例遵照外,经拟改成二十七条，逐条研究后即经董事会通过，以备提出本届股东会核议。

五、周、孙两董事暨朱凌两经理提出本公司职员薪给表及职工福利储金章程，均照案通过。

六、议决本年股利定于四月三十日发给。

七、通过第二次增加资本议案，本议案以备提出股东会核议。

十一时散会。

（J144–1–22–44）

44.仁立公司第一百十六次董事会纪录

民国二十一年三月十二日（1932年3月12日）

民国二十一年三月十二日下午八时，在北平骑河楼清华同学会开第一百十六次董事会。到会者周寄梅、夏定轩、顾佐忱、孙锡三、杨仲达、费云皋（顾佐忱代）、金叔初、林斐成（金叔初代）、朱、凌两经理。周寄梅主席，杨仲达为书记。

一、主席发言，本届股东会开会，本席与费董事二人已届期满，当经投票，继续当选，再照本届股东会议决之修正章程第十七条规定，本公司应设董事九人，当经股东会加选，林斐成、金叔初二人为新董事，并经议决，此次选出之四董事，本席任期定为一年，费、林、金三董事之任期定为三年。

二、互选周寄梅为董事长，兼任常务董事。又公推杨仲达为书记。

三、董事长致辞欢迎新当选之林、金二位董事，务期以后共同筹商，使公司得尽量发展其营业。

四、杨君宣读第一百十五次董事会纪录，当付表决通过。

五、朱凌两经理提出二月份营业报告及资产负债表，又天津分公司营业报告及资产负债表并天津纺毛厂之资产负债表及营业损益表，均付表决通过。朱总经理谓纺毛机器现在仍只一套工作，因前两月内羊毛价高，王工程师因事回南，未能多出毛线，故尚未能获利。今一套机器出货之量数虽已超过预算，惟在短时期内势难有利，必俟两套机器开齐后，方能计划获利之事。

六、议决依照本届股东会议决，将增加资本案通知各股东。将来或加股或发公司债，俟董事会议决后再行通知。

七、议决将来应一律换发新股票。

八、议决所有本公司章程应订之附例及办事细则等，仍请周、孙两董事、朱凌两经理共同商拟后再请林律师核定。

十时半散会。

（J144–1–22–45）

45.仁立公司第一百十七次董事会纪录

民国二十一年四月七日（1932年4月7日）

民国二十一年四月七日下午五时，在北平骑河楼清华同学会开第一百十七次董事会。到会者周寄梅、林斐成、金叔初、孙锡三、杨仲达、夏定轩、顾佐忱、顾佑忱、朱、凌两经理。周董事长主席，杨仲达为书记。

一、主席谓本日开会时间匆促，可否免读上次会议纪录，众同意，遂免读。

二、朱凌两经理提出三月份总公司营业报告及资产负债表，又天津分公司营业报告及资产负债表，又天津纺毛厂之资产负债表、营业损益表，经择要说明后，均付表决通过。

三、凌经理报告三月份运出地毯6404方尺余，计值洋12271元余，又运出美术品计价洋7535元余。上月内接受地毯定货19120方尺余，接受美术品定货38249元余。三月内门市卖出地毯计价洋784元。

四、凌经理报告近因外国来定货无多，工厂内出货亦有限，统计今年三个月只约赢利二百数十元。时值阴历年底，发给工人之节钱及放假等关系，亦系减少赢利之原因。

五、两经理谓本公司门前接连路基之地前已出价买入，今因门内房屋不敷应用，正请工程师绘图，预备改造门面，估计三层一律伸出，约须建筑费4000元，又装修费约洋3000元，应于何时动工改造，请核议。当经孙董事动议，顾董事附议，决议即行改造所有建筑，图说即请常务委员会审核决定。

六、朱总经理报告纺毛工厂自第一套机器开工后，共出货19000镑，现在毛线销路甚畅，已全数卖出。惟因羊毛又跌价，核计赢利当属有限，所有三月内营业已能抵补二月份损失之一部分。

七、朱总经理又申说添织呢绒之需要，并云将来地毯营业万一有衰落之时，纺毛厂即可注重于织呢用之毛线，当经提出修正预算书一份，连同再添购纺毛机一套，约须15万之谱。应否添织呢绒及增加资本办法等事，即请公决。事经孙董事动议，金董事附议，即照决议通过。所有集资办法应俟下次继续讨论。

八、林董事交到第一次增加资本注册呈文及修正公司章程等文件，当经各董事阅看后，即公推林董事代理经办呈提。

九、孙董事提议本公司总经理、经理之津贴应自本年一月份起，各加支25元。经一致赞成通过。

七时一刻散会。

(J144-1-22-46)

46.仁立公司第一百十八次董事会纪录

民国二十一年五月九日(1932年5月9日)

民国二十一年五月九日下午八时，在北平骑河楼清华同学会开第一百十八次董事会。到会者周寄梅、林斐成、夏定轩、费云皋、顾佐忱、刁成章、金叔初、杨仲达、朱、凌两经理。周董事长主席，杨仲达为书记。

一、杨君宣读第一百十七次董事会纪录，经付表决通过。

二、朱凌两经理提出四月份总公司营业报告、资产负债表，又天津分公司营业报告、资产负债表，又纺毛厂之资产负债表、营业损益表，共六件，经择要解释后，经付表决通过。

三、凌经理报告四月份运出地毯3339方尺余，计价洋5710元余。门市卖出地毯计价洋2546元余，又运出美术品计价洋23033元余。四月份接受地毯定货2796方尺零，又钩线地毯定货1138方尺零，并接受美术品定货计价洋13999元余。

四、朱总经理报告近来北平、天津、上海各处之地毯营业均现衰落气象。纽约大商店积存底货甚多，不易售脱。前月本公司难接有若干定货，目前工作尚不致。惟以后之地毯营业殊难乐观，兹闻天津各纺毛厂积存毛线尤多，均想于价出售，足见毯业之不振。本工厂纺出之毛线亦恐不能畅销，只有步趋其它纺毛厂办法并代羊毛商人纺线，籍获微利，一方面再进行织呢之设备。今代人纺线，须用堆房，地方甚大，最好先将织呢厂须用之房屋早日造成，暂时作为纺毛线堆房之用。当经各董事赞成，将现在纺线厂上之房屋早日进行盖造。

五、凌经理提出总公司门面盖造图样，说明伸出盖造之计划因其当有斟酌之处。议决由常务委员邀约梁工程师详商定夺。

六、周董事长谓注册呈文提出后，因注册费数目、发起人及董事姓名、图章等事须有改正之处，经林董事逐项改正后，将改正本交到即可呈提。

七、议决照第十届股东会决议增加资本20万元，为添办毛织品设备之用，每股100元，共分作2000股，仍用招股办法招集，其中以15万元即1500股，仅旧股东比照原有股数认购，即每2旧股约购1新股，其余5万元分作500股，预备旧股东照比例数之定额外尚须加购之需要。此500股之分配，应照认购时之先后为准，如500股尚不敷分配时，即照平均法办理。倘使1500股未得旧股东认完，即将其余额及其余之500股一并另招新股东。所有照比例法认定之股额，应在认股时先缴半数。此外之招股详细办法另印说明书寄送各股东。

十一时一刻散会。

（J144-1-22-47）

47.仁立公司第一百十九次董事会纪录

民国二十一年六月十一日（1932年6月11日）

民国二十一年六月十一日下午八时，在北平骑河楼清华同学会开第一百十九次董事会。到会者周寄梅、金叔初、孙锡三、夏定轩、杨仲达、顾佐忱、林斐成、凌经理。周董事长主席，杨仲达为书记。

一、杨君宣读第一百十八次董事会纪录，经付表决通过。

二、凌经理提出五月份总公司营业报告、资产负债表，又天津分公司之营业报告、资产负债表，又天津纺毛厂之营业损益表，各董事检阅后，即付表决通过。

三、凌经理报告上月运出地毯790方尺零，计价洋1073元零。门市卖出地毯计价洋1913元余，又运出美术品计价洋13003元。上月内接受地毯定货3204方尺零，又接受美术品定货计价洋805元余。

四、凌经理谓现因地毯定货无多，销路锐减，拟将各工厂毯机停至百分之三十，外厂不再发货。天津纺毛厂已开招代人纺线。

五、凌经理谓现因公司及工厂各方面时有疾病恐慌，拟与第一区卫生事务所商订检验身体，预防疾病办法，约计开办时须设备费洋300元，每一职工出费3元，以350人计，约须500元，其余费用约计400元至600元，均由事务所担任。当经表决通过照办。

六、凌经理谓添招股本说明书业经印出，请各董事阅定。当经议决照寄各股东。

七、凌经理拟具纺毛厂前途之工作意见书，内分代人纺线及自纺毛织两种。自纺线预备逐渐筹办织呢及他种毛织物品之用，均可希望有相当销路，所有织地毯之毛线亦当随市情之进退酌量办理。

九时半散会。

（J144-1-22-48）

48.仁立公司第一百二十次董事会纪录

民国二十一年七月十一日（1932年7月11日）

民国二十一年七月十一日下午八时，在北平骑河楼清华同学会开第一百二十次董事会。到会者周寄梅、金叔初、孙锡三、顾佐忱、夏定轩（顾佐忱代）、朱、凌两经理。周董事长主席，凌其峻代书记。

一、凌经理提出六月份总公司、天津分公司及平津各工厂营业报告、资产负债表，均付表决通过。

二、凌经理报告六月份运出地毯6588方尺余，计价洋10876元余。并运出美术品价值洋30831元余。门市卖出地毯价值洋3760元余。上月内接受地毯定货1147方尺，又美术品定货计价洋9487元余。

三、朱总经理报告天津纺毛厂加盖二层楼房屋作为织呢等之用，已由华记建筑工程师绘制图说，经梁卫华营造厂包工，估定工料洋17959元，所有铁筋窗架与电汽暖汽卫生装修不在其内。议决由周董事长约同孙董事、朱、凌两经理再加讨论核准办理。

四、凌经理报告续招之新股已认出10万余元，截至今日至已交到59200元。

五、朱总经理报告关于织呢机器已与Richard Jirth & Sons驻津代表再三商榷，今已定妥分三批运津，共价英金3000镑左右，大约可按97.5扣付价，应用银行押汇信此项付价办法，现正与银行接洽中。议决即□速定购并请朱总经理即与机厂代表签订合同，所以金镑汇价亦以先于银行定结为妥。

六、朱总经理报告，除织机厂房屋外，尚须在厂基西南角添盖平房一所装置汽锅，以备染色之用。此项房屋正在计划中，约须洋五千数百元。议决各项建筑事宜准在下次董事会开会之前请由周、孙两董事与朱凌两经理商议进行。

十时散会。

（J144-1-22-49）

49.仁立公司第一百二十一次董事会纪录

民国二十一年八月八日(1932年8月8日)

民国二十一年八月八日下午八时，在北平骑河楼清华同学会开第一百二十一次董事会。到会者周寄梅、林斐成、金叔初、刁成章、夏定轩、孙锡三、顾佐忱、杨仲达、顾佑忱、朱凌两经理。周董事长为主席，杨仲达为书记。

一、杨君宣读第一百十九次及一百二十次董事会纪录，均付表决通过。

二、两经理提出七月份总公司及天津分公司、纺毛厂营业报告及资产负债表，均付表决通过。

三、凌经理报告七月份运出地毯6621方尺半，计价洋13105元零。门市卖出地毯计价洋6370元零，又运出美术品计价洋21430元零。上月份并接受地毯定货10006方尺余，又接受美术品定货11113元零。

四、朱总经理报告天津纺毛厂添盖二层楼房屋之合同已于上月十二日签字订定，现已开工多日，约于九月中间完工。电灯线合同系624两，发电机合同系464元，暖气管及各项装修合同亦已络续议价商订。

五、织呢机器合同于七月十二日订立，分三批交货，第一批价1276镑零，镑价已核结定六星期后交货，第二批系624镑零，第三批系687镑零。每一批隔两个月交货。

六、朱总经理报告，一俟织呢厂设备完成后，需用含羊毛甚多，此货出产有限，恐到临时不易购到，大约毛价亦不致再跌落，现虽买存160余包，洗净后只出7500斤，应否随时陆续购备，请核议。议决本公司现金有余，应即络续购存若干，以备将来应用。

七、朱总经理提议前有美国地毯进口商家欲将其驻津经理人调回，而将其它家制毯工业交托本公司代办。现已商定条件，应否承办，并请核夺。议决即照前所商条件与其订立合同办理。

八、朱总经理报告续招之新股已交到89400元，上有认定而未交到者，约有六千数百元。

九、凌经理报告关于职工福利储金章程，前已订定由常务董事及总经理、职工代表一人合组保管委员会。今职工代表已举定沈讷斋君，今拟照原定章程十条内加入两条，一为可将储金凭证押借款项，一为按照章程第六、七两项所载之必要时由公司垫款办法，均经议决，将所拟之两条加入原订章程内(全文另附)。

十时十分散会。

(J144-1-22-50)

50.仁立公司第一百二十二次董事会纪录

民国二十一年九月十二日(1932年9月12日)

民国二十一年九月十二日下午八时，在北平骑河楼清华同学会开第一百二十二次董事会。到会者周寄梅、金叔初、顾佐忱、孙锡三、费云皋、杨仲达、顾佑忱、朱总经理。周董事长主席，杨仲达为书记。

一、杨君宣读第一百二十一次董事会纪录，付表决通过。

一、朱总经理提出八月份总公司及天津分公司、纺毛厂营业报告及资产负债表，均付表决通过。

二、朱总经理报告八月份运出地毯2640方尺零，计价洋5611元余。门市卖出地毯价值洋6106元余。又运出美术品计价洋10749元余。上月份并接受地毯定货2453元零，又美术品4971元余。

三、朱总经理报告添盖纺毛厂二层楼房屋，不日即可竣工。锅炉及洗染毛线之房屋已订立合同，计工价洋8000元。现已开工建筑。北平总公司改造门面事，前已迭次讨论，准备开工。合同已与梁卫华包工人订立，现已向工务局请领执照。

四、朱总经理报告现又买进含羊毛三万数十包，惟价目已渐高涨，货尤缺乏。

五、朱总经理报告前次呈请事业部注册增加资本到30万之公文，已经核准并令加送股东名单，已经照办，应否即发股票，即请董事会核夺。议决现已添招股本到50万，所有填发股票一节可通表各股东，暂时仍拟后发。

六、朱总经理谓第一批织呢机器约须运费保险等一百数十镑，第二批货价六百二十余镑，亦须预备，今已一并托中孚银行核结存候拨付。

十时散会。

(J144-1-22-51)

51.仁立公司第一百二十三次董事会纪录

民国二十一年十月十日(1932年10月10日)

民国二十一年十月十日下午八时，在北平骑河楼清华同学会开第一百二十三次董事会。到会者周寄梅、费云皋、金叔初、林斐成(周寄梅代表)、顾佐忱、朱凌两经理。周董事长主席，杨仲达为书记。

一、杨君宣读第一百二十二次董事会纪录，付表决通过。

一、朱凌两经理提出九月份总公司、天津分公司及纺毛厂之营业报告及资产负债表，均付表决通过。

二、凌经理报告九月份运出地毯1239尺余，计价洋1760元有零。门市卖出地毯计价洋4207元余。又运出美术品计价洋12187元余。上月份共接受地毯定货两类，共计17715方尺余，又接受美术品定货计价洋7794元余。

三、朱总经理谓纺毛厂现在仅开日工可每月出毛线二千五百磅，现因代美商承办定货，是以常须存有毛线约二万磅，今毛价正逐渐增长，惟毛线市面仍是停顿。本公司已买入羊毛线一百六十包，日内尚拟络续购买，以备纺毛厂得照常工作，免得仍需费薪工开支等项。针织毛线已纺成一万磅，因不合手工针织之用，只有暂存厂内，以俟织机到时使用。

四、议决第二次续招股本期限，原定十月底截止，倘届时尚不足额，应即继续招认。

五、议决应即拟定新股票格式发给新加入股本之各股东。

十时一刻散会。

(J144-1-22-53)

52.仁立公司第一百二十四次董事会纪录

民国二十一年十一月十四日(1932年11月14日)

民国二十一年十一月十四日下午八时，仁立公司在北平骑河楼清华同学会开第一百二十四次董事会。到会者周寄梅、林斐成、金叔初、孙锡三、费云皋、顾佐忱、杨仲达、顾佑忱、朱凌两经理。周董事长主席，杨仲达为书记。

一、杨君宣读第一百二十三次董事会纪录，当付表决通过。

一、朱凌两经理提出十月份总公司及天津分公司又纺毛厂之营业报告及资产负债表，均付表决通过。

二、凌经理报告上月份运出地毯共计价洋8780元零。又运出美术品计价洋12570元余。上月份接受地毯定货两类，共计8379方尺余，又接受美术品定货计价洋8951元。

三、朱总经理报告天津纺毛厂添造之锅炉及洗染毛线之房屋屋顶也已完工，内部工程及装修等月内即可告竣。凌经理报告总公司改造门面因砌墙基时在地中掘到脏水管，必须移置他处，因此多费时日，现正精工赶造，现将砌墙屋顶砖瓦工赶完。所有水泥工程须待明年开冻后再行动土。

四、朱总经理谓萨拉齐之垦地近有信来，有人愿意每亩出价洋2元，已请姚金祥于月初前去接洽，当即议决将此地赶速出售，弗误事机。

五、朱总经理提议在英国定购之织呢机器至头两批到后，尚难开工织布之用，现已去电，催将织机速运。又提议将来织机到后，恐纺线机后不敷应用，既纺地毯毛线，即不暇再纺织布毛线，故应再购一全套纺线机，方不致顾此失彼。此项机价约须英镑1600镑，即请决议。当经金董事提议，费董事附议，付表决通过。倘使现款不敷，即向银行商量透支办法。

十时半散会。

(J144-1-22-54)

53.仁立公司第一百二十五次董事会纪录

民国二十一年十二月十二日(1932年12月12日)

民国二十一年十二月十二日下午八时，在北平骑河楼清华同学会开第一百二十五次董事会。到会者周寄梅、孙锡三、金叔初、顾佐忱、杨仲达、顾佑忱、朱凌两经理。周董事长为主席，杨仲达为书记。

一、杨君宣读第一百二十四次董事会纪录，除上次会议议决添购纺线机约价应改为1600英镑外，余无错误，当付表决通过。

一、朱凌两经理提出十一月份总公司及天津分公司又纺毛厂之营业报告、资产负债表，均付表决通过。

二、凌经理报告上月份运出地毯共计价洋21583元余。又运出美术品计价洋5653元余。又接受地毯定货4237方尺零,又美术品定货共计价洋2356元余。

三、两经理报告天津厂内锅炉房建筑业已工竣,总公司门面墙壁之洋灰横枋已趁天热时赶完。

四、朱总经理报告织呢机器已运到两批,前次去电催运第三批时,曾请英厂将添购纺线机之说明书寄来,阅定后再订阅。

五、朱总经理报告萨拉齐垦地经姚金祥君前去商洽,适买主又他往,故未能晤面。随将去今两年之租粮共三百数十元,除去地税社租外,实收到二百数十元。

六、本年年终结账应请股东查账,经公推定金叔初、孙锡三二君查核总公司账目,顾佐忱、顾佑忱二君查点北平总公司及各厂房存货,又何淬廉、余啸秋二君查核天津公司及纺毛厂账目货物。

七、凌经理报告总公司改造门面后,似宜有一种举动作为宣传或广告之用。现拟出洋四五百元办一地毯图案奖励金,在平津沪三处登报,限期征集邀请中外美术画家五人评定,给奖意在利用机会,使各方顾客知我竭力求图案之改进而某我营业之发展。所拟之办法经众讨论后准照各人参加之意见增改办理。

八、凌经理报告现在上海代销本公司地毯之Mrs. Jean Linsay意愿为仁立之正式代理人,拟与订立合同,载明发交地毯量数、押款数目、销货限期等等。各董事以为合同内条件应力求详尽,免得以后发生争执,当经决定准照各人发表之意见为将来订立合同之张本。

九、朱总经理报告津厂近又添请杨、徐两职员。

十时一刻散会。

(J144-1-22-55)

54.仁立实业股份有限公司股票

民国二十二年一月一日(1933年1月1日)

仁立实业股份有限公司为发给股票事本。

公司于民国十一年设立注册,民国二十一年增资,补正登记,设总公司于北平。资本总额为银币30万元,分作3000股,每股银100元,一次缴足。以制售地毯及其它毛棉织品,兼办进出口货为业。本股票兹证明蒋廷黻为本公司股东,名簿内记名之股东持有第596号至第625号股份,共30股,计股银3000元,业经一次缴讫。关于股份各事项,应照本公司章程规则,暨本股票背面所载股东须知事项办理。合给此股票为据。

仁立实业股份有限公司

董事 顾忠辅

董事 孙晋方

董事 周诒春

董事 杨恩湛

董事 费起鹤

中华民国二十二年一月一日

股东须知

一、本公司股票一律为记名式,以股东名簿记载之。股东为本股票股份持有人,不能仅凭股票授受取得对于该股份之权利。

二、股东有用户名或其它名义时,仍应将真实姓名、住址函报本公司存查,□□□□□或其它事由致受损失时,本公司概不负责。

三、股东应用本公司所备印鉴纸留存印鉴,嗣后关于其股份暨股票之处置,本公司得凭其用印鉴之文件办理。如未留有印鉴,则须先证明其为本人并须凭本人亲自办理。

四、股东住址遇有变更时,应即用印鉴函知本公司,以备记入股东名簿。

五、本公司发股息、股利时,用与支票同一性质之凭单,开股东本人抬头挂号寄至股东名簿最后所载之住址。此项凭单须有抬头人签字盖章,交由其往来银行支取之。

六、遇遗失股票时,股东应在本公司指定平津日报内各一家登报十日,并取具殷实保人保证书,方可请求重发股票。

七、遇股东抵押股票,会同债权人来函请为抵押记载时,本公司只能允许嗣后非经债权人取消抵押权。该股份之原股东不得声请移转过户。至其余各事,本公司仍按自身定章办理,其债权人与债务人间权利义务等事,则应自理,概与本公司无涉。

八、股票移转不论其原因,系出担保款项保管,或其它事由一经依移转栏内格式移转。本公司即认受让人为该股份之股东,其让与人与受让人间有何纠葛,概由双方自理。

九、股东关于其股票请为抵押报失或移转之记载时,每次缴纳手续费银五角,其请换发或补发股票时,每张取银一元印花税,依当日定率另由股东负担。

十、为前项须知所不详者,依本公司章程及规划办理。

仁立实业股份有限公司

(J144-1-22-1)

55.仁立公司第一百二十六次董事会纪录

民国二十二年一月十六日(1933年1月16日)

民国二十二年一月十六日下午八时，在北平清华同学会开第一百二十六次董事会。到会者周寄梅、林斐成、金叔初、孙锡三、刁成章、费云皋、顾佐忱、杨仲达、顾佑忱、朱凌两经理。周董事长主席,杨仲达为书记。

一、杨君宣读第一百二十五次董事会纪录,经付表决通过。

一、两经理提出上年十二月份平津两公司、各工厂之资产负债、营业损益表及上年全年总报告,经摘要解释后,经付表决通过。

二、凌经理报告上月份统计卖出地毯共20686方尺余。运出美术品计价洋13876元零。并接受两类地毯定货共计3595方尺余,又接受美术品定货价值洋19968元零。

三、凌经理报告总公司改造门面之屋内工程再有一月即可告竣,外面工程须至四月底方可完工。

四、朱总经理报告在英国订购之织呢机现有两部起运在途,其余订购之器约二月内可全到数起运。

五、两经理报告除总公司账目存货外,所有平津两处各工厂之账目、存货均已点查清楚。

六、凌经理报告关于地毯图案奖励金事,已于一月初发登广告,另发出通知信八九十封,兹经收到询问详细办法之回信十余封。

七、议决本届股东会定于三月五日。

八、本年营业净利约有45000元，所有分配红利之数目，经讨论良久，未能决议，当经推定周寄梅、金叔初、孙锡三三董事另行详细讨论，拟定数目，报告下次董事会。核议：关于增加公司同人薪水事亦请周、金、孙三董事商议决定大纲，递交两经理，依照办理。

九时二十分散会。

(J144-1-22-56)

56.仁立公司第一百二十七次董事会纪录

民国二十二年二月十三日(1933年2月13日)

民国二十二年二月十三日下午八时，仁立公司董事会在北平骑河楼清华同学会开一百二十七次常会。出席者周寄梅、夏定轩、顾佐忱、刁成章、费云皋、金叔初、杨仲达、顾佑忱、朱凌两经理。周董事长主席，杨仲达为书记。

一、杨君宣读第一百二十六次董事会纪录，经付表决通过。

二、两经理提出上月份平津两公司、各工厂之资产负债表、营业损益表，均付表决通过。

三、凌经理报告上月份地毯之销路，计运出及门市卖出共计价洋4512元余。运出美术品计价洋34660元零。上月份接受地毯定货21057方尺，又接受美术品定货计价洋5716元余。

四、凌经理报告上海经理人Mrs. Jean Linsay回信对于本公司前寄之合同底稿关于预存货价数目、定货付款之期限及退回货物之运费等三项，有修改商榷之处，众意如彼所请求者在情理之中，即请两经理商决答复。

五、凌经理提议现在钩线地毯销路甚广，常有供不应求之虞，既不能发交外厂织造，有无受过训练之工人可以招致，以致不能接受大宗定货。再三计议，只有添设工厂自教工徒之一法。此项办法即请董事会决定，当经顾佐忱君动议，孙锡三君附议付表决通过。

六、凌经理报告地毯图案竞奖事，本月十五日截至定于下旬请评判员评判。

七、金、孙两股东报告报告总公司账目及存货业经分别差点清楚，均无错误。

八、朱总经理报告上星期已有两批织机运到，明日又可到一批，纺毛厂中今又添请化学科毕业生一人，姓方，月薪50元。

九、周董事长报告关于增加公司同人薪水事，业经本席以去年辞退三人，薪水之半数约洋60元，分配加给之，凡在现约月薪50元以上，同人议定本年不加，又经议决同他人加薪之事以后即酌量各人任事能力成绩随时增加，不必在每年之初同时办理。

十、金、孙、周三董事变更去年公司赢余为45238.01元。分配之法业经商定，除去法定公积百分之十计洋4523.8元外，尚有40714.21元。拟发官利六厘，计洋30793.87元，尚余19920.34元。拟在特别公积金项下提出3000元加入，合成洋33920.34元，即将此数分配各项列单如下：

股本红利3%　计洋10396.93元

董事监察人分红7.8%　计洋1800元

职员花红4%　计洋9166.14元

职员储蓄公益6.8%　计洋1555.27元

共计洋22920.34元

十一、金、孙、周三董事又提议由特别公积项下提出3000元作为公司同仁特别分红，再提出1200元作为董事会特别用费。以上各项提议即请核议，公决当经刁董事动议，费董事附议，付表决通过，并经议决以后董事会如有特别费用，准在常年开支中报销。

十二、议决所有提交股东会之报告书，请杨君拟稿。

十时半散会。

（J144-1-22-57）

57.仁立公司第一百二十八次董事会纪录

民国二十二年二月二十七日（1933年2月27日）

民国二十二年二月二十七日下午八时，仁立公司在北平骑河楼清华同学会开第一百二十八次董事会特别会。到会者周寄梅、金叔初、林斐成、刁成章、顾佐忱、杨仲达、朱凌两经理。周董事长主席，杨仲达为书记。

一、两经理提出本公司第十一届报告、股东会之报告书及股东会议事程序之拟稿。当经传观后，即付表决照式通过。

二、朱总经理以现在天津纺毛厂之房屋不敷应用，曾请建筑工程师绘具一草图，以备随时建筑，但现在华北时局如此，目前恐未便措办。当经各董事阅过后议定后办。

三、凌经理报告地毯图案竞奖事至本月十五日截至时，曾有五十一人参预，事经各评判员鉴定时，均以为所投各图案并无特殊作品，遂决议再延长至三月二十五日为止。

九时三刻钟散会。

（J144-1-22-58）

58.仁立公司第一百二十九次董事会纪录

民国二十二年三月五日（1933年3月5日）

民国二十二年三月五日午十二时半，在北平清华同学会开第一百二十九次董事会。到会者周寄梅、林斐成、金叔初、顾佐忱、孙锡三、杨仲达、朱凌两经理。周董事长主席，杨仲达为书记。

一、主席宣告开会，即谓此次股东会选举董事结果系本席与夏定轩、刁成章继续当选，惟董事长一席照章系每年选举一次，今又届期满，应即另行推选。众意仍请周董事长担任，经付表决即一致可决通过。主席又谓董事之纪录员亦系每年推选一次，今届期满，亦应另行推选。众意仍请杨董事继续担任。经付表决即一致可决通过。

二、朱总经理提议现下北平地方谣言甚多，本公司房屋、货物应否报保兵险。事经各董事讨论后决议不保兵险而将货物分散存放，以避万一之危险。

三、凌经理提出本公司毛呢纺织厂工人管理章程，请为董事会核议订定。当经各董事携出俟详细复阅后，再行讨论。

下午一时二十分钟散会。

（J144-1-22-59）

59.仁立公司第一百三十次董事会纪录

民国二十年四月十日(1933年4月10日)

民国二十二年四月十日下午八时,仁立公司在北平骑河楼清华同学会开第一百三十次董事会。到会者周寄梅、金叔初、林斐成、夏定轩、孙锡三、顾佐忱、费云皋、杨仲达、顾佑忱、凌经理。周董事长主席,杨仲达为纪录员。

一、杨君宣读第一百二十七、八、九三次董事会纪录,均付表决通过。

二、凌经理提出本年二、三两月份平津两公司及纺毛厂营业损益表、资产负债表,经择要解释后,即付表决通过。

三、凌经理报告二月份运出地毯计价洋6061元余,又运出美术品计价洋8750元零。二月份并接到地毯定货9544余方尺,美术品定货计价洋4240元零。三月份消出地毯价值洋5952元零,又运出美术品价值洋25316元零。三月份并接到地毯定货9319方尺余,又接到美术品定货计价洋30180元零。

四、凌经理报告天津纺毛厂已将运到之织呢机10架装好。本月内即可试机。锅炉房之汽锅亦经接长,尚有织机6架五月底可以到齐。

五、凌经理将即成之新股票传示各人,决定由周、杨、孙、费、顾五董事在股票上签名。

六、推定林、孙、杨三董事研究纺织厂管理工人章程。

九时二十分钟散会。

(J144-1-22-60)

60.仁立公司第一百三十一次董事会纪录

民国二十二年五月八日(1933年5月8日)

民国二十二年五月八日下午八时,仁立公司在北平骑河楼清华同学会开第一百三十一次董事会。到会者周寄梅、刁成章、费云皋、顾佐忱、孙锡三、夏定轩、杨仲达、顾佑忱、朱凌两经理。周董事长主席,杨仲达为纪录员。

一、杨君宣读第一百三十次董事会纪录,众无异议,付表决通过。

二、两经理提出四月份平津两公司、天津纺毛厂之营业损益书、资产负债表,经全体董事承认接受。

三、凌经理报告上月份批发门市共销出地毯价值洋14129元零,并运出美术品计价洋7030元余。上月份并接到地毯定货32786余方尺,又美术品定货计价洋9000元有零。

四、朱总经理报告津厂织机装成后,已开始试验,织成毛毯货样当称合式。因毛织品之种类甚多,将来津厂研究应织造何种货品能得最大最快之销路等情。经本席上月在沪向呢绒厂商店等处详细调查,多以为做中国衣料之呢类销路最广最快,将来即拟逐渐由此类货品着手进行。

五、议决本公司续招股本,应发之股票及旧股票应换新股票之总数额准照增加资本注册数目,以30万元为限,其余溢收之股数应由本公司换给新收据,俟将来重新注册后再加发股票换回此项新收据。

十时二十分钟散会。

(J144-1-22-61)

61.仁立公司第一百三十二次董事会纪录

民国二十二年六月十二日(1933年6月12日)

民国二十二年六月十二日下午八时，仁立公司在北平骑河楼清华同学会开第一百三十二次董事会。到会者周寄梅、林斐成、夏定轩、顾佐忱、杨仲达、顾佑忱、朱凌两经理。周董事长主席,杨仲达为纪录员。

一、杨君宣读第一百三十一次董事会纪录,众无异议,付表决通过。

二、朱凌两经理提出五月份平津两公司、纺毛厂之营业损益书、资产负债表,经全体董事承认接受。

三、两经理报告五月份批发门市共销出两类地毯计价洋12863元余，运出美术品计价洋11249元余。五月份并接受两类地毯定货共7573余方尺,美术品定货计价值洋12861元零。再在天津为美商代理之地毯亦有五万数千尺定货,今仍一并交与华光贸易公司负责织造。

四、朱总经理报告现在羊毛价飞涨,公司前后买进之羊毛价只合近日市价之折中数,其量数足敷目前所有定货之用,惟尚须添购搀合用之毛料耳。以后毛价之增长实难预计。

五、凌经理谓公司存货甚多,亟应设法销减或图减少出货之量数,众意一面先设推销之法,停减工厂事,暂时后议。

十时散会。

(J144-1-22-62)

62.仁立公司第一百三十三次董事会纪录

民国二十二年七月十一日(1933年7月11日)

民国二十二年七月十一日下午八时，仁立公司在北平骑河楼清华同学会开第一百三十三次董事会。到会者周寄梅、林斐成、顾佐忱、金叔初、杨仲达、孙锡三、朱继圣代顾佑忱、朱凌两经理。周董事长主席,杨仲达为纪录员。

一、杨君宣读第一百三十二次董事会纪录,付表决通过。

二、朱凌两经理提出六月份平津两公司、纺毛厂之营业损益书、资产负债表,经全体董事承认接受。

三、六月份销出之地毯及美术品并接受之地毯及美术品定货单均另纸粘附于后。

四、议决与中国银行订立50000元之借款合同。

五、关于地毯图案竞奖会之图案制成地毯后议决俟天气凉爽时举行一种开幕形式,邀请少数有关地毯营业之人士参加。

六、议决于必要时停办钩线地毯工厂一处,以备减少出货量数。

议至十一时十分钟散会。

Rug Orders Received

From June 1, 1933 to June 30, 1933

Art Rugs	4,584.26 sq.ft.
Hooked Rugs	4,847.25 " "
Total	9,431.51 sq.ft.

Rug Sales

Art Rugs:–		
Wholesale		$5,265.73
Retail	1,177.75	$6,443.46
Hooked Rugs:–		
Wholesale & Retail		3,821.15
Total		$10,264.61

Curio Orders Received

From June 1, 1933 to June 30, 1933

American Import Company	$1,720.20
Quon & Quon Company	2,527.80
Grow & Cuttle Inc.	30.00
Total	$4,278.00

Curio Shipments

General	$305.55
American Import Company	1,246.72
Jules Schwab & Co.	548.06
Marshall Field & Company	304.43
Milnor, Inc., T.H.	54.00
Oriental Purchasing Company	149.70
Pacific Pearl & Ivory Company	564.05
John Wanamaker	3,412.26
D. W. Thomas, Inc.	180.00
Total	$6,764.77

(J144-1-22-63)

63.仁立公司第一百三十四次董事会纪录

民国二十二年八月十四日(1933年8月14日)

民国二十二年八月十四日下午八时，仁立公司董事会在北平骑河楼清华同学会开第一百三十四次常会。到会者周寄梅、金叔初、林斐成、孙锡三、顾佐忱、杨仲达、顾佑忱、朱凌两经理。周董事长主席，杨仲达为纪录员。

一、杨君宣读第一百三十三次董事会纪录，付表决通过。

二、朱凌两经理提出七月份平津两公司及纺毛厂之营业损益书、资产负债表，经全体董事承认接受。

三、七月份销出之地毯及美术品并接受地毯、美术品定货单，均另纸粘附于后。

四、议决将内宫监之第二工厂结束停办。

五、议决天津厂中所织成之毛呢绒毯，应即检定商标式样呈请实业部立案注册。俾照国货享免税及减收运费之权利。

六、议决纺织厂管理工人规则，另推定周、林、孙三董事会同朱凌两经理复议议定之后，不予公布，但存在公司作为管理工人之标准。

十时一刻钟散会。

Curio Orders Received

From July 1, 1933 to July 31, 1933

Grow & Cuttle, Inc.	$206.00
American Import Co.	532.70
Pacific Pearl & Ivory Co.	280.00
Oriental Purchasing Co.	81.78
Total	$1,100.48

Curio Shipments

American Import Co.	$5,325.28
Ellis Monroe, Inc.	277.40
Grow & Cuttle, Inc.	240.20
Jules Schwab & Co.	2,989.45
Marshall Field & Co.	1,114.61
Pacific Pearl & Ivory Co.	710.15
Patten MacKenzie & Co.	136.27
John Wanamaker	3,412.26
Total	$14,205.62

Rug Orders Received

From July 1, 1933 to July 31, 1933

Art Rugs	1,849.5 sq.ft.
Hooked Rugs	4,621.67 " "
Total	6,471.17 sq.ft.

Rug Sales

Art Rugs:–		
Wholesale		$14,956.65
Retail	1,772.80	$16,729.45
Hooked Rugs:–		
Retail & Wholesale		4,418.34

Total ………………………………………………………………… $21,147.79

(J144-1-22-64)

64.仁立公司第一百三十五次董事会纪录

民国二十二年九月十一日(1933年9月11日)

民国二十二年九月十一日下午八时，仁立公司在北平骑河楼清华同学会开第一百三十五次董事会。到会者周寄梅、林斐成、夏定轩、顾佐忱、孙锡三、杨仲达、顾佑忱、凌经理。周董事长主席,杨仲达为纪录员。

一、杨君宣读第一百三十四次董事会纪录,付表决通过。

二、凌经理提出八月份平津两公司及纺织厂营业损益书、资产负债表,经全体董事承认接受。

三、八月份销出之地毯、美术品及接受之地毯、美术品定货单,均另纸粘附于后。

四、议决用天马牌为毛织品之商标。

五、议决照朱总经理提议纺织厂应添购Carding Machine及Ring Spinning Flames各一套,价约英镑2000镑,合国币32000元,照案由孙董事提议林董事附议,付表决通过。

六、凌经理报告纺织厂中添请到蔡君为助理员。

议至九时三刻钟散会。

Rug Orders Received

From August 1, 1933 to August 31, 1933

Art Rugs ………………………………………………………………… 450.75 sq.ft.

Hooked Rugs ………………………………………………………… 3,825.75 " "

Total ………………………………………………………………… 4,276.5 sq.ft.

Rug Shipments

Art Rugs:

Wholesale ………………………………………………………………… $9,926.81

Retail ……………………………………………………………… 3,895.47 $13,822.28

Hooked Rugs:

Wholesale & Retail ……………………………………………………… 11,587.85

Total ………………………………………………………………… $25,410.13

Curio Orders Received

From August 1, 1933 to August 31, 1933

Grow & Cuttle, Inc. ……………………………………………………… $172.80

Jules Schwab & Co. ……………………………………………………… 2,856.32

Milnor, Inc. ……………………………………………………………… 1,780.70

Oriental Purchasing Co. ………………………………………………… 161.10

Pacific Pearl & Ivory Co.,Inc. ……………………………………………… 989.95

Japanese Fan Co. …… 205.68
Quon & Quon Co. …… 429.40
Total …… $6,595.95

Curio Shipments

General …… $706.30
American Import Co. …… 1,185.56
Jules Schwab & Co. …… 4,145.28
Marshall Field & Co. …… 307.54
Pacific Pearl & Ivory Co. …… 463.05
Quon & Quon Co. …… 2,006.80
John Wanamaker …… 1,347.74
Arthur E. Wellington …… 682.44
Total …… $10,844.71

(J144-1-22-65)

65.仁立公司第一百三十六次董事会纪录

民国二十二年十月九日(1933年10月9日)

民国二十二年十月九日下午八时，仁立公司董事会在北平骑河楼清华同学会开第一百三十六次常会。到会者周寄梅、刁成章、孙锡三、顾佐忱、金叔初、杨仲达、顾佑忱、夏定轩(杨仲达代)、朱凌两经理。周董事长主席,杨仲达为纪录员。

一、杨君宣读第一百三十五次董事会纪录,付表决通过。

二、两经理提出九月份平津两公司、纺织厂之营业损益书、资产负债表,经全体董事承认接受。

三、九月份销出之地毯、美术品数目及接受之地毯、美术品定货单,均另单粘附于后。

四、是日无议决事项,仅报告地毯、美术品营业清淡,并讨论制造地毯、毛织品之改进方法及解决其困难,设法推销各项出品之办法。

议至九时五十分钟散会。

Curio Orders Received

From Sept. 1, 1933 to Sept. 30, 1933

Grow & Cuttle, Inc. …… $191.80
Japanese Fan Company …… 580.00
John Wanamaker …… 2,853.60
Milnor, Inc. …… 1,806.61
Marshall Field & Company …… 45.00
Oriental Purchasing Company …… 224.50
Pacific Pearl & Ivory Company …… 44.40

Quon & Quon Company ······ 4,426.50

Total ······ $10,172.41

Curio Shipments

General ······ $

O. E. Barrant ······ 27.25

Ellis Monroe, Inc. ······ 236.30

Grow & Cuttle, Inc. ······ 373.55

Japanese Fan Company ······ 206.08

Jules Schwab & Company ······ 2,641.74

Milnor, Inc. ······ 854.93

Oriental Purchasing Company ······ 61.50

Pacific Pearl & Ivory Company ······ 161.20

Quon & Quon Company ······ 869.00

Ta Hua Corporation ······ 868.30

John Wanamaker ······ 3,914.40

Total ······ $10,214.25

Rug Orders Received

From Sept. 1, 1933 to Sept. 30, 1933

Art Rugs ······ 1,625.25 sq.ft.

Hooked Rugs ······ 1,932.75 " "

Total ······ 3,558.00 sq.ft.

Rug Sales

Art Rugs:-

Wholesale ······ $9,632.23

Retail3,964.90 ······ $13,597.13

Hooked Rugs:-

Retail & Wholesale ······ 7,478.06

Total ······ $21,075.19

(J144-1-22-66)

66.仁立公司第一百三十七次董事会纪录

民国二十二年十一月十三日(1933年11月13日)

民国二十二年十月九日下午八时,仁立公司董事会在北平清华同学会开第一百三十七次董事会。出席者金叔初、林斐成、顾佐忱、杨仲达、夏定轩(杨仲达代)、朱总经理、沈襄理。金董事主席,杨仲达为纪录员。

一、杨君宣读第一百三十六次董事会纪录,付表决通过。

二、朱君提出十月份平津两公司及呢绒纺织厂营业损益书、资产负债表,经全体董事承认接受。

三、十月份销出之地毯、美术品数目及接受之地毯、美术品定货单,均另单粘附于后。

四、是日开会无有议决事项,经由朱总经理报告凌经理已于本月二日动身赴香港、菲列滨[菲律宾]等处调查销货方法及讨论洋厂中各种改良方法。

议至九时半散会。

Curio Orders Received

From October 1, 1933 to October 31, 1933

Milnor, Inc.	$19,726.82
Quon & Quon Company	926.25
Mr. B. E. Kann	1,250.70
Jules Schwab & Co.	680.80
Total	$22,584.57

Curio Shipment

Ellis Monroe, Inc.	$65.00
Japanese Fan Company	393.20
Jules Schwab & Company	585.50
Milnor, Inc.	2,179.62
Marshall Field & Company	82.00
Quon & Quon Company	5,305.78
John Wanamaker	376.40
Authur E. Wellington	290.30
Total	$9,277.80

Rug Orders Received

From October 1, 1933 to October 31, 1933

Art Rugs	4,139.75 sq.ft.
Hooked Rugs	548.92 " "
Total	4,688.67 sq.ft.

Rug Sales

Art Rugs:

Wholesale	$1,047.51	
Retail	6,700.53	$77748.04

Hooked Rugs:

Retail & Wholesale ………… 1,032.45
Total ………… $8,780.49

(J144-1-22-67)

67.仁立公司第一百三十八次董事会纪录

民国二十二年十二月十一日(1933年12月11日)

民国二十二年十二月十一日下午八时,仁立公司在北平清华同学会开第一百三十八次董事会。到会者周寄梅、金叔初、林斐成、孙锡三、夏定轩、杨仲达、顾佑忱、朱凌两经理。周董事长主席,杨仲达为纪录员。

一、杨君宣读第一百三十七次董事会纪录,付表决通过。

二、两经理提出十一月份平津两公司、呢绒纺织厂之营业损益书、资产负债表,经全体出席董事承认接受。

三、十一月份销出之地毯、美术品数目及接受之地毯、美术品定货单,均照原单粘附于后。

四、议定于明年一月六日由全体董事同往天津视察纺织厂现有之建筑及其不敷应用实情,再集议讨论扩充办法。

五、议决与汕头震东公司订立推销呢绒之合同。

六、凌经理报告已于本月七日回到北平,所有在上海、香港、广州、菲列滨[菲律宾]、青岛等处推销本公司货品均已多方接洽。

七、本届年终结账应请股东查核,当经公推周寄梅、顾佑忱二君查核北平各工厂资产、货物,金叔初、孙锡三二君查核总公司账据,夏定轩、杨仲达查核北平总公司资产、货物,金啸秋、何淬廉二君查核天津分公司及呢绒纺织厂各种账目、资产、货物。

议至九时五十分钟散会。

Curio Orders Received

From November 1, 1933 to November 30, 1933

John Wanamaker ………… $2,580.00
Dritz Traum Co. ………… 1,270.00
Milnor, Inc. ………… 198.70
J. R. Hopkins ………… 117.00
Marshall Field & Co. ………… 24.00
Japanese Fan Co. ………… 216.00
Fatten MacKenzie & Co. ………… 160.00
Total ………… $4,565.70

Curio Shipments

General ………… $1,830.16
Ellis Monroe, Inc. ………… 218.10
Grow & Cuttle, Inc. ………… 960.72

Japanese Fan Company	382.40
Jules Schwab & Company	394.00
Milnor, Inc., L.A.	1,936.80
Milnor, Inc., Mexico	598.00
Milnor, Inc., T.H.	282.00
Oriental Purchasing Co.	371.08
Pacific Pearl & Ivory Co., Inc.	529.10
Quon & Quon Company	1,182.70
John Wanamaker	2,595.00
Total	$11,280.06

Rug Orders Received

From November 1, 1933 to November 30, 1933

Art Rugs	1,892.63 sq.ft.
Hooked Rugs	5,895.24 " "
Total	7,787.87sq.ft.

Rug Sales

Art Rugs:		
Wholesale		$3,136.42
Retail	4,411.69	$7,548.11
Hooked Rugs:		
Wholesale & Retail		2,199.54
Total		$9,747.65

(J144-1-22-68)

68.仁立公司毛呢纺织厂管理工人规则

民国二十二年(1933年)订定

一 雇佣

工人以体格健全、无传染病、无恶嗜好,而能遵守本厂各种章程规则者,为合格。承做繁重工作之工人,其年龄须在20岁以上,承做轻便工作者,须在16岁以上。

合格工人经本厂雇定后,须先觅殷实铺保填具保单,送经工程处核准后,始得上工。此项保单每年须更换1次。

二 工资

工资分月薪、日给2种,其加工、旷工均按照比例增减工资之高低视其技能勤惰功过分别酌定,所有衣食住等费均由工人自备。工资无论月薪日给均按月分两次定期发给,但于解雇之工人得随时结算付给之。工资概不准预支暂借,但遇本人婚丧及父母大故急需用款时,得陈请工厂主管人斟酌情形办理。

三　工作时间

工作分日、夜二班，每班定为10小时，日班自晨7时起至12时，再由1时起至6时止；

夜班自下午7时起至次晨7时止，合12小时，其中2小时作为加工。日、夜两班工人每一星期互调1次。遇工作紧要时，得增加工作时间，每加工1小时，所加工资照1.5小时计算，加工2小时或2小时以上者，除应得加工工资外，另给饭钱1角，但星期日下午6时以前加工及夜班例行加工，则不另给饭钱。

工人上班下班须将自己之工号名牌悬挂在上班下班牌上，上班下班均以振铃为号，不得迟到早退。工人于上班时迟到10分钟者，应扣半小时之工资；迟到20分钟者，扣1小时之工资；过30分钟者，不准上班。工人因不得已事故欲早退者，须由工头代向工程处请假，领取早退证后，方得离厂。

四　休假

下列日期定为休假日期：

新年（元旦日）全日夜，春节（旧历新年）全3日夜，夏节（端午节）全日夜，秋节（中秋日）全日夜，国庆（十月十日）全日夜，冬节（冬至日）全日夜，星期日下午半日全夜。事假、病假工资照扣，其请假日数如全年超过30日者，并扣年终奖金。如因工作而受伤请假者，工资照给并不扣年终奖金，但须有医生诊断书为凭。婚丧假各给7天，工资照给。过7天者，照日数扣算工资。婚假以本人为限，丧假以本人父母、妻室为限。无论何假，概须请由工头代向工程处请假，如未经工程处核准，即擅自歇工者，概作旷工论，除照扣工资外，并加处罚。

五　奖励

奖励分记功及特别奖金2种，其奖金数目由主管人按事功之大小临时酌定之。有下列情形之一者，得奖励之：

一、1年内不请假或工作最勤者。

二、遇窃盗事项能举发因而破获者。

三、遇危险事项能首先发见报告因而减少损失者。

四、遇危险时能救护同事者。

五、爱惜材料者。

六　惩戒

惩戒分记过及罚金2种，屡犯及情形重大者，即行开除。有下列情形之一者，应惩罚之：

一、违犯厂中各种章程规则者，如互相殴打、扰乱他人工作、不请假私自歇工或在厂内吸烟、酒醉滋事、赌博等等。

二、有煽惑行为者。

三、不服从主管人员指挥者。

四、故意损坏机器物件者。

五、私自制造物件者。

六、糟蹋浪费材料者。

七　解雇

遇有下列事项之一者，得解雇之。

一、遇非常事故工厂全部或一部须停工在1月以上时。

二、因营业不振工厂全部或一部歇业时。

三、身体太羸弱不堪工作者。

四、旷工日数过多者。

解雇时除三、四两项情形外，本厂按照各该工人在厂资格的给解雇费1次，此项解雇费纯由本厂自动给与工人，不得争论。

八　年底奖金

凡在厂工人于年终时，应得奖金须由公司总经理通过后，按照下列办法发给之：

一、1年内请假日数不超过30日者，得发给奖金1月(照全年所得工资平均计算)。

二、工人到厂时期或工作日数不满1年者，其应得奖金均按照日数比例扣算。

三、照全年计算其请假日数如超过30日者，每超过2日即照扣应得奖金1日。

四、是项奖金于每年旧历年底发给之。

九　抚恤

如因工受伤致死者，除给予丧葬费50元及本月份工资外，按其在厂工作年数照下列恤金表给予其遗族1次恤金。

恤金表

年数	1年以下	1年以上2年以下	2年以上3年以下	3年以上4年以下	4年以上5年以下	5年以上
金额	12个月工资	16个月工资	21个月工资	26个月工资	31个月工资	36个月工资

附注：工资以该工人在厂最后3个月之平均工资为标准。

因工受伤残废，经本厂认为不能留雇者，得按照上列恤金表之八折给予1次恤金解雇之。

因工受伤残废，经本厂认为仍可留雇者，无论改充何种工作，其工资及待遇一切照旧，但不另给恤金。

上列残废系指该工人永久失其全部或一部之工作能力而言，恤金之承领者只限于本人及其直系亲属。

十　医药

厂内备有药品，凡受微伤者，得随时服用，但不得携带出厂。

因工受伤而须住医院者，经工程处查实后，得往本厂指定之医院诊治，其费用由厂担任。但自愿回家或愿入其他医院医治者，本厂概不担任任何费用。

十一　门守

工人进出厂门必须受检查有无夹带物件。在工作时间，当班工人非持有临时出门证及退班证者，不得出厂。工人来客非有紧要事故而经工程处许可者，不得传达。其与来客交谈时间不得过5分钟。

十二　附则

本章程经本公司董事会通过后，实行之。如有未尽或修改事项得由本公司经理商请董事会增订之。

(J144-1-6-16)

69.仁立公司第一百三十九次董事会纪录

民国二十三年一月八日(1934年1月8日)

民国二十三年一月八日下午八时，仁立公司在北平清华同学会开第一百三十九次董事会。到会者周寄梅、林斐成、孙锡三、金叔初、夏定轩(杨仲达代)、杨仲达、朱凌两经理。周董事长主席，杨仲达为纪录员。

一、杨君宣读第一百三十八次董事会纪录,付表决通过。

二、两经理提出上年十二月份北平总公司、各织毯工厂及天津分公司、呢绒纺织厂之营业损益书、资产负债表,经全体出席董事表决接受。

三、十二月份北平总公司销出之地毯、美术品数目及接受之地毯、美术品定货单,均照原单粘附于后。

四、周、杨两董事先后报告在北平总公司及各工厂点查存货之经过及手续,经查得各项货物均与单开数目无讹,照单签字交存公司。朱总经理谓天津分公司及纺织厂之账目、货物亦经余啸秋、何淬廉两股东前往查过签字。

五、议决天津纺织厂之扩充办法应先拟具一全部详细计划,同时并调查与厂基毗连之地亩价值,再行提出详细讨论。

六、议决本年股东会定于三月四日举行。

议至十时二十分钟散会。

Curio Orders Received

From December 1, 1933 to December 30, 1933

O. E. Barrant	$20,391.04
Jules Schwab & Company	6,463.90
Grow & Cuttle, Inc.	880.46
Total	$27,735.40

Curio Shipments

Ellis Monroe, Inc.	$81.30
J. R. Hopkins	117.00
Jules Schwab & Company	854.08
Japanese Fan Company	375.40
Milnor, Inc., L.A.	3,790.90
Milnor, Inc., Mexico	2,062.60
Milnor, Inc., T.H.	2,108.65
Total	$9,389.93

Rug Orders Received

From December 1, 1933 to December 30, 1933

Art Rugs	1,357.17 sq.ft.
Hooked Rugs	4,509.63 " "
Total	5,866.80 sq.ft.

Rug Sales

Art Rugs:

Wholesale …… $6,458.36

Retail …… 1,508.13 $7,966.49

Hooked Rugs:

Wholesale & Retail …… 3,444.96

Total …… $11,411.45

(J144-1-22-69)

70.仁立公司第一百四十次董事会纪录

民国二十三年二月十二日(1934年2月12日)

民国二十三年二月十二日下午八时,仁立公司在北平骑河楼清华同学会开第一百四十次董事会。到会者金叔初、林斐成、费云皋、孙锡三、顾佐忱、夏定轩、杨仲达、顾佑忱、朱凌两经理。金董事叔初主席,杨仲达为纪录员。周董事长后到。

一、杨君宣读第一百三十九次董事会纪录,付表决通过。

二、两经理提出一月份北平总公司、天津分公司、呢绒纺织厂之营业损益书、资产负债表,经全体出席董事承认接受。

三、本年一月份销出之地毯、美术品数目及接受之地毯、美术品定货单,均照原单粘附于后。

四、凌经理报告内宫监之第二堆房工厂业于本月十三日结束所有生材、原料均已点收清楚。

五、提交股东会之报告书由杨君起草,经各董事阅定,照式付即。

六、朱总经理报告与本公司纺织厂毗连之空地,经调查约有四处可以价购,有未经填平者,每亩价1800元,已经填平者最高价须五千数百元。当时讨论良久,未有决议,客俟下次董事会继续商办。

议至十一时散会。

Rug Orders Received

From January 1, 1934 to January 31, 1934

Art Rugs …… 6,912.88 sq.ft.

Hooked Rugs …… 1,961.50 sq.ft

Total …… 8,874.38 sq.ft.

Rug Sales

Art Rugs:

Wholesale …… $1,364.84

Retail …… 2,194.56 $3,559.39

Hooked Rugs:

Wholesale & Retail …… 1,920.50

Sales of Art rugs & Hooked Rug on Consignment …… 732.87

Total …… $6,212.76

Curio Orders Received

From January 1, 1934 to January 31, 1934

Grow & Cuttle, Inc.	$45.40
John Wanamaker	2,046.30
Japanese Fan Co.	1,500.20
Mr. O. E. Barrant	20,391.04
Total$	4,191.70

Curio Shipments

Dritz Traum Company	$564.60
O. E. Barrant	12,771.36
Jules Schwab & Company	2,011.99
John Wanamaker	510.00
Total	$15,857.95

(J144-1-23-2)

71.仁立公司第一百四十一次董事会纪录

民国二十三年三月十二日(1934年3月12日)

民国二十三年三月十二日下午八时,仁立公司董事会在北平清华同学会开第一百四十一次常会。到会者周寄梅、夏定轩,又本届继续当选之董事孙锡三、顾佐忱、杨仲达、朱凌两经理。

上届董事长宣告任满,今日因重选董事长及纪录员,当由孙董事动议,顾董事附议,选举周寄梅君为董事长,杨仲达君为纪录员。

一、杨君宣读第一百四十次董事会纪录,付表决通过。

二、朱凌两经理提出二月份北平总公司、天津分公司及呢绒纺织厂之营业损益书、资产负债表,经出席董事承认接受。

三、本年二月份销出之地毯、美术品数目及接到地毯及美术品定货,均照原单粘附于后。

四、议决所有本年分配盈余办法即照本届股东会议决案办理。惟兹又议决再由特别公积项下提出1400元归董事会分配用度。

五、议决请张汉文先生为本公司纺织厂顾问工程师,月薪200元,暂时商定试办之法俟到厂任事功效如何再互相商量长期办法。

六、议决本年股东会定于三月四日举行。

议至十一时十分散会。

Rug Orders Received

From February 1, 1934 to February 28, 1934

Art Rugs	856.75 sq.ft.
Hooked Rugs	3,888.75 sq.ft

Total ··························· 4,745.50 sq.ft.

Rug Sales

Art Rugs:

Wholesale ··························· $11,226.86

Retail ··························· 3,861.55 $15,088.41

Hooked Rugs:

Wholesale & Retail ··························· 4,403.49

Sales of Art rugs & Hooked Rug on Consignment ··························· 480.15

Total ··························· $19,972.05

Curio Orders Received

From February 1, 1934 to February 28, 1934

General ··························· $421.56

Grow & Cuttle, Inc. ··························· 204.00

Quon & Quon Company ··························· 1,358.52

Pacific Pearl & Ivory Company ··························· 380.00

Milnor, Inc., T. H. ··························· 24.00

Total ··························· $2,388.08

Curio Shipments

General ··························· $2,113.32

O. E. Barrant ··························· 5,775.33

Grow & Cuttle, Inc. ··························· 1,042.94

Jules Schwab & Company ··························· 2,947.23

Oriental Purchasing Company ··························· 48.20

John Wanamaker ··························· 780.00

Total ··························· $127707.02

(J144-1-23-3)

72.仁立公司第一百四十二次董事会纪录

民国二十三年四月九日(1934年4月9日)

民国二十三年四月九日下午八时，在北平清华同学会开第一百四十二次董事会。到会者周寄梅、费云皋、林斐成、顾佐忱、杨仲达、夏定轩(杨仲达代)、朱继圣、凌其峻。周董事长主席，杨仲达为纪录员。

一、杨君宣读第一百四十一次董事会纪录，付表决通过。

二、朱凌两经理提出三月份北平总公司、天津分公司、呢绒纺织厂之营业损益书、资产负债表，经出席董事承认接受。

三、本年三月份北平销出之地毯、美术品数目及接到地毯及美术品定货，均将原单粘附于后。

四、朱总经理报告津厂工程师王福卫君已于四月七日来函辞职。

五、朱总经理提出津厂添造房屋草图，当经各董事考虑后，即请朱总经理酌量情形进行办理。

议至十时三刻钟散会。

(J144–1–23–4)

73.仁立公司第一百四十三次董事会纪录

民国二十三年五月十四日(1934年5月14日)

民国二十三年五月十四日下午八时，在北平骑河楼清华同学会开第一百四十三次仁立公司董事会。到会者金叔初、孙锡三、顾佐忱、杨仲达、夏定轩(杨仲达代)、朱继圣、凌其峻两经理。公推金董事叔初代理主席，杨仲达为纪录员。

一、杨君宣读第一百四十二次董事会纪录，付表决通过。

二、朱凌两经理提出四月份北平总公司、天津分公司、呢绒纺织厂之营业损益书、资产负债表，当经出席董事承认接受。

三、本年四月份北平公司销出之地毯、美术品及接受地毯、美术品之定货数目，均将原单粘附于后。

四、朱总经理提出仁立公司与上海大编呢绒号订立代销军服呢之草合同底稿，当经孙董事提议，顾董事附议，表决通过。

五、朱总经理报告前聘张汉文君为纺织厂顾问工程师，因张君事繁，未能照原定时日到厂任事，故又改聘陈靖宇君为工程师，月薪250元，业已到厂任事，颇能胜任。

议至十一时一刻钟散会。

(J144–1–23–5)

74.仁立公司毛呢纺织厂处理工人规则重要条目

民国二十三年五月三十一日(1934年5月31日)

一、本工厂设工人管理处，由正、副厂长及各工程师组织之，另任专员以司其当务。

二、工人由管理处考验合格订雇后，须先觅殷实铺保填具保单送经管理处核定后始得上工，此项保单每年须更新一次。

三、工人上工、放工时，须将自己之工号名牌分别悬挂在上工放工牌上。上工、放工均以振铃为号，不得迟到早退。

四、工人于上工时，迟到10分钟者，应扣半小时之工资；迟到20分钟者，扣1小时之工资；超过30分钟者，当日不得上工。

五、工人因不得已事故欲早退者，须商由工头向主管工程师请假，并向管理处领取早退证后，方得离厂。

六、事假、病假工资照扣。

七、如因工作而受伤请假者，凭本厂认可医师逐时之诊断书，其最初之3个月工资照给，逾3个月仍难复工者，酌给半薪。逾6个月后仍不能复工时，得酌量解雇。

八、婚丧假各给7天，工资照给。过7天者，照日扣算工资。婚假以本人为限，丧假以本人父母、配偶为限。

九、工人病假须有医士之证明书或他种之证明，由主管工程师及管理处查明确实，方得给予之，否则概作旷工论。

十、无论何项请假概须由工头商准，主管工程师报告管理处后方可，否则概作旷工论。

十一、工人于星期日全上午不到者应扣算7小时之工资。

十二、工人继续旷工逾3日或1个月之内旷工逾4日时，得即解雇。

十三、工人在1个月之内不论请假与否，其歇工总时间逾7日或70小时时，得即解雇。但因工作而受伤请假，因婚丧请假或因病请假者，不在此例。

十四、遇某部工作紧要须加工时，其工作范围、人数及时间均由主管工程师核定之。

十五、每加工1小时，所给工资照1.5小时计算。下午6时后，加工2小时或2小时以上者，除应得优资外，另给饭钱1角。但星期日下午6时以前加工及夜班例行加工，则不另给饭钱。

十六、奖励分记功及特别奖金2种，其奖金数目由主管人按事功之大小临时酌定之。

十七、有下列情形之一者，得奖励之：

(一)1年内不旷工者。

(二)1年内不旷工并不请假者。

(三)1年内工作最勤者。

(四)举发窃盗因而破获者。

(五)发见报告危险事项或施以救护，因而减少或免除本厂损失者。

(六)遇工作危险时，救护同事者。

(七)爱惜材料者。

十八、惩戒包括记过、罚薪及抵债3种，屡犯或情节重大者，并得即时解雇。

十九、有下列情形之一者，应惩戒之：

(一) 违背本厂各种规约者。

(二) 怠惰工作者。

(三) 不服从主管人员监督指挥者。

(四) 有煽惑行为者。

(五) 互相殴打者。

(六) 扰乱他人工作者。

(七) 在厂内赌博者。

(八) 在厂内吸烟或酒醉滋事者。

(九) 在厂内高声谈唱经警告不改者。

(十) 故意损坏机器物件者。

(十一)私自制造物件者。

(十二)遭(糟)蹋浪费材料者。

二十、因以上过失致本厂受损者，得就其应得各利益酌量抵销之。非抵销所能补偿，得另向犯者及其铺保追债。

二十一、遇有下列事项之一者，本厂得解除雇佣：

(一) 遇非常事故，本厂全部或一部须停工在1月以上时。

(二) 因营业停滞，本厂须停止全部或一部工作时。

(三) 工人身体太羸弱不胜工作者。

(四) 工人工作效率太低，训练而无进步者。

(五) 屡犯第十九条所列情形或情节重大者。

(六) 工人旷工或请假日数 有逾第十二条及第十三条之规定者。

二十二、遇前条之(三)(四)(五)(六)四项解雇工资给至通知日止。遇(一)(二)二项解雇，酌给解雇费1次，此项解雇费纯由本厂自动给与工人，不得争论。

二十三、凡在本厂工人每届年终由厂长审核，按照下列之规定给与奖金：

(一)1年内请假及旷工总日数未逾60日者，得发给奖金1月(照全年所得工资平均计算)。

(二)工人到厂服务未满1年，请假及旷工总日数未愈比例限数，其应得奖金得照日数比例酌给之。

(三)全年核计其请假及旷工总日数逾60日者，每逾2日，即扣应得奖金三十分之一。

(四)1年内不旷工并不请假者，另给奖金半月。

(五)奖金每于废历年终发给。

(J144-1-6-2)

75.仁立公司毛呢纺织厂工人歇工人数增加有碍工作增订规则

民国二十三年五月三十一日(1934年5月31日)

查本厂工友歇工太多，实有碍工作，兹由董事会议定下列规则，自六月一日实行，务各遵守。

一、工人因事请假须由工头商准，主管工程师报告管理处后方可，否则概作旷工论。

二、工人病假须有医生之证明或他种之证明，由主管工程师查明确实报告管理处后，方得给与之，否则概作旷工论。

三、工人继续旷工至3日或1个月之内旷工至4日或40小时时，得即解雇之。

四、工人应按规定时刻上工，迟到逾5分钟者，作旷工1小时算；迟到20分钟者，当日上午及下午不得上工。

五、1年不旷工亦不请假者，奖给半月工资。

仁立公司毛呢纺织厂　印

(J144-1-6-2)

76.仁立公司毛呢纺织厂工人上下班规则

民国二十三年五月三十一日(1934年5月31日)

一、早晨6:30开门入厂。

二、6:45方得开机器房。

三、机器房钥匙存赵先生处。

四、各部早晨7:05及7:20应有附则人员检阅工牌。

五、12:00下班，由赵先生按铃通知各部，再由各部打铃。

六、12:10后，只许工人进厂，不许出厂。

七、早晨7:05与下午1:05时，各部工牌木匣上锁。

八、上班、下班木栅关闭，工人由指定路径出入。

九、下午6:10前，所有下班工牌应须交齐。

十、工人出门应有请假条及工牌交赵先生，方准。

十一、每日早晨9:00各部及赵先生应填具前1日各工人考勤，报告单送至工人管理处。

十二、遇加工时，所有人名单应具2份，1份送赵先生以备考核，1份送管理处。

十三、发给工资时，各部工人应按号先后排列出门时，由付款人在门道按号发给，各部主管人员及工头旁立视查。

十四、无论何时工人出门，须受检查。

该规则自民国二十三年六月一日起实行。

该规则第二条"6:45方得开机房"，自同年八月起改为"6:30方得开机房。

(J144-1-6-2)

77.仁立公司第一百四十四次董事会纪录

民国二十三年六月十一日(1934年6月11日)

民国二十三年六月十一日下午八时，仁立公司在北平骑河楼清华同学会开第一百四十四次董事会。到会者周寄梅、林斐成、金叔初、费云皋、孙锡三、顾佐忱、杨仲达、顾佑忱、朱、凌、陈礼三经理。周董事长主席，杨仲达为纪录员。

一、杨君宣读第一百四十三次董事会纪录，付表决通过。

二、朱凌陈三经理提出五月份北平总公司、天津分公司、呢绒纺织厂之营业损益书、资产负债表，当经出席董事承认接受。

三、本年五月份北平公司销出之地毯、美术品及接受地毯、美术品之定货数目，均将原单粘附于后。

四、凌经理提出仁立公司与青岛国货公司及烟台之The Shantung Silk & Lace Co.订立之代销地毯草合同，当经照式通过。

五、凌经理谓燕京大学化学系内拟办陶瓷研究所，商请本席专任其事。此种工艺即本席前所研习之学科，深愿前往参预其事。惟际此重要时期脱离公司实有种种困难，筹思多日方允分出一小部分时间暂作义务效劳。如此办法不知可否，应请董事会核议。当由各董事考虑讨论后，因陶瓷工业本为凌经理专门学问，有此机会失之可惜。虽公司倚重之处甚多，倘使长期盈任，势有难能，只可应允暂时盈任六个月，即请前途。在此时期内另请他人担任。而任凌经理处于指导地位庶可两全其美。当照此办法议决。

六、朱总经理提议天津呢绒纺织厂因前工程师偏袒其工头，在纺毛部专擅营私，致出品不多，公司常受损失，久欲整顿，恢复常轨，故上月中决计将工程师更换。惟为时一月，某工头仍不知悔改，并有暗使工人违抗厂规，以及挑唆恫吓等种情事。经一再发现遂使厂务不易整顿，必须筹划妥善方法，以资改良。当经提出三项办法，由各董事详细讨论，即议决采取一项，在端午节假期后发出通告，一律停工，解雇工人。至于各部分重行开工时期再随时酌量情形定夺。

议至十一时三刻钟散会。

(J144-1-23-6)

78.仁立公司第一百四十五次董事会纪录

民国二十三年七月十六日(1934年7月16日)

民国二十三年七月十六日下午八时，仁立公司在北平骑河楼清华同学会开第一百四十五次董事会。到会者周寄梅、金叔初、费云皋、林斐成、孙锡三、杨仲达、顾佑忱、凌经理。周董事长主席,杨仲达为纪录员。

一、杨君宣读第一百四十四次董事会纪录,付表决通过。

二、凌经理提出六月份平津两公司、呢绒纺织厂之营业损益书、资产负债表及近四年上半年之营业比较统计表等,均经出席董事承认接受。

三、本年六月份北平公司销出之地毯、美术品及接到地毯及美术品两货单,均将原计数单粘附于后。

四、周董事长、凌经理先后报告六月中纺织厂停工经过,并谓厂内织染两部分已于七月一日复行开工。纺织部已于十四日开一部分,至二十日左右必可全开。改组之后情形甚好。织呢部分之产量已加半倍。

议至九时一刻钟散会。

(J144-1-23-7)

79.仁立公司第一百四十六次董事会纪录

民国二十三年八月十三日(1934年8月13日)

民国二十三年八月十三日下午八时,仁立公司在北平骑河楼清华同学会开第一百四十六次董事会。到会者周寄梅、林斐成、金叔初、夏定轩、孙锡三、杨仲达、顾佐忱、杨仲达、顾佑忱、朱凌两经理。周董事长主席,杨仲达为纪录员。

一、杨君宣读第一百四十五次董事会纪录,付表决通过。

二、朱凌两经理提出七月份平津两公司、呢绒纺织厂之营业损益书、资产负债表,均经出席董事承认接受。

三、凌经理提出北平公司七月份接受之地毯及美术品定货单及销出之地毯及美术品量数,均照原单粘列于后。

四、朱凌两经理提议扩展营业办法,当以讨论,未能详尽,特推举周、金、林、孙四董事、朱凌两经理另行集商,决定办法。

议至十一时散会。

(J144-1-23-8)

80.仁立公司第一百四十七次董事会纪录

民国二十三年九月十日(1934年9月10日)

民国二十三年九月十日下午八时，仁立公司董事会在北平骑河楼清华同学会开第一百四十七次董事会。出席者周寄梅、孙锡三、夏定轩、顾佐忱、杨仲达、朱凌两经理。周董事长主席，杨仲达为纪录员。

一、杨君宣读第一百四十六次董事会纪录，付表决通过。

二、朱凌两经理提出八月份平津两公司、呢绒纺织厂之营业损益书、资产负债表，均经出席董事承认接受。

三、凌经理提出北平公司八月份接受之地毯、美术品定货单及销出之地毯及美术品量数，均照原单附列于后。

四、周董事长报告上次董事会会议推举本席及金、孙、林三董事、朱凌两经理讨论推广营业办法，当于八月三十日商定四项原则，如左：

(一)再向中孚银行协商透支借款至40万元为度，用以添购厂地，加筑厂屋，增置纺织机器；

(二)进行商洽购地事；

(三)预备加筑厂屋计划；

(四)定购全新机器。

以上四原则经付表决照式通过。

议至十时三刻钟散会。

(J144-1-23-9)

81.仁立公司第一百四十八次董事会纪录

民国二十三年十月十二日(1934年10月12日)

民国二十三年十月十二日下午五时半，仁立公司董事会在北平骑河楼清华同学会开第一百四十八次董事会。到会者周寄梅、林斐成、孙锡三、金叔初、夏定轩、顾佐忱、杨仲达、顾佑忱、朱凌两经理。周董事长主席，杨仲达为纪录员。

一、杨君宣读第一百四十七次董事会纪录，付表决通过。

二、朱凌两经理提出九月份平津两公司及呢绒纺织厂之营业损益书、资产负债表，均经出席董事承认接受。

三、凌经理提出九月份北平公司接受之地毯、美术品定货单及销出之地毯、美术品量数，均将原单粘附于后。

四、周董事长谓上次开会一定扩充计划之四项原则，兹再请诸位报告讨论。

孙董事报告关于本公司向中孚银行商借款项事，经本席往上海与总行商洽后其结果决定将仁立公司尚未招足之股本75000元由中孚银行承认代招，前者仁立公司与中孚银行订立之20万元透支契约，以后继续有效，为将来扩充计划成立后需用流动资本。中孚银行愿意随时另商办法。

朱总经理报告本公司拟将纺织厂南面毗连之空地购下，计有六亩九分六厘，已与业主议定地价，洋34071.2元，草约已经订立，准于一星期内签订正式契约。

关于加造厂屋事项朱总经理携有各项建筑图样，当即推派孙、金两董事及凌经理至开标时同往天津帮同办理。

至于添购新机器或旧机器或新旧互用各问题，容俟详细调查后再行决定。

议至七时三刻钟散会。

(J144-1-23-10)

82.仁立公司第一百四十九次董事会纪录

民国二十三年十一月十二日(1934年11月12日)

民国二十三年十一月十二日下午五时半，仁立公司在北平骑河楼清华同学会开第一百四十九次董事会。出席者周寄梅、孙锡三、夏定轩、金叔初、顾佐忱、杨仲达、顾佑忱、朱凌两经理。周董事长主席，杨仲达为纪录员。

一、杨君宣读第一百四十八次董事会纪录,当付表决通过。

二、朱凌两经理提出十月份平津两公司、呢绒纺织厂之营业损益书、资产负债表,均经出席董事承认接受。

三、凌经理提出十月份北平公司接受之地毯、美术品定货单及销出之地毯、美术品量数,均将原单粘附于后。

四、凌经理报告扩充天津厂屋事,经与英国工部局多次商洽后准许先造两层,以后可以再加盖第三层、第四层时,同时并须另造壮观之办事室。此次建筑工程师照董事会核准之图样说明书招建筑公司投标,至开标之日有金叔初、孙锡三两董事在津监阅。投标者共有八家,最多数为六万数千元,最少数为56800元。经共同审议后决定归梁卫华得标,并嘱其得标价再核减至55300元,当即签订合同,开工进行。

五、朱总经理报告现在天津厂所雇工人较七月内改组之前为少,而出品之量数竟不甚相差,亦是工作上之进步。至机器一项,英国织机与法国织机有粗细之别,日本所出之细呢如cashmeu等皆是法机所制。或谓在法制织机上另装附属机件亦可□制厚重呢绒。此等技术上之运用极为繁复,本工厂究用英式机或法式机颇费斟酌,须详细研究方能决定。

六、朱总经理报告天津祥和纺毛厂现纺之飞机牌毛线已在市面行销，顾与本公司合办纺毛事业事,经各董事讨论后,佥以本工厂尚属初创,与彼合作亦未尝不可,但合作之条件如何,利弊如何,大有研究之价值,请朱总经理与众经理商洽后再报告董事会核议。

七、朱总经理又提议现在本工厂之毛织呢绒应否于Woolen, Woroted, Lining Matrual & Knitting Yarn等纺织物类设法扩充,经彼详细陈述一切后,当由各董事推派金、孙、周三董事、朱凌两经理共同研究计划一切,俟下届开会再行报告讨论。

议至七时半散会。

(J144-1-23-11)

83.仁立公司第一百五十次董事会纪录

民国二十三年十二月十日(1934年12月10日)

民国二十三年十二月十日下午八时，仁立公司在北平骑河楼清华同学会开第一百五十次董事会。出席者周寄梅、孙锡三、夏定轩、顾佐忱、杨仲达、顾佑忱、朱凌两经理。周董事长为主席,杨仲达为纪录员。

一、杨君宣读第一百四十九次董事会纪录,因中有数处须加修正,俟下次开会再宣读表决。

二、朱凌两经理提出十一月份平津两公司、呢绒纺织厂之营业损益书、资产负债表,均经出席董事承认接受。

三、凌经理提出十一月份北平公司接受之地毯及美术品定货又运销出之地毯、美术品货价数目单,均将原单粘附于后。

四、朱凌两经理共同提议现因地毯定货增加,原有工厂地方目前已不敷用,更无扩充余地,亟应另觅房地,使小工厂集在一处,于管理上较为便利。当经越绝即行另觅相当房地,扩充设备,以应营业上之需要。

五、朱凌两经理提议本届年终结账,应请股东查核,即请照办。当经推派周寄梅、顾佐忱、顾佑忱三君查核北平、天津两公司及各工厂、纺织厂之资产货物,又推派金叔初、孙锡三二君查核平津两公司及纺织厂之账目。

议至十一时十分钟散会。

(J144-1-23-12)

84.仁立实业股份有限公司第十三届业务报告书

民国二十三年(1934年)

仁立实业股份有限公司

民国二十三年营业损益表

全年实得毛利总数		$127,475.92	
除营业各费	$12,715.02		
除管理各费	36,127.61	48,842.63	$78,633.29
他种损益			
益项(如卖出废毛及包皮等项)	21,185.65		
损项(如付出利息等项)	37,985.10	16,799.45	

纯利 …………………… $61,833.84

资产负债表

资　产	
现金	$8,698.80
期收款项	99,162.39
同业欠款	12,739.93
运货垫款	22.26
现存货物	231,467.63
未竣工各货	124,971.72
现存原料	145,710.76
房地产减摊提	200,954.27

机械减摊提	185,317.25
工具及机械零件减摊提	3,171.59
装修减摊提	22,844.60
器具减摊提	11,671.19
零星建筑减摊提	1,954.03
押汇之顾客担保	4,811.34
各种图样	1,068.42
现存工厂杂品	4,444.97
预付各种费用	1,477.88
现存废毛及包皮	2,469.74
浮记账目	1,951.60
总数	$1,064,910.37
负债及资本	
银行透支及借款	$383,301.69
期付款项	16,394.82
顾主预付款	3,199.57
应付股利	840
董事及总管理费准备金	1,932.71
职员花红及公益金	705.09
应付未付利息	19,008.80
押汇担保	4,811.34
意外准备金	1,322.80
资本	500,000.00
法定公积金	30,355.54
特别公积金	41,204.17
本年总捐益	61,833.84
总数	$1,064,910.37

附注:上表所列各项俱经董事会派员查核无误

本公司之营业现分自制地毯、呢绒及代办美术品三类，去年上半年之地毯营业仍因国外销场停滞,无可发展,同时因津厂纺毛部职工不尽职,致出货获利极微。经夏间迭次集商整顿办法,至六月中决计暂行停工约一月之久,乘机改组整理,至秋后一切纳于轨物。其时国外地毯销路亦稍有起色,全年门市量数幸亦照常,足资小补。津厂产出之呢绒,冬季推销渐见成效,独美术品一项,始终不畅,全年所得佣金甚为微薄,所有地毯呢绒两项全恃下半年之营业,方得稍具成绩,是尚始料所不及者。天津之呢绒纺织厂原系初创,房屋、各种机器设备未臻完善,原待逐渐经营以底于成。去冬因见出品尚受社会欢迎,爰即筹备扩充计划,将毗连厂址之地亩购进六亩九分三厘添造厂屋,复研究添购机器,迨至年底,一部分之机器已经购定。北平之地毯工厂前因毯业衰退,曾力事紧缩用期节省开支,今营业略现转机,有感不敷应付。爰就第二工厂原址价购瓦灰房二十余间,基地共计二十七亩左右,俟添盖之房屋完成,即可将小工厂迁集一处而扩充之。此处地点可与第一工厂通连,将来管理上更得便利,此后本公司之营业似当注重于毛织呢绒及地毯两类之产销。照去年下半年之情形推测,本年之量数或可希望增加也。所有二十三年北平天津两方面之营业,合成赢余洋61833元8角4分,兹特编具全年资产负债、营业损益两表,附请鉴核。此请股东诸君台照。

仁立实业股份有限公司董事会谨启

二十四年三月十日

(J144-1-10-1)

85.仁立公司第一百五十一次董事会纪录

民国二十四年一月十四日(1935年1月14日)

民国二十四年一月十四日下午八时,仁立公司在北平骑河楼清华同学会开第一百五十一次董事会。出席者周寄梅、孙锡三、夏定轩、金叔初、顾佐忱、杨仲达、顾佑忱、朱凌两经理。周董事长为主席,杨仲达为纪录员。

一、杨君重读第一百四十九次之修改纪录,又宣读第一百五十次会议纪录,均付表决通过。

二、朱凌两经理提出去年十二月份平津两公司、呢绒纺织厂之营业损益书、资产负债表,均经出席董事承认接受。

三、凌经理提出去年十二月内接受之地毯、美术品定货单,又运销出之地毯、美术品货价数目单,均将原单粘附于后。

四、周董事长报告所有平津两公司及工厂之资产货物原料,曾于上年十二月三十一日及一月一日偕同顾佐忱、顾佑忱二君分头前往,详细查点核对,均与簿册所载相符。

五、凌经理报告上次董事会议决应添置地毯工厂房屋,备应扩充营业之需要。经与朝阳门大街四十九号第二工厂之房主商定,允以现在租用之瓦房十九间、灰房四间半又后面空地二十七亩左右让与本公司,议定价洋13000元,定洋已付,一俟验契等手续办妥,即可成交。

六、朱总经理提议纺织厂内添购及其一层,经向欧美著名纺机制造厂调查,遂与厂内外各专门纺织家详细研究至今,尚未决定。兹将各制造厂开到之价目列表陈请董事会讨论议决。事经出席董事反复申论后,除洗毛机应酌量公司资金再行决定外,余如急需之Canding machine, Mule, Loom, Finishing machine, Hydraulic Press等机器应请两经理再与技术家妥商决定进行,以应需要。

七、议决第十三届股东会定于本年三月十日在北平骑河楼清华同学会举行。

议至十一时一刻钟散会。

(J144-1-23-13)

86.仁立公司第一百五十二次董事会纪录

民国二十四年二月十八日(1935年2月18日)

民国二十四年二月十八日下午八时,仁立公司在北平骑河楼清华同学会开第一百五十二次董事会。到会者周寄梅、林斐成、费云皋、孙锡三、金叔初、顾佐忱、杨仲达、顾佑忱、朱凌两经理。周董事长主席，杨仲达为纪录员。

一、纪录员宣读第一百五十一次会议纪录，付表决通过。

二、朱凌两经理提出一月份平津两公司及呢绒纺织厂之营业损益书、资产负债表，均经出席董事承认接受。

三、凌经理提出上月内接受之地毯、美术品定货单，并销出之地毯、美术品货价数目单，均将原单粘附于后。

四、朱总经理报告毛呢厂之机器已决定订购Canding Machine、Mule各一部，Looms四套共价约合国币72670元。此外拟购置机器尚在选择中。

五、民国二十三年份之赢余共计为61833.84元，按本公司章程第二十五条现提公积金一成，计洋6183.38元，余照下列五项议决分配：

(甲)股息六厘，计洋25500.52元；

(乙)红利三厘半，计洋14875.28元；

(丙)董事监察人分红，计洋3000元；

(丁)职员花红，计洋11800元；

(戊)职员储蓄公益金，计洋1474.66元。

六、议决本届股东会应由董事会提出报告，本公司资本已招足50万元，益再提一议案，倘以后本公司资本仍感不敷运用时，仍请股东会授权于董事会，再续招20万元，亦至招足后再报告与股东会。

七、议决由公司特别公积项下提出洋10000元拨作发型股票100股份，送朱总经理50股、凌经理40股、沈襄理10股，作为酬劳之需。

八、议决由董事会添举孙董事锡三为本公司常务董事。

议至十一时一刻钟散会。

(J144-1-23-14)

87.仁立公司第一百五十三次董事会纪录

民国二十四年三月十日(1935年3月10日)

民国二十四年三月十日下午一时，仁立公司在北平骑河楼清华同学会开第一百五十三次董事会。到会者周寄梅、金叔初、林斐成、孙锡三、顾佐忱、杨仲达、顾佑忱、朱凌两经理。周董事长主席，杨仲达为纪录员。

一、周董事长谓今日开股东会选出费云皋、金叔初、林斐成三君继任为董事。又选定袁涤庵君补充夏定轩君之缺席，任期为一年。又选举顾佑忱、何淬廉二君为监察人。继谓照章董事长与纪录员系每年更选一次，今已届期，特此开会，即请更选。当场举出周寄梅君继任董事长，杨仲达君为纪录员。

议至一时半散会。

(J144-1-23-15)

88.仁立公司第一百五十四次董事会纪录

民国二十四年四月十二日(1935年4月12日)

民国二十四年四月十二日，仁立公司在北平骑河楼清华同学会开第一百五十四次董事会。到会者周寄梅、金叔初、林斐成、顾佐忱(顾佑忱代)、杨仲达、顾佑忱、朱凌两经理。周董事长主席,杨仲达为纪录员。

一、杨君宣读第一百五十二次及一百五十三次董事会纪录,均付表决通过。

二、朱凌两经理提出二、三两月份平津两公司、呢绒纺织厂之营业损益书、资产负债表,均经出席董事承认接受。

三、凌经理报告二、三两月内接受之地毯及美术品定货单,并销出之美术品、地毯之量数单,兹将原单粘附于后。

四、朱总经理报告津厂须添购之机器,除已订定者计价五千余镑外,如Hydraulic Press及Raising Machine拟稍缓再议外, 所有Wool Washing Machine一种急须购置方可免受种种意外之损失。当经议决,即与银行方面商洽,倘使款项有法筹措,即可进行置备。

五、凌经理报告北平所购之工厂房地因有补契关系于正价12000元之外或须多出2000至3000元。添建之房屋已草具计划,不久当可决定进行。

议至十时四十分钟散会。

(J144-1-23-16)

89.仁立公司第一百五十五次董事会记录

民国二十四年五月十八日(1935年5月18日)

民国二十四年五月十八日下午八时, 仁立公司在北平骑河楼清华同学会开第一百五十五次董事会,到会者周寄梅、金叔初、顾佐忱、杨仲达、费兴仁,顾佐忱代顾佑忱、凌经理。周董事长主席,杨仲达为记录员。

一、杨君宣读第一百五十四次董事会记录,付表决通过。

二、凌经理提出四月份平津两公司呢绒纺织厂之营业损益书、资产负债表,均经出席董事承认接受。

三、凌经理报告四月内运出销之地毯、美术品数目清单,又报告接受之地毯、美术品定货单用,将原单粘附于后。

四、凌经理报告扩充朝阳门大街工厂之建筑正在计划进行,拟请董事会推举数人共同商榷一切,当经推定金、孙、顾三董事相助为理。

议至九时三十分钟散会。

(J144-1-23-17)

90.仁立公司第一百五十六次董事会记录

民国二十四年六月十日(1935年6月10日)

民国二十四年六月十日下午八时,仁立公司在北平骑河楼清华同学会开第一百五十六次董事会,到会者周寄梅,顾佐忱,袁涤庵,金叔初,孙锡三,杨仲达,顾佑忱,朱、凌两经理。周董事长主席,杨仲达为记录员。

一、杨君宣读第一百五十五次董事会记录,当付表决通过。

二、朱、凌两经理提出五月份平津两公司毛呢纺织厂之营业损益书、资产负债表,均经出席董事承认接受。

三、凌经理报告五月份运销初之地毯、美术品数目，又报告接受(收)之地毯、美术品定货单用，将原单粘附于后。

四、凌经理报告扩充朝阳门大街工厂之房地税契业经办妥，计出税契费2455元，连同地价、建筑、围墙、平地等费共合洋14850元。

五、议决准在上海设立分公司，推销地毯、呢绒等出品，并约计每月开销均须600至700元。

六、议决按照本年股东会议决赠加资本到50万元之议决案呈请实业部注册。

议至十时二十分钟散会。

(J144-1-23-18)

91.仁立公司第一百五十七次董事会记录

民国二十四年七月八日(1935年7月8日)

民国二十四年七月八日下午八时，仁立公司在北平骑河楼清华同学会开第一百五十七次董事会，到会者周寄梅、袁涤庵、林斐成、孙锡三、顾佐忱、金叔初、杨仲达、顾佑忱、凌经理诸君。周董事长主席，杨仲达为记录员。

一、杨君宣读第一百五十六次董事会记录，付表决通过。

二、凌经理提出六月份平津两公司呢绒纺织厂之资产负债表、营业损益书，又报告本年上半年与去年上半年之营业比较情形，均经到会董事承认接受并表示欣慰。

三、凌经理报告上月份运销出之美术品及地毯数目，又报告接受(收)上两类货物之定货数目，均将原单粘附于后。

四、凌经理报告朱总经理现赴上海筹办开设分公司，约须本月二十左右回平。现在上海已租妥静安寺路475号房屋，月租260元。

五、凌经理谓天津呢绒纺织厂应行扩充锅炉房及染坊，计划早经筹备，一切各项估价约5700元，只因丰台事起，经停止进行，现在应否照式扩充请董事会核议。当经议决依照原议进行。

议至九时五十分钟散会。

(J144-1-23-19)

92.仁立公司第一百五十八次董事会记录

民国二十四年八月十二日(1935年8月12日)

民国二十四年八月十二日下午八时，仁立公司在北平骑河楼清华同学会开第一百五十八次董事会，到会者周寄梅，袁涤庵，孙锡三，顾佐忱，杨仲达，顾佑忱，朱、凌两经理。周董事长主席，杨仲达为记录员。

一、杨君宣读第一百五十七次董事会记录，付表决通过。

二、两经理提出七月份平津两公司呢绒纺织厂之资产负债表及营亏计算表，并经到会董事承认接受。

三、凌经理报告七月份运销出之地毯、美术品数目及接受(收)上两项货物之定单，均将原单粘附于后。

四、凌经理报告现因营业清□，拟乘机整理各工厂之组织以资紧缩。

五、朱总经理报告呢绒纺织厂添造之房屋已有一部分完工，现新添之弹毛机两部已装好，另有整理机两部，业已运到。关于出品方面，拟再添织大衣料及佛兰绒等货，又报告上海分公司之组织及多方设法推销呢绒各情形。

议至十时散会。

(J144-1-23-20)

93.仁立公司第一百五十九次董事会记录

民国二十四年九月九日(1935年9月9日)

民国二十四年九月九日下午八时，仁立公司在北平骑河楼清华同学会开第一百五十九次董事会，到会者周寄梅、金叔初、孙锡三、袁涤庵、林斐成、杨仲达、顾佐忱、凌经理诸君。周董事长主席，杨仲达为记录员。

一、凌经理报告朱总经理因公司营业事赴沪料理，故今日不能到会。

二、杨君宣读第一百五十八次董事会记录，付表决通过。

三、凌经理提出八月份平津两公司毛呢纺织厂之资产负债表及盈亏计算表，均经出席董事承认接受。

四、凌经理报告八月份运销出之地毯、美术品数目及收到上述两项之定货数目，均将原单粘附于后。

五、议决所有朝阳门大街新置之房地，除已向社会局税契外，应再往法院照章登记。

六、周董事长报告前者订购之毛呢厂机器，现已分批到齐，正在逐渐装置。

七、凌经理报告各方面之呢料定货，现均源源而来，惟所需颜色与本厂存货不同，多须临时配染，故毛呢厂之染呢部现正日夜赶忙工作。

八、周董事长提议凌经理为推广地毯及美术品销路起见，拟赴欧美数国调查商业情形，并与新旧顾主接洽销货办法，此行亦经朱总经理认为必要，本席于原则上亦赞同，惟因公司内部事务亦甚重要，凌经理出行之时期只可以四个月为度，又经凌经理说明各种需要之事实，即由在座各董事一致议决通过，关于暂时代理凌经理职务之人，均以为须妥事筹计。

九、周董事长提议本公司创办人退职董事夏定轩君前于十五年公司改组时，曾多方出力，今日之发展颇获夏君前者主张之裨益。荐为酬报前劳，计拟请拨特别公积金洋3000元，照购本公司股票赠与之，以资补报。再本公司刁成章君远在新加坡不能担任董事职务，兹已商洽同意由彼转请夏定轩君为代表，至刁董事任期届满时为止。事经金董事附议，即付表决，照案通过。

议至十时四十分钟散会。

(J144-1-23-21)

94.仁立公司第一百六十次董事会记录

民国二十四年十月十八日(1935年10月18日)

民国二十四年十月十八日下午八时，仁立公司在北平骑河楼清华同学会开第一百六十次董事会，到会者周寄梅、金叔初、孙锡三、袁涤庵、顾佐忱、顾佑忱及代表刁董事之夏定轩诸君，列席者凌经理，因杨仲达君请假回南，由夏定轩均为书记。

一、夏君宣读第一百五十九次董事会记录，付表决通过。

二、凌经理报告朱总经理因赴汉口公干未回，故今晚不能列席。

三、凌经理报告九月份平津沪三处营业比较，上月共多10000余元，惟北平方面则较少，洋1120余元。因毯货卖出后，顾主于运美进口税率有所亏损，本公司为招徕以后生意起见，特贴补900余元。又是月将旧货折价广售，亏损600余元。

四、凌经理报告美国旧金山进口商人D. N. & E. Walter & Co.定货颇多，第一批运美后，深恐货劣价昂，不易行销，及至开箱后，见货质甚优，各界极为欢迎，该货立即销罄。该商人极表满意，故前途定货方面，颇可乐观。

五、凌经理报告现在羊毛价涨，机纺线价前不及0.7元者，现需0.79元，倍出时仅0.8元，且羊毛虽颇增涨而毯价则反低落，前可售每尺2.05元者，今则多至2元，少至1.7元，净利不及0.2元矣。

六、凌经理报告朝阳门大街新置之空地曾由上层董事会议决应向法院照章登记，现已办竣，计纳费110元。

七、凌经理报告朱总经理因平市无大批定货，得南京陈空如厅长之介绍，故前往汉口揽取定货。向各方拟定制服呢计有毛货12000码之多。其它方面，杭州公安局定制2000余码，北平则承金董事之介绍，于杨华臣君，本公司得揽平绥路定货计2000余码。其余各学校选用一百号制服呢3000余码。

议至十时三十分钟散会。

（J144-1-23-22）

95.仁立公司第一百六十一次董事会记录

民国二十四年十一月十一日（1935年11月11日）

民国二十四年十一月十一日下午八时，仁立公司在北平骑河楼清华同学会开第一百六十一次董事会，到会者周寄梅，金叔初，袁涤庵，林斐成，夏定轩，顾佐忱，杨仲达，孙锡三，费云皋，朱、凌两经理。周董事长主席，杨仲达为记录员。

一、夏定轩君宣读第一百六十次董事会记录，付表决通过。

二、朱凌两经理提出十一月份平津两公司及呢绒纺织厂之资产负债表及盈亏计算表，均经出席董事承认接受。

三、两经理报告十月份运销出及接收到之地毯、美术品、呢绒等定货量数，均将原单粘附于后。

四、凌经理报告近来钩线地毯销路甚大，各工厂出品常感供不应求，只以时局不定，不得不暂存观望，渐图扩充。

五、朱总经理报告现因金融变动及国外市场之畅销，以致羊毛价大涨，本公司已先后买进约2000包。又报告织呢部蔡叔厚君因有他就，不得已而辞职，再工厂内每月用水须费200余元，现拟筑掘自流井一口，约须工料洋5、6千元，又谓兹届冬令呢绒销路较广，拟将呢绒存货多运若干数赴沪存贮。

议至十时四十分钟散会。

（J144-1-23-23）

96.仁立公司第一百六十二次董事会记录

民国二十四年十二月九日（1935年12月9日）

民国二十四年十二月九日下午五时半，仁立公司在北平骑河楼清华同学会开第一百六十二次董事会，到会者林斐成，夏定轩，孙锡三，顾佐忱，杨仲达，朱、凌两经理。公推林斐成君代理主席，杨仲达为记录员。

一、杨君宣读第一百六十一次董事会记录,付表决通过。

二、朱、凌两经理提出平津两公司呢绒纺织厂之资产负债表、营亏计算表,均经出席董事承认接受。

三、两经理报告十一月份运销出及接收到地毯、美术品、呢绒等定货数及销数,均将原单粘附于后。

四、议决北平地毯工厂扩充事,应请董事长、常务董事会同两经理参酌国内为情势及市场概况商决办理。

五、朱总经理报告毛呢纺织厂之新到纺毛机器均已装齐,现正试车。织染两部分因急需要,已于上月十九日停做夜工。再以公司工厂业务日渐发展,各人之职司亦日益繁杂,上级职员不敷随时事之督责,亟应加觅妥员,加紧管理及稽核账目,方可免滋弊窦。当经孙君提议,夏君附议,请两经理随时物色人选。

六、(略)

七、朱、凌两经理提议本届年终结账,应请股东查核,当经推派周寄梅、顾佐忱、顾佑忱三君查核北平、天津两公司及各工厂纺织厂之资产货物。又推派金叔初、孙锡三二君查核平津两公司及纺织厂之账目。

议至九时散会。

(J144-1-23-24)

97.仁立公司第一百六十三次董事会记录

民国二十五年一月十四日(1936年1月14日)

民国二十五年一月十四日下午五时半,在北平骑河楼清华同学会开第一百六十三次董事会,出席会议者费云皋,顾佐忱,林斐成,夏定轩,袁涤庵,金叔初,孙锡三,杨仲达,朱、凌两经理。公推孙常务董事为临时主席,杨仲达为记录员。

一、主席报告周董事长来函因事离平,请辞本公司董事及常务董事董事长各职,当经各董事讨论后议决,只可暂允周先生辞去董事长及常务董事职务。关于董事一席,请勿辞退,准暂时作为告假。又由金董事提议,夏董事附议,一致议决推孙锡三董事代理董事长。

二、杨君宣读第一百六十二次董事会记录,付表决通过。

三、朱、凌两经理报告二十四年十二月平津两公司呢绒纺织厂、平津各工厂资产负债表、损益计算表及全年全公司之营业计算书,均经出席董事承认接受。

四、凌经理提出去年十二月份运出及接收到地毯、美术品之销出数及定货数,均将原单粘附于后。朱总经理谓上月份天津收到地毯定货约30000尺,上月销出制服13000码。

五、孙董事报告上年度之账目,所有账册、单据均经核对均无错误。又提议公司业务今分在平津两地,账目亦因此分列,未能综合一处,似有改良之必要,务使随时可查见全公司之经济状况。现在天津所投资本占公司股本百分之八十五,论资本多寡,总机关应设在天津。当经朱、凌两经理发言赞成,遂决议通过。

六、杨君报告去年查点平津两公司各工厂之资产货物,原请周、顾二董事及监察人顾佑忱先生担任,适周先生因事南去,请本席代理此事,遂定期偕同两位顾先生照往年办法先在北平公司各工厂照单查点完竣,均无错误。又往天津公司工厂照单查点,亦称符合。现下顾佑忱先生尚在天津查对编制货账目之各种原单据,以求核实,并由各董事议决。至查账目告竣之后,由公司酌量改送顾先生夫马费,表示酬报。

七、凌经理谓本人前拟出国设法推销地毯，调查制造呢绒方法。一层自去年九月间董事会通过后已经一再展缓，今则势在必行。拟先往美国由西部到东部，再赴英国，重返美国，经巴拿马而回。随处皆与新旧顾主接洽，营业公司内各部分向有各人专任共事，但须有一人督责，一切即可照常进行。现定本月二十八日，由沪放洋，各董事闻悉之后，咸以为凌经理此去关系公司营业，应无异议，但望早日回国。

八、主席提议周董事既辞退常务董事，似应有人暂代。本席提议请杨仲达君代理，当时杨君以才力不胜不敢应允。毕经全体通过，主席又谓凌经理出国，亦应有人代其职务，以前杨仲达君亦在公司任事且为董事会记录员多年情形尚熟悉，所以亦请杨君以常务董事名义暂代凌经理照料一切。杨君当谓为常务董事已觉不能合格，再代凌经理照料公司事务，更不能胜任，务请另觅相当人选。经再三申述，未荷各董事鉴谅，始勉强暂时承乏。

九、议决本公司第十四届股东会定于本年三月八日在北平骑河楼清华同学会举行，推杨仲达拟具股东会议事日程及董事会应提出股东会之报告书，再商拟公司二十四年度之盈余分配数目，以便在下月董事会讨论。

议至八时三十分钟散会。

(J144-1-23-25)

98.仁立公司第一百六十四次董事会记录

民国二十五年二月十日(1936年2月10日)

民国二十五年二月十日下午五时半，仁立实业公司董事会在北平骑河楼清华同学会开第一百六十四次常会，出席会议者孙锡三、林斐成、夏定轩、顾佐忱、费云皋、袁涤庵、杨仲达、顾佑忱、朱总经理。孙代董事长主席，杨仲达为记录员。

一、杨君宣读第一百六十三次董事会记录，当付表决通过。

二、朱总经理报告一月份平津两公司毛呢纺织厂之资产负债表、损益计算表，经主席及总经理择要解释，后即由出席董事承认接受。

三、杨君报告上月份北平销货及定货之数目，均将原单粘附于后。朱总经理报告天津收到地毯定货23000尺，运出地毯约9000尺。

四、议决再增加资本10万元，共为60万元。除现已招到之数外，尚余股额58000元，可分由各董事监察人自认或代招同时并应知会各股东。

五、通过股东会议事日程及提交股东会之报告书。

六、民国二十四年份营业赢余共计67750.55元，按照本公司章程第二十五条，先提公积金十分之一，计洋6775.75元，存余洋60981.8元。议决再由特别公积项下提出820.97元，合成61802.77元，照下列五项分配：

(一)股息六厘，计洋30918.23元；

(二)红利3%三厘，计洋15459.11元；

(三)董事监察人分红计洋2000元；

(四)职员花红计洋12025.43元；

(五)职员储蓄及公益费计洋1400元。

七、议决发息日期定为五月一日。

议至八时一刻钟散会。

(J144–1–23–26)

99.仁立公司第一百六十五次董事会记录

民国二十五年三月八日(1936年3月8日)

民国二十五年三月八日下午十二时半，仁立实业公司在北平骑河楼清华同学会开第一百六十五次董事会,到会者孙锡三、金叔初、林斐成、费云皋、顾佐忱、杨仲达以及第十四届股东会开会继续当选之股东袁涤庵、夏定轩及监察人顾佑忱、姚泽生诸君。朱总经理、孙代董事长主席,杨仲达为记录员。

一、主席声言本日第十四届股东会选举董事监察人有周寄梅、袁涤庵、夏定轩三君继续当选为董事,又何淬廉、顾佑忱二君继续当选为监察人,并经股东会通过决议案修改本公司章程第十七条以监察二人改为三人,当经举出姚泽生均为监察人。

二、主席谓照本公司章程第十九条董事长之任期常务董事记录员系一年,今已届满,应请重新选举。当经选定孙锡三为董事长兼任常务董事,杨仲达为常务董事并为记录员。

议至一时散会。

(J144–1–23–27)

100.仁立实业股份有限公司股东常会会议录

民国二十五年三月八日(1936年3月8日)

中华民国二十五年三月八日上午十时，仁立实业股份有限公司在北平骑河楼清华同学会开第十四届股东常会,到会股东连代表共计84户,共3958股,2357权。代理董事长孙晋方君主席,沈讷斋为记录员。

记录员报告,本日到会股东户数、股数、权数已超过股份总数之过半数,已足法定人数。主席宣布开会。

一、记录员宣读本公司第十三届股东常会会议记录,当经全体表决通过。

二、董事长孙晋方报告二十四年度本公司业务情形,如左:

去年因国内外商业不景气,本公司忍苦负重又度过一年之困难时期,至年终结账,于赢余方面,虽与年前不甚相差,惟回顾全年营业,尚未能认为满意。美国白银政策初未变更,上半年银价高涨,外商对于地毯因合价高而定货少,我国进口之呢绒又因金价落而售价低,与我争夺市场凡属出口货或机制工业,至蒙不利,旋幸金银价格转变,十一月三日,政府下令行使法币汇兑率,始见稳定。出口货渐能流畅,国内商业始现生气。然又变成金贵银贱之局面,出口原料与进口货价俱见增高,本厂需用之羊毛与颜料同受高价之影响,使毯价与毛织品之成本又随之加重,遂致销路颇感牵制。所幸此两种关系之比较尚不若汇兑率高之重大。故去年各种地毯销数之多,不仅超过二十三年度之总数,且为本公司设立以来所仅见。钩线地毯之织造,现在全国只本公司一家,为防止他家竞争,向抱薄利多销主义,致销数虽畅,获利未能与之比例。前拟在北平集合各小工厂于一处为大规模之地毯工厂,以便调整管理等事,今尚在审慎计划中。

公司向来代客采办之美术品等,以量数论,去年亦较二十三年度有增,但因各货价值低落,所得佣金反较二十三年度减少十分之一。现在金价高涨，此项附业或可望有起色。本公司现有资本以天津毛呢纺织厂占其大多数，自前年添置基地加盖厂屋同时订购机器，至去年秋间建筑落成，机器亦如期运到，急速装置。一年间制服呢、便衣呢料之出品与毛毯等之销路均较上年增加倍许。本厂所注重之制服呢叠承铁路、邮政、电报、公安各局以及中学、大学各方面陆续购用，同时在数大都市约定代理人广为兜揽，上海地方除原有代理人外，复于去年七月间在静安寺路添设分店，推销毛织品，招徕地毯门市营业，惟甫经开幕，即遇织呢同业贬价竞争，致销货有欠通畅，但望此为偶然之现象，逆料不致久持，盖本公司出品适合市场需要，定价低廉，想能行销日广，以期营业之逐渐扩展而发扬国货之光也。

此后应努力者厥惟再求织造之精进，推销之扩充与管理上之经济化，而力图迈进，用副股东诸君之期望。综计二十四年度全公司之营业，共合赢余洋67757.55元，谨编具全年资产负债、营业损益两表，附请鉴核。

上项报告经到会股东一致承认接受。

三、监察人顾佑忱君宣读数目报告。

四、查账员孙晋方君宣读查账员、查货员之书面报告。

股东林斐成君发表意见谓查账查货为监察人之职权，监察人虽可委人代为办理，若由检查人一并报告更为合式，当即作为提案，由股东史蔼士君附议，会众一致通过。

五、第十三届股东会选任之调查股款人史蔼士君报告。

去年三月十日仁立实业股份有限公司第十三届股东会以公司依照第十届会决议增资银20万元，特选举蔼士依公司法第一百九十四条第二项为调查报告。蔼士查核，此次所增2000股系由股东五十七人分认，而此人数中内多旧股东，其应缴股银均已一次缴足现款，无以金钱外之财产抵作股款之事。至所收股银业，经用诸厂房机器，已由董事会编制，经监察人复核之资产负债表提交本届股东会决议认可。兹复审核查明先后股银均已一次缴足，按诸簿册账目实属毫无疑义。特为出具报告书，如右云云。

上项报告亦经到会股东一致承认。

六、总经理朱继圣君报告如下：

主席诸位股东，去年一年来，社会经济凋敝，继圣得承董事、监察人之指导，再赖各经理诸同事之协助，不敢自逸，通力合作，又得稳度，此一年尚可称为侥幸。去年营业状况已经董事长说过，无庸赘述，继圣所欲报告者，不过从以往所得之经验，论到现在及将来种种问题耳。本公司资本已一再增加，毛织营业亦渐见发展。此项工业在吾国尚称新兴事业，大凡新兴事业必须经过相当的试验时期，方可见效。其在大局平靖时候，亦不易获得大利。每由新创之公司，往往初数年不发利息，以期巩固基本者，譬如抚育儿女，初生时需人看护，方能长成，长成时，又须送之入学，化相当之教育费，才能谋他日之自生自养。新兴事业亦是如此。本厂呢绒出品虽经竭力改良，尚未尽臻完美，但若以去年的出品比之前年就可说有加倍的进步。去年呢绒的销数亦比前年增加一倍，照此比率循序渐进不难达到最高之目的。近二月内，本公司所出花呢法兰绒等销量忽畅，殊出望外。据呢绒庄家说，仁立出品织造法优良，而定价不贵，此或是一种畅销之原因，不仅因近来金价抬高外货价昂之故也。此本公司所可欣幸者，然而同人等不敢自满，公司之发达亦不能专赖自力。欲求经济之活动与周转，须望银行之随时接济；欲求捐税之轻减，须赖政府之多方保护；欲求国产品质销畅，又须得国民之协力提倡，此皆于自力之外，有待于外力之援助者。至继圣与诸同事刻下所应负责研究之事，第一为技术方面，盖欲谋营业之发展，不但求出品之如何改良并须筹计成本之如何减轻。所谓本轻利重，非得技术之精进不可。第二为推销方法，在内要出品之迅速，在外要销路之迅速。推销之方法甚多，或由广告之宣传，或由经纪人之兜揽，惟如何能用费省，而收效大，皆有深切研究之必要。第三为组织制度，本公司营业初系由小而大，现已设有分公司分销处工厂多处，管理上日形复杂，亟应联络统一，用期尽善尽美。凡此三端，皆继圣等日在努力筹画，务求改进。所愿同人各自奋勉，不负股东诸君之付托与期望。

同人道谢，全体赞成，表决通过。

七、主席报告上届股东会议决再授权于董事会添招资本20万元，共为70万元一案，现拟先添招10万元，共为60万元。一俟招足后，即再依法呈请实业部登记。

八、主席云董事会提议分配二十四年度营业盈余案如下：

去年本公司盈余为67757.55元，按公司章程第二十五条，先提公积金十分之一，计洋6775.75元，照下列五项分配：

(一)股息六厘，计洋30918.23元；

(二)红利三厘，计洋15459.11元；

(三)董事监察人分红，计洋2000元；

(四)职员花红，计洋12025.43元；

(五)职员储蓄及公益费，计(由赢余项下分洋579.03元，再由特别公积项下提洋820.97元合成)洋1400元。

主席宣布发付二十四年度股息、红利日期定为本年五月一日。

股东袁涤庵君提议，林斐成君附议，照案通过。

九、股东顾佐忱君提议修改章程第三条、第四条，如下：

第 三 条　本公司设本店于天津，分店于北平、上海。

本公司视业务情形，有增设分店于国内外其它城市必要时，得以董事会之决议设置之。

第 四 条　本公司公告事项以登载本店所在地日报行之，但对于股东得以挂号函寄交股东名簿所载之住址行之。

股东史蔼士君附议，付表决一致通过。

十、股东史蔼士君提议修改章程第六条、第十七条，如下：

第 六 条　本公司资本总额定为60万元，分作6000股，每股银100元，一次缴足。

第十七条　本公司设董事九人，由股东常会就有本公司股票15股以上之股东选充之；设监察人三人，就有股票五股以上之股东选充之。选举应按股东投票得票最多数者当选为董事或监察人，得票次多数者，当选为候补董事或候补监察人。

股东袁涤庵君附议，付表决一致通过。

十一、主席云上届董事有周寄梅、刁成章、夏定轩三君任期已满，今日请各股东投票选举董事三人补其缺额。监察人二人照章任期一年，并经本日议决修改章程第十七条，增加监察人一人，共应选举监察人三人。当经推定史蔼士、顾佑忱二君为检票员，选举揭晓如左：

当选董事

周寄梅　2300权

夏定轩　2121权

袁涤庵　2116权

次多数(当选为候补董事)

姚泽生　207权

史蔼士　172权

王子文　69权

费玉荣　40权

范旭东　29权

潘禹言　17权

当选监察人

顾佑忱　2312权

何廉　2251权

姚泽生　1966权

次多数(当选为候补监察人)

孙颂鲁　260权

费玉荣　80权

史蔼士　62权

夏定轩　40权

王启常　29权

戴志骞　29权

王子文　20权

潘禹言　17权

袁涤庵　5权

主席问有无其它事件讨论,以无人发言,遂于是日下午十二时半散会。

主席　孙晋方

记录员　沈讷斋

(J144-1-10-2)

101.仁立公司第一百六十六次董事会记录

民国二十五年四月十三日(1936年4月13日)

民国二十五年四月十三日下午五时，仁立实业公司在北平骑河楼清华同学会开第一百六十六次董事会,到会者孙锡三、金叔初、林斐成、夏定轩、袁涤庵、杨仲达,顾佐忱杨仲达代。孙董事长主席,杨仲达为记录员。

一、杨君宣读第一百六十四及一百六十五两次记录,均付表决通过。

二、杨君代表公司经理提出三月份总公司、分公司及毛呢纺织厂之资产负债表、损益计算表,当经出席董事核阅后承认接受。

三、杨君又代表经理提出北平公司销货及收到定货详数报告后,均将原单粘附于后。又报告天津公司自三月九日起至今收到地毯定货3万数千尺。

四、杨君报告朱总经理于三月二十九日赴沪宁两处接洽营业推销货品,约须本月二十日以后方可北还。

五、主席谓朱总经理来信云南方毛织品同业产销哔叽类之衣料销场甚畅，几至供不应求。本公司亦应仿制仿制，现拟添置Singving Machine一部，约价须4、5千元，至于织哔叽之原料丝须搭用外货，特来函征询意见。当以事关发展营业，理应前进，当经复函赞成备办。主席又谓朱君在沪兜揽到毕孚泰呢绒庄一家愿与本公司订立合同，代织花呢数种，□其一家专卖，惟又虑其专利垄断，意者难决。当以此系大宗营业，通盘计算似乎利重弊轻，故亦复函赞成与之妥商办理。

六、杨君报告凌经理已到过美国、英国。带美少数货物获利甚丰，在美清流旧账册成绩甚佳，与旧顾客商洽各事尤于公司有利。到英揽得一大地毯公司营业约定在英国境内为仁立公司推销中国地毯，第一次定制货样即有4500尺。现在大概在德国，除调查地毯市场外，拟往一雕刻玉石工业地方研究有参仿效之可能，大约于四月下旬仍返美国，转道巴拿马，再与新旧各顾主接洽一切。照现在行程，约六月下旬可以返抵北平。

七、杨君报告总工厂内染线用之锅炉损坏，不能染线，不得不更换。又一蓄水箱因去年久冷冻坏，亦须修理，并连同修理另一旧锅炉，约须洋2000元，现均修理完成。

议至六时三刻钟散会。

(J144-1-23-28)

102.仁立公司第一百六十七次董事会记录

民国二十五年五月十一日(1936年5月11日)

民国二十五年五月十一日下午八时，仁立实业公司董事会在北平骑河楼清华同学会开第一百六十七次董事会，到会者金叔初、费云皋、袁涤庵、顾佐忱、杨仲达、顾佑忱、朱总经理。公推金董事代理主席，杨仲达为记录员。

一、杨君宣读第一百六十六次董事会记录，付表决通过。

二、朱总经理提出四月份总公司及平津分公司毛呢纺织厂之资产负债表、损益计算表，当经列席董事核阅后，付表决通过。

三、杨君代公司经理提出四月份北平销货及收到定货计数清单，经报告后，即将原单粘附于表后。

四、朱总经理云本席自三月底赴沪，至本月十日回津。在沪调查呢绒市情及推销方法之发展报告，均极详尽。各董事深为赞佩。朱总经理又陈述现在薄质毛类衣料在沪销路甚畅，上次董事会已经提过今已买就织造薄质之毛线1000磅，回津小试，倘出品良好，即图扩充。又报告与上海华孚泰商订之推销呢绒合同已经成立，所订条件均经各董事核阅赞成。又谓本公司为推销制服呢，避免再遇去年之竞销情形起见，拟与上海章华公司商订联合营业办法，当将在沪迭次互商之原则提出报告并指明其中尚有二三点双方未尽同意，故本席拟于月底南下再继续磋商。各董事以为联合营业办法甚善，所有商妥各原则再请与孙、林、杨三君详细研究，庶期格外详细研究之后，如为时间关系即可与订立契约，至下次董事会提出报告。朱总经理接凌经理来信云在英国伦敦拟与一大公司名Singleton Benda & Co. 订立推销地毯合同，将对方所提条件一一说明，当以付款问题不无顾虑之处，拟俟凌经理回平再详细讨论核办。

议至十时二十分钟散会。

(J144-1-23-29)

103.仁立公司第一百六十八次董事会记录

民国二十五年六月十五日(1936年6月15日)

民国二十五年六月十五日下午五时，仁立实业公司董事会在北平骑河楼清华同学会开第一百六十八次常会,到会者孙锡三,林斐成,费云皋,夏定轩,袁涤庵,顾佐忱,杨仲达,朱、凌两经理。孙董事长主席,杨仲达为记录员。

一、杨君宣读第一百六十七次董事会记录,付表决通过。

二、朱总经理提出五月份总公司及平津两公司毛呢纺织厂之资产负债表、损益计算表,均经列席董事核阅后,付表决承认接受。

三、杨君代公司经理报告五月份北平公司销出地毯及代办美术品及接到上次两货品之订单详数,报告后均将原单粘附于后。朱总经理报告上月收到代R. &H. 织造地毯订单约6000方尺,再有巴拿马美国驻兵地方之兵营代办所函电来往希望我仁立公司能每月运交2000尺之货,此处营业如能持久,则常年销数当亦可观。

四、朱总经理报告现在纺织厂仍织造花呢为多,因织薄质衣料之毛线国内现货甚少,不易购到,将来拟乘便向国外采购。又谓前拟于章华公司商订军呢联合营业办法,近来已在天津接洽过,我方提出修改之意见,须俟其原经手之经理回沪后,方有答复。届时本席再赴沪面商办理。上次提议与Singleten Benda & Co. 订立寄售地毯办法,现拟挑选现货一千数百尺运去,暂照原议办法试办。俟看成绩如何,再与继续商订现款长期之交易。

五、凌经理报告此次出外洋四个多月,所到美、英、法、德各国与旧顾客商洽地毯营业颇称顺利,几与本公司做过交易者均赞美仁立公司之信用名誉,故招待上甚为优渥。在美国有一某公司因本人远道而往,为表示好感特发出完制地毯10000尺,其余各顾客因感情圆满,亦可望随时增加定货。再此次出行旅费约计用去3000数百元,带出之杂货已获利2000元之谱。现下尚未详细结算,但因为时间所限,后来寄往英美之货未能完全由自己兜销,致一部分在匆忙中卖出,尚有一部分在托人拍卖,故至结算时尚有若干数可以收入,可以抵销一部分旅费云。

六、费董事提议凌经理之数月奔走辛苦全为公司尽力,应请同人投票表示道谢,众赞成。

议至八时一刻钟散会。

(J144-1-23-30)

104.仁立公司第一百六十九次董事会记录

民国二十五年六月十五日(1936年6月15日)

民国二十五年七月十三日下午五时半，仁立公司在北平骑河楼清华同学会开第一百六十九次董事会,到会者孙锡三、袁涤庵、金叔初、林斐成、顾佐忱、杨仲达、夏定轩,杨仲达代凌经理诸君。孙董事长主席,杨仲达为记录员。

一、杨君宣读第一百六十八次董事会记录,经付表决照式通过。

二、凌经理提出六月份总公司、平津两公司毛呢纺织厂之资产负债表、损益计算表,均经列席董事承认接受,并由主席说明本年上半年之结算数与去年全年结算数之比较。

三、凌经理报告六月份北平公司销出之地毯及代办之美术品及接到上两类货品之订单详数报告后经将原单粘附于后方。又报告天津公司上月份收到地毯订单12000余尺，花呢卖出8000余元，又接受上海中央医院定制床毯700条。

四、凌经理报告仁立与上海章华公司商量联合推销军呢办法，业于本月三日在沪签定合同，双方议定于十一日起同照联合办法发售货物。

五、凌经理谓朱总经理来信云制造薄哔叽之细毛线，现因国际市情变迁以后更不易购买，如须添织哔叽，势必添购机器自纺自织，免得仰人鼻息。各董事以添织哔叽照须资本过大，众意赞成，且事缓办，不过一方面可以暂为小试。

六、主席报告总公司迁于天津及增加资本到60万元之各种呈请登记手续均由各董事赞成依法进行办理。

议至七时十分钟散会。

（J144-1-23-31）

105.仁立公司第一百七十次董事会记录

民国二十五年八月十日（1936年8月10日）

民国二十五年八月十日下午五时半，仁立实业股份有限公司在北平骑河楼清华同学会开第一百七十次董事会，到会者孙锡三、费云皋、林斐成、夏定轩、顾佐忱、杨仲达、姚泽生、顾佑忱诸君及朱、凌两经理。孙董事长主席，杨仲达为记录员。

一、记录员宣读第一百六十九次董事会记录，经付表决通过。

二、两经理提出七月份总公司、平津两公司毛呢纺织厂之资产负债表、损益计算表，均经列席董事承认接受。

三、凌经理报告七月份北平公司销出之地毯及代办之美术品量数，又报告接到接到上两类货品之订单数报告后均将原单粘附于后方。又云就现有定货足敷三个月之工作，惟羊毛价高货少，甚为难买。朱总经理谓天津方面自七月中接到巴拿马美国兵营代办所续订地毯4000方尺后，尚未接到美国顾主定单，大概是羊毛涨价毯价亦增，故有此停顿现象。毛价仍无跌落之希望，实为织毯织呢之大问题，秋毛须至阳历十一月上市，届时价格如何，亦难预定。

四、朱总经理报告厂内积存花呢现已全数销与上海呢绒庄，当时订明现金交易，现因货未出清，故价亦未交齐。津厂因军呢销路已开始，现正赶制各种颜色之军呢，同时亦织造花呢供应市场需要。关于厚薄哔叽及直贡呢等货，市场需要甚多，但须用外国毛线织造，现经买到4000磅，预备小试。将来利之厚薄，须试验后方能详悉。对于推销呢绒已与南京同丰号定商寄售办法，由上海同丰号担保每月结账一次，此外尚拟到汉口、四川、西安等处设法推销。

议至六时三刻散会。

（J144-1-23-32）

106.仁立公司第一百七十一次董事会记录

民国二十五年九月十四日（1936年9月14日）

民国二十五年九月十四日下午五时半，仁立实业股份有限公司在北平骑河楼清华同学会开第一百七十一次董事会，到会者孙锡三、袁涤庵、顾佐忱、杨仲达、费云皋，顾佐忱代金叔初，孙锡三代夏定轩,杨仲达代顾佑忱,又凌经理。孙董事长主席,杨仲达为记录员。

一、记录员宣读第一百七十次董事会记录,经付表决通过。

二、凌经理提出八月份总公司、平津两公司毛呢纺织厂之资产负债表、损益计算表,均经列席董事承认接受。

三、凌经理报告八月份销出之地毯及代办之美术品量数,又报告接到上两类货品定单之详数,报告后均将原单粘附本记录之后方。

四、凌经理报告北平地毯工厂仍工作甚忙,因平津两地羊毛均缺少,已派两人赴张家口购买,预备买20000斤以应定货之用。

五、凌经理报告运往巴拿马之地毯,每次随到随销,因仁立地毯货真价实,并为我介绍地毯营业与别处商店,关于呢绒商业上海邮政局、南京铁道部购料委员会、平绥平津铁路局均来看样文价,清华学生做制服已制定本公司出品。此外平津沪京等处各商店赖取样问价者甚多,本月内可望有大宗呢绒营业。

六、凌经理报告总公司迁移天津之登记已经办妥,实业部之执照亦已须到,所有增加资本到60万之登记拟稍缓再办。

议至七时三刻钟散会。

(J144-1-23-33)

107.仁立公司第一百七十二次董事会记录

民国二十五年十月十二日(1936年10月12日)

民国二十五年十月十二日下午五时半,仁立实业股份有限公司在北平骑河楼清华同学会开第一百七十二次董事会,到会者孙锡三、顾佐忱、费云皋、夏定轩、金叔初(孙锡三代)、袁涤庵、杨仲达、顾佑忱,朱、凌两经理。孙董事长主席,杨仲达为记录员。

一、记录员宣读第一百七十一次董事会记录,经付表决通过。

二、朱、凌两经理提出九月份总公司、平津两公司毛呢纺织厂之资产负债表、损益计算表,均经出席董事承认接受。

三、朱总经理报告一个月内天津公司接到地毯定货由美国有19000方尺,由巴拿马有20000方尺。关于呢绒销路,军衣呢已销出9000码,另有定制之4000码尚未织成。前此售与上海华孚泰之花呢在九月底已完全出清,货款已交齐,现华孚泰又定织花呢,约7000码,平呢已由盐务署购用500码,其余交通部路警局须用做大衣之材料,约有20000余码,尚未接洽妥协。

四、凌经理报告九月份北平公司销出之地毯及代办之美术品量数,又报告接到上两类货品定单之详数,报告后,将原单粘附于后。

五、朱总经理报告关于织哔叽之机器,此次在沪曾经详细调查查悉英国机出货宜于男人做西装用价7500镑,外加进口税,德国机又名大陆机,出货稍薄,宜于做中国男女服装之用价6600镑,连关税在内,两路机器各有长处,殊难决定。众意照目前习惯尚是做中国衣料之需要为多,到决定购买时,请两经理再加研究酌量办理。

六、凌经理报告北平改设分公司,已呈请社会局转呈实业部核办。

议至下午六时四十分散会。

(J144-1-23-34)

108.仁立公司第一百七十三次董事会记录

民国二十五年十一月九日(1936年11月9日)

民国二十五年十一月九日下午五时半，仁立实业股份有限公司在北平骑河楼清华同学会开第一百七十三次董事会,到会者孙锡三、袁涤庵、顾佐忱、夏定轩、金叔初(孙锡三代)、杨仲达、林斐成、顾佑忱、凌经理。孙董事长主席,杨仲达为记录员。

一、记录员宣读第一百七十二次董事会记录,经付表决通过。

二、凌经理提出十月份总公司、平津两公司毛呢纺织厂之资产负债表、损益计算表,均经出席董事承认接受。

三、凌经理报告十月份销出之地毯及代办之美术品量数,又报告接到上两类货品定单之详数,报告后,均将原单粘附本记录后方。又谓天津公司接到伦敦方面完制地毯20000余尺,关于呢绒销路大有供不应求之势,所有历年存货,今年冬季均可完全销清,现当日夜开工,添招工人赶织完货。

四、孙董事长提议本公司毛呢纺织厂各种出品日臻优美,行销日广,照现在之规模,无论如何充其产量,实不能应此新兴之销路。兹拟再招股本40万元,以备添购纺细纱机2000锭,织细呢机34架,加盖厂屋,添购原料以及各项开支之用。兹特拟一议案,先提董事会讨论,如能决议,即请照章定期召集股东会临时会再行核议,同时修改章程。当经各董事以扩充纺织营业,前此已经提议,今既有必要,是当照提案办理。由袁董事提议,林董事附议,决定于本月二十九日上午十时在北平骑河楼清华同学会召开股东会临时会提议修改章程增加资本40万元,当宣付表决,一致举手赞成通过。

五、袁董事提议倘以后尚有增加资本之必要不如在此次临时股东会一次提议增加资本90万元,合成旧股为150万元。但先招40万元,余50万元请求股东会授权于董事会至必要时随时招募,以应需要。林君亦同意,众意亦赞成。即俟朱总经理北还,商决办理。

议至八时二十分散会。

(J144-1-23-35)

109.仁立实业股份有限公司股东临时会决议录

民国二十五年十一月二十九日(1936年11月29日)

日　　期:民国二十五年十一月二十九日

地　　址:本公司

到会股东:共99户,计2899权

主　　席:孙晋方

一、主席报告今日到会股东人数及权数均足法定数额,应即开会。

二、主席宣称此次召集股东临时会专为讨论增加股本,兹将董事会提案请诸位股东公决。其提案如下:

查本公司股本前以50万元已呈准实业部登记换领新照在案，年来因需流动资金先后于历届股东会提出讨论,佥认为有续招股本之必要。兹复鉴于年来国内呢绒之需要日增,大有求过于供之势,前议增资不克再延,现拟将天津工厂扩充,计添购机器、加盖厂屋及流动金共需100万元,共计股本为150万元。所有续招之股本100万元拟请股东会授权于董事会办理,是否有当,即请公决。

股东凌其峻君请总经理报告需要增资之大概情形，经朱总经理报告略谓本公司天津工厂出品以厚实呢绒为大宗，兼用机器纺毛线自织地毯，今年销略甚好。惟厚实呢绒只合冬令一季之服用，然市场上盛销薄质华达呢、直贡呢、哔叽等货需要既多，时期也长，客商多望本厂能出此类货品，以利推销。只以本公司设备不全，故迭次在董事会报告，切实研究后，董事会乃有以上之提案。若果增加资本，扩充设备，本公司营业必更发达也。

股东林斐成君谓增资事在董事会商议多次营业既须扩充，现有资本当然不敷运用，实在不得不谋增加，是以本席绝对赞成，如有其他股东有异议者，尚希发表意见，以资讨论，当以全体莅会股东无人提出异议，即付表决。全场一致通过。

三、主席提议本公司增加资本，依法应将章程修改，应否现在即行修改或俟新股招齐后，再行修改，请公决。经各股东议决，俟新股招齐后，再行修改。

议毕，散会。

主席　孙晋方

(J144-1-1-1)

110.仁立公司第一百七十四次董事会记录

民国二十五年十二月十四日(1936年12月14日)

民国二十五年十二月十四日下午五时半，仁立实业股份有限公司在北平骑河楼清华同学会开第一百七十四次董事会，到会者孙锡三、费云皋、顾佐忱、夏定轩、袁涤庵、杨仲达、金叔初(孙锡三代)、顾佑忱，朱、凌两经理。孙董事长主席，杨仲达为记录员。

一、记录员宣读第一百七十三次董事会记录，付表决通过。

二、朱、凌两经理提出十一月份总公司、平津两公司毛呢纺织厂之资产负债表、损益计算表，均经出席董事承认接受。

三、朱总经理报告十一月份天津接到定货有W15000尺、R25000尺，伦敦有4000尺。凌经理报告十一月份北平销出之地毯及代办之美术品量数，又报告接到上两类货品定单，均有原单粘附于本记录后方。

四、朱总经理报告关于纺织细呢机，现已订定德国Hatemen机器一部，计2000锭子，计价英币8662镑，又他国机器20部，内分提花机4部、织呢机16部，计价26万元。关于建筑厂房已请工程师设计，厂屋造三层，连同改建锅炉房等，约须洋12万元，因与英工部局前有谅解，必须另造公事房，连同货样陈列室、堆房等亦造三层楼，约须洋5万元，再加新造房屋灯火、暖气、卫生设备，约须洋23000元。再有毗连本工厂空地五亩，现归新华银行管业，意欲出让，要价尚廉，现正与磋商。如能购置，于我工厂用处甚多。众意请以地价商量到最低数目，再行决定购置与否。

五、凌经理提议北平工厂近以定货过多，男女工厂虽有六处，早已人满，不能再添工人。兹拟在前买朝阳门大街之空地上加盖房屋，以便先将四处男女工厂归在一处，以便扩充而利于管理，于日常杂用亦可节省。照目前需要之建筑，约须工料洋2万元，当经议决，即照所计划之图样进行办理。

六、朱总经理报告天津有某工厂行将结束，出卖机器，其大部分之机器于本工厂将来均有用，定价甚廉，大约照原价五分之三左右即可买下，不知诸位意见如何。众意请朱总经理与陈工程师详细调查后再行商办。

七、孙董事长提议谓本公司资本迭年增加，营业发展，诸位经理之责任劳苦以及用度当然随之增加。兹查已有七年不加薪水，本席提议由本月份起，将朱、凌、陈三位之薪水每月各加50元，全体举手赞成通过照办。

八、议决请孙锡三、顾佑忱两董事查核本年全公司年终结账之账目，又议决请顾佐忱、杨仲达、夏定轩查核全公司各工厂之存货之账目。

议至七时三十分钟散会。

(J144-1-23-36)

111.仁立公司第一百七十五次董事会记录

民国二十六年一月十八日(1937年1月18 日)

民国二十六年一月十八日下午五时半，仁立实业股份有限公司在北平骑河楼清华同学会开第一百七十五次董事会，到会者孙锡三、费云皋、袁涤庵、夏定轩、顾佐忱、杨仲达、金叔初(孙锡三代)、顾佑忱、朱总经理。孙董事长主席，杨仲达为记录员。

一、记录员宣读第一百七十四次董事会(记录)，付表决通过。

二、朱总经理提出二十五年十二月平津两公司毛呢纺织厂、平津各地铁工厂之资产负债表、损益计算表及全年度之营业计算书，经择要解释后，均经出席董事承认接受。

三、总经理报告上月天津接到美国定地毯13000余尺，本席代凌经理报告十二月份运出及承接到两类货品之量数，均将原单粘附于本记录后方。

四、总经理报告机器价格日见增长，本公司处上次购定织机器，近又订购织呢16部，又谓现因防止损失偷漏，拟自制洗毛机，即在本工厂洗毛。询悉外国洗毛机约须27000元，中国制之洗毛机约须15000元，购房屋约15000元，至用何种机器尚待详细研究比较后再行决定。

五、朱总经理报告添筑织细呢厂，改建锅炉房，另造公事房、职员宿舍、陈列宝等已于本月八日在津开标。因梁惠华标价最低，仅104000元，初次建筑亦系梁君承办，见其人甚诚信，故准完由梁君得标。此外如钢骨装备、卫生设备等，约须洋7、8万元，惟尚未完全决定。

六、朱总经理报告新华银行管业之空地5亩已以每亩4200元商妥购定，另有花旗银行所有之空地12亩，共价须48000元，为将来扩充计，亦为本公司所必需，亦拟购置，免得将来缺少伸缩余地。

七、议决定于本年三月七日上午十时在北平骑河楼开第十六届股东会，所有董事会应提出股东会之报告，仍请杨君拟稿，再提出本会讨论。

八、议决本届股东会应讨论修改章程，亦请杨君拟出草稿，请袁、林两董事。

议至七时四十分钟散会。

(J144-1-23-37)

112.仁立公司第一百七十六次董事会记录

民国二十六年二月十五日(1937年2月15日)

民国二十六年二月十五日下午五时半，仁立公司在北平骑河楼清华同学会开第一百七十六次董事会，到会者为孙锡三、费云皋、袁涤庵、顾佐忱、夏定轩、金叔初(孙锡三代)、顾佑忱及朱、凌两经理。孙董事长主席，夏定轩为记录员。

一、记录员宣读第一百七十五次董事会记录，当付表决通过。

二、凌经理报告本年一月份营业就账单上观之，计亏损国币1252.22元，其故因美国行业罢工，海船停驶，本公司装箱之货无法输运，故此项交易尚未记账。

三、凌经理报告本公司续招40万元新股，已认定者计有20余万元，已过半数。

四、关于建筑厂房，朱总经理报告天津厂房除房屋由梁卫华已得标承揽外，其三合土钢料已由汉士洋行负责承揽，其钢窗及卫生设备正在与各方接洽。凌经理报告北平厂房曾由梁卫华君估价25000余元，经各董事讨论，以为应再觅其它包工人分别估价，以资比较。

五、朱总经理报告织呢机已向安宅洋行定购32架，至整理机现正在与各洋行接洽中。

七、孙董事长称本届股东会报告虽已拟就，尚需修整，容俟下届董事会提出再定。

八、去年营业余额计为111300.55元，按公司章程第二十五条，先提公积金十分之一，计11130.05元，照下列六项分配：

(一)股息六厘，计35008.49元；

(二)红利四厘，计23339元(所余尾数2725.8元作为盈余滚存)；

(三)董事监察人花红计3900元；

(四)职员花红计26064.8元；

(五)职员赡养金及公益费计3132.41元；

(六)特别公积金计6000元。

九、议决本届股东会拟修改章程数则，应请孙董事长会同袁涤庵、林斐成两董事及朱、凌两经理先行详细研究。

议至七时三十分钟散会。

(J144-1-23-38)

113.仁立公司临时董事会记录

民国二十六年三月一日(1937年3月1日)

民国二十六年三月一日下午五时半，仁立公司在北平骑河楼清华同学会开临时董事会，到会者为孙锡三、袁涤庵、金叔初(孙锡三代)、费云皋、夏定轩、顾佑忱、姚泽生及凌经理。孙董事长主席，夏定轩为记录员。

孙董事长提出上届营业报告拟稿，由到会诸君共同审阅，将文字加以修正。

次提出修改章程数则，征请同意，当由到会诸君予以通过。

关于发息日期，经讨论后，孙董事长谓俟朱总经理由沪北返后，发现酌量彼时财政状况赶早发给。

议至七时散会。

(J144-1-23-39)

114.仁立实业股份有限公司股东会决议录

民国二十六年三月七日(1937年3月7日)

开会日期：民国二十六年三月七日

开会地址：本公司

到会股东：户数98户，权数5580权

主　　席：孙晋方

一、主席报告今日到会股东共98户，计5580权，均足法定数目，应即宣告开会。

二、朱继圣君报告上年度营业情形及账目。通过。

三、主席报告上年股东临时会议决增加股本100万元，现已收足50万元有零，俟招收足额，再行详细报告。

四、主席提议本年应改选董事、监察人，当即散票选举。结果如下：

当选董事9人：孙晋方君（得票4655权）、袁涤庵君（得票4628权）、朱继圣君（得票4536权）、夏廷献君（得票4510权）、金叔初君（得票4490权）、林变成君（得票4356权）、顾忠弼君（得票4344权）、周华康君（得票4276权）、杨仲达君（得票4218权）

当选监察人2人：顾忠弼君（得票4535权）、姚泽生君（得票4496权）

议毕，散会。

主席　孙晋方

（J144-1-1-1）

115.仁立公司第一百七十七次董事会记录

民国二十六年四月十二日（1937年4月12日）

民国二十六年四月十二日下午五时半，仁立公司在北平骑河楼清华同学会开第一百七十七次董事会，到会者孙锡三、金叔初、袁涤庵、费云皋、林斐成、顾佐忱、夏定轩、顾佑忱及凌经理。孙董事长主席，夏定轩为记录员。

一、记录员宣读第一百七十六次董事会记录及三月一日临时董事会记录，均付表决通过。

二、凌经理报告朱总经理因丁外艰，尚未北返销假。

三、凌经理提出二三两月平津两公司毛呢纺织厂之资产负债表、损益计算表，均经出席董事承认接受。

四、凌经理报告二三两月销出地毯及美术品之量数与接到各处地毯、美术品定单之详数。原单粘存本记录内。

五、凌经理报告现有一事不能引为乐观者，即羊毛价值飞涨，货更稀罕。据可靠消息，即在宁夏、包头等地，出货亦少，且其价值竟比美国为高。经各董事讨论，拟将来派员前往西北一带，详细调查，再定办法。

六、凌经理报告地毯一项，北平定货较多，本公司现另制一种毯货，酌量掺杂麻丝若干，以觇成效，现正在试验中。新厂已开工三星期，天津工厂正在大兴土木，所定织呢机器已到有20架，其1架已经装就，至整理机约一月内可到。锅炉在沪上著名洋行购办，价尚不贵。北平新工厂约六月可竣工，现有工厂六处，将来除烧酒胡同与兵马司两厂仍旧外，其余四厂拟统迁入新厂，俾得合并一处，以便易于管理及接洽一切。

七、孙董事长谓近接朱经理信，称本月二十左右可到公司销假。

八、孙董事提议常务董事杨仲达君新病甫愈，将来在公司服务，未便令其过劳，拟另推一书记董事分任其事，月送办公费用50元，何如？众无异议。孙董事长又请公推一人为书记董事，嗣由众议推夏定轩君充任,当即通过。

九、凌经理提议本公司常务董事二位,一由公司月送津贴,其一兼董事长者,迄今尚全尽义务,请各董事注意。费董事谓孙董事长除指导本公司一切事务外,兼使财政方面用转灵通,厥功甚伟。林董事谓一常务董事月送津贴200元,其一兼董事长者,月送250元,似不为多,嗣由众议改为每年致送孙董事长办公费用3000元,均予通过。

议至七时三十分钟散会。

(J144-1-23-40)

116.仁立公司第一百七十八次董事会记录

民国二十六年五月十七日(1937年5月17日)

民国二十六年五月十七日下午五时半,仁立公司在北平骑河楼清华同学会开第一百七十八次董事会,到会者有孙锡三、费云皋、袁涤庵(孙锡三代)、金叔初(孙锡三代)、顾佐忱、夏定轩、姚泽生、顾佑忱及陈、凌两经理。孙董事长主席,夏定轩为记录员。

一、记录员宣读第一百七十七次董事会记录,当付表决通过。

二、凌经理报告朱总经理又因兄丧续假,天津总公司近况,今晚由陈经理来会陈述。

三、陈经理报告津公司现正在赶制各种军呢,以备秋冬应市之需,除原有存货20000余码外,现新出者计有20000余码,法兰绒定货大部分业已交出,至建筑方面现正造第一层屋,约二十五天后可将洋灰护栏卸除,续造第二层屋,约六月底可造第三层屋。彼时所定机器,当可运到矣。

四、凌经理报告本年四个月内货品之推销,地毯与美术品占百分之四十五,呢绒占百分之五十五,齐化门新厂工程,除屋顶尚未盖就外,其余大部分可称告成,约六月底可将第一、第三、第五等工程一并迁入。

六、孙董事长称本席于二星期前往看新工厂,工作尚佳。

七、孙董事长称关于本公司簿记账目,经顾佑忱先生两年来审察指导,深幸改进不少,应请顾先生约略陈说。

八、顾先生称本公司及各工厂账目,本未有统一办法之规定,明知司账目均诚实可靠,并非舞弊,只以所存单据,每不完备,有应存而不存,亦有应废而不废者。经本席两次审查,略予指导,现较前已见整齐,至各工厂发薪时,或凭手折,或用纸条,殊不一律,如能将各职工姓名开列一纸,嘱其于领薪时各自签名于下,或较易于检查。第二工厂王君所管账目,颇见纷乱,不甚清楚,本公司应予注意。

九、凌经理称第二工厂账目王君不克称职,早由本公司黜退,将来新屋落成,各工厂移设一处,彼此接洽较易,希望顾先生能抽(时)间前来指导账目,改善方法。

十、凌经理报告上海分公司为代客办货起见,已于本年一月间在公司后面另赁一屋,以备囤积货品之用。最近有顾主先后委办各货40000余元,本公司即可得佣金4000余元,现又有美国大商店Marshall Field & Co. 拟托本公司分约平沪玉器商人等运寄美术品约20、30万元之谱。陈列于芝加高博物院,由该商店设法代售,并照赛会办法,售出则照章纳税,不售则将货寄回,无庸纳税。惟此举略有冒险性质,不似代办美术品之稳健。请各董事决议应否进行。

十一、孙董事长谓此事在吾国各货主方面,恐尚未能全体同意,俟征得各货主同意后,再由本公司酌夺办理。

十二、孙董事长提议现有一重要事件，商请出席董事公决。即上届股东会议决“添招资本90万元，先招40万元，其余50万元授权于董事会，俟后需要时续招”等情，现已收之新股40万元，尚觉不敷应用，似有续招股本之必要，又刻下物价腾贵——尤其是建筑上机器及金属器具等——本公司各项资产尚系数年前亦最低价格购置，按照现在市价，有增值25万元或30万元之可能，惟增加价值只宜限于本公司固定资产，而不宜及于流动资产。此事应派员重行估价，以昭核实。就本席管见，似应续招股款25万元，先仅旧股东认购，凡执有股份四股者，可添购一股。如将本公司资产重行估价，认为可酌加30万元之谱，则可提出25万元分配于各股东，凡执有股份五股者，各曾发红股一股，而将余数拨入公积金，如是凑足股本150万元。适与上届股东会之议决案相符，惟招股一事，难免旷日持久。如欲办理迅速，则所需续招之款，或可高请本平中孚银行现行垫付，以便本公司即日实施扩充计划。同时进行呈报实业部，声请登记手续，日后各股东如需购股，可向中孚接洽购进，惟须按日算还利息，庶几两不吃亏。如诸君以为可行，应即择日召集股东临时会，报告一切。经出席董事反复讨论后，由费云皋君正式提议，姚泽生君协议，表决通过，并择定六月二十八日上午召集股东临时会。

十三、姚泽生君提议本公司一再续招股份，所有资本实数应于本年呈报实业部声请登记，另换新照，惟赢利所得若干暂可缓报。

十四、凌经理提议关于所得税一层，是否由平、津、沪三处集中汇报，抑由各地分报。众议此事无甚出入，视他日办事上如何妥便酌定可也。

议至七时三十分钟散会。

(J144-1-23-41)

117.仁立公司第一百七十九次董事会记录

民国二十六年六月十四日(1937年6月14日)

民国二十六年六月十四日下午五时半，仁立公司在北平骑河楼清华同学会开第一百七十九次董事会，到会者有孙锡三、袁涤庵、林斐成、顾佐忱、夏定轩、金叔初(孙锡三代)、费云皋(顾佐忱代)、杨仲达(夏定轩代)、顾佐忱、姚泽生暨朱、凌两经理。孙董事长主席，夏定轩为记录员。

一、记录员宣读第一百七十八次董事会记录，当付表决通过。

二、孙董事长将上届临时董事会所议增股事稿件，传示在座董事，经详细讨论，特于文字方面加以修正。

三、朱总经理报告，平津公司所制花呢、细花呢等，现正设法推销，所制佛来绒已有数商家愿意承销，只以定价销高，尚未订定，闻四川省为奖励国货起见，对于舶来之呢绒，每码增落地税至5角之多，而国货则概滋豁免，故本公司之出品运销川省最为相宜。地毯方面现有定货20000余尺，惟迩来毛价腾涨，该货成本既增，售价子不能太低，故现对于纽约与旧金山两顾主来函所定之货，因不欲过于迁就，尚未正式订定。关于工厂房屋，按照包工人原订之合同，本应于五月底完工，但近因日租界以重赏招工，致瓦匠不易罗致，包工人无法办理，只得多方推诿延约，大约须延迟二十天方可交工。机器亦延约未到，洗毛机尚未购定至，安置洗毛机房间之大小，须视该机件之长短尺寸而定。故迄今尚未动工。有一事可以告慰者，即建屋特购进之钢料，每吨200元者，现市价涨至300元，又公司购进之地计17亩，有每亩4100元者，有每亩3800元者，现在地价腾贵，据估价者谓每亩可值5500元以上云。

四、凌经理报告上月会议所称有美国商人Marshall Field & Co. 欲请平津玉器商人运货陈列于芝加高博物院一节，经多方考虑，以为该货虽可照赛会办法，然除支付往返运费外，既须付相当之出口税，如不能售脱寄回，又须加进口税，如向政府商请豁免，太费周折，故此举已估罢论。五月间美术品定货，计78000余元，运出者亦有30000元之谱。地毯定货计17700余方尺，售出者连批发与门市，共计24400余元。成绩之佳，创开本公司未有之记录。故上月公司与各工厂工作极忙。齐化门新厂工程，约本月底告竣。所有电灯水管约半月内均可完成，届时各工厂当可一并迁入矣。

议至七时半散会。

(J144-1-23-42)

118.仁立实业股份有限公司股东临时会会议录

民国二十六年六月二十日(1937年6月20日)

民国二十六年六月二十日上午十时，仁立实业股份有限公司在本公司开股东临时会，是日股东连代表出席者共计94户，即9391权，得股份总额之过半数。孙董事长主席宣告开会，兹将会务记录如下：

一、主席宣称去年十一月间，本公司股东临时会议决"添招资本100万元，先招50万元，其余50万元授权于董事会，俟后需要时续招"，该先招之50万元已于本年二月间如数交齐，并于三月七日第十六届股东常会当众报告，兹经第一七八次董事会提议"本公司营业日益扩充，即需用资金愈多。应续行增资50万元，以完成上届股东会之议决案"。本公司为郑重起见，特于今日开股东临时会，向诸位股东依法报告，并将办法述明如下：

(一)此次增加新股，其办法与上次相同；

(二)此次认购股款，至迟于本年九月三十日交至本公司；

(三)此次续招股份50万元，所有股息、红利统自股款交至之日起算，其余一切权利与原有股份同。

二、主席宣称依照公司法第一九四条：所募新股缴足后，股东会得另选检查人，为各项之调查与报告。今为便利起见，拟即于今日请出席股东预行推定此项检查人，俾届期可立即依法调查并为适当报告。当由顾佐忱君提议推顾味儒君为股款检查人，股东凌其峻君附议，一致表决通过。

三、主席宣称本公司股本总额定为国币100万元，今拟将"100万元"改为"150万元"，"10000股"改为"15000股"。是否由当，应请公决。即由股东潘禹言君提议，股东顾味儒君附议，一致表决通过。

四、股东凌其峻君称本公司章程第十七条："董事30股以上之股东选充之，监察人就10股以上之股东选充之。"今已续行增资，似应将"30股"改为"45股"，"10股"改为"15股"，未审诸位以为如何。经股东袁涤庵君提议，股东林斐成君附议，一致表决通过。

五、主席宣称今日承诸位股东共同出席，如无他项讨论，可即散会。众无异议，遂于十日十一时三十分散会。

主　席　孙晋方

记录员　夏廷献

(J144-1-10-3)

119.仁立公司第一百八十次董事会记录

民国二十六年七月十二日(1937年7月12日)

民国二十六年七月十二日下午五时半，仁立公司在北平骑河楼清华同学会开第一百八十次董事会,到会者有孙锡三、袁涤庵、林斐成、顾佐忱、夏定轩、金叔初(孙锡三代)、费云皋(顾佐忱代)、杨仲达(夏定轩代)、顾佑忱及凌两经理。孙董事长主席,夏定轩为记录员。

一、记录员宣读上届第一百七十九次董事会记录,当付表决通过。

二、凌经理报告今半年各工厂之出品,计烧酒胡同总工厂获利4970元,其余三工厂获利,6000元,共计10970元。本年六月份,北平地毯定货共8890余方尺,批发与门市售出共计31269元余。美术品定货14000余元,运出者28440余元。天津织呢定货10000码,地毯定货28000方尺,售出者31700余元。

近向海京洋行购到弹毛纺织机,计16000元,第一、第三、第五各工厂,均已迁入齐化门新工厂,此后管理方面当较易于接洽矣。

美国工人争加地毯进口税一案,已由美政府判决,未经核准。

刻下羊毛价值较廉。

朱总经理因上海章华公司与本公司联合营业期满,有意继续办理,已由天津往沪接洽一切。

议至七时散会。

(J144-1-23-43)

120.仁立公司第一百八十一次董事会记录

民国二十六年十一月十一日(1937年11月11日)

民国二十六年十一月十一日下午四时,仁立公司在北平骑河楼清华同学会开第一百八十一次董事会,到会者有孙锡三、袁涤庵、顾佐忱、金叔初(孙锡三代)、费云皋(顾佐忱代)、夏定轩、姚泽生、顾佑忱暨朱、凌两经理。孙董事长为主席,夏定轩为记录员。

一、记录员宣读上届第一百八十次董事会记录,当付表决通过。

二、孙董事长称本公司自上届七月十二日开会后,以时局关系,同人中有离平者,计停止开会已历三月,在此期间杨董事仲达因病逝世,本公司同人甚表哀悼。

三、孙董事长称参阅本公司十月份资产负债表,其透支一项为26万余元,较七月份减少10余万元,损益一项为257500余元,较七月份增加8万余元。新工厂因事变以来,材料等迄未完全运到,故设置尚未齐备,预计设备齐全尚需国币32万元。惟综计公司存款及银行透支余数两项至明年二月间尚可支国币25万元,加以天津中国银行对于本公司信用尤着,故用款当无问题。

四、朱总经理称天津方面此三月间所获之利益,其原因:一以所存纺线成本甚低,迩来售价较高,二以去年地毯存货每尺作洋2.2元,至本年售价亦高,内有售余旧金山及巴拿马商人万余尺,每尺合价3元余。

厂中工人照常日班工作,刻下工作不多,为节省用度计,似可酌量裁减若干人,惟若辈各有专长,平时素着勤劳,一旦辞散,恐他日未易招集。且即使裁减刻下所省只700元之数,他日或有得不偿失之虑,因此公司未有裁人之举。各工人亦知感激,而益奋勉。至以后是否除去夜班,容看情形办理。

纸厂九月底获利148000元,十月份损失8000元,惟地毯获利10000余元,地毯一项现尚有定单,到无有定货时,当将旧存之零线酌制相当之货品,不患无活可做也。公司所存羊毛不少,计值425000元,其中中国羊毛成本每磅不及1元,而现下市价为1.2元。

五、朱总经理称新工厂房屋其内部已于七月底完工,惟办公楼仅完一层,一以材料未齐,二以需用不急,故暂行停工。锅炉及洗毛机房亦暂停工作。

前在礼和洋行所定之精纺机器，按照合同三期付款，定货时三付三之一，该货运到时，又付三之一，机件装就三个月后，最后付三之一。现以时局关系，本公司曾函询该行，可否将该机器暂缓运津，该行后称如不运出，所有应付栈租保险费及利息等应由本公司担任。本公司以该机本定在津交货，刻下开始起运亦须历二月方到，连运及装先后须四五月后，款可不须急付，故已复请赶速起运矣。

六、凌经理称本年七八月间为北平最紧急时期，是时货物停运，本公司收入极微。至八月二十三日，交通恢复，转运公司招运货如常。自七月至十月，计定毯货48000方尺。又美术品约45000元，计运出之货，地毯与美术品约共值19万元。

议至六时散会。

(J144-1-23-44)

121.仁立公司第一百八十二次董事会记录

民国二十六年十二月十三日(1937年12月13日)

民国二十六年十二月十三日下午五时，仁立公司在北平骑河楼清华同学会开第一百八十二次董事会，到会者有孙锡三、金叔初(孙锡三代)、袁涤庵、顾佐忱、费云皋(顾佐忱代)、夏定轩(顾佐忱代)、顾佑忱及朱、凌两经理。孙董事长主席，顾佑忱为记录员。

一、记录员宣读第一百八十一次董事会记录，当付表决通过。

二、凌经理报告十一月份北京地毯定货共5812余方尺，运出者24020余元，美术品定货13740余元，运出者21090余元。

三、朱总经理报告十一月份天津地毯定货7000余方尺，运出者60000余元。

四、照往年成例年终推举本年查货及查账人员，经董事长提出，夏定轩、顾佐忱、顾佑忱为北京查货员，费云皋、顾佐忱、顾佑忱为天津查货员，孙锡三、顾佑忱为京津两地查账员，均表决通过。

五、朱总经理称天津工厂因原料缺乏，成货亦不易销售，刻下仅在日间工作，所有夜班工人亦在日间担任零星工作以资维持工人生计以后是否应酌量裁减议决暂维现状。俟过冬后，再行计议。又前由礼和洋行所定之机器，已决定由本公司担任兵险费三之一由该行与德国机器工厂各担三之一，此项机器可欲明年二月中到津，届时是否即刻安装抑或稍缓议决即刻着手安装。

洗毛机前因房屋尚未完备停止起运。刻经前途电催，经本公司答以市面银根奇紧，着令缓运。

七月份由礼和洋行定购哔叽线合价1700英镑，嗣因战争发生停止运输，现与该行商妥一月后分批陆续交货。刻有北宁路局招标承做制服，此种货品本公司颇有得标希望。

议至六时十五分散会。

(J144-1-23-45)

122.仁立公司毛呢纺织厂管理规则

民国二十六年(1937年)

一　任用

本厂任用男女工人以体格健全、无传染病、无恶嗜好，经本厂指定医院作肺部检查，无结核病嫌疑，并能继续共守本厂规约者为合格。

承做繁重工作之工人，其年龄须在20岁以上，承做轻便工作者，须在16岁以上，合格工人经本厂考试后，合格能订雇者，须先觅殷实铺保填具保单送经人事处核定后，始得上工。此项保单每年须更新1次。

新工入厂须先试工1个月以上，经双方满意，始得继续工作升为学习工，学习3个月后，得升为练习工，练习3个月后得升为初级工，初级工工作6个月后，得升为正式长工。以上各级工升级概须由主管人审核，成绩合格向人事室提出核准，方得实行。

二 工资

工资分月薪、日给2种，其加工、旷工均照原工资比例加减之工资，等差视其技能勤惰功过经历实任，分别酌定之。工资月薪按月分2次定期发给，但遇解雇时，得随时结算付给之。日给者，按日计发。工资概不准预支、暂借，但遇本人婚嫁或父母、配偶优葬急需时，得商请工厂主管人斟酌情形办理。工资以外得斟酌情形另给津贴等随时规定之。

三 工作时间

工作分日夜两班，每班定为9小时，日班自晨7:30起至12:00，再由12:30起至5:00止，如开夜班则工作起讫时刻另行酌定。又上列上下班时刻得依季节时令变更之。日、夜班工人每一星期互调1次。遇工作紧要或开日、夜班时，得增加工作时间，每加工1小时，所给工资照1.5小时计算，下午5时或下工时间后加工2小时或2小时以上者，除应得加工优资外，另给饭钱，其数目斟酌情形随时规定。但星期日下午5时以前加工及夜班例行加工则不另给饭钱，夜班超过2小时时亦有饭钱。

工人上工时，须将自己之工号名牌悬挂在上工牌上；下工时，须将工牌交与稽查室。上工、下工均以振铃为号，不得迟到早退。

工人于上工时迟到10分钟者，应扣1小时之工资；迟到20分钟者，当日不得上工。工人因不得已事故欲早退者，须向主管人请假领取早退证后，方得离厂。

遇某部工作紧要须加工时，其工作范围、人数及时间均由主管工程师核定之。

四 休假

下列日期定为休假日期：

一月一日中华民国成立纪念日1日夜，三月十二日总理逝世纪念日1日夜，三月二十九日革命先烈纪念日1日夜，五月一日劳动节1日夜，八月二十七日孔子诞辰1日夜，十月十日国庆纪念日1日夜，十一月十二日总理诞辰纪念日1日夜，星期日及其他由政府临时指定之日。

事假、病假工资照扣，其请假日数如全年超过60日者，并扣年终奖金。如因工作而受伤请假者，凭本厂认可医师逐时诊断书，工资照给并不扣年终奖金，逾6个月后，仍不能照常工作，则按抚恤办法办理之（详见本规则九）。婚丧假各给7天工资照给，过7天者，照日数扣算工资。婚嫁以本人为限，丧假以本人父母、配偶为限，分娩假于分娩前后共给假8星期，工资照给。无论何项请假，概须由主管人核准，否则概作旷工论。

五 奖励

奖励分记功及特别奖金2种，其奖金数目由主管人按事功之大小临时酌定之。有下列情形之一者，得奖励之：

一、1年内不请假或工作最勤者（参阅第八项年终奖金第一节）。

二、举发窃盗因而破获者。

三、发现报告危险事项或施以救护，因而减少或免除本厂损失者。

四、遇工作危险时，救护同事者。

五、爱惜材料者。

六、全月无假、旷、迟到、早退者,给全勤奖□日。

六 惩戒

惩戒包括记过、罚薪及抵债3种屡犯或情节重大者,并得及时解雇。有下列情形之一者,应惩戒之:

一、违背本厂各种规约或妨害秩序,如斗殴、扰乱他人工作、不请假私自歇工或厂内吸烟、酒醉滋事、赌博等事。

二、不服从主管人员监督指挥者。

三、故意损坏机器物件者。

四、私自制造物件者。

五、糟蹋浪费材料者。

因以上过失致本厂受损失者,得就其应得各利益酌量抵销之,非抵销所能补偿得另向犯者及其铺保追债。

七 解雇

遇有下列事项之一者,本厂得依照工厂法规定之预告办法解雇。

一、本厂须为一部或全部歇业者。

二、遇不可抗力,本厂全部或一部须停工在1月以上时。

三、工人对于承受之工作不能胜任时。

四、工人旷工日数过多者,有下列各款情事之一者,得不经预告解除雇佣。

(一)工人违反工厂规则,而情节重大时。

(二)工人无故继续旷工至3日以上或1个月之内无故旷工至4日以上时。

八 年终奖金

凡在厂长工每届年终由公司审核,按照下列规定给与奖金。

一、1年内请假日数未逾60日者,得发给奖金1月(照十二月份工资计算,工作奖金不计)。

全年无假、旷、迟到、早退者,另给奖半个月。

二、工人到厂服务未满1年,请假未愈比例限数,其应得奖金得按照日数比例计算之。

三、全年核计其请假日数逾60日,每逾2日即扣应得奖金三十分之一。

四、奖金于旧历年终发给。

九 抚恤

如因工作受伤致死者,除给与丧葬费50圆(民国二十六年币值)及本月份工资外,按其年资照下列恤金表给与其遗族1次恤金。

年数	6个月以下	6个月以上 1年以下	1年以上 2年以下	2年以上 3年以下	3年以上 4年以下	4年以上 5年以下	5年以上
金额	6个月工资	12个月工资	16个月工资	21个月工资	26个月工资	31个月工资	36个月工资

附注:上项工资以死者在厂最后3个月之平均工资为标准。

因工作受伤以致残废,经本厂认为不合于本厂工作者,酌量残废轻重,得按照上列恤金表5折至8折给与1次恤金解雇之。

因工作受伤以致残废,经本厂认为仍可留雇者,无论改充何种工作,其工资及待遇一切照旧,但不另给恤金。

上列残废系指该工人永久失其全部或一部之工作能力而言,恤金之承领者只限于本人。因工作受伤致死亡者,恤金之承领者为本人之妻或夫,无夫无妻者,依下列顺序,但工人有遗嘱时,依遗嘱办理,第一子女,第二父母,第三孙,第四同胞兄弟姊妹。

十　保险

工人(指长工)每年由厂为之投保寿险,其保险额为每年初(中途升为长工按其第一月)工资之现金部分(工作奖金不在内)之18倍,工人有死亡者,由本厂付其合法继承人应得之保险金。

十一　赡养金

按长工全年工资及工作奖金所得总数之百分之五计算,作为各人之赡养金于工人死亡或达60岁退休时发给之。该赡养金保管办法,另订之。

十二　工作奖罚

各部直接核定工作生产标准,超过定额时,予以奖金。不足额及产品发生庇(弊)病时,照规定扣罚,其计算方式依工作性质分别另定之。间接工作依照直接工之奖金总数及人数规定核算之。

十三　医药

厂内设有医药室,凡伤病者,得随时诊治。

因工作受伤而须住医院者,经工务处查实后,得住本厂指定之医院诊治,其费用由本厂担任。但自愿回家或愿入其他医院医治者,本厂概不担任任何费用。

每年得全体检查肺结核病1次,如发觉患者须住院疗养者(本厂指定医院),一切费用由公司担任。其不须住院者,经本厂指定之医生,医疗费用由公司担任之。每年得按季节为传染病预防注射或种痘,不得规避,以重公共卫生。

十四　门禁

工人进出厂门必须受门守检查有无夹带物件。在工作时间,当班工人非持有临时出门证及退班证者,不得出厂。工人来客有紧要事故,由传达报告备该主管人经酌量情形许可者,方得停止工作与来客会谈,其时间不得超过10分钟。

(J144-1-6-3)

123.仁立公司工务处管理细则草案

民国二十六年(1937年)

第一章　人事管理

第一节　职员

第一条　凡本处职员均须遵照本处规则第××项准时上班及下班,不得迟到、早退。

第二条　凡本处职员请假须遵照本处规定,请假手续请准后,方准离职。

第三条　本处各部主任每于下午下班前1小时至本处商讨工作情形与改正事项,如遇有必要时,得随时讨论之。

第四条　本处各部职员应遵守各该部主任之指导及命令,不得观望或推诿。

第五条　各部职员遇有不足分配,而得增加时,须向工务处商讨后,设法办理之。

第二节　工人

第一条　各部工人于录用后,均由人事室登记发给工牌(旧工人已发给者,不另发给)。

第二条　各部工人数目增减须视工作之需要情形，由各该部主任与工务处核定后，交人事室办理之。

第三条　各部工人考绩及升调等项，均由各该部主管人向工务处办理。但于未发表前，必须通知人事室加以参考，俾免影响他部。

第四条　各部工资均照本厂章规定办法办理，不得擅改，以免争议。

第五条　各部工人之赏罚须按既定办法（各部均有规定，详于各部赏罚规则）处理，各部不得更改或变通，致引牵制或纷争。遇有必要时，得开会讨论之。

第六条　各部工人如有行为不当或有重大过失须惩戒较严时，由各该部主任酌量通知人事室备案。

第七条　各部工人考勤表、假条及全勤表应按期送人事室登记，并汇转出纳科计工组。

第八条　各部工人赏罚表每半月（十五、三十或三十一）送交人事室登记，汇转出纳科计工组。

第九条　各部管理细则规章另定之。

第十条　各部工人每年成绩至年终时得通知人事室登记，以便存查。

第二章　事务管理

第一条　各部制品依本处计划实施之，但遇困难情形不能解决时，须向本处商讨之。

第二条　各部每日工作报告按时送本处汇报总经理及经理。

第三条　各部领取物料（如机器、油棉、纱头、麻水管等）每月结算后，通知本处，以便汇报总经理及经理核阅之。

第四条　各部所需原料或半成品皆皆径向材料科，或未成品股直接由各该部负责人具单签领。

第五条　各部制品均直接送交收管部分签收，但遇制品欠妥或与原定不符时，须先向本处声明，俾便补救或校正，务求产品与原定设计相符。

第六条　各部机器如发生故障，不能生产或产额减低，致制品不能如期交货时，须向本处商讨，以便改定计划，而免贻误。

第七条　各部工作开始时，应注意品质及产量，如发现与原设计不符时，应随时通知本处，俾资改正，而策完善。

第八条　各部请领应用单据、表册等，由各该部填写请购单，由本处领取之。

第九条　各部修配机件，得由各该主管人斟酌办理，至交货付款时，该部主管人认为货色满意，价亦相符时，签字送交本处，俾凭付款。但遇有重大机件需款较多时，须事先通知本处转请总经理及经理核准后，办理之。

（J144-1-6-4）

124.仁立公司工务处设计委员会组织规程草案

民国二十六年（1937年）

第一条　本公司为讨论制品，适合市场需要推广销路起见，承总经理之命，组织委员会。

第二条　本会定名为仁立公司工务处设计委员会。

第三条　本会会址设于本厂工务处内。

第四条　本会以讨论本厂制品为宗旨。

第五条　本会承总经理之命，指定经理、总工程师、副理（营业）、襄理、各部工程师为委员会，并指定总工程师为主任委员。

第六条　本会设文书1人，助理主任委员办理一切事宜。

第七条　本会每月举行常会2次，每月第一周礼拜三及第三周礼拜三举行各举行1次，时间临时规定之。

第八条　本会委员3人以上提议举行临时会议，得由主任委员召集之。

第九条　本会开会出席委员不足半数，流会。

第十条　本会委员因事不能出席时，不得派代表列席会议。

第十一条　本会议决案交工务处设计室照办之。

第十二条　本会之议决案为设计之最高命令，任何人不得擅改或变通。

第十三条　本会主任委员因事缺席时，得由襄理工程师代理之。

第十四条　本会委员提案务以书面于开会前1日提交本会。

(J144-1-6-5)

125.仁立公司工务处组织规程草案

民国二十六年（1937年）

第一条　本公司为增进工厂各部分工合作效率，计设工务处，综司各部日常工作及改进事宜。

第二条　工务处（以下简称本处）设主任1人，由总工程师任之，承总经理之命处理本处日常事宜。

第三条　本处主任以下设人事室、设计室及纺毛、精纺、南织、北织、洗染、整理、修配、锅炉等部，各设主任工程师1人，分担各该室、部日常工作及事务。

第四条　本处设职员3至4人（其数目视事务之繁简核定之），承主任之指导，处理处内日常事务。

第五条　本处各室、部之工作及事务由各该主任自行分配，并指定专人负责处理之。

第六条　本处设计室主任由总工程师兼任之，人事室主任由襄理工程师兼任之。

第七条　本处承总经理之命，组织设计委员会，由经理、总工程师、副理（营业处）、襄理及各部主任工程师为委员，并指定总工程师为主任委员，研讨工厂制品方针。设计室依照委员会之议决案定为制品设计基本方案。

第八条　本处人事室掌本处工人录用、登记、考绩等事项。

第九条　本处职员之升迁调补由各该主管人员拟具意见，以书面由本处转请总经理及经理核定之。

第十条　本处各部工程及职务分配，由各该部主任工程师处理之。

第十一条　本规程自总经理核准公布之日施行之。

(J144-1-6-6)

126.仁立公司织呢部规则

民国二十六年（1937年）

总　则

一、本部上班振铃，下班振铃。

二、振上班铃后，各人应即就位工作，闻下班铃后，方得离位停工。

三、工头及各值班对于下列工作应随时注意，并指导工人执行之。

(一)全机各处螺丝钉楔是应紧固。

(二)全机各处油眼十分通畅，是否充足。

(三)全机大小零件有无损坏。

四、修理值班于下班后，应检察织机两架并修理矫正之(修理时间按加点给资，检察织机之次序另表规定之)。

五、织机工人对于机器各部不准私自改动，发见障碍或退纱及卷纱运动不良时，应即报告主管人员令值班修理之。

六、织工所织之呢毯如有边缘不良时，应即予以改正或报告管理人设法修改之。

七、本部工人不得将废纱抛弃满地，应置入贮纱袋内(棉毛及各种色线，均应分置一处)，并每交库房登记。

八、准备股所摇之经纬纱应由送纱工人向库房凭牌领取，打轴打纬工人不得私自直接取用。摇好后，仍交由送纱工人送付库房，以备登记。

九、准备股制成之经纬纱须规则整齐，不得敷衍了事。

十、准备股凡遇断线，应依法接好后，方得继续工作(留尾不得过长)。

十一、织呢股所用之纬纱须由送纱工人分送各机，使用织工不得私自领取。

十二、整理股工人对于整理机器各部在施工前后，必须清洁1次，且应随时保守清洁。

赏　则

一、织哔呢每日(10小时)能织过其等级标准数量者，每多织1码，赏洋3分。

二、织毯每日(10小时)能织过其等级标准个数者，每多织1个，赏洋1角。

三、织花呢每日(10小时)能织过其标准码数者，每多1码红牌、蓝牌花呢，赏洋3分；白牌、黑牌赏洋2.5分。

四、织呢工人月终成绩之结算，其每日平均码数或个数能超过某级之标准数者，得自下一月起支给某级工资。

五、打轴打纬工人之行赏办法，系以1月中每日平均数量按表内规定之赏法行赏之。

	打轴					打纬					
	标准磅数	多打结1磅赏洋	多打结2磅赏洋	多打结3磅赏洋	多打结4磅赏洋	标准磅数	多打结1磅赏洋	多打结2磅赏洋	多打结3磅赏洋	多打结4磅赏洋	多打结5磅赏洋
12sho	50	0.01	0.01	0.01	0.01	26	0.015	0.017	0.021	0.025	0.025
16sho	16	0.018	0.021	0.025	0.025	18	0.017	0.021	0.025	0.025	0.025
6sho	80	0.005	0.005	0.005	0.005	36	0.008	0.011	0.015	0.02	0.02
2/20s	20	0.015	0.018	0.021	0.025						
2/16sho						26	0.012	0.014	0.017	0.021	0.025

六、整经股全月中不发生错线、漏线、卷轴不良，以及穿错线扣等弊，得赏洋××，按股均分。

七、整理股整理呢毯全月中无损坏、污秽等弊，得赏洋××，按规分别行赏。

罚　则

一、织呢工人所织毯呢有错纹、漏纬、断经，以及密度不匀等弊，即依下列规定处罚之：

(一)错纹、顺经线方向过3英寸者，每英寸罚洋2厘；断经不接者，同上。

(二)错纹、顺纬线方向者，每错1根，罚洋3分；在1码内多过3处者，每根加倍(半根者，罚半数)。

(三)密度不匀(即每英寸纬数多少不等者),依照情形,酌量处罚。

二、打轴、打纬工人每日工作之产量不能到标准产量者,每少线1磅,罚洋1分,如确系线不好打,应即报告管理人员,经工程师核准后,方得免罚。

三、整理毯呢发生损坏、贴秽等情,如系各人者,扣罚各人赏金1次;全股者,扣全股赏金1次,1月中罚满3次者,罚洋××,各人全股同上。

四、整经股全月中,如发生错线、漏线、卷轴不良,以及穿错线扣等弊,即扣罚其应得之赏金;重大者,依照情形酌量处罚。

(J144–1–6–7)

127.仁立公司织工工价等级表

民国二十六年(1937年)

等级	应织码数	每月工资($)	逾量每码赏金($)
5	12ydo	10	0.03
4	14ydo	12	0.03
3	16ydo	14	0.03
2	18ydo	16	0.03
1	20ydo	18	0.03

等级	应织个数	每月工资($)	逾量每个赏金($)
5	$4\frac{1}{2}$	10	0.1
4	5	12	0.1
3	$5\frac{1}{2}$	14	0.1
2	6	16	0.1
1	7	18	0.1

等级	红牌花呢应织码数(ydo)	蓝牌花呢应织码数(ydo)	白牌花呢应织码数(ydo)	黑牌花呢应织码数(ydo)	月工资($)
5	9	11	15	13	10
4	17	13	17.5	15	12
3	13	15	20	17	14
2	15	17	23	19	16
1	17	19	26	21	18
	每多织1码赏洋$0.03		每多织1码赏洋$0.025		

以上各类花呢应织之码数仅适用于综篇8个者,多过9篇综者,应按下列折合法计算之:

10综至13综按8个综打九折

14综至17综按8个综打八折

18综至20综按8个综打七折

21综至24综按8个综打六折

(J144–1–6–8)

128.仁立公司第一百八十三次董事会记录

民国二十七年一月十七日(1938年1月17日)

民国二十七年一月十七日下午五时，仁立公司在北平骑河楼清华同学会开第一百八十三次董事会，到会者有孙锡三、袁涤庵、顾佐忱、夏定轩、金叔初（孙锡三代）、费云皋（顾佐忱代）、姚泽生（孙锡三代）、顾佑忱及朱、凌两经理。孙董事长主席，夏定轩为记录员。

一、朱总经理刻下地毯定货极少，上月只接收3000余方尺，至称津公司亏累9000余元者，乃由上海北京各工厂摊派之数也。

二、凌经理报告十二月份北京地毯定货共1770余方尺，售出者共价30170余元，美术品定货共6520余元，运出者共价15440余元。

三、凌经理称刻下公司所接定货颇少，男工厂尚有活可做，女工厂则工作无多。为减短工作时间计，拟于旧历新年展长假期，至元宵节再行开工。现以北宁路缺少车皮，输运困难，各处将酿成煤荒之象。本公司所存烟煤无多，此最可虑。迩来市面上到有羊毛若干，本公司不敢多购，仅购2000斤之数，毛线市价较前减落一成左右。

四、朱总经理称现公司以工作少而工人多，不欲将工人遽行裁去。特将工人分为两部，一部每日到厂，一部隔日到厂。前每晨七点开工，现改迟一点至八点开工。前每两星期休息一日，现改为每星期休息一日。今届旧历新年，尚拟多方几天。

公司所定精纺机器，礼和允于十二月十八日起运，不久到津。彼时天气尚寒，须迟至四月始行装置。

五、朱总经理称公司建筑一节，锅炉房可延至七八月起建，至建筑未完制公事房，俟春暖开冻时，再看。

议至六时散会。

(J144-1-23-46)

129.仁立公司第一百八十四次董事会记录

民国二十七年二月十四日（1938年2月14日）

民国二十七年二月十四日下午五时，仁立公司在北平骑河楼清华同学会开第一百八十四次董事会，到会者有孙锡三、袁涤庵（孙锡三代）、顾佐忱、费云皋（顾佐忱代）、金叔初（孙锡三代）、林斐成（凌其峻代）、顾佑忱及朱、凌两经理。孙董事长主席，顾佑忱为记录员。

一、记录员宣读第一百八十三次董事会记录，当付表决通过。

二、凌经理报告本年一月份北京地毯销售情形，计定货共2190余方尺，运出者共价17000余元，美术品定货共13500余元，运出者共价10900余元。

三、依照本公司定章，每年于三月间召集股东会一次，经董事长提议于本年三月二十日举行，众无异议。遂付表决通过。

四、朱总经理称本年一月份因生意萧条，以致亏损累数千元之多。

由礼和洋行定购之机器，行将到达。此种机器是否即刻安装抑或暂视情形容及再行计议，议决进行安装，无须缓办。

五、凌经理称在一个月后，美国关税即可确定，届时我工厂所出挑线地毯或可大批运销美国。

议至六时十分散会。

(J144-1-23-47)

130.仁立公司第一百八十五次董事会记录

民国二十七年三月二十日(1938年3月20日)

民国二十七年三月二十日上午十一时,在骑河楼清华同学会开第一百八十五次董事会,到会者有孙锡三、袁涤庵、金仲廉、周华康、朱继圣、凌其俊、顾佐忱、潘禹言、姚泽生、顾佑忱等。孙锡三为临时主席,顾佑忱为记录员。

一、推举本年职员,议决孙锡三为董事长,夏廷献为书记。所有常务董事由孙董事长及朱总经理兼任。

二、记录员宣读第(一百)八十四次董事会记录,当付表决通过。

三、凌董事报告本年二月份北京地毯销售情形,计定货共1500余方尺,运出者共价18000余元。美术品定货23800余元,运出者12000余元。

朱董事报告月内天津地毯销售情形,计定货17000余方尺,运出者20000余元。

四、朱董事报告天津厂方所购精纺机已陆续到齐,约于三个内此项工程即可告竣。

刻下锅炉房尚不敷应用,似有建筑之必要。此项建筑费约须10000余元,议决照办。

本工厂前由英国厂家定购洗毛机,因时局关系,拟向交涉取消合同,一俟国内经济情形改善,再行购买。议决如能退货尤妙,否则听其运来。

四、孙董事长报告此次运来机器,其先令汇价业经筹妥可无顾虑。

五、孙董事长称其它公司时有在红利项下提出若干作为创办人之报酬,而本公司向无此项规定,查周先生为本公司创办人,当日创办伊始,煞费苦心,不遗余力。今有如此成绩,不能不饮水思源。可否提款若干作周先生之酬劳费,又提议提出洋5000元为此项酬劳费,当付表决通过。

六、凌董事谓本公司资产日渐增多,似有作资产总目录一册之必要,议决通过照办。

七、议至十一时四十分散会。

(J144-1-23-49)

131.仁立实业股份有限公司股东会决议录

民国二十七年三月二十日(1938年3月20日)

开会日期:民国二十七年三月二十日

开会地址:本公司

到会股东:户数103户,权数6115权

主　　席:孙晋方

一、主席报告今日大会股东共103户,计6115权,均足法定人数,应即开会。

二、朱继圣君报告上年度营业情形及账略。无异议通过。

三、主席报告上届股东会议决之增加股本100万元,已于上年招收足额,应请监察人依法调查报告。

四、主席提议股本既经增加为国币150万元,应即将章程修正。全体赞成。

五、主席宣读章程,经众股东逐条讨论修正。通过。

六、主席报告现任董事金叔初、林变成两君因已离津他就提出辞职书,又杨仲达因病出缺,应否补选,希公决。议决应即补选,但以原有任期为限。

七、主席提议补选董事及依照新章程改选监察人3人，一同散票选举。开票结果如下：

补选董事3人：金仲康君（得票5931权）、包培之君（得票5692权）、凌其峻君（得票5556权）

当选监察人3人：顾忠弼君（得票6118权）、姚泽生君（得票6052权）潘禹言君（得票5789权）

八、监察人顾忠弼君等依照公司法第一九四条之规定，提出调查报告书。无异议通过。

议毕，主席宣告散会。

主席　孙晋方

（J144-1-1-1）

132.仁立实业股份有限公司监察人调查报告书

民国二十七年三月二十日（1938年3月20日）

兹遵照公司法第一九四条规定，依据账略对于股份财产详细调查。其结果如下：

一、新招股本1万号已如数招足。

二、各股东当缴之股银，已按股缴足。

三、各股东并无以银钱以外之财产抵充股银者。

以上各款查核均属确实并无冒滥，特此报告如上。此致股东会。

监察人　姚泽生　顾忠弼　潘禹言

会计师　杨曾询

（J144-1-1-1）

133.仁立公司第一百八十六次董事会记录

民国二十七年四月七日（1938年4月7日）

民国二十七年四月七日下午五时半，在骑河楼清华同学会开第一百八十六次董事会，到会者有孙锡三、金仲廉、周华康、顾佐忱、夏定轩、顾佑忱、潘禹言、凌其俊诸君。孙锡三主席，夏定轩为记录员。

一、凌董事报告天津织呢厂一二月份亏累12000余元，三月份已有赢余，以三个月统共结算计亏累约8000元之谱。

北平三月份地毯定货，计有23800余方尺，以挑线地毯居多数计运出者30000余方尺，刻值毯业萧条。其它公司有不能维持至于歇业者，本公司相形之余，尚占优胜地位。三月份美术品定货40000余元，运出者16000余元。

美国商人以挑线地毯进口税率太轻，叠经呈请美政府加征，以期限制。该政府最后之判决，本定三月底宣布，但迄今尚未发表。如美政府能判决此项关税仍照旧章，无有增加，则去年本公司制售挑线毯10万余尺，今年至少可赠一倍之数。

本公司如欲扩充挑线地毯出品，应先增建女工宿舍，此项建筑费约需2000余元。孙董事长谓此事可即进行。

二、凌董事报告近有人以经营印刷出版事业为名，有意购置本公司王府井房屋。该人曾来询商数次，并索阅房屋地图，未识诸位董事于意云何。经在座各董事详细磋商，仑以为本公司营业本注重在批发与出口，无设立商店与事务所于繁盛区域之必要。刻值金融紧缩之际，如能以善价脱售。即以此款作为扩充本公司营业或添织各种材料之用，未始不可。爰议决原则上可将本公司王府井大街房屋让售，价目以13万元为度。即委凌董事审慎妥办。凌董事谓其峻一人恐难胜此重任,应请董事会添派二员,俾可随时就商。经孙董事长推举,顾佑忱、潘禹言二君协同办理,众无异议。

议至六时半散会。

(J144-1-23-50)

134.仁立实业股份有限公司合法之董事监察人名单

民国二十七年四月二十三日(1938年4月23日)

姓 名	职 别	住 址
孙晋方	董事	北平东城演乐胡同48号
袁涤庵	同上	北平西四丰盛胡同2号
朱继圣	同上	天津第十区成都道永定里2号
夏廷献	同上	北平和外南横街嘉兴馆
金仲廉	同上	北平东城遂安伯胡同30号
顾佐忱	同上	北平东四南西石槽31号
凌其峻	同上	北平王府井大街97号仁立公司
周华康	同上	北平西城中央医院转
包培之	同上	天津第十区汉口路永德里1号
顾忠弼	监察人	北平内务部街27号
潘禹言	同上	北平西斜街62号

(J144-1-3-2)

135.仁立公司第一百八十七次董事会记录

民国二十七年五月十六日(1938年5月16日)

民国二十七年五月十六日下午五时半,在北平中孚银行开第一百八十七次董事会,到会者有孙锡三、袁涤庵、金仲廉、顾佐忱、包培之、夏定轩、朱继圣、凌其峻、姚泽生、顾佑忱、潘禹言诸君。孙锡三主席,夏定轩为记录员。

一、凌董事报告北京四月份地毯定货,计有10787方尺,售出及运出者,计共20707.4元。美术品定货,计7967元,运出者22025元。

二、各董事分阅资产负债总表,内有不甚明了之处,经凌董事指阅分表,并详为解说。

三、朱董事报告四月份天津纺织厂营业与三月份相同,计盈余4000元之谱。上海分销处则有特殊情形,现以银行汇兑不便,日货进口无多。只有仁立货常常可以运到,故公司营业尚属不恶,沪地需用床毯甚多,黄色花呢及法兰绒销场亦佳,又以本公司所有出品纯粹国货,不以伪乱真,故沪商对于仁立货极表欢迎。如公司能保存生产力,该分销处当可维持不敝矣。

本公司今春售出法兰绒8000元,现有某商前来定货8000码,至秋间交货者,惟恐日后关税或有增加,故公司虽经接受,未与议立合同,亦未订定价目。又有川商定购直贡呢甚多,交存公司保证金10000元,并托随时运寄重庆等处。

前向礼和洋行所定精纺机器2000锭,业已到津。其四架并已装就,约在七八月间,市上可见仁立之新出品矣。

至建筑工程近况，办公大楼两月内可以告竣。计至本年七月底止，除锅炉房为克告成外，余屋均可完工。

四、朱董事提议天津海大道本公司经营之东方地毯工厂，以房东已将该屋转租他商，本公司不得不图迁地为良之策。现商议卫华公司在本公司新购地基内建筑一屋，估价约12000元，较之去年所需，竟增至十分之三，未识各董事意见云何？包董事谓按照今日市价，此数可称极广。遂决议将此项工程迅速进行。

议至六时三刻散会。

(J144-1-23-51)

136.仁立公司第一百八十八次董事会记录

民国二十七年六月十三日(1938年6月13日)

民国二十七年六月十三日下午五时半，在西交民巷北平中孚银行开第一百八十八次董事会。到会者有孙锡三、袁涤庵、金仲廉、顾佐忱、周华康、夏定轩、朱继圣、凌其峻、潘禹言、顾佑忱诸君。孙锡三主席，夏定轩为记录员。

一、凌董事报告北京五月份地毯定货计有38840余方尺(内大部分由美国地毯进口部经理在京时所定)，售出及运出者24870余元(内有经沪分销处售出3000余元)，北京门市零售5000余元，门市售价所得，其净利较批发为两倍有余。美术品定货计28550元，运出者27616元。

刻下挑线地毯颇有求过于供之势，甚至有某商人拟将北京全市所产之挑线货归其包销，以图专利。

本公司新工厂寄宿舍，业已工竣。此后可添招女工五六十人，即产量可因而增加。惟近来添购之羊毛，以无空屋可储，即暂堆置空地，周围盖以芦席。该席费曾支200元之谱。又购进之羊毛尚需剖别精粗，分类存积，即应有相当之地点，以施此工作。故现又设计添建一屋，初估价4000余元，嗣减至3000余元。约两个月可完工。

二、朱董事报告上月有美商定毯8000尺，内有公司老顾主华尔特君定6000尺，并定挑线地毯80000尺，又有斐利滨军人机关定毯3000尺，其大批定货以美金涨落无常，恐至交货时出入太巨，故价目未经订定。俟彼时按照工料及汇兑行市，由我方酌定，以期两不吃亏。

本公司所存羊毛材料足敷用至本年年底，上月售出呢绒15000码，约可获毛利18000余元，又售出床毯500余条，可获毛利2000余元，地毯线14000余磅，可获毛利4000余元。至精纺机业已装配齐全，约五星期后可以试车出货。

天津地毯工厂房屋之图说经英租界工部局之检查，认屋内所用木柱为不结实，特嘱改用铁筋洋灰质，共需费11000余元。办公大楼七月底可完工。汽炉房建筑费约需10000余元。盖仅烟囱一项，已需4000元之谱也。

三、孙董事问如他日汽炉房建筑完成是否此后无需添建他屋？朱董事答称公司定购之洗毛机计美金950镑，当时本不为贵，但现以金价猛涨，此数竟合国币30000余元之多。观于时局之沉闷，现拟设法退货，商请停运。议或前途不允，必欲如约运来，则公司尚须筹建20000元之新屋，俾可装置此机也。

四、孙董事提议天津新屋约九月内可全部告竣，彼时可在津行举行董事会一次，藉便同人往厂察勘一切。

五、凌董事称近接上海分销处函称有某商藏有碧玉插屏一对，售价50000元。有美商欲运美一看愿出美金500元，作为旅费，抵美售脱后，由公司照例扣用。此项交易，如无意外，公司可获10000余元之利，惟美商方面，似应先付定金若干，始可代办，未识各董事意见云何？经议决应请美商除旅费外，现付定金若干，以免意外之损失云。

议至六时三刻散会。

(J144-1-23-52)

137.仁立公司为暂订面粉津贴办法事通告

民国二十七年七月七日(1938年7月7日)

通　告　第十四号

现在食粮昂贵，本厂工友生活难免感受不安。兹为补助起见，特自七月份起，暂定"面粉津贴"办法，以资调剂。该项办法说明如下：

一、凡本厂工友，无论长工、短工、听差，每人每半月由厂发给补助购买一袋面粉之津贴一次。

二、兹规定上海"绿兵船"牌为标准面粉。

三、标准面粉之固定价，每袋规定为4元。

四、每次发给津贴，按照行市扣减固定价4元所得之指数，作为应给津贴之钱数。

上半月以该月十五日之行市为根据，下半月以月底日之行市为根据。兹设譬喻如下：

假如七月十五日，"绿兵船"面每袋行市为5元2角，由此数中扣减固定价4元，实余1元2角，便是七月上半月每人得津贴1元2角。又假如七月三十一日的行市是4元5角3分，扣减固定件4元，实余5角3分，便是七月下半月每人得津贴5角3分。

五、以上办法乃是暂订试办性质，嗣后如有不宜之处，本厂得随时通知变更或停止之。

一九三八年七月七日

(J144-1-8-18)

138.仁立公司第一百八十九次董事会记录

民国二十七年七月十一日(1938年7月11日)

民国二十七年七月十一日下午五时，在西交民巷中孚银行开第一百八十九次董事会。到会者有孙锡三、袁涤庵、金仲廉、顾佐忱、夏定轩、朱继圣、凌其峻、潘禹言、顾佑忱诸君。孙董事长主席，夏定轩为记录员。

一、凌董事报告北京六月份地毯定货，计美术毯4800余尺，挑线毯11740余尺，共16560余尺，各毯批发及门市售出，连同交出之定货，共计30780余元。美术品定货计3220余元，运出者13360余元。

二、凌董事称本公司新工厂添招女工50名，现每日产量渐有增加，约二月后可以觇其成绩。

三、朱董事报告天津上月地毯定货，计共3000余尺，至工厂房屋及办公大楼，约八月底均可完工。锅炉房按照建筑师设计，约需10000元。新到之织机14架，均已装就，现正由德机师在督同纺织中。第一日开始纺织时，其纺出之"处女线"特为保存，以作纪念。同时并饮啤酒相贺，此盖德国工业家习尚如是。闻该机师将于下星期六日以全部机件移交本公司自行管理，有一事公司应与彼方妥为交涉者，即该机件之电开关，少一调整之机件是也。查合同载明机件装就后，由德机师训练织工，以二月为期，不取薪资，如于二月后仍需该机师继续训练二月，应送薪英金84镑。

刻下米面价格飞涨，殊令公司领薪最低之工友，深感困难，而他厂对于劳动之粗工，月酬较丰，故公司中有力之粗工，迩来去此就彼者颇多。如公司酬加工资，以示体恤，又恐日后食粮价落，未使将工资核减，现经厂中各部主任会议，按每人月用面粉二袋计算，将今昔价格差别之数(昔日价格以每袋四元为标准)由公司暂予津贴。如是公司每月仅多费4、5百元，日后不致援为成例，众无异议。

四、各董事问北京工厂中对于食粮有无问题，凌董事答以男工厂工人本由公司供给饭食，女工厂则由公司备饭，每月每名于工资中扣去饭兹3.6元，故京厂对此尚无问题。惟低级职员向不由公司管饭者不无困难，公司应予注意。嗣由各董事议决，凡职员领月薪30元以下者，由公司暂行酌予补助费若干。凌董事谓公司用人渐多，最妙日后由公司办一消费合作社，给予同人以相当之便利。各董事均以为然。

五、朱董事谓天津工厂所招女工均系招考录取，有社高小毕业者，工作极为敏捷。又有管理女工之职员一名，亦系考取，月给薪资20元。

六、朱董事谓本公司与章华公司联合推销军呢一节，去年七月间续订之合同，现又届期满，刻下章华暂行停工，不出新货，联合营业事务所仍月领开支150元。前经结算，章华存货25000余码，我方则尚存80000码，已由公司函商修改合同，不照原议六三与三七之比例，而以双方存货之多寡为比例。现尚无满意之答复。已派职员刘缉堂赴沪亲与交涉，如无相当结果，则该合同拟不再展订，由双方各卖各货。

议至六时三刻散会。

(J144-1-23-53)

139.仁立公司为补充面粉津贴办法事通告

民国二十七年七月十五日(1938年7月15日)

查本厂对于工友面粉津贴办法，前经七月七日以十四号通告通知在案。兹加补充办法，如左：

一、工友每半月旷工请假之时日，按比例扣减津贴。

例如某上半月份津贴为1元2角，则每小时应合国币8厘，设某工友半月为旷工或请假20小时，则应扣减1角6分，实得面贴1元零4分。

二、婚假、丧假、伤假三种免予扣减。

三、到工未及半月者，按到工时日之比例数给予面贴。

通告第十五号

(J144-1-8-19)

140.仁立公司第一百九十次董事会记录

民国二十七年八月八日(1938年8月8日)

民国二十七年八月八日下午五时，在西交民巷中孚银行开第一百九十次董事会。到会者有孙锡三、袁涤庵、金仲廉、顾佐忱、周华康、夏定轩、朱继圣、凌其峻、顾佑忱、姚泽生诸君。董事长主席，夏定轩为记录员。

一、凌董事报告七月份地毯定货计共23425方尺，批发及门市售出连交出以前定货共洋28050余元(内有驻沪分销处经售6000余元)，美术品定货计19220余元，运出者为23250余元。

二、凌董事报告近值大雨,女工厂屋因地基下沉,墙基柱脚随之陷落,欲图翻盖,需费颇居。拟先按月提出修理经费若干,俟后相几进行。

本公司英文名The Ren Li Company 与中文名义稍有出入,因此花旗银行曾来函询问,拟答以为本公司英文正式明义云。

三、朱董事报告天津建筑工程地毯厂业已完工,办公大楼尚有一个半月可竣。锅炉房业已动工,新机器一部分已于上星期向德机师签字接收。现正由本公司机师继续试用,前所云该机件之电开关,已由上海运来。惟大部分因机件太简单,尚须退回更换合适者。

厂中大小办事员工,近均由医师打防疫针,计共有300余人。

四、朱董事称公司房屋保险向以国币合算,现在金价昂贵,设或房屋由不测事,赔偿有无问题,应否预向保险公司酬增保费,或以金镑计算,惟公司房屋坚固,当不致发生意外耳。众意俟各项房屋完全落成后,再行通盘筹划。

五、朱董事称公司前向礼和洋行订购机器时,本已拨有一款,计英金2800镑,预存银行,不取利息,定本年十二月交款,现该洋行来函,略称机器将次交清。如贵公司能将款先行交付,故处当任选利息若干云云。未识在座诸君于意云何。袁董事谓此款迟早必付,似无多大问题。如经理以为该洋行所装机器,尚无不妥,即循彼方之请,现交2000镑,当无不可。众无异议。

六、董事长称本年以公司进行建筑工程曾将二十六分股息于四月一日先按四厘发给,其余六厘,俟后陆续补发。现拟于十月一日第二期再发三厘。

议至六时一刻散会。

(J144-1-23-54)

141.仁立公司第一百九十一次董事会记录

民国二十七年十月十一日(1938年10月11日)

民国二十七年十月十一日下午五时,在西交民巷中孚银行开第一百九十一次董事会。到会者有孙锡三、袁涤庵、金仲廉、顾佐忱、夏定轩、朱继圣、凌其峻、潘禹言、顾佑忱诸君。孙董事长主席,夏定轩为记录员。

一、董事长报告九月份因故未能及时开会,本日之会系九十两月合并举行。

二、凌董事报告八月份地毯定货计4213方尺,九月份地毯定货计4073方尺,批发及门市售出连交出以前定货,八月份为38128元,九月份为33832元,美术品定货八月份10701元,九月份19837元,运出者八月份21265元、九月份17015元。

三、凌董事报告近以外汇贴水甚高,舶来货日渐昂贵,故本公司于九月间曾万之购颜料多箱,约足敷半年之用。

四、朱董事报告八九两月天津地毯定货共计7万方尺,内挑线地毯计有5万方尺,法兰绒定有1万码。明春交货,因时期太远,价值恐有变更,故未与订立定单。前有友人吴君赴香港之便,托其探查彼地对于呢绒行销情形。据来函称,现有商人拟组一公司,经营呢绒业,计每年约可销30万元之货矣。

工程方面,办公大楼本月可竣。锅炉房正在工作,德机师业已离去本公司。

冬令日短夜长,天明晚二天黑造,女工朔出暮归,颇多不便。故女工宿舍之建设,不容稍缓,惟近以砖、木、石灰等料,价值较昔加倍,约需建筑费1万元。现已绘就一图,惟略描,大尚以改小为宜。

法租界中街办公处拟即取消，惟该屋一小部分仍由公司月费10元承租，以备堆积运输等之用。十月底可迁往新屋，现织机已开10部。

议至六时一刻散会。

(J144-1-23-55)

142.仁立公司第一百九十二次董事会记录

民国二十七年十一月十四日(1938年11月14日)

民国二十七年十一月十四日下午五时，在西交民巷中孚银行开第一百九十二次董事会。到会者有孙锡三、袁涤庵、金仲廉、顾佐忱、夏定轩、朱继圣、凌其峻、潘禹言诸君。孙董事长主席，夏定轩为记录员。

一、凌董事报告十月份地毯定货2320余方尺，批发及门市售出51550余元，美术定货13460余元，运出者22670余元。

二、朱董事报告天津地毯定货十月份计57000方尺。工程方面，大部分可称完工。办公楼业已迁入应用，惟各部分初次搬移，新汽炉尚未装妥，故热度有不甚适合处，约半月后可调整完善。女工宿舍已将前所绘之图改小，约需建筑费7000元。连卫生设备，约共需一万元之谱。

三、朱董事提议本公司前向国民政府实业部呈请提倡国货免税一节。明年一月底即行期满，届时如依照现政府所定出口税关，则影响本公司营业甚大。应如何设法维持原案。请各董事讨论。孙董事长谓此事关系重大。应请总经理往上海、香港等处一行，先向税务署调查接洽，并在香港考察该地能够于本公司营业谋所发展。朱总经理谓如果赴港，似可乘便往斐利滨一行，藉以考察呢绒推销情形。众皆赞成。

四、凌董事报告近有日商华北汽车公司在齐化门本公司工厂之西购置极大地亩，以备设立车库及汽车学校等等。惟以尚在建设时期，未得练习驶车之地。由其主管人前来公司商议，欲将本工程之室地一块暂行租用，以四个月为期，愿出租金百元。本公司未便推却，已商得董事长同意，惟所订草合同。本定明日(十五日)正式成立。至今尚未由彼方通知，应否向彼方催办，众议不妨电询该合同何日签字实行。

五、董事长称本公司二十六年份股息一分已于四月、十月先后发过两次，计共七厘。现拟于十二月二十日续发三厘完案。

议至六时一刻散会。

(J144-1-23-56)

143.仁立公司第一百九十三次董事会记录

民国二十七年十二月十二日(1938年12月12日)

民国二十七年十二月十二日下午四时，在西交民巷中孚银行开第一百九十三次董事会。到会者有孙锡三、金仲廉、顾佐忱、夏定轩、凌其峻、潘禹言、顾佐忱诸君。孙董事长主席，夏定轩为记录员。

一、凌董事报告依照上届董事会议决，朱总经理已于上月三十日由津起程赴沪，临行时曾致函津海关税务司，告以本公司出口免税事应至明年一月期满，可否请设法维持等语。承税务司面允转呈总税务司审核决定云云。

二、凌董事称迩来本员已两次赴津视察总公司一切事务，见大小顾主所定呢绒极为踊跃，新屋业已落成，各部均已迁入，三四两楼为职员宿舍，锅炉房亦已完工，女宿舍将次完工，约半月后可以迁入。推销方面，美术毯与钩线毯二种每月约可销3、4万方尺，花呢床毯销路亦佳，每有求过于供之势。公司现在积极筹备开设晚班,以期增加产额,其纺毛织呢两部,现正在招收工徒中。

津地各纺毛厂所收定货之多,其交货期延至明年四月止,用地毯线者均盼本公司工作之余,可为代纺,故总公司夜班之设,实不容缓。

近接朱总经理电称在沪已接受呢绒定货约16000码,在沪床毯销路之多,每月可自1000至2000余,但公司所可供给者,只有现货数百条而已。

本京十一月份地毯定货13400余方尺,批发及门市售出40200余元,美术定货19200余元,运出者15900余元。

三、监察人潘禹言君提议资产负债表内列"董事及总管理出备用金"一项,似应改称"董事会备用金",众皆赞成。

四、孙董事长提议本届公司第十八年度年终之期,关于查货事宜,津方应请顾佑忱、包培之二君担任,京方应请顾佐忱、夏定轩二君担任,沪方应请孙仲立均担任。关于查账事宜,津方应请孙锡三、顾佑忱二君担任,京方应请金仲廉、潘禹言二君担任,沪方并请孙仲立君担任。众皆赞成。

议至五时散会。

(J144-1-23-57)

144.仁立公司第一百九十四次董事会记录

民国二十八年一月十六日(1939年1月16日)

民国二十八年一月十六日下午四时,在西交民巷中孚银行开第一百九十四次董事会。到会者有孙锡三、袁涤庵、金仲廉、顾佐忱、夏定轩、凌其峻、潘禹言诸君。孙董事长主席,夏定轩为记录员。

一、凌董事称朱总经理家有病人,不克离津,故今日未到,此次朱总经理赴沪办理继续免税事,由孙仲立君之介绍,谒见江海关总税务司,详为陈说,故前由天津税务司转请免税展期之呈文,得承批准,并不定期限,殊堪庆幸。驻沪办事处前有未经解决之呢绒定货数笔,自朱总经理到沪后,均与次第订立合同,计呢绒2万余码,约共值10余万元。

二、凌董事报告本京十二月份地毯定货,计31800余方尺,批发及门市售出计33900余元,美术定货计20790余元,运出者计18500余元。

刻下挑线地毯在美国销行甚广,某商人来函谓设本公司如能增加产额5000方尺,彼亦可立即寄来定货单自3万至5万方尺,惟本员鉴于日后局面,恐有汇兑与出口货等之"统制"尚未敢放手做去,未识诸君于意云何。孙董事长谓既如此,求过于供,应即设法扩充,众无异议。

南兵马司女工厂房屋,刻下房主有意出售,需价45000元,本公司仅出月租60元,无论如何公司自不愿收买,将来想须在齐化门本公司空地内,建筑厂屋,俾各工厂汇集一处也。

三、凌董事提议今日尚有二问题,应请诸君讨论。一为公司二十七年份营业盈亏,结账分利事;二为公司职员请予加薪事,经略予讨论后,议决此均关于本公司整个对内之事。应请凌经理与朱总经理先行妥商,再交董事会决议办理。

四、孙董事长提议本年股东会定三月五日假中孚银行举行,众无异议。

议至五时三刻散会。

(J144-1-23-58)

145.仁立公司第一百九十五次董事会记录

民国二十八年三月五日(1939年3月5日)

民国二十八年三月五日上午九时,在西交民巷中孚银行开第一百九十五次董事会。计出席者有孙锡三、袁涤庵、金仲廉、顾佐忱、周华康、夏定轩、朱继圣、凌其峻、潘禹言、顾佑忱诸君。孙董事长主席,夏定轩为记录员。

一、凌董事以二十七年度结算报告分布到会诸君览阅。

二、董事长报告二十七年度营业纯利为172432.63元,所有利益之分配如首提十分之一为公积金等,均照公司定单计算,至股东之利息,除股息六厘,拟于五月一日发给外,其经利四厘,俟下半年之定期再发,未识在座诸君于意云何?众无异议。

三、凌董事提议本公司董事任期三年,本年各董事尚未届满,本席拟仍举孙董事为董事长,并兼常务董事,朱董事亦连任常务董事,诸君以为何如?顾佐忱、夏定轩诸君附议,一致通过。

议至十时散会。

(J144-1-23-59)

146.仁立实业股份有限公司股东会决议录

民国二十八年三月五日(1939年3月5日)

开会日期:民国二十八年三月五日

开会地址:本公司

大会股东:户数105户,权数6130权

主　　席:孙晋方

一、报告事项

(一)主席报告今日到会股东共105户,计6130权,均足法定数目,应即开会。

(二)朱继圣君报告上年度营业情形及账略。无异议通过。

二、讨论事项(从略)

三、选举事项

改选监察人:顾忠弼君(得票5256权)、姚泽生君(得票5256权)、潘禹言君(得票3929权)

议毕,散会。

主席　孙晋方

(J144-1-1-1)

147.仁立公司第一百九十六次董事会记录

民国二十八年五月一日(1939年5月1日)

民国二十八年五月一日下午四时,在西交民巷中孚银行开第一百九十六次董事会。计出席者有孙锡三、袁涤庵、金仲廉、顾佐忱、夏定轩、朱继圣、凌其峻、潘禹言、姚泽生、顾佑忱诸君。孙董事长主席,夏定轩为记录员。

一、凌董事报告一月份地毯定货11530方尺,二月份地毯定货16290方尺,三月份地毯定货18310余方尺，批发及门市售出连交出以前定货，一月份计20800余元，二月份39200余元，三月份38200余元，美术品定货一月份6700余元，二月份124300余元，三月份149600余元，运出者一月份20800余元，二月份34400余元，三月份37300余元。观此迩来物价虽形昂贵，而公司营业情状则仍逐月有增无减也。

二、朱总经理报告津公司去年所接定货于本年二、三月间分批交出，现尚在赶做定货，须至七月间可完。刻下新接之定货单，交货期较长，而定洋可收至五、六成。无论批发与门市，均有供不应求之势，就营业情形论，天津自较上海为优，惟沪币与津币近竟有三与一之相差。因此公司所有货品甚愿在沪推销，而不愿在津售脱，故津公司积存货尚多。

毛织与棉织之艺术不同，现正在训练毛织厂之工人，刻下工价昂贵，工资自不能太低，而以原有旧工人之故，待遇又未便过高，现旧工人开日晚两班，新工人则仅开日班。

三、朱总经理谓津公司洗染房地位太狭，拟添建一屋备用，惟刻下砖货奇昂，竟至每万块，需洋180元，袁涤庵君谓譬之米面价昂，不能舍而不吃，洗染房如有添建之必要，则砖货之昂贵，殊可不必计及欲办则竟办矣，众无异议。

四、朱总经理提议刻下政府有统制地毯出口之令，公司为维持营业计，似可调查国中必需之舶来品数种，先行购进，以期他日与出口货相抵，庶地毯仍可畅销于国外，经在座诸君之筹商，佥以此事亟需与外商接洽筹办进口部，其数量应与出口货相抵。朱总经理谓公司旧有锅炉太小，去冬不足供整纺部之用，现拟购进新锅炉一座，需价约在英金2000镑左右。此可为毯货出口相抵之一部分，众经预购进口货之计划，势在必行，于原则上当可通过。

五、朱总经理谓刻下米面价格继长增高，事关工人生活问题，应如何设法维持，孙董事长谓此问题诚非小可，以刻下工人所得工资，几不足供一家数口之绝食。此后食粮将涨至何种程度，尚不可知似应设法津贴，当决定于原则上通过，其具体办法，则由董事长会同潘禹言、姚泽生二君，与朱、凌两经理，合租一委员会妥慎筹商，俾工人得所补照。

议至五时半散会。

(J144-1-23-60)

148.仁立公司第一百九十七次董事会记录

民国二十八年十月二日（1939年10月2日）

民国二十八年十月二日下午四时，在西交民巷中孚银行开第一百九十七次董事会。计出席者有孙锡三、袁涤庵、金仲廉、顾佐忱、凌其峻、夏定轩、潘禹言、姚泽生、顾佑忱诸君。孙董事长主席，夏定轩为记录员。

一、凌董事报告自天津租界封锁后，京津往返，颇感不便，至八月水患发生，封锁势更严密，致朱总经理久未来京，九月间本已定期开会，适本席又因病告假，故公司自五月开会后，至今日始行集会。

二、凌董事报告本年六七八三个月地毯定货，共计81240余方尺，批发及门市零售，共计113800余元，六七八三个月美术品定货共计71700余元，运出者共计156900余元。

津厂因受水灾影响，八月份损失约10000元。

三、凌董事报告此次津门水灾幸厂屋地形较高，厂外水深仅二三尺，厂内偶有流水时，即用排水机排出，故所有货品及机器等，尚未受多大影响。租界外公司办事处二处地形较低，积水较大，原有堆存之货，均由朱总经理连日雇舟次第运回二厂及他处安全地带。

惟外间为本公司制货之小工厂各有损失，多寡不等，此本公司间接所受之损失，约有6、7千元。水灾期间，厂中收容难民，连工人眷属，共有千余人，彼时厂中虽已停工，然自总经理以至各职员各工人等均分头从事于救济工作，如防水、防疫、卫生等事，无不积极努力进行。此次各职员个人各受损失多寡不等，可否请董事会授权于朱总经理援照津市大商家办法，对于受有损失各职员，予以相当之协助金。经各董事讨论后，当予以同意。又水灾期内，津厂停工一月，货运停止一个半月，水退后，即积极恢复工作。现开工已及半月。建筑方面，津厂以余胜之材料，添建职员寄宿舍及消费合作社各一所，津厂储存之毛线等原料，现尚可敷八个月之用，本京则可敷一年之用，呢绒销路甚畅，本京门市营业每月可有1万元之谱。

四、凌董事报告地毯出口统制一节，已于上届开会时报告，乃七月十日以后，本京各种货物出口，有一概予以统制之令，改本厂呢绒床毯及美术品等之输出，均受不少影响。公司本在联合准备银行登记呢绒床毯之出口，至本年年底为止，美术品等至明年三月底为止，近因欧战发生，致各货出产及运输等，均不免迟滞。故又请准备银行将以上各货出口期限，续展四个月，现美术品一项，已蒙照准展至明年七月底止。

五、孙董事长报告去年本公司股息红利曾于五月间先后六厘，其余四厘，已于十月一日续行发付，以资结束。

议至五时半散会。

(J144-1-24-1)

149.仁立公司第一百九十八次董事会记录

民国二十八年十二月十三日(1939年12月13日)

民国二十八年十二月十三日下午四时，在西交民巷中孚银行开第一百九十八次董事会。计出席者有孙锡三、金仲廉、顾佐忱、凌其峻、夏定轩、潘禹言、姚泽生、顾佑忱诸君。孙董事长主席，夏定轩为记录员。

一、凌董事报告本年九、十、十一三个月地毯定货共13500余方尺，批发及门市售出连交以前定货，共135600余元，又此三个月内，美术品定货，共45500余元，运出者共12万余元，此盖因天津水患以前尚有积存未运之货，至今水退后，悉数运出，故输出数目颇觉可观。刻下所最感困难者，自政府发出统制各货之令，与欧战发生以后，羊毛来源甚感缺乏，盖本京输入之羊毛，不仅来自张家口、察哈尔及宣化等地，平常亦有自宁夏、甘肃及康藏等处运载二来者，刻以交通隔阂，故来源稀罕，二价目腾昂，尤难言喻，且有高价而无现货者，此种毛荒景象，殊令毯业有无米难炊之虑。所幸本公司今夏由澳洲购进大量羊毛，计有50余万元之谱，在此半年以内，原料当无问题，惟以后殊不可知耳。

本公司近拟添办澳洲所产羊毛，曾发电与澳商接洽，已得复电，略称英国近亦有统制出口之令，故羊毛已难输出等语。

二、凌董事报告五爷府女工厂地基下沉，初拟重新翻造，嗣由工程师勘定，可将房屋撑起，将地基舂捣届时，此项工作大部分已告完成，并添建女工宿舍及消费合作社各一所，该合作社已有社员300余人，并集有资本1200元。

三、孙董事长提议本届公司第十九年度终结之期，关于京方查货事宜，应请顾佐忱、夏定轩二君担任，查账事宜应请金仲廉、潘禹言二君担任，关于津方查货事宜，应请顾佑忱、包培之二君担任，查账事宜应由顾佑忱及本席担任。关于沪方查货账事宜应请孙仲立君担任。众皆赞成。

四、孙董事长提议明年股东大会拟定二十九年三月第一星期日举行。众无异议。

议至五时一刻散会。

(J144-1-24-2)

150.仁立公司第一百九十九次董事会记录

民国二十九年一月二十六日(1940年1月26日)

民国二十九年一月二十六日下午四时,在西交民巷中孚银行开第一百九十九次董事会。计出席者有孙锡三、金仲廉、顾佐忱、朱继圣、凌其峻、夏定轩、潘禹言、顾佑忱诸君。孙董事长主席,夏定轩为记录员。

一、凌董事报告去年十二月地毯定货650余方尺,批发及门市售出连交以前定货,共53100余元,又美术定货8700余元,运出者为31500余元,虽年底地毯定货为数甚寡,然最近定货竟有17万元之多,虽未能完全接受,亦可见国外毯货之需要,颇为发达也。

五爷府女工厂地基下沉,虽大部分业已休整,然以彼时气候凛冽,尚未完全修理。一俟天暖,当即重行开工。此外尚须添建房屋若干间,以备设立消费合作社、理发室及女工宿舍等之用。建筑费约2万元。

本公司职员兼南兵马司堆房主任杨肇基因事辞职,现拟将该女工百余人合并在五爷府女工厂新屋内,勉力腾挪,尚足安置一切,惟两厂合并后,共有女工400余人,饭厅似形狭窄,大约尚须添建一饭厅。春间尚须添建男工宿舍一所。

二、凌董事报告近由财政局两次派员,前来公司调查营业税事,经本席将账目详为解说,向本年五六月间,将由统税公署派员调查所得税事。

三、朱董事报告本公司特一区玉盛大街房屋,前由倪克洋行租住一部分,现由公司收回自用,为租界收发毛线与地毯之办事处。

四、孙董事长提议分发同人二十八年份奖励金办法,经众通过(提案附后)。

五、孙董事长提议本公司为期金融之易于周转,不致临时拮据,并使各董事对于公司之资用,皆得明了起见,应于董事会中添设一经济委员会,除本席为当然委员外,应推朱总经理、凌经理、陈经理及包培之君等五人组织之。众皆赞成。

议至五时半散会。

二十八年份奖励金办法

本公司历年有盈余时,有奖励金之设所以为鼓励同人服务精神,兼以补助同人生活起见,法至善也。该项奖励金数目按照历年盈余多寡二分配,大致均在薪金六个月质朴,且上下一律,并无区别。为此办法对于同人办事之勤惰不加奖惩殊发奖励之本旨本年本公司营业较胜于往年,是皆同人努力之功,迩来生活日增,而同人薪金格于定章未便遽予更改,兹拟对二十八年度奖励金酌予增加,并加特别奖励金一项,以资鼓励其奖金之分配办法,拟定如此。

一、普通奖励金按全年薪金全数百分之一百一十发给所有服务不及一年者,按照服务久暂比例发给之。

此项普通奖励金于本年阴历年底先行发给百分之五十,其余百分之六十,于二十九年五月一日发给百分之三十,再于二十九年九月一日左右,发给其余百分之三十。

二、特别奖励金整数提取30000元，除赐给朱总经理6000元、凌经理4000元、陈经理3500元，其余16500元交由朱、凌、陈三经理斟酌同人服务勤惰、久暂、责任、能力、负担诸项标准，自由分配，均于今年阴历年终以上两项奖励金均由总处备用金内支给之，如何之出敬请公决。

议决通过照办，所有工程长工及其它雇员等等奖金应由总经理会同经理等斟酌照为加发，均由年八年度盈余乡下支付，其不足之数由总管理处及各工厂备用金内补发。

提二十八年度盈余分配案

查二十八年度本公司共计盈余国币259151.35元，加上年滚存国币5189.37元，两项共合国币264340.72元。兹拟向股东会提议照下列分配：

一、提法定公积金照本年度实盈十分之一，计国币25915.13元；

二、提所得税照本年实盈成分，计国币4664.72元；

三、提股东正红利一分二厘，计国币18万元整；

四、提同仁公益金，国币9000元整；

五、提入法定公积金，国币42003.4元(凑足总数25万元整)；

六、提盈余滚存，国币2757.47元。

以上两抵无余，是否有当，应请公决。

议决通过照案向股东会提出。

孙　锡　袁涤庵　潘禹言　凌其峻　姚泽生　夏廷献　顾佐忱　金仲廉　顾佑忱

(J144-1-21-1)

151.仁立公司第二百次董事会纪录

民国二十九年三月三日(1940年3月3日)

民国二十九年三月三日上午十一时，在王府井大街本分公司开第二百次董事会。计出席者有孙锡三、袁涤庵、金仲廉、顾佐忱、凌其峻、夏定轩、潘禹言、顾佑忱、姚泽生诸君。孙董事长主席，夏定轩为纪录员。

一、孙董事长提议，本董事会人员，甫经本届股东会新选，应请另推董事长。

二、凌董事提议，所有本董事会董事长、常务董事、书记董事暨经济委员会各职员，应请共同联任，以资熟手。众皆赞成。

三、凌经理报告，本公司出口货需用之“连击”外汇，现正与进口通力合作，尚称妥洽。至呢绒毯货出品之量数，全视原料供给之多寡为比例，刻下尚可维持原状。

天津总公司营业情形，未据详报，惟闻出口销路颇畅。

四、孙董事长提议，由二十八年赢余项内，提出6500元，作为董事与监察人之酬劳。众无异议。

议至十二时散会。

(J144-1-21-2)

152.仁立实业股份有限公司第十九届股东常会议事录

民国二十九年三月三日(1940年3月3日)

民国二十九年三月三日上午十时，仁立实业公司在北京王府井大街仁立公司开第十九届股东常会。是日，股东本人及代表出席者共计95户，合计11484股，即6220权。得股份总额之过半数。孙董事长主席，指定公司职员沈讷斋君为记录员。兹将会务记录如左：

一、朱总经理因公羁津，由凌经理代为报告二十八年度本公司业务情形。略谓去年地毯出口虽受外汇统制，尚可与进口商联络卖买，外汇源源输出。除在水灾期间不得已停运外，未受阻碍。现统制扩充范围，包括呢绒与美术品，营业之艰难，可想而知。幸市场需求增加，销路不致骤减，最可虑者，原料缺乏不易购买，若在本年内无法补充，则根本动摇，影响自非浅也。

二、监察人顾佑忱君报告，“本届结算各项数目已就各种簿册分别检查所有资产负债表、损益计算书，均经核对无讹”。

三、主席报告，本公司上年度赢余国币259151.35元，加上年滚存国币5189.37元，共合国币264340.72元。经董事会之决议，照下列分配：

(一)法定公积金，计国币25950.13元；

(二)所得税，计国币4664.72元；

(三)股东正红利一份二厘，计共国币180000元正；

(四)同仁公益金，国币9000元正；

(五)又法定公积金，国币24003.4元(凑足总数25万元)；

(六)盈余滚存，国币2757.47元。

以上两地无余，未识各股东意见如□□□异议通过。

四、主席云本公司董事监察人任期届满，今应改选董事九人、监察人三人等语，当经推定吴宪、顾佐忱二君为检票员，选举揭晓如左：

夏廷献　6125权

朱继圣　6109权

袁涤庵　6107权

金仲廉　6163权

周华康　6027权

包培之　5959权

孙锡三　5728权

顾佐忱　5672权

凌其峻　5522权

夏廷献　朱继圣　袁涤庵

金仲廉　周华康　包培之

孙锡三　顾佐忱　凌其峻

以上九君当选为董事。

姚泽生　6056权

顾佑忱　6027权

潘禹言　5578权

姚泽生　顾佑忱　潘禹言

以上三君当选为监察人。

五、主席问有无其它议案，以无人发言，遂于上午十一时半宣告散会。

主　席　孙晋方

记录员　沈讷斋

（J144-1-10-4）

仁立实业股份有限公司结算报告

中华民国二十八年份第十九届股东会

民国二十九年三月三日（1940年3月3日）

监察人报告

本届结算，各项数目已就各种簿册分别检查所有资产负债表、损益计算书，均经核对无讹。特具报告，敬请诸位股东公鉴。

监察人　姚泽生　顾忠弼　潘禹言

中华民国二十九年三月三日

查账货人报告书

径启者。晋方等经由董事会推派，审查本公司二十八年度结算账目资产存货原料等，当于上年年终分别将结算报告内胪列各款数目，与簿册、表单、账据、票款核对相符。所有货物原料亦照各经营部分所编之盘查报告详细校核，其各项折旧作价数目，均称公允符合。此项资产负债表、损益计算书确系二十八年度内本公司经济营业实在情形，特此出具报告。即请诸位股东公鉴。

查账人　孙晋方　金仲廉　顾忠弼　潘禹言

查货人　顾忠辅　顾忠弼　夏廷献　包培之

中华民国二十九年三月三日

民国二十八年

营业损益表

全年实得毛利总数		$698,743.71	
除营业各费	$86,294.05		
除管理各费	122,750.62	209,044.67	$489,699.04
他种损益			
益项（如卖出废毛及包皮等项）		43,871.02	
损项（如付出利息等项）		274,418.71	230,547.69
纯利			$259,151.35

资产负债表

资产	
现金	$103,271.46
应收及期收款项	102,991.88
同业欠款	201,746.21
运货垫款	283.22
国货公司股份	3,000.00
现存货物	528,277.22
未成工各货	1,059,434.23
现存原料	1,168,238.12
房地产减折旧	766,044.17
机械减折旧	824,128.53
工具及机械零件减折旧	172.00
装修减折旧	44,996.36
家具减折旧	17,852.19
顾主押汇担保	13,365.00
储存物件	148,458.11
各种迟延费用	4,644.43
废毛废料	1,828.62
购置预付款项及暂记账目	220,939.18
总数	$5,209,670.93
负债及资本	
银行透支	$1,074,283.51
应付及期付款项	276,722.30
顾主定金	40,346.81
应付股利	18134.69
应付未付利息工资及佣金	30,489.35
定期借款	1,368,488.45
总管理处备用金	196,914.17
职工储蓄存款	28,280.35
职工福利备用金	23,023.89
押汇担保	13,365.00
存货调整准备金	75,064.50
资本	1,500,000.00
法定公积金	182,081.47
特别公积金	123,325.09
本年总损益	$259,151.35
总数	$5,209,670.93

(J144–1–10–5)

153.仁立公司第二百零一次董事会纪录

民国二十九年四月十五日(1940年4月15日)

民国二十九年四月十五日下午四时,在西郊民巷中孚银行开第二百零一次董事会。计出席者有孙锡三、袁涤庵、金仲廉、顾佐忱、朱继圣、凌其峻、夏定轩、潘禹言、顾佑忱、姚泽生诸君。孙董事长主席,夏定轩为纪录员。

一、朱总经理称,上月开股东会时,适因公司中地毯大主顾到津,本席连日相与周旋,一时未便离津,故于股东会不克出席,深感歉仄。

二、朱总经理报告，现在羊毛飞涨，每担竟达700元之谱，犹幸本公司所存材料，可用至本年八、九月间，刻下尚无问题。现在外汇增高，与前相较，为一与六之比。去年呢绒材料每码6、7元者，现增至16元以上。上海多数高级酒店，对于仁立出品，极表欢迎，尚不以此高价而滞销也。

本公司已向澳洲定购羊毛300包，每包250磅，共75000磅，约定分三批运到，第一批三月为期，第二批六月为期，第三批十月为期。惟关羊毛进口，须得军部之许可，万一彼时发生问题，不能输入，只得退还作罢矣。

三、凌经理报告，地毯与美术品定货及出口情形，尚称顺利。

四、凌经理报告，旧历年前购进羊毛若干，现下来源缺少，货价飞涨，犹幸本分公司所存羊毛尚敷一年之用，所存颜料等项，可用至半年以上。所有出口地毯，议定归入天津总公司，至美术品之输出，曾在准备银行登记，由三月底至七月止，刻下可无问题。迩来定购美术品者，同时到有顾客五帮，致本分公司，分别接待，几有应接不暇之势。

刻下各项工资增涨，地毯工人自不能向隅，毯业公会于去年年底议加工资三成，今又定自四月一日起，再加二成，在此三个月内，竟增原薪过半数矣。

关于五爷府工厂之新建筑，男工宿舍及女工食堂，大半告成，办公室之装修，约在两个月内亦可完工。

议至五时十分止。

(J144-1-21-3)

154.仁立公司第二百零二次董事会纪录

民国二十九年七月一日(1940年7月1日)

民国二十九年七月一日下午六时半，在南池子二十五号孙宅，开第二百零二次董事会。计出席者有孙锡三、袁涤庵、金仲廉、顾佐忱、朱继圣、凌其峻、夏定轩、潘禹言、顾佑忱、姚泽生诸君。孙董事长主席，夏定轩为纪录员。

一、朱总经理报告，办公室今春所定澳洲羊毛，尚未到齐，本席曾往关系机关探问情形，据称在六月二十五日以前所定之货，日后进口尚无问题，惟在二十五日以后，须向准备银行先申请，方可定货云。

关于二十八年份所得税事，经送由统税局审定后，即将应纳款数照付完结。

二、孙董事长提议一要案，经公如下：

办公室营业逐渐发达，应有增加资本之必要，此事应先请财务委员会详细计算，送请董事会通盘筹划，公同议决，现定本月二十日开董事会，二十一日开临时股东会，郑重讨论。

三、朱总经理提议，拟聘杨谷受君为本公司常年会计师顾问。经众通过。

议至七时半散会。

(J144-1-21-4)

155.仁立公司第二百零三次董事会纪录

民国二十九年七月二十日(1940年7月20日)

民国二十九年七月二十日下午三时，在外交部街凌宅开第二百零三次董事会。计出席者有孙锡三、袁涤庵、金仲廉、包培之、顾佐忱、周华康、朱继圣、凌其峻、夏定轩、潘禹言、顾佑忱诸君。孙董事长主席，夏定轩为纪录员。

一、凌经理报告北京分公司营业状况。

二、孙董事长提议，本公司朱、凌、陈三经理今岁每月增薪50元，前由本席与朱常务董事议决后，历次开会时，均以他事纷繁，忘未提请诸董事及监察人同意，愧欠实深，兹特补报，并请追认。众无异议。

三、孙董事长提议，上届董事会所议决增资一节，据财务委员会计算后开列清单，天津、北京两处不动产机器等项，应共估计225万元，以三分之一作为折旧准备金及特别公积金三分之二(即150万元)移充新股，另募集现金200万元，共增加资本350万元，改股本总额为国币500万元。经各董事及监察人郑重讨论，均无异议，惟俟次日临时股东会提出，再行决定。

议至五时散会。

(J144-1-21-5)

156.仁立实业股份有限公司股东临时会会议录

民国二十九年七月二十一日(1940年7月21日)

开会日期：民国二十九年七月二十一日

开会地址：本公司

出席股东：户数99户，权数6431权，均足法定数目

一、主席报告此次召集临时会，因本公司营业近年已逐渐进步，机器及流动资金均不敷应用，拟增加资本，扩充营业，俾业得更加发展。至于详细情形请总经理报告。

二、总经理报告上年营业情形已于上次股东常会报告，想各股东均必明了。查本公司去年虽有盈余，但因机器不敷运用，原料涨价，流动金缺乏种种原因，经营实感困难。而存储原料不丰，吃亏尤大，目下透支银行之款为数甚巨，若仍照此因循至年终，不但将无利润可图，恐仍须亏耗。但当此物价昂贵之时添置机器及购存原料实非巨款不为功，鄙人虽知筹措不易，但忝为总理受股东及董事会之委托，不敢不直言报告究竟应否扩充，祈加意研究。如果诸位股东认为应当扩充以图进展，是否应增加资本，抑系募集公司债，均请公同议决。

三、主席提议总经理报告确系实情，当此公司业务可图发展之时，似不应因循敷衍，宜当机立断。但募集公司债一时恐难募集，且担负利息亦重，不如增加股本较为合适，尚祈公决。

四、姚泽生君发言，主席提议本席甚表赞同，但增加股本有一事应请各股东注意，查本公司股本仅有150万元，核与现在物价比较，不但无活动之余力，且维持已显拮据，设想扩充房屋、机器、购存原料，想非少数增加所为功，为此，本席拟请主席发表此次增加股本之数额，以资商讨。

五、主席发言，本人意见以为如能增加350万元连原有合计资本500万元，则公司可免再感经济上之困难。

六、姚泽生君发言，谓主席之意见本席甚表赞同，现时社会上游资甚多，欲投资实业者当不乏人。故预想此次招股不致有何困难，本席提议增加资本350万元。

七、金仲廉君附议。

八、主席付表决全体股东议决增加股本350万元，改股本总额为500万元，并议决招募新股办法如下：

(一)股份仍以100元为1股，一次缴足。认股人先填具认股书，其，其股款至迟于本年八月三十一日

交至公司。

(二)增加新股先尽旧股东视现持旧股数比例分认,如旧股东有放弃购认者,其不足之额得由其他旧股东承购,或另招新股东补足之。

(三)此次续招新股所有股息、红利统自本年八月一日起算,其余一切权利均与原股份同。

九、主席提议增加股本事业经议决,请将章程修改。

十、经众股东讨论议决,将章程第六、十七、十九、二十、二十五、二十八等修正。通过。

议毕,散会。

主 席 孙晋方

(J144-1-1-1)

157.仁立公司第二百零四次董事会纪录

民国二十九年九月二十一日(1940年9月21日)

民国二十九年九月二十一日下午三时,在本分公司二楼开第二百零四次董事会。计出席者有孙锡三、金仲廉、顾佐忱、朱继圣、凌其峻、夏定轩、潘禹言、姚泽生、顾佑忱诸君。孙董事长主席,夏定轩为纪录员。

一、凌经理报告本年七、八两月中北京分公司营业状况。

二、凌经理报告,北京分公司于八月二十一日失窃事,想诸君早有所闻,是晨得庶务于君之电话,本席即至公司,见呢绒部窗已洞开,三楼厕所之纱窗与双扇玻璃门上之铁链洋锁均已破毁。查见失去呢18匹,计长302码,约值洋9000余元,又抽屉内现款100余元,亦不翼而飞,当即照章报区与侦缉队,并许以如能破案,当予以相当报酬云。

三、朱总经理报告,本厂近两月地毯销数无多,呢绒出品运至上海,所需运费、保险等,每码约费2元之谱,成本既有增加,故在沪市不易畅销,拟暂停南运,以待市场之恢复。

四、孙董事长为问本公司前向澳大利所定羊毛,曾到达否。朱总经理谓在六月十五日所有未经付款之定货,须开列本厂详细统计,呈请与亚院核准,方可进口,以手续太烦,故未办理。

议至五时散会。

(J144-1-21-6)

158.仁立公司第二百零五次董事会纪录

民国二十九年十一月二日(1940年11月2日)

民国二十九年十一月二日下午三时,在演乐胡同三十九号孙宅开第二百零五次董事会。计出席者有孙锡三、袁涤庵、金仲廉、顾佐忱、凌其峻、夏定轩、潘禹言、顾佑忱诸君。孙董事长主席,夏定轩为纪录员。

一、凌经理报告本年九、十两月北京分公司营业状况。

二、凌经理报告,近接朱总经理函称,近接地毯定货不少,又称近以南北币制参差,上海分公司售得之款即就近存储银行,暂不汇津。

三、凌经理报告,接朱总经理来函,内有数项应请董事会讨论决定者如下:

(甲)拟组织同人奖励股保管委员会,由凌经理宣读简章,袁董事、潘监察人,相继发表意见,议决交财务委员会审核,再提出董事会。

(乙)刻值英美侨民纷纷归国,将来运输方面,恐发生困难,地毯工厂之出品应有若何限度,请讨论。孙董事长谓在此非常局面之下,一时不能预定办法,应请总经理随时酌量情形为适当之措置。

(丙)关于年底查货查账事宜,孙董事长谓此层可援照去年所派各员,分别派充,以资熟手。当请夏书记董事届时分别函知。

议至四时三十分散会。

(J144-1-21-7)

159.仁立实业股份有限公司第二十届股东常会议事录

民国三十年二月二日(1941年2月2日)

民国三十年二月二日上午新十一时,仁立实业公司在北京王府井大街仁立公司开第二十届股东常会。是日,股东本人及代表出席者共计124户,合计36367股,即18722权,得股东总额之过半数。孙董事长主席,指定公司职员沈讷斋为记录员。兹将会务记录如左:

一、记录员宣读第十九届股东常会及二十九年股东临时会议事录,众无异议,一致通过。

二、孙董事长报告二十九年本公司业务情形,略谓本公司本年度业务方面仍以原料缺乏感受困难为最大,兼以原料价值日益增高,以致公司流动资金不敷运用。曾由股东会议决本年增加资本以资周转,惟原料既如是腾贵,成本自必随之增高,于是出口之推销更觉不易,加以上海市面萧条,本年度在该市场之销售亦远逊于前年。又六月以后,华北因进口之统制,国内羊毛来源既为断绝,二本国土产又形缺乏,致工厂工作不得不为之减少,幸而地毯一项,外国定单尚多,营业犹可藉以维持。年终结账计尚能获得盈余,聊堪告慰云云。

三、监察人潘禹言报告:"本届结算,各项数目已就各种簿册分别检查所有资产负债表、损益计算书,均经核对无讹。"

四、查账人顾佑忱报告审查二十九年度结算账目资产存货原料等,谓经详细查核,其各项折旧作价数目均称公允符合,并谓此项资产负债表、损益计算书确系二十九年度内本公司经济营业实在情形云。

五、主席报告本,公司上年度盈余国币493120.13元,加上年滚存15187.02元,共合国币508307.15元。经董事会之决议,照下列分配:

(一)法定公积金	49,312.01元
(二)第一类所得税	8,876.16
(三)股息六厘	177,500.00
(四)红利六厘	177,500.00
(五)董事监察人及同仁花红及同仁公益金	76,000.00
(六)盈余滚存	19,118.98

以上两抵无余,未识各股东本意如何。姚泽生君提议照办,陆襄祺君附议,众无异议通过。

六、主席云本公司监察人任期届满,今应改选三人等语。当经推定陆襄祺、沈讷斋二君为检票员,选举揭晓如左:

潘禹言　18,519权
顾忠弼　18,388权
姚泽生　18,152权
王承祖　254权
李炳阳　185权
吴　宪　185权
李国泰　185权
吴严彩韵　149权
陆襄祺　149权

潘禹言、顾忠弼、姚泽生三君当选为监察人。

七、主席宣布发付股息官利日期定为五月一日。

八、主席云增加新股应由股东会推举股东二人查核，当经推举孙啸南、王玉荣二君担任。

九、主席问有无其它议案，以无人发言，遂于十二时宣告散会。

主　席　孙晋方
记录员　沈讷斋
(J144-1-10-6)

160.仁立公司第二百零六次董事会纪录

民国三十年三月一日(1941年3月1日)

民国三十年三月一日下午二时，在本分公司二楼开第二百零六次董事会。计出席者有孙锡三、金仲廉、顾佐忱、朱继圣、凌其峻、夏定轩、潘禹言诸君。孙董事长主席，夏定轩为纪录员。

一、凌经理报告，自去年十一月至本年一月北京分公司营业状况。

二、朱总经理报告，近以各种材料之昂贵，与南北汇率之参差，据此推测，公司营业前途，恐多滞凝。然以公司之员工如故，机件之设置如故，惟有照常工作，以维现状，静观以后如何变态，再谋对策。

三、凌经理称，为谨慎从事起见，刻下对于新主顾之定货，不敢贪多滥收，以防时局变化，容有不能货款两交之处。惟对于信用素着之老主顾，所有定货，自当酌量接收。

四、由凌经理交出传观顾监察佑忱对于津京两公司收支账目检查报告。各董事认为审核精详，颇有见地，当将该报告存案备查。

五、财务委员会提出拟设同人奖励股保管委员会议案，奖励股保管章程，及职工团体保险章程各件，均经议决通过。

六、凌经理提议奖励股保管委员会成立后，本公司向有之职工储金与赡养准备金，亦由该委员会保管之。众无异议。

七、议决委派沈讷斋、毛学礼二君为奖励股保管委员会委员(按章该会由董事会委派职员二人会同董事长、总经理及监察人一人共五人组织之)。

八、议决陈副理升往天津总公司经理。

九、民国二十九年盈余总额493120.13元，又二十八年盈余滚存15187.02元，合计五508307.15元，由本会提议分配如下：

(甲)法定公积金　49,312.01元

(乙)第一类所得税　8,676.16元

(丙)股息六厘　177,500.00元

(丁)红利六厘　177,500.00元(旧股按全年计算新股由二十九年八月一日起息)

(戊)董事、监察人暨同仁花红公益金　76,000.00元

(己)盈余滚存　19,118.98元

以上各节应俟本届股东会议决通过。

议至四时散会。

(J144-1-21-8)

161.仁立实业股份有限公司股东会决议录

民国三十年三月二日(1941年3月2日)

开会日期:民国三十年三月二日

开会地址:本公司

到会股东:户数203户,权数22514权

主　席:孙晋方

一、报告事项

(一)主席报告今日到会股东共有203户,计22514权,均足法定数目,应即开会。

(二)朱继圣君报告上年度营业情形及账略。无异议通过。

(三)主席报告上年七月二十一日股东临时会议决增加股本350万元,已于上年八月招收足额,业经监察人姚泽生、顾忠弼、潘禹言3君依照公司法第一九四条出具调查报告书。无异议通过。

二、讨论事项(从略)

三、选举事项

改选监察人:潘禹言君(得票18519权)、顾忠弼(得票18388权)、姚泽生(得票18152权)

议毕,散会。

主　席　孙晋方

(J144-1-1-1)

仁立实业股份有限公司监察人调查报告书

民国三十年三月二日(1941年3月2日)

兹遵照公司法第一九四条规定,依据账略对于股份财产详细调查。其结果如下:

一、新招股本3.5万股,已如数招足。

二、各股东当缴之股银,已按股缴足。

三、各股东并无以银钱以外之财产抵充股银者。

以上各款查核均属确实并无冒滥,特此报告如上。此致股东会。

监察人　姚泽生　顾忠弼　潘禹言

会计师　杨曾询

(J144-1-1-1)

仁立实业股份有限公司结算报告

中华民国二十九年份第二十届股东会

民国三十年三月二日(1941年3月2日)

监察人报告

本届结算,各项数目已就各种簿册分别检查所有资产负债表、损益计算书,均经核对无讹。特具报告,敬请诸位股东公鉴。

监察人　姚泽生　顾忠弼　潘禹言

中华民国三十年三月二日

查账货人报告书

径启者。晋方等经由董事会推派,审查本公司二十九年度结算账目资产存货原料等,当于上年年终分别将结算报告内胪列各款数目,与簿册、表单、账据、票款核对相符。所有货物原料亦照各经营部分所编之盘查报告详细校核,其各项折旧作价数目,均称公允符合。此项资产负债表、损益计算书确系二十九年度内本公司经济营业实在情形,特此出具报告。即请诸位股东公鉴。

查账人　孙晋方　金仲廉　顾忠弼　潘禹言

查货人　顾忠辅　顾忠弼　夏廷献　包培之

中华民国三十年三月二日

民国二十九年

营业损益表

全年实得毛利总数		$1,064,102.74	
除营业费	$131,514.07		
除管理费	179,913.97	311,428.04	$752,674.70

他种损益		
益项(如卖出废毛及包皮等项)	167,579.09	
损项(如付出利息等项)	427,133.66	259,554.57

纯利　$493,120.13

资产负债表

资产	
现金	$991,478.40
应收及期收款项	221,114.53
同业欠款	330,920.91
运货垫款	2585.1

国货公司股份	3,000.00
现存货物	1,698,898.01
未成工各货	2,680,598.88
现存原料	1,997,066.40
房地产减折旧	1,854,444.44
机械减折旧	1,580,565.99
工具及机械零件减折旧	611.41
装修减折旧	65,760.08
家具减折旧	31,981.20
顾主押汇担保	35,214.69
储存物件	203,588.57
各种迟延费用	4,822.21
废毛废料	1,000.00
购置预付款项及暂记账目	162,331.90
总数	$11,865,982.72
负债及资本	
银行透支	$1,540,144.38
应付及期付款项	58,345.04
顾主定金	9,357.92
应付股利	1,382.26
应付未付利息工资及佣金	35,785.12
定期借款	3,740,267.03
总管理处备用金	69,939.65
职工储蓄存款	39,842.32
职工福利备用金	46,703.02
押汇担保	35,214.69
汇兑调整准备金	50,947.00
存货调整准备金	124,040.97
资本	5,000,000.00
法定公积金	250,000.00
特别公积金	355,706.17
盈余滚存	15,187.02
本年总损益	493,120.13
总数	$11,865,982.72

(J144–1–10–7)

162.仁立公司第二百零七次董事会纪录

民国三十年六月二十八日(1941年6月28日)

民国三十年六月二十八日下午四时，在本分公司二楼开第二百零七次董事会。计出席者有孙锡三、金仲廉、顾佐忱、朱继圣、凌其峻、夏定轩、潘禹言、姚泽生诸君。孙董事长主席,夏定轩为纪录员。

一、凌经理报告本年二月至五月北京分公司营业状况。

二、凌经理称,现在运输货物,较昔更形困难,铜锡器一项,由准备银行一再声明,本年五月以后不得出口云。

三、朱总经理报告,总公司地毯部近接定货单一批,先做三分之一,所虑者,输出时汇率涨落无定,故赢亏未可预知耳。呢绒一项,如运沪求售,除必不可免之运费及保险费外,尚有捐税及连击汇兑之耗费，既致成本之加高，又以法币之低落，故反不如就近在华北方面推销之为愈也。

四、凌经理报告，近以公司菜厂胡同之堆房，房东欲收回自用，屡催腾房，故堆房须另觅相当之地，适该胡同内另有一屋，计房30余间，拟行脱售，虽材料不甚坚实，而地点颇近便，惟要价6万元之多，应否购置，请公决。经各董事商议多时，决定由凌经理相与磋商，酌量购进。

议至五时半散会。

(J144-1-21-9)

163.仁立公司第二百零八次董事会纪录

民国三十年十一月十二日(1941年11月12日)

民国三十年十一月十二日下午七时，在演乐胡同三十九号孙宅开第二百零八次董事会。计出席者有孙锡三、袁涤庵、金仲廉、顾佐忱、周华康、朱继圣、凌其峻、夏定轩、潘禹言、顾佑忱、姚泽生诸君。孙董事长主席，夏定轩为纪录员。

一、凌经理称，自经“资金冻结”后，北京分公司营业大受影响，地毯门市萧条，美术品定货无多，形同停顿。计十月底结账亏累2000余元，惟呢绒部事务较忙，然所入仍不敷所出也。

二、朱总经理称，自“冻结”至今，上海方面尚能出口，惟美船久未来沪，实际上形同停顿。

三、凌经理报告，本席根据上届董事会议决将菜厂胡同房屋购进，备作对方一案，因该屋磋商多次，未有成议，特在王府大街六十七号购得一地，计3亩8分8厘，为价55000元，该地尚在繁盛区域，将来进行建筑堆房时，似可连同营业所及事务所等，通盘计划，设置一处，以便合并办公，易于接洽。而原有王府井大街九十七号之屋，尚可善价出租，未识诸君以为何如。各董事均称妥善。

四、孙董事长称，本届公司第二十一年度终结之期，关于年底查货查账事宜，仍可援照成案将去年承办各员，分别派充，以资熟手。应请夏书记董事届时备函通知。众无异议。

议至八时半散会。

(J144-1-21-10)

164.仁立公司第二百零九次董事会纪录

民国三十一年一月十三日(1942年1月13日)

民国三十一年一月十三日下午七时在本公司二楼开第二百零九次董事会。计出席者，有孙锡三、袁涤庵、金仲廉、顾佐忱、周华康、朱继圣、凌其峻、夏定轩、潘禹言、顾佑忱、姚泽生诸君。孙董事长主席，夏定轩为纪录员。

一、凌经理报告，近两月毯货生意寥落，出口全无，惟呢绒部尚有少数门市生意。

二、朱总经理报告，自大东亚战争勃发后，本公司坐落租界，亦如其余工厂，受同样之检查，经过颇佳。

三、朱总经理报告，现值非常时期，关于商情，常与友邦当局有所接洽之处，本公司聘有日人水野氏为顾问，月薪津贴共1000元，此君侨居美国八年，前充颐中烟草公司顾问，英语流利，品行纯正。

四、朱总经理称本公司竭力维持同人生活，虽刻下公司营业萧疏，仍未有裁员减薪之举，故各员工无不感激，惟工作减少，本席当随时设法鼓励，使同人精神方面不致涣散。

议至五时半散会。

(J144-1-21-11)

165.仁立实业公司第二百十次董事会纪录

民国三十一年三月七日(1942年3月7日)

民国三十一年三月七日下午四时,在本公司二楼开第二百十次董事会。计出席者有孙锡三、金仲廉、顾佐忱、周华康、朱继圣、夏定轩、顾佑忱、潘禹言诸君。孙董事长主席,夏定轩为纪录员。

一、朱总经理报告,凌经理因父病返沪,现在请假期内,故今日未曾出席。

二、孙董事长提议民国三十年盈余总额855393.97元,加以二十九年盈余滚存19118.98元,共为874512.95元,兹拟分配如下:

(甲)法定公积金　85539.4元

(乙)第一类所得税　15397.09元

(丙)股息六厘　300000元

(丁)红利六厘　300000元

(戊)董监暨职工酬劳金　85000元

　　职员赡养金及公益金　22000元

(己)盈余滚存　66576.46元

以上各节,应俟明日股东会议决通过。

三、孙董事长提议,顾监察佑忱对于上年度津京两公司各工厂收支账目,检查报告,审核精详,极费心力,且迩来京津往返旅费,较昔有加,所有本届酬资,应照去年酌增,众无异议。

议至五时半散会。

(J144–1–21–12)

166.仁立实业股份有限公司第二十一届股东常会议事录

民国三十一年三月八日(1942年3月8日)

民国三十一年三月八日上午新十一时,仁立实业公司在北京王府井大街仁立分公司开第二十一届股东常会。是日,股东本人及代表出席者共计70户,合计33721股,即17315权,得股份之过半数。孙董事长主席,指定公司职员沈讷斋为记录员。兹将会务记录如左:

一、孙董事长报告略谓本公司营业方针向主谨慎,去年上半年营业尚称顺利,下半年因出口困难,未免稍受影响。年终结账尚有余利,颇可欣幸。至于今年营业情形,因出口停滞,恐将赔累,幸喜进口呢绒亦受统制,本公司呢绒出口在市面行销上,或可稍补亏累也云云。

二、监察人潘禹言报告本届结算,各项数目已就各种簿册分别检查所有资产负债表、损益计算书,均经核对无讹。

三、查账人孙晋方报告审查本公司三十年度结算账目资产存货原料等当于上年年终分别将结算报告内胪列各项数目与簿册、表单、账据、票款核对相符。所有货物原料亦照各经营部分所编之盘查报告详细校核,其各项折旧作价数目均称公允符合。此项资产负债表、损益计算书确系三十年度内本公司经济营业实在情形云。

四、主席报告本公司上年度赢余国币855393.97元,加上年滚存19118.98元,共合计国币874512.95元。经董事会之决议,照下列分配:

(一)法定公积金　　85,539.40

(二)所得税　　15,397.09

(三)股息　　300,000.00

(四)红利　　300,000.00

(五)董监暨职员花红　　85,000.00

(六)职员赡养金及公益金　22,000.00

(七)滚存　　66,576.46

以上经各股东协议照办,全场一致通过。

五、主席云本公司监察人任期届满,今应改选三人等语。当经推定陆襄祺、沈讷斋二君为检票员,选举揭晓如左:

潘禹言　17,315权

顾忠弼　17,315权

姚泽生　17,315权

潘禹言、顾忠弼、姚泽生三君被全场一致推举,当选为监察人。

六、主席问有无其它议案,以无人发言,遂于十二时余宣告散会。

主　席　孙晋方

记录员　沈讷斋

(J144-1-10-8)

仁立实业股份有限公司结算报告

中华民国三十年份第二十一届股东会

民国三十一年三月八日(1942年3月8日)

监察人报告

本届结算,各项数目已就各种簿册分别检查所有资产负债表、损益计算书,均经核对无讹。特具报告,敬请诸位股东公鉴。

监察人　姚泽生　顾忠弼　潘禹言

中华民国三十一年三月八日

查账货人报告书

径启者,晋方等经由董事会推派,审查本公司三十年度结算账目资产存货原料等,当于上年年终分别将结算报告内胪列各款数目,与簿册、表单、账据、票款核对相符。所有货物原料亦照各经营部分所编之盘查报告详细校核,其各项折旧作价数目,均称公允符合。此项资产负债表、损益计算书确系三十年度内本公司经济营业实在情形,特此出具报告。即请诸位股东公鉴。

查账人　孙晋方　金仲廉　顾忠弼　潘禹言

查货人　顾忠辅　顾忠弼　夏廷献　包培之

中华民国三十一年三月八日

中华民国三十年

损益计算书

	利益类	
	销货毛利	$1,641,314.01
	收入佣金	91,575.47
	杂项受益	130,188.93
	(收入利息及废毛变卖收益等项)	
	损失类	
$253,048.90	营业费	
221,511.15	管理费	
533,124.39	杂项损失	
	(付出利息等项)	
855,393.97	本年纯益	
$1,863,078.41	合计	$1,863,078.41

资产负债表

	负债及资本	
	资本	$5,000,000.00
	法定公积金	299,312.01
	特别公积金	355,706.17
	盈余滚存	19,118.98
	呆账准备金	64,328.17
	各项折旧准备金	1,058,428.71
	存货调整准备金	181,897.31
	汇兑调整准备金	443,350.74
	存货跌价准备金	283,602.75
	保险准备金	33,195.91
	定期借款	3,806,445.77
	总管理处备用金	8,377.07
	职工福利备用金	47,284.97
	职工储蓄金	78,122.06
	应付及期付款项	139,556.17
	应付未付股息	10,569.16
	应付未付利息工资及佣金	25,776.60
	雇主定金	10,684.83
	暂记存款	174,037.26
	本年纯益	855,393.97
	资产类	
$2,271,853.89	房地产	
2,073,393.35	机械	
4,463.06	工具及机械零件	
122,080.86	装修	
82,720.58	家具	
6,000.00	有价证券	
597,416.90	应收及期收款项	
263,219.92	同业欠款	

6,318.42	运货垫款	
1,827,565.63	存货品	
2,077,299.18	存未成品各货	
1,548,907.43	存原料	
233,442.92	储存物料	
5,133.79	废毛废料	
7,118.55	各种迟延费用	
72,706.82	暂记欠款	
1,661,202.08	存放银行	
34,345.23	现金	
$12,895,188.61	合计	$12,895,188.61

(J144–1–10–9)

下届股东均合本公司章程第四章第十七条之规定得被选为监察人

金潜厂	金机厂	顾忠弼	金记	卢豫骥
彭秉议	沈讷斋	孙伯群	孙颂鲁	廖奉献
陆襄祺	傅阮叔	胡朱瑛	孙静庵	王承视
王孟文荣	杨陈炜妹	杨良保	金良	庞镇襄
顾味儒	王联五	李炳阳天记	顾伯笙	陈礼
顾温玉	李企韩	陈雪村	邝必达	孙养儒
陈范有	陈一甫	林斐成	王玉荣	孙川如
朱祖寿	陈通夫	裘施振华	金叔初	金许开韵
积记	朱成章太太	金严智粹	朱厚甫	何林一
胡孙卓如	胡诒谷	任宗济	李国秦	刘廷芳
孙仲章	孙履平	孙仲立	宋伦华	宋荫乡
蔡孙晌方	刁信德	刁德仁	张道宏	王启常
吴任之	章吉六	林君潜	丁夫	程行记
戴志骞	李道南	王懿芳	刘孙淑贤	陈立庭
余琼芝	吴宪	徐曼宜	徐蔚若	傅卓夫
孙啸南	赵国斌	沈星五	李九如	王质甫
王大闳	孙班录	潘禹言	姚泽生	

(J144–1–10–10)

仁立实业公司历届股东常会

常会日期	历届董事	权数	当选监察人	权数	资本额
二十六年三月七日	孙晋方	4655	顾忠弼	4535	100万元
	袁涤庵	4628	姚泽生	4496	
	朱继圣	4536			
	夏廷献	4510			
	金叔初	4490			
	林斐成	4356			
	顾忠辅	4344			
	周华康	4276			
	杨仲达	4218			

常会日期	历届董事	权数	当选监察人	权数	资本额
二十七年三月二十日	照章连任，但金叔初辞任，由金仲廉补充	5931	顾忠弼	6118	150万元
			姚泽生	6052	
			潘禹言	5789	
	林斐成辞任，由凌其峻补充	5556			
	杨仲达病故，由包培之补充	5692			
二十八年三月五日	照章连任		顾忠弼	5256	
			姚泽生	5256	
			潘禹言	3929	
二十九年三月三日	夏廷献	6152	姚泽生	6056	
	朱继圣	6109	顾忠弼	6027	
	袁涤庵	6107	潘禹言	5578	
	金仲廉	6036			
	周华康	6027			
	包培之	5959			
	孙晋方	5728			
	顾忠辅	5672			
	凌其俊	5522			
三十年三月二日	照章连任		潘禹言	18,519	五百万元
			顾忠弼	18,388	
			姚泽生	18,152	
三十一年	照章连任		潘禹言	17,315	
			顾忠弼	17,315	
			姚泽生	17,315	

(J144-1-10-11)

167.仁立公司毛呢纺织厂为发起防痨运动告工人事

民国三十一年四月十四日(1942年4月14日)

通告　第二五五号

查结核病(即各种痨病)为害最烈，近来愈趋猖獗。考本厂统计自上年初至本年七月底止，患此病死亡者，约占死亡全数十分之九，宁不可畏？倘仍放任，不予设法防遏，则其传染蔓延之结果，殊属不堪设想！为此发起本厂防痨运动，事关个人生命安危，全厂公共卫生，幸勿忽视为要。兹将办法开列于左：

一、最近期内举行全厂职工爱克司光透视检查一次。此后每年检查二次，又以后凡新职工均须经过专项检查，证明确无结核病者，方得任用。以期逐渐消弭，彻底根除隐患！

二、检查办法，系将全厂职工分为若干组，按组分别受检。惟须各自携带本厂股份证或工人执证，以资识别。

三、凡检查结果由结核病者，应照嘱托医师指定方法，加意疗养。其有经医师指定，须停止工作，特别疗养者，本厂得斟酌病势轻重、发现先后，尽力挨次送往嘱托疗养院疗养。

四、工友在停止工作疗养期中，例无工资。但其在疗养院之医、药、住院等费，全部由厂担负。职员之医、药、住院各费自行担负。但倘其薪津不敷偿付上开各费时,其不足之数,由厂补给之,听差之办法与职员同。如在医药疗养而不服从医师之指导,或医院规则者,本厂即停止其医、药、住院等费之供给或补贴之待遇。

五、有须赴疗养院疗养而不愿前往,欲自行在家延医治疗者,听其自便,但本厂不再担负任何医药等费用。然为其本身及全厂安全起见,仍当遵照医嘱,令其停止工作。

六、凡因患结核病而停止工作后,经过相当时期之疗养后,如欲复工,须先经本厂嘱托医师诊断,认为可以工作,方得复工。以重生命,而免传染。

七、本办法如有不尽时,得随时补充改定之。

三十一年十月十四日

(J144–1–8–3)

168.仁立实业股份有限公司为验发公司执照呈请颁发通知书

民国三十一年六月二十日(1942年6月20日)

呈为呈请验发公司执照,仰祈鉴核,转咨准予颁发通知书事。

窃商公司于民国十一年设立于北京, 股本10万元以制售地毯及其他棉毛织品兼办进出口货为营业,呈准前农商部核准给照。二十四年增加股本为50万元,迁移总公司于天津,北京改为分公司。二十五年七月呈准前实业部变更登记,发给新字第470号执照各在案。现实业总署颁布验发公司执照规则,遵即依照规则第一、三、四、无、八各条之规定备具呈请书,连同最近资产负债表损益计算书、保证书、委托代理人呈请书各2份,旧登记执照1纸并验照费45元呈请鉴核,转咨实业总署准予查验,实为公便。

再商公司现又增加资本450万元,改为股本总额为国币500万元,业已另案呈请增资登记,故不再缴印花费,合并陈明。谨呈天津特别市公署。

附呈:呈请书2份;资产负债表损益计算书2份;保证书2份;委托代理人呈请书2份;旧登记执照1纸;验照费45元。

具呈人　仁立实业股份有限公司董事长　孙晋方

代理人会计师　杨曾询

(J144–1–1–1)

169.仁立实业股份有限公司为委托代理人代办验发执照等事宜呈请书

民国三十一年六月二十日(1942年6月20日)

仁立实业股份有限公司委托代理人呈请书

兹委托杨曾询会计师为代理人,代办关于验发公司执照及变更登记事宜。谨呈实业总署、天津特别市公署。

具呈人　仁立实业股份有限公司董事长　孙晋方

(J144–1–1–1)

170.仁立实业股份有限公司为增资变更执照呈请书

民国三十一年六月(1942年6月)

公司名称		仁立实业股份有限公司
营业种类		制售地毡及其他棉毛织品兼办进出口货
资本总额		国币50万元
公司所在地		本店设天津特别行政区68号路　分店北京　上海
核准登记日期		民国二十五年七月二十一日
执照号数及原登记注册号数		前实业部股份有限公司新字第470号
呈请人	姓名	孙晋方
	籍贯	安徽
	住址	北京东城演乐胡同39号
代理人	姓名	杨曾询会计师
	籍贯	江苏无锡
	住址	天津特别行政区32号路?丰里6号

(J144–1–1–1)

171.仁立实业公司第二百十一次董事会纪录

民国三十一年七月一日(1942年7月1日)

民国三十一年七月一日下午三时，在本公司二楼开第二百十一次董事会。计出席者，有孙锡三、袁涤庵、金仲廉、周华康、顾佐忱、朱继圣、凌其峻、夏定轩、顾佑忱、潘禹言诸君。孙董事长主席，夏定轩为纪录员。

一、朱总经理报告，迩来毯货售出，为数极少，几等于零，所幸呢绒出品，尚能供市所求，勉为维持。

二、凌经理报告，毯货无人顾问，每月亏累不少，现惟利用公司原有之店面与职员，征集各厂家之出品，陈列各室，以应顾客，不费资本，籍图挹注。

三、朱总经理报告，本公司二十九年度增资至500万元，为遵守商律计，已委托会计师代呈天津社会局转请当局注册。

四、孙董事长提议，近据一部分股东与职员声称，现以物价日益腾贵，欲向本公司酌借款项若干，以期维持生活。本席体察情形，尚属实在，拟于可能范围内，计算公司积息若干，交财务委员会审定办理借息与生活补助费以示体恤。众无异议。

议至四时半散会。

(J144–1–21–13)

172.仁立实业公司第二百十二次董事会纪录

民国三十一年九月十二日(1942年9月12日)

民国三十一年九月十二日下午四时，在本公司二楼开第二百十二次董事会。计出席者有孙锡三、金仲廉、顾佐忱、朱继圣、凌其峻、夏定轩、潘禹言、顾佑忱诸君。孙董事长主席，夏定轩为纪录员。

一、凌经理报告，公司夏令销货不畅，入秋以来，稍有起色。

二、朱总经理报告，羊毛缺乏之状态益形深刻，本公司为维持纺织厂工作起见，实有采购代用品及添置特种机器之必要，惟本公司负债不少，何来巨款以资运用，请诸董事郑重筹划进行办法。

三、潘监察人提议，本公司欠外各款，应行及早清理，又因羊毛来源断绝，本公司纺织厂亟应采购代用品，添置机器，设立分厂，需用款项甚多。本席提议，增资500万元，俾充实力云。经各董事讨论多时，众称，股额过巨，不易在短期内筹集，可先增资300万元，并定于十月十八日召集临时股东会议决之。

议至五时三刻散会。

(J144-1-21-14)

173.仁立实业股份有限公司股东临时会议事录

民国三十一年十月十八日(1942年10月18日)

民国三十一年十月十八日上午11时仁立实业公司在北京王府井大街仁立分公司开股东临时会，是日股东本人及代表出席者共计87户合计35124股，即18287权得股份之过半数，孙董事长出席指定沈讷斋为纪录员。兹将会务纪录如下：

一、主席报告此次召集临时会专为讨论本公司增资问题，此事曾经董事会郑重讨论，实有刻不容缓之势，故提出增资议案，请股东公决之。

二、朱总经理报告增资之理由厥有二端：一曰补充流动资金，本公司历年流动资金时感不敷，向各银行透支或抵押借款，近因联合准备准备银行对各行放款限制甚严，本公司不得不自行增资；二曰添置各种机器，因羊毛来源断绝，本公司纺织厂亟应采购代用品，如麻丝旧呢之类，但厂中缺乏多种机器，以利用此项代用品，又须添盖厂屋以位置之，如斯情形曾与凌、陈两经理、陈工程师通盘筹划，实有增资之必要。又经董事会讨论提出增资300万元之议案，详细办法如下：

(一)续招3万股，每股100元一次缴足。交款时先发股款收据，俟增资登记手续办妥后，再凭股款收据向公司换取新股票。

(二)续招新股应先尽旧股东认购2.5万股，即现持有2股者得认购1股，其余5000股得由董、监、职工分认之。

(三)续招股额应于本年十一月三十日以前认定，其股款准于十二月三十一日以前交足。所有新股股息及红利即由股款交到之日起算，如逾期不认或定而到期不缴者，即由董事会另招新股东承受。

三、股东陆襄琪君称本公司为国内毛织厂中之佼佼者，信用素著，所有产品亦为国人所争购。目前续招新股自是旧股东投资之良好机会，本席附议请付表决。

四、出席股东一致赞成通过增资议案。

五、股东凌其峻君称按照议案订定缴款期限本年年底适为本公司会计年度终止之日，请各股东注意尽先缴款以利进行。

六、主席提议增加资本业经议决，应请将章程修改如下：

第六条　本公司股本总额定为国币800万元分作8万股，每股100元一次收足(余同前)。

第十七条　本公司设董事9人，由股东会就持有本公司股份240股以上之股东中选任之。设监察人3人，旧持有本公司股份80股以上之股东中选任之。

众无异议通过。

12:30时议毕散会。

主　席　孙晋方

纪录员　沈讷斋

(J144-1-2-1)

174.仁立实业股份有限公司章程

民国三十一年十月十八日(1942年10月18日)股东临时会议修正

第一章 总 则

第一条 本公司定名仁立实业股份有限公司。

第二条 本公司以制售地毯及其他毛棉织品兼办进出口货为营业。

第三条 本公司设本店于天津,名曰总公司,设分店于上海、北京。

第四条 本公司公告事项以登载本店所在地一种新闻纸行之,但对于股东得用挂号函邮寄股东名簿所载之住址。

第五条 本公司营业期间自成立之日起,以三十年为期,满期时,得由股东会之决议延长之。

第二章 股 份

第六条 本公司股本总额定为国币800万元,分作8万股,每股计国币100元,一次收足。本公司扩充营业时,得经股东会依照公司法第一八六条之规定,议决增加股本或发行公司债。

第七条 本公司股份每年给股息6厘,但无盈余时停止给付。

第八条 本公司股东每1股有一表决权,但过10股之股份每2股合得权,其表决权仍以不过股份总额1/5为限。

第三章 股东会

第九条 本公司股东会分为常会及临时会二种,常会于每年三月举行一次,临时会于董事、监察人认为必要,或有股份总数1/10以上之股东,开列提议事项及其理由请求时,由董事会定期召集之。

第十条 召集常会应于会期30日以前通知之,召集临时会应于会期15日以前通知或公告之。前项通知或公告应载明集会场所、日期、时间、召集事由及提议之事项。

第十一条 本公司于通知或公告召集股东会以后,在会务未终结以前,得将股东名簿停止转让之记载并得停止换发股票。

第十二条 股东有因事故未能出席股东会时,得出具委托书,委托他股东代表出席,委托书格式由董事会定之。

第十三条 本公司股东会集议之法定人数及关于各项决议应取得之表决权数,均依公司法之规定。

第十四条 股东会议由董事长主席,遇董事长缺席时,就出席股东中公推1人充主席,其任务于闭会时,即行终结。主席就公司职员中指定1人为记录员,编制决议录。主席及记录员对于会议事项,仍得行使其应有之表决权。

第十五条 主席有维持会场秩序之权。遇无异议或例行事项,主席得请出席股东以口头或其他简易方法,表决之。但经股东3人以上请求投票时,应即用投票法计算权数,表决之。表决可否同数时,取决于主席。

第十六条 股东会议应作成决议录,记明会议之时日、场所、决议之事项,由主席及纪录员会署连同出席股东之名簿,移付董事会执行保管。

第四章 董事会及监察人

第十七条 本公司设董事9人,由股东会就持有本公司股份240股以上之股东中选任之。设监察人3人,就持有本公司股份80股以上之股东中选任之。

第十八条 董事任期3年,被连选者得连任。监察人任期1年,被连选者得连任。

第十九条　本公司董事会以全体董事组织之，于董事就职后第一次开会时，互选1人为董事长，2人为常务董事。

第二十条　董事会执掌如下：

一、 主持公司一切事务；

二、召集股东会，造具提交股东会各项册报及议案；

三、任免公司重要职员，授以处理业务必要之事权；

四、审定重要契约；

五、核定公司各项办事规则。

除本章程别经委托，或依本章程及法令，应提交股东会之事项外，董事会均得处理之。董事会议事规则，由董事会定之。

第二十一条　监察人审核董事会造送各项表册，报告其意见于股东会，并得随时调查公司财务状况、簿册、文件，请求董事或其他职员释明业务情形。

第五章　职　员

第二十二条　本公司设总经理1人，由董事长遴选提请董事会议决任用之。总经理受董事会之监督指导，综揽本公司及所属工场暨营业所一切之业务，并监督指挥本公司其他职员。

第二十三条　总经理视业务情形，得遴选经理、副经理、襄理提请董事长任用之，并随时指定其职务分配。关于处理业务之办事规则，由总经理拟定提请董事会核定之。

第六章　会　计

第二十四条　本公司会计年度，每年自一月一日起至十二月三十一日止。

第二十五条　本公司每届结账，应就收入总额内减除营业期间实际开支、呆账、折旧、盘存消耗等，遇有盈余时，首提1/10为公积金，次提周年6厘之股息，并得预储改善费，其余得由董事会斟酌，划半数为股东红利，半数充本公司公益金、职工花红及董事、监察人报酬。董事会为前项四款分派之议案时，应稽以往情形及将来需要，得就应分各款中酌留若干，以备日后分配之调剂。

第二十六条　于每届会计年度终结时，董事会应编制营业报告书、资产负债表、财产目录、损益计算书、盈余分配案移送监察人复核后，提交股东会通过。

第七章　附　则

第二十七条　本章程未尽事宜，适用公司法及其他关系诸法令办理，为法令章程所不详者，得由董事会另订规则补充之。

第二十八条　本章程经股东会依法决议修正施行。

(J144-1-2-1)

175.仁立公司毛呢纺织厂为市公署举行音乐游艺会告工人事

民国三十一年十月三十日(1942年10月30日)

通告　第二五九号

兹据工厂联合会转市公署通知，该署于本日下午七时在河北电影院举行音乐游艺会，希各会员工厂派员参加等情前来，准此，合行通知，凡本厂职工居住相近而欲参加者，可自由前往，特此布告。

三十一. 十. 三十

(J144-1-8-4)

176.仁立公司第二百十三次董事会纪录

民国三十一年十一月十六日(1942年11月16日)

民国三十一年十一月十六日下午四时，在本公司二楼开第二百十三次董事会。计出席者有孙锡三、顾佐忱、金仲廉、朱继圣、凌其峻、夏定轩、潘禹言、姚泽生、顾佑忱诸君。孙董事长主席，夏定轩为纪录员。

一、凌经理报告，北京分公司因地毯不易推销，特设礼品部，征集各厂种种美术品，陈列经营，每月收入，尚足维持。

二、朱总经理报告，上月临时股东会议决增资300万元，业已通知各股东，并由诸董事监察人分头接洽，结果良好，不难达到目的。

三、朱总经理报告，天津租界外八里台一带，交通便利，他日颇有成立工业区之希望，地价尚属低廉，可供将来建设分厂之用，众意可先行调查有无适当地亦可购，一俟新股款筹集后，再积极进行。

议至五时半散会。

(J144-1-21-15)

177.仁立公司第二百十四次董事会纪录

民国三十一年十二月十四日(1942年12月14日)

民国三十一年十二月十四日下午四时，在本公司二楼开第二百十四次董事会。计出席者有孙锡三、金仲廉、周华康、顾佐忱、朱继圣、凌其峻、夏定轩、顾佑忱诸君。孙董事长主席，夏定轩为纪录员。

一、凌经理报告，年底将近，照例应请董事会指派人员，在津京沪三处点货查账，孙董事长称，可请上届点货查账员担任，以资熟手。众无异议。

二、朱总经理报告，增资300万元，已由各股东认足，并向催缴股款，希望在本月底可以缴齐。

三、朱总经理报告，前提议在八里台一带，收买地产，现有20余亩一处，离厂较近，价格亦廉，尚在议价中，当经议决，此事可积极进行，逐渐化零为整，以备将来设立分厂之用。

四、朱总经理提议，观于他处各大公司，每有常驻监察人，随时到该公司查账，以期剔除积弊。本公司事同一律，亦应有常务检查人，随时考核，不仅于年终举行一次。当由孙董事长赞成，并提议请顾佑忱君担任此事，在津总公司与京沪分公司随时审核账目，由三十二年一月起，月支办公费200元。众皆赞成。

议至六时散会。

(J144-1-21-16)

178.仁立实业股份有限公司为增加股本呈报书

民国三十一年(1942年)

呈为增加股本备具应报文件，呈请鉴核，转咨准予增资登记换发执照事。

窃商公司于民国十一年设立于北京，股本10万元，呈准前农商部核准给照。二十四年增加股本为50万元，总公司迁移天津。二十五年七月呈准前实业部登记发给新字第470号执照在案。同年又因拟扩充营业添置厂屋及机器，于十一月二十九日召集股东临时会，议决增加资本100万元，合计原有资本共为150万元，所增新股均由旧股东视所持原股比例分认，于二十六年全数缴足。当于二十七年三月股东常会经董事长依法报告并由监察人出具调查报告书，其时适值事变之后未及呈请增资登记，后因机器不敷运用，原料涨价，流动资金缺乏种种原因，经营实感困难，存储原料不丰，吃亏尤大。乃复于二十九年七月二十一日召集股东临时会，议决续增招收新股350万元，改股本总额为500万元，分作5万股，每股100元，所增新股仍先尽旧股东视原有股数比例分认，如有放弃购认者，其不足之额由其他旧股东承购，或另招新股东补足之，并将章程重行修改，旋经各新旧股东分认足额，并将股款缴足。所有增加股款均经分别运用于厂屋、机器、原料及流动资金。经三十一年三月股东会由董事长依法报告并由监察人出具调查报告书均经各股东赞成通过。所有商公司增资全案业已办理完竣，除原登记执照已于呈请验发公司执照案内呈缴外，理合具文。检同原订章程及修改章程；股东临时会及3次股东常会决议录；监察人调查报告书；新旧股东名簿；董事、监察人姓名住址录；委托代理人呈请书各2份；执照费825元；印花费4元呈请鉴核，转咨实业总署准予增资登记换发执照，实为公便。谨呈天津特别市公署。

附呈：原订章程2份；修改章程2份；两次股东临时会及3次股东常会决议录2份；监察人调查报告书2份；新旧股东名簿2份共4份；董事、监察人姓名、住址录2份；委托代理人呈请书2份；执照费825元、印花费4元。

具呈人　仁立实业股份有限公司董事　夏廷献　朱继圣　袁涤庵　金仲廉　周华康　包培之　孙晋方　顾忠辅　凌其峻

监察人　姚泽生　顾忠弼　潘禹言

代理人会计师　杨曾询

(J144-1-1-1)

179.天津中孚银行为仁立实业股份有限公司呈请验发公司执照上报文件保证书

民国三十一年(1942年)

保证书

为保证事查仁立实业股份有限公司呈请验发公司执照呈请书及附呈文件，所开各节均系实情并无冒滥，特具此保证书。

具保证书人　天津中孚银行

(J144-1-1-1)

180.仁立实业股份有限公司董事监察人姓名住址录

民国三十一年(1942年)

董　事：

夏廷献　住北京南横街嘉兴会馆

朱继圣　住天津特别行政区永定里2号

袁涤庵　住北京西四丰盛胡同

金仲廉　住北京遂安伯胡同30号

周华康　住北京本分公司

包培之　住天津特别行政区永德里1号

孙晋方　住北京演乐胡同39号

顾忠辅　住北京东四南西石糟31号

凌其峻　住北京朝内大街

监察人：

姚泽生　住北京东城多福巷7号

顾忠弼　住北京内务部街27号

潘禹言　住北京中孚银行

(J144-1-1-1)

181.仁立公司第二百十五次董事会纪录

民国三十二年二月一日(1943年2月1日)

民国三十二年二月一日下午四时，在本公司二楼开第二百十五次董事会。计出席者有袁涤庵、孙锡三、金仲廉、周华康、顾佐忱、朱继圣、凌其峻、夏定轩、顾佑忱、潘禹言、姚泽生诸君。孙董事长主席，夏定轩为纪录员。

一、朱总经理报告，上年度结账，赢余近80万元，俟杨会计师审核后，可将确数于下次董事会详细报告。

二、朱总经理报告，新股股款300万元，已于上年年底前收足，外欠已归还大部分。

三、朱总经理报告，近因粮价奇昂，公司中原以白面制成大饼，由合作社售与住厂工人者，不得不掺加他种粗粮，而各工人仍乐为购食，因比较外间所售，尚觉便宜不少也。

四、凌经理报告，北京分公司上年度亏损至少125000余元之巨，实因出口停顿后，公司照常维持员工生活，既未裁人，亦未减薪，存货堆积，压本奇重之故。下半年营业较上半年渐有起色，惟以原料缺乏，根本问题，仍难解决也。

五、孙董事长提议，依照本公司章程第九条之规定，拟于本年三月七日，开第二十二届股东会并先一日召集董事会。众无异议。

议至五时半散会。

(J144-1-21-17)

182.仁立公司第二百十六次董事会纪录

民国三十二年三月六日(1943年3月6日)

民国三十二年三月六日下午四时，在本公司二楼开第二百十六次董事会。计出席者有孙锡三、金仲廉、顾佐忱、周华康、包培之、朱继圣、凌其峻、夏定轩、潘禹言、顾佑忱诸君。孙董事长主席，夏定轩为纪录员。

一、朱总经理称，近以工料昂贵而货物定价太低，虽售出之货或有得不偿失之虑。然为拥护当局低物价政策起见，不得不勉力遵行也。

二、凌经理称，公司现正竭力维持现状，对于职员，则整饬精神，对于工友，则维持生活，所有不规则之娱乐，一律禁止。

三、朱总经理报告，本公司三十一年度，赢余国币797289.32元，加上年滚存66756.46元，共合国币

863865.78元。兹提出分配案如下：

(一)法定公积金　79728.93元

(二)股息　304154.37元

(三)红利　202769.58元

(四)特别公积金　60000元

(五)职工赡养金及公益金　28000元

(六)所得税　107634.06元

(七)董监暨职工酬劳金　73076.05元

(八)盈余滚存　8502.79元

议决。以上各节提交明日股东会通过。

议至五时半散会。

(J144-1-21-18)

183.仁立公司第二百十七次董事会纪录

民国三十二年三月七日(1943年3月7日)

民国三十二年三月七日下午新一时半，在本公司二楼开第二百十七次董事会。计出席者有孙锡三、包培之、金仲廉、顾佐忱、周华康、朱继圣、凌其峻、夏定轩、潘禹言、顾佑忱、姚泽生诸君。孙董事长主席,夏定轩为纪录员。

一、孙董事长提议,诸董事甫经本届股东会选出,应请另推董事长。

二、包董事推举孙董事长连任,并提议所有本董事会常务董事、书记董事暨经济委员会各职员应请共同连任,以资熟手。一致赞成。

议至二时散会。

(J144-1-21-19)

184.仁立实业股份有限公司第二十二届股东常会议事录

民国三十二年三月七日(1943年3月7日)

中华民国三十二年三月七日上午11时仁立实业股份有限公司在北京王府井大街仁立分公司开第二十二届股东常会,是日股东本人及代表出席者共计102户,合计39401股,即20538权,得股份之过半数,孙董事长出席指定公司职员沈讷斋君为纪录员。兹将会务纪录如下：

一、孙董事长报告上年度业务状况,略谓上年度本公司仍因原料缺乏,以致生产减少,而地毯出口亦因国际交通阻隔告于停顿,惟华北呢绒销场尚佳,年终因得略获盈余堪以告慰。关于原料一项经增资后,即着手研究筹用代用品,以资增产。又年来生活增高,百物昂贵,公司之担负及开支颇感奇重,幸全体职工对公司筹计配给食粮之苦心颇为体谅,均悬努力工作,亦乐向诸位股东说明者云云。

二、监察顾忠弼报告本届结算各项数目已就各种簿册、资产分别检查,所有资产负债表、损益计算书及财产目录均经核对无讹,确系三十一年度本公司经济营业实在情形云。无异议通过。

三、主席报告董事会提出本公司上年度盈余分配案。议决通过。

四、主席报告本公司增加资本为800万元事,所有应增股款业经全数收足,并经本公司监察人查核，依照公司法第一九四条出具调查报告书。众无异议通过。

五、主席云本公司董事、监察人任期届满，今应改选董事9人，监察人3人等语。

当经推定吴宪、陆襄琪、卢毓骥、沈讷斋4君为检票员，选举揭晓如下：

夏廷献(20370权)　凌其峻(20190权)　朱继圣(20134权)　袁涤庵(20034权)　周华康(20007权)　顾佐忱(19730权)　金仲廉(19096权)　孙晋方(18661权)　包培之(18156权)　以上9名当选为董事。

顾忠弼(20389权)　姚泽生(19847权)　潘禹言(17159权)以上3君当选为监察人。

六、主席问有无其他议案，庶无人发言，遂于1时余宣告散会。

主　席　孙晋方

纪录员　沈讷斋

(J144-1-2-1)

185.仁立实业股份有限公司第二十二届股东常务董事会报告

民国三十二年三月七日(1943年3月7日)

查本公司上年(民国三十一年)营业状况。地毯部分，因战事发动以来国际交通梗阻，以致出口完全停顿；呢绒方面，因羊毛等原料供给困难，生产减缩，但国内毛织品销场尚畅，而两分公司添设门市部代售工艺产品，亦稍占利润，年终结算仍获余利，殊可庆幸也。兹附三十一年份资产负债表、损益计算书，敬祈公鉴。

仁立实业股份有限公司董事会

中华民国三十二年三月七日

(J144-1-10-13)

仁立实业股份有限公司第二十二届股东会结算报告

监察人报告

本届结算各项数目已就各种簿册分别检查，所有资产负债表、损益计算书均经核对无讹，特具报告敬请诸位股东公鉴。

中华民国三十二年三月七日

监察人：姚泽生、顾忠弼、潘禹言

查账、货人报告书

径启者，晋方等经由董事会推派审查本公司三十一年度结算账目、资产、存货、原料等，当于上年年终分别将结算报告内胪列各款数目与簿册、表单、账据、票款核对相符，所有货物、原料亦照各经管部份所编之盘查报告详细校核，其各项折旧作价数目，均称公允，符合此项资产负债表、损益计划书，确系三十一年度内本公司内经济营业实在情形。特此出具报告即请诸位股东公鉴。

中华民国三十二年三月七日

查账人：孙晋方、顾忠弼、金仲廉、潘禹言

查货人：顾忠辅、夏廷献、顾忠弼、包培之

仁立实业股份有限公司
中华民国三十一年十二月三十一日

资产负债表		
	负债及资本	
	资本	$5,000,000.00
	增资股款	3,000,000.00
	法定公积金	384,851.41
	特别公积金	355,706.17
	盈余滚存	66,576.46
	呆账准备金	21,570.81
	各项折旧准备金	1,594,471.90
	存货调整准备金	189,514.75
	存货跌价准备金	205,483.95
	保险准备金	36,162.55
	定期借款	400,000.00
	总管理处备用金	13,798.13
	职工福利备用金	72,301.13
	职工储蓄金	121,474.23
	职工花红准备金	5,896.87
	应付及期付款项	346,714.47
	应付未付股息	31,089.16
	应付未付利息、工资及佣金	23,785.18
	雇主定金	8,236.99
	暂记存款	241,668.52
	本年纯益	797,289.32
	资产类	
$2,504,845.24	房地产	
2,070,841.58	机械	
3,723.41	工具及机械零件	
119,69.30	装修	
79,640.86	家具	
10,500.00	有价证券	
626,366.97	应收及期收款项	
218,654.56	同业欠款	
2,289,200.97	存货品	
1,892,048.34	存未成品各货	
1,103,010.21	存原料	
436,034.82	储存物料	
5,133.79	废毛废料	
4,293.18	各种迟延费用	
564,248.49	暂记欠款	
946,380.48	存放银行	
42,059.80	现金	
$12,916,592.00	合计	$12,916,592.00

中华民国三十一年

损益计算书		
	利益类	
	销货毛利	$1,514,580.44
	收入佣金	47,171.92
	杂项收益(收入利息及废毛废料收益等项)	54,606.42
	损失类	
$72,343.42	营业费	
339,822.70	管理费	
406,903.34	杂项损失(付出利息等项)	
797,289.32	本年纯益	
$1,616,358.78	合计	$1,616,358.78

(J144-1-10-14)

仁立公司第二十二届股东常会备选董事名单

民国三十二年三月(1943年3月)

下列股东均合本公司章程第四章第十七条之规定,得被选为董事:

金潜厂、凌其峻、傅沅叔、王承祖、王联五、顾温玉、王玉荣、金朴厂、孙伯群、袁涤庵、王孟文荣、李炳旸、郑必达、孙川如、周华康、孙锡三、胡朱瑛、金良、顾伯笙、孙养儒、陈通夫、顾忠弼、潘禹言、姚泽生、庞镇襄、朱继圣、陈范有、金叔初、顾佐忱、陆襄祺、孙静厂、包培之、陈礼、陈一甫、金许闻韵、孙景西、孙履平、程行记、孙啸南、王大宏、潘剑芝、李国秦、董荫芗、戴志骞、赵国斌、夏廷献、林继诚、刘廷芳、章吉六、刘孙淑贤、沈星五、顾味儒、林继贞、孙仲莘、林君潜、吴宪、李九如、林继俭、孙旧立、丁润甫、傅卓夫、王质甫、林斐成、孙施德珩

(J144-1-10-15)

仁立实业股份有限公司监察人调查报告书

民国三十二年三月七日(1943年3月7日)

兹遵照公司法地一九四条之规定,根据账略对于股份财产详细调查后,结果如下:

一、新招股本3万股已全数招足。

二、各股东应缴之股款每股100元,共计300万元已全数缴足。

三、各股东并无以银钱以外之财产抵充股款者。

以上各款查核均属确实并无冒滥,特此报告如上。此致股东会。

监察人　姚泽生　顾忠弼　潘禹言

会计师　杨曾询

(J144-1-2-1)

186.仁立公司为改订工人工资事通告

民国三十二年三月七日(1943年3月7日)

自六月一日起,下列工人工资改订如下:

一、散工,原每日工资　1元5角　改为　1元9角

1元6角5分　改为　2元1角正

1元8角者　改为　2元2角5分

2元　2元5角正

二、理发匠王桂林,工资改为每月80元正。

三、下瓦房女工头马宝聚,每月工资改为88元正。

以上均无津贴,但食粮办法照廉价配给章程办理。

此致

天津仁立公司　通告

(J144-1-8-7)

187.职员津贴及廉价配给食粮办法

民国三十二年五月二十九日(1943年5月29日)

一、自六月一日起,本公司职员津贴每月照原津贴额增加百分之五十并廉价配给食粮。

二、每月廉价配给下列食粮之一种,计44市斤。

计为:

面粉

或大米

或玉米面

以上按月轮换配给,例如第一月配给面粉,第二月配给大米,第三月配给玉米面,以后一次轮换。

三、所有上列三种食粮定价,每袋44斤,一律60元,于每月十六日或十七日向出纳课缴款换取配给证,向配给股领粮。

四、六月上半月职员膳团需要之粮数,因尚未配给,准予预先支借。但至本月实施配给时,照数由膳团扣还。

五、配给面粉之面袋应缴回公司,至于大米、玉米面等袋应各自备。

六、本办法系临时性质,以后如有变更,随时以通告改订之。

此致

天津仁立公司

三十二年五月二十九日

(J144-1-8-6)

188.仁立公司毛呢纺织厂为兑换合作社合作券告工人事

民国三十二年五月三十一日(1943年5月31日)

通告　第二八一号

查本公司合作社自六月一日起停办,业经通过周知在案,为此所有前发之红黄合作券,应即收回,望各工友即行汇集,兑换现金为要。

再,合作社暂定每日午间预备稀饭一次,每份仍旧三分三厘,虽另发新绿色合作券,愿以旧票换新票使用者,亦可。但为结束旧券起见,买稀饭专限新票为有限。合行通告。

民国三十二年五月三十一日

(J144-1-8-5)

189.仁立公司为特发特别奖金事通告

民国三十二年六月四日(1943年6月4日)

通告第283号

兹特发给本厂工人特别奖金一次,凡在民国三十一年底以前充任工人而现犹在职者,各按其上年底时之工别依下列金额发给之。

计开

领班　100元

长工　60元

短工　40元

散工　20元

合行通告

天津仁立公司

三十二年六月四日

(J144-1-8-8)

190.仁立公司第二百十八次董事会纪录

民国三十二年七月二十七日(1943年7月27日)

民国三十二年三月七日下午四时,在本公司二楼开第二百十八次董事会。计出席者有孙锡三、金仲廉、顾佐忱、周华康、朱继圣、凌其峻、夏定轩、潘禹言、顾佑忱、姚泽生诸君。孙董事长主席,夏定轩为纪录员。

一、朱总经理报告上半年营业状况。

二、孙董事长提议,近据股东与职员多人声请,借发第二十六期利息,以维生活。本席以既有其它公司前例可援,应即允如所请,拟交经济委员会审定办理,以示体恤。众无异议。

议至五时半散会。

(J144-1-21-20)

191.仁立公司为稽查出厂人数事通告

民国三十二年十月二十二日(1943年10月22日)

通告第291号

兹为稽查出厂人数清楚起见,自本日起,各部工友下班出厂时,务须携带本人工牌,当时亲自交与稽查人员,一概不准代交,亦不许稽查室派人赴各部收取,务各遵守为要。

此致

天津仁立公司

三十二年十月二十二日

(J144-1-8-9)

192.仁立公司为与中孚银行商订之同仁奖励股抵押借款办法事通告

民国三十二年十一月一日(1943年11月1日)

通　告　第二九二号

兹与中孚银行商订同仁奖励股抵押借款办法,自十一月一日起实行。

计开

一、凡借款已足前所规定之限额者,此后职员每月许抵押200元,工头及茶役每月许借100元,至满足票面额数为止。

二、凡未曾借款或经借而未足前所规定限额者,此后借款,职员如每月超过200元,工头及茶役每月超过100元时,须有特别用途,经保管委员会核准,方能借款。其数目并须保管委员会核定之。

三、此后,如银行方面因金融情况货限制关系,停止此项办法时,本章程得随时变更。

此致

天津仁立公司

三十二年十一月一日

(J144-1-8-11)

193.仁立公司为配给食粮事通告

民国三十二年十一月十六日(1943年11月16日)

通告第295号

查本厂对各工友每月廉价配给食粮,每人原为玉米面40斤、豆饼10斤,历行在案。兹自本月上半月起,停止配给豆饼,改换玉米面10斤,合共玉米面50斤,一律每斤收价7角。特此通告。

天津仁立公司

三十二年十一月十六日

(J144-1-8-10)

194.仁立实业股份有限公司第二十三届股东常会纪事录

民国三十三年三月五日(1944年3月5日)

中华民国三十三年三月五日上午十一时,仁立实业股份有限公司于北京王府井大街九十七号开第二十三届股东常会。是日亲自到会者计十七人,代表62947股32324权。由孙锡三君主席,沈讷斋君纪录。

一、董事长孙锡三君报告去年业务状况如下:

略谓查本公司去年(民国三十二年)营业方面之艰苦情形,较诸以往为尤甚。除各项原料益属缺乏外,诸般开支均感增加,原料中羊毛一项自上年秋间当局成立皮毛统制协会后,本公司即加入为会员。倘将来能有所配给,则工作前途不无一线曙光。至于上年生产仍恃旧存,一部原料尤赖原价较低,勉有微利。而上海、北京之门市部代售工艺制品亦略沾薄润,年终结算尚可,稍获盈余。差堪告慰于诸位股东者也云云。

二、监察人顾佑忱报告核对账目情形如下:

略请本届结算各项数目已就各种簿册分别检查所有资产负债表、损益计划书,均经核对无讹云云。

三、董事长报告盈余分配如下:

纯利 994,225.63

滚存 8,502.79

提特别公积 140,000.00

总计 1,142,728.42

法定公积 99,422.56

所得税 134,220.46

股息(六厘)已于三十二年八月十六日垫付之记 480,000.00

红利(四厘)已于三十三年一月十七日预付之记 320,000.00

董监职工酬劳金 79,085.40

职工赡养及公益金 30,000.00

总计 1,142,728.42

当由股东顾佐忱、姚泽生提议接受。众无异议,一致通过。

四、上年监察人一年任满投票选举由周华康、凌其峻二君检票结果如下:

姚泽生 得32158票

顾佑忱 得31776票

潘禹言 得28766票

当选为监察人。

十二时宣告散会。

主席:孙晋方

纪录员:沈讷斋

(J144-1-10-16)

195.仁立实业股份有限公司第二十三届股东常会董事会报告

民国三十三年三月五日(1944年3月5日)

查本公司去年(民国三十二年)营业方面之艰苦情形,较诸以往为尤甚。除各项原料益属缺乏外,诸般开支均感增加,原料中羊毛一项自上年秋间当局成立皮毛统制协会后,本公司即加入为会员。倘将来能有所配给,则工作前途不无一线曙光。至于上年生产仍恃旧存,一部原料尤赖原价较低,勉有微利。而上海、北京之门市部代售工艺制品亦略沾薄润,年终结算尚可,稍获盈余。差堪告慰于诸位股东者也。兹附三十二年份资产负债表、损益计算书。敬祈公鉴。

仁立实业股份有限公司董事会

中华民国三十三年三月五日

朱继圣

(J144-1-10-19)

仁立公司第二十三届股东常会备选监察人名单

民国三十三年三月五日(1944年3月5日)

下列股东均合本公司章程第四章第十七条之规定,得被选为监察人:

金潜厂、凌其峻、周华康、夏廷献、姚泽生、杨倩华、张雅莉、顾温玉、王玉荣、金叔初、何林一、孙仲荦、董荫芗、吴任之、戴志骞、余琼芝、傅卓夫、王质甫、林继诚、张作勉、金朴厂、卢豫骥、潘禹言、胡世昌、孙静厂、金良、李炳旸、李企韩、孙川如、金许闻韵、胡诒毅、孙旧立、蔡孙响方、章吉六、李道南、吴宪、孙啸南、王大宏、林继贞、郑玉常、周华康、彭兼仪、陆襄祺、胡世惠、顾伯笙、邝必达、朱祖寿、任宗济、孙璧威、刁信德、林君潜、王懿芳、吴严彩韵、赵国斌、孙班绿、林斐成、林继俭、孙颂宜、顾忠弼、孙伯群、傅沅叔、胡世勋、王孟文荣、金仲廉、朱继圣、孙养儒、陈一甫、朱成章太太、李国秦、孙履平、张道宏、丁润甫、刘孙淑贤、徐曼宜、沈星五、顾味儒、孙施德珩、李子久、商焕文、顾佐忱、孙锡三、袁涤庵、胡世平、杨良保、包培之、陈礼、陈范有、陈通夫、金严智粹、刘廷芳、木伦华、王启常、程行记、陈立庭、徐蔚若、李九如、张友焜、潘剑芝、李淑贞。

(J144-1-10-20)

仁立实业股份有限公司第二十三届股东会结算报告

民国三十二年十二月三十一日(1943年12月31日)

监察人报告

本届结算各项数目已就各种簿册分别检查,所有资产负债表、损益计算书均经核对无讹,特具报告敬请诸位股东公鉴。

中华民国三十三年三月五日

监察人:姚泽生、顾忠弼、潘禹言

查账、货人报告书

径启者,晋方等经由董事会推派审查本公司三十二年度结算账目、资产、存货、原料等,当于上年年终分别将结算报告内胪列各款数目与簿册、表单、账据、票款核对相符,所有货物、原料亦照各经管部分所编之盘查报告详细校核,其各项折旧作价数目,均称公允,符合此项资产负债表、损益计划书,确系三十二年度内本公司内经济营业实在情形。特此出具报告即请诸位股东公鉴。

中华民国三十三年三月五日

查账人:孙晋方、顾忠弼、金仲廉、潘禹言

查货人:顾忠辅、夏廷献、顾忠弼、包培之

仁立实业股份有限公司

中华民国三十二年十二月三十一日

资产负债表		
负债及资本		
	资本	$8,000,000.00
	法定公积金	464,580.34
	特别公积金	355,706.17
	盈余滚存	8,502.79
	呆账准备金	63,431.97
	各项折旧准备金	1,472,599.29
	存货调整准备金	207,312.79
	存货跌价准备金	309,901.09
	保险准备金	38,125.63
	定期借款	300,000.00
	总管理处备用金	12,272.24
	职工福利备用金	515,972.64
	职工储蓄金	267,293.17
	职工花红准备金	5,219.87
	应付及期付款项	357,257.28
	应付未付股息	229,730.16
	应付未付利息、工资及佣金	29,461.55
	雇主定金	4,647.28
	暂记存款	159,664.60
	本年纯益	994,225.63
资产类		
$3,019,701.37	房地产	
2,096,370.68	机械	
4,368.89	工具及机械零件	
120,415.94	装修	
81,354.58	家具	
10,500.00	有价证券	
140,000.00	投资华北皮毛统制协会	
829,968.34	应收及期收款项	
209,903.42	同业欠款	
2,851,066.17	存货品	
1,361,524.56	存未成品各货	
612,228.41	存原料	
798,009.35	储存物料	
5,133.79	废毛废料	
485,848.81	各种迟延费用	
465,864.94	暂记欠款	
2,879.16	工人借款	
582,946.68	存放银行	
107,819.40	现金	
$13,795,904.49	合计	$13,795,904.49

中华民国三十二年度

损益计算书		
	利益类	
	销货毛利	$1,512,324.43
	收入佣金	50,057.59
	杂项收益(收入利息及废毛废料收益等项)	87,392.04
	损失类	
$79,447.96	营业费	
323,850.77	管理费	
252,219.70	杂项损失(付出利息等项)	
994,225.63	本年纯益	
$1,649,774.06	合计	$1,649,774.06

(J144-1-10-21)

196.仁立公司第二百十九次董事会记录

民国三十三年九月十九日(1944年9月19日)

民国三十三年九月十九日下午四时半，在本公司二楼开第二百十九次董事会。计出席者有孙锡三、金仲廉、夏廷献、周华康、顾佐忱、朱继圣、凌其峻、潘禹言诸君。孙董事长主席，夏廷献为记录员。

一、朱总经理报告上半年营业状况推销尚称不劣，惟开支浩繁，同人生活亦感困难，有依物价之变更随时调整津贴之必要。

二、孙董事长提议秋节在迩，拟垫发股利六厘，以维股东生活，众赞成。决议于九月二十三日发给。

议至五时半散会。

(J144-1-24-23)

197.仁立公司第二百二十次董事会记录

民国三十三年十二月四日(1944年12月4日)

民国三十三年十二月四日下午四时，在北京本分公司二楼开第二百二十次董事会。计出席者有孙锡三、金仲廉、周华康、朱继圣、顾佐忱、凌其峻董事，顾佑忱、潘禹言、姚泽生监察人。孙董事长主席，凌其峻为记录员。

朱总经理报告：

一、物价高涨，同人待遇已由十一月一日起改善；

二、所得税额已经核定为116万元，应纳所得税与战时利得税39万余元；

三、军部定毯合同已签字，惟原料除煤外尚未拨来。

孙董事长提议年关在迩，拟垫发股利八厘，并按股数配给呢料与各股东，其详细办法，由朱总经理拟定之。众赞成，决议于十二月十一日发给。

孙董事长称本届年终应请顾佐忱、周华康、金仲廉、潘禹言四君与包培之、顾佑忱二君会同本席分任京津点货查账事宜。上海方面仍请孙仲立股东担任之，以资熟手。又称本届特别奖励金将于近期内由本席与朱总经理商定之。

凌董事报告夏董事被撞骨断卧病多日，故未列席。众议请凌董事代表前往慰问。

六时散会。

(J144-1-24-24)

198.编辑天津证券概要调查表

民国三十三年(1944年)

公司名称：仁立实业股份有限公司

公司地址：天津特别市第六区南经三十四路(六十八号路)

业务种类：毛织业

出品名称：呢绒、毛毯、地毯

出品牌号：天马牌

每日出品数量：约1000码(生产能力)

每年各货约出若干：共约30万码(生产能力)

三年来销货状况与数量：因原料缺乏，生产减少，以致销售额极微

销货区域：本国各地

原料来源：经当局许可在本地购买

公司简史：民国十一年在北京成立仁立公司，经营地毯织造及出口事业；二十年在天津设立毛呢纺织厂，初仅纺线供给织造地毯之用，嗣后逐渐发展，迭次增加股本，陆续添盖厂房，购置毛呢、织、染、整理及精纺诸种机器，并将总公司迁设天津。

公积金：564,002.90元

资本总额：800万元

曾否增资、增资办法数字：十一年成立资本为10万元，二十一年增为30万元，二十九年增资为50万元，二十六年增资为150万元，二十九年增资为500万元，三十一年增资为800万元。

每年股息及发付日期：股息六厘，发付日期不定

现任董事长及董事监察人总协理：

董事长：孙锡三

董事：朱继圣、袁涤庵、夏廷献、金仲廉、包培之、顾佐忱、凌其峻、周华康

监察人：姚泽生、潘禹言、顾忠弼

总经理：朱继圣

现在员工人数：四百二十人

创办人及创办年月：民国十一年创立

注册机关及年月：民国三十三年在实业总署登记

三年来盈亏数字：

三十年纯利：855,393.97

三十一年纯利：938,291.42

三十二年纯利：1,185,557.89

(J144-1-11-1)

199.仁立公司第二百二十一次董事会记录

民国三十四年三月十日(1945年3月10日)

民国三十四年三月十日下午五时,在北京本分公司二楼开第二百二十一次董事会。计出席者有孙锡三、金仲廉、顾佐忱、周华康、朱继圣、凌其峻董事,潘禹言、顾佑忱、姚泽生监察人。孙董事长主席,凌其峻为记录员。

孙董事长称本届股东会将于翌日上午十一时召集,应向该会报告营业状况,并提出盈余分配案。经众协议如下:

一、第二十四届股东常会董事会报告

查本公司上年(民国三十三年)营业方面之情形,较前益为艰苦。各项原料均极缺乏,而羊毛尤甚。上届股东常会报告中希望或能获得华北皮毛统制协会之配给一节,迄未能实现。至于一切开支因物价高涨关系,则愈感浩大。上年拟有利用废毛麻丝、颇旧呢头等材料纺织更生呢绒之计划。其应添置之各项机器,业经定购,一俟运到装成后,对于本公司原料之困难想渐可减轻,而生产得以增加,营业自由发展,亦意中事也。至于上年生产不外仍赖一部旧存原料,成本较低,勉沾利润,年终结算尚可稍获盈余,堪以告慰于诸位股东者也。兹附三十三年份资产负债表、损益计算书。敬祈。

公鉴

仁立实业股份有限公司董事会

一、盈余分配案

盈余		
本年纯益	1,556,733.43	
提用特别公积金	142,169.37	
总计	1,698,901.80	
分配		
法定公积金	155673.24	
所得税		252,190.66
战时利得税		126,095.33
民国三十二年份所得税及利得税欠数		184,942.57
股息		480,000.00
红利		320,000.00
董监职工酬劳金		150,000.00
职工赡养及公益金		150,000.00
总计		1,698,901.80

二、董监花红共提52000元,均分十三份,每份4500元正。

议至六时闭会。

(J144-1-24-25)

200.仁立实业股份有限公司第二十四届股东常会纪事录

民国三十四年三月十一日(1945年3月11日)

中华民国三十四年三月十一日上午十一时，仁立实业股份有限公司于北京王府井大街九十七号开第二十四届股东常会。是日到会者106户,代表48755股25029权。由孙晋方君主席,沈讷斋君纪录。

一、董事长孙晋方君报告去年业务状况如下：

(附件一)

二、查账人孙晋方君报告核对账目情形如下：

(附件二)

三、董事长报告盈余分配如下：

盈余分配案

民国三十三年十二月三十一日

本年纯利　1,556,733.43

提用特别公积金　142,169.37

以上共合洋　1,698,901.80

分配

法定公积金　155,673.24

所得税　252,190.66

战时利得税　126,095.33

民国三十三年分所得税及利得税欠数　184,942.57

股息　480,000.00

红利　320,000.00

董监职工酬劳金　150,000.00

职工赡养及公益金　30,000.00

以上共合洋　1,698.901.18

当由股东姚泽生君提议,周华康君附议接受。众无异议,一致通过。

四、上年监察人一年任满投票选举由陆襄祺、周华康、凌其峻三君检票结果：

姚泽生君　得24234票

顾佑忱君　得25029票

潘禹言君　得25029票

当选为监察人。

十二时散会。

主席:孙晋方

纪录员:沈讷斋

(J144-1-10-22)

201.仁立实业股份有限公司第二十四届股东常会董事会报告

民国三十四年三月十一日(1945年3月11日)

查本公司去年(民国三十三年)营业方面之情形较前益为艰苦。各项原料均极缺乏,而羊毛为尤甚。上届股东常会报告中希望成能获得华北皮毛统制协会之配给一节,迄未能实现。至于一切开支因价高涨关系,则愈感浩大。上年拟有利用废毛废丝、破旧呢头等材料纺织更生呢绒之计划,其应添置之各项机,业经定购,一俟运到装成后,对于本公司原料之困难想渐可减轻,而生产得以增加,营业目有发展,亦意中事也。至于上年生产不外仍赖一部旧存原料,成本较低,勉沾利润,年终结算尚可稍获盈余,堪以告慰诸位股东者也。兹附三十三年份资产负债表、损益计算书。敬祈公鉴。

仁立实业股份有限公司董事会

中华民国三十四年三月十一日

朱继圣

(J144-1-10-23)

仁立实业股份有限公司第二十四届股东会结算报告

民国三十三年十二月三十一日(1944年12月31日)

监察人报告

本届结算各项数目已就各种簿册分别检查,所有资产负债表、损益计算书均经核对无讹,特具报告敬请诸位股东公鉴。

中华民国三十四年三月十一日

监察人:姚泽生、顾忠弼、潘禹言

查账、货人报告书

径启者,晋方等经由董事会推派审查本公司三十三年度结算账目、资产、存货、原料等,当于上年年终分别将结算报告内胪列各款数目与簿册、表单、账据、票款核对相符,所有货物、原料亦照各经管部分所编之盘查报告详细校核,其各项折旧作价数目,均称公允,符合此项资产负债表、损益计划书,确系三十三年度内本公司内经济营业实在情形。特此出具报告即请诸位股东公鉴。

中华民国三十四年三月十一日

查账人:孙晋方、顾忠弼、金仲廉、潘禹言

查货人:顾忠辅、夏廷献、顾忠弼、包培之

仁立实业股份有限公司

中华民国三十三年十二月三十一日

资产负债表		
负债及资本		
	资本	$8,000,000.00
	法定公积金	564,002.90
	特别公积金	215,706.17
	呆账准备金	64,082.78
	各项折旧准备金	1,699,480.02
	存货调整准备金	223,006.43

续表

	存货跌价准备金	298,477.14
	保险准备金	44,740.25
	总管理处备用金	1,900.00
	职工福利备用金	660,818.48
	职工储蓄金	306,233.51
	职工花红准备金	71,371.14
	应付及期付款项	762,334.78
	应付未付股息	229,730.16
	应付未付利息、工资及佣金	61,574.08
	雇主定金	1,295,977.19
	暂记存款	112,649.50
	纯益	1,556,732.43
	资产类	
$3,334,031.51	房地产	
2,123,573.48	机械	
4,368.89	工具及机械零件	
128,793.89	装修	
123,247.38	家具	
10,500.00	有价证券	
140,000.00	投资华北皮毛统制协会	
1,330,152.75	应收及期收款项	
187,011.19	同业欠款	
4,424,923.52	存货品	
1,656,903.97	存未成品各货	
290,346.70	存原料	
1,006,242.65	储存物料	
56,334.81	废毛废料	
8,110.81	各种迟延费用	
383,193.29	暂记欠款	
4,192.61	工人借款	
807,765.47	存放银行	
139,124.04	现金	
$16,168,816.96	合计	$16,168,816.96

中华民国三十三年度

	损益计算书	
	利益类	
	销货毛利	$2,830,202.60
	收入佣金	94,053.33
	代制棉毯收益	108,188.00
	杂项收益(收入利息及废毛废料收益等项)	340,584.47
	损失类	
$366,807.94	代制棉毯费用	
346,724.81	营业费	
1,059,230.10	管理费	
43,533.12	杂项损失(付出利息等项)	
1,556,732.43	本年纯益	
$3,373,028.40	合计	$3,373,028.40

仁立实业股份有限公司民国三十三年十二月三十一日止决算之资产负债表、损益计划书及财产

目录,均经本会计师查核,与账无误,特此证明。

会计师　杨曾询

中华民国三十四年二月二十八日

(J144-1-10-24)

202.仁立实业股份有限公司决算表

民国三十四年三月二十八日(1945年3月28日)

仁立实业股份有限公司民国三十三年度决算表

仁立实业股份有限公司民国三十三年十二月三十一日止之资产负债表、损益计算书、负债及财产目录,均经本会计师查核无误。特此证明。

会计师　杨曾询

1944年仁立实业股份有限公司资产负债表

资 产	科 目	负 债
	负债类	
	资本	8000000.00
	公积金	564002.90
	特别公积金	215706.17
	各项准备金	2401157.76
	总管理处备用金	1900.00
	职工福利备用金	660818.48
	职工储蓄金	306233.51
	应付及期付款项	762334.78
	应付未付股息	2297301.16
	应付未付利息及工资	61574.08
	预收定金	1295977.19
	暂记存款	112649.50
	资产类	
3344031.51	房地产	
2123573.48	机械	
4368.89	工具及机械零件	
128793.89	装修	
123247.38	家具	
10500.00	有价证券	
140000.00	投资	
1330152.75	应收及期收款项	
187011.19	同业欠款	
4424923.52	存货品	
1656903.97	存未成品	
290346.7	存原料	
1062577.46	储存物料	
8110.81	各种迟延费用	
383193.29	暂记欠款	
4192.61	工人借款	
807765.47	存放银行号	
139124.04	现金	
	本年纯益	1556732.43
16168816.96	合 计	16168816.96

1944年仁立实业股份有限公司损益计算书

损 失	科 目		利 益
	利益类		
	销货毛利		2830202.60
	花呢	776938.82	
	哔叽	616943.20	
	制服呢	1060945.96	
	床毯	35495.88	
	美术地毯	312284.32	
	北京地毯	25114.61	
	色地毯线	2479.81	
	收入佣金		94053.33
	收入利息		39931.32
	收入房地租		6165.30
	羊毛毛线升溢		19464.81
	呢绒升溢		11199.58
	废毛变卖收益		42952.00
	代制棉毯收益		108188.00
	杂益		220871.46
	损失类		
366807.94	代制棉毯费用		
1208.00	广告费		
3712.16	旅费		
39219.09	交际费		
10152.50	包装运输及仓库费		
284075.52	上海办事处费用		
8357.54	样品		
312264.73	薪津		
58707.95	工资		
404463.42	职工伙食		
13072.03	职工配给煤亏损		
3915.07	厚生费		
8216.76	董事费用		
11349.59	文具用品		
6021.20	邮电费		
51690.78	房地捐		
9300.00	房租		
5665.01	保险费		
11178.50	经常修缮费		
3438.72	医药费		
128572.34	杂项开支		
10590.81	迟延费用		
5708.72	水电及煤费		
12270.96	房屋折旧		
1231.79	装修折旧		
1571.12	家具折旧		
43533.12	付出利息		
1556732.43	本年纯益		
3373028.40	合 计		3373028.4

1944年仁立实业股份有限公司负债目录

摘　要	金　额	合　计
资　本		
资本	8000000.00	8000000.00
公积金		
公积金	564002.90	564002.90
特别公积金		
特别公积金	215706.17	215706.17
各项准备金		
天津工厂	1803196.29	
北京办事处	185801.66	
北京工厂	182656.33	
上海办事处	1638.25	
总公司	227865.23	2401157.76
总管理处备用金	1900.00	1900.00
职工福利备用金		
天津工厂	266,603.20	
北京办事处	60423.62	
北京工厂	46653.40	
总公司	287138.26	660818.48
职工储蓄金		
北京办事处	83795.49	
总公司	222438.02	306233.51
应付及期付款项		
天津工厂	104617.89	
北京办事处	7644.39	
北京工厂	38578.64	
上海办事处	611493.86	762334.78
应付未付股息		
总公司	229730.16	229730.16
应付未付利息及工资		
天津工厂	61184.17	
北京办事处	389.91	
预收定金		
天津工厂	1291357.33	
北京办事处	4581.61	
上海办事处	38.25	1295977.19
暂记存款		
天津工厂		
手续费	148.67	
孙德山	600.00	
王竹轩	17342.86	
应付未付职工特别津贴	4210.88	
应付未付工人粮贴	72223.20	
应付未付工人煤贴	4420.00	
北京公司汇款	9470.00	
北京办事处		
成达商行	612.43	
同人应提储金	124.03	
贾树屏	63.43	
北京工厂		
同人定制毛衣款	2434.00	
总公司		
暂收押租	1000.00	
本年纯益		
本年纯益	1556732.43	1556732.43
合　计	16168816.96	16168816.96

1944年仁立实业股份有限公司财产目录

摘 要	金 额	合 计
房地产		
天津工厂	2003005.51	
总公司	1337371.93	
北京工厂	3654.07	3344031.51
机 械		
天津工厂	2065358.12	
天津工厂动力设备	23496.63	
北京工厂	34718.73	2123573.48
工具及机械零件		
天津工厂	2285.12	
北京工厂	2083.77	4368.89
装 修		
天津工厂	93640.72	
北京办事处	12322.32	
北京工厂	22192.89	
上海办事处	637.96	128793.89
家 具		
天津工厂	71492.14	
北京办事处	21524.18	
北京工厂	27665.90	
上海办事处	2565.16	123247.38
有价证券		
有价证券	10500.00	10500.00
投 资		
华北皮毛统治协会	140000.00	140000.00
应收及期收款项		
天津工厂	1186797.29	
北京办事处	141110.89	
北京工厂	2244.57	133015275
同业欠款		
天津工厂	157204.74	
北京办事处	29806.45	187011.19
存货品		
地毯 39176.04方米	1305767.48	
呢绒 40207.50米	2805792.09	
床毯车毯 1524条	64197.81	
针织品 9082件	43263.68	
杂项商品	205902.46	4424923.52
存未成品		
在织地毯 972方米	4306.04	
呢绒未成品 41688.62米	1082560.02	
床毯车毯未成品 680条	11172.25	
色织呢线 2191.00公斤	49059.00	
白织呢线 6273.64公斤	196612.61	
哔叽线 459.10公斤	10661.54	
色地毯线 9231.62公斤	89040.11	
白地毯线 3746.00公斤	23334.89	
色手纺线 7505.68公斤	112404.54	
白手纺线 11163.25公斤	41790.27	
棉线 257.00公斤	24725.00	
针织线 333.05公斤	5726.31	
筒子线 2646.60米	5511.39	1656903.97
存原料		
羊毛 14489.10公斤	99159.37	

续表

摘 要	金 额	合 计
房地产		
颜料及化学物品	125289.72	
其他原料	65897.61	290346.70
储存物料		
天津工厂	891023.87	
北京办事处	4044.47	
北京工厂	167509.12	1062577.46
各种迟延费用		
未迄保险费	7949.99	
图样	160.82	8110.81
暂记欠款		
天津工厂	290771.54	
北京办事处	54115.15	
北京工厂	25064.50	
总公司	13242.10	383193.29
工人借款		
天津工厂	4192.61	4192.61
存放银行号		
天津中孚银行	36967.84	
天津中国农工银行	3515.19	
天津上海银行	339.02	
天津正金银行	319901.14	
天津大陆银行	2859.25	
天津新华银行	1127.27	
天津华北工业银行	7012.75	
天津上海银行黄处	370.92	
天津宝生银号	44566.83	
天津同德银行	8581.23	
天津益丰银号	5956.69	
天津花旗银行	265225.80	
北京中孚银行	74375.77	
北京中孚东支行	7160.46	
北京金城银行	13646.31	
北京同德银行	14159.00	807765.47
现金		
现金	139.124.04	139.124.05
合 计	16168816.96	16168816.96

1944年仁立实业股份有限公司盈余分配表

分 配	科 目	盈 余
	盈 余	
	本年纯益	1556732.43
	提用特别公积金	142169.37
	分 配	
155673.24	公积金	
378285.99	税金	
184942.57	补缴三十二年度所得税	
480000.00	股东股息	
320000.00	股东红利	
150000.00	董监职工酬劳金	
30000.00	职工赡养及公益金	
1698901.80	合 计	1698901.80

（J144-1-5-1）

203.仁立公司第二百二十二次董事会记录

民国三十四年五月十四日(1945年5月14日)

民国三十四年五月十四日下午四时,在北京本分公司二楼开第二百二十二次董事会。计出席者有孙锡三、金仲廉、周华康、顾佐忱、朱继圣、凌其峻董事,顾佑忱、潘禹言监察人。孙董事长主席,凌董事为记录员。

朱总经理报告入春以来,呢绒销路迟滞,制造部因工人陆续离厂,出货量亦减少。

孙董事长称端节即将,届本席提议借发股息二分共160万元,董监职工维持费140万元,在六月初旬发给,众无异议,通过。

朱总经理称同仁奖励股向由委员会保管,数年来有陆续提出半数者,兹为调剂同仁生活起见,拟规定其余半数遇需要时得申请提出之。众赞成。

五时一刻散会。

(J144-1-24-26)

204.仁立公司第二百二十三次董事会记录

民国三十四年九月二十七日(1945年9月27日)

民国三十四年九月二十七日下午三时,在北平本分公司二楼开第二百二十三次董事会。计出席者有孙锡三、包培之、金仲廉、周华康、夏廷献、顾佐忱、朱继圣、凌其峻董事,顾佑忱、潘禹言、姚泽生监察人。孙董事长主席,凌董事为记录员。

主席称此会为胜利后第一次集会,不胜愉快,秋节本公司借发股息二分与董监员工,维持费一如端节往例请追认。议决通过。

朱总经理报告财务委员会历年账目甚详,潘监察人提议请该委员会继续办理,一俟能划账时,再行结束。众无异议。

孙董事长说明将来计划,拟补充毛纺织设备,加强内部组织。

朱总经理声述过去八年内,应付环境,煞费苦心情形。

四时半散会。

(J144-1-24-27)

205.仁立实业股份有限公司生产会议录

民国三十四年十二月十四日(1945年12月14日)

日期:三十四年十二月十四日上午十时

地点:总经理室

出席:朱总经理、陈经理、毛副理、刘副理、潘襄理、杨主任、冯主任、黄先生

主席:朱总经理

会议事项:

一、各部工友本月份加给临时调整,全照原工资津贴数之一倍发给。

二、工资津贴及各项配给照旧。

三、工友每工作一日，各给特别补助金法币35元，工头照加一倍，值班照加半倍。其原有各部奖金一律取消，惟个人计件赏金(如织呢工人有呢织者)，仍照十一月份计算。

以上特别补助金假旷照扣，星期日加点照给，年节、国庆等假日照给，平日加点不给补助金。

四、听差之临时调整金同上办理，但临时津贴本月份每人改给法币500元，听差工头照加一倍(以上即日发表)。

五、各部工友及听差加工饭钱原为联币60元，即日起改为法币25元(合联币125元)(以上即日发表)。

六、各部工友因事连续请假超过三个月者，即予解雇，自即日起实行(以上即日发表)。

七、凡胜利前各部工友及听差在厂工作迄现在止中间未间断者，一律每人发给奖金法币5000元。但有请假多日，而在发放上项奖金之后方回厂销假者，须俟工作二个月后再行补发(以上□考核久假工友情形后择日发表)。

记录　高学瀛

(J144-1-21-21)

206.仁立公司第二百二十四次董事会记录

民国三十四年十二月二十一日(1945年12月21日)

民国三十四年十二月二十一日下午六时半，在北平分公司聚餐，七时半，在二楼开第二百二十四次董事会。计出席者有孙锡三、顾佐忱、周华康、夏庭轩、朱继圣、凌其峻董事，顾佑忱、潘禹言、姚泽生监察人。孙董事长主席，凌董事为记录员。

天津总公司与北平分公司提交最近资产负债表与损益计算书。

议决事项如下：

一、资本财产准备金与储金、赡养金照原数不折改法币入账，余如现金、期收、期付、顾主定金、利息、暂记等项按五与一比折合法币，另立币制调整差额户，以资调整；

二、未付股息按法币数目不折另加年息二分复利补发股东；

三、薪津调整授权总经理参照一般公司银行办法，酌量办理；

四、阴历年底接发股息四分；

五、胜利奖金以胜利以前服务员工现仍在职者为限，职员每人给法币1万元，工友每人给5000元，董监之待遇同职员；

六、本届点货查账，平津二处仍由前任董监担任，上海方面请阜丰厂孙北屏君担任；

七、一切货物设法列入总账；

八、筹备组织一企业公司，经营证券与房地产；

九、上海分公司襄理俞普庆辞职，现由周佑康暂代，又聘郑寿章助理出口部业务；

十、纺织厂扩充计划拟按500架织机之设备设计一切房屋、机器；

十一、燕京大学捐款联币200万元，南开大学捐款法币100万元；

十二、股东与职工之呢绒配给一概取消；

十三、假定一月二十日召集临时股东会；

十四、北平分公司除沈讷斋襄理为营业主任外，添聘陈尺楼为襄理兼事务主任，副厂长施复湘胜任襄理兼厂长。

九点钟散会。

(J144-1-24-28)

207.仁立公司呈天津市政府、天津市警察局受敌侵害损失经过请求追偿书

民国三十四年十二月二十八日(1945年12月28日)

呈为遵令呈报受敌侵害损失经过请求追偿事。窃商公司毛呢纺织厂在本市国人经营之毛织业工业中,夙负薄誉,沦陷之初虽未及迁避,但因设在旧英租界内,敌寇一时未能染指。迨三十年十二月八日租界被占,最后屏障遂终失去,久为人所垂涎之商公司遂致沦为鱼肉之载以来,受其蹂躏听其宰割,无所不至。而商公司切齿忍痛所日夜祝祷之最后胜利终于本年来临。当兹河山光复举国腾欢之际,商公司抚今追昔,倍加伤痛,历考所受敌寇欺凌压榨,擢发难数,而仅就荦荦之大端,计算其损失,实达伪钞2亿4400余万元,折合法币4800余万元之巨,谨分项缕陈于左:

(一)强征织制哔叽所受之损失

民国三十一年秋,敌寇甲1820部队封闭商公司原料仓库,藉以要挟交出所存之澳洲毛条。经再三交涉,结果强迫以此项毛条之一部征制哔叽4875.6公尺,于三十三年八月发给每公尺工料费伪联钞8元,照当时市价计亏损90%。现在此项哔叽市价每公尺值联币40000元,计算损失伪联币175521600元,折合法币35104320元正。

(二)强征羊毛及毛线所受之损失

甲、天津毛织厂部分

三十三年三月三日敌甲1820部队令天津皮毛统制协会强征本厂所存紫绒羊毛等20966市斤,于三十四年三月三十一日始发价伪联钞120000103.52元。照当时市价此项羊毛值1878200元,计损失93.61%,照此百分数,按现时市价计算,实损失伪钞22749102.2元,折合法币4549820.44元。

乙、北平分公司地毯厂部分

三十三年七月四日敌甲1821部队令北平皮毛统制协会强征商公司北平地毯厂之羊毛及毛线20392市斤,发价伪联钞37037.63元,按当时市价,此批羊毛及毛线共值1297879.63元,计损失伪联钞40812936.23元,折合法币8162587.24元。

(三)强征工作所受之损失

第一次:三十二年冬,敌甲1820部队迫令用其原料为其加工织制棉毯17000条,每条发工费伪联钞6.364元,合计此次征工当时亏损伪联币258619.94元,如以当时伪钞之购买值为现时之十五倍计,则合现时损失伪联钞3879299.1元,折合法币775859.82元。

第二次:三十三年冬,敌甲1820部队又迫令用其原料为其加工织制棉毯7万条,此项征工限于三十四年秋间交齐,但商公司蓄意拖延,届交工期时正值敌寇投降,仅织成交出全数之五分之二,计28311条,原限发给工价每条伪联币34.7元,因当时工人生活程度沸腾不已,敌寇虽宽发工资,计有20000条,每条发工资203元,有8311条每条发工资759元,但统计商公司实赔损伪联币1890621.23元,折合法币378124.25元。

综合以上三项共计损失伪联钞244853558.76元,折合法币48970711.75元。当时商公司在敌人铁蹄之下受其征发,无法抗拒,惟有保藏各项证件忍痛待时今值胜利来临。

钧府、局于百政待举之际，进而调查抗战期间人民生命财产受敌侵害、强占强征等损失，以凭向敌追偿，具征爱护人民之德意。商公司感激之余，谨以损失经过及损失数额缕陈为右，除分呈天津市警察局、天津市政府外，辅伏祈鉴核予以追偿。谨呈

天津市政府

天津市警察局

具呈人：仁立实业股份有限公司

总经理 朱〇〇

三十四年十二月二十八日发

民国三十年十二月八日后商厂直接受敌人之损失

(一)强征哔叽4,875$\frac{6}{10}$所受之损之

民国三十一年秋，敌军部队欲强迫商厂交出所存澳洲毛条共数约2万磅，经交涉后划出一部分强迫商厂纺线并织制哔叽，于三十二年四月间交清。敌军部于同年八月间付给每公尺联钞8元，按当时市价此种哔叽每公尺可值联钞80元，故商厂所受损失为九成

$$\frac{80-8}{80}=\frac{72}{80}=\frac{9}{10}$$

此种哔叽之现在市价每公尺约值联钞40,000元，故本厂损失折合现时联钞约为

$$40,000\times4,875.6\times\frac{9}{10}=175,521,600\text{元}$$

折合法币，损失 175,521,600 ÷ 5 = 35,104,320元

(二)强买羊毛所受之损失

民国三十三年敌军部强买本厂下列羊毛

紫绒 6,100斤

春秋杂色羊毛 3,020斤

染色毛 1,028斤

带色毛 10,780斤

于民国三十四年三月间始付本厂联钞120,103.52元，按当时市价本厂羊毛之值应为联钞1,878,200元

紫绒 6,100斤×120元 = 782,000元

春秋杂色羊毛 3,020斤× 60元 = 181,200元

染色毛 1,028斤×100元 = 102,600元

带色毛 10,780斤× 80元 = 862,400 元

1,878,200元

故总计损失为$\frac{(1878200-120103.52)}{1878200\text{元}}\times100=93.61\%$

上列羊毛之现值市价约为联钞24,302,000元。

紫绒 6,100斤×1,200元 = 7,820,000元

春秋杂色羊毛 3,020斤×1,000元 = 3,020,000元

染色毛 1,028斤×1,000元 = 1,026,000元

带色毛　　10,780斤×1,200元 = $\frac{12,986,000\text{元}}{24,302,000\text{元}}$

故本厂对于强买羊毛所受之损失折合现时联钞之值约为

$$24,302,000\text{元} \times \frac{98.61}{100} = 22,749,102.20\text{元}$$

折合法币损失22,749,102.20 ÷ 5 = 4,549,820.44元

(3)民国三十二年冬敌军部迫商厂签订合同，为其加工制毯17,000条，至民国三十三年八月交齐。当时每条给加工费为联钞6.364元，实际当时结账商厂共赔258,619.94元，以当时伪联钞购买值为现时伪联钞购买值之15倍，则商厂损失折合现时伪联钞约为

$$258,619.94 \times 15 = 3,879,299.10\text{元}$$

折合法币损失3,879,299.10 ÷ 5 = 775,859.82元

(4)民国三十三年冬敌军部又迫商厂签订合同，为其加工制毯70,000条，应于本年八月交齐，实际至八月间商厂仅交28,311条。此次界桩商厂共赔1,890,621.23元

上列四项损失折合现时联钞共为

(1) 175,521,600.00元

(2) 22,749,102.20元

(3) 3,879,299.10元

(4) $\frac{1,890,621.23\text{元}}{204,040,622.53\text{元}}$

折合法币损失为204,040,622.53 ÷ 5 = 40,808,124.55元

三十三年七月四日由敌一八二一部队令皮毛统制协会强买商北平分公司北平地毯工厂下列羊毛及毛线共计20,392市斤

寒羊毛　　194市斤

色细毛线　　$491\frac{1}{2}$市斤

色白毛线　$19,706\frac{1}{2}$市斤

给以伪联钞31,037.68元，按当时市价，此批羊毛及毛线约共值伪联钞1,297,879.63元，故当时损失为1,297,879.63−31,037.68 = 1,266,842元。以百分率计算损失

$\frac{1266842\times100}{1297879.63} = 97.61\%$

此批羊毛毛线按现今市价计算共计值联币41,812,250元

寒羊毛　　194　市斤 × 3,500元 = 679,000元

色细毛线　　$491\frac{1}{2}$市斤 × 3,500元 = 1,720,250元

色白毛线　$19,706\frac{1}{2}$市斤 × 2,000元 = 89,413,000元

共41,812,250元

故折合现时市价损失为41,812,250 × 0.9761 = 40,812,936.23元

折合法币损失为40,812,936.23 ÷ 5 = 8,162,587.24元

天津工厂损失伪联钞204,040,622.53元，合法币40,808,124.55元

北平工厂损失伪联钞40,812,936.23元，合法币 8,162,587.24元

合计244,853,558.76元，合法币48,970,711.79元

民国三十四年十二月三十一日

(J144-1-12-2)

208.仁立公司职工待遇表、冀热察绥区本国资本经营工矿事业登记表

民国三十四年十二月二十九日(1945年12月29日)

<table>
<tr><td rowspan="5">仁立实业股份有限公司职工待遇</td><td colspan="2">职工</td><td>最高月俸
(包括津贴)</td><td>最低月俸</td><td>平均月俸</td><td>其它福利待遇</td></tr>
<tr><td rowspan="2">技术人员</td><td>职</td><td>天津 20,500
北平 5,032
上海 ——</td><td>2,792
2,344
——</td><td>5,555
3,688
——</td><td>天津：每月白面、玉米面各44斤，煤500斤，油平均约4斤半，每年可购呢绒约15码，其它尚有卫生、住宿、花红等福利待遇；
北平：每月配给食粮90斤，煤球500斤，年节各有花红、奖金、节奖等，每年可购呢绒约15码；
上海 ——</td></tr>
<tr><td>工</td><td>天津 10,084.32
北平 900
上海 ——</td><td>2,166.64340
——</td><td>2,561.05620
——</td><td>天津：每工作一日(九小时)配给玉米面3斤、加工等按比例增加，每工作一日配给煤8斤、每月配给油1斤、肥皂2块，每年可购呢绒约4码，其它卫生、膳宿、赏金、日用品配给等种类繁多不及备载；
北平：每月有食粮及煤料配给、每节有花红、奖金、节奖等；
上海 ——</td></tr>
<tr><td rowspan="2">事务人员</td><td>职</td><td>天津 26,520
北平 24,000
上海 43,190</td><td>2,680
2,120
17,060</td><td>5,141
5,873
26,536</td><td>天津：每月白面、玉米面各44斤，煤500斤，油平均约4斤半，每年可购呢绒约15码，其它尚有卫生、住宿、花红等福利待遇；
北平：每月配给食粮90斤，煤球500斤，年节各有花红、奖金、节奖等，每年可购呢绒约15码；
上海：有配给米、住宿等福利待遇</td></tr>
<tr><td>工</td><td>天津 3,965.60
北平 3,100
上海 21,080</td><td>2,222.32
2,465
17,663</td><td>2,466.40
2,662
19,020</td><td>天津：每工作一日(九小时)配给玉米面3斤、加工等按比例增加，每工作一日配给煤8斤、每月配给油1斤、肥皂2块，每年可购呢绒约4码，其它卫生、膳宿、赏金、日用品配给等种类繁多不及备载；
北平：每月有食粮及煤料配给、每节有花红、奖金、节奖等；
上海：有配给米、呢绒、住宿等福利待遇</td></tr>
</table>

冀热察绥区本国资本经营工矿事业登记表(正本)

<table>
<tr><td colspan="2">为呈请登记事，窃商仁立实业股份有限公司谨遵钧处三十四年十二月十六日经冀津字第四号公告申请登记，理合填具附表并检同关系文件，呈请鉴核。
谨呈经济部、战时生产局冀热察绥区特派员办公处。
具呈人：(事业名)仁立实业股份有限公司
(代表人)朱继圣
附件(各四份)：
一、事业章程及沿革；
二、事业计划书；
三、资产负债表、损益计算书及财产目录；
四、股东及董监事名册；
五、主管人名册及职工人名册；
六、工矿平面图及生产设备图；
七、事业区域全图；
八、原领执照像片(六寸型)</td></tr>
<tr><td colspan="2">登记事项</td></tr>
<tr><td>事业名称</td><td>仁立实业股份有限公司</td></tr>
<tr><td>事业性质</td><td>制售地毯及其它棉毛织品，兼办进出口货(注明公司之称别)</td></tr>
<tr><td>资本总额、股份总额</td><td>资本总额800万元，股份总额8万股(纯国人出资)(注明出资之系统)</td></tr>
</table>

续表

<table>
<tr><td rowspan="2">股东代表</td><td>姓名</td><td>籍贯</td><td>年岁</td><td>现住址</td><td>电话</td><td>备考</td></tr>
<tr><td>孙锡三</td><td>安徽</td><td>四六</td><td>北京中孚银行</td><td>32607</td><td></td></tr>
<tr><td>本店、支店及矿山、工厂所在地、电话(详细地址)</td><td colspan="6">总公司：天津第六区68号路136号，电话30625、31517、31968；
天津毛呢纺织厂：住址、电话与总公司同；
北平分公司：王府井大街97号，电话53966、53967；
北平地毯工厂：朝阳门大街49号；
上海分公司：上海静安寺路475号，电话36458</td></tr>
<tr><td>创立年月日</td><td colspan="6">本公司于民国十一年在北京成立</td></tr>
<tr><td>原领执照机关名称及执照种别号数</td><td colspan="6">原领有实业部股份有限公司新字第四七〇号执照(附执照像片)</td></tr>
<tr><td>八年以来营业状况</td><td colspan="6">详见附文</td></tr>
<tr><td>生产品及生产量</td><td colspan="6">天津毛呢纺织厂每年可产呢绒20万公尺；
北平工厂每月能产地毯3000方尺，手工织物400余件</td></tr>
<tr><td>生产用原料说明</td><td colspan="6">生产所用之中国羊毛系山东、绥远、西北诸省所产，另用外国毛及毛条系自澳洲输入</td></tr>
<tr><td>原动力设备</td><td colspan="6">装备电动机
天津毛呢纺织厂共有马力423匹；
北平地毯工厂共有15马力</td></tr>
<tr><td>生产方法(附工作进行步骤详图)</td><td colspan="6">另附详图</td></tr>
<tr><td rowspan="2">职工人数</td><td>技术者</td><td colspan="3">职：天津31人，北平18人</td><td colspan="2">工：天津226人，北平4人</td></tr>
<tr><td>事务者</td><td colspan="3">职：天津49人，北平28人，上海7人</td><td colspan="2">工：天津101人，北平35人，上海6人</td></tr>
<tr><td rowspan="5">职工待遇</td><td>职工</td><td>最高月俸(包括津贴)</td><td>最低月俸</td><td>平均月俸</td><td colspan="2">其它福利待遇</td></tr>
<tr><td rowspan="2">技术人员</td><td>职</td><td>详见附文</td><td></td><td colspan="2"></td></tr>
<tr><td>工</td><td>详见附文</td><td></td><td colspan="2"></td></tr>
<tr><td rowspan="2">事务人员</td><td>职</td><td>详见附文</td><td></td><td colspan="2"></td></tr>
<tr><td>工</td><td>详见附文</td><td></td><td colspan="2"></td></tr>
<tr><td>本店、支店、矿山、工厂及营业所等经理人姓名、籍贯、年岁、住所及电话(有别号者请注明)</td><td colspan="6">总公司总经理：朱继圣，浙江鄞县，五十二岁，天津第六区伦敦路永定里2号；
天津毛呢纺织厂经理：陈礼，浙江诸暨，五十一岁，天津第六区47号路福林里二条64号；
北平分公司经理：凌其峻，江苏上海，四十九岁，北平齐化门大街49号(40775)；
北平地毯工厂厂长：北平分公司经理兼任；
上海分公司代理襄理：周佑康，安徽，三十四岁，上海绍兴路静邨4号</td></tr>
<tr><td>备考(有特别□明者注于此栏)</td><td colspan="6"></td></tr>
<tr><td colspan="7">中华民国　　三十四　年　　十二　月　　二十九　日　　　　　呈报</td></tr>
</table>

地区别 冀　　　　第三号　　　　事业别 毛纺织、地毯、出进口　　　　第　　　　师

收文　　　　年　　月　　日　　第　　号

(J144-1-11-3)

209.仁立实业股份有限公司暂拟赡养金计算办法

民国三十四年(1945年)

一、由民国二十五年起至民国三十三年止之赡养金本息已经按各当年指数分别结算完了，每人各得一结存数，此数按三十四年四月三日公司收购职工配给玉米面面价，每斤伪联币22.5元各折成玉米面数。

二、民国三十四年以后，每年每人所得花红数均按发给时玉米面价折成玉米面，以其1/10数目对照储金赡养金比例表计算其应得之赡养金。兹将各次花红发给日期及玉米面价格列左：

玉米面每斤伪联币22.6元(按三十四年四月三日公司收购职工配给玉米面价)

玉米面每斤伪联币22.6元(按三十四年四月三日公司收购职工配给玉米面价)	
三十五年四月一日	每斤法币100元
三十六年四月三日	每斤法币500元
三十七年四月二日	每斤法币20000元
三十八年四月三日	每斤人民券15.5元

发花红日期	玉米面每斤价(元)
三十五年一月二十六日	三十五年一月二十一日法币76
三十六年一月二十一日	三十六年一月十八日法币280
三十七年一月二十六日	三十七年一月十九日法币9000
三十七年八月三日	三十七年八月二日法币275000
三十八年二月十五日	三十八年二月十五日人民券12.5

注:储金赡养金比例对照表按民国二十六年玉米面市价每斤57元(南大经济调查所资料)折成玉米面比例以便计算。

三、年息仍按1分折成实物于每年三月底计算。

(J144-1-6-14)

210.仁立公司毛呢纺织厂概况

民国三十四年(1945年)

一、沿革

仁立公司之成立系在民国十一年,以10万元之资本创办,当时之业务仅限于地毯之制造及出口。查制造地毯本为我国固有之手工业,已有数千年之历史,但所有纺线、染线、织造等等程序均系手工,与世界各工业化国家之大规模生产方法比较,自觉相差悬殊。该公司为保障地毯出口之地位起见,非改良生产方式不可。民国二十年乃首在天津创立毛呢纺织厂,该厂设立之目的即系欲以机器代替人工纺线染线,一则增加毛线之拉力,再则可使色线之颜色标准化。最初试办成绩尚称不恶,嗣后公司主管人感觉我国毛纺织之事业过于幼稚,所有市场销售之呢绒机全系自国外输入,因此即于纺线之余,复逐步复逐渐购入织机等制造呢绒,所有出品经技术人员不断之研究改良,日继进步,复增添织染整理等机械,乃有天马牌呢绒之问世。该公司有鉴于此,更于二十年增资为50万元,而于二十六年再增资为150万元,添购全部精纺机器,意欲纺出优美之哔叽线以制精细之哔叽及西服、花呢。乃机器甫安装完毕,卢沟桥事变即爆发,公司前途颇受相当威胁。幸以位居旧英租界尚能勉强支持,迨太平洋战争爆发,乃饱受敌伪压迫,原料在敌方绝对控制之下,无从购买,生产力一落千丈,出品更难维持旧有标准。现以交通关系,原料来源尚未通畅,开工程度亦未能达战前之水准。

二、产品及设备

产品大致可分为地毯线及呢绒两种。地毯线所用之原料即系国内各地所产之羊毛于纺成毛线后染色而成,所产之毛线供给地毯工厂于制成地毯后,再销售国外各地。

呢绒可分为粗细二种,粗者如花呢、制服呢等,其原料除国产之羊毛外,间亦有与棉线交织而成者,质料虽逊于纯毛货,但价格则较贱,对于做一般制服之需用颇为合宜,故能畅销国内各地。

细呢绒如法兰呢、哔叽、马裤呢、华达呢、派力司等,所用之原料均为自澳洲输入之羊毛及毛条,其纤维长短粗细均较国产羊毛更规律化，故能纺成拉力更强之极细毛线，于织成呢绒后其光泽、柔软性、密度自较粗呢为佳。惜该厂安装精纺机后即逢事变，故该部从未达完全开工程度。今后澳洲羊毛来源如无问题，则细呢绒之制造正未可限量。

呢绒不论粗细，其加工程序均相当复杂，今特列表分述如下：

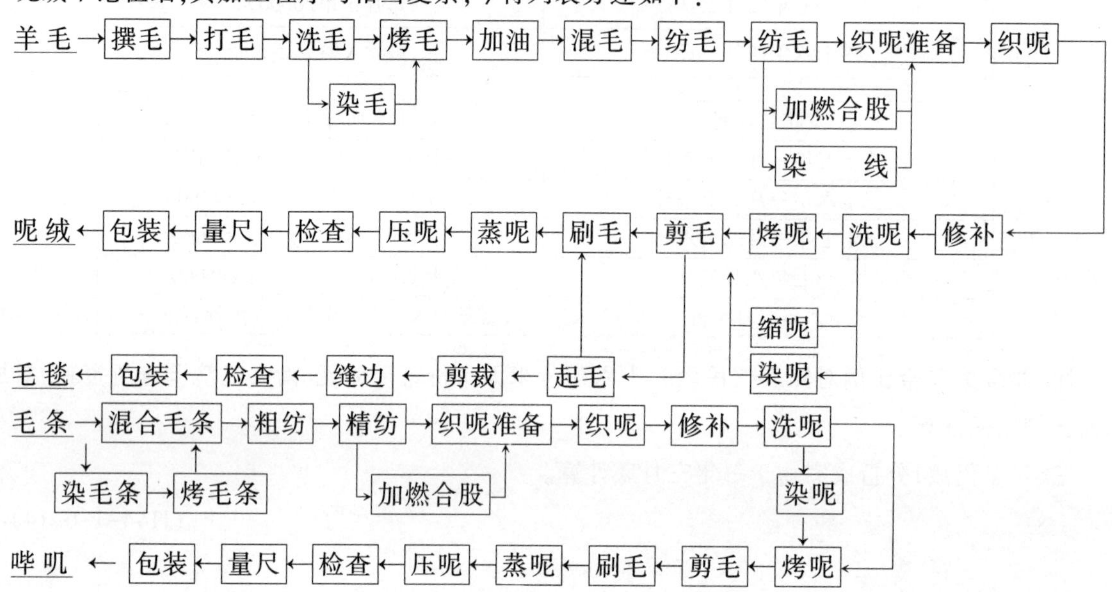

三、职工福利

该厂职工福利之状况可分述之如下：

1住宿：厂内设有职员及男女工人宿舍，以供住宿。男工宿舍位于厂之左近，所有水电取暖沐浴等均属免费供给，又分设职员工人食堂、消费合作社等，以备日常之需。

2卫生：厂内设有厂医调剂室，以备职工及家属廉价购买普通药品之用。如有发生疾病者，可至厂医处诊治。又以近年来一般生活程度之低落，人民多患营养不足之现象，而肺病更传染迅速，该厂乃规定每年职工必须检查肺部一次，遇有患肺病者，在治疗期间之一切住院费疗养费统由厂方负担。

3教育：职工均设有阅览室，由厂方购备书报杂志等，以增进职工之常识。

4保险、退休金等：厂方为安定职工身心起见，特设有团体保险、强制储金、赡养准备金等种种办法，以备职工之死亡或退休后其生活可略有保障。

在抗战期间各地物价极不稳定，厂方有鉴于此，乃实行实物给予办法，每月按实际情形略为配给米麸、杂粮、煤炭、花生油、肥皂、日用品等等，以谋职工生活之安定。

四、结论

我国民族资本之工业自民国成立以迄今日，几无时无日不在内忧外患压迫之下。以毛织业而言，国外毛织业者以其庞大之资本、优良之技术及数百年之经验，再以经济、政治、外交、武力为后盾，我国新兴之民族工业万难与之相抗。更因天灾人祸，虽在政府极力高倡振兴工业之下，但仍不足与诸强相竞争。民间资本家多视民营事业为畏途而裹足不前。以该厂而论，数十年来因种种原因几经困难方支持至胜利之今日。今后科学万能时代，富国之本仍赖高度之工业化，我国抗战业已胜利，国内各地不久当恢复至战前之生活状况，人民之生活程度行将逐渐提高，则毛织品之需求亦必相当为大。外患既去，但愿国内能上下一心，追随诸强之后，民族工业任重致远，愿拭目以待。

(J144-1-12-1)

211.仁立实业股份有限公司向敌伪报纳各项税捐损失调查表

民国二十八年—三十四年(1939年—1945年)

民国二十八年至三十四年　　　(单位:伪中联券)

税捐别＼年代		二十八年	二十九年	三十年	三十一年	三十二年	三十三年	三十四年	共计
所得税	第一类	4,664.72	6,657.12	115,478.19	136,146.22	209,664.55	252,190.66	未报	724,801.46
	第二类	——	288.80	2,402.40	2,732.40	4,666.20	26,784.00	未报	36,883.80
	第三类	9,206.87	16,182.18	15,000.00	22,500.00	36,000.00	36,000.00	未报	134,889.05
战时利得税		——	——	——	——	104,832.28	126,095.33	未报	230,927.61
织物税		——	——	——	——	190,600.22	609,741.28	495,191.80	1,295,533.30
营业税		——	60.00	240.00	240.00	240.00	3,600.00	2,400.00	6,780.00
房地捐税		4,749.53	6,845.55	9,182.47	9,091.77	9,091.77	27,219.94	51,480.95	117,661.98
共计		18,621.12	30,043.65	142,303.06	170,710.39	555,095.02	1,081,631.21	549,072.75	2,547,477.20
备注:以上数字系天津本公司捐失统计,北平及上海分公司未计入									

天津仁立实业股份有限公司填报

(J144-1-11-5)

212.仁立实业股份有限公司重要事业场调查表、工程别综合原价计算表二份、昭和十九年度“天津市工厂调查表”二份

民国三十四年(1945年)

<table>
<tr><td colspan="6">重要事业场调查表　昭和二十年四月七日在天津日本总领事馆警察署</td></tr>
<tr><td>名称</td><td colspan="2">仁立公司毛呢纺织厂(军指定培养工厂)</td><td>设立年月日</td><td colspan="2">民国二十年</td></tr>
<tr><td>事业种别</td><td colspan="2">毛呢纺织</td><td>所在地</td><td colspan="2">第六区南经三十四路</td></tr>
<tr><td>经营别</td><td colspan="2">股份有限公司</td><td>代表者</td><td colspan="2">总经理朱继圣</td></tr>
<tr><td rowspan="4">事业概要</td><td colspan="2" rowspan="4">本厂于民国二十年设立，初仅纺线供给织造地毯之用，嗣后逐渐发展，迭次增资、添盖厂房、增加设备，现共有精纺、纺毛、织呢、洗染、整理等五部</td><td rowspan="2">职工数</td><td>日人</td><td></td></tr>
<tr><td>华人</td><td>79人</td></tr>
<tr><td rowspan="2">工人数</td><td colspan="2">男子266，女子59，计325</td></tr>
<tr><td colspan="2">常备325，临时</td></tr>
<tr><td rowspan="4">警备人员</td><td>日人</td><td></td><td rowspan="4">给奖(华人)</td><td colspan="2" rowspan="4">每月平均基本工资63.80元，生活津贴于9倍计算，实物配给每工作一日配给玉米粉3斤、煤球4斤</td></tr>
<tr><td>华人</td><td>24</td></tr>
<tr><td>外国人</td><td></td></tr>
<tr><td>计</td><td>24</td></tr>
<tr><td>警防概况</td><td colspan="5">本厂设置防护分团，由监督官厅监督指示，分团长由总经理担当。下设警护、警戒、防火、防毒、救护、预备等五班，各设班长一名，班员若干名，全体团员共有77名</td></tr>
<tr><td>关施设</td><td colspan="5">设有地下避难室一处，待避壕七个，医药室一处，伤病等诊疗室一处，其它消防用具、防火用具、警护警戎用具，多数不及备载</td></tr>
<tr><td>其它参改事项</td><td colspan="5"></td></tr>
</table>

工程别综合原价计算表			
原价计算期间		仁立公司毛呢纺织厂	
自昭和十八年一月一日		昭和十九年五月三十一日调制	
至昭和十八年十二月三十一日			
工程名称:织呢		调制者:朱继圣	
原价要素	金额		构成比
材料费			
主要材料费	1,703,445	51	
辅助材料费	28,675	28	
事务用消耗品费	7,485	13	
小计	1,739,605	92	
劳务费			
赁金	108,908	94	
给料	32,240	04	
小计	141,148	98	
经费			
从业员赏与手当	81,760	70	
福利设施负担费	275,852	28	
减价偿却费	89,458	67	
保险料	7,200	00	
支拂修缮料	1,400	50	
支拂电力料	11,023	51	
支拂煤水料	6,072	73	
租税及课金	11,843	52	
通信费	824	12	
棚卸减耗费	732	04	
杂费	31,298	77	
小计	467,206	84	
合计	2,347,961	74	
间接费	50,311	72	83.4
期始缲越仕挂品原价	2,398,275	96	1.9
控除项目	893,920	32	31.7
作业屑收益	4,947	17	0.2
期末仕挂品原价	478,909	49	16.8
左引计	478,856	66	
制造原价	2,813,337	12	100.0
一般管理及贩卖间接费	145,222	99	
制品原价	2,958,560	11	
生产数量	116,108	84公尺	
单位制品原价	25	48	
备考			

昭和十九年度“天津市工厂调查表”(三)

<table>
<tr><td colspan="5">全年最高生产能力</td><td colspan="3">毛呢十五万米</td><td colspan="3">现在操业率</td><td colspan="3">百分之五十</td></tr>
<tr><td colspan="2" rowspan="5">工资(实物给奖宜折价加入工资内)每月或每日</td><td colspan="3">男工</td><td colspan="3">女工</td><td colspan="3">童工</td><td colspan="3">学徒</td></tr>
<tr><td>最高</td><td>最低</td><td>平均</td><td>最高</td><td>最低</td><td>平均</td><td>最高</td><td>最低</td><td>平均</td><td>最高</td><td>最低</td><td>平均</td></tr>
<tr><td>806.20</td><td>489.44</td><td>512.91</td><td>558.27</td><td>479.12</td><td>491.04</td><td></td><td></td><td></td><td></td><td></td><td></td></tr>
<tr><td colspan="3">其它及说明</td><td colspan="3">其它及说明</td><td colspan="3">其它及说明</td><td colspan="3">其它及说明</td></tr>
<tr><td colspan="6">每逢春夏秋冬各节,除照章放假,照付工资外,务酌给节赏若干元,数目不等</td><td colspan="3"></td><td colspan="3"></td></tr>
<tr><td rowspan="2">工时</td><td>每日</td><td colspan="3">10小时</td><td colspan="3">10小时</td><td colspan="3"></td><td colspan="3"></td></tr>
<tr><td>全年</td><td colspan="3">3050小时</td><td colspan="3">3050小时</td><td colspan="3"></td><td colspan="3"></td></tr>
<tr><td colspan="2">工人教育程度</td><td colspan="3">多半识字</td><td colspan="3">多半识字</td><td colspan="3"></td><td colspan="3"></td></tr>
<tr><td colspan="2">工人福利设施</td><td colspan="12">本厂设有厂医调剂室,以备工人随时诊治病症之用,又患肺病者由厂方供给医药费。厂内并设男女工人宿舍,以备单身男女工人居住,并由厂方供给沐浴水电煤火等,工人每日中午由消费合作社廉价配给稀饭一碗。</td></tr>
<tr><td colspan="2" rowspan="2">厂屋建筑及所占面积</td><td rowspan="2">建筑物</td><td>建材</td><td colspan="2">洋灰、铁筋、炼瓦等</td><td colspan="2" rowspan="2">所占面积</td><td colspan="2" rowspan="2">20,452平方米</td><td colspan="2" rowspan="2">所有权</td><td colspan="2" rowspan="2">自有</td></tr>
<tr><td>栋数</td><td colspan="2">工厂8栋、仓库7栋、事务所1栋、工人宿舍2栋</td></tr>
<tr><td colspan="2">说明事项</td><td colspan="12"></td></tr>
</table>

工程别综合原价计算表			
原价计算期间		仁立公司毛呢纺织厂	
自昭和十八年一月一日		昭和十九年五月三十一日调制	
至昭和十八年十二月三十一日			
工程名称:纺毛		调制者:朱继圣	
原价要素	金额		构成比
材料费			
主要材料费	585,203	38	
辅助材料费	19,032	87	
事务用消耗品费	7,485	13	
小计	611,720	88	
劳务费			
赁金	76,894	50	
给料	36,270	05	
小计	113,164	55	
经费			
从业员赏与手当	91,980	79	
福利设施负担费	210,163	99	
减价偿却费	88,072	51	
保险料	7,200	00	
支拂修缮料	1,345	00	

续表

支拂电力料	14,339	14	
支拂煤水料	10,121	14	
租税及课金	11,843	52	
通信费	824	12	
棚卸减耗费	536	41	
杂费	31,298	77	
小计	467,725	39	
合计	1,192,610	82	74.5
间接费	53,006	99	3.3
期始缲越仕挂品原价	1,245,617	81	
控除项目	1,078,813	69	67.4
作业屑收益	3,625	08	0.2
期末仕挂品原价	718,585	64	45.0
左引计	722,210	72	
制造原价	1,602,220	78	100.0
一般管理及贩卖间接费	106,413	40	
制品原价	1,708,634	18	
生产数量	66,654	76公斤	
单位制品原价	25	63	
备考			

昭和十九年度“天津市工厂调查表”(二)

<table>
<tr><td colspan="2">工厂名</td><td colspan="2">仁立公司毛呢纺织厂(军指定培养工场)</td><td>所在地</td><td colspan="2">第六区南经三十四路</td><td>电话</td><td>三局1516、1968、0625</td></tr>
<tr><td colspan="2">设立年</td><td>民国二十年</td><td rowspan="2">资本金</td><td rowspan="2">800万元</td><td rowspan="2">实出资额</td><td rowspan="2">800万元</td><td rowspan="2">资本系统</td><td rowspan="2">华人</td></tr>
<tr><td colspan="2">改组年</td><td></td></tr>
<tr><td rowspan="5">经理人</td><td>姓名</td><td colspan="3">朱继圣</td><td rowspan="5">股东代表</td><td>姓名</td><td colspan="2">孙锡三</td></tr>
<tr><td>年龄</td><td colspan="3">五十二</td><td>年龄</td><td colspan="2">四十六</td></tr>
<tr><td>籍贯</td><td colspan="3">浙江省鄞县</td><td>籍贯</td><td colspan="2">安徽寿县</td></tr>
<tr><td>住址</td><td colspan="3">第六区南纬20路永定里2号</td><td>住所</td><td colspan="2">北京东城演乐胡同</td></tr>
<tr><td>履历</td><td colspan="3">美国威斯康辛大学经济硕士</td><td>履历</td><td colspan="2">北京中孚银行常务董事、仁立实业股份有限公司董事长</td></tr>
<tr><td rowspan="3">原料</td><td>昨年存数量</td><td colspan="2">瘦毛85,657.9公斤</td><td>金额</td><td colspan="2">452,013.35元</td><td rowspan="3">原料来源及支拂方法</td><td rowspan="3">经军方许可购买，但近来购买极为困难</td></tr>
<tr><td>本年用数量</td><td colspan="2">瘦毛39,412公斤</td><td>金额</td><td colspan="2">386,242.27元</td></tr>
<tr><td>本年存数量</td><td colspan="2">瘦毛19,065.5公斤</td><td>金额</td><td colspan="2">99,159.37元</td></tr>
<tr><td rowspan="3">制成品</td><td>昨年存数量</td><td colspan="2">毛呢36,560.10公斤</td><td>金额</td><td colspan="2">1,446,050.76元</td><td rowspan="3">当、昨年生产比较</td><td rowspan="3">今年之民需生产量为昨年民需生产量之61.4%，因本年代军部制造军毯，故民需生产量较昨年减少三分之一</td></tr>
<tr><td>本年用数量</td><td colspan="2">毛呢57,504.70公斤</td><td>金额</td><td colspan="2">4,074,765.38元</td></tr>
<tr><td>本年存数量</td><td colspan="2">毛呢42,621.10公斤</td><td>金额</td><td colspan="2">2,854,647.21元</td></tr>
</table>

续表

销售	昨年存数量			金额		贩卖经路及支拂方法	华北各呢绒庄、批发商等，支拂方法均为现金交易
	本年数量	毛呢51,421.50公斤		金额	2,662,546.17元		
	本年存数量			金额			
工厂设备	动力	马力匹数	409匹	购买年	民国二十年以后	使用年	民国二十年以后
		蒸汽量	锅炉蒸等面积约5000平方尺	购买年	民国二十四年 民国二十八年	使用年	民国二十四年以后 民国二十八年以后
	机器						
		名称及台数	纺、织、洗、染、整等多种机器共154台	实际使用	154	休止台数	
使用人数	426			工人数	346		
取引银行者	上海、农工、中孚、大陆、正金等银行			全年流动程度	总资本回转率64.68%(因代军部加工故回转率减少)		
商社简史	民国十一年本公司在北京成立，二十年在天津设立毛呢纺织厂，并将总公司移至天津。						
说明事项	制成品之□□亏短及出样等未列入表内						

	名称及种类	式样	尺寸	数量	工作能力及用途	制造者			购进年月	价值		已用年限
						国别	厂名	年份		原购价	时价	
主要机器设备												
辅助机器设备												

(J144-1-10-61)

213.仁立公司中中交农四行联合办事总处工矿事业调查表

民国三十四年(1945年)

第一表　沿革组织资本及人事

填表说明：

(一)经营方式：独资、合伙或公司。

(二)筹备经过：填明筹备时期中筹募资本，勘定厂址，修建厂房，购运机器，召开创立会等一应重要筹备工作经过情形，如系矿业须填明堪矿区之经过情形。

(三)重要股东：董事及监察以外重要股东之姓名，如有股东名单可列作附件。

(四)组织系统：用文字说明，或附另系统图亦可。

<table>
<tr><td>厂矿名称</td><td colspan="2">仁立实业股份有限公司</td><td colspan="3">类别</td><td colspan="2">毛呢纺织、地毯进出口</td></tr>
<tr><td>地址</td><td colspan="2">天津市第十区云南路</td><td colspan="3">成立时期</td><td colspan="2">民国十一年(股份有限公司)</td></tr>
<tr><td>电报挂号</td><td>有线7685号</td><td>电话号码</td><td>3局 0625、1517、1968号</td><td colspan="2">营业方式</td><td colspan="2">股份有限公司</td></tr>
<tr><td rowspan="6">筹备情形</td><td colspan="2">发起时期</td><td colspan="5">民国八年</td></tr>
<tr><td colspan="2">主要发起人</td><td colspan="5">周寄梅、费兴仁、王长信等</td></tr>
<tr><td colspan="2">发起章程</td><td colspan="5">请将各种章则检附</td></tr>
<tr><td colspan="2">筹备时期</td><td colspan="5"></td></tr>
<tr><td colspan="2">主要负责筹备人</td><td colspan="5"></td></tr>
<tr><td>筹备经过</td><td colspan="6"></td></tr>
<tr><td rowspan="3">资本及股票</td><td>额定股本</td><td colspan="6">十万元(民国十一年)</td></tr>
<tr><td>实收股本</td><td colspan="6">十万元(民国十一年)</td></tr>
<tr><td>重要股东</td><td colspan="6">顾温玉、陈范有、孙章甫、孙啸南、颜俊人、孔庸之、刁作谦、金叔初、李国秦、孙仲莘(另附股东名单)</td></tr>
<tr><td rowspan="11">常务董事及监察</td><td colspan="3">常务董事</td><td colspan="3">监察</td></tr>
<tr><td>姓名</td><td>籍贯</td><td>略历</td><td>姓名</td><td>籍贯</td><td>略历</td></tr>
<tr><td>孙锡三</td><td>安徽</td><td>北平中孚银行常务董事</td><td>潘禹言</td><td>江苏</td><td>北平中孚银行经理</td></tr>
<tr><td>朱继圣</td><td>浙江</td><td>仁立实业股份有限公司总经理</td><td>顾忠弼</td><td>浙江</td><td>煤商</td></tr>
<tr><td>袁涤庵</td><td></td><td>前北票煤矿总经理</td><td></td><td></td><td></td></tr>
<tr><td>包培之</td><td>浙江</td><td>天津中孚银行经理</td><td></td><td></td><td></td></tr>
<tr><td>凌其峻</td><td>江苏</td><td>北平仁立公司经理</td><td></td><td></td><td></td></tr>
<tr><td>夏廷献</td><td>浙江</td><td>前北平英文日报经理</td><td></td><td></td><td></td></tr>
<tr><td>金仲廉</td><td>浙江</td><td>前麦加利银行华账房</td><td></td><td></td><td></td></tr>
<tr><td>顾佐忱</td><td>浙江</td><td>前北平财商学校教务长</td><td></td><td></td><td></td></tr>
<tr><td>周华康</td><td>安徽</td><td>北平中央医院医师</td><td></td><td></td><td></td></tr>
<tr><td>组织系统</td><td colspan="7">本公司系股份有限公司,设总公司于天津,分公司于北平及上海,设毛呢纺织厂与天津,内分纺毛、精纺、织呢、洗染、整理及地毯制造等部</td></tr>
</table>

<table>
<tr><td rowspan="2">附件备注</td><td>(请将有关之年报计划书、议事纪录、业务统计图表、会计规程及其它文件、依次将其名称填列此栏各原件附订表后)</td></tr>
<tr><td>(一)股东名单
(二)成立后业务述要
(三)主要机器设备
(四)成本计算方法
(五)制造程序
(六)财务报表
(七)主要行庄往来
(八)三十五年度出品产销报告表
(九)生产计划书</td></tr>
</table>

年　　月　　日　填制

借款人借款申请人或调查人请在此签盖

仁立实业股份有限公司股东名单(表一)

金潜厂、金严智粹、周寄梅、周华康、周佑康、周耀康、周珊凤、徐自强、顾忠弼、顾佐忱、凌其峻、凌俞秀蔼、卢毓骥、彭秉仪、孙伯群、孙锡三、舒彩玉、王弼、廖奉献、潘禹言、陆襄祺、傅沅叔、袁涤庵、夏廷献、胡世昌、胡世惠、胡世勋、胡世平、姚泽生、姚汝翼、孙静厂、王承祖、王孟文荣、吴铁华、杨陈炜姝、杨倩华、杨良保、金良、庞镇襄、施轮泉、金仲廉、包培之、吴瑞芝、张雅莉、李炳旸、顾伯笙、韩玉珊、朱继圣、陈礼、金仲藩、顾温玉、李企韩、邝必达、孙养儒、陈范有、陈一甫、王玉荣、孙川如、朱祖寿、陈通夫、金叔初、金许闻韵、孙仲莘、朱成章太太、朱厚甫、施惠元、何林一、胡诒谷、孙璧威、李国秦、孙仲立、孙履平、宋伦华、董荫芗、曹懋德、蔡孙晌方、刁信德、张道宏、施炳之、王启常、王宜祖、王兆龙、魏文彬、吴任之、余日章太太、章吉六、饶树人、林君潜、程行逊、戴志骞、王懿芳、孟金铭、史久贤、史久光、史久华、史久荣、徐辅治、殷林淑磬、吴宪、吴严彩韵、徐曼宜、徐蔚若、傅卓夫、孙啸南、马玉若、孙班绿、樊貽、俞秀静、沈夏彤箴、顾昧儒、顾福庆、王受培、裘思美、裘祝平、裘达均、裘达文、吴云章、林斐成、潘剑芝、林继诚、林继贞、林继俭、孙颂鱼、孙施德珩、潘廉志、邝寿堃、李汉卿、李子久、孙金霖、王以樾、刘宝铭、孙玉方、高镜莹、华欣如、李淑贞、王锡炽、周许淑文、孙颂宜、张伯勉、郑克新、孙芹生、苏淑芹、朱子明、王炳均、刘媛如、张希儒、邸玉堂、丁懋英、林巧穉、李普、郭光瑞、单日新、朱熙光、任宗济、刘廷芳、马国骥、施傅群、蒋廷黻、李道南、余啸秋、刘孙淑贤、陈立庭、韩竹坪、萨福均、余琼芝、范旭东、何淬廉、孔庸之、刁成章、王大宏、侯明、宋仁溥、牛峻山、吴佩球、李王静修、李温玉美、田耕莘、王敬五、雷文义、郭旭笙、毛学礼、赵沛霖、匡树之、马耀华、顾以伟、刘缉堂、孙章甫、冯蓉、杨玉文、焦成勋、宋宝琦、卞万年、郭书恒、陈靖宇、于震江、陈宜禧、童保之、朱延寿、金开义、陈熙明、高松林、牛邢灼华、胡国栋、陶智贵、张企权、姜廷珍、许振声、冯金茂、申先培、杨维荣、刘逸泉、陆履仁、刘思职、桑凌治、周振华、童效义、叶良慧、薛祚维、于家善、尚义、郎钮森、俞普庆、王健、施长赓、朱顺翔、朱顺瑞、沈镕成、何树盛、叶良材、李彦通、陆伯荫、朱怀璞、卞仲禾、张鸿年、黄秉哲、杨增澧、骆孔昭、潘琴乡、施锡恩、刘金镛、俞安思、李拱辰、卢定生、张精一、姚锦堂、李纯芝、李兆荣、刘颖华、崔增耀、张文启、孙广深、江文樨、葛宏振、朱美韵、刘振邦、陆树功、杨锦波、姚艳谋、沈珍、沈讷斋、许宝骙、陈关铎、李式温、郭德龙、傅世祥、杨文清、葛晋榜、蒋关恩、葛晋三、沈季冕、牛冠英、陆崇玮、孙世珉、郑琉、许正良、王乃襄、李安平、孔丽华、陈春鸿、钱美年、张广堃、李旭东、陆耀庭、张晋卿、姜廷杰、崔永兴、唐荫森、周恩培、梁陈蔼兰、贝菊龄、周迪生、张在恂、王仙舟、杨振山、范一鹤、袁俊、林殿荣、马毓良、丁万钧、王紫林、张贵、刘钧、马奉和、李玉瓒、纪成伯、郭祥立、陆一平、杨秀生、徐中岳、刘廷璧、王德海、杨凤梧、高文藻、陈万荃、于汉章、曹玉海、杨增澧、刘天向、茅振华、隋福元、任觉卿、李尚廉、牛恕、赵锡琏、萧叔遇、蒋恩鈇、徐念华、朴德谦、尹宗林、凌其阵、杨桂舟、尹宗森、杨季平、李锡庆、赵运元、包昌宪、李承祎、韩泽久、迟翰升、张冯氏、于义节、邓金铣、许时嘉、杨德宽、胡淑贞、邓焕堂、陈与禄、王长禄、田德顺、赵增祥、王淡然、张天向、丁淑正、朱永定、石应粢、匡葆诚、刘淑华、孟继懋、汪琼姝、曹宗青、殷倚云、黎周竞复、朱锡鳞、朱振清、董锡纯、谢幼竹、邝韩恂华、郭克念、郑大容、费路路、顾学会、金公弢、金孔彰、金舞侯、周炳常、田沛霖、安天英、李安玉、王星海、石旺、陈玉亭、张国钧、王香涛、胡贵卿、王慕周

成立后业务述要(表二)

(一)技工之招募训练:工人入厂前有可靠人介绍或厂方考试合格后方能雇用,入厂后仍需试用数月,由工头及熟练工人随时加以指导,试用终了成绩优良者方能升为技工,否则仍须继续受训。

(二)原料物料之购运储备:原料物料之购自市外者俟运至天津后自行储存,本公司建有容量广大之新式坚固仓库,对于原料物料之储存保管尚无问题。

(三)工程及技术之改进:本公司成立之初仅以制造销售地毯为主要业务,后以地毯业工人纺线染线等均用工人仍墨守成规,不之改进,难在国际市场竞争,乃毅然于天津设立毛呢纺织厂购置外国纺

毛机机械，制造优美之机纺毛线，以供织造地毯之用。旋复进一步之扩充，以我国毛织实业极其不振，国人服用毛织品几全为舶来品，因逐渐添购织染整理等机器织制毛呢毛毯，嗣后更增购精纺机以制造优美耐用之细毛料，如哔叽、礼服呢、派力司、马裤呢等材料。经不断之努力及改进，出品遍销全国，挽回漏卮不少。

（四）出品之产销概况

呢绒：战前本公司所产天马牌呢绒、哔叽、毛毯等，坚柔轻软、色泽宜人，故能畅销国内各地。所制制服呢尤为各学校、机关、军警团体所乐于采用。现正拟大量制造呢绒等毛织衣料，以供复员之需。

地毯：地毯为本公司主要业务之一，战前历年均有大量出口运销美国各地。战时因交通关系全陷停顿，目前已逐渐恢复，正计划力谋积极生产中。

主要机器设备（表三）

	名称及种类	式样	尺寸	数量		工作能力（每十小时）及用途	制造者			购进年月	价值		已用年限
				现用	备用		国别	厂名	年份		原购价	时价	
主要机器设备	纺毛机	英式	50"×60"	2		800磅	英	PlattBros.		1931	$184,750.20	$90,000,000	15
	纺毛机	英式	54"×60"	1		500磅	英	PlattBros.		1935	101,615.30	60,000,000	12
	纺毛机	英式	50"×60"		1	300磅	美	SmithFurbus		1939	41,350.00	8,000,000	5
	走锭机	英式	330锭	3		1,200磅	英	Charles-Worth		1931	148,116.50	75,000,000	15
	走锭机	英式	330锭	1		400磅	英	DavisFurber		1935	83,115.25	25,000,000	12
	走锭机	美式	330锭		1	400磅	美	Hartmann		1939	35,375.40	25,000,000	5
	缠条机	德式		9		800磅	德	Hartmann		1936	128,540.15	90,000,000	9
	精纺机	法式	400锭	5		400磅	德	CarlCamel		1936	323,758.35	200,000,000	9
	并纱机	德式	50	1		400磅	德	CarlCamel		1936	14,845.23	6,000,000	9
	合股机	德式	100	2		400磅	德	CarlCamel		1936	40,373.04	20,000,000	9
	织呢机	英式	90"R.S.	18		200码	英	Hutohinson		1931	179,150.30	70,000,000	15
			100"R.S.	2						1936			9
	织呢机	德式	90"	6		80码	德	Saohchische		1935	35,864.40	12,000,000	10
	织呢机	英式	90"	20		200码	日	Okuma		1936	89,340.25	40,000,000	9
	织呢机	英式	78"	32		360码	日	Okuma		1936	95,440.10	50,000,000	9
	洗呢机	英式		2		1,000码	英	JamesBailey		1932	23,184.05	2,000,000	14
	缩呢机	英式		4		600码	英	JamesBailey		1932	22,234.10	3,000,000	14
	烤呢机	英式	120码	1		1,000码	英	RichardFirth		1932	42,800.00	30,000,000	13
	剪机	英式	62"宽	3		1,000码	德	KettlingBraun		1932	36,735.20	15,000,000	13
	压呢机	德式	62"宽	1		1,000码	英	Whiteley		1932	18,304.35	12,000,000	13
	蒸光机	英式	60码	2		1,000码	德	KettlingBraun		1936	24,437.06	8,000,000	9
	起绒机	英式	68"宽	3		600码	美	Tomlinson		1936	93,317.60	60,000,000	9
	卷呢机	英式		1		2,200码	美	RichardFirth		1932	6,104.70	3,000,000	13
	染呢机	英式		3		1,000码	本国	鼎铭		1933	10,500.30	2,000,000	12
	染毛条机	英式	8缸	1		300码	本国	森泰		1938	12,380.10	2,000,000	
	合毛机	英式		1		5,000磅	英	PlattBros.		1931	12,565.70	4,000,000	15
	去土机	英式		1		5,000磅	英	PlattBros.		1931	9,375.00	4,000,000	15
	整经机	英式		2		1,000磅	英	Cliffe		1932	10,709.47	5,000,000	13
			1,000磅	日	Okuma					1936			9
	脱水机	英式	48"	1		2,000磅	英	Proodbonk		1932	14,830.10	1,000,000	18
	染线机	英式		1		300磅	德	Braun		1939	18,400.05	3,000,000	6
	锅炉	德式	4,030方尺	3		洗染、整理、暖气	英	B&W		1936、9	260,913.88	90,000,000	8
	整幅洗呢机	卧式	64"宽			500码	德	Braun		1938	9,139.40	4,000,000	未用
	整幅脱水机	德式	64"宽			500码	德	Braun		1938	6,079.37	2,000,000	未用
	马达	德式	自½-50H.P.	75	6	436H.P.	英 美 德 日	Vickers,G.E., Siemens等			98,935.10	10,000,000	5-15
	缝纫机			6		床毯销边	美	UnionSpecialMachineCo.等		1934	17,750.01	8,000,000	12
	梳毛机	美式		1		梳毛条	德	Hartmann		1940	71,094.53	3,000,000	6
	整毛条机	德式		1		500磅	德	Hartmann		1940		2,000,000	6
	烤毛条机	德式		1		500磅	上海	森泰		1940	25,536.64	2,500,000	6
	切断机	德式		1		500磅	日			1945	10,520.00	2,000,000	未用
	开线机	日式		1		200磅	日			1945	145,200.00	50,000,000	未用
	撕呢机	英式		1		200磅	日			1945	32,240.00	4,000,000	未用

成本计算方法说明(表四)

一、先求每种出品每生产单位所需之原料价值

二、再求每部分(纺毛或织呢)每月所需下列各项费用:

(1)工资及该部管理费用 …………

(2)机油及零件等费用 …………

(3)电费煤费 …………

(4)修理费用 …………

(5)杂项费用 …………

(6)各种折旧 …………

费用总数 …………

三、以该部生产数量除第二项费用总数得每生产单位之成本

四、将第一项之原料价值加第三项之费用得该生产单位之成本

五、如某种出品须经数个部分始得成品则甲部分之成本即用以计算乙部分之原料价值再加乙部分每生产单位之费用(算法照第二项)得该生产单位之成本,多则类推

制造程序图(表五)

(一)呢绒毛毯制造程序

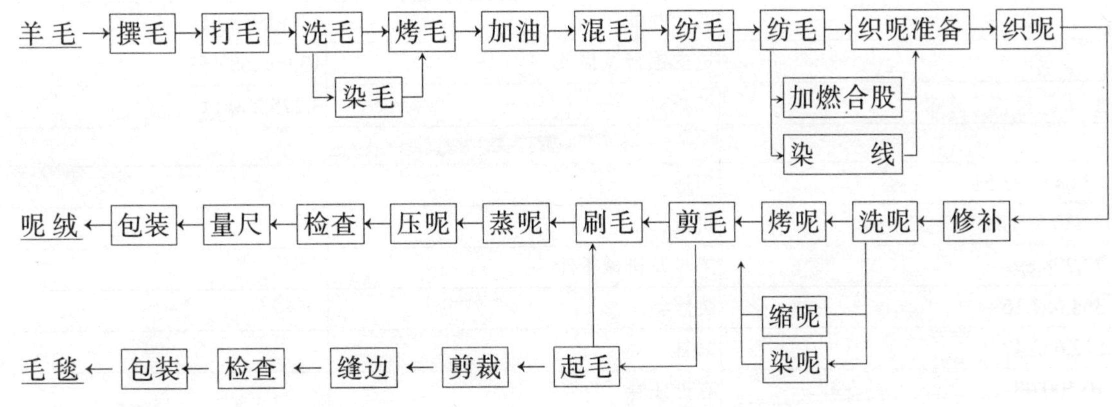

(二)哔叽制造程序

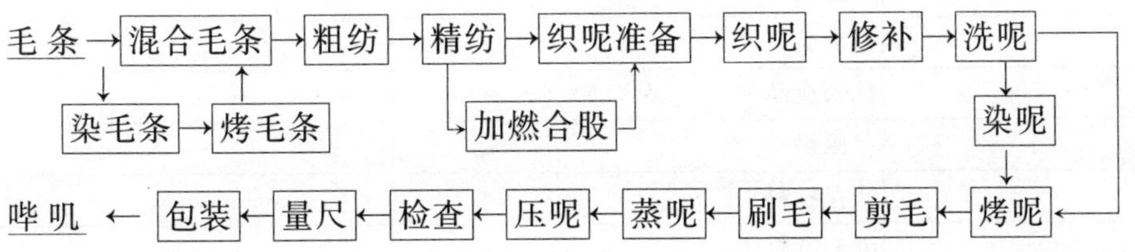

(三)地毯制造程序

上经 → 书经 → 打底 → 栓头 → 过纬 → 平活 → 剪花 → 整理 → 地毯

天津仁立实业股份有限公司资产负债表、损益计算书、财产目录(表六)

民国三十四年十二月三十一日

仁立实业股份有限公司资产负债表

中华民国三十四年十二月三十一日

负债类		
	资本	$8,000,000.00
	法定公积金	719,676.14
	特别公积金	2,208,928.26
	呆账准备金	47,323.94
	各项折旧准备金	2,055,319.46
	存货跌价准备金	272,306.22
	存货调整准备金	184,791、53
	保险准备金	96,438.25
	职工福利备用金	635,975.09
	职工储蓄金	714,571.85
	职工花红准备金	4,037.32
	应付及期付款项	14,184,426.45
	应付未付股息	229,730.16
	应付未付利息、工资及佣金	1,129,680.87
	雇主定金	897,206.71
	暂记存款	1,750,988.61
	透支银行及借款	13,906,687.67
	纯益	3,275,230.11
资产类		
$3,043,793.51	房地产	
2,530,538.48	机械	
72,208.89	工具及机械零件	
364,657.16	装修	
812,653.47	家具	
10,500.00	有价证券	
485,347.91	应收及期收款项	
203,858.12	同业欠款	
15,818,280.77	存货品	
7,676,355.83	存未成品	
3,919,089.81	存原料	
8,302,152.01	储存物料	
3,523.02	废毛废料	
2,328.86	各种迟延费用	
750,534.89	暂记欠款	
3,922,152.72	存放银行	
2,395,343.19	现金	
$50,313,318.64		$50,313,318.64

中华民国三十四年度 损益计算书

		利益类		
		销货毛利		$19,493,324.53
		花呢	$3,961,738.15	
		哔叽	3,155,731.16	
		制服呢	6,081,850.94	
		床毯	329,191.49	
		美术地毯	5,779,528.59	
		北平地毯	185,284.20	
		杂项收益		2,282,721.95
		收入佣金	488,876.79	
		收入利息	100,008.47	
		羊毛毛线升溢	8,112.52	
		废毛废料变卖收益	531,213.86	
		收入房地租	32,340.00	
		兑换收益	976,899.60	
		杂项收益	145,270.71	
		损失类		
$2,294,795.37		营业费		
	15,300.00	广告费		
	23,917.60	旅费		
	467,697.17	交际费		
	18,000.23	包装及运输费		
	1,766,320.56	上海办事处费用		
	3,559.81	样品		
13,468,731.29		管理费		
	7,610,222.95	薪津		
	643,514.21	工资		
	340,031.75	职工伙食		
	232,825.39	职工配给煤亏损		
	1,412,856.63	职工配给粮亏损		
	920,000.00	职工胜利奖金		
	62,383.48	职工福利费		
	14,708.96	董事会费用		
	83,406.00	文具用品		
	67,877.70	邮电费		
	17,320.36	房地捐		
	2,048.00	房租		
	11,417.26	保险费		
	121,218.00	经常修缮费		
	47,499.56	医药费		
	1,598,701.30	杂项开支		
	265,960.39	水电及煤费		
	13,275.60	房产折旧		
	1,233.57	装修折旧		
	2,230.18	家具折旧		
2,737,289.71		杂项损失		
	1,890,621.23	代制棉毯亏损		
	845,787.77	付出利息		
	880.71	羊毛呢绒亏短		
3,275,230.11		本年纯益		
$21,776,046.48		合计		$21,776,046.48

仁立实业股份有限公司财产目录

民国三十四年十二月三十一日

房地产			
天津工厂		$2,003,005.51	
北平工厂			3,654.07
总公司		1,037,133.93	3,043,793.51
机械			
天津工厂		2,495,819.75	
北平工厂		34,718.73	2,530,538.48
工具及机械零件			
天津工厂		70,125.12	
北平工厂		2,083.77	72,208.89
装修			
天津工厂		129,674.23	
北平工厂		22,192.89	
北平办事处		12,322.32	
上海办事处		200,467.72	364,657.16
家具			
天津工厂		86,492.14	
北平办事处		21,824.18	
北平工厂		27,665.90	
上海办事处		676,671.25	812,653.47
有价证券			
有价证券		10,500.00	10,500.00
应收及期收款项			
天津工厂		140,158.52	
北平办事处		326,910.89	
北平工厂		18,278.50	485,347.91
同业欠款			
天津工厂		175,277.02	
北平办事处		28,581.10	203,858.12
存货品			
地毯	414,624.71方尺	1,426,070.27	
呢绒	85,513.50码	12,549,098.08	
床毯车毯	2,003条	535,028.82	
针织品	11,369件	195,185.85	
杂项商品	1,112,897.75	15,818,280.77	
存未成品			
存织地毯	301.25方尺	202,471.78	
呢绒未成品	48,190.35码	3,901,897.54	
毛毯未成品	835条	88,145.68	
棉毯未成品	23,665.00码	2,890,937.50	
色织呢线	2,237.50磅	13,383.76	
色地毯线	24,445.00磅	286,555.54	
色手纺线	15,974.00磅	50,724.42	
白哔叽线	684.50磅	5,707.78	
白织呢线	6,603.75磅	144,932.81	
白地毯线	7,243.25磅	19,580.10	
白手纺线	24,840.00码	41,359.04	

续表

房地产			
针织线	1,060.75磅	23,623.49	
筒子纱	2,874.00码	5,511.39	
番布	152.25尺	1,525.00	7,676,355.83
存原料			
羊毛	52,432.40磅	1,147,182.88	
颜料及化学品		433,340.94	
白棉线	196,944.77磅	1,816,347.94	
色棉线	592.75磅	2,975.11	
其它原料		519,242.94	3,919,089.81
储存物料			
天津工厂		8,015,651.76	
北平办事处		5,503.11	
北平工厂		280,997.14	8,302,152.01
废毛废料			
天津工厂		3,523.02	3,523.02
各种迟延费用			
北平办事处		74.20	
北平工厂		2,254.66	2,328.86
暂记欠款			
天津工厂		24,952.07	
北平办事处		1,246.95	
北平工厂		680,090.36	
上海办事处		33,229.07	
总公司		11,016.44	750,534.89
存放银行			
天津中孚银行		188,720.20	
天津大陆银行		26.69	
天津上海银行		868.06	
天津上海银行黄处		74.18	
天津新华银行黄处		344.17	
天津花旗银行		265,225.80	
天津农工银行		3,451.10	
天津中国农民银行		300,000.00	
天津邮政储金局		200,000.00	
北平中孚银行		369,883.03	
北平中孚东支行		180.68	
北平金城银行		123.81	
上海中孚银行		689,500.00	
上海中孚西支行		1,643,785.00	
上海新华银行		160,000.00	
上海上海银行		99,970.00	3,922,152.72
现金			
天津工厂现金		807,433.65	
北平办事处现金		1,083,911.98	
北平工厂现金		13,639.18	
上海办事处现金		490,358.38	2,395,343.19
合计	$50,313,318.64	$50,313,318.64	

主要行庄往来(表七)

主要行庄名称	五月三十一日止存金额		备考
中孚银行	$5,787	20	
北平中孚银行	2,422	33	
中国农工银行	1,113	32	
中国银行	515,953	94	
上海银行	200,075	91	
中国实业银行	3,690,433	00	
大陆银行	49,126	69	
浙江兴业银行	211,543	00	
上海银行黄家花园办事处	74	18	
河北省银行	59,330	00	
中国农民银行	142,699	00	
新华银行	344	17	
交通银行	118,033	00	
邮政储金汇业局	22,900	00	
邮政管理局	18,430	00	

仁立实业股份有限公司出品产销报告表(表八)

自三十五年一月一日至三十五年四月三十日

出品名称	种类	单位	前期结存数量	单位成本	本期销售数量及金额			本期结存数量
					数量	单价	金额	
呢绒	花呢	码	36,826.87	2,302.75	10,039.45	11,139.00	111,831,098.37元	28,249.29
呢绒	哔叽	码	13,165.71	1,150.75	1,433.75	23,633.00	33,883,796.00元	11,869.18
呢绒	制服呢	码	13,538.33	2,222.50	1,690.45	7,282.00	12,308,618.40元	18,599.97
呢绒	毛毯	条	1,863	41	62	17,326.00	1,074,200.00元	2,382
地毯	美术地毯	方尺	14,437.99		2,200.50	2,859.00	6,291,090.50元	12,237.49
地毯	挑线地毯	方尺	259,674.78	1,366.25	852.50	886.00	754,925.00元	260,158.53
地毯	北平地毯	方尺	30,757.71					30,757.71
备考:此表四柱数目未能相符,其中有涨短及成品、未成品互相改换等								

以上填报数字兹经本公司负责声明与本公司账册内记载数字完全相符,此致

四联总处

仁立实业股份有限公司填报

民国三十五年六月二十七日

生产计划书(表九)

本公司出品以呢绒、地毯两项为大宗所制,呢绒事变前畅销国内各大商埠,学校、铁路及其它军警各机关多采用作为制服等料。所制地毯早为西洋各国乐于订购,且为本公司之主要出口货物。兹因胜利后各处呢绒存货行将售罄,急待补充新货,应市国外地毯订货且供不应求,故必须增加生产方能应付。惟增加生产又必须先购置原料填修机件、增加工人,值此百物昂贵时期。本公司流动资金之需要为数颇巨,且同时运用尤难筹措,兹将每月所需流动资金及生产量列表分述如下。

一、需要流动资金之计算									
甲、呢绒部分									
	A、原料								
	1 毛条	每月	4,500	磅每磅	$2,800		$12,600,000		
	2 细毛	每月	4,500	磅每磅	1,600		7,200,000		
	3 绵羊毛	每月	15,000	磅每磅	900		13,500,000		
	4 颜料	每月	500	磅每磅	15,000		7,500,000		
	5 棉纱	每月	1,000	磅每磅	3,000		3,000,000	43,800,000	
	B、动力及热力								
	1 电力	每月	18,000	度每度	$90 加基本电力300KVAQ$900		1,890,000		
	2 煤	每月	200	吨每吨	$22,500		4,500,000	6,390,000	
	C、修理及零件							2,000,000	
	D、工资及管理费用							35,000,000	
	E、杂项开支							1,000,000	88,190,000
乙、地毯部分									
	A、原料								
	1 羊毛	每月	65,000	市斤每市斤	$550		$35,750,000		
	2 颜料	每月	200	磅每磅	$15,000		3,000,000		
	3 棉纱	每月	5,000	磅每磅	$2,200		11,000,000	49,750,000	
	B、煤	每月	40	吨每吨	$22,500			900,000	
	C、工资及管理费用							32,000,000	82,650,000
									$170,840,000

二、生产量之计算								
甲、呢绒部分								
A、哔叽类	每月	3,000	码每码售价	18,000元				
B、大衣呢类	每月	1,000	码每码售价	15,000元		54,000,000		
C、花呢	每月	3,000	码每码售价	12,000元		15,000,000		
D、制服呢	每月	3,000	码每码售价	9,000元		36,000,000		
E、床毯	每月	400	条每条售价	20,000元		27,000,000		
乙、地毯部分						8,000,000	140,000,000	
A、男工地毯	每月	5,000	方尺每方尺售价	$6,500				
B、女工地毯	每月	70,000	方尺每方尺售价	$1,250			120,000,000	
							260,000,000	

按本公司营业之回转率平均约每四个月一次，是以流动资金必须足敷四月之数方能回转运用。以每月$170,840,000计，实需流动资金$683,360,000。

天津市政府社会局工厂检查表

厂名	仁立公司毛呢纺织厂	厂址	第十区云南路	电话	三局101、965、621、857
营业种类	呢绒、地毯				
生产状况	原料缺乏生产量不多				
经副理	总经理:朱继圣　经理:陈礼	厂长			
技术人员	总工程师:杨玉文				
工人总数	305人	男工:254人	女工:51人		
工作时间	日工上午由七时半至十二时、下午由十二时半至五时,共九小时				
工资种类	男工最高每月129208元、最低每月47108元;女工最高每月57691元,最低每月48240元				
	工人按日计资者每日　　元;工人按件计资者每件　　元				
实物津贴	每日玉米麸5斤、煤12斤至24斤、每月呢绒配给3至8.45点、以上各项实物均按市价折合现金发给				
假期规定	星期日放假:星期日照例放假	例假办法:每年除星期日外例假约十五日,假期长工照付工资			
已否成立员工合作社	未成立	成立于　年　月　日	负责人		
一般福利设施	另附详文				
抚恤死伤工人办法	办法详尽不及备载				
女工分娩假期及待遇					
机器设备是否完善	安全				
卫生设备是否完善	完善(另设厂医及医药室并每年检查肺结核病一次,病者送医院治疗由公司担负医药费)				
本厂职工会否加入工会或其它团体组织	已加入公会	负责人姓名	梁淑贤		
		团体人数	306人		
检查员意见及评语					
备考					

中华民国三十五年　　月　　日　　　　天津市政府社会局工厂检查员

第二表　厂矿建筑及设备

填表说明:

(一)"目有场地"及"租赁场地"两项如系矿业请不必填列。

(二)厂基或矿区备考栏内,如系工业请填明择定该处为厂基之理由,购置之情形及其它有关事项,如系矿业请填明其矿质及储量。

厂基或矿区	厂别或矿别	所在地	面积(亩)	购置年月	目有场地 原购价	目有场地 时价	租赁场地 租期	租赁场地 租金	备考
	天津厂基	天津市第十区云南路	31.418	20–26年	417,225元	78,750,000元			
	北平厂基	北平朝阳门大街	25	25–33年	60985.76元	6,250,000元			

建筑概况	类别	建筑情形 形式	建筑情形 材料	方数(方尺)	建筑费	完成时期	备考
	天津工厂厂方	楼房	洋灰铁筋	89,707	1,020,904.51	民国20年至28年	
	天津工厂仓库	楼房	洋灰铁筋	12,300	127,500.07	民国20年至28年	
	天津工厂办公处及职员宿舍	楼房	洋灰铁筋	17,846	184,834.56	民国27年	
	天津工厂仓库及其它	平房	砖房	22,531	198,542.37	民国31年	
	北平地毯工厂	平房	砖房	34,848	275,702.76		

原动力	厂内设备 种类及名称	式样	能力	制造者 国别	制造者 厂名	制造者 年份	购进年月	价值 原购价	价值 时价	已用年限	备考
	天津工厂变压器		300KVA								租用

原动力	外电供应 供电者	厂内电压(伏)	每月用电KWH	电价	备考
	资源委员会冀北电力有限公司	380	约8,000	电灯每度60元起,电力每度90元,每马力900元	

填表说明：

(五)成立后业务述要：自正式成立时起至最近为止，1技工之招募训练，2原料物料之购运储备，3工程及技术之改进，4出品之产销概况，5其它有关事项。

(六)成立后重要事项述要：如资本增减，改组，迁移，扩充，轰炸损失，人事进退等重要事项。

<table>
<tr><td rowspan="7">重要职员</td><td colspan="2">职别</td><td>姓名</td><td>籍贯</td><td>年龄</td><td>略历</td></tr>
<tr><td colspan="2">总经理</td><td>朱继圣</td><td>浙北鄞县</td><td>53</td><td>美国威斯康辛大学经济硕士</td></tr>
<tr><td colspan="2">天津公司经理</td><td>陈礼</td><td>浙江诸暨</td><td>52</td><td>美国鸣司脱工专电机工程师</td></tr>
<tr><td colspan="2">天津公司副理</td><td>刘缉堂</td><td>河北天津</td><td>44</td><td>天津南开大学毕业</td></tr>
<tr><td colspan="2">天津公司副理</td><td>毛学礼</td><td>河北天津</td><td>44</td><td>北平中国大学毕业</td></tr>
<tr><td colspan="2">天津公司总工程师</td><td>杨玉文</td><td>辽宁海城</td><td>41</td><td>北平工业大学毕业</td></tr>
<tr><td colspan="2">北平分公司经理</td><td>凌其峻</td><td>江苏上海</td><td>49</td><td>美国瓯海瓦大学毕业</td></tr>
<tr><td rowspan="4">职员及工人</td><td colspan="2">职员</td><td>76人</td><td rowspan="4">备考</td><td colspan="2" rowspan="4"></td></tr>
<tr><td colspan="2">夫役</td><td>29人</td></tr>
<tr><td rowspan="2">工人</td><td>技工</td><td>194人</td></tr>
<tr><td>粗工</td><td>82人</td></tr>
<tr><td>成立后业务述要</td><td colspan="6">另附群文</td></tr>
<tr><td>成立后重要事项述要</td><td colspan="6">(1)资本增减：
民国十一年成立时资本$100,000.00；
民国二十一年增资为$300,000.00；
民国二十五年增资为$500,000.00；
民国二十六年增资为$1,500,000.00；
民国二十九年增资为5,000,000.00；
民国三十一年增资为$8,000,000.00
(2)迁移扩充：本公司最初于北平成立，二十年在天津设立毛呢纺织厂，迭次增加资本、搬充厂房、增购毛呢、纺织、洗染、整理各种机器，并将总公司迁至天津，另在北平及上海设立分公司
(3)轰炸损失：本公司幸未受有直接轰炸损失
(4)人事进退：本公司成立之初由费兴仁任经理，民国十四年费氏辞职，改聘朱继圣任经理</td></tr>
</table>

第三表　生产推销财务及其它

填表说明：

(一)“燃料”“原料及材料”“主要产品”“副产品”及本表其它各栏内之单位，如系重量，应以市斤，市担，公吨，或英磅计算，容量应以市升，公尺，或英尺计算，如用其它单位如包，箱，桶，件之类，务请一一折合注明。其无法折合者，亦请详加注释藉免含混。

燃料	种类	单位价格	来源地	运输方法	每月消耗量	备考	
	煤末	每吨22,500元	开滦	铁路	240吨		
	原煤	每吨26,500元	开滦	铁路	70吨		
原料及材料	种类	单位价格	来源地	运输方法	每月需要量	代用品	备考
	毛条	每磅2,800元	澳洲	轮船	8,000磅		
	细毛	每磅1,600元	澳洲	轮船	8,000磅		
	绵羊毛	每磅900元	华北	铁路	20,000磅		
	秋毛	每磅450元	华北	铁路	100,000磅		
	颜料	每磅2,000元	英美德瑞士	轮船	1,000磅		
	棉纱	每磅2,500元	本市		10,000磅		
主要产品	种类	样式或牌号	单位	每单位时间产量		出厂单位售价	备考
				单位时间	生产数量		
	哔叽类	天马牌	码	每月	12,000	18,000元	每日以工作10小时计
	大衣呢	天马牌	码	每月	1,000	15,000元	
	花呢	天马牌	码	每月	5,000	12,000元	
	制服呢	天马牌	码	每月	6,000	9,000元	
	床毯	天马牌	条	每月	500	20,000元	
	男工地毯		方尺	每月	8,000	6,500元	
	女工地毯		方尺	每月	100,000	1,250元	
副产品							

(二)成本计算方法:填明或本会计方法外,并请就主要产品举例说明。

(三)制造程序或采冶方法:分别工矿业,就其主要产品说明之。

(四)工作时间:通常每日工作小时,每月工作日数,及每年除假期及修理停工外之工作日数。

成本计算方法	另附群文						
制造程序或采冶方法	另附详图						
工作时间	每日现在只有日班工作,每日工作九小时,每月约工作二十五日,每年除星期日例假外共约工作300日						
主要产品推销情形	种类	样式或牌号	单位	产地每单位售价		主要购主	每月平均货销数量	
				零售价	批发价		零售价	批发价
	哔叽呢	天马牌	码		18,000元	平津沪京畿各地大呢绒批发商	另附产销报告表	
	大衣呢	天马牌	码		15,000元			
	花呢	天马牌	码		12,000元			
	制服呢	天马牌	码		9,000元			
	床毯		条		20,000元			
	男工地毯		方尺		6,500元	美国入口商		
	女工地毯		方尺		1,250元			
推销之制度及方法	本公司出产销售于平津沪三地者,均由各地公司自行办理并随时联络相互报告各地市面供求状况,以谋业务之发展。至于其它各大商埠向由各地分公司就近办理,或由各地大呢绒批发商推售。近以战后复员期间呢绒之需求甚殷,为此除加紧筹划增加各分公司推销力量外,并拟酌在各地设立分销处代理店等以应社会之需求而便推进本公司之业务。 至地毯之销售于美国各地者,向由美国入口商代理,胜利后虽感船舶缺乏,但也已有数批出口运至美国本公司,并拟相机派员出国考查联络以资推展。							

填表说明：

(四)主要行庄往来备考栏内填明各项存欠之性质，如为欠款，并填明其期限，暨是否为抵押借款，信用借款，信用借款，抑为其它各种借款。

(五)已往及目前公务业务财务及其它困难情形栏内记载厂家负责人之意见。

<table>
<tr><td>运输情形及运费</td><td colspan="3">(一)原料：所有原料物料购自本市者多在厂内交货，其购自外埠或国外者则用轮船火车运至天津车站再行自取
(二)产品：呢绒仅有零星批发，零售多在厂内交货，所有运输工具及运费统由顾主自办，地毯则由轮船运往国外</td></tr>
<tr><td>财务表报</td><td colspan="3">下列各种表报兹随调查表一并检附：
(1)三十四年十二月三十一日资产负债表(√)附各科目明细表(√)
(2)三十四年一月至三十四年十二月损益计算书(√)
(3) 年 月科目余额表( )附各科目明细表( )
请将检附各表在( )内作√记号</td></tr>
<tr><td rowspan="2">主要行庄往来</td><td>主要行庄名称</td><td>月 日止存或欠金额</td><td>备考</td></tr>
<tr><td>另附详表</td><td></td><td></td></tr>
<tr><td>以往及目前公务、业务、财务及其它困难情形</td><td colspan="3">现对运输困难及原料缺乏极感困难</td></tr>
</table>

(J144-1-11-7)

214.天津市临时处理隐匿敌伪物资委员会为受敌侵害损失请求赔偿批仁立实业股份有限公司文

民国三十五年一月十二日(1946年1月12日)

呈暨附件均悉，所陈历年遭受敌人压迫情形，至湛悯惜，惟自日本投降后，敌性物资，概归国有，该公司所存北支派遣军1819部队之半成品及原料等，自应由本会查明保管，听候处理，至该公司所受工价等损失，应另案报由。天津市政府查核转请 行政院核夺，所请留置半制品及原料抵作工价一节，未便照准，仰即知照。

此批

中华民国三十五年一月十二日

(J144-1-12-3)

215.仁立实业股份有限公司第二十五届股东常会董事会报告书

民国三十五年三月三十一日(1946年3月31日)

查本公司去年(民国三十四年)前期顾太平洋战争趋向决战，敌寇正作困兽殊死斗之际，吾人在渝□区中之工商业窒息可谓达于极点。本公司不但感受原料之缺乏，开支浩大，且外力压迫愈益加重，实有应付维艰，不易支持之势。幸而八月十五日胜利来临，国土光复，吾人从此解除各项束缚，得以逐步实现发展之计划。一方仅先恢复出进口事业，并加强范围，以期在国际贸易上建立优越之地位，一方扩展天津毛呢纺织厂，使其生产数量及制造成绩趋于最高之境地。同时规划于国内各地成立分厂，藉以拟与毛织工业挽回漏卮。以上企划如能不受币制之影响，原料之限制，以及意外之变故，本公司恢复战前之声誉并达到业务兴隆之目的料非难事，展望前途不禁喜忧交并也。至于上年业务不过仍赖旧存原料，成本较低，勉获盈余，殊幸事也。兹附三十四年份资产负债表、损益计算书。敬祈公鉴。

仁立实业股份有限公司董事会

中华民国三十五年三月三十一日

朱继圣

（J144-1-10-25）

仁立实业股份有限公司第二十五届股东会结算报告

民国三十四年十二月三十一日（1945年12月31日）

监察人报告

本届结算各项数目已就各种簿册分别检查，所有资产负债表、损益计算书均经核对无讹，特具报告敬请诸位股东公鉴。

中华民国三十五年三月十一日

监察人：姚泽生、顾忠弼、潘禹言

查账、货人报告书

径启者，晋方等经由董事会推派审查本公司三十四年度结算账目、资产、存货、原料等，当于上年年终分别将结算报告内胪列各款数目与簿册、表单、账据、票款核对相符，所有货物、原料亦照各经管部分所编之盘查报告详细校核，其各项折旧作价数目，均称公允，符合此项资产负债表、损益计划书，确系三十四年度内本公司内经济营业实在情形。特此出具报告即请诸位股东公鉴。

中华民国三十五年三月十一日

查账人：孙晋方、顾忠弼、金仲廉、潘禹言

查货人：顾忠辅、夏廷献、顾忠弼、包培之

仁立实业股份有限公司

中华民国三十四年十二月三十一日

资产负债表		
负债及资本		
	资本	$8,000,000.00
	法定公积金	719,676.14
	特别公积金	2,208,928.26
	呆账准备金	47,323.94
	各项折旧准备金	2,055,319.46
	存货跌价准备金	272,306.22
	存货调整准备金	184,791、53
	保险准备金	96,438.25

	职工福利备用金	635,975.09
	职工储蓄金	714,571.85
	职工花红准备金	4,037.32
	应付及期付款项	14,184,426.45
	应付未付股息	229,730.16
	应付未付利息、工资及佣金	1,129,680.87
	雇主定金	897,206.71
	暂记存款	1,750,988.61
	透支银行及借款	13,906,687.67
	本年纯益	3,275,230.11
	资产类	
$3,043,793.51	房地产	
2,530,538.48	机械	
72,208.89	工具及机械零件	
364,657.16	装修	
812,653.47	家具	
10,500.00	有价证券	
485,347.91	应收及期收款项	
203,858.12	同业欠款	
15,818,280.77	存货品	
7,676,355.83	存未成品	
3,919,089.81	存原料	
8,302,152.01	储存物料	
3,523.02	废毛废料	
2,328.86	各种迟延费用	
750,534.89	暂记欠款	
3,922,152.72	存放银行	
2,395,343.19	现金	
$50,313,318.64	合计	$50,313,318.64

中华民国三十四年度

损益计算书		
	利益类	
	销货毛利	$19,493,324.53
	收入佣金	488,876.79
	杂项收益	1,793,845.16
	损失类	
2,294,795.37	营业费	
13,468,731.29	管理费	
2,737,289.71	杂项损失	
3,275,230.11	本年纯益	
$21,776,046.48	合计	$21,776,046.48

(J144–1–10–26)

216.仁立公司第二百二十五次董事会记录

民国三十五年三月三十日(1946年3月30日)

民国三十五年三月三十日下午七时,在北平分公司聚餐后在二楼开第二百二十五次董事会。计出席者有孙锡三、包培之、夏庭轩、金仲廉、顾佐忱、周华康、朱继圣、凌其峻董事,顾佑忱、潘禹言监察人。孙董事长主席,凌董事为记录员。

朱总经理报告第二百二十四次董事会假定一月二十日召集临时股东会,因是时政府尚未正式公布公司登记处理办法,未举行仍照章定于三月三十一日召开股东常会。程序如下:

一、董事会报告三十四年度营业状况;

二、监察人报告账目;

三、提议盈余分配案。

纯益　3,275,230.11

公积　327,523.01

所得税　353,724.84

利得税　216,926.78

股息　480,000.00

红利　800,000.00

花红　600,000.00

以上共计国币洋3,275,230.11两抵无余;

四、报告按收复区公司登记处理办法,应再天津召开临时股东会,调整资本再行改选董事监察人;

五、其它。

朱总经理报告近来天津工潮叠起,本公司工人亦有提高工资待遇之要求,本公司鉴于物价之高涨,自有调整之必要,合理处置,故未发生罢工举动。数年来在津平沪积存之地毯现在陆续运出国内,呢绒之销路亦尚不劣,惟原料缺乏,出品减少,虽已向澳洲定购大宗羊毛,尚未接装运消息,到达之期恐在秋后云。

九时一刻散会。

(J144-1-24-29)

217.天津仁立公司毛呢纺织厂行政组织草案

民国三十五年四月一日(1946年4月1日)

组　织

本厂由总经理主持全厂一切生产计划、营业方针、用人行政调度、金融、保管、财产及对外一切事务。经理辅佐总经理办理厂内外各项事务,总经理不在厂时,经理代负一切责任。副理、襄理分别协助总经理办理厂内外各处、部事务及总经理、经理临时交办事项。总经理以下设7处,1部,分列如下:

一、总务处:设主任1人,秉承总经理、经理办理本处对内对外事务,并督导本处各组办理下列事项:

(一)文书组司华文之收发、拟稿、校对、缮印、保管,并兼理股票之,過户抵押、发息等事项。

(二)庶务组司厂内清洁、修理、杂物、保管、废物之处理及对外一切交际、杂工、听差之管理,及不属于其他各组及指派之事务等事项。本组附设电话室,专负电话、通讯之职务。

(三)稽查组分日夜两班,司厂内各处之安全、工友听差上下班之检查出厂物件,问证之查核,办公时间以外之收发,并督率全厂听差防护一切临时意外事项。

(四)人事组司职员差役,假、旷之纪录及职员工友任用、解雇、升降、功过、调转之纪录,以及职工状态调查及保单等事项。

(五)福利组司职员、工友之福利,团体、保险及图书、娱乐、卫生、膳宿之管理,以及职工灾病扶助、慰问等事项。

(六)医药组司全厂职工之医疗及医药之选购、配制、防痨,以及传染病预防等事项。

二、稽核统计处:设主任1人,秉承总经理、经理负稽核统计各处、部一切有关会计簿记等事务,并督导本处各组办理下列事项:

(一)审核组司全厂各种账目之稽核、捐税呈报保□、投保等事项。

(二)会计制度改进组司考核现行会计制度之缺陷计划改进补充。

(三)统计组司调查表件之填报、成本之升降、消耗开支之统计、市情杂项之统计,并编制各项图表,以及有关统计等事项。

三、会计处:设主任1人,秉承总经理、经理编制预算、决算、资产负债表、损益计算书、计算成本、管理银钞,并督导本处各组办理下列事项:

(一)普通会计组司现金簿、分录簿、总账、分户账等之登入计算,及有关单据、传票之整理、分类、保管等事项。

(二)成本会计组司制造原料、未成品、半成品成本之纪录,及有关单据、传票之整理、分类、保管等事项。

(三)出纳组司现金之出入制作、传票及银行之存取、利息、交往、各家收款等事项。

(四)记工组司核对工务各部及稽查组填送各表,逐日纪录、计算工资、津贴、赏金及各项配给品之折价等事项。

四、营业处:主任1人,秉承总经理、经理办理货物批发、零售,以及对外经理家之联络,货价之规定,货色之分类,样品之寄发,推销广告计划,并督导本处各组办理下列事项:

(一)批发组司货物之批发、货品之数目、种类纪录、运输等事项。

(二)零售组司门市之零售记账、收款、发单问证等事项。

(三)广告组司货品之宣传、广告之刊载,并设计编辑绘画印刷及制版等事项。

(四)成品组司成品之收发、保管及备发之成品装潢打包、货单等事项。

五、采办处:设主任1人,秉承总经理、经理办理采购原料、物料及机器等,并督导本处各组办理下列事项:

(一)原料组司原料之采购及运输等事项。

(二)物料组司各项物料之选购等事项。

六、材料处:设主任1人,秉承总经理

经理办理各项材料、分类、整理、保管、纪录等事项,并督导本处各组办理下列事项:

(一)原料组司羊毛、棉毛线、纱花之收发、整理、登记、保管等事项。

(二)未成品组司未成品之收发、登记及保管等事项。

(三)物料组司机器、零件、杂项物品之收发、登记及保管等事项。

七、工务处:设总工程师1人,秉承总经理、经理负全厂制造部分全责,下分"设计""人事"2室。设计室由总经理指定有关各处、部主任组织,由总工程师召集另定之。人事室由总工程师主持司工友雇佣、解雇,考察工友成绩之优劣,分析工人个人及团体之生产量,工友之赏罚增减、训练、教导、转部及厂内之卫生等事项。设计室司成品之改善、试工、用料合理化等事项,下分6部:(一)纺工部(二)精纺部(三)织呢部(四)洗染部(五)整理部(六)锅炉房。

八、出进口部:设主任1人,本厂总经理、经理办理地毯等商品出口及原料进口等事项,并督导本部各组办理下列事项:

(一)文书组司洋文之收发、缮印、分类、保管等事项。

(二)货单组司货物发单、提单、报关、价单等文件之缮印等事项。

(三)收发包装组司货物之收发、保管及包装等事项。

(四)运输组司货物之报关、运输等事项。

(五)地毯制造组司地毯之设计、绘图、制造等事项。

会　议

分厂务会议、处务会议、组务会议3种,每次开会均须有详细纪录送呈总经理核阅。

一、厂务会议由总经理定期召集,开会时为主席,每月举行1次,商讨全厂一切应兴应革事宜。

二、处务会议由各该处主任分别定期召集,开会时分别为主席,每两星期举行1次,商讨各该处应兴应革事宜,必要时得召开各处联席会议。

三、组务会议由各该组组长于必要时临时召集之。

附　则

一、本组织如有未尽事宜,得随时修改之。

二、本组织自总经理核准之日起实行。

(J144-1-6-9)

218.仁立实业股份有限公司整理新股报告

民国三十五年五月二十七日(1946年5月27日)

查本年二月十六日经济部公布收复区各种公司登记处理办法,第七条对顶沦陷区内所有各种公司应一律补办登记,旧股仍按法币列记计,新股如属伪币,应照规定收换比率折成法币,并将增资后所增置之财产酌按法币估价照新旧股份股数拟算。其属于新股所拟得者,作为新股股份分配于新股东,其余应作为公积金。此项估价应由律师、会计师办理并证明之。但估价最高额不得超过其伪币原额等。因本公司当即遵照各项规定请由律师、会计师依法办理并出具证明书(附律师、会计师估价证明书及二十七年四月二十三日以前登记有案之董监事调查报告书)。按照证明书及报告书内开本公司原登记股本法币50万元,民国二十六年六月增加股本法币100万元,共合法币150万元。民国二十九年八月增加伪联币股本350万元,又于民国三十一年十二月增加伪联币股本300万元,共计增加伪联币股本650万元伪币,依率按五对一折合法币应为130万元。根据证明书内计算新股共应拟得法币5261250元。按65000股均拟每股应得法币81.25元,连同原伪币折合法币20元,每股应为法币101.25元。按票面每股

100元计，每股多余法币1.25元共计法币81250元，连同旧股应拟得之法币1218750元，共计法币130万元，应即作为公积金，新股仍为65000股，连同旧股15000股，仍合8万股之数。相应提请通过。

(J144-1-10-35)

219.仁立实业股份有限公司临时股东会记录(部分)

民国三十五年五月二十七日(1946年5月27日)

会计师出席，报告读毕退席。(附件三)

主席询问诸君有无意见。结果

丙、本公司章程业经于本月二十四日董监事会依据新公司法重行修正，兹印制修改章程草案，请诸君讨论。逐条讨论。(附章程修正草案附件四)

丁、改选董事监察人

公推股东○○○、○○○为监轨检票员，投票毕。

主席报告董事票，共投　张，计　权(未投票　张，计　权)开票结果

○○○权 ○○○权

○○○~~~~得票最多数，当选为董事

○○○~~~~得票次多数，当选为候补董事

主席报告监察人票数，共投　张(未投票　张，计　权)开票结果

(四)征询股东有无提议事项。

股东○○○临时动议“谓我公司股本……宜于增加，可否授权董事会办理案”。

股东○○○附议。

议决增加股本案授权董事会办理后，提交股东大会追认之。

主席以本次临时股东会讨论事项业经完毕，宣布闭会。

(J144-1-10-36)

220.仁立实业股份有限公司呈请社会局召开临时股东会文

民国三十五年六月十九日(1946年6月19日)

呈为定期召开临时股东会议，以便补办变更登记。恳请派员李琳监督事。窃商公司董事会遵照经济部办法收复区各种公司登记处理办法之规定，拟定于六月三十日(星期日)下午二时在本公司召开临时股东会，以便办理变更登记事宜。理合呈报并请届时派员莅临监督，以符功令，至为方便。谨呈

天津市政府社会局

具呈人：仁立实业股份有限公司董事会

董事长：孙晋方

地址：本市第十区云南路二十二号

铺保：端记染厂

经理：毛□□

地址：本市下九房玉盛大街一号

三十五年六月十九日发

天津市政府社会局复文

民国三十五年六月二十六日(1946年6月26日)

天津市政府社会局批　会商字第7135号

具呈人:仁立实业股份有限公司董事长孙晋方等

呈一件为于六月三十日召开股东会,请派员监督由。

呈悉兹派本局齐科长联科、张主任可久届期莅会,依法监督除分行外,仰即知照此批。

中华民国三十五年六月二十六日

局长:胡梦华

监印:张学梅

校对:刘应隆

(J144-1-10-43)

221.仁立实业股份有限公司为验销旧有执照事呈社会局文

民国三十五年六月十九日(1946年6月19日)

呈为呈缴前实业部公司登记执照及伪华北政务委员会经济总署执照,以凭验销事。窃商公司董事会遵照经济部办法收复区各种公司登记处理办法第二条之规定,特检同民国政府前实业部新字第470号执照及伪华北政务委员会经济总署利字第40号执照各一纸,备文呈请。

验销以便申请办理变更登记,实为公便,谨呈

天津市政府社会局。

附执照二纸抄件一纸。

具呈人:仁立实业股份有限公司董事会

董事长:孙晋方

住址:本市第十区云南路二十二号

铺保:端记染厂

经理:毛□用

地址:本市下九房玉盛大街一号

三十五年六月十九日

仁立实业股份有限公司股份、执照简情

民国二十五年七月二十一日(1936年7月21日)

公司名称:仁立实业股份有限公司

所营事业:制售地毯及其它棉毛织品兼办进出口

股份总银数:国币五十万元,分为五千股

每股银数:国币一百元

每股正缴银数:缴呈

本店所在地:天津英租界

注册年月日：民国十一年十月发农商部核准注册

发照年月日：民国二十五年七月二十一日

执照号码：实业部发股份有限公司新字第四七〇号

(J144-1-10-37)

222.仁立公司第二百二十六次董事会记录

民国三十五年六月二十四日(1946年6月24日)

民国三十五年六月二十四日下午六时一刻，在北平分公司二楼开第二百二十六次董事会。计出席者金仲廉、夏廷献(凌代)、周华康、顾佐忱、朱继圣、凌其峻董事，顾佑忱、潘禹言监察人。朱常务事董事主席，凌董事为记录员。

朱总经理报告如下：

一、五月下旬，偕凌经理同赴上海、南京与孙董事长与创办人周寄梅先生商谈并视察沪埠商情，参观章华织呢厂，并与振德兴合作向美国订购深蓝哔叽15000码，向印度订购麻袋30万双，又独向新昌洋行订购英式精纺机2000锭(三年后交货，预付定金一成)，澳洲毛条9万磅。

二、国产羊毛除由张家口购得15000斤外，又在津购得锦州水洗毛2万斤左右。

三、原料既能陆续补进，成品呢绒自应积极推销。至于数年来积存之地毯已陆续出口，所剩无几。

四、迩来物价昂贵，职工薪资屡次调整，实非得已。

五、已向中交二行申请工矿贷款，现在四联总处复核中。

六、本月三十日(星期日)下午二时，在天津总公司召开股东临时会，办理变更登记，希在平股东踊跃参加。

八时一刻散会，在楼下聚餐。

(J144-1-24-30)

223.仁立实业股份有限公司临时股东会纪录及相关文件

民国三十五年六月三十日(1946年6月30日)

开会秩序单

一、主席宣布开会。

二、全体肃立。

三、向国、党旗及总理遗像行最敬礼。

四、主席恭读总理遗嘱。

五、静默。

六、主席致开会词。

七、社会局监督致训词。

八、董事会遵照收复区各种公司登记处理办法办理调整调整股份，请公决案。

九、讨论修改章程案。

十、其它事项。

十一、选举董事及监察人。

十二、闭会。

仁立实业股份有限公司临时股东会议记录

开会日期:三十五年六月三十日下午二时

开会地点:天津市第十区云南路二十二号本公司

原有股权:原有股权除汉奸嫌疑者二户共计260股不计外,实有79740股,42377权。其中尚有林善堂、焦成勋一户(本日未出席)计57股疑似被检举之焦世卿所有,但无确切证据,业经呈报河北平津区敌伪产业调查委员会天津分会静候处理。

到会股权:55656股,29527权

列席:社会局监督科长齐联科、主任张可久、律师左起秀、会计师杨曾询

主席:朱继圣

纪录:毛学礼

行礼如仪。

一、主席致开会词。(从略)

二、社会局监督齐科长联科致训词。

略谓:本临时会系根据经济部颁布收复区各种公司登记处理办法为保障股东之合法权益而召开者。此次股份经过调整后,更可取得合法之地位,望新任负责人务于期限内办理变更登记用符法令。又责公司出品在国内毛织厂工业中夙负盛誉,今后更堪期待云云。

三、主席报告遵照收复区各种公司登记处理办法办理调整股份经过。

甲、本公司原登记资本法币50万元,领有实业部新字第470号执照一纸。嗣于二十六年六月增资法币100万元,于二十九年增资伪联币350万元,又于三十一年增资伪联币300万元,共计资本800万元,复领有伪经济总署利字第40号执照一纸。兹遵照收复区各种公司登记处理办法第二条规定,业将原执照二纸具文呈送社会局,请准核验,以便换领新执照。

乙、本公司增资伪币650万元,业经民国二十七年四月二十三日以前合法董监孙晋方、袁涤庵、朱继圣、夏廷献、金仲廉、顾佐忱、凌其峻、周华康、包培之、顾忠弼、潘禹言调整完毕,计将原伪币股份650万元按五比一折合法币130万元,其亏短之法币520万元依据律师、会计师证明书内计算,以增置房地产及机器等增值补足,造具整理新股报告书,并请律师、会计师出具证明书。兹报告如下:

主席宣读董事监察人调查报告书。

杨会计师出席,宣读调查估价证明书。

主席询问诸君对以上两项报告有无意见,并对于处理股份及过去增加股本请追认案。

决议:全体举手称原案追认。

丙、本公司章程业经于本月二十四日董监事会依据新公司法重行修正,兹印制修改章程草案,请诸公决案。(附章程修正草案)

决议:除原草案第一条文内之"第二四六条"五字取消外,余照原章案通过。

丁、征询股东有无提议事项。

陆股东襄祺:本公司原有资本额为法币800万元,依现时环境实属不敷运用,必须增加股本。是否

可行，请大家讨论。

潘股东禹言：提议本公司增加股本至法币4亿元，增资办法拟请授权于新董事会全权办理。

顾股东佐忱、凌股东其峻附议。

主席付表决。

决议：全体股东无异议，通过增加股本至4亿元，授权于新董事会全权办理。

四、改选董事监察人

甲、主席指定股东陆襄祺、沈讷斋、杨玉文、冯蓉、宋宝琦为监票员。

乙、主席报告董事票，共投257张，计55524权（未投票8张计132权）。开票结果：

当选董事九人。

朱继圣 55,511权

何　廉 55,439权

凌其峻 55,291权

包培之 55,111权

金仲廉 55,091权

孙锡三 54,724权

顾佐忱 54,011权

周华康 53,137权

袁涤庵 51,214权

丙、监察人票共投257张，计55524权（未投票8张计132权）。开票结果：

当选监察人三人。

顾忠弼 55,111权

潘禹言 53,554权

夏廷献 50,567权

主席以本次临时股东会讨论事项业经完毕，宣布闭会。

主　席　朱继圣

社会局监督　齐联科

张可久

仁立公司二十七年四月二十三日以前合法之董事监察人名单		
姓名	职别	住址
孙晋方	董事	北平东城演乐胡同四十八号
袁涤庵	董事	北平西四丰盛胡同二号
朱继圣	董事	天津第十区成都道永定里二号
夏廷献	董事	北平和外南横街嘉兴馆
金仲廉	董事	北平东城遂安伯胡同三十号
顾佐忱	董事	北平东四南西石榜三十一号
凌其峻	董事	北平王府井大街九十七号仁立公司
周华康	董事	北平西城中央医院转
包培之	董事	天津第十区汉口路永德里一号
顾忠弼	监察人	北平内务部街二十七号
潘禹言	监察人	北平西斜街六十二号

仁立公司三十五年六月三十日临时股东会重行选任之董事监察人名单				
姓名	当选职别	当选权数	持有股数	住址
朱继圣	董事	55,511权	2449股	天津第十区成都道永定里二号
何廉	董事	55,439权	297股	南京西康路十九号
凌其峻	董事	55,291权	1838股	北平王府井大街九十七号仁立公司
包培之	董事	55,111权	2300股	天津第十区汉口路永德里一号
金仲廉	董事	55,091权	420股	北平东城遂安伯胡同三十号
孙锡三	董事	54,724权	6272股	北平东城演乐胡同四十八号
顾佐忱	董事	54,011权	907股	北平东四南西石榜三十一号
周华康	董事	53,137权	316股	北平西城中央医院转
袁涤庵	董事	51,214权	2140股	北平西四丰盛胡同二号
顾忠弼	监察人	55,111权	736股	北平内务部街二十七号
潘禹言	监察人	53,554权	6609股	北平西斜街六十二号
夏廷献	监察人	50,567权	325股	北平和外南横街嘉兴馆

仁立实业股份有限公司增资后增购财产之估价证明书

为财产估价证明事，仁立实业股份有限公司原登记股本法币50万元，民国二十六年增加法币股本100万元，二十九年增加伪币股本350万元，三十一年续增300万元股本，总额为法币150万元，伪币650万元，共计800万元。法币股本仍照原数列计，伪币股本案收换比率5对1折合法币130万元，照原股额缺少520万元。查该公司最近资产状况增资后，增置之财产计建筑第18号仓库55间，工料125932.5元，现值约法币550万元。地毯部及货房18间，工料14320元，现值约法币110万元。佟楼地毯厂房45间，地24.25市亩，价97988.78元，现值约法币600万元。上列不动产共计伪币238241.28元，约值法币1260万元。又起绒机2部，价84372.8元，现值约法币395万元。切断机全部，价10525元，现值约法币9万元。打线机全部，价145200元，现值约法币60万元。打线头机全部，价32240元，现值约法币12万元。7.5马力马达2架，价1.9万元，现值约法币15万元。上列机器共计伪币291342.8，约值法币491万元，不动产及机器共计伪币529579.08元。按照时价十分之二计算，约值法币1751万元。兹遵照收复区各种公司登记处理办法第七条第二项不得超过伪币原额之规定，照伪币股额以增置办之财产，按法币估计增值650万元，照新旧股份股数摊算，新股应摊得法币5281250元，以52万元补足伪币，折合法币之缺额，其余81250元，连同旧股，应摊得之法币1218750元，共计法币130万元，作为公积金，谨具此证明书。

律　师　左起秀

会计师　杨曾询

仁立实业股份有限公司董事监察人调查报告书

兹遵照公司法第255条及收复区各种公司登记处理办法办理第七条规定，根据律师、会计师财产估价证明书及账册对于股份财产详细调查，其结果如下：

一、民国二十九年及三十一年两次增加之伪币股份65000股，计650万元均已招收足额。

二、上条所列之伪币股本按收换比率五对一折合法币130万元。查增资后所购置之财产有不动产计伪币138241.28元，各种机器计291342.8元，共计伪币529579.08元，按照时价十分之二计算，约值法币1751万元。兹遵照收复区各种公司登记处理办法办理第七条第二项不得超过伪币原额之规定，照伪币股额以增置之财产按法币估计增值520万元，照新旧股份股数摊算，新股应摊得法币422.5万元，以

65000股均分每股，摊得65元。连同伪币折合法币之20元每股为法币85元。新股照原股额少97.5万元。各股东均以现金补足每股仍为法币100元，旧股应摊得之法币97.5万元作为公积金。与法均相符合。

三、民国二十九年及三十一年两次增加之股本各股东均以现金缴纳，并无以现金外之财产抵作股银者。

以上各项查核均属确实，并无冒滥。特具此报告如右。此致

股东会

董事：孙晋方、朱继圣、金仲廉、凌其峻、包培之、袁涤庵、夏廷献、顾佐忱、周华康

监察人：顾忠弼、潘禹言

社会局监督：齐联科、张可久

仁立实业股份有限公司章程修正草案

一、第六条　第二项

原文；“本公司扩充营业时，得经股东会依照公司法一八六条之规定，议决增加股本或发行公司债。”

修改文：“本公司扩充营业时，得经股东会依照公司法(修正)第二四六条之规定，议决增加股本或发行公司债。”

二、第八条

原文：“本公司股东每1股有一表决权，但超过10股之股份，每2股合得1权，其表决权以不过股份总额1/5为限。”

修改文：“本公司每1股有1表决权。”

三、第九条

原文：“本公司股东会，分为常会及临时会2种。常会于每年三月举行一次。临时会于董事、监察人认为必要，或有股份总数1/10以上之股东，开列提议事项及其理由请求时，由董事会定期召集之。”

修改文：“……或有股份总数1/20以上之股东……”

四、第十条

原文：“召集常会，应于会期三十日以前通知之……”

修改文：“召集常会，应于1个月前通知之……”

五、第十二条

原文：“股东有因事故未能出席股东会时，得出具委托书，委托他股东代表出席，委托书格式由董事会定之。”

修改文：“……得出具委托书，委托代理人出席……”

六、第十七条

原文：“本公司设董事9人，由股东会就持有本公司股份240股以上之股东中选任之。设监察人3人，就持有本公司股份80股以上之股东中选任之。”

修改文：“本公司设董事9人，监察人3人，由股东会就股东中选任人。”

(J144-1-3-2)

224.仁立实业股份有限公司章程

民国三十五年六月三十日(1946年6月30日)临时股东会决议修正

第一章　总　则

第一条　本公司定名为仁立实业股份有限公司。

第二条　本公司以制售地毯及其他毛棉织品,兼办进出口货为营业。

第三条　本公司设本店于天津,名曰总公司,设分店于上海、北平。

第四条　本公司公告事项,以登载本店所在地一种新闻纸行之,但对于股东得用挂号函邮寄股东名簿所载之住址。

第五条　本公司营业期间自成立之日起,以三十年为期,满期时,得由股东会之决议延长之。

第二章　股　份

第六条　本公司股本总额定为国币800万元,分作8万股,每股计国币100元,一次收足。本公司扩充营业时,得经股东会依照公司法之规定,议决增加股本或发行公司债。

第七条　本公司股份每年给股息6厘,但无盈余时停止给付。

第八条　本公司股东每1股有一表决权。

第三章　股东会

第九条　本公司股东会分为常会及临时会二种,常会于每年三月举行一次,临时会于董事、监察人认为必要,或有股份总数1/20以上之股东,开列提议事项及其理由请求时,由董事会定期召集之。

第十条　召集常会应于一个月前通知之,召集临时会应于会期15日以前通知或公告之。前项通知或公告应载明集会场所、日期、时间、召集事由及提议之事项。

第十一条　本公司于通知或公告召集股东会以后,在会务未终结以前,得将股东名簿停止转让之记载并得停止换发股票。

第十二条　股东有因事故未能出席股东会时,得出具委托书,委托代理人出席,委托书格式由董事会定之。

第十三条　本公司股东会集议之法定人数及关于各项决议应取得之表决权数,均依公司法之规定。

第十四条　股东会议由董事长主席,遇董事长缺席时,就出席股东中公推1人充主席,其任务于闭会时,即行终结。主席就公司职员中指定1人为记录员,编制决议录。主席及记录员对于会议事项,仍得行使其应有之表决权。

第十五条　主席有维持会场秩序之权。遇无异议或例行事项,主席得请出席股东以口头或其他简易方法,表决之。但经股东3人以上请求投票时,应即用投票法计算权数,表决之。表决可否同数时,取决于主席。

第十六条　股东会议应作成决议录,记明会议之时日、场所、决议之事项,由主席及纪录员会署连同出席股东之名簿,移付董事会执行保管。

第四章　董事会及监察人

第十七条　本公司设董事9人,监察人3人,由股东会就股东中选任人。

第十八条　董事任期三年,被连选者得连任。监察人任期1年,被连选者得连任。

第十九条　本公司董事会以全体董事组织之，于董事就职后第一次开会时，互选1人为董事长，2人为常务董事。

第二十条　董事会执掌如下：

一、主持公司一切事务；

二、召集股东会，造具提交股东会各项册报及议案；

三、任免公司重要职员，授以处理业务必要之事权；

四、审定重要契约；

五、核定公司各项办事规则。

除本章程别经委托，或依本章程及法令，应提交股东会之事项外，董事会均得处理之。董事会议事规则，由董事会定之。

第二十一条　监察人审核董事会造送各项表册，报告其意见于股东会，并得随时调查公司财务状况、簿册、文件，请求董事或其他职员释明业务情形。

第五章　职　员

第二十二条　本公司设总经理1人，由董事长遴选提请董事会议决任用之。总经理受董事会之监督指挥，综揽本公司及所属工场暨营业所一切之业务，并监督指挥本公司其他职员。

第二十三条　总经理视业务情形，得遴选经理、副经理、襄理提请董事长任用之，并随时指定其职务分配。关于处理业务之办事规则，由总经理拟定提请董事会核定之。

第六章　会　计

第二十四条　本公司会计年度，每年自一月一日起至十二月三十一日止。

第二十五条　本公司每届结账，应就收入总额内减除营业期间实际开支、呆账、折旧、盘存消耗等，遇有盈余时，首提1/10为公积金，次提周年6厘之股息，并得预储改善费，其余得由董事会斟酌，划半数为股东红利，半数充本公司公益金、职工花红及董事、监察人报酬。董事会为前项四款分派之议案时，应稽以往情形及将来需要，得就应分各款中酌留若干，以备日后分配之调剂。

第二十六条　于每届会计年度终结时，董事会应编制营业报告书、资产负债表、财产目录、损益计算书、盈余分配案移送监察人复核后，提交股东会通过。

第七章　附　则

第二十七条　本章程未尽事宜，适用公司法及其他关系诸法令办理，为法令章程所不详者，得由董事会另订规则补充之。

第二十八条　本章程经股东会依法决议修正施行。

(J144-1-3-1)

225.仁立公司第二百二十七次董事会记录

民国三十五年六月三十日(1946年6月30日)

民国三十五年六月三十日下午五时三刻，在北平分公司二楼开第二百二十七次董事会。计出席者包培之、金仲廉、顾佐忱、周华康、朱继圣、凌其峻董事，列席者，潘禹言、顾佑忱监察人。推举朱董事为临时主席，凌董事为记录员。

主席称本公司董事与监察人业经股东临时会举出，照章应互推董事长一人、常务董事二人，公推孙锡三董事为董事长兼常务董事朱继圣董事为常务董事,并推凌其峻董事为董事会记录员。

顾董事提议金董事附议按照公司法规定聘任朱董事谓本公司总经理,一致通过。

朱总经理提请追认给予杨总工程师副理名义,冯工程师襄理名义,议决通过。

朱总经理称股东会决议增资案,似应考察其它公司如何办理再行拟定招股章程办理之,众赞成。

凌董事提议依照公司法第一百五十九条规定"记名股票须用股东本名,其为同一人所有者应记载同一姓名,其用别号者应并表明其本名",本公司股东中用堂名记名者颇多,亟应通知各股东整理名册以符法令众赞成。朱总经理称孙董事长、顾监察人向例月送夫马费应如何办理,议决每月各送夫马费2万元,凌记录董事申称本席系经理兼任,不另支夫马焉。

下午七时一刻散会。

(J144-1-24-30)

226.仁立实业股份有限公司为资金变更登记颁发新照呈报书

民国三十五年七月十五日(1946年7月15日)

呈为依照收复区各种公司登记处理办法备具应报文件,呈请鉴核,转呈准予变更登记颁发新照事。

窃商公司原登记股本法币50万元,民国二十六年增加法币股本100万元拟呈报,适值卢沟桥事变爆发,不克申请。嗣后因原料为日敌统治,价格陡涨,遂于二十九年增加伪币股本350万元。三十一年复续增300万元,共计股本800万元。抗战胜利,经济部公布收复区各种公司登记处理办法,商公司遵即将原登记执照呈验依法处理伪币股本,其差额以增资后,财产估价增值不足,提经六月三十日依法召开之股东会承认修正章程重行选任董事、监察人,并议决增加股本为法币4亿元,除增加股本,俟股款收足另案呈请外,理合依照收复区各种公司登记处理办法第十一条及公司法第三十七条各规定备具应报文件呈请鉴核,转呈经济部准予变更登记发给执照,实为公便。谨呈天津市政府社会局。

具呈人　仁立实业股份有限公司董事　孙锡三　袁涤庵　金仲廉　何　廉　包培之
顾佐忱　周华康　朱继圣　凌其峻
监察人　顾忠弼　潘禹言　夏廷献
代理人会计师　杨曾询

附修正章程2份;股东会议决录2份;新旧股东名簿各2份;董事、监察人调查报告书2份;律师、会计师、财产估价证明书2份;汉奸嫌疑之股东姓名及股数清单2份;合法董事、监察人名单2份;重行选任之董事、监察人名单2份;委托代理人呈请书2份;登记费3750元;执照费500元;印花税费200元

(J144-1-3-1)

227.仁立公司第二百二十八次董事会记录

民国三十五年八月三日(1946年8月3日)

民国三十五年八月三日下午五时三刻,在北平分公司二楼开第二百二十八次董事会。计出席者金仲廉、顾佐忱、周华康、朱继圣、凌其峻董事,列席者,潘禹言、顾佑忱、夏廷献监察人。朱常务董事主席。

主席称六月三十日股东临时会决议授权董事会办理增资至4亿元,现拟先增至2亿4千万元,每老股得认新股29股,按票面缴款惟股东多数缺乏现资须向银行商借以股票一部作抵押品。经在座董事与

监察人讨论良久,因枝节问题太多,议决暂缓着手进行。

下午六时十分散会。

(J144-1-24-32)

228.仁立实业股份有限公司经理人名单

民国三十五年八月十二日(1946年8月12日)

职　别	姓　名	住　址	是否股东或董事	就职之年月日	备考
总经理	朱继圣	天津第十区成都道永定里2号	董事	民国十年十一月	
经　理	陈　礼	天津第十区岳阳道122号	股东	民国二十一年十月	
副　理	毛学礼	天津第十区成都道135号	股东	民国三十四年三月	
副　理	刘缉堂	天津第十区沙市道辅恩里3号	股东	民国三十四年三月	
副　理	杨玉文	天津第十区宜昌道永丰西里60号	股东	民国三十五年二月	

(J144-1-3-2)

229.天津市政府社会局工厂检查表

民国三十五年八月二十三日(1946年8月23日)

<table>
<tr><td>厂名</td><td>仁立公司毛呢纺织厂</td><td>厂址</td><td>第十区云南路</td><td>电话</td><td>三局1517、0625、1968</td></tr>
<tr><td>营业种类</td><td colspan="5">呢绒、地毯</td></tr>
<tr><td>生产状况</td><td colspan="5">原料缺乏生产量不多</td></tr>
<tr><td>经副理</td><td colspan="2">总经理:朱继圣　经理:陈礼</td><td colspan="2">厂长</td><td></td></tr>
<tr><td>技术人员</td><td colspan="5">总工程师:杨玉文</td></tr>
<tr><td>工人总数</td><td>305人</td><td>男工254人</td><td colspan="2">女工51人</td><td>童工　人</td></tr>
<tr><td>工作时间</td><td colspan="4">日工上午由七时半至十二时、下午由十二时半至五时,共九小时</td><td>夜工</td></tr>
<tr><td rowspan="2">工资种类</td><td colspan="2">男工最高每月129,208元、最低每月47,108元</td><td colspan="2">女工最高每月57,691元,最低每月48,240元</td><td>童工</td></tr>
<tr><td colspan="2">工人按日计资者每日　　元</td><td colspan="3">工人按件计资者每件　　元</td></tr>
<tr><td>实物津贴</td><td colspan="5">每日玉米麸5斤、煤12斤至24斤、每月呢绒配给点3至8.45点、以上各项实物均按市价折合现金发给</td></tr>
<tr><td>假期规定</td><td>星期日放假</td><td colspan="2">星期日照例放假</td><td>例假办法</td><td>每年除星期日外例假约十五日,假期长工照付工资</td></tr>
<tr><td>已否成立员工合作社</td><td>未成立,正在办理中</td><td>成立于　年　月　日</td><td colspan="2">负责人</td><td></td></tr>
<tr><td>一般福利设施</td><td colspan="5">另附详文</td></tr>
<tr><td>抚恤死伤工人办法</td><td colspan="5">办法详尽不及备载</td></tr>
<tr><td>女工分娩假期及待遇</td><td colspan="5"></td></tr>
<tr><td>机器设备是否完善</td><td colspan="5">安全</td></tr>
<tr><td>卫生设备是否完善</td><td colspan="5">完善(另设厂医及医药室并每年检查肺结核病一次,病者送医院治疗由公司担负医药费)</td></tr>
<tr><td rowspan="2">本厂职工会否加入工会或其它团体组织</td><td colspan="2" rowspan="2">已加入公会</td><td colspan="2">负责人姓名</td><td>梁淑贤(主任干事)</td></tr>
<tr><td colspan="2">团体人数</td><td>305人</td></tr>
<tr><td>检查员意见及评语</td><td colspan="5"></td></tr>
<tr><td>备考</td><td colspan="5"></td></tr>
</table>

中华民国三十五年八月二十三日　　　　天津市政府社会局工厂检查员

(J144-1-18-6)

230.实业部工厂登记表、天津市工厂调查表、厂矿概况调查表、天津市政府社会局工厂检查表、天津市毛纺织业同业工会会员名单、商标审定书

民国三十五年九月(1946年9月)

实业部工厂登记表

甲表	三十五年九月		日填
厂名	仁立公司毛呢纺织厂	厂址	天津第十区云南路
厂长或经理姓名籍贯	总经理 朱继圣 浙江鄞县	呈请登记人签名盖章	
主任技师及重要技术人员姓名及职务履历	杨玉文 总工程师 辽宁纺纱厂练习技师; 冯　蓉 洗染部主任 天津南开大学毕业; 俞安思 精纺部主任 上海中国纺毛厂; 黄秉哲 纺毛部主任 天津工学院助教; 蒋恩釴 织呢部主任 上海永安工厂练习技师; 周迪生 整理部主任 天津特一区自来水厂公务员 天津海京毛厂助理技师 苍梧县立职业学校专任教员兼工厂主任		
公司/商号资本金额	800万元		
厂内组织,公司或合伙组织抑独资经营亦于本栏内注明	股份有限公司		
公司/商号登记证号数	实业部新字第470号(民国二十五年)		
开工年月	民国二十年		

制品	种类	每年产量	每年价值
	呢绒、毛毯	300,000码	4,500,000,000元
	地毯	1,300,000方尺	2,210,000,000元

原料	种类	产地	每年需用数量	每年需用价值
	细毛及毛条	澳洲	200,000磅	440,000,000元
	绵羊毛、秋毛	国内各地	1,500,000磅	825,000,000元
	颜料	英、美、瑞士	12,000磅	240,000,000元
	棉纱	本市	120,000磅	300,000,000元

原动力	种类	产地	马力	座数	价值
	电动机	英、美、日、德	423马力	84座	24500

机械及重要工具	种类	产地	座/件数	价值
	纺毛	英、美	16架	全部机器总值2,498,104.87元(原购价)
	精纺	德	18架	
	织呢	英、日、德	85架	
	洗染	英、德、本国	12架	
	整理	英、德、美	17架	
	锅炉	英	3座	

厂址及厂屋					
	厂址	面积	31.418亩	价值	471,225.00元(原购价)
	厂屋	间数	151,384方尺	价值	1,531,780.51元(原购价)

制品销行区域及每年销售总额	呢绒多销售国内各地、地毯则出口运至美国各地 三十四年销售总额34,998,653.48元
制造程序说明书	另附图
成本会计或全厂预算决算	本厂成本会计采取估计成本制度,按照各项工作种类分别估定制造单价,就此单价计算各项成品、未成品之估计成本; 本厂制造程序计分纺毛、织呢、洗染、整理四部分,各项直接间接开支分别计入所属各部,是即实估计成本与实际成本自难完全吻合,如有相差随时调整,以求接近,年终结算再予以调整,俾使全部制造成本等于全部实际开支
有无分厂及分厂所在地	

乙表	
职员数目	74人
工人数目(男女童分列)	男工254人、女工51人,共计305人
最高最低工资(男女童分列)	(八月份)男最高127,898.00元、最低116,376.80元; 女最高124,960.10元、最低116,897.00元 (所有玉米麸、煤、呢绒等各项配给均已折合现金计算在内)

续表

工作时间及延长时间之规定	每日工作九小时,每月约工作二十六日 延长时间工资按一倍半计算,其它实物配给按一倍计算
有无工作契约	
工人奖惩方法	技术工其工作超过标准量,另计件发给奖金; 普通工按技术工所得之总数平均发给奖金
工人福利事业种类	住宿:厂内设男女工宿舍,单身工人可分别居住; 膳食:工友伙食自办,由厂雇用厨师及供给设备; 教育:设书报室订购日报、杂志、通俗图书等,任工友工余阅读,并设教育班以谋增进智识; 娱乐:立有国剧、话剧等团体,俾工人工余消遣; 体育:设国术及球场等健身设备
工厂安全及卫生设备	卫生:1.每年检查肺痨病一次,患者由厂供给住院及一切疗养费用 2.厂内设有厂医调剂室以备工人患病治疗 3.按时实行种痘及烈性传染病预防注射 4.设浴室及理发室等以供理发沐浴; 保险:工人每年由厂为之投保寿险,其保险额为每月工资津贴之十八倍,但不得超过最高定额,工人有死亡者由本厂照付其保险金
备考	
呈请及核准工厂登记公文号数	
核准登记之年月日	

附注:一、凡工厂资本在10000元以上或平时雇用工人30人以上或动力设备者均应填表登记

二、表内各栏应详细填齐

三、设有分厂者应另行填表登记

天津市工厂调查表　　　　三十五年九月二十三日

<table>
<tr><td>工厂名称</td><td colspan="3">仁立公司毛呢纺织厂</td><td colspan="2">厂址</td><td colspan="3">第十区云南路</td></tr>
<tr><td>创立年限</td><td colspan="2">民国十一年</td><td>沿革</td><td colspan="5">本公司系纯国人私人出资经营,最初设立于北平,民国二十年另在天津成立毛呢纺织厂并将公司迁至天津,北平公司改为分公司</td></tr>
<tr><td>资本总额</td><td colspan="2">800万元</td><td colspan="4">工厂组织有限/无限/两合公司</td><td colspan="2">股份有限公司</td></tr>
<tr><td>动力及机器设备</td><td colspan="5">纺毛机械　16架
精纺机械　18架
织呢机械　85架
洗染机械　12架
整理机械　17架
锅炉　3座
电动机　423马力</td><td>制造品种类</td><td colspan="2">哔叽
大衣呢
花呢
制服呢
毛毯</td></tr>
<tr><td rowspan="4">生产种类</td><td rowspan="2">日产</td><td>种类</td><td colspan="6"></td></tr>
<tr><td>数量</td><td colspan="6"></td></tr>
<tr><td rowspan="2">月产</td><td>种类</td><td>呢绒</td><td colspan="2">毛毯</td><td colspan="3"></td></tr>
<tr><td>数量</td><td>24,000码</td><td colspan="2">500条</td><td colspan="3"></td></tr>
<tr><td rowspan="2">经理姓名</td><td rowspan="2">朱继圣总经理</td><td rowspan="2">职员人数</td><td rowspan="2">72人</td><td rowspan="2">工人人数</td><td>男工</td><td>253人</td><td rowspan="2">共计</td><td rowspan="2">303人</td></tr>
<tr><td>女工</td><td>50人</td></tr>
<tr><td>工资计数</td><td>日计数额</td><td colspan="2"></td><td>月计数额</td><td colspan="4">约40,000,000元</td></tr>
<tr><td>工资差别</td><td>最高</td><td colspan="3">$217,910.10(包括工资津贴实物等)</td><td>最低</td><td colspan="3">$116,378.90(包括工资津贴实物等)</td></tr>
<tr><td>劳资争议次数</td><td>重要者计二次</td><td colspan="2">起因及解决经过</td><td colspan="5">1.为特配麸粉、呢绒配给点及年终奖金问题,经公司与工会方面磋商协议圆满解决;
2.为赡养金及强制储金问题,经总工会吴广会、李海山、贾如松三位从中调解圆满解决</td></tr>
<tr><td>福利设备</td><td colspan="8">男工女工宿舍、浴室、理发室、调剂室、书报室、并音乐、话剧、体育、教育等设备</td></tr>
<tr><td>备考</td><td colspan="8"></td></tr>
</table>

1.沿革栏应注明国营公营民营、所属部分、有无外资，如系接收工厂，应注明原厂名称；2.工厂组织应付章程；3.数字应确切不得混含；4.各栏填写均须用正字；5.本表限交到二日内填齐送会。

厂矿概况调查表

民国三十五年六月二十四日（1946年6月24日）

一般事项	厂矿名称	仁立实业股份有限公司		地址		天津市第十区云南路	
	成立时间	民国十一年	业务范围	制售呢绒地毯兼办进出口		经营性质	股份有限公司
	厂矿历史沿革、组织概况说明	民国十一年在北平成立仁立公司，经营地毯织造及出口事业，二十年在天津设立毛呢纺织厂，初仅纺线供给织造地毯之用，嗣后逐渐发展，迭次增加资本，添购机器设备，计扩充为纺毛、精纺、织呢、洗染、整理、制造地毯等部，并将总公司迁至天津，另在北平及上海各设分公司					
	登记证号数	实业部新字第470号		主管人姓名	总经理　朱继圣	分厂数目	分公司二
财务	资本总额	800万元		固定资本		流动资本	
	资本来源	全部国人出资					

财务	每月支出概况（四月份）						
薪俸数	工资数	员工津贴	应付利息	原料购买	运费	捐税	其它
13,100.00	7,417,257.30	12,983,980.40	3,113.17	14,197,718.00	3,331,837.00		

动力设备	类别	座数	共有马力	使用情形	主要器具设备	名称	单位	数量
	电动机		423			纺毛部用机器		16架
						精纺部用机器		18架
						织呢部用机器		85架
						洗染部用机器		12架
						整理部用机器		17架
						锅炉		3座

原料及材料	名称	单位	产地	每月所需数量	燃料	名称	产地	每月用量
	毛条	磅	澳洲	8,000		煤末	唐山	240吨
	细毛	磅	澳洲	8,000		原煤	唐山	70吨
	绵羊毛	磅	华北	20,000				
	秋毛	磅	华北	100,000				
	颜料	磅	英、美、德、瑞士	1,000				
	棉纱	磅	本市	10,000				

产品及副产品	名称	用途	单位	每月产量	销售区域	附注
	哔叽	衣着	码	12,000	平津沪京及各埠	
	大衣呢	衣着	码	1,000	沦陷前曾运销四川	
	花呢	衣着	码	5,000	沦陷前曾运销四川	
	制服呢	衣着	码	6,000	沦陷前曾运销四川	
	床毯	盖用	条	500	沦陷前曾运销四川	
	男工地毯	盖用	方尺	8,000	美国	
	女工地毯	盖用	方尺	100,000	美国	
制造程序述要	另附详图					

员工数额及待遇	类别		数额	待遇(三十五年六月份)						其它
				薪俸或工资			津贴			
				最高	最低	计算标准	○麸贴	煤贴	呢绒配给点	
	职员		50	471,260.00	78,765.00	按工人生活指数更动	每月麸粉、玉米麸各40斤	每月500斤		
	技术员		26	307,050.00	81,168.00	按工人生活指数更动	每月麸粉、玉米麸各40斤	每月500斤		
	技工	男	166	84,265.20	33,097.32	按工人生活指数更动	每日玉麸5斤	每日12斤至24斤	每年3至8.45点(注)	所有各项实物津贴均按市价折合现金发给(注)每配给点约合一千元
		女	48	39,441.24	33,481.80	按工人生活指数更动	每日玉麸5斤	每日12斤至24斤	每年3至8.45点(注)	
	一般劳工	男	89	57,726.00	33,097.32	按工人生活指数更动	每日玉麸5斤	每日122斤至24斤	每年3至8.45点(注)	
		女	3	35,788.68	34,043.00	按工人生活指数更动	每日玉麸5斤	每日12斤至24斤	每年3至8.45点(注)	
		童								
	临时雇工									

高级技术员司	姓名	年龄	性别	籍贯	学历	经历	现任职务
	另附表						

劳工管理									
工时	工作时间		休息时间		加班时间		休假		女工童工有无特别规定
	日	夜	每日半小时一次每次		加班时间	加班待遇	例假	假期待遇	
	九小时					工资按一倍半计算，配给按时计算	每年星期日例假，日约65日	工资照付	

本年内每月进出工人平均数			本年内有无工停工怠情事		
新进	退职	退职原因来处或去向	原因	经过	结果
人数甚少	人数甚少				

可能调遣之技术员工				可能互代之技术员工			
种类	数额	心愿工作地区	希望待遇	种类	数额	代替者之条件	代替者之待遇

技工训练	训练情形					毕业后分发工作		备考
	名称	期次	受训人数	技工类别	考选标准	待遇	厂场名称	分发人数
	训练时间	每日学科	术科实习	时间	毕业人数		现有人数	待遇

劳工福利	福利设施项目	医务设备	劳工保险	子弟学校	合作社	乐音设备	机器安全设备	卫生设备
	另附详文							

曾否接受政府贷款及其它补助	正向交通银行申请贷款
意见或建议	

天津市政府社会局工厂检查表

民国三十五年六月二十四日(1946年6月24日)

<table>
<tr><td>厂名</td><td>仁立公司毛呢纺织厂</td><td>厂址</td><td>第十区云南路</td><td>电话</td><td colspan="2">三局1517、0625、1968</td></tr>
<tr><td>营业种类</td><td colspan="6">呢绒、地毯</td></tr>
<tr><td>生产状况</td><td colspan="6">原料缺乏生产量不多</td></tr>
<tr><td>经副理</td><td colspan="2">总经理:朱继圣 经理:陈礼</td><td colspan="2">厂长</td><td colspan="2"></td></tr>
<tr><td>技术人员</td><td colspan="6">总工程师:杨玉文</td></tr>
<tr><td>工人总数</td><td>306人</td><td colspan="2">男工255人</td><td colspan="2">女工51人</td><td>童工 人</td></tr>
<tr><td>工作时间</td><td colspan="5">日工上午由七时半至十二时、下午由十二时半至五时,共九小时</td><td>夜工</td></tr>
<tr><td rowspan="2">工资种类</td><td colspan="3">男工最高每月129,208元、最低每月47,108元</td><td colspan="2">女工最高每月57,691元,最低每月48,240元</td><td>童工</td></tr>
<tr><td colspan="3">工人按日计资者每日 元</td><td colspan="3">工人按件计资者每件 元</td></tr>
<tr><td>实物津贴</td><td colspan="6">每日玉米麸5斤、煤12斤至24斤、每月呢绒配给点3至8.45点、以上各项实物均按市价折合现金发给</td></tr>
<tr><td>假期规定</td><td>星期日放假</td><td>星期日照例放假</td><td>例假办法</td><td colspan="3">每年除星期日外例假约15日,假期长工照付工资</td></tr>
<tr><td>已否成立员工合作社</td><td colspan="2">未成立</td><td colspan="2">成立于 年 月 日</td><td colspan="2">负责人</td></tr>
<tr><td></td><td colspan="6">一般福利设施</td></tr>
<tr><td>另附详文</td><td colspan="6">抚恤死伤工人办法</td></tr>
<tr><td>办法详尽不及备载</td><td colspan="6">女工分娩假期及待遇</td></tr>
<tr><td>机器设备是否完善</td><td colspan="6">安全</td></tr>
<tr><td>卫生设备是否完善</td><td colspan="6">完善(另设厂医及医药室并每年检查肺结核病一次,病者送医院治疗由公司担负医药费)</td></tr>
<tr><td rowspan="2">本厂职工会否加入工会或其它团体组织</td><td colspan="3" rowspan="2">已加入公会</td><td colspan="2">负责人姓名</td><td>梁淑贤</td></tr>
<tr><td colspan="2">团体人数</td><td>306人</td></tr>
<tr><td>检查员意见及评语</td><td colspan="6"></td></tr>
<tr><td>备考</td><td colspan="6"></td></tr>
</table>

中华民国三十五年六月二十四日　　　　天津市政府社会局工厂检查员

天津市毛纺织业同业工会会员名册　　三十五年七月二十四日填报

民国三十五年七月二十四日(1946年7月24日)

工厂或公司名称	代表人姓名	年龄	籍贯	职务	组织独资或合伙	资本总额	制品种类	创办年月	厂址	备考
仁立公司毛呢纺织厂	朱继圣	53	江苏鄞县	总经理	股份有限公司	800万元	呢绒地毯	民国十一年	天津市第十区云南路	
仁立公司毛呢纺织厂	陈礼	52	江苏诸暨	经理	股份有限公司	800万元	呢绒地毯	民国十一年	天津市第十区云南路	
仁立公司毛呢纺织厂	刘缉堂	44	河北天津	副理	股份有限公司	800万元	呢绒地毯	民国十一年	天津市第十区云南路	
仁立公司毛呢纺织厂	毛学礼	44	河北天津	副理	股份有限公司	800万元	呢绒地毯	民国十一年	天津市第十区云南路	
仁立公司毛呢纺织厂	潘廉志	29	江苏江宁	襄理	股份有限公司	800万元	呢绒地毯	民国十一年	天津市第十区云南路	

商标审定书　第16274号

民国二十二年九月十九日(1933年9月19日)

呈请书到局	时日	中华民国二十二年九月十九日
	号数	第5961号
完成手续呈文到局		中华民国　年　月　日
		第　号
呈请人		仁立实业股份有限公司 总公司在王府井大街 分公司在天津法租界中街
代理人		
商标名称		天马牌
商标图样		
商品		毛织毯子
审定主文		兹经审查认为合法
理由 据该商呈呈以天马牌商标使用于商标法施行细则第三十七条第三十二项毯类之上列商品依法呈请注册。兹经派审查员审查,并无违反商标法第一条、第二条之规定,应即依照商标法第二十七条第一项审定公告。		
商标局局长 中华民国二十二年十月十六日 校对　王叔明		

商标审定书　第16275号

民国二十二年九月十九日(1933年9月19日)

呈请书到局	时日	中华民国二十二年九月十九日
	号数	第5962号
完成手续呈文到局		中华民国　年　月　日
		第　号
呈请人		仁立实业股份有限公司 总公司在王府井大街 分公司在天津法租界中街
代理人		
商标名称		天马牌
商标图样		
商品		毛织疋头
审定主文		兹经审查认为合法
理由 据该商呈呈以天马牌商标使用于商标法施行细则第三十七条第三十二项疋头类之上列商品依法呈请注册。兹经派审查员审查,并无违反商标法第一条、第二条之规定,应即依照商标法第二十七条第一项审定公告。		
商标局局长 中华民国二十二年十月十六日 校对　王叔明		

(J144-1-11-9)

231.仁立公司第二百二十九次董事会记录

民国三十五年十二月四日(1946年12月4日)

民国三十五年十二月四日下午一时半,在北平分公司二楼开第二百二十九次董事会。计出席者孙锡三(潘禹言代)、顾佐忱(顾佑忱代)、周华康(凌其峻代)、朱继圣、凌其峻董事,列席者,潘禹言、顾佑忱、夏廷献监察人。朱常务董事主席。

潘监察人称二十九年一月本会为期金融之易于周转起见,设立经济委员会,数年来计划周详,于本公司财政方面得益匪浅。兹以时过境迁,拟请该委员会造具报告,交本会议定结束办法。众赞成通过。

主席称六月三十日股东临时会议决增资为4亿元,授权本会办理,应如何进行。案议决俟拟具切实办法后,通知各股东认缴以充实本公司流动资金。

凌董事提议转瞬年底即届本公司津平沪三处应由本会委派点货查账员前往点查。议决天津总公司由金仲廉、顾佑忱二君,北平分公司由顾佑忱、潘禹言二君,上海分公司由包培之、陆襄琪二君就近办理点货查账事宜。

下午四时散会。

(J144-1-24-33)

232.仁立公司第二百三十次董事会记录

民国三十五年十二月二十六日(1946年12月26日)

民国三十五年十二月二十六日下午一时一刻,在北平分公司开第二百三十次董事会。计出席者孙锡三(潘禹言代)、金仲廉、顾佐忱(顾佑忱代)、朱继圣、凌其峻董事,列席者,潘禹言、顾佑忱、夏廷献监察人。朱常务董事主席。

主席报告迩来天津各大公司纷纷增资,本公司似应参照办理调整资本,又旧历年底在即,关于股东之维持费、职工之酬劳应如何分发,请讨论案。

潘监察人称江南水泥公司之增资办法对本公司不甚适用,可改变方式分四项,同时举行:一、通知股东增资缴款办法,二、对各股东配给呢绒,三、可代售所配呢绒以缴股款,四、余款付各股东约每股得500元。

关于职工方面可另筹现款,在旧历年底发给之。

朱董事经讨论后原则通过。

下午四时散会。

(J144-1-24-34)

233.仁立实业股份有限公司工业调查大纲(一)

民国三十五年(1946年)

本公司为股份有限公司,由发起人周寄梅、费兴仁、王长信等于民国十一年募足资本十万元在北平成立经营地毯织造及出口事业,嗣在天津勘定厂址,修建厂房,购置纺织、洗染、整理等机器,于民国二十年成立毛呢纺织厂。民国二十一年增资为30万元,民国二十五年增资为50万元,民国二十九年增资为500万元，民国三十一年增资为800万元，民国三十六年增资至140亿元。本公司成立之初，由费兴仁氏任经理，民国十四年费氏辞职，改聘朱继圣氏任经理，旋聘朱继圣氏为总经理，凌其峻氏为北平分公司经理，陈礼氏为天津毛呢纺织厂经理。

本公司设备计分纺毛部，用机器16架，精纺部用机器18架，织呢部用机器85架，洗染部用机器12架，整理部用机器17架，锅炉3座。

本公司有工人384人，职员148人。

本公司所产天马牌毛毯行销各地，备受欢迎。按现在产量，每月产哔叽类约9,000公尺，大衣呢1,000公尺，花呢3,000公尺，制服呢3,000公尺，毛毯400条。

本公司出品除在当地销售外，东北及华中各省销路亦复不小。

一、工厂名称：仁立实业股份有限公司

二、厂址（厂址与面积）：天津市第十区云南路二十二号　31.418亩

三、经理人（姓名、年龄、籍贯、住址、资历、学历）：朱继圣、54岁、浙江鄞县人、天津第十区成都道永定里112号、北京大学讲师、交通大学讲师、仁立实业股份有限公司总经理、美国威斯康辛大学经济硕士

四、工厂沿革

仁立公司于民国十一年在北平成立，经营地毯织造及出口事业，二十年在天津设立毛呢纺织厂，初仅纺线供给织造地毯之用，嗣后逐渐发展，迭次增加资本，添购机器设备，计扩充为纺毛、精纺、织呢、洗染、整理、制造地毯等部，并将总公司迁至天津，另在北平及上海各设分公司。

五、厂内人事组织及管理情形

设总经理、经理各一人，副理二人，襄理二人，下分总务、会计、营业、采办材料、稽核、统计及工务七处，各设主任一人。另设出进口部。

工厂部分由工务处管理，计分粗纺、精纺、织呢、洗染、整理及锅炉房等部，各设主任一人分别管理。地毯部分另设地毯部专司其事。

六、工厂设备（建筑与机械）

房屋建筑计有洋灰铁筋楼房128,850方尺、砖房22,530方尺。

机械计有粗纺走锭1,650锭、精纺环锭2,000锭、双幅织呢机78架、洗染机12架、整理机17架、锅炉3座。

七、工作状况（制造程序）呢绒、哔叽、地毯

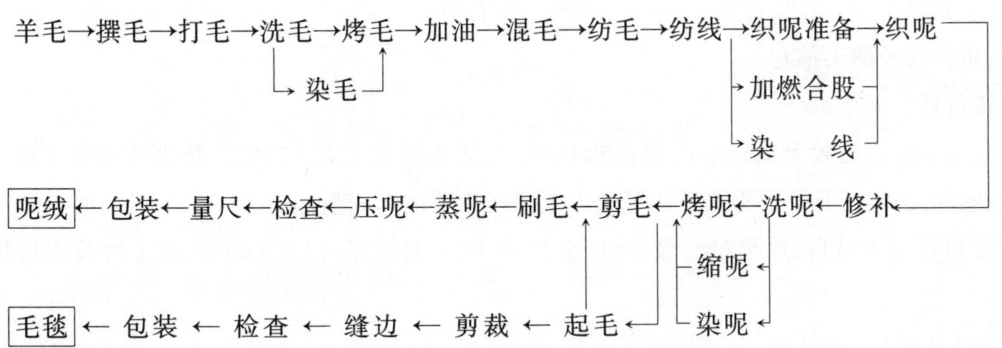

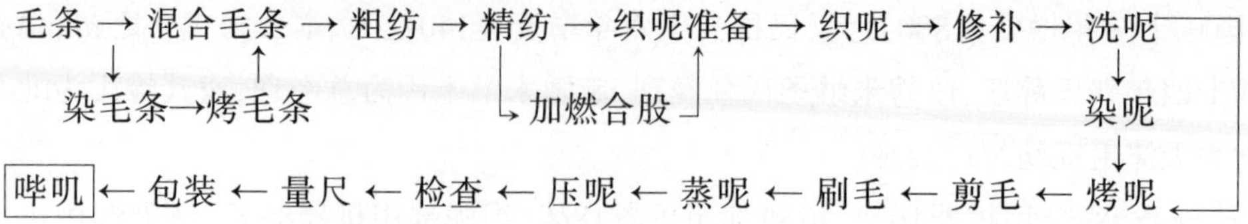

毛条 → 混合毛条 → 粗纺 → 精纺 → 织呢准备 → 织呢 → 修补 → 洗呢
↓ ↑ ↓
染毛条→烤毛条 加燃合股 染呢
↓
哔叽 ← 包装 ← 量尺 ← 检查 ← 压呢 ← 蒸呢 ← 刷毛 ← 剪毛 ← 烤呢

上经 → 书经 → 打底 → 栓头 → 过纬 → 平活 → 剪花 → 整理 → 地毯

八、产销情形(生产量、销售情形及营业状况)

1.三十五年度毛呢上产量计:花呢11,643.81公尺,哔叽11,194.68公尺,制服呢3,656.82公尺,毛毯148条。

三十五年度毛呢销售量计:花呢14,673.01公尺,哔叽8,923.65公尺,制服呢5,038.56公尺,毛毯433条。

2.营业状况

呢绒:战前本公司所产天马牌呢绒、哔叽、毛毯等,畅销国内各地。现今时局尚未平靖,交通仍不方便,营业状况尚未能扩大开展。

地毯:地毯为本公司主要业务之一。战前历年均有大量出口运销美国各地。战时因交通关系全陷停顿,胜利后正逐渐恢复中。

九、原料来源及采买情形

1.毛条及细毛:直接由澳洲订购

2.绵羊毛及秋毛:由华北各地采购

3.颜料:采用英、美、德及瑞士各名厂出品

4.棉纱:由本市采办

十、现储原料及制成品数量

1.原料:羊毛约100,000斤,颜料约3,000斤

2.制成品:呢绒30,000公尺,哔叽10,000公尺,地毯200,000方尺

十一、本厂特制品及附产品

本公司出品之天马牌各色花呢、哔叽、制服呢、床毯、车毯,以轻软耐用驰名全国。战前曾受政府奖励。地毯则倾销美国各地,极受欢迎。

十二、工人人数(男工、女工、童工、早工、晚工)及组织

本公司工人总数三十六年二月上旬为332人,计男工271人,女工61人。工人等级计分工头、值班长、长工、短工、初级工、学习工、特别工、试工、听差及杂工等。

十三、工资待遇及职工福利

(一)工资待遇:

正式工人工资最高底数为165.00元,最低59.00元,生活津贴为工资之179倍,特别津贴每工作一日自100.00—500.00元,以上合计数再依照每月工人生活费指数加以调整。

实物部分每日玉米麸自3斤至5斤,煤自6斤至24斤,呢绒配给点自1至8.45点,以上均按市价折合金钱发给。

奖金数额视生产多寡而定。

勤劳金每月自1,500.00元至12,000.00元。

(二)职工福利:

1.住宿:厂内设男女工友宿舍,单身工友可分别居住

2.膳食:每日午餐供给米粥一碗

3.卫生:

A、每年检查肺痨病一次,患者由厂供给住院及一切疗养费用

B、厂内设有厂医调剂室以备工人患病治疗

C、按时实行种痘及烈性传染病预防注射

D、设浴室、理发室等

4.教育:设书报室订购日报、杂志、通俗图书等,任工友工余阅读,并设教育班以求增进智识

5.娱乐:立有国剧、话剧等团体,俾工友工余消遣

6.体育:设国术及球场等健身设备

7.保险:工人每年由厂方为之投保寿险

8.赡养金:按工人全年所得总数之百分之五计算,作为工人之赡养金

十四、资本总额及现需流动资金数量约计

本公司资本总额三十一年增为国币800万元整,现正进行增资中,现需之流动资金每月约为10亿余元。

十五、曾否贷款

业经四行联合办事处抵押借款9亿元。

十六、现有困难情形

现今物价高涨开支骤增,原料采办及成品销售受交通不便影响,生产方面又受停电影响。

十七、未来之计划及希望

呢绒之质料坚固耐用、经济美观,需要量日行增加,故我国呢绒制造业前途希望甚大,现今生产数量不敷供应,拟增置机器,改良技术,提高出品成色,利用国产原料,以期振兴发展。

十八、对将来工商业前途之推测

胜利后我国国际地位提高,从事工业者检讨过去之不足,追随时代努力改进,政府再加以敦促扶持,将来前途蓬勃定可期待。

SYNOPSIS OF THE JEN LI COMPANY

22 Yunnan Road

Tientsin, China.

THE JEN LI COMPANY

Ⅰ. Brief History

The Jen Li Company was established in Peking in 1922 for the manufacture and export of Peking Art Rugs and also export of other Peking Art Goods and Curios. It took the pioneers many years of painstaking work to develop a standard in workmanship, in design and in color combination for the Peking Art Rugs. In 1927, a branch office was opened in Tientsin for the manufacture and promotion of Tientsin quality carpets. Machine-spun woolen yarn instead of hand-spun woolen yarn was introduced. As a result, the quality of carpets was much improved and volume of carpet business became large. The increased demand of machine-spun yarn for Tientsin quality carpets made the Company decide on the erection of a Woollen Mill in Tientsin in 1931 for the manufacture of a standard quality of machine-spun carpet yarn.

Developing side by side with our knotted carpets, special attention has been devoted to the promotion of Hooked Rugs. Hand Hooked Rugs were first made in Peking, but this industry was soon introduced to Tientsin. As demand for hooked rugs became large, punchehooked rugs were introduced in order to increase production and at the same time to lower the cost. In terms of export value, hooked rugs have, at present, superceded knotted carpets.

The Woollen Mill was soon expanded for the manufacture of wollen materials. Woollen Looms and Finishing Machineries were installed. Woollen piecegoods and blankets were put in the market in 1933. Although the production was small, it, nevertheless, cut down the importation of such materials. In 1936, a Worsted Plant was added. More looms and finishing machineries were installed. The Company's Head office, hitherto in Peking, was moved down to its new building in Tientsin. Unfortunately, wan with Japan broke out before the complete installation of new machinerese. By patience and perseverance the Company struggled through the hard years during the World War Ⅱ for the preservation of its mills and the safety of its working force.

When V-J Day came, people thought that our industry could breathe freely henceforth and all were making preparations not only torecover their production, but also to plan for their expansions. But such high hopes soon subsides as immense economical and political chaos did not allow realization. Not utill the 15th of last January, when Tientsin was liberated, did we see new light thrown on our industry. From that day on, the factories and their working people were encouraged and united to accomplish one aim, i.e. , increase of production. We are well on this road at present. However, the task of recovering our lost production is immense and we shall constantly meet difficulties, but we believe that we can overcome them.

Ⅱ. Present Working Plan.

1, Woollen Mill,

In order to enlarge the scope of its production, and to serve more important need of the people, the Jen Li Woollen Mill, after liberation, has diverted a part of its production on woolen and worsted materials to the production of industrial felts which are used by Paper Mills, Printing Presses and Cotton Mills, and which have been imported in the psat. With some modification of existing machineries, our Woollen Mill is producing Industrial Felts to the extant of 60% of its total production.

2, Rug Factories,

Rug export ranks among the first five in the Tientsin export trade. The Jen Li Company manufactured and exported more than 50% of the total Tientsin export of rugs during the 7 months from March to September of this year. All efforts are being made to keep up the standard of quality.

3, Egg Plant Erection,

Forth China has always been an egg producing district for the world. The Jen Li Company is at present erscting a modern plant with up-to-date equipment for the manufacture of most of most hygienic egg products in order to expand the home egg industry on one hand and to increase the export trade on the other.

Ⅲ. Organization.

Head Office of the Company is situated in Tientsin and directly under it, are one Woollen and Worsted Mill, one Rug Factory and one Egg Factory (under construction). It has a branch office in Peking which operates two rug factories, and a sales office in Shanghai to take care the sales of Peking, and Tientsin products.

Ⅳ. Principal Maohineries(Woollen Mill)

4 - Woollen Cards.

5 - Woollen Mules of 1684 Spindles total.

2,000 - Worsted Spindles (Ring).

78 - Woollen Loons.

3 - Piecegoods Scouring Machines.

4 - Milling Machines.

5 - Dreing Machine.

1 - Drying and Tentering Machine.

3 - Shearing Machines.

1 - Brush and Steaming Machine.

2 - Decatising Machines.

1 - Rotary Hot-press.

3 - B. & W. Water tube Boilers.

Ⅴ. Number of Working People

Head office 52

Woollen Mill 577

Rug Factory (Tientsin) 80

Rug Factories (Peking) 255

Peking Branch Office 28

Shanghai Sales Office 9

Ⅵ. Production (Yearly per One shift)

Woollen and Worsted Materials 168,000 Meters.

Rug (Hooked Rugs and Carpets) 3,000,000 Sq. Ft.

Ⅶ. Raw Matarial Requirement (Yearly per One Shift)

Weaving Wool, Secoured, 300,000 IBS.

Drycombed Tops 100,000 "

Carpet Wool, Grease, 4,300,00 "

Cotton Yarn, 600,000 "

Dyestuffs, 25,000 "

Ⅷ. Welfare Services to Workmen.

The Company maintains a special department to carry out Welfare Work. The following is a brief summary:–

1, Medical Care – A small clinic is previded to give free medical service and free medicine to workmen. For family members, Doctor's service is free, but medicine is charged at cost.

2, T.B. Prevention – Tientsin T.B. Center is entrusted to carry out X–Ray examination once a year. Hospitalfees are paid by the Company for all T.B. patients.

3, Hospital Subsidy – Maokenzis Hospital, French Hospital and Tientsin Women's Hospital have been entrusted to take care of our patients. They will charge our patients at a special rate, 50% of which will be subsidized by the Company. When needed, the Company may give some family allowance. In case of industrial accidents, all hospital fees are paid by the Company in addition to patients' regular monthly pay.

4, Books and Magazines – The Company provides a reading room, furnished with popular books and magazines.

5, Nursery – Women workers may leave their babies under 12 months old in the nursery to the care of a special nurse. They may leave work for 15 minutes in every three hours to feed their babies.

6, Tuition Loan – Workmen may apply for a loan to pay their children's tuition and incidental school fees. These loans are to be paid back in 4 installments.

7, Dining Accommedation – The Company provides 3 kitchens with cooks. Water, coal, electricity and table equipments are free. But management is left to those who take part.

8, Dormitories – There are three dormitories for Single persons.

9, Barber Shops and Bath Rooms – The Company maintains two barber ships and four bath rooms, all free to workmen.

10, Retirement Fund – At the end of every year, the Company defrays a sum of money for safekeeping under trusteeship according to Retirement Fund Regulation. Any workman retirement may get the benefit of this fund. In case of death, the benefit goes to his or her nenrest relative.

11, Life Insurance – Every workman is insured by the Company according to Company's Life Insurance Regulation.

12, Gratuify. – In case of death by industrial accident, the nearest relative receives a sum of gratuity according to the length of workman's service with the Company.

In case of permanent disability by industrial accident, the workman receives a sum of gratuity according to his length of service.

(J144–1–12–8)

234.仁立实业股份有限公司工业调查大纲(二)

民国三十五年(1946年)

一、沿革

仁立公司最初于民国十一年在北平成立,经营地毯织造及出口事业,二十年在天津设立毛呢纺织厂,初仅纺线供给织造地毯之用,嗣后逐渐发展,迭次增加资本,添购机器设备,计扩充为纺毛、精纺、织呢、洗染、整理、制造地毯等部,并将总公司迁至天津,另在北平及上海各设分公司。

二、组织

本公司系股份有限公司,设总公司于天津,分公司于北平及上海,设毛呢纺织厂于天津,内分纺毛、精纺、织呢、洗染、整理及地毯制造等部。

三、董监事及经副理简历

董事长兼常务董事	孙锡三		北平中孚银行常务董事
常务董事	朱继圣		仁立实业股份有限公司总经理
董事	袁涤庵		前北票煤矿总经理
董事	包培之		天津中孚银行经理
董事	凌其峻		北平仁立公司经理
董事	何廉		前经济部次长
董事	金仲廉		前麦加利银行华账房
董事	顾佐忱		前北平财商学校教务长
董事	周华康		北平中央医院医师
监察人	潘禹言		北平中孚银行经理
监察人	顾忠弼		煤商
监察人	夏廷献		前北平英文日报经理
总经理	朱继圣	(兼)	美国威斯康辛经济硕士
天津公司副理	陈礼		美国鸣司脱工专电机工程师
天津公司副理	刘缉堂		天津南开大学毕业
天津公司副理	毛学礼		北平中国大学毕业
天津公司总工程师	杨玉文		北平工业大学毕业
北平公司经理	凌其峻	(兼)	美国瓯海瓦大学毕业

四、工厂设备

A、机器种类:纺毛机、精纺机、织呢机、洗染机、整理机、锅炉。

B、机器数量:纺毛部用机器16架、精纺部用机器18架、织呢部用机器85架、洗染部用机器12架、整理部用机器17架、锅炉3座。

五、工作状况

A、工作种类:呢绒、地毯

B、原料来源:1.毛条、细毛—澳洲;2.绵羊毛、秋毛—国内各地;

3.颜料—英、美、瑞士;4.棉纱—本市

C、工作程序:

1.呢绒毛毯

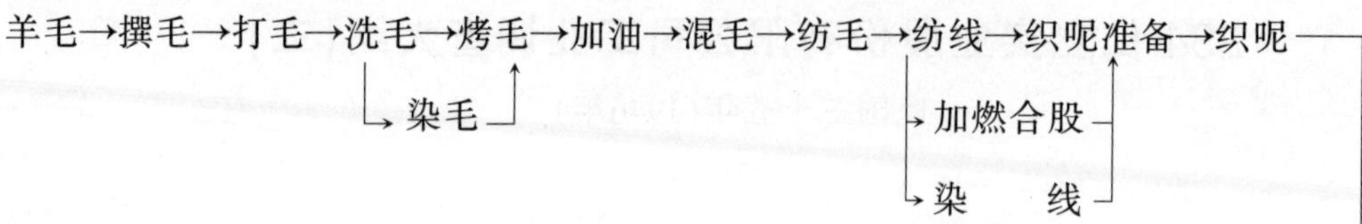

呢绒←包装←量尺←检查←压呢←蒸呢←刷毛←剪毛←烤呢←洗呢←修补

缩呢

毛毯 ← 包装 ← 检查 ← 缝边 ← 剪裁 ← 起毛　染呢

2.哔叽

毛条 → 混合毛条 → 粗纺 → 精纺 → 织呢准备 → 织呢 → 修补 → 洗呢

染毛条→烤毛条　加燃合股　染呢

哔叽 ← 包装 ← 量尺 ← 检查 ← 压呢 ← 蒸呢 ← 刷毛 ← 剪毛 ← 烤呢

3.地毯

上经 → 书经 → 打底 → 栓头 → 过纬 → 平活 → 剪花 → 整理 → 地毯

六、产销状况

A、历年生产数量(最近三年)呢绒

民国三十二年	101,738.50码
民国三十三年	77,191.40码
民国三十四年	26,422.00码

B、历年销售状况

呢绒:战前本公司所产天马牌呢绒、哔叽、毛毯等,坚柔轻软、色泽宜人,故能畅销国内各地。所制制服呢尤为各学校、机关、军警团体所乐予采用。现正大量制造呢绒等毛织衣料,以供复员之需。

地毯:地毯为本公司主要业务之一。战前历年均有大量出口运销美国各地。战时因交通关系全陷停顿,目前已逐渐恢复,每月出口约十余万方尺。

七、仓库设备

A、管理情形:设材料处、成品、未成品股等专司原料、物料及成品、未成品等出库、入库事宜

B、存栈容量:总面积约3万余方尺

C、存栈种类:羊毛、毛条、棉纱、颜料、物料、化学品、毛线、呢绒成品、未成品、地毯、机器、机器零件等

八、营业状况

A、资本数额:800万元

B、历年损益(最近三年):

民国三十二年总公司纯益	994,225.63元
民国三十三年总公司纯益	1,371,789.86元
民国三十四年总公司纯益	3,275,230.11元

C、往来银行：中孚银行、中国银行、上海银行、大陆银行、新华银行、交通银行、中国农工银行、中国实业银行、浙江兴业银行、河北省银行、中国农民银行、邮政储金汇业局、邮政管理局

九、人事管理

A、工人人数：316人

B、工人待遇

1.基本工资：按月计算

2.生活津贴：基本工资之179倍

3.特别津贴：每工作一日250—500元

4.指数调整：基本工资、津贴之倍数按社会局公布之《天津工人生活费指数》每月调整一次，十一月份为4.07倍。

5.玉米麸：每日5斤（按市价折合金钱发给）

6.煤：每日12斤—24斤（按市价折合金钱发给）

7.呢绒给点：每月3点—8.45点（按市价折合金钱发给）

8.工作奖金：数额不定

9.勤劳金：每月6000元至12000元

C、福利事业

1.住宿：厂内设男女工人宿舍，单身工人可分别居住

2.膳食：每日午餐供给米粥一碗，工人伙食自办，由厂雇佣厨司及供给设备

3.卫生：

甲、每年检查肺痨病一次，患者由厂供给住院及一切疗养费用

乙、厂内舍友厂医调剂室以备工人患病治疗

丙、按时实行种痘及烈性传染病预防注射

丁、设浴室及理发室免费供用

4.教育：设书报室订购日报、杂志、通俗图书等，任工人工余阅读，现并设教育班以谋增进智识

5.娱乐：立有国剧、话剧等团体，俾工人工余消遣

6.体育：设国术及球场等健身设备

7.团体保险：工人每年由厂为之投保寿险，其保险额为每月工资津贴之十八倍（现时最高额为三十万元），工人有死亡者，由本厂照付其保险金

8.赡养金：按工人全年工资、津贴、配给、工作赏金等所得总数之百分之五计算，作为工人之赡养金

（J144-1-18-4）

235.仁立实业股份有限公司职员考勤请假规则草稿

民国三十五年（1946年）

一、本公司职员除星期日及例假外，均应按时到职。未得总经理、副总经理或经理特许，不得迟到、早退，更不得擅离职守，如有事或因病不能到职时，概须请假。但星期或例假如当值或有加班工作时，仍须照常上班。

二、请假分婚、丧、事、病及分娩假期5种，各以下列日项规定之：

婚假：本人结婚7日。丧假：父母之丧12日(承重祖父母或翁姑比照此例)，配偶之丧10日，子女之丧3日。事假：每年累计不得逾15日。病假：每年累计不得逾25日。分娩假：分娩前后不得逾30日。

中途到职未满3个月者，照上开规定减半给假。

三、婚、丧事及分娩假逾限期，按日扣除薪津。病假逾限，以2日按事假1日计算。婚、丧、分娩及病假逾期，得以事假作抵。事假逾期，不得以病假作抵。

四、除病假另有规定者外，请假逾2个月者，停职。但因特殊情形，经主管人转呈核准者，不在此限。

五、职员请假遇必要离开本地时，经总经理、副总经理或经理核准，酌予增加往返途程之时间。

六、病假3个月，停薪留职或停职。但患重大传染病如肺结核、猩红热、白喉、伤寒、虎烈拉、天花等病，经指定医师证明，需较长时间治疗者，得由总经理、副总经理或经理核准，展长假期。

七、因公负伤或致患痼疾，不能按时到职者，经总经理、副总经理或经理按准者，不以请假或旷职论。

八、职员继续在公司服务3年以上，在本年内未受解职处分，引重病请求退职，或照章予以停职者，经总经理、副总经理、或经理核准，给予退职金。其数额规定如下：

(一)继续服务3年以上未满5年者，照退职时之本薪及津贴共数给予3个月之数。

(二)继续服务5年以上未满10年者，照退职时之本薪及津贴共数给予6个月之数。

(三)继续服务10年以上未满15年者，照退职时之本薪及津贴共数给予9个月之数。

(四)继续服务15年以上未满20年者，照退职时之本薪及津贴共数给予12个月之数。

(五)继续服务20年以上未满25年者，照退职时之本薪及津贴共数给予15个月之数。

(六)继续服务25年以上未满25年以上者，照退职时之本薪及津贴共数给予18个月之数。

九、未请假而不到班、早退、擅离职守或假满而不返职，均按旷职论，除照章按日扣除薪津外，轻者申诫，重则予以解职。

十、每年所请事假不足限时，所余日数得于下1年度内补给之。

十一、全年未请假或请假日期特少者，除得按上条办理外，在发花红时，酌量增加，以示奖励。

十二、星期或例假如当值或加班及工作时间外加班，得另订奖励办法。

十三、本规则施行方法，另订施行细则。

十四、本规则如有未尽事宜，得由总经理、副总经理修订公布之。

(J144–1–6–10)

236.仁立实业股份有限公司为呈请变更登记事宜委托代理人呈请书

民国三十五年(1946年)

委托代理人呈请书

兹委托杨曾询会计师为代理人，代办呈请变更登记事宜。谨呈天津市政府社会局经济部。

具呈人　董　事　孙锡三　何　廉　袁涤庵　包培之　金仲廉

顾佐忱　周华康　朱继圣　凌其峻

监察人　顾忠弼　潘禹言　夏廷献

(J144–1–3–2)

237.仁立公司第二百三十一次董事会记录

民国三十六年一月十三日(1947年1月13日)

民国三十六年一月十三日下午一时半，在北平分公司开第二百三十一次董事会。计出席者孙锡三、朱继圣(孙代)、包培之(孙代)、顾佐忱(顾佑忱代)、凌其峻董事,列席者,潘禹言、顾佑忱、夏廷献监察人。孙董事长主席。

主席报告按去年十二月二十八日国防最高委员会通过之办法，工厂之不动产及设备可以升值增资,本公司似应按法估值增资至24元,内4亿元由股东缴纳现钞,又旧历年关在即,拟垫发股东维持费,每股1000元,职工奖金可由总经理斟酌情形酌发若干。经众讨论,均表赞成通过。

主席宣布暂定三月二日召集本公司股东常会,地点在平或在津,俟后决定。

下午三时散会。

(J144-1-24-35)

238.仁立实业股份有限公司生产会议录

民国三十六年二月二十八日(1947年2月28日)

日期:三十六年二月二十八日下午四时半

地点:本公司第二会客室

出席:朱总经理、陈经理、毛副理、刘副理、杨副理、潘襄理、冯襄理、顾主任、黄主任、蒋主任、俞主任、周主任、宋主任、匡主任

主席:朱总经理

记录:毛副理

讨论事项:

一、刘副理提,各货不敷出售,应连加生产以应市面需要,尤应注意东北市场,勿为他人夺去□。

a.调查市面何种货品最为应销,以作生产参考;

b.查核存料之数量、质料、价格,俾计划生产时有所根据;

c.过去本厂因环境关系,生产与销售迟晚一季,以后当逐渐追及,务期产销得合理之配合。

二、朱总经理据言,陈经理、刘副理、杨副理组成设计委员会,必要时得请各部主任参加负责设计本厂生产计划。

三、各种零件应预先计划补充,至少在半年以前准备添购,以免临时缺用。

四、毛副理提,各部工友有随时出厂之事,是否由各部限制一二,非直接生产之技术工出厂办理杂务,以免有误生产决定。由各部主任酌定限制出厂人数。

六时闭会。

(J144-1-21-22)

239.仁立公司第二百三十二次董事会记录

民国三十六年三月八日(1947年3月8日)

出席者:孙锡三、朱继圣、凌其峻、顾佐忱、金仲廉

列席者:顾志弼、夏廷献、潘禹言

民国三十六年三月八日下午一时半,在北平分公司开第二百三十二次董事会。孙董事长主席。

主席称九日召开股东常会,拟提议将不动产及机器设备升值至20亿元,另行招募新股,收现4亿元,共计增资24亿元。经众讨论,赞成通过,并议决俟股款交足后,召开股东临时会,修改章程,选举董事、监察人。

三十五年底盈余分配案,议决如左:

纯益(三十五年度)	506097,722.45
法定公积	50,609,772.25
所得税准备	80,000,000.00
官利六厘	480,000.00
红利	159,520,000.00
花红	127,616,000.00
公益金	31,904,000.00
改善准备	50,000,000.00
滚存	5,967,950.20

由上列花红项下提出1000万元为创办人周寄梅先生之报酬,又1885万元为董事监察人之花红,按照旧例,按13股分配,每股145万元。

又顾佑忱先生允任常驻监察人,月支车马费150万元,按照职员生活指数,随时调整。

下午四时半散会。

(J144–1–24–36)

240.仁立公司第二百三十三次董事会记录

民国三十六年三月九日(1947年3月9日)

出席者:顾佑忱、孙锡三、金仲廉、朱继圣、凌其峻

列席者:潘禹言、顾佑忱

民国三十六年三月九日股东常会散会后,下午一时半,在北平分公司开第二百三十三次董事会。孙董事长主席。

主席称本人因银行职务关系不能常驻平津,请另推董事长主持一切,出席董事监察人一致挽留,请孙董事长连任,不在平津时,由朱常务董事代理。

朱总经理表示年来公司营业虽尚发达,而困难殊多,本人深感棘手,应请另简贤能。众坚请勉为其难,始打消辞意。

下午二时散会。

(J144–1–24–37)

241.仁立实业股份有限公司第二十六届股东常会纪录

民国三十六年三月九日(1947年3月9日)

日期:三十六年三月九日上午十一时

地点:北平王府井大街九十七本公司

到会:四六二六四权

主席:孙锡三

纪录:沈讷斋

主席致开会词(从略)

一、营业报告

董事长报告(三十五年)公司营业状况,于当前之困难,工资之调整,赢余之由来及增资办法,均有所声述。众无异议,一致接受。

二、监察报告

监察人顾佑忱就其查核账目、货物之经过作简要之报告。众无异议,一致接受。

三、盈余分配

孙董事长提出分配盈余办法如附表,当由股东费起鹤君提议,全体举手,一致通过。

四、增资办法

孙董事长报告,遵照去年十二月二十八日政府国防最高会议通过工矿运输事业调整资本办法,本公司可于本年内增资二十亿元,另筹现款、股金四亿元,确数须俟三十五年度全国趸售物价指数颁布后计算之。当由股东费起鹤君提议授权于董事会办理,会众举手,一致通过。

五、改选监察人

主席指定孙啸南、陈关铎、吴宪三君为监票员。

开票结果:

当选监察人三人

顾忠弼君　得45990票

潘禹言君　得46069票

夏廷献君　得32877票

六、闭会

主席以别无议案,遂于一点半钟宣布闭会。

主　席

纪录员　沈讷斋

(J144-1-10-27)

242.仁立实业股份有限公司第二十六届股东常会董事会报告书

民国三十六年三月九日(1947年3月9日)

一、查上年(三十五年)为我国胜利后第一年,工商各界,莫不兴奋异常。本会于上届股东常会报告中,对于本公司呢绒制造及地毯出口事业,亦曾展望有光明之前途。乃一年以来:国是纷扰,经济不安,原料高涨，工潮起伏，开支浩大，相应而生。以致原来计划，未克一一实现。而瞻顾前途，仍堪忧惧。但本公司当必本既定发展方针，随时排除困难，逐步进取，庶不负诸位股东之重讬也。

二、胜利后工人纷起组织工会。高呼提高待遇，增进福利。风起云涌，全国波及。本公司毛呢纺织厂工人工会，于上年一月成立后，对本公司亦曾迭有要求。本公司对于工人待遇及福利设施，夙所重视，自更宜顺应时势，对其要求，凡合乎理合乎法者，悉皆妥予解决。至其福利设施，应与者，随时举办；已有者，益求改进。尤于工资一项采用工人生活指数，按月调整，俾工人生活得以安定。是以一年以来，虽风波起伏，幸皆安然渡过，未生大变。此后本公司当仍本开明之精神，力之所及，随时谋求工人之福利，以期合作互助，实现工业建国之大业。

三、上年营业状况，分别言之：呢绒一项，因原料困难，工资高昂，捐税繁重，以致生产未畅，成本过大，销售利润微薄。至于地毯一项，亦因成本高，外汇价格过低，经营时感艰苦。结至年终略获盈余，犹有赖于旧存呢绒、地毯原料等成本较低者不少也。兹附上三十五年份资产负债表，损益计算书，敬祈鉴核。

四、再者，上年六月三十日，本公司董事会为遵照经济部颁布收复区各种公司登记办法，召开股东临时会，完成各种手续。呈报后，经审查完竣，核准登记资本法币八百万元并发给变更登记执照，业经本公司领到存执。又该次股东临时会，尚有增加资本之法币四万万元授权于新董事会办理之决议一案，本会正遵照筹办间，适政府国防最高会议通过工矿运输事业调整资本办法。以是对于上述增资原案，暂缓执行，听候股东会裁决。合行提出报告。

以上各项，略述本公司上年业务梗概，敬祈公鉴。

仁立实业股份有限公司董事会

(J144-1-10-28)

仁立实业股份有限公司第二十六届股东会结算报告

民国三十五年十二月三十一日(1946年12月31日)

监察人报告

本届结算各项数目已就各种簿册分别检查，所有资产负债表、损益计算书均经核对无讹，特具报告敬请诸位股东公鉴。

中华民国三十六年三月九日

监察人：潘禹言、顾忠弼、夏廷献

查账、货人报告书

径启者，晋方等经由董事会推派审查本公司三十五年度结算账目、资产、存货、原料等，当于上年年终分别将结算报告内胪列各款数目与簿册、表单、账据、票款核对相符，所有货物、原料亦照各经管部分所编之盘查报告详细校核，其各项折旧作价数目，均称公允，符合此项资产负债表、损益计划书，确系三十五年度内本公司内经济营业实在情形。特此出具报告即请诸位股东公鉴。

中华民国三十六年三月九日

查账人：孙晋方、顾忠弼、金仲廉、潘禹言

查货人：顾忠辅、夏廷献、顾忠弼、包培之

仁立实业股份有限公司

中华民国三十五年十二月三十一日

资产负债表		
负债及资本		
	资本	$8,000,000.00
	法定公积金	3,461,166.78
	特别公积金	14,707.36
	盈余滚存	143,588.99
	呆账准备	47,419.23
	各项折旧准备	1,409,233.27
	存货调整准备	152,209.91
	房产估计升值准备金	613,028,831.67
	机械估计升值准备金	469,323,663.00
	装修估计升值准备金	20,031,636.00
	房产升值拟提准备金	8,328,920.00
	机械升值拟提准备金	23,466,183.00
	装修升值拟提准备金	1,001,581.00
	保险准备金	23,002,074.67
	银行借款	980,186,127.87
	职工福利备用金	28,076,813.09
	职工储金	3,267,592.36
	职工花红准备金	4,037.32
	应付期付款项	89,826,863.93
	应付未内股息	30,881.83
	应付未付利息及工资	50,120,319.67
	顾客定金	467,341,033.43
	暂记存款	42,852,076.63
	预收货款	16,526,645.00
	本年纯益	365,155,765.97
资产类		
$6,897,069.21	房地产	
613,028,831.67	房地产估计升值	
3,943,538.48	机械	
469,323,663.00	机械估计升值	
72,208.89	工具及机械零件	
1,097,657.16	装修	
20,031,636.00	装修估计升值	
5,048,148.59	家具	
30,500.00	有价证券	
46,282,031.08	应收及期收款项	
362,791,966.97	同业欠款	

677,767,651.12	存货品	
353,145,820.13	存未成品	
287,871,020.77	存原料	
60,135,163.02	储存物料	
168,864.79	废毛废料	
1,226,275.34	各种迟延费用	
41,706,911.00	暂记欠款	
2,560,391.00	存放银行	
47,305,720.00	预付货款	
96,036,392.50	押汇保证金	
100,000,000.00	机械定金	
18,327,910.50	现金	
$3,214,799,371.98	合计	$3,214,799,371.98

中华民国三十五年度

损益计算书		
利益类		
	销货毛利	$827,426,251.90
	收入佣金	15,845,669.30
	杂项收益	80,416,506.25
损失类		
$60,109,511.98	营业费	
365,862,958.20	管理费	
132,758,191.30	杂项损失	
365,155,765.97	本年纯益	
$923,886,427.45	合计	$923,886,427.45

(J144-1-10-31)

243.仁立实业股份有限公司生产会议录

民国三十六年三月十八日(1947年3月18日)

日期:三十六年三月十八日下午四时半

地点:本公司第二会客室

出席:朱总经理、陈经理、毛副理、杨副理、潘襄理、冯襄理、顾主任、黄主任、蒋主任、俞主任、周主任、宋主任、匡主任

主席:朱总经理

记录:毛副理

讨论事项:

一、陈经理报告,关于生产设计委员会,因刘副理病假未能正式举行,但是由陈经理、杨副理对以后生产计划作约略之讨论,因须待刘副理对市面供需状况调查,刘来方能具体讨论。

朱总经理:以后关于设计委员会设计生产计划,应随时与各有关部作技术工作及材料等项之讨论,在本生产会议内可作简略之报告,不必详细讨论,以资便捷。但如有意见亦可提出,供作设计委员会之参考。

杨副理并黄主任:关于调查市场情形,希望设法收集美货、申货样子、进口数量、价格,尤以在进口之发成洋行订货时,即能收集其价格谁更大。

毛副理:现时美货及申货进口甚多,我厂货品多少受其影响。又关东北方面对礼服呢,需用甚殷,特提出为参考。

二、陈经理提:查职员每有未经请假,即不到班,或请假逾期仍不上班之情形,应予设法矫正。

朱总经理:此事应即矫正,并命毛副理参考别家公司假旷办法,拟具规则呈核施行。旋又请本厂各部职员有应于开门时上班者,但□未尽能准时到班须注意。以后似宜由总经理、经理、副理等抽查,以资考成办法,另行拟订施行。

三、毛副理报告,本公司职员消费合作社遵照社会局指示,筹备经过容拟定章程,呈总经理核定后即行之开征求社员。

四、毛副理报告,国民身份证事,住厂职工应即自费照相,由公司代领申报单。

五、匡主任提:未成品有女缀字,女工二人工作不多,坐耗人工,拟于无工作时调拨整理部工作。由匡主任与周主任商洽办理。

六时散会。

(J144-1-21-23)

244.仁立实业股份有限公司生产会议录

民国三十六年三月二十一日(1947年3月21日)

日期:三十六年三月十八日下午四时半

地点:第二会客室

出席:陈经理、毛副理、杨副理、冯襄理、潘襄理、顾主任、黄主任、蒋主任、俞主任、匡主任、宋主任

主席:陈经理

记录:毛副理

毛副理诵读上次生产会议记录。

一、匡主任提,各部职员随工作时间上班、倒班办法,有时因主要职员倒班不随办公办公处时间,诸多窒碍之处,应如何解决?

陈经理谓,主要职员可不倒班,仍随办公处时间上下班,可仅由次要职员倒班。

二、毛副理报告,近日市面销路沉滞,美货、申货络绎到津,各商均感胃呆。

三、杨副理报告,近日停电甚多,殊属影响工作。

陈经理谓,闻电力公司近又修复一大发电机,其供给力约为一万KW。如能早日实现,则此种工业

威胁可以减轻。又谈及以后可设法按照各部机器装按情形购置一二柴油发动机，以资救济。此项问题随时研究办理。

四、杨副理报告，近期工作为制造哈喊及派力司。派力司有六色，计三种棕、二种灰、一种绿。又，南楼一部分亦在织制礼服呢，以后精纺部线的生产数量增加，可加北楼工作。

五、杨副理谓，法兰绒一项，本地市场多需要紧密而有光泽，但就法兰绒本身质地不应为此，以此类推，各种货物销地不同，则其眼光与需要自然不相同，故需特别注意。

六、毛副理谓，法兰绒为本厂名誉出品，应随时保持其标准。杨副理所谈实是重要，应将本厂最近所出法兰绒请上海分公司就当地眼光予以批评，是否适于销售及有无客家建议或评论，藉作参考。

七、毛副理报告，搜集最近到津之申厂出品，女衣料颜色漂亮，易受欢迎，而质地松软，成本自低，似可借鉴。

杨副理谓，申厂所出之货，均为直接包匹染货，本厂所出者为避免与之冲突，故用合毛织制。按成本谈，合毛易做，不易出毛病，但成本高。匹染成本低，易出毛病，各有利弊。

八、俞主任谓，现已开□车，是否再增加一车？陈经理谓，最好就现有人数充分利用，不能再加工人，因现时电力无把握，加人徒增开支。

五时半散会。

(J144-1-21-24)

245.仁立实业股份有限公司生产会议录

民国三十六年四月四日(1947年4月4日)

日期：三十六年四月四日下午四时半

地点：本公司第二会客室

出席：朱总经理、陈经理、毛副理、杨副理、潘襄理、冯襄理、黄主任、蒋主任、周主任、宋主任、匡主任

主席：朱总经理

记录：毛副理

一、杨副理报告近期工作状况，称现在纺(包括粗纺、精纺)与织两方已能相互供应配合。业因洗染部细呢机有一部修理，故出货不敷整理，现已修竣，可能增加产量。目下哈喊呢已织出二十余匹，惟因须择去黑点，费时甚多，刻已专雇临时女工，用包工制赶整中。

二、朱总经理：各部生产工作不要积压，最好随到随做，供应联机，以免忙闲不均之弊。

三、毛副理谓，现时哈喊呢及派力司均正适销，但稍迟则哈喊即将过季，此时似宜少作哈喊，赶作派力司，以应市销而免误时。

杨副理谓，好在哈喊秋季尚有销路，故此时多赶作派力司亦好。

四、黄主任报告，现在已拆箱预备装置撕呢机，切断机由纺毛部工人加点工作，各箱中机件残缺者以后补记。

五、匡主任称，澳洲羊毛拟即存放在前地毯部仓库内，因后面大仓库屋顶疏漏，光线空气均不通畅，亦应及时予以修补改善。又，下瓦房原存旧麻袋皮已卖出，尚有麻线亦应处理。

朱总经理谓，残旧者应即卖出，麻线好的可暂存留。

六、朱总经理谓，门市部卖货因各种关系予人折扣，应由负责介绍人在单上签字，以重责任。又，查

时有别公司职员能在本公司享受优待,而本公司同人则无折扣,似属稍差。

决定:本年内主任以上职员可买门市部货品18公尺(6套),主任以下,买9公尺(3套),工友3公尺(1套),均按九扣,仍须现金购买。

七、陈经理称,电力常断,洗染部时因洗染不敷时间,致常有空耗之事,拟谓不得还时在五时以后,如工作未完,可继续斟酌加工。

八、杨副理谓,加工一事,近因纺毛部装置机器,加点甚多,致各部工人多欲加工,似宜事先统一商筹,以免参差。

九、朱总经理:关于加工一事,由陈经理及工务处各位详为商讨办理。

六时闭会。

(J144-1-21-25)

246.仁立实业股份有限公司生产会议录

民国三十六年四月十六日(1947年4月16日)

日期:三十六年四月十六日下午三时二十分

地点:总经理室

出席:朱总经理、刘副理、杨总工程师、毛副理、潘襄理、顾主任、黄主任、周主任、俞主任、匡主任、宋主任、蒋主任、陈经理

主席:朱总经理

记录:毛副理

一、朱总经理:闻最近生产数量已有增加,但希望质料亦要进步才好。上海工厂对于工作莫要不争取时间,希望本厂也具此精神。

二、俞主任:精纺部上半月产纱902磅,下半月1627磅,共开三车,内有60/2支者,扣除停车、倒车等,平均每车每天约产40斤单股。又,现时本部已开始纺秋季货纱线。

三、杨副理:洗染部机器染槽多已朽坏,应即更换,以免发生危险。又,照先设备方法有须改良者亦难一并改正。

朱总经理:应即详细考查,着手修改。

四、周主任:现时补布工人已经增添,但训练尚需相当时间,嗣后难将熟手拨作细活,如派力司等。新手试作粗工,如可能于停电时间使补呢工作加点。

五、刘副理:为使大家于各部生产情形易于明了起见,是否每月由各部编制统计图表,于开会时提出,庶能一目了然,亦可节省询问解释时间。

杨副理:自本日起,本处各部每日工作报告表已经改换旧日格式,并较为详细。陈经理处每日均可见到。对于开会时制统计表一事,是否有此需要尚待详考。

朱总经理:每次开会由各部开列数字简表携参阅亦无不可。

六、朱总经理:我厂所定之英国式纺机为运到时是否仍需加添织机?

杨副理:应当添加,因原有织机为配合相宜,仅敷旧有粗纺、精纺两部纺出之线织用、又,我厂洗染部之建筑颇多,不合宜之处。嗣后对于建筑厂房似应预先准备详细计划,俾设备及配合均能相宜。

七、毛副理:关于防火事宜,各部均请注意,以免发生意外。

至四时半散会。

(J144–1–21–28)

247.仁立实业股份有限公司生产会议录

民国三十六年四月十八日(1947年4月18日)

日期:三十六年四月十八日下午四时半

地点:第二会客室

出席:朱总经理、陈经理、毛副理、刘副理、杨副理、潘襄理、冯襄理、顾主任、黄主任、蒋主任、周主任、宋主任

主席:朱总经理

记录:毛副理

一、1、洗染部工作报告:洗缩机每天约开三四部,新平幅洗呢机大约一月内可以装就使用。

2、精纺部工作报告:现开三车,每天可生产45/2细纱240斤。

3、整理部工作报告:现在哈喴呢加紧择黑点。

4、纺毛部工作报告:装按撕呢机事,钢条尚能用,只欠少数零件均能配置。又,喷雾机已坏,如由精纺部喷雾机按空管子数丈即可于来秋使用(夏冬二季可以不用)。

朱总经理谓,希望赶快增加产量。

二、关于前次会议未决之加点问题已商定,平日不加点,只于放假日有需要时加点。

三、朱总经理:

(一)各部职员到班事,请各主管人注意。

(二)现闻国立西北工学院纺织系毕业生觅求职务者甚多,本公司遇机用人时似可考虑选用。

四、毛副理:本厂生产不敷供应本市销售,遑论开闯东北市场,亟宜增加生产。至兹电力既有困难,但应及早解决,以免自误。

朱总经理:关于发电机事,前已于凌经理赴沪时面嘱,在沪寻购,可即致电催询。

杨副理:如发电机大马力者一时不易购到,不妨分部添置柴油机。除南织及精纺部外别部只须略改天轴,均可用柴油机。

朱总经理:此项建议甚有价值,应速与陈经理商酌进行,不可过分顾虑,总以快快报备,早日增加产量为妙。

五、朱总经理:各部需用零件及染部需用颜料,务必有相当储存,至少要有一年至二年之存量。因目下外国订货种种困难,时日稽延,实不可免。若不预事绸缪,恐有临渴掘井之虞也。

六、刘副理:以后本厂出货计划,不但应在量的方面注意,对于质的方面更应特别注意。现时营业方面,货太少,应付买主,实在困难。且际兹良好时机,让申货、美货长驱直入,有若无人之境,实可痛心!目下哈喴呢恐赶不及,只可搁起,赶快做派力司。至于秋冬货制造计划,拟与陈经理、杨副理会商计议,庶对申、美各货,斟酌有利竞争方针,以策完善。又,货物税局方面消息,近期呢绒货物税即可改为就纱征税,又闻进口货免税等语。本厂拟即先函上海毛纺织整染同业工会,就近与当局洽请减低毛纱估价,并请外商进口货依法律征税。

朱总经理:今天大家所谈一大题目,就是生产赶快加多,产物提高品质,此系各生产部门共有之希望,亦系各部工友之责任。望大家格外注意是要。

六时半散会。

(J144-1-21-26)

248.仁立实业股份有限公司生产会议录

民国三十六年四月二十五日(1947年4月25日)

日期:三十六年四月二十五日下午四时半

地点:第二会客室

出席:朱总经理、陈经理、毛副理、刘副理、杨副理、潘襄理、冯襄理、顾主任、黄主任、蒋主任、俞主任、周主任、匡主任、宋主任

主席:朱总经理

记录:毛副理

一、朱总经理:关于多加生产一事,最要者为各生产部门联系问题,现在各部工作状况是否仍有未尽衔接,以致糜耗时工之事,希望大家注意。

关于染部所用如黑、藏、棕等主要颜料,亦应估计预存数量,以便准备订购。

冯襄理即将请假返籍,洗染部事希望杨总工程师多加关切注意。

二、周主任:整理部工作大致可将洗染部交来之货即时整理,不致积压。惟补呢室因人数不够,以后恐难应付织出之数。又,统计本年内截至四月二十二日,共计本部工作89天,计整理18969公尺,每天平均约213公尺,内有代整理者1174公尺,实计自己出品17795公尺,平均每天生198公尺。关于补布室工作,现只有21人,亦截至四月二十二日,计工作89天,实补出呢19906公尺,平均约每日223公尺。以后为配合出品,应增加工人。但补呢工人因技术关系,训练非短时间事也。

三、杨副理:为配合生产部门供需圆滑起见,精纺部应再加开合服机(现只开一个半),即须添加2人,补呢室须添加13、4人,北织打纬者须添3、4人。

黄主任:前由织呢部拨纺毛部打杂工人,可仍调回,以资熟手,另由纺部添加新人如何?

杨副理:此事容再商酌。又,关于添用工人一事,未免除若干无谓麻烦,务须暂先守秘。

朱总经理:考试务须严格公允。

杨副理:关于雇用新工,拟先定出最低标准,如年龄、身高、体重等,在报名前考核合格者方准报名。

决定:请潘襄理探询医师作为参考。

毛副理:关于试工学习练习养成初级等,工人升级时间每不一致,且在升任长工以前能否享受一般长工之福利待遇,如疗养、伤病、团体保险、赡养金、年终奖金等项拟请规定一办法,以资共同遵守。

决定:试工至初级工最少半年,初级工至长工至少半年,并在升任长工以前不能享受长工之一般福利待遇。

杨副理:新工人尤其临时工,应立一临时契约,以免受其束缚。

决定:由杨副理与毛副理拟定,呈陈经理核定。

朱总经理:关于前次所谈请凌经理在申寻购发电机事,曾有信来,云已有相当接洽矣。

杨副理:至刚才所计划,添人后可渐增每天产量至500公尺,如仍不敷销,尚须添人,不知营业方面

对每天500公尺之生产品销售上有无困难?

刘副理:至现时情形,每天500公尺甚易销售。以后若无特殊变动或原因,亦不致困难。

朱总经理:闻曾有洗染发生损毁之情形,其原因应予研究清楚,以免再生此弊,益增损失。

陈经理:本厂似应对软水设备加以注意,若有软水或可免除好多毛病。

杨副理:洗呢时常发生钙皂遇此情形,每有愈洗愈坏之病。此问题乃技术上之困难问题,不宜在此详究也。

六时半散会。

(J144-1-21-27)

249.仁立公司第二百三十四次董事会记录

民国三十六年五月十九日(1947年5月19日)

下午二时,在北平分公司二楼开会。朱常务董事主席。

出席者:包培之、孙锡三(潘禹言代)、顾佑忱、夏廷献、朱继圣、金仲廉、凌其峻

列席者:潘禹言、顾佑忱

一、宣读第三百三十二及第三百三十三次董事会记录,无修改通过。

二、申报所得税时,发现股东会提出之报告盈余数目尚有应调整之处,最3亿9千余万元。

三、凌报告在香港视察商务情形,接受凌君所提议之首两项,但资本暂定位40万港币。

四、朱总经理报告工矿升值须按照法减除折旧,实际得益甚浅,而增资办法在津各厂尚未发动,此举影响甚大,不得不郑重从事。

潘禹言君提议暂作准备下列事项:

(一)股东准备将来出现金入股(先从仁立股票上市做去);

(二)现款增资若干,俟其它公司有举动后再为商定。

五、朱总经理报告天津城防工程责本公司摊垫1亿元,已交半数,证券交易所入股490余万元。

本厂呢绒随市上涨,销路不劣。

地毯出口因成本提高,而外汇率尚未调整,故已入停顿状况。

职工开支按生活指数计算数目庞大,筹款颇形困难。

四时三刻散会。

(J144-1-24-38)

250.仁立实业股份有限公司生产会议录

民国三十六年六月九日(1947年6月9日)

日期:三十六年六月九日下午四时半

地点:第二会客室

出席:朱总经理、陈经理、刘副理、杨副理、潘襄理、冯襄理、黄主任、蒋主任、俞主任、周主任、匡主任

主席:朱总经理

记录:高学瀛

会议事项:

一、朱总经理:很久未开会,各部有何报告否?

杨副理:五月份生产总数比四月份稍好,但因停电关系破受影响。

朱总经理:请提出确实数字讨论。

杨副理:现有数字今天未带来。

朱总经理:希望下次开会时带来。

周主任:报告整理成品数量。

二、杨副理:因停电关系,故绿派力司出货受影响。

朱总经理:关于停电,负责人谈如何能事先联络可以知道何日何时停电,俾可早为通知工人临时改变工作时间。

陈经理:每星期停电日期为星期一、三、四、六、日上午,但有时不停。

朱总经理:应事先联络。

刘副理:停电分两种办法,第一先尽力联络使不停电,如不可能再改变工作时间。

朱总经理:联络不停电当尽力进行,此时不妨讨论改变工作时间,以免临时措手不及。

潘襄理:报告与电力公司联络经过,因东亚、星星、义甡是48号线,仁立、中天被服厂是45号线,故东亚等厂停电,情形好,此种情形约下星期三可以复原。

朱总经理:将来与电力公司应随时密切联络,以便计划对策。

杨副理:停电期间拟改变工作时间为下:上午十时半上班,三时至三时半休息(晚饭),八时下班。

三、朱总经理:五月下半月精纺部卖钱计算错误,关系甚大,且计算单交到办事房甚晚,无核对时间。

杨副理:该部报告单系本月二日交到工务处(一日为星期日),工务处须核对一日始能选计工组。

朱总经理:上半月精纺部算错卖钱是谁的责任?

俞主任:卖钱计算办式或许有误会之处,嗣后当转告特别注意。

朱总经理:此次精纺部制表者应予警告,并须另筹组委员会,由会计处、防务处、计工组等有关部分统一办法。

匡主任:工资制度实有改正之必要,可由会计处制定程序总表,以资共同遵守。

四、陈经理:现有无工作者得半赏者,颇不合理,故得半赏者应取消。

杨副理:得半赏者现在很少。

朱总经理:下星期工防处开工防会议时研究此问题,本人亦愿于每次开会时出席,希预先告知。

五、匡主任:材料处工友赏钱问题,工友要求仍按以前计算方法计算。

朱总经理:无法照办。

六、朱总经理:现因各项开支异常浩大而停电不已,生产减少,是为致命伤,前途堪忧。请大家共同合作,渡过难关。

七时闭会。

(J144–1–21–29)

251.仁立实业股份有限公司生产会议录

民国三十六年六月十七日(1947年6月17日)

日期:三十六年六月十七日下午四时半

地点:第二会客室

出席:朱总经理、陈经理、刘副理、毛副理、杨副理、冯襄理、潘襄理、黄主任、蒋主任、俞主任、周主任、匡主任

主席:朱总经理

记录:毛副理

一、杨副理:关于各部每周生产比较表,拟每半月制表一次,送请陈经理查德阅,无须在本会内提出。因本会出席各位并非尽属,有关工防人员提出此表似乎无大意义。

陈经理:此会乃生产会议,设计委员会设计生产计划,交工防处执行,其进度如何应在本会提出,以便大家明了。

刘副理:全厂各部为联系密切并相互明了彼此情形,皆宜在本会报告,所以生产数量表以及销货数量表皆宜在本会报告。

二、宋主任:关于货物税改为毛纱征税,其内容究竟如何请刘副理报告,以便就有关方面研究。

刘副理:此项问题于昨日下午五时方得解决。原来财政部呢绒征货物税,各方盛表不满,尤以申厂各家坚决反对,遂改订就纱征税。两相比较,就纱征税较呢绒征税似较减轻。惟本厂仍以其估价率追随申价,似不甚合理,乃一再与局方交涉,并由毛纺织工会列举理由,请求转请财部核减迁延。至昨日方始决定,一方面暂先按照原定估价纳税,一方面由局方于特呈财部时加具意见,请准致为核低估价。因为此可不改影响本厂营业,故已商定此其经过情形,惟连带技术问题乃如何使本厂付税不致积常遇久,盖此项方式乃为毛纱到织呢部时即征税,并非出厂征,此点甚为重要也。

杨副理、宋主任、黄主任:毛纱之湿度、油分、伤耗等均应除外,以免吃亏。

决定:由工防、会计、材料三方面共同商订合理办法实行。

三、毛副理报告:

1.男工宿舍重新修理,不久即可告竣。关于管理问题,其中要点乃为床位有限,住宿资格问题请公决定。

决定:(一)试工、学习练习工不能申请;(二)初级工起方能申请住宿;(三)申请住宿条件须先仅本地无家者,仍有空位则以居住远近为比较;(四)返愿住宿者,均须先向人事组申请登记,遇空递补;(五)无确切理由连续不在宿舍内住宿至三日以上者,取消其住宿资格;(六)现已经住宿在宿舍而与以上条件不合者自庸变动。

2.关于征兵事项,据区公所通告云,在国防工业(纺织在内)从事之技术员工可以缓役,其改核项内请明以在社会部劳工登记站登记,领有登记证者为限云云。查此项登记,本厂曾有一部员工已经办理,现已与该站联络,请求继续。望转告各员工愿办者从速办理。

3.市民训练已经应征二次,以后恐仍将征召。

4.当局曾嘱本厂组织防护组,本厂现正筹划中。

四、毛副理、匡主任:羊毛股赏钱问题,因与杂工所得距离愈大,一再请求改善,应如何办理?

决定:因牵连甚多,俟拟有好办法时再行商议。

五、朱总经理:各部赏钱制度应有详细考核办法。

陈经理、杨副理:现因时局关系,戒严提早,加点部分暂改为加至七时。

六、朱总经理：本人有意赴申，能否成行尚未可知。如必须离津，为时亦不致过久。届时希望大家多多负责。又，现时时局不稳，本厂购存材料暂不得不略存观望。但国外成本地不易购得者，仍应照常准备。

至七时半散会。

(J144-1-21-30)

252.仁立实业股份有限公司生产会议录

民国三十六年六月二十七日(1947年6月27日)

日期：三十六年六月二十七日下午四时半

地点：第二会客室

出席：朱总经理、陈经理、毛副理、刘副理、杨副理、潘襄理、冯襄理、黄主任、蒋主任、周主任、匡主任、宋主任

主席：朱总经理

记录：毛副理

一、杨副理：社会局遵社会部命令，举办各工厂工作竞赛，曾邀本厂参加，应如何办理？

决议：因本厂工作关系，一时未便举办，容缓筹妥，再行办理，并呈报社会局查照。

二、各部工作统计图表应否检交本会案。

决议：各部生产数量应于每月第一次会议时提出报告作为参阅。营业方面销货数量报告亦同此办理。

三、羊毛毛线股赏金问题应如何办理案。

席间讨论：原则可以改订，但详确办法下次会议时再讨论之。

四、毛副理报告，区公所连命召征市民自卫国事。

决议：本厂届时遵命办理。

至六时散会。

(J144-1-21-31)

253.仁立实业股份有限公司生产会议录

民国三十六年七月四日(1947年7月4日)

日期：三十六年七月四日下午四时半

地点：第二会客室

出席：朱总经理、陈经理、毛副理、刘副理、杨副理、潘襄理、冯襄理、黄主任、蒋主任、周主任、匡主任、宋主任、苏襄理

主席：朱总经理

记录：毛副理

一、原料组工人赏金问题应如何解决案。

决议：1.以各部直接工之人数分除其所得之直接奖金(加点奖金不在内)，而得直接工之平均奖金，以此平均奖金之百分之七十八暂为原料组及杂工之奖金。

2.工作不力或犯过失主管人，得酌罚其奖金之半数或四分之一。

3.星期日例假加点整日，其奖金照九小时所得奖金给予之。工作时间外，平日加点不给奖金。

二、杨副理报告，工防方面上月各部生产数量。

决定：1.以后改为每月第一次或第二次会提出上月生产报告，预先印出数份，以便在会者参阅。

2.营业方面仅先就津方面销货数量报告。

3.各部生产物品不同，应以机器生产标准数量比例折合一标准报告，以便易于见出生产效率进退如何。

六时散会。

（J144-1-21-32）

254.仁立实业股份有限公司生产会议录

民国三十六年七月十二日（1947年7月12日）

日期：三十六年七月十二日下午四时半

地点：第二会客室

出席：朱总经理、陈经理、毛副理、刘副理、杨副理、潘襄理、冯襄理、顾主任、黄主任、俞主任、周主任、宋主任、匡主任

主席：朱总经理

记录：毛副理

一、关于审查现行各部工作奖金计算办法、记录及报告之手续，并研求改善之方法案。

决议：朱总经理指定杨副理、冯襄理、顾主任三位负责着手研讨拟具报告以凭核定。

二、杨副理报告，各部生产数量表因折合标准量关系，尚未制出。

三、刘副理提出本年一月至六月底销货数量表并加说明。

朱总经理：现时派力司销季已过，应赶制秋季货物为宜。

杨副理：现时除赶作一部分派力司外，亦正织制啥喊呢及D300号花呢等。

四、冯襄理：关于取消半赏问题如何办理案。

决议：俟研究有妥当通盘代替计划后再为决定。

五、毛副理：院中时有晒晾衣物，殊属有碍观瞻，应如何取缔案。

决议：由公司出通告制止，并由各部主管人随时在各部制止。

六、毛副理：报告奉命组织自卫团事宜，现正在拟具办法中。

六时半散会。

（J144-1-21-33）

255.仁立实业股份有限公司生产会议录

民国三十六年七月二十五日（1947年7月25日）

日期：三十六年七月二十五日下午四时

地点：第二会客室

出席：朱总经理、陈经理、毛副理、刘副理、杨副理、潘襄理、冯襄理、苏襄理、顾主任、黄主任、俞主任、周主任、宋主任、匡主任

主席：朱总经理

记录:毛副理

一、朱总经理:小组委员会对于各部生产赏罚办法之审查研究等进行如何?

顾主任:因各部生产记录格式不一,考核研究诸多不便。现一面拟具各部统一报告格式,以免研究各部现行赏罚规则,同时将各部报告表每三日送交本人一次,现行核对,以资逐步考察研究,而后拟具成案报告。

朱总经理:希望赶速完成研究报告。

二、关于各生产部停机无生产之半额奖金取消案。

决议:自八月一日起一律取消。

三、朱总经理:关于本公司职工福利一项,现由苏襄理逐步推进,尤应注意精神方面为职工家庭访问及个人困难问题之指导帮忙等项,有较物质之帮忙功效。尤大对于此点希望大家共同协助苏襄理,以便顺利进行。

至五时散会。

(J144-1-21-34)

256.仁立实业股份有限公司生产会议录

民国三十六年八月八日(1947年8月8日)

日期:三十六年八月八日下午四时半

地点:第二会客室

出席:朱总经理、陈经理、毛副理、刘副理、杨副理、潘襄理、冯襄理、苏襄理、顾主任、黄主任、俞主任、周主任、宋主任、匡主任

主席:朱总经理

记录:毛副理

一、工防处提出七月底生产统计表大家传阅。

二、朱总经理:1.关于各部工作奖金报告表应由各部一次复写三份,分交工防处稽核,会计处各一份,另一份留底

2.各部须每半月另制一工作奖金统计表,即每人逐日所得奖金明细载明,并按人按日分列总计数额,以便核对。

3.各部尚须填制一月表,表载明该部期初存、生产品数量、本期生产数量、本期交栈数量、期末结存数量。每月一次,并须由主管人实地考察实际结存数是否相符,以资翔实。

三、杨副理:关于取消各部无生产之平均赏一事,已经执行。此外,关于工头之平均赏办法亦以予以调整,比较原办法为合理。

四、刘副理提出上月营业报告表,大家传阅,并加以说明目下销场仍未大畅。又,闻中信局以大定易来日货呢绒六十美码,消息传出后呢绒购卖商不免稍存观望云云。

五、刘副理:关于本公司遵照政府功令采用公尺以来,因外方多来更改,诸多不便。是否应仍改用码尺制?

决议:仍维持原用公尺制,以免变更多所困难。

六、毛副理:关于本厂遵照当局意旨,组织防护支团事,其办法也已拟定,短期内即可召集各有关

部商讨编组事宜云云。

六时半散会。

(J144-1-21-35)

257.仁立实业股份有限公司生产会议录

民国三十六年八月二十九日(1947年8月29日)

日期:三十六年八月二十九日下午四时半

地点:第二会客室

出席:朱总经理、陈经理、毛副理、刘副理、杨副理、潘襄理、冯襄理、苏襄理、顾主任、黄主任、俞主任、周主任、宋主任、匡主任

主席:朱总经理

记录:毛副理

一、朱总经理:呢绒自下机至成品各程序须将各步工作人名分别填列工作记录牌上,以便考查问明责任。

二、冯襄理:关于本公司采用公尺制,每感不便,是否考虑改回码尺?

刘副理:用公尺对于平沪分公司及各代销家均多不便。

决议:本公司内部仍照旧,自九月一日起,货物发至营业部时,由该部折合码尺,并在发单上码尺、公尺并列。本公司账簿亦列码尺、公尺两项。

三、杨副理:各生产部大致均达最大产量,为减轻成本担负,并防抵日货到津,似应对于生产计划予以通盘研究改订。

朱总经理:本公司各部生产似尚未臻配合无间之地步,应先就此加以改善。又,日货运华问题,各方均作抗议,能否生效尚不可告。又,黄式琴君自申返津,带来若干样面及资料,均可作吾人之参考。

四、刘副理:为竞争、为进步,本公司应设一实验室,以便采得新货样之时研究其材料、做法、美点、劣点,以供取舍。又,检查部分亦须加强,以资改核。

朱总经理:本厂各种出品中,不乏可与别厂出品媲美者。但吾人应坦谈自己之短处,并随时体察改进之方法,要埋头苦干,不可自馁,则无不可成功之理,亦不致有失败之日也。

六时散会。

(J144-1-21-36)

258.仁立实业股份有限公司生产会议录

民国三十六年九月五日(1947年9月5日)

日期:三十六年九月五日下午四时半

地点:第二会客室

出席:朱总经理、陈经理、毛副理、刘副理、杨副理、潘襄理、冯襄理、苏襄理、顾主任、黄主任、周主任、俞主任、宋主任、匡主任

列席人:郑麦章先生

主席:朱总经理

记录:毛副理

一、朱总经理:关于建立出品检验制度一事,应如何办理?

杨副理:工防处已决定,随时分部各自检验,以资负责,而防残损。

刘副理:货物成品后应由专人负责,严格检验,为有不合标准货物应与正规货物区分,列为残货,成次货由营业部贬价出售,以免影响公司信誉。

决议:照办,并遇有此类不合标准货物时,须由检验人报告经理,以资查明改善。

二、毛副理:关于最近停电情形,经迭与电力公司交涉,允与设法改善,不过以后不一定能乐观。

朱总经理:本厂在美国订购之发电机大约尚须一个半月到津,请郑先生返沪时再代向代理行催促。

陈经理:此项发电机到来后,拟装在第二纺毛部内。但有无不便,尚待详细研究计划中。

三、苏襄理:关于本公司福利事项,应如何进行,以利开展?

朱总经理:前由苏襄理拟具福利计划书,业经阅过,曾嘱与毛副理商讨,以资采撷。

毛副理:苏襄理计划书中有依照社会部所规定,以厂方每月薪工总数百分之二至五之数目为福利费用。一即查此事,尚有技术问题。若组织福利委员会等事均非容易举办,若能规定每月可以大致支用若干,在此范围内办理福利事项似较易措手。

朱总经理:嗣后关于福利事项,若有重要计划时,得随时呈准施行。

六时半散会。

(J144-1-21-37)

259.仁立实业股份有限公司生产会议录

民国三十六年九月十三日(1947年9月13日)

日期:三十六年九月十三日下午四时半

地点:第二会客室

出席:朱总经理、陈经理、毛副理、刘副理、杨副理、冯襄理、苏襄理、顾主任、黄主任、周主任、俞主任

主席:朱总经理

记录:毛副理

一、朱总经理:关于今冬电力供给一事,恐仍不能乐观。最近期内,电力公司拟换电机上无磁性之铜丝,约要停电一个月。本厂似宜预先筹措,改为夜间工作。同时并即向电力公司探询停电办法,俾作准备。

二、陈经理:自美订购发电机装置处所尚未确定,容另作商议。

三、福利组报告近期工作状况,计女工膳团已经成立,拟计划扩大男工膳团,并整顿职工宿舍等项。

四、毛副理:查厂章,工人迟到逾十五分钟扣一小时工资,逾二十分钟不能进厂,如有迟到逾二十分钟后进厂请假半小时者,似不合理。又,有上半日旷工,下半日不准上班,亦似与鼓励工友不迟到不请假之意义不合。应如何规定,以资一致案。

决议：现仍守原章，迟到逾二十分钟不能进厂，并通告重申此项章程备注表。嗣后若有变更，必要时再为研究。

六时散会。

(J144-1-21-38)

260.仁立实业股份有限公司生产会议录

民国三十六年十月三日(1947年10月3日)

日期：三十六年十月三日下午四时半

地点：第二会客室

出席：陈经理、毛副理、刘副理、杨副理、潘襄理、苏襄理、冯襄理、顾主任、黄主任、周主任、俞主任、宋主任、匡主任

主席：陈经理

记录：高学瀛

一、毛副理：冀北电力公司公布星期一、四为本公司停电日。经与该公司联络结果，准于停电日供给本公司及东亚、星星、义甡等厂电3501400瓦，在此限度内共同遵守使用量，不得超过。又与冀北电力公司洽商转借法商电力事，正分头进行，已获允准。嗣后本厂供电情形假无意外事项发生，当日趋好转也。

陈经理：转借法商电力事请对外暂勿宣布，以免旁生枝节，影响进行。

二、刘副理：近来呢绒销售情形甚佳，惟因生产有限，不敷销售，有无其它方法再大量增加生产？

毛副理：本公司羊毛颜料等均可大量采购，以备增加生产。

陈经理：外国毛条因统制关系进口有限量，大量生产仍有困难。于已订购之毛条能全部来到，照现在工作情形，仅敷六个月之用，故工作方面应力求平均，以免因原料缺乏中途停工。

杨副理：关于增加生产事，一方面固需大量采购，另一方面可研究以国产羊毛制造呢绒。

潘襄理：国产羊毛因华北方面为产毛区，采购方面尚无大困难。

三、陈经理：营业处逐日批发宜填造日报简表，以备查核。

六时散会。

(J144-1-21-39)

261.仁立公司第二百三十五次董事会记录

民国三十六年十月九日(1947年10月9日)

下午四时半，在北平分公司二楼。朱常务董事主席。

出席者：孙锡三、包培之、凌其峻、金仲廉、朱继圣

列席者：潘禹言

一、宣读上届董事会记录，无修改通过。

二、议决事项：

(一)香港筹设联号，资本定为港币40万元。上次董事会已有议事录在卷，该号名称定为南海企业有限公司NANHAI ENTERPRISES LTD. 先与港方律师商讨登记手续，相机进行；

(二)孙董事长提议本公司升值增资亟应进行,拟于本月二十六日召开股东临时会,提出讨论;

(三)凌经理由美返国提议筹设制造家具工厂,以广出口销路。美国方面极愿合作,前途希望甚大,可先从定购机器着手(约需美金5万元),再行调查上海、香港、青岛三处选择一处设厂地点。

六时散会。

(J144-1-24-39)

262.仁立实业股份有限公司生产会议录

民国三十六年十月十七日(1947年10月17日)

日期:三十六年十月十七日下午四时半

地点:第二会客室

出席:朱总经理、陈经理、毛副理、刘副理、杨副理、潘襄理、苏襄理、冯襄理、顾主任、黄主任、周主任、俞主任、宋主任、匡主任

主席:朱总经理

记录:高学瀛

一、毛副理:关于转借法商电力事,因冀北电力公司为利用第48号线作为调节线,故须另装三线,势必须停电二十余日方可完成施工。我方以损失过大,无法接受,已另请冀北电力公司计划新方法,所需费用正在估计中。

朱总经理:本日晚面晤顾经理时再催促速办。

二、陈经理:毛线类保存不好,易为虫咬,损失甚大,尤以细线为甚。请各部多加注意。

朱总经理:材料处应注意防范,或喷洒DDT等药物及其它有效方法。成品方面由营业处负责。

三、匡主任:未成品组存货甚多,应设法早日赶制。

冯襄理:近来赶制邮局定活,本月底可赶齐。下月初方可有新货染出。

朱总经理:洗染部可加夜班,或添临时工赶制新货,以利推销。关于临时工雇用办法,可与东亚等厂联络参改。

冯襄理:洗染部加夜班无问题,惟有关各部亦应顾及。

刘副理:目前新货多以售罄,甚缺货,尤以哔叽类为甚。刻正值销售旺季,请遂速赶制,加夜班实有必要。

毛副理:本厂嗣后应向日夜双班迈进,既能增加一倍生产,又可减少管理费用。

朱总经理:关于加夜班问题,可由设计委员会通盘计划,遂速办理。

杨副理:关于澳洲羊毛以后进口恐愈加困难,本厂刻正加紧研究采用国产优良羊毛制造,以免将来受制。

刘副理:成品组所存呢绒残货及不当令货一时推销颇困难。

朱总经理:成品组所存呢绒残货、不当令货与其它货各有若干,应作一清表以资明了,而便研究出售办法。

陈经理:成品组现存呢绒500余码,原有批发家,既不能推销残货、次货,宜另觅商家推销。

杨副理:各厂制有残货为不可避免之事,嗣后可仿照中纺公司售货方法,残货、好货同时搭售。

毛副理:目下东北交通不佳,市场停顿似亦可,试西北等地注意,初步可在该处推销我厂次货、残货。

三、朱总经理：英国议会访华团定下星期一下午三时至五时来本厂参观，对于福利整饬等方面，望希多加注意。

毛副理：各处整饬工作除由庶防组加改进行外，亦请各部随时注意。若有废料等，请置于一固定处所，以便易于清除。

七时十分散会。

（J144–1–21–40）

263.仁立公司第二百三十六次董事会记录

民国三十六年十月二十五日（1947年10月25日）

民国三十六年十月二十五日，下午四时半，在北平分公司。

出席者：孙锡三、包培之、金仲廉（潘代）、朱继圣、凌其峻

列席者：潘禹言、顾佑忱

一、孙董事长主席称董事佐忱历年参加本董事会每次集会鲜有缺席，且于每届点货查账时，不避艰劳，审慎从事，对于本公司贡献殊多，遽尔长逝，同人对遗属深致哀悼，并请书记载入记录，以资纪念。

二、主席称次晨召开股东临时会，届拟提出增资案如下：

上次股东会议决本公司查照最高国防委员会公布之公司增资案，增资至24亿元，授权董事会办理增资手续，嗣以物价日增，其它工商事业之增资于数额上，约慎重研究，以求适当。董事会因此迭经斟酌，迟延未决，惟查最高国防委员会公司增资案规定，以三十六年年终为实施期限。兹期限已近，不得不从连解决。照目前物价指数与本公司营业实际状况，以现有资金无法周转，且原有资本较诸庞大收支，相去悬殊。为配合资本额与收支额之适当，非将增资额再行提高，不足以应付现局。提议将前定增资至24亿元，改定为40亿元，每股（票面100元）升值174股，另交现款增825股，合成1000股（计票面10万元）。是否有当，请公决案。

众无异议。照原案提出股东临时会。

三、主席称为调剂股东生活起见，本年度股利似有垫发之必要。拟于此次办理增资时，每股垫发五千元。众赞成通过。

四、朱总经理报告天津证券交易所限制筹备开业，本公司应否申请登记，以备股票上市。众议此举裨益，本公司股东应积极进行。

下午五时半散会。

（J144–1–24–40）

264.仁立实业股份有限公司生产会议录

民国三十六年十月二十五日（1947年10月25日）

日期：三十六年十月二十五日下午四时半

地点：第二会客室

出席：陈经理、毛副理、刘副理、杨副理、冯襄理、顾主任、黄主任、周主任、俞主任、宋主任、匡主任

主席：陈经理

记录:高学瀛

一、毛副理:转借法商电力事,第二次估计工料费用业经核计完毕,较第一次估计增加6000余万元,一俟交款后即可施工。

陈经理:上商辅导处为冬季节电问题,日前召集会议自十一月一日起每日五时至十一时禁止工业用电,并与公用局冀电公司、警察局共同监督调查。

毛副理:本年因煤价昂贵,以电炉举炊取暖实难,难免耗电极多。故今冬发电情形恐仍难好转。

杨副理:十一月一日加点问题亟应事先商议,以免临时措手不及。

毛副理:俟与冀电公司联络后再行会商。

二、毛副理:工人申请住宿以前曾有议定办法,凡不合规定者,不准住宿。惟查女工宿舍闲床甚多,是否可以考虑放宽女工住宿限制。

俞主任:女工住宿者现在均为初级工以上,故无不合规定者。

三、陈经理:新近拟定初级工与长工职工资最多,不得超过52元,请各部知照。

四、杨副理:未成品组所存各货现正陆续染制者,计有礼服呢2000余码、哔叽1000余码。

六时半散会。

(J144–1–21–41)

265.仁立实业股份有限公司股东临时会纪录

民国三十六年十月二十六日(1947年10月26日)

中华民国三十六年十月二十六日上午十一点钟,仁立实业股份有限公司在北平王府井大街九十七号北平分公司三楼开股东临时会。到会股东计230户,代表49631股(权)。

董事长孙锡三主席,职员沈讷斋纪录。

一、董事长提议改订增资24亿为80亿,请公决案。

上次股东会议决本公司查照最高国防委员会公布之公司增资案增资至24亿元,授权董事会办理增资手续。嗣以物价日增,其它工商事业之增资于数额上均慎重研究,以求适当。董事会因此迭经斟酌,迟延未决。惟查最高国防委员会公司增资案规定,以三十六年年终为实施限期。兹限期已近,不得不从速解决。照目前物价指数与本公司营业实际状况,以现有资金无法周转,且原有资本较诸庞大收支额相去悬殊。为配合资本额与收支额之适当,非将增资额再行提高,不足以应付现局。提议将前定增资至24亿元改定为80亿元,每股(票面100元)升值174股,另交现款增825股,合成1000股(计票面10万元)。是否有当请公决。当由股东潘剑芝提议,股东包静安附议。会众一致举手通过。

二、主席报告筹备增资及修改章程草案仅一个月内拟就,以便提交下届股东临时会。

三、下届股东临时会定于一个月后召开。

四、主席宣布三十六年度红利可于年前垫发,每股5000元正。

五、主席报告本公司股票准备上市,现与天津证券交易所接洽中。

中午十二点一刻散会。

主 席 孙锡三

纪录员 沈讷斋

(J144–1–10–53)

266.仁立公司第二百三十七次董事会记录

民国三十六年十月二十六日(1947年10月26日)

民国三十六年十月二十六日,下午一时,在北平分公司。

出席者:孙锡三、包培之、朱继圣、金仲廉(潘禹言代)、凌其峻

列席者:潘禹言、顾佑忱

孙董事长主席称今晨股东临时会既已通过增资提案,除执行该案外,下届股东临时会应决议变更章程。此项提案须按照公司法拟妥提出。众议由董事长与总经理商酌办理之。

朱总经理报告本市外交部街卜内门洋行有房屋一所,计房百余间,占地七亩,愿出售,代价甚廉,可否洽购以充平市同人宿舍之用。众赞成通过。

十二时一刻散会。

(J144-1-24-41)

267.仁立实业股份有限公司生产会议录

民国三十六年十一月一日(1947年11月1日)

日期:三十六年十一月一日下午四时半

地点:第二会客室

出席:朱总经理、陈经理、毛副理、刘副理、杨副理、苏襄理、冯襄理、顾主任、黄主任、周主任、俞主任、匡主任

主席:朱总经理

记录:毛副理

一、刘副理报告,最近营业略显消沉,原因则为银根紧市况滞,以后东北若通车,可望活动。

朱总经理:应季之货仍应设法推销,又,大衣呢、直贡呢等应即赶制,以免错过季节。

二、杨副理报告,春季货应准备利用国产羊毛在计划中,此外派力司色头亦开始研究。

陈经理:应向上海分公司探询申地市场需要,以凭计划。

三、朱总经理:在申推销应以几种大路货为本,俾易发展。又,对于存放哔叽线及细货之严密黑暗库房,应计划建设以利保存。又,查现存平呢未成品甚多,可剪样标、明身骨,寄申公司向军装局兜销。

刘副理:截至十月二十一日,成品30000余码,中有制服呢、杂类花呢及过季货占多数,非尽应季之货。

朱总经理:零头不少,应如何售卖?

刘副理:零头前有议案,因工作太忙,未能实行。现拟短期内办理。

毛副理:希望仍照上次所谈,尽先给本公司职工优先选购机会。

朱总经理:本公司尚存袜子等,似亦可经合作社售与职工。

毛副理:工友厂服原由,朱总经理核准限每人做一身。嗣工会贾若桐建议工友工作时须一律穿工服,以资整齐,似此,则须二身,以便洗换。

朱总经理:可先估价,再行核计。

(J144-1-21-42)

268.仁立实业股份有限公司生产会议录

民国三十六年十一月十四日(1947年11月14日)

日期:三十六年十一月十四日下午四时半

地点:第二会客室

出席:朱总经理、陈经理、毛副理、刘副理、杨副理、潘襄理、苏襄理、冯襄理、顾主任、黄主任、周主任、俞主任、宋主任、匡主任

主席:朱总经理

记录:毛副理

一、毛副理:关于女生生产其中休假问题,照工厂法所规定,应给予休假八星期,工资照给,本厂前无此例,曾经朱总经理核定,致予照办。不过,本厂工资、津贴、全勤等细节目甚多,似应定一确切给付办法,以资遵守。

决议:女工生产前后八个星期,其工资津贴指数及煤面贴、呢绒点等照给,勤劳金特别津贴(即到工费)、全勤则不给,请领此项分娩津贴时,应呈出证明并给调查,确实时方得发给。

二、毛副理:工友制服每人二身估计需蓝布七件,每套工资约40000余元,其成样尚待决定。

朱总经理:指定毛副理、杨副理、苏襄理商致式样。

陈经理:将来工服做成后,上工须一律穿着。又,初级工以下之工服若告退或解雇,应将工服收回。

三、杨副理提出各部上月生产报告表。

四、朱总经理:近日营业仍沉滞否?

刘副理:尚未见开展,其原因仍不外受时局、交通及金融等影响。

六时散会。

(J144-1-21-43)

269.仁立公司第二百三十八次董事会记录

民国三十六年十一月十九日(1947年11月19日)

民国三十六年十一月十九日,下午四时,在北平分公司。

出席者:孙锡三、包培之(锡三代)、朱继圣、金仲廉(潘禹言)、凌其峻

列席者:潘禹言

一、孙董事长主席。

二、朱总经理报告迩来天津各公司纷纷办理升值增资事宜,北洋纱厂特请上海正信会计师李文杰、实部登记机械工业技师严砺平来津,用重估值方式升值,如本公司亦取用此项方式,则房屋、机械设备按照三十五年年终市价升值十分之一,其总额比较原价减折旧,再加若干倍,可超出数倍以上,约计60亿元。外加现金增资部分,与其它公司之资本额不相上下(东亚毛呢厂将增资至150亿元)。十一月十四日曾请严工程师莅厂考察机器设备情形,为重估值之准备。惟兹事体大,应否召集股东临时会,将本公司资本额增至140亿元,即升值至74亿元,现金增资仍为66亿元,请公决案。经出席董监事详细商讨,议决升值增资至140亿元,并召集股东临时会,于十二月四日(星期四)下午四时,在北平分公司开会决定之。至于呈请经济部之一切手续,俟延工程师与登记建筑师估价后,仍由立信会计师办理之。

三、孙董事长称此次增资，职工方面发给奖金约30亿元。按照往例，倡办人与董监应决得6亿元，拟按15股分配，每股4000万元，除倡办人与董事长各得二股外，其它董事监察人各得一股。众赞成通过。

四、朱总经理称此次办理增资，原定至本月二十日截止大部分股东已来登记，惟尚有逾期未办竣者，似应继续办理。关于换领股据事，可通知各股东。俟另订时期，前来换领。众无异议，通过。

下午四时三刻散会。

(J144-1-24-42)

270.仁立实业股份有限公司生产会议录

民国三十六年十一月二十九日(1947年11月29日)

日期：三十六年十一月二十九日下午四时

地点：第二会客室

出席：朱总经理、陈经理、毛副理、刘副理、杨副理、潘襄理、苏襄理、冯襄理、苏襄理、顾主任、黄主任、周主任、俞主任、宋主任、匡主任

主席：朱总经理

记录：高学瀛

一、杨副理：洗染部分地势太小，拟计划将洗染扩充。

朱总经理：可先计划，俟明者办理。

二、毛副理：自十二月一日起，本厂已接用法商电力，嗣后当可无停电之虞。

三、杨副理：烤毛设备拟先简单设置，以资应用。

四、刘副理：最近营业情形尚属活跃，西安外客批购甚多，东北路亦渐通，我厂宜赶制春季货。

朱总经理：上海市场呢绒价格有变动时，可以电报通知，以期迅速。

毛副理：我厂次货可否由西安外客代销？

刘副理：此次西安外客购货系包用飞机二架，为购次货则不够运费，故一时仍不能推销。俟将来东北交通恢复，次货可以在东北销。

六时散会。

(J144-1-21-44)

271.仁立实业股份有限公司股东临时会纪录更正通知

民国三十六年十二月五日(1947年12月5日)

径启者：兹经本公司十二月四日临时股东会议决，对于十月二十六日临时股东会之增资案予以变更如左：

(一)原案本公司增资为80亿元。决议：变更为140亿元。

(二)原案重估固定资产价值，增值13亿9千2百万元。(即每股摊得174股)决议：变更为增值73亿9千2百万元。(即每股摊得924股)

(三)原案现金增资部分为66亿元。(即每股摊认825股)决议：仍照原案不变。

以上决议除纪录外特行函达；敬祈 查照。并希于二星期后凭贵股东已换取之临时收据，赶原办理

总公司或分公司处换领临时股款收据为荷。此请台鉴。

仁立实业股份有限公司董事会启

三十六年十二月五日

(J144-1-10-56)

272.仁立实业股份有限公司生产会议录

民国三十六年十二月十五日(1947年12月15日)

日期:三十六年十二月十五日下午四时半

地点:第二会客室

出席:朱总经理、陈经理、毛副理、刘副理、杨副理、苏襄理、冯襄理、顾主任、黄主任、周主任、俞主任、宋主任

主席:朱总经理

记录:毛副理

一、杨副理:现因纺线生产较重,织呢工人似觉不敷配合之用,而练习工中又无可升用,拟雇佣熟练织工四五名。又,若非因开除而离厂有欲返回者,是否可以采用?

朱总经理:此种技术工人既非临时性质,但又不能与老工人同等待遇,应仍按照例行试工办法起始,但可越级提升。

陈经理:此四五名工人以后提升时应在本会通过,以免别部工人援以为例,感觉困难。

二、刘副理:报告售卖呢绒零头经过。

三、杨副理:查呢绒常有染色擦落问题,此固由某种颜料特别不耐摩擦,但亦无颜料绝对不能擦落者,不过只有程度之分。即使英国货,如用布摩擦,亦不能免去磨落之弊。故本厂出品验收时为非异常容易脱落者,尽可照收。关于此项问题,曾与陈经理、刘副理讨论过,俾免验收时漫无标准,感觉困难。

朱总经理:为发现某种颜料容易擦落,应先由冯襄理使用各种方法探求适当此种颜料之合宜染法,设结果仍不圆满,应即直函出品厂家,请其解释,庶免此项颜料放弃不用诸多损失。

四、朱总经理:关于洗染方面,应注意监督,以免有油渍不净之弊。

冯襄理:对于油渍,特别注意有时油渍吸入内层,洗后已不易见,但一经烤干,又后浮出。遇此情形,虽尽力设法洗除,然有时亦难免留有痕迹。且各制造程序中均不无有油渍可能,故各部均须注意。

陈经理:各部均应注意油残,庶能收获完善之货品。

六时散会。

(J144-1-21-45)

273.工商辅导处调查表、机器设备统计表

民国三十六年(1947年)

工厂调查表(工商辅导处调查)

毛纺织业

省(市)_____县(市)_____(第一页共____页)　　　　调查者_____调查号码_____

审查者_____整理号码_____

民国三十六年10月29日 填写　　　　　　　　整理者_____归档号码_____

<table>
<tr><td rowspan="3">启则</td><td colspan="8">1.本表纯为调查全国生产能力及生产数量,俾供今后经济建设之参考,并无其它目的,亦不作其它用途</td></tr>
<tr><td colspan="8">2.调查者对于表内填写之事实,负滋守秘密之公务</td></tr>
<tr><td colspan="8">3.本表每工厂填一份,设工厂系据因一经营主体,在管理上独立单位者,表中填写数字,以关系本厂者为限,否则请注明</td></tr>
<tr><td>厂名</td><td colspan="2">仁立公司毛呢纺织厂</td><td>地址</td><td colspan="2">天津市第十区云南路22号</td><td>电话</td><td colspan="2">31517、30625、31968</td></tr>
<tr><td>企业性质</td><td colspan="5">国营、其它公营、民营、公私合营、外商经营、中外合营、(国防)</td><td>设立年月</td><td colspan="2">民国十一年</td></tr>
<tr><td colspan="2">工厂登记号数</td><td colspan="2">审字第159号</td><td colspan="2">公司登记号数</td><td colspan="3">经济部新字第1188号</td></tr>
<tr><td>厂基面积</td><td colspan="2">28.937亩,合5.1136公亩</td><td>厂房面积</td><td>151384方尺</td><td colspan="2">建筑形式</td><td colspan="2">洋灰铁筋及砖房</td></tr>
<tr><td>经理</td><td colspan="2">朱继圣</td><td>厂长</td><td></td><td colspan="2">工程师</td><td colspan="2">杨玉文</td></tr>
<tr><td>职员</td><td colspan="2">技术职员15人,普通职员67人</td><td>工人</td><td colspan="5">技术工人149人,普通人工222人</td></tr>
<tr><td>附记</td><td colspan="8"></td></tr>
</table>

动力设备

马达

名称	规格	座数	总能力(马力)	现在使用 座数	现在使用 总能力(马力)
电动机	½—1½马力	58架	51½马力	39	14
	2–4马力	14架	33.0马力	12	17
	5–10马力	26架	198½马力	26	158
	11–50马力	7架	147马力	7	147
	共计	105架	430马力	84	736马力

锅炉

名称	规格	座数	总蒸发量(公吨/小时)	现在使用 座数、总蒸发量(公吨/小时)	每月需用燃料 名称	单位	数量
锅炉	卧式	3座	15000磅	2座 约10000磅	烟煤	吨	200吨

发动机

名称	规格	座数	总能力(说明单位)	现在使用 座数	现在使用 总能力(说明单位)

注意:1、企业性质,如系国营请将其它各种字样涂去,以下类推

2、工厂、公司及商号等之登记号数,系据向经济部办理登记者而言,否则请不填或填(在申请中)

工厂调查表

毛纺织业　　调查者_____调查号码_____

第二页 共二页

	名称	规格	单位	单位内容(注明轻重多少数量等)	现在每月实际产量	每月最大产量
主要产品	花呢		公尺	1.1–1.6磅	约9000公尺	90000公尺
	女色呢					
	哔叽		公尺	0.7–1.2磅	8000公尺	20000公尺
	制服呢		公尺	1.3磅	1000公尺	3000公尺
	毛绒线					
	驼绒					
	毛毯		条	4.5磅	200条	1000条
主要原料	名称	规格	单位	单位内容(注明轻重多少数量等)	现在每月实际所需数量	最大生产时每月所需数量
	羊毛	40支至110支	斤		30000斤	80000斤
	颜料		磅		1200磅	3000斤
目前情形						
附记						

注意:1.机器设备主要产品及主要原料,请于各该名称栏内相信列出,其有未尽符合处,请即抹

去，并于各该名称设立空白后填出即可。

2.机器设备之每单位生产能力，其能者一列出瞩更佳，否则请就其主要者填列，再入不能，以工作中小时计时，亦可从其习惯，但请于附记栏内说明。

机器设备

名称	规格		数量	每单位生产能力(以工作十小时计)	现在使用数量
纺毛机	英式50"×60"Platt Bros出品	1931年购进	2	400磅	2
纺毛机	英式54"×60"Platt Bros出品	1935年购进	1	500磅	1
纺毛机	50"×60"美国Smith Furbus出品	1939年购进	1	300磅	
走锭机	336锭英国Asa Lees出品	1931年购进	3	400磅	3
走锭机	336锭英国Charles-Worth出品	1935年购进	1	400磅	1
走锭机	美式340锭美国Davis Furber出品	1939年购进	1	400磅	
缠条机	德式德国Hartmann出品	1936年购进	8	800磅	8
精纺机	德式400锭Hartmann出品	1936年购进	5	80磅	5
精梳机	德式Hartmann出品	1936年购进	1	200磅	1
并纱机	德式50锭Carl Camel出品	1936年购进	1	400磅	1
合股机	德式100锭Carl Camel出品	1936年购进	2	200磅	2
织呢机	英式90"-100"R.S.英国Hutohinson	1931年购进	20	15码	20
织呢机	德式90" Saohchische出品	1935年购进	6	20码	6
织呢机	英式90"日本Okuma出品	1936年购进	20	15码	20
织呢机	英式78"日本Okuma出品	1936年购进	32	15码	
洗呢机	英式James Bailey出品	1932年购进	2	500码	2
缩呢机	英式James Bailey出品	1932年购进	4	150码	4
烤呢机	英国Richard Firth出品	1932年购进	1	1,000码	1
剪机	德式62"宽德国Kettling Braun出品	1932年购进	3	300码	3
压呢机	英式62"宽英国Whiteley出品	1932年购进	1	1,000码	1
蒸光机	德式60码德国Kettling Braun出品	1936年购进	2	500码	2
起绒机	英式68"宽英国Tomlinson出品	1936年购进	3	300码	3
卷呢机	英国Richard Firth出品	1932年购进	1	2,200码	1
染呢机	本国鼎铭厂制	1933年购进	3	500码	3
染毛条机	八缸本国森泰厂制	1938年购进	1	300磅	1
合毛机	英国Platt Bros出品	1931年购进	1	5,000磅	1
去土机	英国Platt Bros出品	1931年购进	1	5,000磅	1
整经机	英国Cliffe及日本Okuma出品	1932、1936年购进	4	500磅	4
脱水机	48"英国Proodbonk出品	1932年购进	1	2,000磅	1
染线机	德式德国Braun出品	1939年购进	1	400磅	1
整幅洗呢机	64"宽德国Braun出品	1938年购进	1	400码	1
整幅脱水机	64"宽德国Braun出品	1938年购进	1	800码	1
梳毛机	德国Hartmann德国Braun出品	1940年购进	1	100磅	1
整毛条机	德国Hartmann德国Braun出品	1940年购进	1	500磅	1
烤毛条机	本国森泰厂制	1940年购进	1	500磅	1
切断机	日本制	1944年购进	1	500磅	
开线机	英式日本制	1944年购进	1	400磅	
撕呢机	英式日本制	1944年购进	1	200磅	

马力	□波	电压	电流	牌号	台数	总马力
½	50	多相380伏		西门子	1	0.5
¾	50	多相380伏		明电舍株式会社	32	24
1	50	多相380伏		明电舍株式会社	21	21
1½	50	多相380伏		英国通用	4	6
2	50	多相380伏		西门子	9	18
2½	50	多相380伏		西门子	2	5
3	50	多相380伏		英国通用	2	6
4	50	多相380伏		西门子	1	4
5	50	多相380伏		奇异公司	9	45
5½	50	多相380伏		卫司丁好司	1	5½
7½	50	多相380伏		卫司丁好司	4	30
9½	50	多相380伏		西门子	4	38
10	50	多相380伏		奇异 & 英国味克司	8	80
11	50	多相380伏		西门子	2	22
15	50	多相380伏		英国味克司	2	30
20	50	多相380伏		奇异	1	20
25	50	多相380伏		英国味克司	1	25
50	50	多相380伏		英国建筑公司	1	50
					105	430马力

1.机器全部概可使用,惟必需另件如钢丝布等,因国内无此项产品,必须购自外洋,现在非常困难。

2.羊毛、颜料为主要原料,羊毛配额太少,生产及受影响,颜料配额轮管会尚未核准,如此二项主要原料无问题时生产立可加多。

附表一(纺织规格)

名称	经纬	锭数	台数	锭长	锭距	制造或购进期	牌号	备注
走锭纺纱机	二用	336	3	28厘米	6¼厘米	1931	Asa Lees	
走锭纺纱机	二用	336	1	28厘米	6¼厘米	1925	Charles Worth	
走锭纺纱机	二用	340	1	25厘米	5.4厘米	1919	Davis Furber	
精纺机	二用	400	5	24厘米	7.5厘米	1936	Hartmann	

附表二(纺织规格)

名称	幅宽	台数	制造所	制造或购进期
织呢机	2.23公尺	18	Hutohinson	1931
织呢机	2.54公尺	2	Hutohinson	1931
织呢机	2.23公尺	6	Saohchische	1935
织呢机	2.23公尺	20	Okuma	1936
织呢机	1,98公尺	32	Okuma	1936

(J144-1-18-7)

274.仁立公司基本概况

民国三十六年(1947年)

天津总公司组织系统表

注:

统计(稽核统计处):成本、盈亏、生活、市情、杂项

原料(材料处):毛棉、毛线

物料(材料处):机器零件、杂项用品

整理部(工务处):补呢、整理、检查

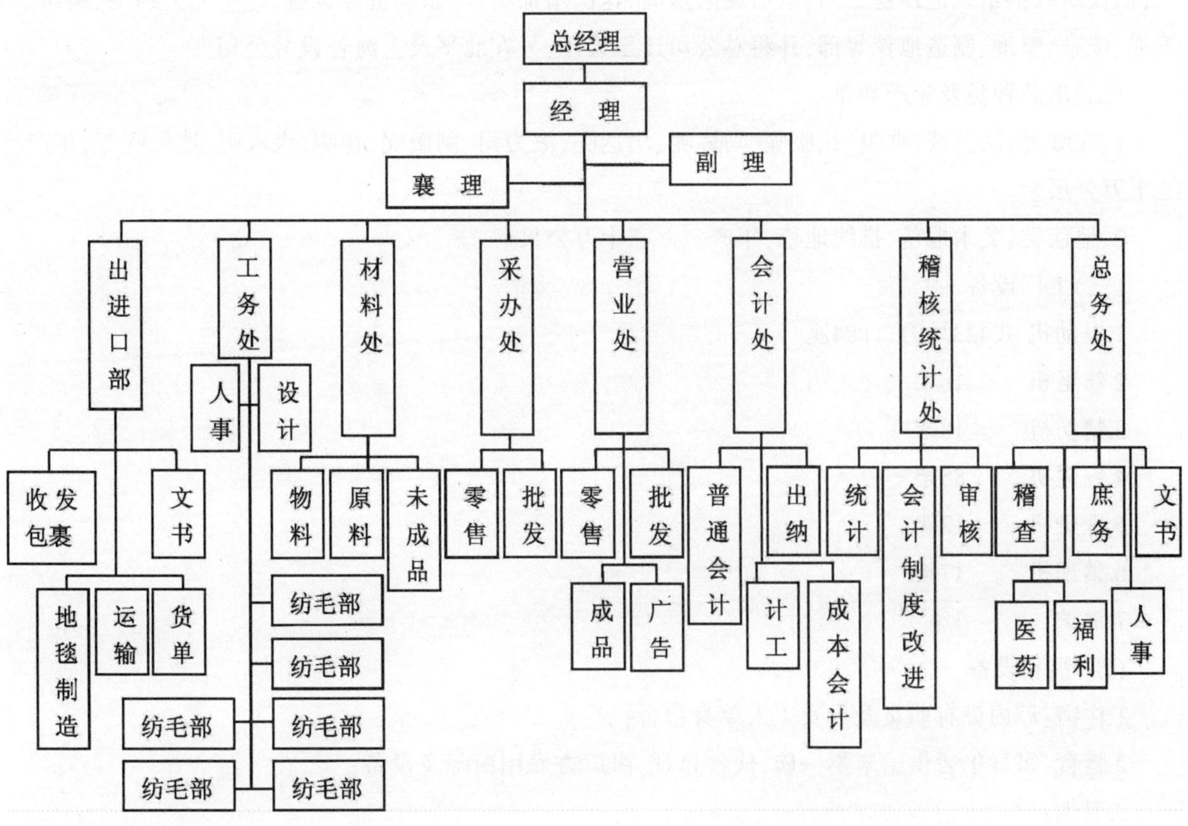

成本计算方法说明

一、先求每种出品每生产单位所需之原料价值。

二、再求每部分(纺毛或织呢)每月所需下列费用。

(1)工资及该部管理费用 …………

(2)机油及零件等费用 …………

(3)电费煤费 …………

(4)修理费用 …………

(5)杂项费用 …………

(6)各种折旧 …………

费用总数 …………

三、以一部生产数量除第二项费用总数得每生产单位之成本。

四、将第一项之原料价值加第三项之费用得盖生产单位之成本。

五、如某种出品须经过数个部分吧始得成品,则甲部分孩子成本即用以计算乙部分之原料价值,再加乙部分每生产单位之费用(算法照第二项)得该生产单位之成本,多则类推。

仁立公司毛呢纺织厂概况

民国三十六年三月十六日

(一)沿革

仁立公司最初于民国十一年在北平成立,经营地毯织造及出口事业,二十年在天津设立毛呢纺织厂,初仅纺线供给织造地毯之用,嗣后逐渐发展,迭次增加资本,添购机器设备,计扩充为纺毛、精纺、织呢、洗染、整理、制造地毯等部,并将总公司迁至天津,另在北平及上海各设分公司。

(二)出品种类及年产数量

1、呢绒类:法兰绒、哔叽、礼服呢、马裤呢、华达呢、派力司、制服呢、花呢、大衣呢、造纸呢等,年产三十万公尺。

2、地毯类:美术地毯、挑线地毯,年产一百三十万公尺。

(三)工厂设备

1.电动机 共423马力,计84座

2.纺毛机　　16架

3.精纺机　　18架

4.织呢机　　85架

5.洗染机　　12架

6.整理机　　17架

7.锅炉　　3座

(四)福利设备

1.住宿:厂内设有职员及男女工人单身宿舍;

2.膳食:每日午餐供给米粥一碗,伙食自理,由厂方雇用厨师及设备;

3.卫生:

A、每年检查肺痨病一次,患者由厂供给住院及一切疗养费用;

B、厂内设有厂医调剂室以备员工及家属患病治疗;

C、按时施行烈性传染病预防注射;

D、设浴室及理发室等以供沐浴;

4.教育:

A、书报室订购日报、杂志、通俗图书供业余阅读;

B、补习班分国文、算术、英文等班分别授课;

5.娱乐:立有国剧、话剧等团体,俾工人工余消遣;

6.体育:设有各种球类健身设备;

7.保险:工人每年由厂为之投保寿险,其保险额为每月工资津贴之十八倍(现时为最高额50万元),凡死亡者由本厂照付其保险金;

8.赡养金:按各工友全年工资、津贴、配给、工作赏金等所得总数之百分之五计算,作为工人赡养金,由工人自行成立保管委员会,依照公司赡养金章程于工友年老退休或病故时发给之。

职别 性别	职员	技工	普通工	共计
男	75人	175人	102人	352人
女	4人	59人	3人	66人
共计	79人	234人	105人	418人

仁立公司毛呢纺织厂之一瞥

(一)沿革:本公司于民国十一年在北平成立,当时主要业务是制造地毯向国外推销。后来因为国外竞争甚激烈,对于品质不能不求改革进步,遂于民国二十年在津建设纺毛厂,自纺毛线织制优良地毯。旋添购织呢机、整理机,织制呢绒逐渐扩充范围,以迄于今。

(二)资本及股东:国币800万元,股东均为热心建设工业知名人士。

(三)组织:总公司设于天津,北平、上海各设分公司。

(四)职工人数:职员男77人,女5人,共82人;工人男292人,女77人,共369人。

(五)工人待遇:技工七月份最高325万元,最低124万元,多数平均150万元(工人待遇是按照工人生活费指数及煤粮价格核算).

(六)福利:(详见附表)

(七)出品:1.呢绒:制服呢、大衣呢、驼呢、人字呢、女衣呢、花呢、海力司、法兰绒、礼服呢、华达呢、哔叽、西服呢、派力司、凡尔丁、舍味呢、床毯、车毯、工业用造纸呢、浆纱呢、印刷呢;

2.地毯类:美术毯、扎针毯、钩针毯。

(八)困难的问题:

1.原料价格昂,购进难;

2.工资大;

3.停电损失浩大;

4.煤炭随时在威胁中;

5.捐税繁重,摊派繁杂;

6.交通未复,呢绒销场狭隘,外汇管制地毯出口困难;

7.美货充斥走私,日货又来威胁;

8.政府对于北方工业待遇多为偏枯。

(九)劳资关系:大多数为多年工友,与公司有深切的历史关系和相互内心了解。公司对于工友也尽力谋求可以安定生活的待遇,所以过去虽然多少有过问题,但都是十分圆满地解决了。仁立的劳资双方关系常是被社会所称赞的。

(十)前途的瞻望:毛织品的长处超过丝、棉、麻的各种织品,差不多已经世界公认了。有人以为毛织品是奢侈品,那时就国内不能生产,完全购用外国进口货的情形而言。若国内能够生产,则毛织品的经济耐用保暖美观的各种优点,足可改正那种观念,所以无论为一般民用国防以及工业上的需要,我国的毛织事业前途是十分有望的。我们看得很清楚国人的需要日殷,但在这广阔无涯的市场还要加紧努力,以克服着许多苦难艰苦的途程。

关于地毯出口，战前在国外已奠定了良好的基础，每年可换回不少外汇来。但是国内生活程度日高，工资原料日涨，可是死定了外汇限制以致完全不能出口，地毯厂出口商都到了绝境。虽然上月改变外汇政策可以缓一口气，但是出进口不平衡，黑市不能根绝，不久还要陷于以前的覆辙。所以以后地毯出口的前途还要看政府能不能拿出真正的对外汇完善有效的办法来。

（十一）愿为社会服务：本公司以提倡工业，挽回利权，发扬国外贸易养成技术劳工，服务社会为目的。但是当兹国家经济动荡不定，成本计算无所准绳，难以逃出虚盈实亏的状态，经营日在艰窘之中，非事中人每不以了解，所以十分诚恳的希望各界格外爱护，随时扶助，使它健壮起来，好给社会多多服务。

一、中国地毯工业的起源

中国地毯织制工艺年代及其文化是一般的久远，它实从人类文化的发源地中亚细亚一带起源。在喜马拉耶山以西高地，有很多优良草地可供牧羊之用，因此波斯和土尔基思坦、高加索、印度一带游牧民族就有了天赋供给织制地毯的理想原料。此等民族织制地毯有了千百年的历史，以及东方地毯成为今日国际贸易的一种重要物品，诚属事非偶然。中国新疆西部和喀什葛尔、雅根德附近一带人民，他们织制地毯成为土著工业，或者与波斯并无异致。中国地毯上织有波斯纽结花样，并非确证其起源来自波斯，而在波斯地毯里有像龙鳞和云彩等类的中国花样盛行，也不能表示中国地毯还有更远的历史。但是，这些事实足以显示古代中亚细亚一带民族和势力怎样的互选融通互相影响，直至近代为止，中国很少都市因产地毯著名。我们试举一二例，宁夏、归绥二处都是从异域通到"中国"的骆驼大道两旁，这是很有趣的。地毯不但成了游牧民族和半游牧民族的产品，且主要的是供给已用，例如鞍布、椅垫、缸盖和炕毯等项，至于用作铺地是比较近代革新的。

一般人相信北京织制地毯是在十九世纪一个喇嘛僧开始的，他是精于织毯，在所驻锡的庙宇里办了一个学艺所，于是就产生了两派织毯工匠，俗称为东门、西门两派。还有第三派来自归绥，所用工具较为不同，此项不同派别虽年老，织毯工人尚能忆及，但现已完全消灭矣。

中国地毯因国内需用甚少，国外知者绝无仅有，所以织造多年泥守成法，并没什么进展，所以波斯毯和其它近东各地产品垄断欧美市场。世界大战发生，此项情势生了意外变化，英国占领美莎卜达米亚，把战争一直带到波斯的大门口，结果波斯毯出口在战争第一年内降低了百分之五十以上，第二年减至百分之二十五，第四年和最后一年减至百分之十三。战争结果后，第一年减至战前价值百分之九。

中国地毯业的觅取出口市场在大战期内受了最大冲动，内地运来地毯量日有增加，天津、济南、上海设立新厂，然而我们对于这点，自己切不可过于重视，盖因战争不过给予中国地毯一个良好机会。战争告终甫二年后，中国地毯的先进者——波斯毯，重复出现市场，假定中国地毯本身并无优点可取，它的地位当然不能维持，且也不能像过去的受人欢迎。

二、中国地毯的特征

若将中国地毯品质考察一下，则其所以受人欢迎之故，可以了然。

第一，中国产有可供制造地毯用的优良羊毛，中国羊毛又于正常时期内大量向欧美方面输出。对于地毯工业有同样重要地位的要算颜料，早年制成地毯，都用植物染料，但在过去十年内，一般应用耐久不退色的铬质染素。英、美、德三国颜料进口商对于推销颜料，竞争极为剧烈。地毯厂商有很多种颜料可供选择，他们就选购品质最高的几种，以供应用。

查中国地毯关于所配颜色的耐久性一点，显较波斯地毯为优，这点在东方地毯进口商买方面为一公开秘密，但在用户方面，则不甚明了，理由极为鲜明，因为这两类地毯均在市场出售，以前须经化学洗涤手续，中国地毯照例耐洗颜色不退，而波斯地毯经第一次洗涤后常显浸色或退色的缺点，必须重行润色，再将地毯洗涤一次，因此洗毯工人对于洗涤波斯地毯所索洗费常较洗涤中国地毯高出二三倍。

第二，中国人手艺精巧，在多种艺术及手工上皆已露其头角，而在地毯业上亦不乏其长处。精巧的中国制毯工人能打山那结和能打高楼结，且能编成很多花样，不论种类如何复杂，他们都能用简单的剪子剪裁成种种优美样式，在广告上有“Sculptured”“Levelled”和“Cameo”…etc之名称，又能作中国历代相传的古式花样，也能摹仿波斯、土耳其、奥巴生、萨汪拿利等各种花样。

第三，中国地毯不同其它东方地毯的死守成规，且花样繁多，颜色也种种不同，它们是按着房屋内部普通装饰而加配合的。有时它们四周有花边，中心有对称的花或徽章式的花样，有时用各种显明颜色配成直边的地毯流行市上。其后，又产生了一种用两三层深浅颜色锦色线作为花纹的地毯，嗣后再有了用本色凿成凹凸花样的地毯，受人欢迎。近代式样也曾风行一时，最近精美法国花样很受欢迎，它的种类不同，不但见于式样和颜色方面，亦且显于质地和波纹，中国制成钩针地毯和扎针地毯两种及其它爱好时样的设计家愿意铺地的任何毯子。

第四，中国地毯工业也按近代方法组织经营，波斯地毯是在千万村落内或游牧人民的帐幕内制出的，而中国地毯的制造地点则在城市内工厂中，大部在北京、天津二处，因为该二地建有近代机械设备的纺织厂，再加以有系统的计划，精细的分工和严密的监察，又在一个光线充足、通风良好的工厂里，它的所出地毯品质当然出色，中国地毯出品虽然仍在手工制造时期，然在有效力的管理下，还能大量出产。

(J144-1-12-7)

275.天津中孚银行为仁立实业股份有限公司储存现金证明书

民国三十七年一月三十一日(1948年1月31日)

证明书

兹证明仁立实业股份有限公司于三十六年十二月一日止，共存到国币66亿元作为增资之用，特此证明。

天津中孚银行

(J144-1-4-2)

276.仁立公司第二百三十九次董事会记录

民国三十七年二月三日(1948年2月3日)

民国三十七年二月三日，下午五时，在北平分公司。

出席者：孙锡三、包培之(锡三代)、朱继圣(凌代)、凌其峻、金仲廉(潘代)

列席者：潘禹言

孙董事长主席

一、主席称本公司增资案已业经经济部核准，亟应召集股东临时会完成增资手续，故定于二月四日在平召集之，请追认案。无异议通过。

二、股东临时会之议程，拟定如左：

甲　仁立实业公司股东临时会　三十七年二月四日

(一)主席宣告开会。

(二)报告增资核准经过。

(三)监察人报告。

(四)修改章程。

(五)改选董事。

(六)改选监察人。

(七)散会。

三、本公司章程应提出修正草案，如左：

仁立实业股份有限公司章程修正草案　三十七年二月四日

(一)第三条

原文"本公司设本店于天津，名曰总公司，设分店于上海、北京"。

修正文"本公司设总公司于天津，设分公司于北平及上海，并得视营业需要，依法在国内外设立分公司或办事处"。

(根据新公司法第六章第一节第127条第四项及第二章第十七条修正)

(二)第六条

原文"本公司股本总额定为国币800万元，分为8万股，每股100元，一次收足"。

修正文"本公司股本总额为国币140亿元，分为1亿4千万股，每股国币100元，一次收足"。

(三)第十条

原文"召集常会，应于一个月前通知之，召集临时会，应于会期十五日以前通知，或通知或公告之。前项通知或公告，应载明集会场所、日期时间、召集事由，及提议之事项"。

修正文"召集常会，应于一个月前通知之，召集临时会，应于会期十五日以前通知并公告之。前项通知及公告，应载明集会场所、日期、时间、召集事由及提议之事项"。

(四)第十条

原文"本公司于通知或公告召集股东会以后……下略"。

修正文"本公司于通知并公告召集股东会以后……下略"。

(五)第二十二条

原文"本公司设总经理一人，由董事长遴选，提请董事会议决任用之。总经理受董事会之监督，指挥综揽本公司及所属工场暨营业所一切之业务，并监督指挥本公司及其它职员"。

修正文"本公司设总经理一人、副总经理一人，二人均由董事长遴选，提请董事会议决任用之。总经理受董事会之监督，指挥处理本公司及所属工场暨分公司办事处一切业务，并监督指挥本公司其它职员。副总经理辅佐总经理处上列一切事务"。

(根据新公司发第六章第六节第222条修正)

(六)增添条文

第二十九条　本章程于民国　年　月　日订立，三十七年二月四日修正。

四、本会董监车马费由一月起月返董事长200万元，常务董事150万元，其它董事监察人各100万元。每三个月调整一次。前任顾问张友焜君一次致送国币1000万元。

下午六时半散会。

（J144-1-24-43）

277.仁立实业股份有限公司股东临时会决议录

民国三十七年二月四日（1948年2月4日）

中华民国三十七年二月四日下午二点半钟，仁立实业股份有限公司在北平王府井大街九十七号北平分公司三楼开股东临时会。到会股东计529户，代表108,289,705股（权），超过法定人数股份总数三分之二。

董事长孙锡三主席，职员沈讷斋纪录。

一、宣读三十六年十月二十六日股东临时会纪录。无异议通过。

二、董事长报告本公司增资为140亿元，于一月十四日呈奉经济部批准。固定资产增额73亿9千2百万元，业已全书转作资本，按股比例分配与各股东，应收现金新股国币66亿元亦已由旧股东比例分认缴足。应请监察人调查出具报告书。

三、监察人顾忠弼等依照公司法第二五五条规定，提出调查报告书。

四、董事长提议修正章程宣读草案。

经众逐条讨论修正通过。

五、改选董事九人、监察人三人。公推费起鹤、陈谦受二君为检票员。收票选举结果如下：

当选董事九人：

孙锡三　得票105,108,445权

凌其峻　得票103,008,945权

费起鹤　得票98,548,695权

何　廉　得票96,015,945权

周华康　得票94,699,695权

朱继圣　得票94,137,200权

潘禹言　得票92,633,495权

孙啸南　得票92,609,195权

袁涤庵　得票70,583,845权

当选监察人三人：

顾忠弼　得票95,783,650权

金仲廉　得票92,199,100权

包培之　得票92,167,600权

下午五点半钟散会。

主席：孙锡三

纪录员：沈讷斋

仁立公司三十七年二月四日临时股东会重行选任董事、监察人名单

仁立公司三十七年二月四日临时股东会重行选任董事、监察人名单				
姓名	当选职别	当选权数	持有股数	住址
孙锡三	董事	105,108,445权	3,251,500股	北平东城演乐胡同四八号
凌其峻	董事	103,008,945权	957,500股	北平朝阳门大街烧酒胡同四九号
费起鹤	董事	98,548,695权	675,500股	北平东城总布胡同一号
何廉(即何淬廉)	董事	96,015,945权	378,000股	上海余庆路一八四号
周华康	董事	94,699,695权	553,000股	北平西城中央医院转
朱继圣	董事	94,137,200权	1,551,000股	天津第十区成都道一一二号
潘禹言	董事	92,633,495权	491,525股	北平西斜街六二号
孙啸南	董事	92,609,195权	510,000股	天津第十区常德道三四号
袁涤庵	董事	70,583,845权	1,176,250股	北平西四丰盛胡同二号
顾忠弼	监察人	95,783,650权	175,000股	北平内务部街二七号
金仲廉	监察人	92,199,100权	7000,000股	北平东城遂安伯胡同三〇号
包培之	监察人	92,167,600权	252,500股	天津第十区汉口路永德里二号

(J144-1-10-57)

278.仁立实业股份有限公司临时股东会重行选任董事监察人名单

民国三十七年二月四日(1948年2月4日)

姓名	当选职别	当选权数(权)	持有股数(股)	住址
孙锡三	董事	105108445	3251500	北平东城演乐胡同48号
凌其峻	同上	103008945	957500	北平朝阳门大街烧酒胡同49号
费起鹤	同上	98548695	675500	北平东城总布胡同1号
何廉(即何淬廉)	同上	96015945	378000	上海余庆路184号
周华康	同上	94699695	553000	北平西城中央医院转
朱继圣	同上	94137200	1551000	天津第十区成都道112号
潘禹言	同上	92633495	491525	北平西斜街62号
孙啸南	同上	92609195	510000	天津第十区常德道34号
袁涤庵	同上	70583845	1176250	北平西四丰盛胡同2号
顾忠弼	监察人	95783650	175000	北平内务部街27号
金仲廉	同上	92199100	700000	北平东城遂安伯胡同30号
包培之	同上	92167600	252500	天津第十区汉口道永德里2号

(J144-1-4-2)

279.仁立实业股份有限公司章程修正草案

民国三十七年二月四日(1948年2月4日)

一、第三条

原文:“本公司设本店于天津,名曰总公司,设分店于上海、北京。”

修正文“本公司设总公司于天津,设分公司于北平及上海,并得视营业需要,依法在国内外各地,设立分公司或办事处,”(根据新公司法第六章第一节第一二七第四项及第二章第十七条修正)

二、第六条

原文:“本公司股本总额定为国币800万元,分为8万股,每股100元,一次收足。”

修正文:“本公司股本总额定为国币140亿元,分为1.4亿股,每股国币100元,一次收足。”

三、第九条

原文:“本公司股东会,分为常会及临时会二种。常会于每年举行一次……下略。”

修正文:“本公司股东会,分为常会及临时会二种。常会于每年三月举行一次……下略。”

四、第十条

原文:“召集常会,应于一个月前通知之。召集临时会,应于会期十五日以前通知或公告之。前项通知或公告,应载明集会场所、日期、时间、召集事由及提议之事项。”

修正文:“召集常会,应于一个月前通知之。召集临时会,应于会期十五日以前通知并公告之。前项通知及公告,应载明集会场所、日期、时间、召集事由及提议之事项。”

五、第十一条

原文:“本公司于通知或公告召集股东会以后……下略。”

修正文:“本公司于通知并公告召集股东会以后……下略。”

六、第二十二条

原文“本公司设总经理1人,由董事长遴选提请董事会议决任用之。总经理受董事会之监督指挥,综揽本公司及所属工场暨营业所一切之业务,并监督指挥本公司及其他职员。”

修正文:“本公司设总经理1人,副总经理1人至2人,均由董事长遴选提请董事会议决任用之。总经理受董事会之监督指挥,处理本公司及所属工场暨分公司、办事处一切业务,并监督指挥本公司其他职员。副总经理辅佐总经理处理上例一切事务。”(根据新公司法第六章第六节第二二二条修正)

七、增添条文

第二十九条　本章程于民国十一年十月十一日订立,三十七年二月四日修正。

(J144–1–4–2)

280.仁立实业股份有限公司监察人调查报告书

民国三十七年二月四日(1948年2月4日)

兹遵照公司法及工矿运输事业重估固定资产价值,调整资本办法之规定,根据股东会议决之方案及账册凭证详细调查。其结果如下:

一、固定资产估价增值共7392万股,计国币73.92亿元,业已如数转作资本。按照比例分配与各股东转入资本账。

二、各股东应缴之现金新股,每股100元,计国币66亿元,均已按股缴足。

三、各股东应缴之现金款,并无以现金以外之财产抵充者。

以上各项查核均属确实,并无冒滥,特具此报告如上。此致股东会。

监察人　顾忠搿　潘禹言　夏廷献

(J144–1–4–2)

281.仁立公司第二百四十次董事会记录

民国三十七年二月五日(1948年2月5日)

民国三十七年二月五日,上午九时一刻,在北平分公司。

出席者:孙锡三、朱继圣(凌代)、凌其峻、潘禹言、费起鹤、孙啸南、袁涤庵(孙啸南代)

一、孙董事长主席致辞欢迎费起鹤、孙啸南、潘禹言三位新人董事。

二、公推孙锡三君连任董事长,朱继圣、费起鹤二君为常务董事。

三、委任凌其峻为副总经理兼北平分公司经理。

四、聘任夏廷献君为董事会书记,照董事待遇,张道宏君为董事会顾问,月送夫马费400万元。

五、目前情形特殊,本公司所产成品应酌量运沪推销,平津所有房地产已经地政局登记者,应将所有权状摄影与抄本一并寄沪妥存。

六、三十六年底股息一俟银根松动,定期分发职工花红,则应于旧历年底提前发给。

七、上午十时半散会。

(J144-1-24-44)

282.仁立实业股份有限公司委托代理人会计师杨曾询呈请天津市政府社会局经济部书

民国三十七年二月(1948年2月)

委托代理人呈请书

兹委托杨曾询会计师为代理人办理公司呈请变更登记事宜。

请呈

天津市政府社会局经济部

呈请人:仁立实业股份有限公司谨呈

董　事:孙锡三、凌其峻、费起鹤、何廉、周华康、朱继圣、潘禹言、孙啸南、袁涤庵

监察人:顾忠弼、包培之、金仲廉

(J144-1-10-59)

283.仁立实业股份有限公司呈请天津市政府社会局经济部变更登记、换发执照书

民国三十七年二月(1948年2月)

呈为增加资本依法备具应报各项文件。呈请鉴核转呈准予变更登记、换发新照事。窃商公司于上年十月经股东会议决遵照工矿运输事业重估固定资产价值调整资本办法,拟改资本总额为国币140亿元。呈请经济部核准备案。奉京商37字第590号批开改公司,所请重估固定资产价值调整资本,应予照准。惟该公司一俟增资手续完竣后,应依法声请变更登记,仰即遵照等。因奉此遵所将增加之现金、新股6600万,计国币66亿元由旧股东比例分认,一次缴足。于本年二月四日召开股东会报告核准增资及新股收足经过情形,由监察人出具调查报告书、修正章程及改选董事监察人。增资手续业经完竣,除议决增资至股东会决议录业经呈报外,理合具文,检同修正章程、股东会决议录、监察人调查报告书、中

孚银行代收增资股款之证明书、股东名簿、董事监察人名单、登记事项表、委托代理人呈请书、各二份，呈请书一份，原登记执照一纸，随缴登记费699万6千元、执照费500元、印花税费2000元。呈请核鉴转呈经济部准予变更登记、换发执照，实为公便，谨呈天津市政府社会局。

具呈人　仁立实业股份有限公司

董事、监察人　全体

代理人、会计师　杨曾询(住第十区上海道慧丰里三号)

(J144-1-10-61)

284.登记事项表

民国三十七年二月(1948年2月)

一、公司名称:仁立实业股份有限公司

二、所营事业:毛呢放置、地毯制造兼办进出口

三、资本总额及股份总额

资本总额:国币140亿元

股份总额:1亿4千万股

四、每股金额:国币100元

五、每股已缴金额:国币100元

六、本、支店所在地

总公司:天津第十区云南路二十二号

分公司:北平王府井大街九十七号、上海南京西路四七五号

七、公告方法:本公司公告方法由公司所在地通行之报纸及挂号信公告之。

董事九人:

孙锡三　北平东城演乐胡同四十八号

凌其峻　北平朝阳门大街烧酒胡同四十九号

费起鹤　北平东城总布胡同一号

何　廉　上海余庆路一八四号

周华康　北平中央医院转

朱继圣　天津第十区成都道一一二号

潘禹言　北平西斜街六十二号

孙啸南　天津第十区常德道三四号

袁涤庵　北平西四丰盛胡同二号

监察人三人:

顾忠弼　北平内务部街二十七号

金仲廉　北平东城遂安伯胡同三十号

包培之　天津第十区汉口道永德里二号

(J144-1-10-60)

285.仁立实业股份有限公司生产会议录

民国三十七年三月二日(1948年3月2日)

日期:三十七年三月二日(星期二)下午四时半

地点:第二会客室

出席:朱总经理、陈经理、毛副理、刘副理、杨副理、冯襄理、顾主任、黄主任、周主任、俞主任、宋主任、匡主任

主席:朱总经理

记录:毛副理

一、杨副理报告上年十一月至本年一月份之生产数量,并报告派力司已较去年提早出货,以后生产可逐渐配合销售季节,不致再有出货过迟之弊。

刘副理报告销售数量,并报告照现时情况,生产尚不敷销售。

朱总经理:当令货或将当令货,宜赶做,最好不要积压。

决议:现存有花哔叽未成品约6000公尺,应在不妨碍当令货生产之条件下,设法尽量赶出,以免积压。

二、毛副理:我厂出货种类过繁,不但影响生产销售,而且增加成本。若能使生产标准化,则产销的配合想更较有利。

刘副理:此项意见在目前销货上恐尚有困难。

杨副理:我厂哔叽制品随时试验中、改进中,一时恐尚难办到标准化之目的。

朱总经理:毛副理所提之目的乃值得注意之问题,应予随时考虑研究。

三、杨副理:关于销售准许买方到仓库看货一事,对于我方恐有不利之处。

刘副理:因现时出货少,若不公开易受人指摘,于公司营业间接影响不小。且现时营业方针对津、平、沪本、分公司等销售机构并行推进,即使货物稍多,亦有调剂方法,不致受制于人,令损公司利益也。

六时半散会。

(J144-1-21-46)

286.仁立实业股份有限公司生产会议录

民国三十七年三月二十六日(1948年3月26日)

日期:三十七年三月二十六日下午四时半

地点:第二会客室

出席:朱总经理、陈经理、毛副理、刘副理、杨副理、潘襄理、苏襄理、冯襄理、顾主任、黄主任、周主任、俞主任、宋主任、匡主任

主席:朱总经理

记录:毛副理

一、杨副理:报告生产状况及制造统计表。

二、刘副理:报告业务状况及销货统计表。

三、朱总经理:指示职员薪金调整办法。

四、朱总经理称，本人因代表华北扶轮社赴加拿大出席，藉机考察国外商工业状况，大约五月底即可返津。公司各事希望大家格外努力云云。

至六时半散会。

(J144-1-21-47)

287.仁立实业股份有限公司生产会议录

民国三十七年五月八日(1948年5月8日)

日期：三十七年五月八日下午四时半

地点：第二会客室

出席：凌副总经理、陈经理、毛副理、刘副理、杨副理、苏襄理、冯襄理、顾主任、黄主任、周主任、俞主任、宋主任、匡主任

主席：凌副总经理

记录：毛副理

一、凌副总经理：上年朱总经理因事物过繁，向董事会邀请本人担任副总经理，以资协助。本人以责无旁贷，遂即应允，但未审如何去作。盖当兹工商业困难重重，公司内外事务纷繁之际，如何协助总经理，实属问题。本人以为必先充分明了各部工作，方谈得到协助二字。惟以北平尚有事物，又时须去申，事实上不能长期留津，因此先拟定每周分配二三天在各生产部门内研习，以作将来贡献的准备。本人夙以不铺张、重实际为作事原则，此后当仍本此旨在通盘筹划大处着眼之方法下，协助朱总经理。又，朱总经理出国时，本人亦因业务关系去港，上月方归。朱总经理约于本月二十一日左右返沪转港，本人又须前往，留津时间若此之促，将如何支配自己之研习时间实属困难。上周陈经理赴平谈及津公司情形，除筹措流动资金稍感困难外，一切事物均进行畅利，此皆诸位同仁共同努力之所至，实所欣慰。此外，关于本公司在港设厂事，起因为出口限制过苛，在国内无法发展，不得以在港筹设地毯厂及与人合资经营一木器厂。地毯厂尚属实验性质，木器厂则因就近取材便利，如将来国内原料供给无缺，外汇不再受剥削时，当仍返国内发展，请诸位遇有同仁不甚明了者，便中可以予以解释为要。

二、杨副理：报告上月生产状况及统计表。

刘副理：报告营业及销货统计表。

三、凌副总经理：上月整理部整理之货品是否有旧货赶出？

杨副理：现时应销货难供不应求，但因制造分配关系，仍不得不夹有非当令货在内，故亦有救存未成品赶为成品在内。

陈经理：现时应尽量赶做绿、灰派力司择点工作，可加点。

凌副总经理：预计何时可将当令货赶完，着手制造下季货？

杨副理：织机上当令货已无多，现时已准备下季货矣。

四、凌副总经理：在港、沪所见毛毯颜色均甚漂亮，本厂毛毯情形如何？

刘副理：北方毛毯销路不若南方，而且用毛太多，制售不大经济，已多时未织毛毯矣。

五、陈经理：最近全体检查肺病，计有职工二人、工人三人须住院疗养，照章职员在疗养期间仍旧支薪，自付医药费可不成问题。至于工人则停止工资，由公司代付全部医药费，因之工人家属生活难免发生问题，虽能借款，但数目有限，遣送医院疗养未免困难。

杨副理：工人是否限定必须住院？

凌副总经理：为避免传染及公共卫生，公司应照大夫指示办理。

苏襄理：报告工人疗养肺病时可借款数目，依现时算法得至多200余美元。

毛副理：是否可略与放宽借款数额，酌加半倍左右如何？

决议：斟酌情形予以增加。

六、苏襄理：现有工人蒙砚田患高血压症，不宜继续作工，病假期中无工资，因久病，予以解雇，照章亦不解，予以恤金，但伊生活十分为难。又有一听差，亦系久病，但照章则给工资。似此情形，处理颇感不易。

毛副理：前为此人曾设法以另外一种名义连同工人捐助，集有2000美元付给。蒙砚田拟予以解雇，但伊又顾及保险费而不愿领取此项救济。

凌副总经理：本公司人事管理章程尚付阙如，实应早有规定。为处理此事，一方照章办理解雇一方，可由本公司福利金项下酌发救济金一笔付与之。

毛副理：建议此数宜酌照保险金之半数付与之，庶可顾全该工人生前生活之改善，而使之安心调养。

决议：按此原则，由福利组酌办，但此系特殊一例，并非变更章程。

至六时半散会。

(J144-1-21-48)

288.仁立公司第二百四十一次董事会记录

民国三十七年五月十一日(1948年5月11日)

民国三十七年五月十一日，下午四时，在北平分公司。

出席者：孙锡三、费起鹤、潘禹言、朱继圣(凌其峻代)、凌其峻、孙啸南(孙锡三代)

列席者：金仲廉、顾佑忱

一、孙董事长主席。

二、凌经理报告自朱总经理出国后曾在津考察业务情形，困难殊多。盖汇率冻结，出口停顿，而地毯定货不宜中断，在此物价猛涨之际，需款浩繁，如何筹措颇费脑筋。

三、孙董事长报告在香港接洽事项，略谓在朱总经理离沪前商定原则，地毯业务由本公司独资经营。木器工厂由仁立、中孚与港商利丰合资港币100万元，设立海丰有限公司，经营港方之企业。前定资本40万元，现感不敷应用，决议增至港币100万元。

又报告与凌经理在九龙工业地区物色基地经过。

四、孙董事长称三十六年度股息红利已自月初起分发，惟该年度盈余为10,935,517,415.59元，应如何分配，请公决案。潘董事提出盈余分配案，费常务董事附议通过，如左：

三十六年度盈余分配案

三十六年营业纯益为国币10,953,517,415.59元，并入历年滚存国币4571317.08元，共计国币10,968,088,732.67元。照章经三十七年五月十一日董事会议决分配如下：

公积金	1,095,351,741.56
所得税	1,597,022,839.29
股息红利二十五分	3,500,000,000.00

职工花红 2,368,301,400.00

公益金 1,500,000,000.00

董监酬劳 525,000,000.00

盈余滚存 372,412,751.81

共计国币 10,968,088,732.67

五、孙董事长称本公司职员底薪已经调整，惟总经理与经理之月薪应由本会厘定，提议自本年一月份起，修定于后：

朱总经理 底薪1200元

凌副总经理 底薪1100元

陈经理 底薪1000元

董监车马费原定每季调整一次，提议由四月份起加倍分送。

上列议案经众讨论，一致通过。

六、凌董事称值此通货继续膨胀之际，本公司之房屋、机器、货物以及外运之货物，无法充分保险。兹提出原则所有总分公司一切资产总额自行分保半数，其保险费按币率拨付，除作正常开支外，该项保费应独立会计投资运用，作为基金，以资保障。众赞成通过。

七、五时四十分散会。

(J144-1-24-45)

289.仁立实业股份有限公司生产会议录

民国三十七年五月二十日(1948年5月20日)

日期：三十七年五月二十日下午四时半

地点：第二会客室

出席：凌副总经理、陈经理、毛副理、刘副理、杨副理、潘襄理、苏襄理、冯襄理、顾主任、黄主任、周主任、俞主任、宋主任、匡主任

主席：凌副总经理

记录：毛副理

一、苏襄理：报告疗养肺病工友借款数额，故定为照原办法加百分之五十。又，职工四位拟定下星期一赴平香山疗养院疗养。

二、刘副理：报告近一星期市场状况，略谓银根抽紧情形稍缓，交易尚微，津、沪货价以法兰绒相差较多，故津方暂停放货，酌予运申，以免吃亏。又，本年绿派力司不如灰色活动。

三、杨副理：报告生产状况，略谓各部工作于前数月相仿佛。整理部尚待加强，预计一月后可将派力司整理完毕，二月后可将旧存货做齐，剩线已开始利用。又，现存澳洲羊毛以黄色带草棍者较多，白毛较少。照现时生产情形，约尚敷四十天之用。发购救济总署羊毛稍长，利用较难。秋季海力司之羊毛希望早到。

陈经理：所订羊毛约五六月间可运出，或可赶得及。又，前计划做司保太克司之毛线，可赶做。

凌副总经理：缺少之羊毛似可设法早日补充之。

四、凌副总经理：上星期二董事会开会决议数案，其中有关三项略述为下：

1.上年公司结账之按改，以后应即按月制出试算表，以资核阅。

2.董事会对于职工福利事项非常重视，决定于上年盈余项下提拨职工公益金一笔，约十余亿元，分消极、积极两项工作。利用此款，消极方面为肺病疗养等，积极方面仍具有建设性者，应即由有关部门计划筹备此款，并拟剧作实物，以保原来价值，而谋职工福利。

3.自本年一月起，本公司货物投保水火险以外保及自保各半为原则，自保所提出之保险金设法运用，以避免货币贬值之损失。俟此项准备金积有相当数目，酌予减少自保，增加自保成数。至于不动产保险额，应酌照上次增资时新估价数额保险。

以上各项由各主管部门分别遵照执行。

五、刘副理：报告万里轮触礁沉没，受损货物已向保险公司交涉。大约不久即可有解决之希望。

六时十分散会。

（J144-1-21-49）

290.仁立实业股份有限公司生产会议录

民国三十七年六月二十六日（1948年6月26日）

日期：三十七年六月二十六日下午五时

地点：第二会客室

出席：朱总经理、凌副总经理、陈经理、毛副理、刘副理、杨副理、苏襄理、冯襄理、顾主任、黄主任、周主任、俞主任、宋主任、匡主任

主席：朱总经理

记录：毛副理

一、工防处、管业处分别列表报告上月份呢绒产销数量。

杨副理：本年派力司大部整理完毕，礼服呢已补完，一俟染色即可销售。

周主任：现余存哔叽货一百余匹，陆续可以补出。又，择点工作大部完毕，已将临时女工分为三组，轮换工作。

朱总经理：现时补呢工作除生产者逐日能补完外，是否尚能赶补旧存货？

杨副理：以后多织厚哔叽，生产较慢，当可逐加赶补旧货。

朱总经理：毛纱中发生小点应追查，系何号毛条、何家来货，以作他日订货参考。

陈经理：此系新昌货，粗纱较少，细纱较多。

朱总经理：花色条哔叽设计有时费力，未见得好。又，颜色总以普通正常者为妥当。条哔叽中之棉线为上海货，不佳，可设法自外国购买，以免征疵，影响销售。又，各生产部尤其精纺部之机器另[零]件，应随时注意添配，以免误用。

俞主任：本部应备零件已向陈经理报告。

二、苏襄理：去北平香山疗养肺病之职工死人已有职员二人自动返津，此工人并已自动告退。至于职员二人目无病床，尚在家中休息。此外在香山之工人已与北平红十字会医院约定，俟有病床时，尽先迁入。

朱总经理：曾经疗养就痊后，如不知自己养摄以致再犯者，公司可不再负疗养之责。

凌副总经理：职员请假章程前曾谈过，应即拟出，以便管理，尤应注意执行方法，以切实际。

毛副理：现已搜集数大公司、工厂之章程作为参考，草案不久即可拟出。

三、朱总经理：本人出国二月余，因责任所在，尤以当兹国内各项波动甚巨之时期，不时挂念。返厂后见一切如常，殊堪欣慰。关于本厂在香港拟筹设木器厂、地毯厂事，起因为国内时局不宁，外汇管制出口无法经营，不得不有此打算。但迭经凌副总经理及本人实地考察，恐为香港种种条件均不合宜。又，政府对外汇已略有改进，故原意已行作罢。现拟在上海试办地毯厂，亦不过作为他日发展之基础而已。

六时四十分散会。

(J144-1-21-50)

291.仁立公司第二百四十二次董事会记录

民国三十七年七月十七日(1948年7月17日)

民国三十七年七月十七日，下午四时，在北平分公司。

出席者：孙锡三、费起鹤、袁涤庵、孙啸南、潘禹言、周华康、凌其峻、朱继圣

列席者：金仲廉、顾佑忱

一、孙董事长主席。

二、朱总经理报告四月间出席扶轮社之国际议事会，赴加拿大，途径美国调查中国地毯售销情形。在旧金山逗留较久，藉与D.E. & E.WALTER & Co. 详细商讨推销方法。返国时，在香港与孙董事长、凌副总经理晤面并与WALTER & Co. 进口部经理甘君就地视察，均以香港气候潮湿，地价与工资奇昂，适于此时政府外汇政策又有转变，故主张原有在港设立木器厂之计划，审慎从事，暂不进行。

目前外汇结证贴水可以随时调整，地毯出口较为便利。最近在中国银行结汇之出口行中，本公司列第二、三位，云为扩充制造起见，殊有在沪设厂之必要。

呢绒之制造成本随各项物价递增，在此人民购买力薄弱之际，销路不畅，所需原料因本公司地毯出口时可以收回外汇之四五成，订购羊毛、颜料、化学品，尚不感缺乏。惟限于天津进口，如时局严重，不无危险。孙董事长补充上述在沪设厂计划，称中孚银行在上海徐家汇有空地二十亩有余，可划出一部分备本公司租地造屋织制地毯之用，余地备将来合资设立木器厂。经众议决通过原则，授权总经理积极筹备进行。

三、孙董事长称三十六年度盈余分配按已于五月十一日董事会通过，惟经杨会计师审核账目后，损益计算书略有修改云。朱总经理补充说明杨会计师指出账目内各项折旧，可按原值计算增至30亿左右，如是结算，盈余7,225,472,964.89元。遂修正三十六年度盈余分配案，如左：

三十六年度盈余分配案

三十六年营业纯益为国币7,225,472,964.69元，并入历年滚存国币4,571,317.08元，共计国币7,230,044,281.77元。照章经三十七年五月十一日董事会议决分配如左：

公积金	722,547,296.47元
所得税	1,156,075,674.24元
股息红利	3,500,000,000.00元
职工花红	1,000,000,000.00元

公益金　　550,000,000.00元
董监酬劳　　300,000,000.00元
盈余滚存　　1,421,311.06元
共计国币　　7,230,044,281.77元

上列分配案通过，提出股东会所有已付职工花红、公益金及董监酬劳之溢额可作本年开支。

四、董事会应向股东会提出营业报告，略有修改后，通过，如左：

仁立实业股份有限公司第二十七届股东常会董事会报告书

（一）查上年（三十六年）本公司业务，因时局不靖，生活高涨，外汇管制之影响，生产及销售均受限制，未得正常发展。但本公司当必随时努力，务于艰苦环境中博求进取，以期勿负诸位股东之重托，而逐渐达成业务发扬之目的。

（二）上年营业状况：呢绒地毯之生产，虽较前略有进步，但因原料困难，工资高昂，捐税繁重，开支浩大等关系，成本过高，销售所获利润，至为微薄。尤以地毯一项，成本递增，而外汇官价呆滞不灵，对于出口剥削至巨，实为本公司所最感痛苦者。结至年终，略获盈余，有赖于旧存原料之成本较低者仍非渺也。兹附上三十六年份资产负债表、损益计算书。敬祈。

鉴核。

（三）本公司对于毛呢厂工人福利事项，逐步加强，尤以工资等按月调整，以是一年来工人生活，堪称安定。此后当必本已往精神，力之所及，随时为至谋求福利，俾保持协调，共同进步。

（四）本公司增资为140亿元，业在经济部登记完毕，并已领得新字第3446号执照。

合行提出报告。

以上各项，略述本公司业务梗概，敬祈。

公鉴。

仁立实业股份有限公司董事会

民国三十七年七月十八日

五、孙董事长称本公司上半年营业稍有盈余，如俟年终分配。在此通货膨胀之时，股东将蒙损失。

提议由八月二日起，垫发股息红利每股100元，共计140亿元。再提140亿元，垫发职工花红、公益金、董监酬劳（包括创办人酬劳），照前比例分配。议决通过。

孙啸南董事报告东亚企业公司最近又有对各股东配售毛线办法，本公司似可采用类似办法，以答股东之期望，经众讨论，因本公司之出品种类较多，配售技术方面尚须研究，决于下届董事会由总经理提供具体办法。

六、议决七月份起董监夫马费参照上季加倍支付。

七、下午六时一刻散会。

（J144–1–24–46）

292.仁立实业股份有限公司第二十七届股东常会董事会报告书

民国三十七年七月十八日（1948年7月18日）

一、查上年（三十六年）本公司业务，因国内战乱弥漫，通货膨胀，外汇管制之影响，生产及销售均受限制，未得正常发展。但本公司当必随时努力，务于艰苦环境中搏求进取，以期勿负诸位股东之重

托,而逐渐达成业务发扬之目的。

二、上年营业状况:呢绒地毯之生产虽较前略有进步,但因原料困难,工资高昂,捐税繁重,开支浩大等关系,成本过高,销售所获利润,至为微薄。尤以地毯一项,成本剧增,而外汇官价呆滞不灵,对于出口剥削至巨,实为本公司所最感痛苦者。结至年终,略获盈余,有赖于旧存原料之成本较低者非渺也。兹附上三十六年份资产负债表、损益计算书,敬祈鉴核。

三、本公司对于毛呢厂工人福利事项,逐步加强,尤以工资等按月调整,以是一年来工人生活,堪称安定。此后当必本以往精神,力之所及,随时为谋求福利,俾保持协调,共图进步。

四、本公司增资为140亿元,业在经济部登记完毕,并已领得新字第3446号执照。合行提出报告。

以上各项,略述本公司上年业务梗概,敬祈公鉴。

仁立实业股份有限公司董事会

(J144-1-10-32)

仁立实业股份有限公司第二十七届股东会结算报告

民国三十六年十二月三十一日(1947年12月31日)

资产负债表					
民国三十六年十二月三十一日					
资产之部			负债之部		
科目	金额		科目	金额	
房地产	$1,831,053,526	83	资本	$14,000,000,000	00
机械	5,670,797,149	72	法定公积金	39,976,743	38
工具	23,168,909	12	特别公积金	14,707	36
装修	294,520,241	59	呆账准备金	20,885,850	00
家具	130,684,974	30	各项折旧准备金	598,174,729	87
有价证券	48,388,618	00	资产涨价补偿准备金	3,851,775,739	13
应收及期收款项	487,699,360	79	存货跌价准备金	109,675,975	00
制毯工厂往来	10,328,821,537	04	存货调整准备金	92,871,092	00
存货品	8,591,904,133	38	保险准备金	1,160,470,874	67
存未成品	7,478,149,196	29	职工福利备用金	274,954,038	25
存原料	7,946,064,489	29	职工花红准备金	23,828,387	33
储存物料	2,230,676,475	88	应付及期付款项	7,319,108,770	51
废毛废料	1,185,554	79	应付未付股息	10,205	64
各种迟延费用	12,576,014	54	应付未付利息及工资	426,820,706	00
预付货款	2,414,421,686	00	顾主定金	12,154,368,482	77
保证金及押金	23,633,232	00	预收货款	80,666,000	00
机器及羊毛定金	8,380,247,975	00	暂记存款	1,622,962,085	33
暂记欠款	756,134,906	36	透支银行及借款	8,922,481,125	18
存放银行	1,055,363,810	11	上届盈余滚存	4,571,317	08
现金	222,998,003	16	本年纯益	7,225,472,964	69
合计	$57,928,489,794	19	合计	57,928,489,794	19

损益表					
民国三十六年度					
损失之部			利益之部		
科目	金额		科目	金额	
营业费			销货毛利		
广告费	$583,823,215	00	花呢	$6,480,748,623	29
旅费	643,426,700	00	哔叽	5,377,863,314	58
交际费	73,591,136	38	制服呢	1,812,007,436	10
运费	38,288,856	00	毛毯	331,733,710	00
包装费	27,075,813	08	美术地毯	1,569,940,405	43
样品	40,913,778	73	挑线地毯	1,223,170,845	44
货物税及印花税	905,959,256	60	毛衣	41,397,448	80
上海办事处费用	2,100,347,053	92	丝布	14,755,868	39
小计	4,413,425,809	71	地毯底布	76,674,548	37
管理费			小计	16,928,292,200	40
薪津	907,458,629	68	杂项收益		
间接工资	180,506,843	10	收入利息	916,108,586	96
间接工人津贴	173,416,339	90	收入佣金	112,985,849	00
医药费	7,436,703	90	毛线涨溢	21,104,257	87
邮电费	18,602,074	00	废料收益	34,949,424	74
杂项开支	222,964,665	35	报关包装收益	67,322,817	53
文具用品	17,337,855	68	其它收益	528,002,663	30
保险费	172,715,320	00	小计	1,680,473,599	40
捐税	74,570,608	52			
捐款	135,000,000	00			
煤水电费	98,229,952	22			
工人奖金	7,476,342	95			
总管理处费用	19,642,466	25			
房产折旧	197,937,424	06			
装修折旧	24,679,652	09			
家具折旧	20,626,710	00			
职工福利费	745,532,928	08			
经常修缮费	147,777,795	00			
小计	3,171,912,310	78			
杂项损失					
付出利息	3,606,296,734	67			
汇兑损失	189,619,716	51			
呢绒亏短	2,038,263	44			
小计	3,797,954,714	62			
本年纯益					
本年纯益	7,225,472,964	69			
合计	$18,608,765,799	80	合计	$18,608,765,799	80

（J144–1–10–33）

293.仁立实业股份有限公司生产会议录

民国三十七年七月三十日(1948年7月30日)

日期:三十七年七月三十日下午四时半

地点:第二会客室

出席:朱总经理、凌副总经理、陈经理、毛副理、刘副理、杨副理、苏襄理、冯襄理、顾主任、黄主任、周主任、俞主任、宋主任、匡主任

主席:朱总经理

记录:毛副理

一、杨副理:报告生产状况及制造统计表。

刘副理:报告销售状况及销货统计表。

朱总经理:进来造纸呢销售如何?

刘副理:现仅有一家纸厂尚未购买,因订货条件关系,大约都向合成等厂采购。

朱总经理:除订购条件关系外,是否别厂货色较优?

刘副理:未见得好,但本厂后来不专纺造纸呢线,以地毯线代替,其使用寿命较短。本厂出口品质份上亦已不为前,为此曾与陈经理谈过,以免影响声誉。

杨副理:现时纺法兰绒、海力司用线已够,纺毛部工作如再纺造纸呢线,须开第三车,恐不经济,而利润亦未见得优厚。故近来未向造纸呢上发展。

陈经理:造纸呢原料用中国毛质料价均不合宜,势须用外国毛,故不能大量制造。

二、朱总经理:机器零件配购甚为不易,尤以精纺机器更应注意。

俞主任:本年可以敷用,仅钉子尚无备件。

朱总经理:此类零件因系德货,可试向上海询问。

陈经理:钉子已向美国洽订,虽非完全相同,但想象可差不多。

三、匡主任:查上月织出数量与整理数量尚未十分配合,似应加紧整理。

杨副理:整理部因英式剪刀须加改善,故出数较少。近期可以修复。以后洗染部加点便可配合。

周主任:补出数量已经甚多。

陈经理:订货须赶快出品。

杨副理:已经陆续出货,今年啥喊可不至迟误。

四、朱总经理:报告上次董事会讨论配给股东呢绒之原则。

杨副理:以配给某一种货为简易方便。

刘副理:对外行市亦须斟酌,故单配给一种似有未妥。

朱总经理:关于此项有关技术等事容后决定。

五、毛副理:报告工会最近改选情形及结果。

苏襄理:报告疗养肺病职工四人之状况,并最近曾往看视,均有进步。

朱总经理:还有与马大夫医院约为本厂嘱托医院事情形如何?

苏襄理:大致已经洽妥,惟因该院条件有医药等费须由本公司负责一项,与本公司定章有出入,故尚未决定。但在此时期送病人至该院尚称顺利。

朱总经理:关于近期当局公布征兵、免征、缓征等法,应予注意,并协助本公司及龄职工办理申报等手续。

苏襄理:即由人事组注意,切实协助。

毛副理:目下各私校学费甚为昂贵,职工直系子弟教育费担负甚重,本公司能否设法予以援助?

朱总经理:公司可试举办一种教育费贷款,由偌贷款人分期以较低利息偿还,遂当不少补助,其详细办法拟出后再为核办。

至七时二十分散会。

(J144-1-21-51)

294.仁立公司第二百四十三次董事会记录

民国三十七年九月十三日(1948年9月13日)

民国三十七年九月十三日,下午四时。

出席者:孙锡三、潘禹言、朱继圣、费起鹤、周华康

列席者:顾佑忱、金仲廉

一、孙董事长主席

二、朱总经理报告美国西海岸船员罢工影响本公司地毯出口匪浅,盖船只减少,且须绕道加拿大,始能运抵旧金山也。

目前原料高涨,地毯与呢绒之再生产成本成本超过限价甚高,诚一工业难题。上次本会所议股东廉价配售呢绒一案,已经拟具办法,以每万股按限价一成配售股东法兰绒一码。

为标准一俟厂中筹备完全,即行通知各股东凭股票选购。

三、主席声称改币以来,本公司应遵照经济紧急措施办理。

本公司为增加地毯生产期间,计划在上海设立工厂一所,而中孚银行在徐家汇方面有空地二十亩出让,本公司即以换钞所得之金圆购之建厂最为适宜。

四、朱总经理报告已请基泰工程师着手建厂计划,并以平面草图交在座诸董监传观。

五、议决董监车马费仍照八月份法币数目,折合金圆发给。

下午五时一刻散会。

(J144-1-24-47)

295.仁立实业股份有限公司生产会议录

民国三十七年九月十七日(1948年9月17日)

日期:三十七年九月十七日下午四时

地点:第二会客室

出席:朱总经理、陈经理、毛副理、刘副理、杨副理、苏襄理、冯襄理、顾主任、黄主任、周主任、俞主任、宋主任、匡主任

主席:朱总经理

记录:毛副理

一、杨副理:报告生产状况及制造统计表。

刘副理：报告销售状况及销货统计表。

二、朱总经理：自政府八一九改革币制后，本公司遵照公布之财政经济紧急处分令所开，有关各项确切执行。关于业务方面执行情形请刘副理报告。

刘副理：遵照此项命令要点，第一位“售价”，本公司完全照八一九之法币价格折合为全国券，且间有抹去尾子零数者；第二为“售贷”，本公司及沪、平两分公司之门市批发均照常售卖，此外尚有天津市企业公司及售品所等处寄售代卖，绝不惜售以是，本公司门市每日顾客拥挤抢买甚烈，营业部为避免西服店套购，以维护真正用户购买起见，虽竭尽种种方法，但仍难免时有顾客向隅之事。不过营业部随时准备货物，随时添补，以期应付各方需要。兹特提出报告以供参考。

五时二十分散会。

（J144-1-21-52）

296.仁立公司第二百四十四次董事会记录

民国三十七年十月三十日（1948年10月30日）

民国三十七年十月三十日，下午四时三十分。

出席者：孙锡三、潘禹言、周华康、朱继圣、凌其峻、费起鹤（凌代）

一、孙董事长主席

二、朱总经理报告九月初天津抢购风起，本公司零售部呢绒按限价，被抢一空，损失奇重，不得已暂停止营业。批发商在限价以内，折合当时麦价付现，略有成交。地毯因出口停顿，产额减少，承制小工厂限于本公司自备原料，以防币制贬值时亏损殆累，职工薪资冻结至十月中旬，生活困难，遂按限价折合粮食与本厂呢绒等以实物发给，盖银根奇紧，虽经竭力筹款，仍感拮据也。

三、孙董事长称前议决再沪建厂，计划因基地在住宅区内，暂作罢论。该地由中孚银行建筑洋房，本公司承购三所，每所36000金圆。

四、朱总经理报告政府严厉执行收兑金银外钞，本公司津沪平三处所存金条、美钞，已照上次董事会决议，交所在地中央银行，兑换金圆。

五、凌经理称阅报载营业资本折算金圆变更登记办法，本公司之资本可折合100万金圆以上。

六、潘董事提议董监车马费暂停发，给在股东配售呢绒之际，另给配售额分24码、18码、12码（法兰绒）三级，照往例一次分配。众无异议，通过。

六时半散会。

（J144-1-24-48）

297.仁立实业股份有限公司出口货物统计表

民国三十七年十二月（1948年12月）

Merchandise		1946(3–12月)	1947	1948
美术地毯	Woolen Ruges	55,571.128方尺	11,275.413方尺	7,631.311方尺
挑线地毯	Hooked Ruges	1,052,269.05方尺	679,326.374方尺	3,289,686.609方尺
北平地毯	Peiking art ruges	22,906.25方尺	7,479.00方尺	11,133.10方尺
瓷器	Porcelain ware	1,846公斤	381公斤	2,538公斤
石器	Stone ware	9,007公斤	9公斤	2,613公斤

续表

Merchandise		1946(3-12月)	1947	1948
木器	Wood ware	5,107公斤	452公斤	5,061公斤
烧蓝器	Enamel ware	39公斤	67公斤	279公斤
雕漆器	Lacquer ware	1,641公斤	16公斤	353公斤
铜器	Brass ware	252公斤	195公斤	1,126公斤
锡器	Pewter ware	137公斤	64公斤	411公斤
料器	Glass ware	756公斤	2公斤	35公斤
珐琅器	Cloisonne ware	39公斤	11公斤	130公斤
陶器	Pottery ware	257公斤	—	—
纸画等	Paper ware	259公斤	350公斤	176公斤
丝绸制品	Silk ware	263公斤	12公斤	187公斤
红铜器	Copper ware	57公斤	—	378公斤
骨器	Bone ware	1公斤	—	—
象牙器	Ivory ware	1公斤	—	9公斤
铁器	Iron ware	—	12公斤	71公斤

附注:以上出口货物均系运往美国

进口货品	Merchandise	Country of Origin(出产国)		1946	1947	1948
羊毛及毛条	Scoured Wool & Wool Tops	Australia	澳洲	56,083公斤	53,929公斤	147,918公斤
废羊毛	Waste Wool	Australia	澳洲			9,595公斤
旧麻袋	Used Gunny Bages	U.S.A	美国	1,440公斤	3,624公斤	
麸粉	Wheat Flour	Canada	加拿大		90,720公斤	
发电机	Generator Set	U.S.A	美国		2座	3座
机器	Machinery	Shanghai	上海			11台
机器零件	Machinery Parts	U.S.A	美国		6件	72件 6套
颜料	Dyestuffs	Switzerland	瑞士	520公斤	1,900公斤	5,246公斤
颜料	Dyestuffs	England	英国		2,000公斤	393公斤
麻袋布	Hessian Cloth	India	印度			30,000码
麻丝	Artificial Silk Floss	Italy	意大利			7,120公斤
人造毛条	Artificial Wool Tops	Italy	意大利			3,694公斤
红矾	Potassium Bichromate	U.S.A	美国	1,100公斤	682公斤	378公斤
水醋酸	Acetic Acid	U.S.A	美国		1,320公斤	2,900公斤
三角胶轮带	B-68" V Rubber Belts	U.S.A	美国			160公斤
五号皮带钩	Belt Hooks 5	U.S.A	美国			60,480个
三寸皮轮带	Leather Belt 3"	U.S.A	美国			200尺
三寸半皮轮带	Leather Belt $3\frac{1}{2}$"	U.S.A	美国			300尺
四寸皮轮带	Leather Belt 4"	U.S.A	美国			100尺
五寸皮轮带	Leather Belt 5"	U.S.A	美国			232尺
二寸半双层皮轮带	2-ply Leather Belt $2\frac{1}{2}$"	U.S.A	美国			328尺
五寸五层胶轮带	5-ply Rubber Belt 5"	U.S.A	美国			200尺
白牛皮	White Leather	U.S.A	美国			300尺
皮裤	Leather Apron of Carder	U.S.A	美国			124件
半寸铁管	Steel Pipe $\frac{1}{2}$"	U.S.A	美国			1,352尺
一寸铁管	Steel Pipe 1"	U.S.A	美国			1,357尺
一寸半铁管	Steel Pipe $1\frac{1}{2}$"	U.S.A	美国			1,323尺
二寸铁管	Steel Pipe 2"	U.S.A	美国			1,324尺

(J144-1-18-3)

298.仁立实业股份有限公司登记事项表

民国三十七年(1948年)

登记事项表

公司名称	仁立实业股份有限公司
所营事业	以制售地毯及其他毛棉织品兼办进出口货为营业
资本总额及股份总额	资本总额 国币140亿元 股份总额 1.4亿股
每股金额	国币100元
每股已缴金额	国币100元
本店所在地及支店所在地	总公司 天津第十区云南路22号 分公司 北平王府井大街97号 上海南京西路475号
公告方法	本公司公告方法由公司所在地方通行之报纸及挂号信公告之
董事9人	
姓名	住 所
孙锡三	北平东城演乐胡同48号
凌其峻	北平朝阳门大街烧酒胡同49号
费起鹤	北平东城总布胡同1号
何 廉	上海余庆路184号
周华康	北平西城中央医院转
朱继圣	天津第十区成都道112号
潘禹言	北平西斜街62号
孙啸南	天津第十区常德道34号
袁涤庵	北平西四丰盛胡同2号
监察人3人	
姓名	住 所
顾忠弼	北平内务部街27号
金仲廉	北平东城遂安伯胡同30号
包培之	天津第十区汉口道永德里2号
解散之事由	

(J144-1-4-2)

299.仁立公司第二百四十五次董事会记录

民国三十八年三月十二日(1949年3月12日)

民国三十八年三月十二日,下午三时半。

出席者:孙锡三、朱继圣、潘禹言、周华康、凌其峻

孙董事长主席称此次董事会系解放以来第一次集会。

朱总经理报告天津解放战争总公司除大门玻璃震破外，毫无损失，职工会由总工会工作小组领导。改组指导员杨春林系仁立旧工人,对于本厂有正确认识,在解放初期,总公司银根奇紧之际,工会出面与贸易公司接洽销货,藉度年关,嗣后又以颜料与华新纱厂换纱售出,始得周转。

下瓦房东方地毯工厂另由第六区第三小组领导组织，要求取消东方名义，直隶总公司并提高待

遇。再三交涉，名称作为悬案未决，职工待遇按照总公司同级底薪七五扣调整，毯工工资亦经协议订定。二十多家拨货工厂要求复工，因总公司缺乏现资，未得解决，须俟地毯出口有办法时，始能着手生产。地毯出口大概可用易货进口方式，呢绒滞销，目下加强生产工业用呢，如造纸呢、印刷呢之类，前途甚为光明。

凌经理报告北平职工会现在第三区工作小组指导之下改组中，毯工工资暂按每工三斤玉米面计算，俟协议后修订之。

五时散会。

（J144-1-24-49）

300.仁立公司第二百四十七次董事会记录

民国三十八年七月二十四日（1949年7月24日）

民国三十八年七月二十四日，下午二时半。

地点：北平分公司二楼

出席者：潘禹言、孙锡三（潘代）、周华康、孙啸南、袁涤庵（孙啸南代）、费起鹤、朱继圣、顾佑忱、凌其峻

费常务董事主席

书记宣读记录，无修改通过。

朱总经理报告营业状况，如次：

呢绒仍滞销。目前津港仍由外轮通航，地毯照常出口，津地产量增加，竞争较烈，国外市场售价趋跌。

为维持本公司营业起见，殊有扩大出口范围之必要。现在着手羊毛及蛋类两项。

羊毛系与天津辅中公司联名向中国银行签订合同运用资金，本城乡物资交流之原则，由西北采购羊毛100万斤，运津出口，预算每斤存本在美金2角之谱。据国外电报，在纽约交货价约每磅2角7、8分，所有赢余由仁立、辅中于国行按定律分润。

蛋类为出口之大宗，惟市蛋厂多因陋就简，品质不佳，兹有前英商和记洋行服务多年之周端善君愿以其技术及营业经营贡献本公司，建一面积200余方之新式蛋厂，具有防尘及一切卫生设备，用科学方法精制，飞黄干白，日产30万枚，并可扩充至一倍以上。拟择一适宜地点，解决供电问题，进行兴建厂房、订购机器准备，明年春季即可开始经营。周君有优良班底，对于鸡蛋之收购成品之制炼，颇有把握。此项新工业若经营得法，亦是本公司对新中国发展生产，繁荣经济，绝大贡献也。经众讨论，一致认为应争取时间，从速进行。

本公司在解放后，最先出口之地毯，其半数以易货方式进口之橡胶已大部售出，仅余20吨，纯益约得二成。其铜丝部分，因美国需要，出口许可证迟迟未运，而日本铜丝价格较廉，故已取消定货，将外汇转让仁记洋行矣。

决议。

按照本公司财政状况，以不妨生产为原则，授权经理部在八月出垫发本年度股息。

董事及监察人自一月份起，月支车马费以玉米面计算，如下：

董事长　400斤

常务董事与书记董事　各300斤

董事与监察人　各200斤

下午五时散会。

(J144-1-24-51)

301.仁立实业股份有限公司总管理处会计规程草案(第一稿)

1949年

第一章　总则

一、本公司总管理处关于会计上一切事项,除另有规定外,均按照本规程办理之。

二、本公司会计年度采用历年制,自一月一日起至十二月三十一日止。

三、一切收支记载以人民币“元”为单位,至元位为止,元以下者四舍五入。

四、凡每日应记之账均须当日记载完毕,不得延至次日。

五、传票、账簿、表报均应缮写清楚,不得任意涂改,如有改正,必须有经手人盖章证明。

六、各项传票、表报制记完毕,均须由经手人盖章,再由他人复核盖章,并均须由经理部人员盖章。

七、各种账簿应永远保存,各种传票及单据应保存10年。

八、保管料品收发,概凭单据收发之,计价均应以购入实价及连带费用平均价格办理之。

九、库存现金除酌留备用金外,悉以本公司名义存入银行,凭支票支取之。

十、在天津所辖各单位之一切收入现金,应随时连同报单送交总管理处;在北京、上海各分公司之收入现金,除在规定限额内酌留备用金外,应随时汇交总管理处。

十一、支出款项,非经主管会计人员及各有关部分人员盖章,并且非根据合法之记账凭证,不得付出之。

十二、所有账簿必须照章贴足印花,并交本管税务局盖章登记,并注明启用年月日,由司账人署名盖章。

第二章　会计科目

一、总管理处依据业务情况,订立下列会计科目。

二、总管理处会计科目分:资产、负债、净值及损益4类。

三、资产类科目:

(一)现金:凡库存之现金均属之。

(二)银行存款:凡存入各银行之款均属之。

(三)公债:胜利折实公债属之。

(四)外汇存单:凡由国外调回存入中国银行之外汇均属之,

(五)冻结外汇:凡存在国外被冻结之外汇均属之。

(六)暂付款项:凡暂时付出尚未确定其性质,或性质虽已确定而尚不能依其性质正式记账,或暂时付出,于短期内即将原数归还者均属之。

(七)职工借款:职工有特殊困难情况时,向公司暂记之款属之。

(八)预付费用:凡预付及未摊消费用均属之。

(九)毛呢纺织厂:凡与毛呢纺织厂往来调拨物资、调拨现款、代垫款项及各种转账等均属之。

(十)蛋品工厂凡与蛋品工厂往来调拨物资、调拨现款、代垫款项及各种转账等均属之。

(十一)麻袋工厂:凡与麻袋工厂往来调拨物资、调拨现款、代垫款项及各种转账等均属之。

(十二)地毯工厂:凡与地毯工厂往来调拨物资、调拨现款、代垫款项及各种转账等均属之。

(十三)北京分公司:凡与北京分公司往来调拨物资、调拨现款、代垫款项及各种转账等均属之。

(十四)上海分公司:凡与上海分公司往来调拨物资、调拨现款、代垫款项及各种转账等均属之。

(十五)进出口部:凡与进出口部往来调拨物资、调拨现款、代垫款项及各种转账等均属之。

(十六)企业投资:凡本公司现存之证券均属之。

(十七)房产:凡本公司所置房屋由总管理处掌管着均属之。

房产折旧备抵:凡房屋所提存之折旧准备金属之。

(十八)地产:凡本公司所置土地由总管理处掌管着均属之。

(十九)器具:凡办公使用各种器物、家具及其设备均属之。

器具折旧备抵:凡器具所提存之折旧准备金属之。

四、负债类科目:

(一)银行借款:凡向银行借入之款项均属之。

(二)投资公司借款:凡向投资公司借入之资金均属之。

(三)应付款项:凡一切应付未付货款、账款均属之。

(四)暂收款项:凡暂收收入尚未确定其性质,或性质虽已确定而尚不能依其性质正式出账,或暂时收入,于短期内即将原数付出者均属之。

(五)应付股息、红利:凡由纯益按章提存之股息、红利均属之。

(六)改善安全、卫生设备基金:凡由纯益中照章提出之该项基金均属之。

(七)职工福利基金:凡由纯益中照章提出之该项基金均属之。

五、净值类科目:

(一)资本:凡本改善各股东之资本均属之。

(二)公积:凡照章由盈余中提出之公积均属之。

(三)冻结外汇准备:凡冻结外汇提存之损失准备均属之。

(四)累积盈亏:凡历年累积盈亏之数均属之。由各期损益科目转入此项科目中。

(五)上期损益:凡本期之前一期损益数属之。结算后次期开始时,应将本期损益科目转入此项科目中。次期开始后,如有损益归属前期者,仍转入此项科目。

(六)本期损益:凡每届结算时,应将本期利益损失各项科目逐一转入此项科目中。

六、损益类科目:

(一)利息收益:凡银行存款之利息收入均属之。

(二)租金收益:凡房地产之租金收入均属之。

(三)投资收益:凡由证券项下收入之股息、红利均属之。

(四)杂项收益:凡不属于上列各科目之收益均属之。

(五)付出利息:凡因借入款项之付出利息均属之。

(六)旅费:凡为业务上所用之旅费均属之。

(七)邮电费:凡为业务上所支付之邮费及电报费均属之。

(八)保险费:凡付出之各种资产保险费均属之。

(九)广告费:凡为业务上所支付之广告费均属之。

(十)文具、印刷:凡为业务上所支付之一切印刷、文具、书报等费均属之。

(十一)水、电、电话费:凡为业务上所支付之一切水、电、电话等费均属之。

(十二)煤炭费:凡实际消耗之燃料均属之。

(十三)薪资:凡员工之薪资(包括经理部)支付属之。

(十四)膳费:凡员工之一切伙食费用属之。

(十五)交际费:凡一切支付之正当交际费用属之。

(十六)交通运输费:凡为业务上所支付之交通运输等费均属之。

(十七)修缮费:凡一切零星修缮费用属之。

(十八)杂项开支:凡一切开支不属于上列各项者属之。

(十九)房产折旧:凡房屋之折旧损失属之。

(二十)器具折旧:凡器具之折旧损失属之。

(二十一)福利费:凡一切支付之福利费用均属之。

(二十二)劳动保险费:凡照章由资方之劳动保险费属之。

(二十三)工会经费:凡照章由资方之工会经费及文教费均属之。

(二十四)工人失业救济金:凡照章由资方之工人失业救济金属之。

(二十五)捐税:凡为业务上所支付之一切捐税均属之。

(二十六)捐赠:凡为公益所支付之捐款赠品均属之。

(二十七)外汇兑换差额:凡外汇兑换所生之损益差额均属之。

(J144-1-6-22)

302.仁立实业股份有限公司董事会办事规程草案

1949年

第一条　本董事会(以下简称本会)根据本公司章程第二十条,以董事11人组织之,并依据章程第二十四条订定规程。

第二条　本会之职权悉依照私营企业暂行条例施行办法第七十二条与本公司章程第二十一条之规定执行之。

第三条　本公每2个月开会1次,遇必要时,由董事2人以上要求时,得举行临时会,由董事长召集之。

第四条　本会开会以董事长为主席,如董事长因事缺席,则就董事中临时公推1人为主席。

第五条　本会开会须有过半数之董事出席,方可开议。决议事项以到会董事过半数取决之。可否数同时,则取决于主席。本会讨论问题时,应尽量采取协商方式。

第六条　本会开会董事如有事故,不能到会时,得委托其他董事代表之。每董事以代表1人为限。须正式函知本会,方为有效。但公股董事委托之代表,不限于其他董事。

第七条　本会除开会议事外,如遇特别情形,得以通信方法,商议各事。但此项通信商议之事件,须以董事全体过半数决议方为有效。其往来之函电等件,均须由本会保存备查。

第八条　本会视事实之需要,得开董事与监察人联席会议。监察人不参加表决,但得提出建议或纠正意见。

第九条　本会开会时，如有需要，得请经、副、襄理或总工程师、厂长等列席报告业务及陈述意见，但无表决权。

第十条　本会得视事务之需要，分组若干专门小组，如管理、业务、财务等小组。每组有董事若干人担任小组组员，分别研究及处理个别事务，提请本会通过或追认。

第十一条　本公司如遇重要事件，须要总经理、副总经理征求董事会之同意，而时间迫促，不及召开会议时，得由总经理、副总经理报告董事长取有关专门小组商得同意，先行处理，然后提交董事会追认，以完手续。

第十二条　本会董事或监察人如有提议商讨事项，不论用书面或口头应于事前提交董事长，准备列入议程。如董事长召开临时会或讨论会应将议题通知各董事，以便准备。

第十三条　本会对外函件应盖用"仁立实业股份有限公司董事会章"。如有需要署名时，由董事长签署。

第十四条　本会为管理及保存会议纪录及各项文件、保管股东名簿、填报股票、留存印鉴、办理股票过户等事，得由本会指定专人负责办理。

第十五条　本会得设秘书1人，办事员若干人，协助办理本会一切事物。以上人员得由本公司人员兼任之。

第十六条　董事会议所议事项应置会议纪录，由主席签署。

第十七条　本规程经董事会通过后施行，修改时亦同。

(J144–1–6–23)

303.仁立公司第二百四十八次董事会记录

1950年3月12日

公历一九五〇年三月十二日，下午三十半

地点：北京分公司二楼

出席者：孙锡三(潘代)、费起鹤、潘禹言、周华康、朱继圣、孙啸南、袁涤庵(啸代)、凌其峻

孙董事长主席

朱总经理报告：

蛋品工厂自去年八月始建筑厂房，订购机器，年产量可达干蛋500吨。如在东北订购之铁管能即运来，本月底即可装备齐全。但国际蛋品行市发生显著变化，去年英国购冻蛋4000吨，干蛋3000吨，今年拟购冻蛋20000吨，正在与贸易部酝酿中。干蛋之需要量将大为削减。美国行市亦跌，其保证基价已由每打3角7分，降低至每打2角7分，照此情形，本公司营业方针，似应确定为国营。蛋品公司加工虽利润有限，不致亏损，诸董事一致表示赞同。

女工地毯生产过剩(工厂由100家增至430家，月产量达180万方尺)，美国市场上遂发生盲目倾销，价格暴跌情况，9尺×1丈2尺地毯零售价跌至美金56元之谱，进口商无利可图。本公司不得已将地毯暂停出口，以待将来行市之好转。

本年一月份起，本公司记账一律按公债，分为单位。

诸董事经讨论后，议决在近期内预发第三十九届股息一次，日期与数目由经理部按本公司业务状

况酌定之。本届股东会可俟公司法公布后，再行召开。

五时三十分散会。

(J144-1-24-52)

304.仁立公司第二百四十九次董事会记录

1950年9月9日

公历一九五〇年九月九日，下午一时

地点：北京分公司二楼

出席者：孙锡三、孙啸南、朱继圣、袁涤庵(孙啸南代)、费起鹤、周华康、凌其峻、顾佑忱、潘禹言

孙董事长主席

朱总经理提出上半年总公司及各部资产负债表与损益计算书，交诸董事传阅，并加以说明。如下：

本年初记账原用公债分单位，但三月以后，牌价冻结而物价降落，差额甚巨，为记账正确起见，于五月底将财产由公债分单位转改用人民币记账。六月底结账，获纯益1,689,363,081.88元，上半年工商税，最近已核定为467,000,000元，与辅中公司合办羊毛出口部分之所得税，大约在4亿元之谱。(于辅中合办羊毛之所得1,621,397,954.06元，不包括在上述纯益之内)

朱总经理报告营业状况如下：

毛呢纺织部接受中央纺织工业部加工定货，计制服呢22000码，工缴费每码28484元，因期限短促，本厂又忙于工业用呢之制造，故不能多接定货。东北工业部定制造纸呢800条，限于明年二月交齐，惟计算成本时，将羊毛价估计太低，而目前国际毛价上涨四成，恐再生产价格将超过售价。本厂急需补充进口羊毛量，贸易部已批准5万磅，正在与澳洲方面接洽中。厂内劳资关系甚佳，职工团结，讲生产不讲福利，情绪之高有足多者。制毯总部所接美国消息，需货量将大增至每月100万方尺，惟在毛价涨外汇落之情况下，底价恐将超过每方尺美金4角之限。我方暂不接受新定单以待市场之转变。为准备明年春季大量生产，下瓦房有添盖三层楼厂房之计划，工程师估价在20亿左右。

蛋品工厂六月底结账略有盈余，国营蛋品公司对我厂出口满意，预备于本月二十日开工继续加工干蛋220吨，以完成本年度400吨之总定单。苏襄理对于一切计划非常努力，在停工期间，将设备调配，可能促进工作效率，惟蛋白发酵室太小，拟扩大厂房，约需建筑费10亿元。

北京兴业公司在津工商界集体招股，本公司认股2000万元。

前经董事会议决本公司股东会俟公司法或授资条例公布后召开，目前法令仍为公布，应否先期召开。经诸董事商讨后，议决年终应将资本额重估，届时召开股东会可也。

凌经理报告北京分公司营业状况，略称：

鉴于地毯销路不振，本厂成本超出售价，不得不精简节约。除若干职雇员转津厂就业外，将京方职工薪资调整，经劳资协议，由三月份始分公司，月减2000余斤，稍有盈余，工厂月减1万斤之谱，仍有亏损。

沈襄理在四月初志愿进华北革命大学政治研究院，年底学习毕业，仍返原职。陈襄理同时辞职就任外交部图书资料室副主任。

三时散会。

(J144-1-24-53)

305.仁立公司第二百五十次董事会记录

1951年2月5日

公历一九五一年二月五日,上午十时半

地点:北京分公司二楼

出席者:孙锡三、朱继圣、潘禹言(凌代)、费起鹤、凌其峻、周华康、顾佑忱、袁涤庵(孙啸南代)、孙啸南

孙董事长主席

朱总经理报告一九五〇年度结账盈余34亿余元,与上半年之纯益额不相上下,由此可见下半年之营业未得利润,其故有三:一、下半年蛋厂因蛋源缺乏,工作时期缩短,以致亏损5亿9400余万元;二、外汇率逐渐低落,地毯出口无利可图;三、政府加工定织制服呢工缴费过低,约计亏损3亿3000万元,其它方面略有盈余,仅足抵补上述损失。

一九五〇年记账方法初按公债分,四五月间物价步落,而公债分仍冻结在三月底之高价上,五月底物价稳定,遂改用人民币记账。全年缴纳捐税,计毛纱货物税,约30亿元,其它捐税25亿余元。

蛋品厂利用夏季停工期间,将机器设备加以改良,生产效率提高一步,已超过他厂。但秋后,蛋源骤减,在十一月间,三十万个鸡蛋,仅二十天即做完,嗣后曾试飞冻蛋30吨,今后生产计划,仍须仰赖政府加工定货。凌副总经理报告北京地毯工厂因女工场所产钩针地毯一向成本过高,今又无法输出,故现正着手转业手工纺织麻袋。男工场则继续织制美术地毯盖本市销路尚佳,以后或能好转也。

诸董事讨论盈余分配,议决股利一分四厘,在二月二十日左右发付。

十二时十分散会。

(J144-1-24-54)

306.仁立公司第二百五十一次董事会记录

1951年9月16日

公历一九五一年九月十六日,下午一时

地点:天津

出席者:潘禹言、凌其峻、孙啸南、袁涤庵、朱继圣、周华康、顾佑忱、孙锡三(潘禹言代)

列席者:陈礼、毛从周、刘缉堂、杨玉文、苏建基、冯蓉、潘廉志

潘禹言董事主席称:今天在天津总公司开会,有津地各单位负责之经副襄理列席参加,希望以后仍能在津开会。

孙啸南董事向参加赴朝慰问团之朱、凌二董事表示敬意;在其远离期间,各位经理、襄理能积极推动业务获得相当成就,亦表示谢意。

朱总经理报告上半年营业状况:略谓本年六月底总结盈余计8,494,673,331.29元,缴纳所得税2,238,227,000元;投资项下有天津投资公司10亿元,土产联营4亿元,地毯联营54亿元;北京地毯厂女工部分已转业手工纺麻织袋,天津方面亦有同样转业计划。所需原麻通过与东亚华北纺□局合作之联购处进行收购,我方占15%,已付出五十八医院麻款。津市私校募捐(促进委员会号召),本公司认捐210,000,000元。毛织厂职工奖金经劳资协商会议商定,发给职工奖金3亿元。

杨玉文工程师说明改用宽机织制特种工业用呢之经过，技术上之进步应归功于技师与工人之密切配合。本厂特产毯织品质已超过舶来品，受顾客之欢迎。

潘廉志襄理报告：仁立地毯总部参加联营，占总数180万方尺之54万方尺，即30%，旧存毛线一部分售与联营，染坊对外加工甚忙。但大宗出口停顿，如无新出路，毯业势必全面专业。目前自存地毯76万方尺，毛线19万斤。

苏建基襄理报告：蛋厂由四月五日至七月十五日为止，代蛋品公司加工蛋质蛋白140吨，全蛋粉150吨；自七月十五日起，改制与改装内地运来之全蛋粉到本月底可以完工。此后能否继续有工作可做，尚无把握，拟手工纺麻以照顾先业工人。

朱总经理补充说明蛋厂创设不久，困难重重都被克服，突击工作亦能胜利完成，苏襄理出力甚多。周经理年老固辞，已照准，支薪至本年底为止。

陈礼经理称津市羊毛存货无几，内地新产量亦有限，而华北与华东各毛厂购意甚浓。现在西北返设立统一联购处，需用资金200亿元，华北占34%。本厂工业用呢仍需用外国羊毛。

毛从周副理报告：毛织厂公会领导正确，职工团结，进行爱国主义增产节约竞赛，天津市选出本厂劳动模范戈凰山、李景鸿（以上个人）与王瑞芝小组。在品质之提高，产量之增加，与消耗之节省各方面，都有显著之进步（详附表）。目前正在进行调整工资，经过半年之研究，已拟有方案，希望能圆满结束。

朱总经理又称：重估财产工作，现在津京沪三地分别进行，然后在津综合起来，须于十月底以前办竣，以便在十一月间召开股东会。股东登记姓名住址等，须与户口册相符。

诸董事商讨后，一致通过以上报告之捐款、投资额与奖金，并追认蛋厂周经理之辞职。本公司章程由经理部起草修改。

五时三刻散会。

（J144-1-24-55）

307.仁立实业股份有限公司第二十八届股东会结算报告

1951年11月10日

监察人报告

本公司公历一九四八，一九四九，一九五〇，三年份之结算各项数目已就各种簿册分别检查，所有资产负债表、损益表均经核对无讹，特具报告敬请诸位股东公鉴。

公历一九五一年十一月一日

监察人：顾忠弼、包培之

会计师查账证明书

仁立实业股份有限公司公历一九四八，一九四九，一九五〇年份各届决算之资产负债表、损益表及财产目录，经本会计师逐项与账册核对，均符合检查，各项资产亦属准确。特此报告。

会计师：杨曾询

公历一九五一年十一月十日

（J144-1-10-34）

资产负债表			
一九四八年十二月三十一日			
资产之部		负债之部	
科目	金额	科目	金额
房地产	151,442.04	资本	4,666.67
机械	127,766.66	法定公积金	254.19
工具	6,129.00	呆账准备金	12,106.97
装修	25,886.32	各项折旧准备金	26,870.93
家具	24,828.31	资产涨价补偿准备金	3,458.15
有价证券	8,583.04	存货跌价准备金	26,877.75
应收及期收款项	138,257.92	存货调整准备金	92,723.77
制毯工厂往来	889,612.29	保险准备金	811,977.61
存货品	2,258,261.94	职工福利备用金	10,214.58
存未成品	974,737.17	职工花红准备金	160,008.14
存原料	433,169.67	应付及期付款项	446,399.17
储存物料	282,402.12	应付未付股息	29.80
废毛废料	44.91	应付未付利息及工资	288,190.43
预付货款及工资	205,757.20	顾客定金	5,037,561.47
保证金及押金	7.88	未达账户	96,438.74
机器及羊毛定金	2,213,207.26	暂记存款	684,463.86
暂记欠款	320,726.86	透支银行及借款	18,746.63
存放银行	951,696.82	上届盈余滚存	47.00
现金	439,675.55	本年纯益	1,731,203.63
合计	G¥9,452,192.96	合计	G¥9,452,192.96

资产负债表			
一九四九年十二月三十一日			
资产之部		负债之部	
科目	金额	科目	金额
房地产	¥21,467,347.47	资本	¥15,555,566.67
机械	9,371,913.33	法定公积金	96,602.58
工具	859,430.00	呆账准备金	0.04
装修	1,974,796.00	各项折旧准备金	11,371,163.98
家具	22,498,555.97	存货跌价准备金	1,861,556.88
企业投资	678,338.78	花红准备金	26,517.88
仁立辅中办事处	134,930,000.00	职工福利金	23,142,849.23
应收及期收款项	66,714,632.08	保险准备金	480,646,701.25
进出口部	35,773,565.83	意外准备金	57,600,811.37
制毯工厂往来	1,678,926,728.37	工人赡养准备金	54,024,259.51
蛋厂	1,029,930,852.40	应付及期付款项	357,809,555.09
存货品	1,704,678,514.87	应付股利	4.46
存未成品	10,932,347,866.74	财产调整额	390,939,854.63
存原料	525,317,496.18	应付未付利息及工资	107,829,335.00
储存物料	90,668,301.75	顾客定金	1,928,666,094.75
废毛废料	17,862.71	暂记存款	61,023,564.14
预付货款及工资	1,509,182,398.94	上届盈余滚存	288636.59
垫发股息	36,705,127.50	本年纯益	6247146562.42
保证金及押金	82,751.31		
机械及羊毛定金	1,061,215.53		
暂记欠款	139,250,031.68		
外汇存单	43,348.87		
存放银行	148,364,046.73		
外汇存款	1,478,230,090.00		
现金	8,067,503.43		
合计	¥9,738,029,636.47	合计	¥9,738,029,636.47

资产负债表			
一九五〇年十二月三十一日			
资产之部		负债之部	
科目	金额	科目	金额
房地产	¥24,773,448,159.60	资本	¥32,765,931.00
机械设备	27,121,177,964.04	公积金	11,410,695.00
工具	362,130,717.66	呆账准备金	1,425,600.00
用具	200,333,691.50	意外准备金	4,685,477,346.00
装修	997,396,072.64	职工公益金	43,312,336.00
家具	642,058,203.30	职工赡养准备金	1,121,674,239.60
企业投资	492,340,514.00	各项准备金	1,880,473,637.00
应收款项	1,497,358,497.93	各项折旧准备金	23,604,092,202.76
存制成品	33,180,103,468.15	银行借款	5,205,500,000.00
存未成品	9,863,128,683.48	应付账款	154,301,621.50
存毛线	16,074,315,937.99	预收货款	3,809,180,093.10
存原料	16,897,673,326.83	应计费用	338,193,563.40
存物料	2,611,644,070.10	暂记存款	98,103,805.34
存材料	1,736,105,671.48	盈余滚存	607,959.00
预付货款	7,915,011,582.34	保值准备	113,042,655,292.00
垫付款项	881,304,790.00	本年纯益	3,477,854,469.38
蛋厂筹备费	274,615,053.00		
暂记欠款	74,384,970.70		
胜利折实公债	1,965,397,500.00		
存出保证金	565,648,554.00		
外汇存单	6,073,250,000.00		
外汇存款	753,783,547.00		
银行存款	1,575,166,339.43		
现金	269,392,271.01		
其它资产	40,394,414.90		
合计	¥157,507,028,791.08	合计	¥157,507,028,791.08

损益表			
一九四八年份			
损失之部		利益之部	
科目	金额	科目	金额
营业费		销货毛利	
广告费	G¥1,105.36	花呢	G¥1,070,125.98
旅费	872.29	哔叽	712,209.23
交际费	6,494.98	制服呢	56,682.36
运费	11,802.67	毛毯	26,783.26
包装费	11,576.92	美术地毯	348,421.11
样品	11,617.29	挑线地毯	3,079,730.52
货物税及印花税	134,988.70	北平地毯	40.05
上海办事处费用	84,550.11	围巾	547.28
呆账	486.51	毛衣	1,102.61
小计	263,494.83	丝布等	272.36
管理费		小计	5,295,914.76
薪津	49,848.78	杂项收益	
间接工人工资及津贴	41,742.57	收入利息	220,511.26
医药费	816.75	收入佣金	17,000.37
邮电费	6,852.77	呢线涨溢	2,111.18
杂项开支	28,240.06	废料收益	52.08
文具用品	1,360.26	报关包装收益	93,192.97
保险费	119,660.51	其它收益	173,639.63
捐税	32,171.48	小计	506,507.49

续表

损益表			
一九四八年份			
损失之部		利益之部	
科目	金额	科目	金额
捐款	48,474.79		
煤水电费	11,761.89		
工人奖金	634.21		
总管理处费用	24,956.13		
房产装修家具折旧	136.35		
职工福利费	6,015.38		
经常修缮费	9,141.00		
伙食	74,313.49		
房租	149,027.19		
办公费	5,041.35		
职工维持费	390,318.29		
小计	1,000,513.25		
杂项损失			
付出利息	141,352.64		
汇兑损失	126,742.67		
羊毛亏短	64.07		
其它损失	689.81		
精纺部亏损	525,948.37		
纺毛部亏损	476,386.88		
织呢部亏损	998,816.75		
洗染部亏损	197,973.14		
整理部亏损	339,236.21		
小计	2,807,210.54		
本年纯益	1,731,203.63		
合计	G¥5,802,422.25	合计	G¥5,802,422.25

损益表			
一九四九年份			
损失之部		利益之部	
科目	金额	科目	金额
营业费		销货毛利	
广告费	¥2,699,503.98	毛毯	¥38,994,368.32
旅费	1,710,254.60	美术地毯	116,975,617.00
货物税	197,280,940.90	挑线地毯	2,581,308,760.01
交际费	1,562,728.33	围巾	287,258.87
标样费	472,353.72	毛衣	1,624,199.42
印花税	18,761,509.68	丝布	1.85
运费	4,454,305.09	棉布	67,122,708.50
上海分公司费用	7,602,383.93	工业用呢	856,897,810.35
销货佣金	1,327,476.99	呢绒	655,774,385.87
押汇佣金	20,431,380.08	小计	4,318,985,110.19
呆账	709.93	杂项收益	
小计	256,303,547.23	收入利息	89,898,427.66
管理费		呢绒涨溢	328,294.84
新金	88,520,955.11	羊毛涨溢	132,831.09
职员津贴	3,525,648.00	废料收益	294,726.04
间接工资	56,433,549.93	杂项收益	633,157,926.24

续表

损益表			
一九四九年份			
损失之部		利益之部	
科目	金额	科目	金额
医药费	1,013,418.99	包装收益	77,086,771.13
邮电费	4,498,373.77	报关收益	1,756,065.00
房租及仓库费	11,617,114.40	租金收入	5,642,200.00
杂项开支	15,942,999.77	折实借款差额	4,849,564.74
文具用品	1,478,884.00	兑换差额	2,403,206,386.83
保险费	72,961,344.03	收入佣金	25,146,687.31
捐税	96,536,265.79	汇兑收益	34,295,624.77
电费	1,181,493.06	小计	3,275,795,505.65
煤水费	5,491,020.65		
工人奖金	8,247,759.00		
房屋折旧	26,841.80		
装修折旧	51,343.00		
家具折旧	2,826,270.00		
房屋修缮费	1,971,743.41		
职工福利费	4,733,638.82		
总管理处费用	2,143,338.23		
捐款	196,885.00		
伙食	6,152,409.23		
小计	385,553,295.99		
杂项损失			
付出利息	135,774,348.14		
毛线亏短	292,927.25		
汇兑损失	10,835,869.69		
折合损失	1,259,181.28		
意外损失	33,084,062.00		
精纺部成本估计差额	124,421,798.12		
纺毛部成本估计差额	69,854,663.96		
织呢部成本估计差额	144,965,200.60		
洗染部成本估计差额	51,490,599.96		
整理部成本估计差额	133,798,559.20		
小计	705,777,210.20		
本年纯益	6,247,146,562.42		
合计	¥7,594,780,615.84	合计	¥7,594,780,615.84

损益表			
一九五〇年份			
损失之部		利益之部	
科目	金额	科目	金额
销货费用		销货毛利	
广告费	¥30,016,987.00	服装呢	¥925,801,602.30
旅费	15,847,003.00	工业呢	3,992,504,203.80
交际费	10,658,618.00	毛毯	21,385,881.00
标样费	29,680,148.00	编织线	34,382,955.00
包装费	43,538,144.00	其它货品	7,406,137.00
印花税	246,341,396.00	高矮针地毯	924,516,895.33
运费	31,965,114.72	美术地毯	393,742,129.81
销货佣金	23,617,540.65	挑线地毯	1,415,553,068.57
其它费用	51,910,694.00	羊毛	1,228,083,526.00
小计	483,575,645.47	蛋品	1,628,085,029.94
管理费用		小计	38,946,285.54
薪金	2,287,746,378.42	杂项收益	
杂项开支	285,087,064.93	废料收益	91,544,426.00
文具用品	55,814,619.00	收入利息	74,244,428.06
保险费	361,942,201.60	收入租金	109,893,407.00
邮电费	115,411,742.75	收入佣金	635,073,318.00
捐税	2,432,287,325.21	保管及打包收益	572,845,097.40
捐款	71,108,197.94	汇兑收益	18,568,978.63
煤水电费	89,312,023.30	寄售货物收益	115,382,266.37
修缮费	150,239,106.00	杂项收益	28,509,628.89
工人奖金	250,653,804.00	投资收益	808,550,452.00
职工福利费	148,947,758.25	小计	2,454,612,002.35
房租	24,203,745.00		
总管理处费用	207,064,834.65		
各项折旧	246,269,862.20		
小计	6,726,088,668.25		
杂项损失			
蛋品加工亏损	503,682,248.67		
羊毛毛线亏短	29,903,418.64		
加工亏损	331,276,749.82		
蛋厂等筹备费拟提	137,307,526.00		
付出租金	114,244,759.00		
杂项损失	152,971,437.41		
外币兑换损失	1,108,114,794.00		
小计	2,377,500,933.14		
本年纯益	3,477,854,469.38		
合计	¥13,065,019,716.64	合计	¥13,065,019,716.64

（J144–1–10–33）

308.仁立公司第二百五十二次董事会记录

1951年11月25日

公历一九五一年十一月二十五日，下午二时

地点：天津总公司

出席者：孙啸南、袁涤庵（孙啸南代）、周华康、顾佐忱、朱继圣、凌其峻

朱常务董事主席。

凌董事宣读第二百五十一次董事会记录，通过。

朱总经理报告：

一、一九三二年一月起本公司实行职工储金与赡养金制度。一九四六年因通货膨胀，将储金部分发还职工，但赡养金仍旧继续拨存，该项基金之绝大部分投资于本公司股票计4329000余股。本年五月一日起劳动保险条例实行，以前赡养金办法无庸继续。受益之职工要求将该项赡养金折实发给，合人民币15亿余元。曾向劳动局请示，据称如不影响生产，可经劳资协商一次发给以资结束。津京两地职工部分已于十五、十六两日分发，其愿接受基金项下之仁立股票在即日登记按当日行市每1千股16万元交割。至于经副襄理部分，建议董事会亦将其赡养金一次分发，以后之保险待遇同样采用劳保条例之方式。惟近日股票行市突涨，不得不规定限额，建议凡经副襄理愿接受仁立股票皆仍按十五日行市但不得超过职工所得股票之比额，计占赡养金之11%左右以100股为最小单位。至于剩余之300万余股暂时保留，可于年底通过证券市场售出之。

二、在津筹设之麻袋厂纺线部分亟需机械化。如在沪订制纺锭约需50、60亿元。潘襄理采悉信昌洋行曾在一年前代上海毛绒厂向英国订购全套新机器，每日20小时，可产麻袋6000至6500余条，总价12万英镑（运到中国口岸）。据称本年十二月中可起运一部，明年二月中全部运出，但未得入口许可，故有出让之意云。此事已报告于天津市财经委员会同志，赞成本公司购进，惟外汇尚无着落，拟用易货方式，未知对方允许否，现在协商中。如不成功，则拟向上海小厂定做机器。

三、本市创设公私合营示范机器厂，采用苏联最新式母机价仅市价三分之一，对于各项机器之制造，将由伟大之贡献，发起人等号召本公司参加，拟先投资5亿元。

以上三项经众讨论，一致通过追认。

又报告本公司需用会计员、统计员，经登报招考，投考者二十余人。录取六名，薪金按月财政米500斤，试用三个月。

股东会召开在即，议事程序已初步拟定如下：

董事长报告

总经理报告

监察人报告

修订章程草案

选举董事监察人

关于章程草案之内容，诸董事详加讨论后，议决向股东会提议调整资本为700亿元，股息改为五厘，盈余分配百分比悉按私营企业条例，并决定在十二月一日再开一次董事会商讨未尽事宜。

四点三刻散会。

（J144-1-24-56）

309.仁立公司第二百五十三次董事会记录

1951年12月1日

公历一九五一年十二月一日,下午九时

地点:天津总公司

出席者:潘禹言、孙啸南、朱继圣、袁涤庵(孙啸南代)、孙锡三、凌其峻、周华康

列席者:顾忠弼

孙董事长主席说:本公司股东会明天就开会,拟定程序如下:

一、宣告开会。

二、主席致开会词。

三、董事会报告本公司概况。

四、总经理报告本公司业务情况。

五、董事会报告一九四八、一九四九、一九五〇年度结算。

监察人宣读上列三年资产负债表,查账证明书。

董事会报告上列三年盈余分配案。

六、董事会报告本公司办理重估财产情况及调整资本方案。

七、拟定修改章程草案提请讨论通过案。

八、选举董事监察人。

九、闭会。

诸董事就各项报告的内容(附书面报告及章程草案全文)讨论通过,并将公司章程内所列股息一项决定修正为四厘,使纯益余额作百分比分配时,能更好地照顾职工的利益。

朱总经理报告根据上次董事会关于争取一位分股董事的意见曾和交通银行华北区分行接洽的经过。

诸董事议决股东会毕即行召集新董事会并请当选监察人列席。

晚十一时半散会。

主席　孙锡三

(J144-1-24-57)

310.仁立公司第二百五十四次董事会记录

1951年12月2日

公历一九五一年十二月二日,下午五时

地点:天津总公司会议室

出席者:孙锡三、陈谦受、顾忠弼、凌其峻、朱继圣、余啸秋、李烛尘、费路路、潘禹言、王耕、周华康

列席者:陈达有、孙啸南

公推孙锡三董事为主席宣告开会

主席:按照本公司章程第二十二条"董事会设董事长一人,由董事互推之。"请诸位董事互推董事长一人。又按前例推出秘书一人。

当经诸董事推定孙锡三为董事长，凌其峻董事兼任秘书。

主席：根据公司章程第二十一条的规定，董事会有权任免本公司的经理人和厂长等本席建议继续聘任朱继圣为总经理，凌其峻为副总经理，其它经副襄理和厂长等请两位总经理提请本会聘任之。

一致赞成通过。

朱总经理谈本公司业务情况，如股东会中某股东所说的积压资金周转率太低，是本公司经营商的重大缺点，我们要努力来克服，拟从加强总管理处和明确工厂责任着手。

主席：本公司章程没有常务董事的规定，但为执行职务，增进效率起见，董事似有分组负责的需要，请付讨论。

朱董事赞成分组的新办法，决定分管理、业务、财务三小组。除朱、凌两董事外，由各董事自行认担。如左：

管理小组：李烛尘、王耕、孙锡三

业务小组：陈谦受、费路路、周华康

财务小组：潘禹言、孙啸南、顾忠弼

又经协商结果：关于年终点货查账，请下列董事监察人在天津、北京、上海三地分别进行。

天津：顾忠弼、孙啸南、余啸秋、陈达有

北京：潘禹言、陈谦受、周华康

上海：孙锡三、包培之

议决董事会办事规程由董事长和朱、凌两董事起草提出下次董事会讨论。

在漫谈中，王耕董事说，本人抱着学习的精神，希望能逐步了解本公司的业务经营，私营工厂如能发挥其潜在生产力，建立起经济核算制度，有计划的展开增产节约运到，一定会有成绩的。朱总经理说明本公司大宗生产的造纸呢，以销定产，各造纸厂的规格不同，所用羊毛大部分又需要从国外输入，所以不容易做严密的计划。陈谦受董事提到麻袋厂的计划。李烛尘董事谈苎麻不难织练，如能加以利用，可使精纺部不致因原料缺乏，而停顿。

下午六点五十分散会。

主席　孙锡三

(J144-1-24-58)

311.仁立公司第二百五十五次董事会记录

1952年1月30日

公历一九五二年一月三十日　下午

地点：天津仁立总公司会议室

出席者：孙锡三、凌其峻、潘禹言、周华康、陈谦受、余啸秋、朱继圣、王耕(朱继圣)、孙啸南、陈达有、顾忠弼、李烛尘

一、孙董事长主席

二、诸董事对于会前印发的第二百五十三四次董事会记录，无异议通过。

三、报告事项(朱总经理报告如下)：

(一)本公司重估财产早在一九五〇年初即已开始，此次按政府颁布的条例重新估值和原旧增值

额比较起来，资产总值增加112亿元，为1325亿元，出入不大。至于账外财产，数年以来，已将绝大部分并入正账，在重估时申报的尾数仅1,113,000,000元。重估工作现已全部完成，即将呈请评审会核定。

（二）本公司各单位已将一九五一年度账目结清，惟仍须俟重估财产正式审核后，加以调整，初步计算如下：

总管理处亏	2,894,000,000元(飞机捐献在内)
毛呢纺织厂盈	18,436,760,000元
进出口部盈	4,900,000,000元
地毯总部亏	1,476,000,000元
东方地毯厂亏	218,000,000元
蛋品厂亏	360,000,000元
农场盈	56,900,000元
北京分公司亏	20,000,000元
北京麻袋地毯厂亏	714,000,000元
上海分公司	

估价总纯益193亿余元

（三）一九五〇年一月起至一九五一年五月底止（六至八月未漏税），毛呢纺织厂所缴毛纱税有偷漏情形，查毛纱价格先由我厂按毛纱支数申报价格，再由税局核定税额。我厂一般的根据粗毛纺粗纱报价低，细毛纺细纱报价高，但实际我厂制造工业用呢往往用细毛纺粗纱，以致毛纱报价低于成本，十七个月内，共漏税1,092,000,000元。经税局查账，定案除补缴外，罚款一倍。如此严重错误，检讨起来，我应负主要责任。此事发现以后，已向税局提出按实用羊毛加权平均计算方法，但尚未批复。

（四）本年度生产初步计划与上年度生产两对比，如下：

	1951年产量	1952年计划量
造纸呢	75,534公斤	93.800公斤
纱厂用呢	1,654公斤	19,000公斤
薄哔叽	7,821公斤	24,000公尺
制服呢	10,400公斤	25,500公尺
毛毯	13,342条	24,520条
印刷呢	7,309公尺	
各种呢	2,300公尺	
总值	432亿元	614亿元
进口毛	258,000磅	392,500磅
国毛	107,500市斤	126,500磅
另外加工纺编织线		19,110公斤
编哔叽		24,000公尺

四、讨论事项：

(一)通过董事会办事规程草案

政府只是私营企业之名称不得用“实业”字样，我公司或可用“麻毛纺织股份有限公司”名称。又股东通告方法应明文规定登载天津日报，拟按工商局指示修改进行登记后，请股东会追认。

(二)总公司亟应订立制度，各生产单位拟采用厂长制，先由管理小组订立章则，系统表提出下次会议讨论。

(三)财务计划：

1.发息日期俟与工商局、税务局来联系后，与诸董事协商解决之。

2.北京兴业投资公司方面可添认股金7000万元，连前已付股款，共计1亿元。

3.为减少积压资金期间，拟将北京王府大街空地出让，科学院所给地价太低，尚待协商。厂存柴油发电机与汽油发电机可委信托公司处。所有呢绒成品已由职工组织委员会进行清理，将残次品廉价推销。

4.天津毛厂职工宿舍不敷应用，曾在大连道看过大洋房一所，拟洽购作为宿舍。

(四)其它事项。

朱总经理报告，本公司捐与耀华中学1000万元。

孙董事长称，为资金周转便利起见，除与人民银行联系外，可与私营银行订立存放汇协议。

下午六时二十分散会。

(J144–1–24–59)

津纺统计年报

[中国纺织建设公司天津市分公司(1947 年)]

津纺统计年报

民国三十六年度(1947年)

中国纺织建设公司天津分公司秘书室统计股　编

例　言

民国三十六年度津纺统计年报,现已出版。本刊出版之用意,就狭义方面言,是为了鉴往知来,供本公司各部门设计未来工作之参考;就广义方面言,亦可视为纺织界一种参考资料。

因为物价的长期趋势,永远是上涨的,所以关于金额一类的数字,应当用物价指数来代替,才可以显示出真实的增或减;不过因为时间仓猝,未及一一算出指数。其未能用指数代替了的数字,应请阅者注意!

本年度各表的分类法,仍依照各部门业务的性质来划分,例如人事,工务,业务,财务等。各类之中,并就其内容情形,另列细目,以便阅览。

本刊各表,注重在时间数列;从这些时间数列内,可以看到工作进展的程序。凡不是时间数列,而系属于静态的,例如设备统计,机械排列,保全周期,机械隔距,各机速度,发电设备等均已于"天津中纺二周年"中刊载过,故不再列出,以节篇幅。

统计工作乃系削繁取简,费时费事。本股人手甚少,时间亦不充分;故所制各表,难免挂一漏万。尚祈　方家指正,以匡不逮,幸甚。

编者　卅七·四·一

目　次

1.各厂工人人数

2.各厂工人性别

3.各厂工人年龄

4.各厂工人学历

5.各厂工人籍贯

6.各厂工人部分别

7.各厂工人工别

8.分公司及各厂警役人数

(3)工资

1.各厂各级工人工资概况

2.各厂工资支付总额

三、工务统计

(1)运转

1.各厂平均每日实开纱锭数

2.各厂平均每日实开布机数

3.各厂平均每日实开纱锭百分率

4.各厂平均每日实开布机百分率

5.各厂各支纱平均每十小时所开纱锭数

6.各厂各种布平均每十小时所开布机数

7.各厂各支纱平均每十小时所开纱锭数之百分比

8.各厂各种布平均每十小时所开布机数之百分比

(2) 生产

1.各厂棉纱生产总量

2.各厂棉布生产总量

3.各支自用纱生产量

4.各支售纱生产量

5.各支合股纱生产量

6.各种棉布生产量

7.各种棉布副产品生产量

8.各厂正布生产量

9.各厂次布生产量

10.各厂零布生产量

11.各厂正布生产量占总量百分率

12.各厂次布生产量占总量百分率

13.各厂零布生产量占总量百分率

14.各支棉纱平均每十小时每锭产纱量

15.各种棉布平均每十小时每台产布量

16.各厂二十支棉纱平均每十小时每锭产布量
17.各厂十二磅细布平均每十小时每台产布量
18.各厂生产棉纱平均支数
19.各厂十二磅细布主要组织
20.各主要纱支配花成分百分率
21.各主要纱支用棉品质趋势

(3)耗用原料

1.各厂生产棉纱用棉总量
2.各厂生产棉布用纱总量
3.各厂生产棉纱每件纱通扯用棉量
4.各厂十二磅细布每匹布通扯用纱量

(4)出产下脚

1.各厂纺部下脚出产总量
2.各厂织部下脚出产总量
3.各厂纺部每件纱下脚扯产量
4.各厂织部每匹布下脚扯产量

(5)风耗水余

1.各厂生产棉纱风耗或水余总量
2.各厂生产棉纱平均每件纱风耗或水余量

(6)磅亏磅余

1.各厂生产棉布磅亏或磅余总量
2.各厂生产棉布平均每匹布磅亏或磅余量

(7)工作日数

1.各厂纺部工作日数
2.各厂织部工作日数

(8)工人能力

1.纺部每一值机工人看管机器数目
2.织部每一值机工人看管机器数目
3.各厂纺部每件纱需工人数
4.各厂织部每匹布需工人数
5.各厂纺部每二十小时每万锭纱锭扯用工人数
6.各厂织部每二十小时每百台布机扯用工人数

(9)纱支试验

1.细纱格林差异
2.细纱含水
3.细纱强力
4.细纱强力差异

(10)温湿度

1.混棉间

2.清棉间

3.梳棉间

4.粗纺间

5.精纺间

6.摇纱间

7.成包间

8.准备间

9.织布间

10.整理间

(11)耗用煤电

1.各厂用煤总量

2.各厂用电总量

3.各厂产纱每件纱扯用电量

4.各厂产布每匹布扯用电量

5.各厂发电所发电每度用煤量

6.各厂停电次数

7.各厂停电时数

(12)机械厂

1.各机械工场平均每日机器运转数

2.各类制品生产数量

3.铁件熔铸重量

4.铜件熔铸重量

(13)丝毛麻染厂

1.丝毛麻各厂纺织机运转

2.丝织品生产量

3.麻及毛织品生产量

4.染厂收入原布机染整布匹数量

四、业务统计

(1)原棉

1.各地原棉行情比较

2.天津市各级华北棉平均行情

3.收进总分公司原棉数量

4.各收花处购进原棉数量

5.各收花处运津原棉等级数量

6.各种原棉收进数量

7.各种原棉付用数量

8.各厂原棉付用数量

9.各单位各种原棉库存数量

(2)棉纱

1.分公司二十支棉纱开价与各地行情比较

2.各厂棉纱销售数量

3.棉纱批售对象

4.棉纱自用及调拨数量

(3)棉布

1.分公司十二磅细布开价与各地行情比较

2.各厂棉布销售数量

3.棉布批售对象

4.棉布自用及调拨数量

(4)成品

1.各种成品逐月销售数量

2.各种成品收销结存数量

3.各种成品外运数量

4.代销总公司来货数量

5.代销青岛分公司来货数量

五、财务统计

(1)分公司及各厂各项费用逐月增涨率

(2)分公司及各厂各项费用百分比

(3)分公司各项业务费用逐月比较

(4)分公司各项业务费用百分比

(5)丝织厂各月各项开支百分比

(6)第一机械厂各月各项开支百分比

六、成本统计

(1)各厂二十支棉纱单位制造成本逐月增涨率

(2)各厂十二磅细布单位制造成本逐月增涨率

(3)各厂总制造成本逐月增涨率

(4)各厂耗用原料价值对成本总值之百分比

(5)各厂直接工人工资对成本总值之百分比

(6)各厂制造费用对成本总值百分比

(7)各厂厂务费用对成本总值百分比

(8)第一机械厂各工场生产价值统计

七、材料统计

(1)分公司各月购入材料价值

(2)分公司各月分配材料价值

(3)分公司各月库存材料价值

(4)各厂委托分公司代购各类材料价值

(5)各厂自购各类材料价值

(6)各厂付用各类材料价值

(7)各厂库存各类材料价值

(8)各厂各月购入材料价值

(9)各厂各月付用材料价值

(10)各厂各月库存材料价值

(11)第一机械厂各月付用原料价值

(12)物料检验数量

八、运输统计

(1)运输室收入支出及其盈余状况

(2)运输室各项支出费用逐月比较

(3)铁路运输进出口物品数量

(4)水路运输进出口物品数量

(5)第一仓库收发物品统计

(6)第二仓库收发物品统计

(7)自运运费价目变动状况

九、建筑统计

(1)各单位新建工程面积及款额

(2)各单位修缮工程面积及款额

(3)各单位新建工程逐月进度

(4)各单位修缮工程逐月进度

十、福利统计

(1)福利费用

1.各单位福利费用分配金额概况

2.各单位福利费用分配金额逐月比较

(2)文化

1.各单位图书馆购置图书数量

2.各单位图书分类统计

3.各单位借阅图书人数

4.各单位借阅图书次数

(3)教育

1.各单位小学及幼稚园班数及学生人数

2.各单位小学及幼稚园各年级学生人数

3.各厂劳工补习班班数及人数

(4)福婴

1.各厂托儿所概况

2.各厂托儿所平均每日受托婴儿人数

(5)卫生

1.各单位医务室诊病人数

3.各单位员工诊病科别人数

(6)合作

1.各单位员工消费合作社社员人数

2.各单位员工消费合作社职员人数

3.总社购进货品分类金额

4.总社分配各分社货品分类金额

5.各分社购进货品金额

6.各分社平售货品金额

7.各分社平售货品分类金额

8.平均每一社员逐月购用货品金额

(7)住宿

1.各厂宿舍间数及住宿工人人数

2.各厂住宿工人占在厂工人之百分率

十一、其他有关统计

(1)纺织设施

1.全国棉纺织厂主要设备

2.河北平津区棉纺织厂主要设备

3.本公司沪青津及东北各厂主要设备

(2)棉田及棉产

1.世界棉产量

2.全国棉田及棉产

3.河北省棉田及棉产

(3)棉纺织品进出口贸易

1.中国棉纺织品进口贸易值

2.中国棉纺织品出口贸易值

3.天津棉纺织品进口贸易值

4.天津棉纺织品出口贸易值

(4)物价

1.天津市主要商品趸售价格

2.天津市生活必需品零售价格

(5)物价指数与生活费指数

1.天津市趸售国货价格指数

2.天津市零售国货价格指数

3.天津市公务员生活费指数

4.天津市工人生活费指数

(6)金融

1.天津市利率行情

2.天津市银钱业存放款额

3.天津市银钱业汇款额

4.天津市票据交换额

5.天津市买卖外汇行市

(7)其他生产

1.河北省四大民营纱厂生产量及销售量

2.天津市主要面粉厂生产量及销售量

3.永利碱类生产量及销售量

4.久大盐类生产量及销售量

5.其他一般生产概况

(8)花纱布与主要食粮

1.天津市花纱布与主要食粮价格

2.天津市花纱布与主要食粮联销价比

3.天津市花纱布折合主要食粮数量

一、一年来津纺大事记

一月一日:王副理瑞基代表河北省职业界,赴京出席国民代表大会,并转赴上海总公司,公毕返津。

四　日:技术人员训练班开学。

廿九日:王副理瑞基及机械厂吴厂长树谷,出席华北钢铁会议。

二月二日:强化统计工作,本分公司拟具详细办法。

十　日:北平办事处升格。

汪专员绍文代业务课长。

十二日:王副理视察各厂,统筹本年建筑工程。

十六日:社会部谷部长来津,并赴第二厂视察。

沪毛纺织走锭一部,计三百九十锭,装箱运津。

十七日:为改进工厂环境卫生,中央卫生署邀请环境卫生专家查良钟先生来津办理。

本分公司与启新洋灰公司,成立订织麻袋合约。

廿三日:各厂员工子弟学校,举行首次教职员会议,杨经理亲临指导致训。

三月二日:本公司为提倡国术,特邀请张之江将军在七厂礼堂演讲。

三　日:中国统计学社,在津成立分社,我应邀派员参加筹备。

十　日:原棉分级法,按品质等级再详加分析,制订成分表,函各厂照办。

十五日:石家庄打包厂已购妥,由胡专员宝峰,转由北平飞往接收。

十七日:为谋增加生产,安定工作,本公司与冀北公司互惠电力。

十九日:警卫集训班,隆重举行开学典礼;警备司令部卢副司令济清莅临指导。

二十日:国际劳动局访问团狄波女士来津考察;参观第一及第二两厂。

廿四日:送电发生困难,第四及第六两厂暂时停车,五厂赖三厂供电,未受影响。

廿七日:主意机械修配,举行保全会议。

四月一日:杨经理及吴本蕃厂长,自平飞沪述职。

为建立稽核手续,正式成立稽核室,总公司特派蒋步墀专员来津主持。

清查委员会结束,未了事务,由分公司总务课承办。

三　日:送电问题获得初步解决,第四及第六两厂,可轮流开工。

九　日:加强各厂工作效率,发动奋力增产运动;王卢副理,刘总工程师及各厂长研讨策划,将各厂生产标准提高。

十六日:杨经理在沪公毕,飞平返津。

廿一日:本分公司上年度工作成绩,经济部特予嘉奖。

廿二日:第二厂增开额外纱锭9680枚。

廿四日:第一期警卫集训总队,举行毕业典礼。

五月一日:庆祝五一劳动节,举行职工联欢会。

总公司核准陈工程师汝昌兼工务课长。

二　日:一厂陈工程师华松积劳成疾,病逝医院。

三　日:杨经理王副理及卢副理宴请司徒大使。吴本蕃厂长在沪公毕返津。

纺织学会河北平津区分会,由本分公司王副理与北洋朱经理及纺织界名流,筹备组织。

五　日:进行接收天津打包厂,该厂厂房机器设备等均极完善。

订购印度麻布一批,备作打包之用。

八　日:沪第十七纺织厂厂长秦德芳,自沪飞津参观。

冀电唐厂发电减少,第四,第五及第六,三厂用电受限。

十二日:纱布商号登记合格者,首批发表671家。

十九日:第一机械厂计划制造布机。

丝织厂原料将由总公司装运来津。

一,二,三月份合订本统计月报,由统计股编竣出版。

二十日:纱布商号登记合格者,第二批发表155家。

廿七日:冀电唐厂电力略有增加,第四,第五及第六,三厂用电已见好转。

三十日:农工部长马超俊北来视察,参观第二厂。

六月二日:上海第七纺织厂顾副厂长等一行抵津,分赴各厂参观。

购进启新大批洋灰,分运沪青总分公司。

四　日:平市驻津纱布商号登记,首批审查合格者65家。

九　日:沪第十七纺织厂吕、夏两副厂长等一行,自沪飞平来津,参观各厂。

十　日：机械厂第一季第二辆工场即接七厂电力。

十二日：过会计课长少华因公赴沪。

十六日：第四，第五及第六三厂生产用电又有改善。

函准中原公司第一支店平价代售零布。

加强防护，统一指挥筹备警卫大队。

廿三日：纱布商号登记合格者，又发表第三批262家，平驻津商号登记合格者，103家，总计天津商号1088家，平驻津商号168家。

第二届原棉研究班即将派员赴沪参加。

廿七日：加强机械厂工作，配合纱厂所需呀，各纺织厂厂长赴机械厂参观。

三十日：为调节平市布价，将在平办理批售。

七厂制帽部，近期将恢复，并亟谋生产花布；装竣八色印机一台。

七月七日：燃料供应办法，今起统购统收统发。

省立工学院学生，分别入厂实习。

十一日：前孔院长祥熙抵津，莅第一厂参观。

十二日：本市卫生等局首长联合参观第二厂医院。

十四日：第七厂染场积极扩充，大批成品行销市面。

建筑委员会主任委员改由刘总工程师兼任。

燃料统筹工作展开，齐集各厂人员，拟订手续。

廿一日：各厂互相见习办法，将由各厂斟酌抽调技术人员办理。

准中原公司北平支店援照津总店办法代售本公司各厂布匹。

材料课在北平洽购大批染料及各种机械。

中央训练团军官总队转业军官七人报到服务。

廿六日：总务课召集沿河各厂，举行防汛工程会议。

廿八日：东北分公司桂经理过津，谈关外各厂损失惨重。

八月一日：培育收花业务人员，总公司将在沪开办业务人员训练班，天津开始报名。

四　日：石家庄存棉开始空运到平，已达二百余件。

物料及颜料将自平运津。

机械厂应沪一厂之托，制木梭一批。

本公司允尽量供给天津织染公会包纱。

纺调会请本公司代查棉粮价格。

五　日：技训班教育委员会主任一席，改由总经理兼任；今日举行首次教委会议。

十一日：各厂防汛工程，已自行动工培修。

纺织学会津分会函请分公司各厂加入为团体会员。

十五日：本分公司招考业务人员，今日起举行初试。

电力供应该部，第四，第五及第六厂调班。

十八日：巴西棉3347件自沪运津，葫芦岛存棉七千包已启碇来津。

十九日：总公司召开业务会议，汪课长飞沪。

廿五日:总公司已核准租用浙江兴业银行仓库。

廿六日:美军撤退,二厂宿舍(中纺招待所)由我收回。

廿七日:材料课迁营口道新址。

廿八日:东北分公司存棉将运津,已派员赴沈洽办。

经济部纺建估价会顾问曾伯康君来津,视察各厂。

分公司督导团由刘总工程师领导,加紧巡迴各厂督导。

廿九日:上海第三纺织厂黄云骙厂长来津,分别参观各厂。

九月一日:购料委员会今日成立,统筹材料之采购及储配事宜。

考取业务人员三名,准予赴沪参加复试。

本公司人员配备就绪,自本月起停用新人。

各厂估价复核事宜,沪将派高副总稽核来津,会同我方办理。

五　日:冀北电厂三日起,又生障碍,第四,第五及第六厂一度停车,经交涉,今日起恢复常态。

六　日:总公司召开之业务会议,圆满闭幕,汪课长绍文及周主任家祺分返津平。

七　日:四厂培修河堤工程,如期完竣。

十　日:收花处联席会议,在本公司举行,各地收花处主任,均来津参加。

十五日:本分公司对机关团体配售布匹,改订新办法;每年按四季配售四次。

十六日:王副理及刘总工程师赴沪,参加中国纺织联合会及全国纺织工业生产会两会议。

十八日:英驻华大使馆劳工专员韩德,至第二厂参观。

廿一日:津纺织学会在七厂礼堂举行首届年会。

廿二日:保定局势紧张,我在该地存棉,准备抢运。

廿四日:孙课长季良修养痊愈,返津办公。

廿八日:张行政院长莅四厂视察,颇表满意。

十月二日:沪北来督导人员何达等一行抵津。

傅秘书安华赴平,与冀省府洽商购运棉花办法,事毕返津。

沪纺联会圆满闭幕,杨经理当选常务理事,王卢副理及刘总工程师,分任理事及候补理事。

三　日:青岛分公司参观团来津,参观各厂。

四　日:经济部估价复核及总公司督导团工作相继展开。

七　日:二周年纪念特刊编辑委员会,举行成立会。

八　日:杨经理自沪飞平与高副总稽核同车抵津。

十二日:第一届员工子弟小学联合运动会,在民园热烈举行,杨经理致辞,杨夫人发奖。

十四日:高副总稽核等,公毕离津。

美印棉,四千六百余件即到津。

十六日:王副理及刘总工程师,自沪飞平返津。

十七日:经济部估价复核工作,已告完竣。

廿四日:卢副理在平,对购棉办法,有详细指示,此后月可增收一万担,原棉供应,无虞匮乏。

印棉3274包,美棉3400包,日内即可到津。

十一月三日:冀北电力公司第一号发电机,修复完竣;第四,第五及第六厂用电,即可全部恢复供应。

石家庄存棉,加紧空运。

四千件印棉,又将自沪到津。

七厂印染机装竣,并计划添置锅炉。

十三日:石家庄国军撤守,驻石同仁未及逃出,存棉机机械设备,亦均未运出。

十四日:杨经理赴平飞沪,洽商原棉供运问题。

十六日:各厂员工奋力增产,成绩日上,青分公司杨副理、罗厂长等十余人,来津参观。

十七日:本分公司以四厂所产粗布,向印度交换棉花现有五万余担,自沪转津。

廊坊杨村存棉,即将运津。

总公司颁布厉行节约消费办法。

天津市棉纺织产业工会,举行成立大会。

十九日:工务课化验室工作繁重,计划扩充。

美棉1874件,印棉1936件,到津。

二十日:保定存棉,开始空运。

廿二日:杨经理在沪洽商原棉供运事毕返津。

廿四日:印棉四千余件,灵宝棉五百余件,美棉二百余件,及其他物料,自沪运津。

驻石同仁黄建国君,逃抵保定。

廿七日:石家庄同仁杨熙君,及王述先君,徒步抵津。

十二月一日:彭厂长一行十二人,搭轮赴沪参观。

三　日:保定存棉大部抢运完了;马毓禄及王锡疆二君来津,报告工作。

本分公司组织业务视察团,赴各地收花处视察。

五　日:蒋稽核步墀调沪;左稽核固六抵津。

河北省审计处派员本公司办理审计事宜。

十五日:总公司保险事务所,决在各地设立分所,由各分公司经理或副理兼主任。

本分公司成立二周年纪念日,因时值非常,决定不举行任何仪式。

廿二日:七千件美棉,在沪装船,即将到津。

总公司为造就纺织专门人才,在沪组设研究班。

廿三日:本分公司发起救济难民运动

本分公司天津第一机厂自制自动布机,试车成绩,极为良好。

廿五日:沉默中度过二周年纪念日,分公司暨各厂均照常工作,未放假。

中国纺织建设公司天津分公司统计人员

民国三十六年度(1947)

秘书室统计股

刘楚青　综理统计事宜

陈聚科　主办人事统计

杜联桀　主办工务统计

王金铭　主办业务统计
杨如椿　主办财务统计
刘志尧　绘图

驻外统计员
贾作朴　总务课
许　冀　工务课
王立金　业务课
徐维城　会计课
金配雅　运输室
于德滐　购料委员会
崔志浩　福利委员会
张君正　建筑委员会
张继岩　技术人员训练班
刘国铎　第一纺织厂
何玉铭　第二纺织厂
白荣荫　第三纺织厂
吕文饴　第四纺织厂
曹茹辛　第五纺织厂
张仲瑶　第六纺织厂
沈燕谋　第七纺织厂
张裕元　第一机械厂
苏明章　天津丝织厂
杨文瑞　石家庄打包厂
金贯柏　北平办事处
杨岁初　保定收花处
王天祥　石家庄收花处
田继昌　廊坊收花处
程金辉　唐山采办处

（J157–1–100）

二、人事统计

(1)职员

1.分公司及各厂职员人数

月份	分公司	第一纺织厂	第二纺织厂	第三纺织厂	第四纺织厂	第五纺织厂	第六纺织厂	第七纺织厂	丝织厂	第一机械厂	石家庄打包厂	共计
一月	196	96	90	65	55	52	47	87	8	86		782
二月	205	94	90	66	54	52	47	87	8	86		789
三月	218	100	90	66	54	52	46	87	8	85		806
四月	229	100	87	63	54	51	48	88	8	84		812
五月	237	99	89	64	55	53	50	101	7	82	8	845
六月	238	99	93	65	56	53	51	104	7	81	8	855
七月	239	108	94	67	59	53	52	105	7	84	8	876
八月	250	107	95	67	59	54	53	106	7	84	8	890
九月	261	108	94	67	59	53	52	105	8	82	8	897
十月	258	109	94	67	59	51	51	112	8	81	8	898
十一月	261	107	94	67	59	53	52	112	8	81	7	901
十二月	276	107	94	67	59	53	52	112	8	80	6	914

资料来源:各单位职员人数月报表

2.分公司外地分支机构职员人数

月份	北平办事处	保定收花处	唐山收花处	石家庄收花处	廊坊收花处	杨柳青收花处	石家庄打包厂	共计
一月	12		7	5	6	2		32
二月	10	3	7	5	6			31
三月	9	3	8	5	6			31
四月	8	4	8	5	6			31
五月	8	5	8	5	5		8	39
六月	8	5	8	5	5		8	39
七月	8	5	8	5	5		8	39
八月	9	6	9	6			8	38
九月	11	6	10	5			8	40
十月	13	5	10	5			8	41
十一月	13	5	10	5			7	40
十二月	13	4	10	5			6	38

资料来源:各单位人事月报

说明:办事处及收花处职员人数在总表内均包括在分公司人数内

3.分公司及各厂员工子弟小学教职员人数

月份	分公司			第一纺织厂			第二纺织厂			第三纺织厂			第四纺织厂			第五纺织厂			第六纺织厂			第七纺织厂			共计		
	男	女	合计	男	女	合计	男	女	合计	男	女	合计	男	女	合计	男	女	合计	男	女	合计	男	女	合计	男	女	合计
一月				3	5	8	1	11	12	3	5	8	2	76	9		7	9		3	3	2	7	9	11	40	51
二月				3	6	9	1	10	11	4	4	8	2	6	8	1	6	8		3	3	1	8	9	12	38	50
三月	1	4	5	3	6	9	1	10	11	4	4	8	2	6	8	1	6	8		3	3	1	8	9	13	43	56
四月	2	6	8	3	6	9	1	10	11	4	4	8	2	6	8	1	6	8		3	3	1	8	9	14	45	59
五月	2	7	9	3	6	9	1	11	12	4	4	8	2	6	8	1	6	8		3	3	1	8	9	14	47	61
六月	2	7	9	3	6	9	1	11	12	4	4	8	2	6	8	1	6	8		3	3	1	8	9	14	47	61
七月	2	7	9	3	6	9	1	11	12	4	4	8	2	6	8	1	6	8		3	3	1	8	9	14	47	61
八月	2	11	13	3	6	9	1	13	14	4	6	10	2	9	11	2	9	11		7	7	4	9	13	18	65	83
九月	2	11	13	4	7	11	1	13	14	4	6	10	2	9	1	2	9	11		8	8	4	9	13	19	67	86
十月	2	11	13	4	7	11	1	13	14	4	7	1	2	9	1	2	9	11		8	8	4	9	13	19	68	87
十一月	2	11	13	4	7	11	1	13	14	4	7	1	2	9	11	2	9	11		8	8	4	9	13	19	68	87
十二月	2	11	13	4	7	11	1	13	14	4	7	11	2	9	11	2	9	11		8	8	4	9	13	19	68	87

资料来源:福委会教育组报告

说明:教职员人数未列分公司职员人数内

4.分公司及各厂职员性别

单位别	人数			百分比		
	男	女	合计	男	女	合计
分公司	261	15	276	94.57	5.43	100
第一纺织厂	104	3	107	97.2	2.8	100
第二纺织厂	90	4	94	95.74	4.26	100
第三纺织厂	64	3	67	95.52	4.48	100
第四纺织厂	57	2	59	96.61	3.39	100
第五纺织厂	52	1	53	98.11	1.89	100
第六纺织厂	50	2	52	96.15	3.85	100
第七纺织厂	104	8	112	92.86	7.14	100
丝织厂	6	2	8	75	25	100
第一机械厂	78	2	80	97.5	2.5	100
石家庄打包厂	6		6	100		100
共计	872	42	314	95	5	100

资料来源:各单位职员人数月报

5.分公司及各厂职员年龄

年龄	分公司	第一纺织厂	第二纺织厂	第三纺织厂	第四纺织厂	第五纺织厂	第六纺织厂	第七纺织厂	丝织厂	第一机械厂	石家庄打包厂	共计	百分比
20–25	18	6	12	3	1	1	1	5	2	4		53	5.8
26–30	64	39	27	9	21	16	13	23	1	16	1	230	25.16
31–35	70	22	16	13	17	14	12	32		24	1	221	24.18
									4				
36–40	58	24	23	11	11	10	10	28	1	18	1	198	21.66
41–45	33	9	9	11	5	6	7	7		9		97	10.661
46–50	27	6	4	14	4	6	5	13		7	2	88	9.63
51–55	2	1	1	2			4	3		2	1	16	1.75
56–60	3		2	2				1				8	0.88
61–65	1			2								3	0.33
合计	276	107	94	67	59	53	52	112	8	80	6	419	100

资料来源:各单位报告表

说明:本表系按十二月份人数分析

6.分公司及各厂职员学历

学历		分公司	第一纺织厂	第二纺织厂	第三纺织厂	第四纺织厂	第五纺织厂	第六纺织厂	第七纺织厂	丝织厂	第一机械厂	石家庄打包厂	共计	百分比
小学		3	10	12	13	7	3	1	17	1		1	68	7.44
中学	初中	23	10	10	8	2	1	4	4		2	1	65	7.11
	高中	60	16	17	10	13	10	10	18	2	8	2	166	18.16
	合计	83	26	27	18	15	11	14	22	2	10	3	231	25.27
专门学校	商科	24	8		4	6	1	2	5		7		57	6.24
	纺织	20	9	8	11	3	5	2	8	1			67	7.33
	机工	4	4	4	2	1	2		2		5		24	2.62
	其他	26	19	17	11	8	8	9	19	2	17		135	14.88
	合计	74	40	29	28	18	16	13	34	3	29		284	31.07
大学毕业	政经	35	4	1	1	1	3	2	2	1	6	1	57	6.24
	纺织	1	12	5	2	8	6	8	9		1		52	5.69
	机工	13	1	2	2	2	5	2	2		22		51	5.58
	其他	51	9	10	2	5	8	6	14	1	8	1	115	12.58
	合计	100	26	18	7	16	22	18	27	2	37	2	275	30.09
国外留学	政经	2	1										3	0.33
	纺织	7	2	4		2	1	1	5				22	2.41
	机工	1	1	2		1		3	2		4		14	1.53
	其他	6	1	2	1			2	5				17	1.86
	合计	16	2	8	1	3	1	6	12		4		56	6.13
总计		276	107	94	67	59	53	52	112	8	80	6	914	100

资料来源:各单位职员名册

7.分公司及各厂职员籍贯

籍贯	分公司	第一纺织厂	第二纺织厂	第三纺织厂	第四纺织厂	第五纺织厂	第六纺织厂	第七纺织厂	丝织厂	第一机械厂	石家庄打包厂	共计	百分比
河北省	128	38	21	30	19	32	32	55	4	22	4	385	42.12
天津市	52	20	31	20	13	5	9	14	2	9	1	176	19.26
江苏省	14	7	5	2	2	1	2	7		7		47	5.14
山东省	13	6	5	4	3	1	3	5		4	1	45	4.92
河南省	8	4	1	3	8	1	1	5	1	1		33	3.61
浙江省	10	6	3	1		1	1	5		3		30	3.28
山西省	7	3	3		5	3	1	3		5		30	3.28
安徽省	6	3	2	2	1	2		1		8		25	2.74
湖南省	5	3	13	1	1					1		24	2.62
北平市	7		4	4		2		1		5		23	2.52
江西省	2	10			3			1	1	3		20	2.19
广东省	8	1			1	1				2		13	1.42
日本	7							2		1		10	1.09
四川省	1	2			1	1	2	1				8	0.87
上海市			1			2		5				8	0.87
辽宁省	2	1			1			2		1		7	0.77
湖北省		3				1				3		7	0.77
福建省	2		1					2		1		6	0.66
陕西省	2		1				1			1		5	0.55
青岛市	1							1				2	0.22
察哈尔省			1		1							2	0.22
大连市			2									2	0.22
云南省	1											1	0.11
南京市								1				1	0.11
广西省										1		1	0.11
贵州省										1		1	0.11
哈尔滨市										1		1	0.11
重庆市								1				1	0.11
合计	276	107	94	67	59	53	52	112	8	86	6	914	100

资料来源：各单位职员名册

8.分公司及各厂职员部分别

部　份	分公司	第一纺织厂	第二纺织厂	第三纺织厂	第四纺织厂	第五纺织厂	第六纺织厂	第七纺织厂	丝织厂	第一机械厂	石家庄打包厂	共计	百分比
经理室	3											3	0.33
总工程师室	1											1	0.11
秘书室	13											13	1.42
稽核室	3											3	0.33
总务课	30											30	3.28
业务课	86											86	9.41
会计课	28											28	3.06
工务课	27											27	2.95
运输室	17											17	1.86
购委会	26											26	2.84
建委会	13											13	1.42
福委会	21											21	2.3
技训班	8											8	0.87
厂长室		1	1	1	1	1	1			2		8	0.87
专员室											1	1	0.11
纺纱工场		32	24	16	14	10	13	16				125	13.68
织布工场		23	18	10	10	10	11	14				96	10.5
调查试训部分		6	6		2	3		3				20	2.19
机动部分		8	9	6	4	3	3	9				42	4.59
总务课		17	19	14	11	12	12	15		11	2	113	12.36
人事课		7	6	6	4	5	4	7		3		42	4.6
会计课		9	5	10	5	6	5	8		9	2	59	6.46
诊疗室		4	6	1	3	3	3	6		4		30	3.28
染场				3				28				31	3.39
麻场					5							5	0.55
毛场								6				6	0.66
工务课										4		5	0.55
设计课										15	1	15	1.64
第一工场										4		4	0.44
第二工场										5		5	0.55
第三工场										5		5	0.55
第四工场										5		5	0.55
第五工场										9		9	0.98
校管场										4		4	0.44
厂务主任室									1			1	0.11
工务股									1			1	0.1
会计股									3			3	0.33
总务股									3			3	0.33
合计	276	107	94	67	59	53	52	112	8	80	6	914	100

资料来源:各单位人事月报

9.分公司及各厂职员职级

职　级	分公司	第一纺织厂	第二纺织厂	第三纺织厂	第四纺织厂	第五纺织厂	第六纺织厂	第七纺织厂	丝织厂	第一机械厂	石家庄打包厂	共计	百分比
经理	1											1	0.1
副经理	2											2	0.22
总工程师	1											1	0.11
厂长			1	1	1	1	1			1		6	0.66
副厂长		1								1		2	0.22
厂务主任									1			1	0.1
工程师	6	3	4	3	3	2	1	5		4		31	3.39
专门委员	2											2	0.22
技训班副主任	1											1	0.11
秘书	1											1	0.11
课长	4											4	0.44
课主任		3	3	3	3	3	3	3		2	1	24	2.62
稽核	1											1	0.11
组长	4											4	0.44
专员	7										1	8	0.87
股长	14									2		16	1.75
警卫大队长	1											1	0.11
技师	9	14	10	7	9	6	8	16		16		95	10.39
技术员	7	35	19	24	12	14	16	28	1	16	1	173	18.93
日籍技师(股长)	1											1	0.11
日籍技术员	5											8	0.87
办事处主任	1											1	0.1
收花处主管员	4											4	0.44
办事员	126	21	13	21	14	19	12	17		22	2	267	29.21
助理员	53	22	32	7	13	4	5	32	4	12	1	185	20.24
组员	5											5	0.55
试用员	4											4	0.44
练习生	3	4	6		1	1	3	3		1		22	2.41
雇员	8											8	0.87
医师	1	2	2	1	1	1	1	2		2		13	1.42
日籍医师	1											1	0.11
护士	1	2	4		2	2	2	4		2		19	2.08
药剂员	1											1	0.11
助产士	1											1	0.11
合　计	276	107	94	67	59	53	52	112	8	80	6	914	100

资料来源:各单位人事月报

10.分公司及各厂职员薪级

薪级	分公司	第一纺织厂	第二纺织厂	第三纺织厂	第四纺织厂	第五纺织厂	第六纺织厂	第七纺织厂	丝织厂	第一机械厂	石家庄打包厂	共计	百分比
600元	4									1		5	0.55
550							1					1	0.11
500		1	1	1	1	1		1				6	0.66
450	1									1		2	0.22
420	1											1	0.11
390	1	2			1	1		1		1		7	0.77
360	4		2		2	1	1	2		3		15	1.64
330	7	1	1	1				1				11	1.2
300	3		1	2						2		8	0.87
290									1			1	0.11
270	2	5	3	4	3	1	2	1		3	1	25	2.74
250	8	4	7	2	7	4	4	8		6		50	5.47
230	7	8	2	2		2	2	9		6		38	4.16
210	4	2	1	2	2	1	3	1		2		18	1.97
200	2					1		1				4	0.44
190	14	6	5		1	3	1	5		4		39	4.26
180			1					1		1		3	0.33
170	9	5	5	1		3	2	5		6	1	37	4.05
160		1				1		1				3	0.33
150	9	10	6	5	4	6	8	7		7		62	6.78
140	3	1	3	2	1	4	2			4		20	2.19
130	19	7	6	16	6	2	3	8	1	7		75	8.2
120	33	10	1	4	4	5	1	3	1	6	1	69	7.55
110	23	4	1	4	7	6	9	7		3	1	65	7.1
100	20		3	7	3	3	1	7	1	1		46	5.03
90	16	9	3	4	1			3			1	37	4.05
80	19	3	3	4	2	1	5	3		6		46	5.03
70	28	10	30	3	10	6	1	16	1	5		110	12.03
65					1							1	0.11
60	20	12	3	1	2		3	17	3	2		63	6.89
55	2	1										3	0.33
50	8	1		2				1		2	1	15	1.64
45	5											5	0.55
40	3	4	6				3	2				18	1.97
30	1				1	1		1		1		5	0.55
合计	276	107	94	67	59	53	52	112	8	80	6	914	100

资料来源:各单位人事月报

11.分公司及各厂女性职员人数

职　级	分公司	第一纺织厂	第二纺织厂	第三纺织厂	第四纺织厂	第五纺织厂	第六纺织厂	第七纺织厂	丝织厂	第一机织厂	共计
技术员		1						1			2
办事员				1				1			2
助理员	6		2	2				1	2		13
练习生	1										1
雇员	5										5
医师								1			1
护士	1	2	1		2	1	2	4		2	15
药剂员	1										1
助产士	1		1								2
合　计	15	3	4	3	2	1	2	8	2	2	42

资料来源：各单位人事月报

12.分公司及各厂职员动态

月　份	分公司	第一纺织厂	第二纺织厂	第三纺织厂	第四纺织厂	第五纺织厂	第六纺织厂	第七纺织厂	丝织厂	第一机械厂	石家庄打包厂	共计
卅五年十二月底人数	192	92	82	62	54	51	46	86	8	86		759
卅六年 一　月	+4	4	+8	+3	+1	+1	+1					+23
二　月	+9	−2		+1	−1							+7
三　月	+13	+6					−1	−1		−1		+17
四　月	+11		−3	−3		−1	+2	−1		−1		+6
五　月	+8	−1	+2	+1	+1	+2	+2	−2	1−	−2	+8	+33
六　月	+1		+4	+1	+1		+1	−1		−1		+10
七　月	+1	+9	+1	+2	+3		+1	+3		+3		+21
八　月	+11	−1	−1			+1	+1					+12
九　月	+11	+1	+1			−1	−1	−2	+1	−2		+9
十　月	−3	+1				−2	−1	−1		−1		+1
十一　月	+3	−2				+2	+1				−1	+3
十二　月	+15							−1		−1	−1	+13
十二月底人数	276	107	94	67	59	53	52	112	8	80	6	914

资料来源：各单位人事月报

注：+号为进用，−号为退职。

13.分公司及各厂医务人员动态

月　份	分公司	第一纺织厂	第二纺织厂	第三纺织厂	第四纺织厂	第五纺织厂	第六纺织厂	第七纺织厂	第一机械厂	共计
卅五年十二月底人数	2			2		3	4	3	4	18
卅六年一　月	+2		+2			−1				+3
二　月										
三　月										
四　月	+1		−2	−1		−1	−2	−1		−6
五　月			+2			+2		+4		+8
六　月		+1	+4				+1			+6
七　月		+2			+3					+5
八　月										
九　月		+1								+1
十　月										
十一　月										
十二　月										
十二月底人数	5	4	6	1	3	3	3	6	4	35

资料来源：各单位人事月报

14.分公司及各厂留用日籍职员动态

月　　份	分　公　司			第七纺织厂	第一机械厂	共计
	业务课	工务课	福委会			
卅五年十二月底人数	4	4	1	2	1	12
卅六年一　　月						
二　　月						
三　　月						
四　　月						
五　　月						
六　　月						
七　　月						
八　　月						
九　　月						
十　　月	−2			−2		
十一　　月						
十二　　月						
十二月底人数	2	4	1	2	1	10

资料来源:各单位人事月报

(2)工人

1.各厂工人人数

月　份	第一纺织厂	第二纺织厂	第三纺织厂	第四纺织厂	第五纺织厂	第六纺织厂	第七纺织厂	丝织厂	第一机械厂	校上月增减
一月	5282	4758	2703	2082	1653	1709	4201	80	690	+863
二月	5288	4843	2739	2179	1647	1643	4055	101	690	+27
三月	5362	4870	2756	2243	1652	1639	4090	95	834	+356
四月	5300	4820	2778	2107	1655	1650	4113	96	918	−104
五月	5248	4953	2868	2170	1664	1652	4197	93	956	−364
六月	5250	4992	2934	2168	1662	1650	4229	91	980	+155
七月	5283	4967	2957	2192	1663	1654	4294	96	980	+130
八月	5269	4945	2962	2200	1664	1653	4295	92	1004	−2
九月	5321	4911	2972	2202	1661	1653	4307	91	1026	+60
十月	5339	4865	2971	2191	1657	1643	4304	91	1047	−36
十一月	5324	4853	2962	2190	1657	1644	4293	94	1067	−24
十二月	5389	4838	2998	2183	1653	1643	4289	95	1132	+136

资料来源:各厂工人月报表

2.各厂工人性别

月份	第一纺织厂		第二纺织厂		第三纺织厂		第四纺织厂		第五纺织厂		第六纺织厂		第七纺织厂		丝织厂		第一机械厂		总计					
	男	女	男	女	男	女	男	女	男	女	男	女	男	女	男	女	男	女	男	百分比	女	百分比	合计	百分比
一月	2536	2746	2419	2339	1631	1072	900	1182	909	744	908	801	2163	2038	64	16	690		12220	52.77	10938	47.23	23158	100
二月	2529	2759	2408	2435	1646	1093	920	1259	893	754	863	780	2109	1946	87	14	690		12145	52.38	11040	47.62	23185	100
三月	2536	2826	2396	2474	1669	1087	933	1310	910	742	857	782	2125	1965	78	17	834		12338	52.41	11203	47.59	23541	100
四月	2519	2781	2388	2432	1692	1085	915	1192	913	742	864	786	2130	1983	80	16	918		12419	52.99	11018	47.01	23437	100
五月	2509	2739	2393	2560	1763	1105	938	1232	914	750	862	790	2170	2027	80	13	954	2	12583	52.87	11218	47.13	23801	100
六月	2575	2675	2398	2594	1796	1138	940	1228	916	746	862	788	2171	2058	77	14	980		12715	53.08	11241	46.92	23956	100
七月	2568	2715	2392	2575	1803	1154	944	1248	919	74	858	786	2177	2117	80	16	980		12731	52.86	11355	47.14	24086	100
八月	2576	2693	2394	2551	1825	1137	948	1252	923	741	867	786	2176	2119	77	15	1001	3	12787	53.09	11297	46.91	24084	100
九月	2620	2701	2383	2528	1824	1148	953	1249	925	736	864	789	2190	2117	76	15	1023	3	12858	53.26	11286	46.74	2414	100
十月	2603	2736	2378	2487	1809	1162	948	2243	925	732	862	781	2205	2099	76	15	1045	2	12851	53.31	11257	46.69	24108	100
十一月	2604	2720	2380	2473	1827	1135	950	1240	925	732	862	782	2211	2082	79	15	1065	2	12903	53.57	11181	46.43	24084	100
十二月	2611	2778	2377	2461	1821	1177	951	1232	922	731	859	784	2215	2074	80	15	1130	2	12966	53.53	11254	46.47	24220	100

资料来源:各厂工人月报表

3.各厂工人年龄

年龄	第一厂			第二厂			第三厂			第四厂			第五厂			第六厂			第七厂			丝织厂			机械厂			总计		
	男	女	合计	男	女	合计	男	女	合计	男	女	合计	男	女	合计	男	女	合计	男	女	合计	男	女	合计	男	女	合计	男	女	合计
11–15	81	392	473	37	304	341	24	92	116	19	20	39	1	13	14	42	97	139	73	505	574	6	3	9	6		6	289	1422	171
16–20	1006	1830	2836	470	1150	1620	371	619	990	117	776	893	150	398	548	230	432	662	516	1151	1667	40	7	47	190		190	3090	6363	9453
21–25	682	365	1047	624	615	1239	512	293	805	255	293	548	202	183	385	192	76	268	488	245	733	7	3	10	293	1	294	3255	2074	5329
26–30	413	93	506	432	200	632	331	91	422	267	75	342	220	81	301	123	129	252	399	92	491	9	1	10	263	1	264	2457	763	3220
31–35	185	43	228	295	80	375	199	42	241	102	26	128	123	24	147	111	18	129	271	48	319	11		11	160		160	1457	281	1738
36–40	86	31	117	221	60	281	157	19	176	85	23	108	100	22	122	63	15	78	193	24	217	3	1	4	98		98	1006	195	1201
41–45	67	16	83	115	21	136	100	10	110	40	8	48	53	6	59	27	7	34	175	7	182	3		3	64		64	644	75	919
46–50	42	6	48	100	20	120	69	6	75	34	9	43	44	4	48	42	5	47	48	3	51	1		1	38		38	418	53	471
51–55	33	2	35	65	9	74	33	4	37	25	1	26	14		14	24	4	28	30	3	33				11		11	235	23	258
56–60	14		14	18	2	20	22	1	23	7	1	8	6		6	5	1	6	19		19				7		7	98	5	103
61以上	2		2				3		3				9		9				3		3							17		17
共计	2611	2778	5389	2377	2461	4838	1821	1177	2998	951	1232	2183	922	731	7653	859	784	1643	2215	2074	4289	80	15	95	1130	2	1132	12966	11254	24220

资料来源:各厂报告

4.各厂工人学历

学历	第一纺织厂			第二纺织厂			第三纺织厂			第四纺织厂			第五纺织厂			第六纺织厂			第七纺织厂			丝织厂			第一机械厂			总计		
	男	女	合计	男	女	合计	男	女	合计	男	女	合计	男	女	合计	男	女	合计	男	女	合计	男	女	合计	男	女	合计	男	女	合计
未学	1605	2407	4012	704	2039	2743	844	1000	1844	643	1151	1794	218	600	818	203	412	615	1	1	2							4218	7610	11828
私塾1–8年	227	70	297	33		33	432	16	448	198	25	223				63	2	65				32		32	87		87	1072	113	1185
小学肄业	473	179	652	1278	281	1559	283	83	366				389	76	465	456	356	812	1173	286	1459	37		37	336		336	4425	1261	5686
小学毕业	141	59	200	277	96	373	79	23	102	61	11	72	18	12	30	118	10	128	215	104	319	9		9	617		617	1535	315	1850
初中肄业	23	18	41	25	16	41	10	5	15	7	2	9				4	3	7	63	33	96	2		2	48	2	50	182	79	261
初中毕业	42	20	62	36	19	55	7	2	9	34	7	41	7	13	20	11		11	25	5	30				21		21	183	66	249
高中肄业	3		3	3	3	6	4	1	5	1		1	1		1	4	1	5	10	6	16				7		7	33	11	44
高中毕业	28	5	33	12	7	19	4	3	7	7	3	10	4	3	7				17		17				9		9	81	21	102
大学肄业	2	1	3	1		1																			5		5	8	1	9
大学毕业	3		3	1		1					2	2	1		1				6		6							11	2	13
未详	64	19	83	7		7	158	44	202		31	31	284	27	311				705	1639	2344		15	15				1213	1775	2993
共计	2611	2778	5389	2377	2461	4838	1821	1177	2998	951	1232	2183	922	731	1653	859	784	1643	2215	2074	4289	80	15	95	1130	2	1132	12966	11254	24220

资料来源:福委会惠工组调查

5.各厂工人籍贯

籍贯	第一纺织厂			第二纺织厂			第三纺织厂			第四纺织厂			第五纺织厂			第六纺织厂			第七纺织厂			丝织厂			第一机械厂			总计		
	男	女	合计	男	女	合计	男	女	合计	男	女	合计	男	女	合计	男	女	合计	男	女	合计	男	女	合计	男	女	合计	男	女	合计
天津市	1564	1730	3294	1131	1396	2527	316	150	466	501	633	1134	270	515	785	232	327	559	697	829	1525	10	8	18	539		539	5260	5588	10848
河北省	811	843	1654	1048	945	1993	1288	947	2235	351	517	868	561	200	761	477	351	828	1234	1025	2259	60	7	67	439		439	6269	4835	11104
山东省	159	110	569	103	68	171	164	58	222	46	34	80	67	7	74	81	58	139	168	104	272	6		6	58		58	852	439	1291
北平市	28	55	83	40	36	76	25	14	39	10	13	23	15	5	20	48	32	80	83	97	180	2		2	46		46	297	252	549
河南省	13	12	25	50	11	61	5	1	6	7	9	16	2		2	5	7	12	10	3	13				2		2	94	43	137
山西省	6	3	9		1	1	2		2	4	2	6	1		1	1	3	4	3		3				9		9	26	9	35
江苏省	11	5	16	5	4	9	7	1	8	15	11	26	1		1	2	2	4	4	3	7				7		7	52	25	70
浙江省	2	4	6				4	1	5	2	5	7				3		3	4	1	5	1		1	7	1	8	23	12	35
江西省	8	3	11							2		2				1		1							4		4	15	3	18
广东省	1	4	5				4	2	6	1		1		1	1	2	2	4			6				2		2	16	9	25
湖南省	2		2																6									2		2
湖北省	2	1	3				1		1		1	1	1	1	2	2		2							3		3	9	3	12
云南省		1	1																										1	1
福建省	1		1							1																		1		1
辽宁省	2	7	9				1		1		1	2				2	1	3	1	2	3				9		9	16	11	27
陕西省	1		1																						1		1	2		2
安徽省							4	2	6		1	2	1		1		1	1	4	6	10				3	1	4	13	11	24
上海市								1	1	1	4	14										1		1				11	5	16
热河省										10	1	1																	1	1
察哈尔省																3		3	1	4	5							4	4	8
南京市																									1		1	1		1
大连市													2		2													2		2
沈阳市													1	1	2													1	1	2
青岛市														1	1														1	1
共计	2611	2778	5389	2377	2461	4838	1821	1177	2988	951	1232	2183	925	731	1653	859	784	1643	2215	2074	4289	80	15	95	1130	2	1132	12966	11254	24220

资料来源:各厂报告

6.各厂工人部分别

厂　别	纺场	织厂	原动部	印染厂	麻场	毛织厂	丝织厂	机械厂	其他部	共计
第一纺织厂	2955	1835	190						409	5389
第二纺织厂	2047	2114	295						382	4838
第三纺织厂	1411	1056	227	64					240	2998
第四纺织厂	817	567	136		382				281	2183
第五纺织厂	564	737	86						266	1653
第六纺织厂	658	794	170						41	1643
第七纺织厂	146	1712	417	246		147			321	4289
丝织二厂							87		8	95
第一机织厂								973	159	1132
合　计	9898	8795	1521	310	382	147	87	973	2107	24220

资料来源:各单位工人月报表

7.各厂工人工别

厂　别	工　人　数			百　分　比		
	直接工	间接工	合　计	直接工	间接工	合　计
第一纺织厂	4788	601	5389	88.85	11.15	100
第二纺织厂	4458	380	4838	92.15	7.85	100
第三纺织厂	2528	470	2998	84.32	15.68	100
第四纺织厂	1829	354	2183	83.78	16.22	100
第五纺织厂	1301	352	1653	78.71	21.29	100
第六纺织厂	1432	211	1643	87.16	12.84	100
第七纺织厂	3551	738	4289	82.79	17.21	100
丝织二厂	86	9	95	90.53	9.47	100
第一机织厂	973	159	1132	85.95	14.05	100
共　计	20946	3274	24220	86.48	13.52	100

资料来源:各单位工人月报表

8.分公司及各厂警役人数

月　份	分公司	第一纺织厂	第二纺织厂	第三纺织厂	第四纺织厂	第五纺织厂	第六纺织厂	第七纺织厂	丝织厂	机械厂	共　计
一月	150	218	201	105	149	220	101	256	8	110	1518
二月	158	217	203	106	158	230	109	252	10	129	1572
三月	166	254	207	108	168	240	108	250	10	129	1640
四月	166	135	206	113	174	245	111	250	7	136	1543
五月	236	108	195	114	79	218	156	117	8	131	1362
六月	241	108	138	118	80	220	156	118	8	142	1329
七月	264	110	138	130	80	222	157	118	8	143	1370
八月	280	115	137	139	81	229	174	121	8	147	1431
九月	276	116	134	142	81	231	173	122	8	145	1428
十月	300	118	133	143	80	232	171	120	8	155	1460
十一月	309	121	133	144	80	231	173	125	8	156	1480
十二月	316	124	132	145	82	148	173	121	8	159	1408

资料来源:各单位警役月报

(3)工资

1.各厂各级工人工资概况

单位:元

工资基数		一月	二月	三月	四月	五月	六月	七月	八月	九月	十月	十一月	十二月
月给工	1.40元	290625	394794	548733	600641	954166	1508968	1616068	1651815	1622468	1785095	2604363	4747910
月给工	1.30	269863	366595	509538	557238	886011	1401184	1500634	1533828	1505319	1657588	2418337	4408773
月给工	1.20	249105	338395	470343	514835	817857	1293401	1385201	1415842	1389526	1530082	2232311	4069637
日给工	1.20	219789	298584	415008	454266	721638	1141236	1222236	1249272	1226052	1350072	1969686	3590856
日给工	1.15	210640	286144	397716	435339	691570	1093685	1171310	1197219	1174967	1293819	1887616	3441237
日给工	1.05	192329	261263	363132	397483	631434	998582	1069457	1093113	1072796	1181313	1723476	3141200
日给工	0.95	174007	236379	328548	359628	571297	903479	967604	989007	970625	1068807	1559335	2842761
日给工	0.85	152638	211498	293942	321772	511161	808376	865751	884900	868454	956301	1395195	2543523
日给工	0.75	137374	186616	259380	283917	451024	713273	763898	780795	766283	843795	1231054	2244285
日给工	0.70	128216	174174	242088	264989	420956	665721	712971	728742	715197	787542	1148984	2094666
日给工	0.65	119058	161734	214796	246061	390888	618170	662045	676689	664112	731289	1066914	1945047
日给工	0.60	109899	149292	207504	227133	360819	570618	611118	624636	613026	675036	984873	1795428
工人生活费指数	上半月	5992	7189	11156	11598	16791	32455	33951	34702	34057	37502	49995	99746
	下半月	6219	9399	11190	13639	23300	30947	33951	34702	34057	37502	59432	99746

资料来源:根据天津市政府社会局发表之天津市工人生活费指数

注:(1)月给工按三十四日计算,日给工按三十日计算

2.各厂工资支付总额

单位:百万元

月份	第一纺织厂	第二纺织厂	第三纺织厂	第四纺织厂	第五纺织厂	第六纺织厂	第七纺织厂	丝织厂	第一机械厂	共计	逐月增减%
一月	869	1621	548	422	335	303	773	8	145	5024	–
二月	979	1016	577	462	373	333	799	10	200	4749	–5.47
三月	1547	1599	907	670	593	468	1330	15	327	7456	+57.00
四月	1704	1746	1010	613	625	538	1490	20	372	8118	+8.88
五月	2941	2944	1731	1255	1027	891	2400	39	666	13894	+71.15
六月	4170	4813	2543	1538	1524	1381	3679	48	1128	20824	+49.88
七月	4738	5025	2857	2066	1700	1587	3966	53	1208	23200	+11.41
八月	4943	5007	2896	2036	1692	1603	4154	54	1264	23649	+1.94
九月	4802	5145	2847	2020	1715	1559	4235	62	1233	23618	–0.13
十月	5635	5759	3296	2384	1970	1814	4850	79	1445	27232	+15.30
十一月	7567	7820	4240	3208	2826	2466	6440	91	2114	36772	+35.03
十二月	15365	15195	9007	6422	5907	5761	12676	186	4200	74719	+103.20
合计	55260	57690	32459	23096	20287	18704	46792	665	14302	269255	–

三、工务统计

(1)运转

1.各厂平均每日实开纱锭数

单位:枚

厂别	班别	一月	二月	三月	四月	五月	六月	七月	八月	九月	十月	十一月	十二月	平均
第一厂	日	78717	80771	88794	85613	88402	89451	83571	88730	90324	89665	82384	88778	86267
	夜	81205	84732	91352	89637	93600	92669	87323	92196	94639	93730	87658	94260	90250
第二厂	日	55777	57523	58714	60829	63065	60687	60183	62107	62677	61708	58263	61476	60251
	夜	57654	57756	59566	62817	64784	63032	62494	63921	62692	63324	58937	63225	61684
第三厂	日	46249	4887	467411	46289	46701	46504	46320	46467	47245	46725	39792	46438	45863
	夜	47480	46166	483119	48312	48287	48216	47774	48103	48711	47737	42240	47699	47420
第四厂	日	23981	23204	21047	23433	24847	28075	28653	28639	23378	25329	24522	25930	25253
	夜	21403	19864	18923	20941	21069	23978	23413	23769	23719	22814	22848	23068	22151
第五厂	日	17426	14781	13207	17551	16764	16204	18526	19186	18401	17677	17924	18428	17173
	夜	14906	14229	13568	17390	15815	14710	15205	15353	14415	16741	17629	17240	15600
第六厂	日	16361	15887	1253	18336	17973	18450	17932	19485	18226	19020	18103	17530	17489
	夜	14367	13527	11889	15608	14153	13770	12675	13669	14845	15998	15143	15148	14233
第七厂	日	42933	41085	45586	45958	46599	46255	44780	46504	46430	47392	40700	44357	44882
	夜	45371	44131	47629	47266	47173	46745	45677	46949	48373	48044	42158	46250	46314
共计	日	281444	278138	286652	298009	304351	305626	299365	311118	308681	307516	281688	302937	297177
	夜	282386	280405	291246	301971	304881	303120	294561	303960	307394	308388	286613	306890	297651

资料来源:各厂工务月报

2.各厂平均每日实开布机数

单位:台

厂别	班别	一月	二月	三月	四月	五月	六月	七月	八月	九月	十月	十一月	十二月	平均
第一厂	日	1916	1897	1841	1897	1927	1927	1920	1990	2001	2001	1999	1999	1943
	夜	1875	1899	1839	1890	1936	1919	1935	1994	2003	2004	2004	2003	1942
第二厂	日	1978	1939	1987	2008	2008	2008	1946	1973	2008	2006	2008	1982	1988
	夜	2001	1964	1975	2013	2013	2013	1963	1976	1955	2013	2013	1992	1991
第三厂	日	983	947	980	982	983	974	982	970	989	991	972	991	979
	夜	990	948	992	93	990	991	979	983	1000	1000	999	991	988
第四厂	日	656	598	588	618	606	666	680	677	611	616	602	622	628
	夜	605	528	583	537	501	563	546	558	618	573	560	614	566
第五厂	日	622	543	476	566	581	594	691	686	649	617	638	658	610
	夜	516	485	480	578	479	486	524	519	517	549	599	570	525
第六厂	日	571	540	482	601	612	638	670	671	642	668	653	652	617
	夜	538	425	474	492	530	596	572	570	556	549	519	515	528
第七厂	日	1522	1481	1413	1393	1440	1387	1285	1452	1469	1502	1499	1422	1439
	夜	1515	1488	1424	1402	1448	1397	1295	1458	1510	1519	1514	1447	1451
共计	日	8248	7945	7767	8065	8157	8194	8174	8419	8363	8401	8371	8326	8203
	夜	8040	7737	7767	7905	7897	7965	7814	8058	8159	8207	8208	8132	7991

资料来源:各厂工务月报

3.各厂平均每日实开纱锭百分率

厂别	班别	一月	二月	三月	四月	五月	六月	七月	八月	九月	十月	十一月	十二月
第一厂	日	81.7	83.8	92.2	88.9	91.7	92.8	86.7	92.1	93.9	93.1	85.5	92.1
	夜	84.3	87.9	94.8	93.0	97.1	96.2	90.7	95.7	98.2	97.3	91.0	97.8
第二厂	日	92.5	95.4	96.3	92.2	95.6	92.0	91.2	94.1	95.0	93.5	88.3	93.2
	夜	95.6	95.8	97.7	95.2	98.2	95.5	93.2	96.9	95.0	96.0	89.3	95.8
第三厂	日	94.7	91.9	95.7	94.8	95.7	95.3	94.9	94.4	96.0	95.0	80.9	94.4
	夜	97.3	94.6	9.0	9.0	98.9	98.8	97.9	97.8	99.0	97.0	85.8	96.9
第四厂	日	80.1	77.5	70.3	78.2	83.0	93.7	95.7	95.6	84.7	84.6	81.9	86.6
	夜	71.1	66.3	63.2	69.9	70.4	80.1	78.2	79.4	79.2	76.2	76.3	77.0
第五厂	日	84.4	71.6	64.0	85.0	81.2	78.5	89.8	93.0	89.2	85.6	86.8	89.3
	夜	72.2	68.9	65.7	84.3	76.6	71.3	73.7	74.4	69.8	81.1	85.4	83.5
第六厂	日	77.8	75.5	59.7	87.1	85.4	87.7	85.2	92.6	86.6	90.4	86.0	83.3
	夜	68.3	64.3	56.5	74.2	67.3	65.4	60.2	65.0	70.6	76.0	72.0	72.0
第七厂	日	85.7	82.0	91.0	91.8	93.0	92.4	89.4	92.9	92.7	94.6	81.3	88.6
	夜	90.6	88.1	95.1	94.4	94.2	93.3	91.2	93.7	96.6	95.9	84.2	92.4
平均	日	86.0	85.0	87.4	89.5	91.4	91.8	90.1	93.4	92.6	92.3	84.5	90.9
	夜	86.3	85.7	88.8	90.7	91.6	91.1	88.1	91.2	92.2	92.5	86.0	92.1

资料来源:各厂工务月报

4.各厂平均每日实开布机百分率

厂别	班别	一月	二月	三月	四月	五月	六月	七月	八月	九月	十月	十一月	十二月
第一厂	日	95.6	94.7	91.9	94.7	96.2	96.2	95.8	99.3	99.9	99.9	99.7	99.8
	夜	93.6	94.8	91.8	94.3	96.6	95.8	96.6	99.5	100.0	100.0	100.0	99.9
第二厂	日	98.3	96.3	98.7	99.8	99.8	99.8	96.7	98.0	99.8	99.7	9.8	98.5
	夜	99.4	97.6	98.1	100.0	100.0	100.0	97.5	98.2	97.1	100.0	100.0	99.0
第三厂	日	98.9	95.4	98.7	98.9	99.0	98.6	98.9	97.7	98.9	99.1	97.2	99.1
	夜	99.7	91.2	99.9	100.0	99.7	99.8	98.6	99.0	100.0	100.0	99.9	99.1
第四厂	日	93.7	85.4	84.0	88.3	86.6	95.1	97.1	96.7	87.3	88.0	86.0	88.9
	夜	86.4	75.4	83.3	76.7	71.6	80.4	78.0	79.7	88.3	81.9	80.0	87.7
第五厂	日	88.7	77.6	68.0	80.6	83.0	81.6	98.7	98.0	92.7	88.1	91.1	94.0
	夜	75.8	69.3	68.6	82.6	68.4	69.4	74.9	74.1	73.9	78.4	85.6	81.4
第六厂	日	81.6	77.1	68.9	85.9	87.4	91.1	95.7	81.0	91.7	95.4	93.3	93.1
	夜	76.9	60.7	67.7	70.3	75.7	85.1	81.7	81.4	79.4	78.4	74.1	73.6
第七厂	日	99.5	96.8	92.4	91.0	94.4	90.7	84.0	94.9	96.0	98.2	98.0	92.9
	夜	99.0	97.3	93.1	91.6	94.6	91.3	84.6	95.3	98.7	99.3	98.6	94.6
平均	日	95.5	92.0	89.9	93.3	94.4	94.6	94.6	97.4	96.8	97.2	96.8	96.3
	夜	93.0	89.1	89.9	91.5	91.4	92.2	90.4	93.3	94.4	94.9	94.9	94.0

资料来源:各厂工务月报

5.各厂各支纱平均每十小时所开纱锭数

单位:枚

支 别	第一厂	第二厂	第三厂	第四厂	第五厂	第六厂	第七厂	共计
10´s	2202	978	1271	1300		716	88	6555
16´s					2325			2325
20´s	11597	6132	8495	7252	7583	8184	655	49898
21´s	24579	23087			7927	7440	14319	77352
22´s		23082	32769	12613				59464
23´s	24092						13042	37134
32´s		9072	13534				17199	39805
42´s	17108			3334				20442
60´s	11942							11942
合 计	91520	62351	47069	24499	17835	16340	45303	304917

资料来源:各厂工务月报

说明:本表系十二月份数字用以代表全年概况

6.各厂各种布平均每十小时所开布机数

单位:台

种 类	第一厂	第二厂	第三厂	第四厂	第五厂	第六厂	第七厂	共计
12P细布	1776	1987	976	530			1184	6453
12又1/4P特平布					614	570		1184
6P细布							251	251
11P斜纹	225							225
8P哔叽				88				88
包布			15			14		29
合 计	2001	1987	991	618	614	584	1435	8230

资料来源:各厂工务月报

7.各厂各支纱平均每十小时所开纱锭之百分比

支 别	第一厂	第二厂	第三厂	第四厂	第五厂	第六厂	第七厂	共计
10´s	33.59	14.92	19.39	19.83		10.93	1.34	100.00
16´s					100.00			100.00
20´s	23.24	12.29	17.03	14.53	15.20	16.40	1.31	100.00
21´s	31.78	29.85			10.25	9.62	18.51	100.00
22´s		38.82	39.97	21.21				100.00
23´s	64.88						35.12	100.00
32´s		22.79	34.00				43.21	100.00
42´s	83.69			16.31				100.00
60´s	100.00							100.00
合 计	30.01	20.45	15.4	8.03	5.85	5.36	14.86	100.00

资料来源:各厂工务月报

8.各厂各种布平均每十小时所开布机数之百分比

种　类	第一厂	第二厂	第三厂	第四厂	第五厂	第六厂	第七厂	共计
12P细布	27.52	30.79	15.13	8.21			18.35	100.00
12又1/4P特平布					51.86	48.14		100.00
6P细布							100.00	100.00
11P斜纹	100.00							100.00
8P哔叽				100.00				100.00
包布			51.72			48.28		100.00
合　计	24.31	24.14	12.04	7.51	7.46	7.10	17.44	100.00

资料来源:各厂工务月报

(2)生产

1.各厂棉纱生产总量

单位:件

月　份	第一厂	第二厂	第三厂	第四厂	第五厂	第六厂	第七厂	共　计
一月	2782.91	2977.88	1768.91	1153.45	831.42	736.68	2072.75	12324.00
二月	3125.44	3154.05	1839.34	1203.02	791.30	781.27	1943.80	12838.22
三月	3333.79	3100.90	2018.55	894.34	735.62	492.35	2153.42	12728.97
四月	3853.65	3581.16	2222.10	1288.21	1113.81	902.92	2352.66	15314.51
五月	4467.63	3786.50	2458.32	1201.87	1176.05	825.78	2435.50	16351.65
六月	4013.91	3421.66	2299.89	1316.31	1046.78	896.64	2319.60	15314.79
七月	4065.86	3520.66	2402.15	1476.24	1242.36	1067.69	2410.45	16185.41
八月	3636.35	3312.411	2279.32	1257.58	1143.93	1104.98	2357.83	15092.40
九月	4226.62	3526.74	2386.60	1253.99	11153.15	1109.82	2614.80	16271.72
十月	4517.92	3746.26	2451.91	1220.70	1240.34	1110.19	2889.43	17176.75
十一月	4107.92	3651.79	2334.44	1302.49	1249.63	999.31	2452.58	16098.16
十二月	4950.53	41944.62	2743.88	1661.86	1371.89	1160.22	2720.70	18803.70
合　计	47082.53	41974.63	27205.41	15230.06	13096.28	11187.85	28723.52	184500.23

资料来源:工务统计月报

2.各厂棉布生产总量

单位;匹

月　份	第一厂	第二厂	第三厂	第四厂	第五厂	第六厂	第七厂	共　计
一月	71034	90721	40003	23036	23392	20129	55944	324259
二月	78353	91258	40313	22413	21172	19532	54865	327906
三月	79709	94839	43186	18722	20083	16544	61631	334714
四月	95381	105563	47930	23892	3150	24090	67335	395741
五月	102180	106331	52993	23476	31075	25014	70327	411396
六月	93894	105621	49153	24840	28413	25695	64551	392167
七月	100998	109055	51032	31820	36189	32370	61115	422579
八月	98735	97041	47507	30220	34278	31312	72058	411151
九月	109102	105823	51954	33069	34960	31414	86533	452855
十月	112949	109596	52583	33320	35434	33084	88396	465362
十一月	102059	100847	48642	29871	36315	30802	72690	421226
十二月	119202	116490	59189	37040	39740	35661	82826	490148
合　计	1163596	1233185	584485	331719	372601	325647	838271	4849504

资料来源:工务统计月报

3.各支自用纱生产量

单位:件

月 份	T10′S	W10′S	W20′S	T21′S	W21′S	T22′S	W22′S	T23′S	W23′S	T30′S	T31′S	W32′S	共 计
一月				2593.30	1356,43			1985.31	2745.11				8680.15
二月	29.04	146.23		2428.95	2249.96			2422.57	1719.61				8996.36
三月	2.53	218.01		2779.56	741.40			2105.91	3394.45	53.72			9295.58
四月	67.24	41.04	300.50	3949.44	402.34	812.02	173.13	857.61	4097.58	159.37		109.92	10970.19
五月	46.56	22.92	302.60	4673.69	402.66	704.76	623.15	313.40	3964.95	140.95		140.87	11336.50
六月		19.86	696.64	4307.33	1271.75	681.52	596.28	361.74	2391.68	160.69		121.24	10608.73
七月	14.20	25.84	889.06	4891.44		1149.53	1006.69		3247.45	210.21			11434.42
八月	34.54	16.27	821.22	4255.71		1089.43	1871.46		1838.02	487.79		339.68	10754.12
九月	24.21	19.21	824.53	3757.07		1042.98	2088.17		2063.18	188.09	314.03	413.45	10734.92
十月	14.33	16.66	826.49	5106.50		1010.77	2133.69		1355.60	218.43		337.92	11020.39
十一月	39.16	25.77	833.89	5167.34		337.46	2276.96		2115.05			45.16	10840.79
十二月	72.66	30.48	953.93	5616.68		1188.02	2692.29		2243.08			192.36	12989.50
合 计	344.47	582.29	6448.86	49527.01	6424.54	8016.49	13461.87	8046.54	31175.76	1619.25	314.03	1700.60	12661.65

资料来源:工务统计月报

4.各支售纱生产量

单位:件

月 份	1.5′S	3′S	10′S	16′S	20′S	21′S	23′S	32′S	40′S	42′S	60′S	杂纱	共计
一月			146.04	12.01	1878.83		28.63	1205.40		72.44			3343.35
二月				240.30	1285.35		9.22	1665.02		206.84			3407.73
三月				211.63	721.16		13.01	1572.50		402.08		1.00	2920.38
四月			379.87	270.13	1160.47		23.33	1853.32		277.25			3964.37
五月			537.99	315.21	1552.42		2.96	1758.43		457.54			4624.55
六月			604.89	283.59	1281.25		17.73	1730.58		395.69			4313.73
七月		17.42	716.72	212.55	701.39			1976.29	162.05	708.29	122.27		4616.98
八月	34.17	47.75	786.39	243.02	170.99	9.43		1957.78	191.02	752.12	139.80		4332.47
九月	65.33	53.88	767.30	238.62	378.55	926.32	12.50	1878.84	174.90	885.95	121.25		5503.44
十月	47.74	61.46	732.31	296.97	1092.67	4.00	943.41	1807.24	173.34	480.38	25.15		5664.67
十一月	24.49	33.78	813.87	266.42	3011.85	380.48	14.00	118.65	53.19	118.81	5.69		4841.23
十二月	57.78	41.72	682.06	222.26	2635.23	19.39	10.00	1395.57		554.86	195.33		5814.20
合 计	229.51	256.01	6167.44	2812.71	15870.16	1339.62	1074.79	18919.62	754.50	5312.25	609.49	1.00	53347.10

资料来源:工务统计月报

5.各支合股纱生产量

单位:件

月　份	3/2′s	10/2′s	10/4′s	20/3′s	32/2′s	32/3′s	42/2′s	42/3′s	60/2′s	共计
一月		9.94	52.56	1.89		104.37	55.76		75.89	300.50
二月		19.89	37.66			200.74		84.49	91.35	434.13
三月		36.67	10.40			269.35		82.39	114.19	513.00
四月	6.00	19.39	21.15			111.78	40.45	41.14	140.05	379.96
五月	11.00	32.80	3.13			97.59	87.10		158.97	390.59
六月	21.60	46.68				96.20	91.92	1.97	133.96	392.33
七月	38.25					95.76				134.01
八月	5.81									5.81
九月					32.22	1.14				33.36
十月					25.13	37.64	313.42		115.50	491.69
十一月				91.30	4.43	21.61	149.30		151.50	418.14
十二月				115.20		45.40	250.88		191.00	602.48
合　计	82.66	165.37	124.90	208.48	61.78	1081.58	988.83	209.99	1172.41	4096.00

资料来源:工务统计月报

6.各种棉布生产量

单位:匹

月　份	12磅细布	18磅细布	6磅细布	12.25磅特平布	11磅斜纹	8磅哔叽	共计
一月	271798			42123	6808		320729
二月	278740			39728	7333		325801
三月	287980	399		36227	8031		332637
四月	317962	9201		55159	9906		392228
五月	330327	11992		55597	11011		308927
六月	316444	9919		53737	10281		390381
七月	330219	6814	4856	68136	10626		420651
八月	290609	19966	21360	64991	10642	1920	409488
九月	320483	25310	22370	65373	11357	6320	451213
十月	340898	25019	11273	66991	11861	7120	463162
十一月	331160	3602	1690	65791	10900	6400	419543
十二月	380063		14616	73936	21926	6400	487941
合　计	3796683	112222	76165	687789	121682	28160	4822701

资料来源:工务统计月报

7.各种棉布副产品生产量

单位:匹

月　份	包布	衬布	药布	共计
一月	3530			3530
二月	2105			2105
三月	2077			2077
四月	3032		481	3513
五月	2256		213	2469
六月	1786			1786
七月	1928			1928
八月	1663			1663
九月	1487	155		1642
十月	2090	110		2200
十一月	1683			1683
十二月	2207			2270
合　计	25844	265	694	26803

资料来源:工务统计月报

8.各厂正布生产量

单位:匹

月　份	第一厂	第二厂	第三厂	第四厂	第五厂	第六厂	第七厂	共计
一月	57778	80723	37374	18538	21193	19777	45510	280893
二月	64812	76628	37214	17745	19458	18738	43603	278198
三月	65614	83556	39390	15534	18598	16085	53027	291804
四月	81519	94274	43260	20141	29322	23307	60242	352065
五月	89508	96711	47736	21504	28924	24354	64153	372890
六月	80757	95672	45469	22740	26808	25172	58242	354860
七月	94890	101218	47671	27100	34986	31730	51224	388819
八月	93415	88239	43070	25040	32120	30432	66501	378817
九月	103498	96761	45264	29989	33610	30853	82204	422179
十月	107164	101176	50228	29920	33742	32358	84218	438806
十一月	96867	93378	44245	26631	34923	30572	69580	396196
十二月	112882	109007	55398	32820	38535	34921	79090	462653
合　计	1048704	1117343	536319	287702	352219	318299	757594	4418180

资料来源:工务统计月报

9.各厂次布生产量

单位:匹

月　份	第一厂	第二厂	第三厂	第四厂	第五厂	第六厂	第七厂	共计
一月	9437	8733	1557	3559	1756	233	9323	34598
二月	10453	12609	1951	3368	1341	395	10044	40161
三月	9791	10003	2331	2428	1114	298	6808	32773
四月	8558	10214	2772	2791	1348	525	5154	31362
五月	7868	8430	3431	1338	1225	163	3014	25470
六月	8409	9029	2767	1380	1188	289	3252	26314
七月	1120	6637	2529	4100	1203	360	6510	22459
八月	1220	7862	3594	4380	1050	420	3477	22003
九月	1900	8022	4029	2480	785	300	2846	20362
十月	2200	7420	1228	2140	1181	286	2545	17000
十一月	1517	6527	2926	2080	815	130	1825	15820
十二月	2160	6283	3011	2740	708	380	2003	17285
合　计	64633	101769	32126	32784	13715	3779	56801	305607

资料来源:工务统计月报

10.各厂零布生产量

单位:匹

月　份	第一厂	第二厂	第三厂	第四厂	第五厂	第六厂	第七厂	共计
一月	3819	1265	1072	939	443	119	1111	8768
二月	3088	2021	1148	1300	373	399	1217	9547
三月	4304	1280	1465	760	371	161	1796	10137
四月	5304	1075	1898	960	880	258	1939	12314
五月	4804	1190	1826	634	925	497	3160	13036
六月	4728	920	917	720	417	234	3057	10993
七月	4988	1200	832	620	280	3381	11301	
八月	4100	940	843	800	1108	460	2080	10331
九月	3704	1040	2661	600	565	261	1483	10314
十月	3585	1000	1127	1260	511	440	1633	9556
十一月	3675	942	1471	1160	577	100	1285	9210
十二月	4160	1200	780	1480	497	360	1733	10210
合　计	49259	14073	16040	11233	6667	4569	23875	125717

资料来源:工务统计月报

11.各厂正布生产量占总量百分率

月 份	第一厂	第二厂	第三厂	第四厂	第五厂	第六厂	第七厂	平均
一月	81.3	89.0	93.4	80.5	90.6	98.2	81.3	86.6
二月	82.7	84.0	92.3	79.2	91.9	95.9	79.5	84.8
三月	82.3	88.1	91.2	83.0	9.26	97.2	86.0	87.2
四月	85.5	89.3	90.3	84.3	92.9	96.7	89.5	89.0
五月	87.6	91.0	90.1	91.6	93.1	97.4	91.2	90.6
六月	86.0	90.6	92.5	91.6	94.4	98.0	90.2	90.5
七月	94.0	92.8	93.4	85.2	96.7	98.0	83.8	92.0
八月	94.6	90.9	90.7	82.9	93.7	97.2	92.3	92.1
九月	94.9	91.4	87.1	90.7	96.1	98.2	95.0	93.2
十月	94.9	92.3	95.5	89.8	95.2	97.8	95.3	94.3
十一月	94.9	92.6	91.0	89.2	96.2	99.3	95.8	94.1
十二月	94.7	93.6	93.6	88.6	97.0	97.9	95.5	94.4

资料来源:工务统计月报

12.各厂次布生产量占总量百分率

月 份	第一厂	第二厂	第三厂	第四厂	第五厂	第六厂	第七厂	平 均
一月	13.3	9.6	4.0	15.4	7.5	1.2	16.7	10.7
二月	13.3	13.8	4.8	15.0	6.3	2.0	18.3	12.3
三月	12.3	10.5	5.4	13.0	5.5	1.8	11.1	9.8
四月	9.0	9.7	5.8	11.7	4.3	2.2	7.6	7.9
五月	7.7	7.9	6.5	5.7	3.9	0.6	4.3	6.2
六月	9.0	8.6	5.6	5.6	4.2	1.1	5.0	6.7
七月	1.1	6.1	5.0	12.9	3.3	1.1	10.7	5.3
八月	1.2	8.1	7.6	14.5	3.1	1.3	4.8	5.4
九月	1.7	7.6	7.8	7.5	2.3	1.0	3.3	4.5
十月	1.9	6.8	2.3	6.4	3.3	0.9	2.9	3.7
十一月	1.5	6.5	6.0	7.0	2.2	0.4	2.5	3.8
十二月	1.8	5.4	5.1	7.4	1.8	1.1	2.4	3.5

资料来源:工务统计月报

13.各厂零布生产量占总量百分率

月 份	第一厂	第二厂	第三厂	第四厂	第五厂	第六厂	第七厂	平 均
一月	5.4	1.4	2.6	4.1	1.9	0.6	2.0	2.7
二月	4.0	2.2	2.9	5.8	1.8	2.1	2.2	2.9
三月	5.4	1.4	3.4	4.0	1.9	1.0	2.9	3.0
四月	5.5	1.0	3.9	4.0	2.8	1.1	2.9	3.1
五月	4.7	1.1	3.4	2.7	3.1	2.0	4.5	3.2
六月	5.0	0.9	1.2	2.9	1.7	0.9	4.7	2.8
七月	4.9	1.1	1.6	2.0		0.9	5.5	2.7
八月	4.2	1.0	1.8	2.7	3.2	1.5	2.9	2.5
九月	3.4	1.0	5.1	1.8	1.6	0.8	1.7	2.3
十月	3.2	0.9	2.1	3.8	1.4	1.3	1.8	2.1
十一月	3.6	0.9	3.0	3.9	1.6	0.3	1.8	2.2
十二月	3.5	1.0	1.3	4.0	1.3	1.0	2.1	2.1

资料来源:工务统计月报

14.各支棉纱平均每十小时每锭产纱量　　单位:磅

月　份	10′s	16′s	20′s	21′s	22′s	23′s	30′s	31′s	32′s	40′s	42′s	60′s
一月	0.725	0.647	0.492	0.461		0.424			0.233		0.159	0.101
二月	0.766	0.671	0.488	0.460		0.431			0.248		0.166	0.097
三月	0.768	0.693	0.507	0.470		0.444	0.307		0.262		0.183	0.098
四月	0.845	0.681	0.524	0.486	0.496	0.445	0.316		0.271		0.184	0.114
五月	0.841	0.709	0.537	0.509	0.476	0.453	0.334		0.286		0.211	0.131
六月	0.852	0.697	0.528	0.508	0.470	0.447	0.333		0.284		0.204	0.121
七月	0.833	0.700	0.615	0.495	0.455	0.435	0.329		0.282	0.201	0.200	0.120
八月	0.833	0.680	0.505	0.490	0.462	0.426	0.329		0.293	0.201	0.185	0.115
九月	0.864	0.678	0.612	0.523	0.472	0.438	0.330	0.314	0.297	0.200	0.196	0.117
十月	0.858	0.685	0.522	0.542	0.589	0.454	0.329		0.300	0.201	0.202	0.124
十一月	0.877	0.696	0.531	0.539	0.495	0.448			0.307	0.202	0.203	0.121
十二月	0.855	0.709	0.529	0.537	0.487	0.448			0.303		0.201	0.121
平　均	0.829	0.687	0.533	0.502	0.478	0.441	0.326	0.314	0.281	0.201	0.191	0.115

资料来源:工务课旬报

15.各种棉布平均每十小时每台产布量　　单位:码

月 份	12磅细布	10磅细布	6磅细布	12¼磅特平布	11磅斜纹布	8 磅哔叽布	包布	药布	衬布
一月	35.36			34.63	27.38		39.90		
二月	35.63			33.61	27.27		34.12		
三月	37.61	20.96		38.04	27.98		45.04		
四月	39.71	23.84		40.61	31.00		33.54	21.91	
五月	41.24	25.63		43.03	32.72		31.05	21.75	
六月	41.56	23.91		41.93	31.35		33.21		
七月	39.89	20.04	27.51	42.18	31.86		33.04		
八月	39.67	34.12	33.34	43.24	35.96	33.88	39.22		
九月	42.11	34.68	40.46	43.52	39.09	35.03	40.80		40.80
十月	43.56	34.50	37.77	45.58	40.73	39.35	54.05		43.53
十一月	43.93	36.06	41.75	46.26	42.29	40.51	48.11		
十二月	43.53		32.35	46.23	42.29	40.22	58.68		
平均	40.32	28.19	35.53	41.57	34.18	37.80	40.80	21.83	42.17

资料来源:工务课旬报

16.各厂二十支棉纱平均每十小时每锭产布量　　单位:磅

月　份	第一厂	第二厂	第三厂	第四厂	第五厂	第六厂	第七厂	平　均
一月	0.420	0.581		0.523	0.489	0.493	0.489	0.507
二月	0.488	0.573		0.507	0.462	0.448		0.496
三月		0.575		0.535	0.525	0.442		0.519
四月	0.524	0.584		0.559	0.554	0.466		0.537
五月	0.546	0.580		0.551	0.519	0.495		0.538
六月	0.530	0.562		0.544	0.508	0.515		0.532
七月	0.527			0.508	0.510	0.519		0.516
八月					0.496	0.514		0.505
九月	0.542				0.507	0.508		0.519
十月	0.550	0.561	0.504	0.519	0.513	0.508	0.525	0.526
十一月	0.545	0.576	0.511	0.529	0.519	0.509	0.531	0.531
十二月	0.543	0.560	0.495	0.533	0.538	0.509	0.531	0.533
平　均	0.522	0.572	0.503	0.478	0.512	0.498	0.519	0.522

资料来源:工务课旬报

17.各厂十二磅细布平均每十小时每台产布量 单位:码

月　份	第一厂	第二厂	第三厂	第四厂	第五厂	第六厂	第七厂	平　均
一月	32.90	39.78	36.18	33.35	33.64	45.54	32.41	34.83
二月	36.50	38.87	36.18	31.94	36.00	33.81	31.18	34.93
三月	37.79	39.75	36.61	33.68	38.39	37.19	37.39	37.26
四月	40.04	40.50	37.51	37.74	40.59	40.69	40.63	39.68
五月	41.70	40.84	41.52	40.39	45.44	41.98	41.25	41.87
六月	40.26	43.86	40.09	40.26	43.08	40.69	41.44	41.38
七月	39.81	41.45	38.70	38.41	44.03	40.23	38.88	40.22
八月	40.18	40.68	39.12	39.40	46.17	40.43	38.02	40.30
九月	42.29	42.65	41.23	40.28	46.06	40.93	42.18	42.23
十月	43.73	44.27	41.70	42.50	46.75	44.24	44.34	43.93
十一月	44.59	43.87	43.65	42.87	42.04	45.36	43.75	43.73
十二月	44.33	43.43	44.37	42.84	47.95	44.52	42.69	44.30
平　均	40.34	41.75	39.74	38.64	42.53	40.47	39.51	48.39

资料来源:工务课旬报

注:五六两厂所产系特平布

18.各厂生产棉纱平均支数

月　份	第一厂	第二厂	第三厂	第四厂	第五厂	第六厂	第七厂	平　均
一月	25.5	21.9	22.0	21.1	21.3	20.0	23.3	23.2
二月	26.5	22.5	25.6	21.2	20.2	19.6	25.8	23.9
三月	26.6	22.4	25.3	21.5	20.2	20.0	25.3	24.2
四月	26.1	22.3	25.0	20.9	20.2	19.6	25.4	23.7
五月	25.4	22.5	24.5	20.7	19.4	19.6	25.4	23.5
六月	25.5	22.8	24.4	20.7	19.4	19.6	25.5	23.6
七月	26.0	23.0	24.6	22.5	19.7	19.7	25.4	23.8
八月	26.5	24.2	24.9	24.0	19.6	19.6	25.2	24.3
九月	26.1	24.5	25.1	24.4	19.6	19.6	24.4	24.3
十月	25.8	24.1	24.4	24.3	19.6	19.5	23.4	23.8
十一月	23.5	21.1	20.5	21.6	19.5	19.6	20.9	20.9
十二月	24.3	22.0	22.8	21.3	19.8	19.8	24.5	22.7
平　均	25.7	22.8	24.1	22.0	19.9	19.7	24.5	23.5

资料来源:工务课旬报

19.各厂十二磅细布主要组织

项　目	单 位	第一厂	第二厂	第三厂	第四厂	第五厂	第六厂	第七厂
1.长　度	码	40	40	40	40	40	40	40
2.宽　度	寸	36	36	36	36	36	36	36
3.重　量	磅	12.02	12	12	12	12.25	12	12
4.经纱密度	根/寸	64	62.89	66.6	62.56	61.1	61	66.6
5.经纱支数	支	21	21	22	22	21	21	22
6.经纱格林	格林	47.61	47.5	45.5	45.45	47.5	47.6	45.45
7.经纱强力	磅	70	67	65	70	72.5	63	70
8.经纱时燃	转	19.2	19	21	18.8	18.2	18.3	19.42
9.纬纱密度	根/寸	60	60	58.4	62	55	55	60.2
10.纬纱支数	支	23	22	22	22	21	20	23
11.纬纱格林	格林	43.47	45.5	45	45.45	47.5	50	43.48
12.纬纱强力	磅	63	56	61	65	70	65	62
13.纬纱时燃	转	19.2	20	19	18.3	18.25	18	19.4
14.并合轴数	轴	5	6	6	6	5	5	6
15.每轴根数	跟	466	380	404	378	443	438	40.2
16.每轴长度	码	12576	12600	14000	13000	10000	12000	13500
17.每轴净重	磅	328.5	271	307	265.9	251.13	297.84	290
18.经纱重量	磅	5.78	5.635	5.7	5.365	5.511	5.49	5.77
19.纬纱重量	磅	4.82	5.069	4.85	5.22	4.80	5.07	4.9
20.上浆量	磅	1.73	1.521	1.665	1.609	1.90	1.92	1.73
21.每包重量	磅	245	246	246	248	250	250	250

资料来源:工务课各种棉布组织表

注:第五厂及第六厂所产系特平布

20.各主要纱支配花成分百分率

级　别	10′s	16′s	20′s	21′s	23′s-23′s	30′s-32′s	49′s-42′s
特级11/16"-13/32"							70
一级11/16"							30
二级1-1 1/32"						30	
三级15/16"				10		55	
四级7/8"			10	20	50	15	
五级13/16"		45	40	50	30		
六级3/4"		30	30	20	20		
次白13/16"		5					
赤棉3/4"	40						
粗毛	30	10	10				
回花	30	10	10				

资料来源:业务课检验股

说明:本表所列各支纱配花成份,系在卅六年度最后变更之成份。

21.各主要纱支用棉品质趋势 单位:1/16寸

月 份	20´s	T23´s	W23´s	32´s
一月	13	13.875	13.275	14.8
二月	12.9875	13.725	13.275	14.7
三月	12.658	13.6625	13.225	14.675
四月	12.5	13.5	12.05	14.675
五月	12.3667	13.45	13	15.5125
六月	12.4	13.6	13.1	16.0125
七月	13.1	13.75	13.5	17.2
八月	12.55	13.7375	13.57	16.725
九月	12.88	13.605	13.4	15.73
十月	12.717	13.383	13.033	15.567
十一月	12.425	13.417	13.033	15.55
十二月	11.85	13.417	13.3	15.55

(3)耗用原料

1.各厂生产棉纱用棉总量 单位:市担

月 份	第一厂	第二厂	第三厂	第四厂	第五厂	第六厂	第七厂	共 计
一月	11718.81	12056.33	7179.10	4687.93	3536.34	3028.14	8625.04	50831.69
二月	12780.34	12566.49	7454.61	4911.19	3288.36	3199.23	8099.22	52299.44
三月	13307.22	12357.54	8128.51	3646.97	3077.77	2012.08	8976.92	51507.01
四月	15368.65	14233.95	8952.98	5247.31	4579.76	3695.91	9912.58	61991.14
五月	17821.31	15033.34	9781.09	4873.81	4862.89	3387.46	10135.94	65895.84
六月	15989.58	13654.88	9196.53	5302.10	4223.28	3699.09	9326.72	61392.18
七月	16299.41	14141.20	9582.46	5944.97	5028.06	4397.19	9508.28	64901.57
八月	14598.29	13283.31	9072.85	5028.80	4625.03	4529.31	9322.47	60460.06
九月	16969.55	14142.22	9517.17	4975.96	4722.08	4495.96	10410.20	65233.14
十月	18141.81	15023.27	9800.76	4730.20	5094.85	4478.43	11486.06	68755.38
十一月	16697.05	14606.48	9365.50	5047.13	5125.74	4056.42	9909.41	64807.73
十二月	20203.61	16772.26	11028.01	6638.96	5624.48	4731.20	10902.39	75900.91
合 计	189895.63	167871.27	109059.57	61035.33	53788.64	45710.42	116615.23	743976.06

资料来源:工务统计月报

2.各厂生产棉布用纱总量 单位:磅

月 份	第一厂	第二厂	第三厂	第四厂	第五厂	第六厂	第七厂	共 计
一月	795605	997845	429087	245103	241290	221897	636847	3567174
二月	887253	1009605	434819	238698	217383	217213	621563	3626534
三月	912013	1037896	464797	201074	213957	180190	665741	3675668
四月	1097129	1150018	511462	256600	335645	256346	713474	4320674
五月	1156455	1160616	558085	252601	333821	255834	752485	4469870
六月	1070017	1146477	512185	267577	295622	277162	693170	4262210
七月	1154412	1183667	534896	343492	376368	343064	668303	4604202
八月	1113501	1041314	499615	328238	366436	335412	677644	4362160
九月	1171548	1131947	542210	338281	367070	345319	825683	4722058
十月	1206014	1170940	547719	338540	367802	350640	907591	4889246
十一月	1123860	1082506	504680	302041	376952	332499	776384	4498922
十二月	1277681	1276621	620183	378678	418136	386090	834181	5191570
合 计	12965488	13389452	6159738	3490923	3910482	3501666	8772539	52190288

资料来源:工务统计月报

3.各厂生产棉纱每件纱通扯用棉量

单位:市斤

月　份	第一厂	第二厂	第三厂	第四厂	第五厂	第六厂	第七厂	平　均
一月	421.10	404.86	405.85	406.43	425.34	411.05	416.11	412.46
二月	408.91	398.42	405.29	408.24	415.56	409.49	416.67	407.37
三月	399.16	398.51	402.69	407.79	418.39	408.67	416.87	404.64
四月	398.81	397.47	402.91	407.33	411.18	409.33	421.34	404.79
五月	398.10	397.02	397.88	405.52	413.49	410.21	416.17	402.99
六月	398.35	399.07	399.87	402.80	403.45	412.55	402.08	400.87
七月	400.88	401.66	398.91	402.71	404.72	411.84	394.46	400.99
八月	401.45	401.02	398.05	399.88	404.31	409.90	395.38	400.60
九月	401.49	401.00	398.78	396.81	409.49	405.11	398.13	400.90
十月	401.55	401.02	399.72	387.50	410.75	403.39	397.52	400.28
十一月	406.46	399.98	401.18	387.50	410.18	405.92	404.04	402.58
十二月	408.11	399.85	401.91	399.49	409.98	407.78	400.72	403.65
平　均	403.76	399.99	401.09	401.00	411.40	408.77	406.62	403.51

资料来源:工务统计月报

4.各厂十二磅细布每匹布通扯用纱量

单位:磅

月　份	第一厂	第二厂	第三厂	第四厂	第五厂	第六厂	第七厂	平　均
一月	11.37	11.10	10.72	10.64	10.48	11.02	11.37	10.96
二月	11.49	11.59	10.78	10.65	10.46	11.12	11.33	11.20
三月	11.57	10.8	10.76	10.74	10.65	10.86	10.81	10.89
四月	11.62	10.87	10.71	10.74	10.59	10.74	10.77	10.86
五月	11.43	10.87	10.54	10.76	10.74	10.27	10.88	10.78
六月	11.48	10.83	10.70	10.77	10.40	10.77	10.87	10.83
七月	11.53	10.83	10.46	10.79	10.40	10.61	11.60	10.89
八月	11.38	10.84	10.53	10.99	10.69	10.69	10.98	10.87
九月	10.82	11.05	10.52	10.75	10.50	10.95	10.91	10.79
十月	10.76	11.01	10.46	10.75	10.38	10.57	10.84	10.60
十一月	11.10	10.76	10.40	10.69	10.38	10.71	10.80	10.69
十二月	10.80	10.96	10.45	10.69	10.52	10.75	11.00	10.74
平　均	11.28	10.86	10.59	10.75	10.52	10.76	11.01	10.84

资料来源:工务统计月报

(4)出产下脚

1.各厂纺部下脚出产总量

单位:市担

月　份	第一厂	第二厂	第三厂	第四厂	第五厂	第六厂	第七厂	共　计
一月	1548.23	1183.90	755.90	484.72	371.73	344.45	1094.49	5783.42
二月	1336.61	1046.91	779.90	512.72	389.37	354.39	1013.00	5462.90
三月	1129.65	1091.36	802.13	377.91	351.32	219.75	1125.01	5097.13
四月	1279.15	1203.85	884.64	536.18	473.89	404.07	1301.99	6083.77
五月	1504.50	1270.08	853.40	471.80	582.01	373.15	1232.05	6286.99
六月	1348.83	1215.64	844.10	473.88	413.34	414.04	859.50	5569.33
七月	1486.34	1336.30	859.33	535.90	519.78	490.99	732.50	5961.14
八月	1402.72	1209.35	797.47	445.24	459.32	487.18	781.50	5532.78
九月	1630.98	1280.00	849.33	414.80	525.78	445.02	929.00	6074.91
十月	1713.75	1347.00	881.18	290.53	583.74	424.02	1010.50	6250.72
十一月	1789.38	1284.00	880.09	311.30	580.44	407.96	1025.50	6278.67
十二月	2187.30	1490.00	1063.44	591.79	636.13	482.91	1041.50	7493.07
合　计	18387.44	14958.39	10250.91	5446.77	5886.85	4847.93	12146.54	71924.83

资料来源:工务统计月报

2.各厂织部下脚出产总量

单位:磅

月　份	第一厂	第二厂	第三厂	第四厂	第五厂	第六厂	第七厂	共　计
一月	34622	49378	16486	10602	4233	11948	50064	177333
二月	34765	70833	22259	10230	4687	20388	56162	219324
三月	41559	64378	19113	8285	4915	10301	58697	207248
四月	40564	41368	27460	10276	7322	14958	29487	171435
五月	35450	40467	23198	9868	7154	14657	31403	162197
六月	30775	34610	24768	9958	6026	16740	30434	153311
七月	91850	38066	21734	20039	13874	17089	28307	230959
八月	89400	32642	21179	20877	10583	21971	31383	228035
九月	95855	32539	20474	20098	5909	18198	28714	221787
十月	82615	32816	17992	17733	11971	18371	32363	213861
十一月	39188	28336	16042	16046	10172	18723	28096	156603
十二月	49267	31693	20087	19127	17891	15643	35285	188993
合　计	665910	49726	250792	173179	104737	198987	440395	2331086

资料来源:工务统计月报

3.各厂纺部每件纱下脚扯产量

单位:市斤

月　份	第一厂	第二厂	第三厂	第四厂	第五厂	第六厂	第七厂	平　均
一月	55.63	39.76	42.73	42.02	44.71	46.76	52.80	46.90
二月	43.73	33.19	42.40	42.62	49.21	45.36	52.11	42.55
三月	33.88	35.20	39.74	42.26	47.76	44.63	52.24	40.04
四月	33.20	33.62	39.81	41.62	42.54	44.73	54.91	39.67
五月	33.67	33.54	34.71	39.25	49.49	45.19	50.58	38.45
六月	33.60	35.52	36.70	36.00	39.49	46.17	57.05	36.36
七月	36.56	37.96	35.77	36.30	41.83	45.98	30.39	36.83
八月	38.58	36.51	34.98	35.40	40.15	44.08	33.13	36.99
九月	38.59	36.29	35.58	33.08	45.60	40.10	35.52	27.33
十月	37.93	35.96	35.93	23.80	47.07	38.19	34.97	36.39
十一月	43.57	35.16	37.68	23.90	46.45	40.82	41.80	38.27
十二月	44.18	35.52	38.75	35.61	46.37	41.62	39.85	39.85
平　均	39.43	35.69	37.90	35.99	45.06	43.64	44.61	39.14

资料来源:工务统计月报

4.各厂织部每匹布下脚扯产量

单位:磅

月　份	第一厂	第二厂	第三厂	第四厂	第五厂	第六厂	第七厂	平　均
一月	0.487	0.544	0.412	0.460	0.181	0.594	0.895	0.546
二月	0.444	0.776	0.552	0.456	0.221	1.044	1.024	0.669
三月	0.521	0.679	0.443	0.443	0.245	0.623	0.952	0.619
四月	0.425	0.392	0.573	0.430	0.232	0.621	0.440	0.433
五月	0.346	0.381	0.438	0.420	0.230	0.586	0.447	0.394
六月	0.328	0.328	0.504	0.401	0.212	0.652	0.471	0.391
七月	0.909	0.349	0.425	0.629	0.383	0.528	0.463	0.546
八月	0.905	0.336	0.446	0.691	0.309	0.701	0.435	0.554
九月	0.879	0.307	3.394	0.608	0.156	0.579	0.332	0.490
十月	0.731	0.299	0.342	0.532	0.338	0.556	0.365	0.460
十一月	0.384	0.281	0.330	0.537	0.280	6.608	0.385	0.372
十二月	0.413	0.272	0.339	0.516	0.450	0.439	0.426	0.386
平　均	0.564	0.312	0.433	0.510	0.271	0.628	0.553	0.488

资料来源:工务统计月报

(5)风耗水余

1.各厂生产棉纱风耗或水余总量 单位:市担

月　份	第一厂	第二厂	第三厂	第四厂	第五厂	第六厂	第七厂	平　均
一月	71.95	66.30	4.20	17.56	147.57	10.43	8.95	326.96
二月	72.13	74.16	0.13	32.97	27.51	9.76	32.57	249.23
三月	79.93	13.65	1.48	23.70	57.02	5.71	37.57	219.06
四月	105.37	34.80	4.78	36.46	64.07	15.32	73.28	334.08
五月	104.71	22.81	6.94	40.66	13.23	17.72	65.95	272.02
六月	75.09	22.73	6.59	51.59	11.38	31.32	49.85	248.55
七月	58.88	29.13	6.21	52.09		31.77	28.74	206.82
八月		53.89	4.18	20.05	14.62	32.39	*15.13	110.00
九月	1.01	64.39	7.31	10.66	11.71	23.64	*7.42	111.30
十月	73.43	81.84	22.13	10.00	10.13	25.76	*9.60	213.69
十一月	0.85	70.90	14.20	9.37	10.65	22.18	*16.00	112.15
十二月	51.83	60.81	7.58	16.62	10.04	38.08	*12.00	172.96
平　均	695.18	595.41	85.73	321.73	377.93	264.08	236.76	2576.82

资料来源:工务统计月报

注:*为水余量

2.各厂生产棉纱平均每件纱风耗或水余量 单位:市斤

月　份	第一厂	第二厂	第三厂	第四厂	第五厂	第六厂	第七厂	平　均
一月	2.59	2.23	0.24	1.52	17.75	1.42	0.43	2.65
二月	2.31	2.35	0.01	2.74	3.48	1.25	1.68	1.94
三月	2.40	0.44	0.07	2.65	7.75	1.16	1.75	1.72
四月	2.73	0.97	0.22	2.83	5.75	1.70	3.11	2.18
五月	2.34	0.60	0.28	3.38	1.12	2.15	2.71	1.66
六月	1.87	0.66	0.29	3.92	1.09	3.49	2.15	1.62
七月	1.45	0.83	0.26	3.52		2.98	1.19	1.28
八月		1.62	0.18	1.59	1.28	2.93	*0.64	0.72
九月	0.02	1.83	0.31	0.85	1.02	2.13	*0.28	0.68
十月	1.63	2.18	0.90	0.82	0.82	2.32	*0.33	1.24
十一月	0.02	1.94	0.61	0.72	0.85	2.22	*0.65	0.70
十二月	1.05	1.45	0.28	1.00	0.73	3.28	*0.44	0.92
平　均	1.53	1.43	0.30	2.13	3.47	2.25	0.89	1.44

资料来源:工务统计月报

注:*为水余量

(6)磅亏磅余

1.各厂生产棉布磅亏或磅余总量

单位:磅

月份	第一厂		第二厂		第三厂		第四厂		第五厂		第六厂		第七厂		共计	
	磅余	磅亏	磅余	磅亏	磅余	磅亏	磅余	磅亏	磅余	磅亏	磅余	磅亏	磅余	磅亏	磅余	磅亏
一　月	68		11753		11407		8298		4282		11470		8117		55393	
二　月		9551	25084		14551		7765		7395		18027		17533		80804	
三　月		11889	24857		13046		4541			283	12503		47294		90069	
四　月		29976		2950	567		137		2		528		468		879	
五　月		21105		1181	18628		5197		64		21595		7745		30816	
六　月		28693		2042	30754		4716		5331		11532		7474		29072	
七　月		66340		21627		4317		2237				6062		92304		192887
八　月		63201		29950		13059		10785		11373		4550	2979			129939
九　月	72725			30733	24272		1036			10898		9027	995		48370	
十　月	65440			31188	26307			1063		931	6402		2145		67112	
十一月		10586	83399		28239			559		3791	6209		2149		104960	
十二月	25950			31220	30493		1786		4306		2625		2131		30071	

2.各厂生产棉布平均每匹布磅亏或磅余量

月份	第一厂		第二厂		第三厂		第四厂		第五厂		第六厂		第七厂		共计	
	磅余	磅亏	磅余	磅亏	磅余	磅亏	磅余	磅亏	磅余	磅亏	磅余	磅亏	磅余	磅亏	磅余	磅亏
一　月			0.13		0.29		0.36		0.18		0.57		0.15		0.17	
二　月		0.12	0.27		0.36		0.35		0.35		0.92		0.32		0.25	
三　月		0.15	0.26		0.30		0.24			0.01	0.76		0.77		0.27	
四　月		0.31		0.03	0.47		0.23				0.88		0.28		0.09	
五　月		0.21		0.01	0.35		0.22				0.86		0.11		0.08	
六　月		0.31		0.02	0.63		0.19		0.19		0.45		0.12		0.07	
七　月		0.66		0.20		0.08		0.07				0.19		0.45		0.46
八　月		0.64		0.31		0.26		0.36		0.33		0.20	0.04			0.32
九　月	0.67			0.29	0.47		0.03			0.31		0.29	0.01		0.11	
十　月	0.58			0.28	0.50			0.03		0.03	0.19		0.02		0.14	
十一月		0.10	0.83		0.58			0.02		0.10	0.20		0.03		0.25	
十二月	0.22			0.27	0.52		0.05		0.11		0.07		0.03		0.07	

(7)工作日数

1.各厂纺部工作日数

厂别	班别	一月	二月	三月	四月	五月	六月	七月	八月	九月	十月	十一月	十二月	共计
第一厂	日	24	24	24	26	26	25	27	25	26	26	23	26	302
	夜	24	23	24	26	26	25	27	25	26	26	23	26	301
第二厂	日	24	24	24	26	26	24	27	25	26	26	23	26	301
	夜	24	24	24	26	26	24	27	25	26	26	23	26	302
第三厂	日	24	24	24	26	26	25	27	25	26	26	23	26	302
	夜	24	24	24	26	26	25	27	25	26	26	23	26	302
第四厂	日	21	24	17	21	21	21	27	25	26	20	21	26	270
	夜	24	26	21	23	20	19	27	24	26	31	25	26	292
第五厂	日	24	21	24	26	26	24	27	25	26	26	24	26	299
	夜	25	24	20	27	26	24	27	24	26	26	26	26	301
第六厂	日	20	24	18	22	22	22	26	25	25	19	21	26	270
	夜	25	23	18	22	20	19	26	25	26	30	25	26	285
第七厂	日	24	24	24	26	26	25	27	25	26	26	22	26	301
	夜	24	24	24	26	26	25	27	25	26	26	22	26	301

资料来源:各厂工务日报

2.各厂织部工作日数

厂别	班别	一月	二月	三月	四月	五月	六月	七月	八月	九月	十月	十一月	十二月	共计
第一厂	日	24	24	24	26	26	25	27	25	26	26	23	26	302
	夜	24	23	24	26	26	25	27	25	26	26	23	26	301
第二厂	日	24	24	24	26	26	24	27	25	26	26	23	26	301
	夜	24	25	24	26	26	24	27	25	26	26	23	26	302
第三厂	日	24	24	24	26	26	25	27	25	26	26	23	26	302
	夜	24	24	24	26	26	25	27	25	26	26	23	26	302
第四厂	日	20	24	17	21	21	21	27	25	26	20	21	26	269
	夜	25	25	21	24	21	19	27	24	26	31	25	26	294
第五厂	日	24	24	24	26	26	24	27	25	26	26	24	26	302
	夜	25	24	21	26	26	24	27	24	26	26	26	26	301
第六厂	日	20	24	18	21	22	22	26	25	25	19	21	26	269
	夜	25	23	18	22	20	19	26	25	26	30	25	26	285
第七厂	日	24	24	24	26	26	25	27	25	26	26	22	26	301
	夜	24	24	24	26	26	25	27	25	26	26	22	26	301

资料来源:各厂工务日报

(8)工人能力

1.纺部每一值机工人看管机器数目

月　份	梳棉机(台)	精梳机(台)	并条机(孔)	头道粗纺机(锭)	二道粗纺机(锭)	三道粗纺机(锭)	清纺机(锭)	筒子机(筒)	*线机(锭)	摇纱机(台)
一　月	19.972	1.218	21.236	93.002	121.264		309.961	65.002	145.351	1.104
二　月	18.830	1.492	21.599	84.590	122.176		308.345	63.166	136.485	1,124
三　月	18.355	1.502	20.645	83.231	120.705		291.984	55.917	150.290	1.121
四　月	19.276	1.411	20.826	87.496	121.526	95.834	310.121	57.946	132.848	1.121
五　月	19.912	1.368	21.488	86.486	124.363	80.000	315.210	59.341	149.024	1.136
六　月	19.833	1.580	21.500	87.039	125.011	106.667	321.122	57.565	171.313	1.134
七　月	19.710	1.490	21.101	89.244	124.737	145.455	308.391	55.704	183.129	1.131
八　月	18.243	1.570	20.565	78.969	122.018	160.000	305.569	56.388	212.537	1.132
九　月	17.583	1.282	20.518	89.932	122.933	160.000	302.238	57.171	168.601	1.141
十　月	17.280	1.462	20.420	89.065	122.430	159.111	281.952	61.406	185.829	1.142
十一月	17.604	1.596	20.321	88.596	121.222	155.381	300.812	58.182	198.324	1.138
十二月	17.477	1.438	20.061	88.203	122.293	160.000	291.978	61.115	221.135	1.136
平　均	17.667	1.451	20.857	87.154	122.557	101.871	303.140	59.075	171.239	1.130

资料来源:各厂工务日报

2.织部每一值机工人看管机器数目

月　份	络经机(锭)	卷纬机(锭)	整经机(台)	摇纱机(台)	穿扣机(台)	织布机(台)
一　月	43.057		0.661	0.465	0.659	4.748
二　月	42.827		0.632	0.444	0.658	4.804
三　月	41.814		0.675	0.439	0.664	4.916
四　月	42.587	16.000	0.712	0.438	0.670	5.082
五　月	43.404	16.000	0.726	0.454	0.667	5.262
六　月	42.792	16.000	0.682	0.451	0.626	5.256
七　月	43.227	16.000	0.686	0.447	0.607	5.304
八　月	42.323	16.000	0.706	0.443	0.597	5.165
九　月	43.673	16.000	0.695	0.455	0.615	5.287
十　月	44.447	16.000	0.715	0.476	0.631	5.656
十一月	45.061	16.000	0.715	0.479	0.630	5.675
十二月	45.463	16.000	0.711	0.482	0.617	5.668
平　均	43.481	16.000	0.693	0.456	0.637	5.235

资料来源:工务课旬报

3.各厂纺部每件纱需工人数

月　份	第一厂	第二厂	第三厂	第四厂	第五厂	第六厂	第七厂	平　均
一　月	23.098	14.217	15.973	18.461	12.006	19.200	15.073	17.255
二　月	20.464	15.298	15.876	19.197	15.268	18.975	15.892	17.280
三　月	20.432	15.075	14.754	23.914	16.136	25.070	14.770	17.403
四　月	18.465	13.662	14.518	15.507	12.308	16.193	14.740	15.321
五　月	15.936	13.618	14.105	14.344	10.111	15.859	14.211	14.439
六　月	15.620	15.009	14.254	12.673	12.668	15.201	14.640	14.815
七　月	18.241	15.815	14.495	15.346	11.587	15.745	15.214	15.690
八　月	17.268	15.468	14.204	16.612	11.375	14.089	14.794	15.642
九　月	17.140	15.098	14.371	18.354	11.977	16.300	13.784	15.241
十　月	16.271	14.216	13.992	17.919	11.339	13.506	12.450	14.401
十一月	15.880	12.754	13.097	15.115	10.957	14.330	12.851	13.753
十二月	15.687	13.014	13.292	13.804	10.709	14.661	13.941	13.587
平　均	17.875	14.437	14.411	16.771	12.203	16.594	14.363	15.402

资料来源:工务课旬报

4.各厂织部每匹布需工人数

月　份	第一厂	第二厂	第三厂	第四厂	第五厂	第六厂	第七厂	平　均
一　月	0.614	0.614	0.564	0.595	0.765	0.701	0.654	0.607
二　月	0.550	0.530	0.581	0.660	0.804	0.910	0.674	0.611
三　月	0.554	0.525	0.549	0.602	0.825	0.873	0.622	0.594
四　月	0.499	0.511	0.534	0.533	0.649	0.678	0.630	0.552
五　月	0.466	0.511	0.498	0.513	0.625	0.619	0.613	0.529
六　月	0.484	0.451	0.517	0.469	0.652	0.593	0.646	0.549
七　月	0.481	0.518	0.535	0.484	0.538	0.592	0.744	0.546
八　月	0.451	0.537	0.535	0.479	0.518	0.594	0.626	0.527
九　月	0.425	0.510	0.514	0.491	0.538	0.606	0.544	0.502
十　月	0.411	0.493	0.507	0.478	0.527	0.550	0.514	0.489
十一月	0.404	0.473	0.486	0.482	0.513	0.561	0.514	0.473
十二月	0.404	0.481	0.469	0.435	0.490	0.576	0.570	0.489
平　均	0.479	0.513	0.524	0.518	0.620	0.654	0.513	0.539

资料来源:工务课旬报

5.各厂纺部每二十小时每万锭纱锭扯用工人数

月　份	第一厂	第二厂	第三厂	第四厂	第五厂	第六厂	第七厂	平　均
一　月	204	222	182	268	222	255	223	225
二　月	194	221	171	265	215	249	202	217
三　月	207	212	178	276	223	254	214	223
四　月	204	202	177	225	221	254	217	214
五　月	204	196	186	214	227	255	219	214
六　月	204	199	188	211	227	254	223	215
七　月	203	197	193	209	226	250	224	215
八　月	205	201	194	211	228	248	225	216
九　月	208	221	194	207	228	251	227	219
十　月	213	220	191	208	228	253	225	220
十一月	214	221	191	214	230	255	228	222
十二月	218	220	198	199	230	257	227	213
平　均	207	211	181	226	225	253	221	218

资料来源:工务课旬报

6.各厂织部每二十小时每百台布机扯用工人数

月 份	第一厂	第二厂	第三厂	第四厂	第五厂	第六厂	第七厂	平 均
一 月	94	103	100	87	106	107	105	100
二 月	93	101	99	84	103	102	102	98
三 月	93	103	99	84	106	106	104	99
四 月	92	103	99	82	105	105	107	99
五 月	91	104	100	83	103	105	108	99
六 月	91	105	103	83	104	105	108	100
七 月	91	103	102	82	101	106	107	99
八 月	89	103	102	83	102	105	109	99
九 月	89	103	103	85	102	107	110	100
十 月	89	103	103	85	108	108	110	101
十一月	89	102	103	85	103	108	110	100
十二月	89	103	103	81	103	108	109	99
平 均	91	103	101	84	104	106	107	99

资料来源:工务课旬报

(9)纱支试验

1.细纱格林差异(%)

厂别	支 数	一 月	二 月	三 月	四 月	五 月	六 月	七 月	八 月	九 月	十 月	十一月	十二月
第一厂	T21′s	3.65	3.30	1.90	2.26	2.50	2.80	3.60	3.40	3.20	4.36	3.42	3.50
	W23′s	1.00	2.75	1.68	2.24	2.95	3.06	4.30	3.12	4.45	4.00	4.00	4.20
第二厂	T21′s	2.50	2.40	2.60	2.80	2.60	2.30	2.60	3.00	3.60	4.86	5.28	3.70
	W23′s	2.77	2.68	3.18	2.96	2.44	2.98	3.35	3.22	4.00	4.56	3.68	3.70
第三厂	T22′s	4.36	3.80	4.10	4.00	3.60	3.92	4.08	4.50	3.60	3.46	3.84	3.55
	W22′s	3.17	3.38	3.48	4.28	3.28	3.38	3.18	3.10	3.38	3.56	3.28	3.27
第四厂	T22′s	1.80	3.03	2.55	2.68	2.43	2.42	2.85	2.74	3.28	3.10	3.20	2.95
	W22′s	1.90	2.35	2.70	2.52	2.60	2.68	2.38	2.94	3.55	3.03	3.38	3.15
第五厂	T21′s	3.00	2.00	1.80	1.60	1.03	0.68	0.68	1.16	1.33	0.90	0.80	0.67
	W23′s	3.27	2.33	1.98	1.64	1.35	0.66	0.80	1.38	1.70	1.36	0.96	0.75
第六厂	T21′s	0.89	0.77	1.60	2.53	2.91	2.68	3.20	3.25	3.39	4.57	3.28	2.80
	W23′s	0.73	0.76	1.90	2.59	3.04	2.12	3.00	3.02	3.35	4.46	4.02	2.93
第七厂	T21′s	8.28	6.75	6.65	7.67	7.06	6.65	6.98	6.96	6.40	5.57	6.36	6.17
	W23′s	9.06	7.12	7.84	6.64	7.22	7.36	8.08	8.25	7.27	4.42	6.00	7.15

资料来源:工务课试验周报

2.细纱含水(%)

厂别	支 数	一 月	二 月	三 月	四 月	五 月	六 月	七 月	八 月	九 月	十 月	十一月	十二月
第一厂	T21′s	4.90	3.50	4.15	3.80	5.00							
	W23′s	4.50	4.90	4.38	4.48	3.90							
第二厂	T21′s	5.20	5.30	5.15	5.20	5.50	6.20	7.60	7.40	7.10	6.56	7.02	7.45
	W23′s	5.40	5.28	5.15	5.28	5.55	6.22	7.50	7.28	6.90	6.36	6.98	7.32
第三厂	T22′s	5.91	5.97	5.95	5.75	5.79	5.87	6.19	5.98	6.03	5.90	6.00	6.37
	W22′s	5.86	5.93	5.95	5.63	5.55	5.88	4.88	6.04	5.90	6.96	5.40	5.55
第四厂	T22′s	5.20	5.25	5.30	5.38	5.02	5.02	5.15	5.02	5.10	5.03	5.06	5.02
	W22′s	5.30	5.38	5.40	5.44	5.00	5.06	5.00	5.10	5.00	4.93	5.02	5.02
第五厂	T21′s	5.70	5.35	5.03	5.11	5.80	5.02	5.50	6.24	5.75	5.23	5.34	5.32
	W20′s	5.73	5.38	4.95	5.05	5.06	4.92	5.57	6.09	5.78	5.20	5.34	5.30
第六厂	T21′s	6.10	5.75	5.58	5.47	5.59	5.36	5.55	5.32	5.40	5.36	5.58	5.60
	W20′s	6.00	6.10	5.61	5.38	5.54	5.26	5.47	5.22	5.30	5.30	5.28	5.42
第七厂	T21′s	5.44	5.30	5.34	4.86	4.82	5.52	6.43	6.70	5.90	5.86	4.84	4.50
	W23′s	5.47	5.31	5.34	4.99	4.83	5.71	6.56	6.85	6.05	5.93	4.82	4.65

资料来源:工务课试验周报

3.细纱强力(磅)

厂别	支 数	一 月	二 月	三 月	四 月	五 月	六 月	七 月	八 月	九 月	十 月	十一月	十二月
第一厂	T21′s	76.3	75.5	72.9	77.8	81.2	83.4	82.4	84.2	83.7	84.4	88.1	87.4
	W23′s	66.0	66.5	64.7	67.7	72.0	75.7	73.6	75.1	74.8	74.8	77.4	76.5
第二厂	T21′s	74.7	71.5	70.4	73.9	76.5	79.5	83.3	82.7	84.1	81.7	80.4	79.1
	W23′s	68.2	66.0	64.6	64.8	69.2	69.2	73.4	75.6	79.1	78.1	75.7	76.9
第三厂	T22′s	68.5	68.6	70.9	68.4	66.9	69.9	71.3	72.3	71.2	71.7	73.2	74.3
	W22′s	62.3	63.0	64.3	62.6	62.4	66.0	67.1	69.3	68.6	69.2	71.1	71.5
第四厂	T22′s	69.0	70.2	69.2	67.3	65.1	65.5	68.1	69.4	71.7	74.8	73.2	82.7
	W22′s	64.9	66.5	65.2	64.2	61.6	61.8	65.0	66.1	67.1	70.2	69.3	78.5
第五厂	T21′s	75.6	74.8	72.5	74.3	78.9	83.3	87.8	88.9	85.8	86.9	82.4	82.5
	W20′s	72.6	70.2	68.2	73.2	76.9	80.0	83.1	83.6	84.3	86.4	81.7	77.6
第六厂	T21′s	67.1	63.8	64.2	67.8	67.5	66.9	72.1	72.9	71.2	71.5	72.0	73.5
	W20′s	67.5	65.4	65.8	67.4	66.5	66.4	71.1	72.5	70.7	71.0	71.7	73.2
第七厂	T21′s	79.7	69.5	67.9	72.1	71.6	74.4	75.5	79.2	77.0	77.9	71.5	71.0
	W23′s	69.8	62.2	60.2	62.2	62.8	62.2	65.9	67.5	65.9	65.9	62.1	61.0

资料来源:工务课试验周报

4.细纱强力差异(%)

厂别	支 数	一 月	二 月	三 月	四 月	五 月	六 月	七 月	八 月	九 月	十 月	3.54	十二月
第一厂	T21′s	7.60	5.70	4.40	4.60	4.00	3.50	4.80	4.60	3.60	3.13	4.46	4.32
	W23′s	3.30	5.28	3.80	4.18	4.53	3.82	4.15	4.66	4.08	3.40	3.54	3.55
第二厂	T21′s	7.50	7.90	7.60	7.80	7.30	7.40	7.30	5.80	5.70	6.40	5.94	6.12
	W23′s	8.46	7.75	8.42	8.30	7.88	8.28	5.66	6.64	5.88	7.23	6.68	7.10
第三厂	T22′s	4.60	5.65	5.65	5.10	5.00	4.92	5.25	4.74	5.45	5.30	5.58	5.22
	W22′s	4.60	5.75	5.40	4.80	5.70	5.16	4.70	4.98	5.78	5.86	5.20	5.62
第四厂	T22′s	5.13	4.45	5.40	5.72	5.18	5.22	5.40	5.22	5.10	5.10	5.42	5.70
	W22′s	5.87	4.63	4.95	5.28	5.20	5.24	5.40	5.62	5.33	5.60	5.46	5.40
第五厂	T21′s	6.20	5.70	4.45	4.28	3.15	2.90	2.55	2.98	22.8	2.16	2.98	2.55
	W20′s	9.80	5.50	5.35	3.74	3.50	3.44	2.73	3.10	2.70	3.20	31.6	2.87
第六厂	T21′s	2.99	4.87	7.60	6.58	6.76	6.21	5.43	4.11	4.30	3.97	3.17	3.06
	W209′s	3.43	5.07	6.82	6.95	5.33	4.38	4.24	3.35	3.50	4.31	2.82	2.93
第七厂	T21′s	12.40	8.94	9.40	9.95	10.90	9.36	13.08	9.67	6.20	5.60	6.54	8.15
	W23′s	11.98	8.98	10.14	10.00	10.45	8.88	13.30	10.92	6.48	5.84	5.84	7.05

资料来源:工务课试验周报

(10)温湿度

1.混棉间

月份	温湿度	第一厂	第二厂	第三厂	第四厂	第五厂	第六厂	第七厂
一 月	温度F	59	69	58.8	45	49	50	68
	湿度%	47	52	67.9	81	72.8	70	58
二 月	温度F	62.6	69	55.9	41	46.2	50	61
	湿度%	50	78	67	76	76.3	64	58
三 月	温度F	63.9	71	63.8	51	53.5	55.4	67
	湿度%	63	58	67.8	71	75.2	66	45
四 月	温度F	75.6	73	67.1	62	63.2	60.8	79
	湿度%	50	59	60.1	51	66.6	63	46
五 月	温度F	80.6	77	73.5	74	73	68	77
	湿度%	47	52	63.7	64	62.8	67	60
六 月	温度F	85.6	80	78.1	79	78.6	78.8	88
	湿度%	51	62	73.4	79	67.5	64	55
七 月	温度F	86.5	86	85.3	86	82.1	86	85
	湿度%	61	69	71.8	76	78.3	72	61
八 月	温度F	88	88	84.2	78	82.4	80.6	85
	湿度%	68	69	70.8	80	75.6	70	68
九 月	温度F	82	75	78.9	78	73.6	71.6	79
	湿度%	60	69	69.2	73	72.5	57	58
十 月	温度F	74.7	70	58.3	66	65.2	62	75
	湿度%	59	62	83.3	56	67.1	65	53
十一月	温度F	65.3	70	52.9	56	55.4	55	62
	湿度%	68	55	68.1	61	71.4	68	60
十二月	温度F	58.3	67	57.4	56	52.0	51	64
	湿度%	76	56	69.5	64	71.2	63	56

资料来源:工务课周报及各厂调查报告

2.清棉间

月份	温湿度	第一厂	第二厂	第三厂	第四厂	第五厂	第六厂	第七厂
一 月	温度F	69.6	70	61	46	49	50	68
	湿度%	43	69	68.6	75	72.8	67.5	58
二 月	温度F	65.8	68	60.6	44	46.2	50	61
	湿度%	56	67	63.4	68	76.3	75	58
三 月	温度F	69.3	67	65.7	53	53.5	55.4	67
	湿度%	54	62	69.3	67	75.2	66	45
四 月	温度F	81.9	75	70	70	63.2	60.8	79
	湿度%	47	60	67.7	51	66.6	62	46
五 月	温度F	86.4	78	77	76	73	68	77
	湿度%	44	58	63.2	60	62.8	67	60
六 月	温度F	90.9	82	82	78	78.6	78.8	88
	湿度%	48	67	69.6	74	67.5	66	55
七 月	温度F	87.4	86	88	88	82.1	86	85
	湿度%	62	65	63.3	65	78.3	70	61
八 月	温度F	85.8	68	85.5	80	82.4	86	85
	湿度%	67	64	66.9	65	75.6	64	68
九 月	温度F	88.7	77	80.8	79	73.6	71.6	79
	湿度%	56	70	65.6	65	72.5	62	58&
十 月	温度F	77.4	73	67.3	67	65.2	62.6	75
	湿度%	55	58	77.8	57	67.1	65.8	53
十一月	温度F	68.4	77	62.6	58	55.4	52.7	62
	湿度%	61	55	70.2	65	71.4	67	60
十二月	温度F	63.7	69	63.6	55	52	49.1	64
	湿度%	59	62	68.9	65	71.2	63.5	56

资料来源:工务课周报及各厂调查报告

3.梳棉间

月份	温湿度	第一厂	第二厂	第三厂	第四厂	第五厂	第六厂	第七厂
一月	温度F 湿度%	70.7 51	70 59	80.6 51.4	61 65	55.5 60.3	57.2 68	77 48
二月	温度F 湿度%	73.8 53	68 57	78.6 54.5	53 71	54 61.6	55.4 64	68 58/
三月	温度F 湿度%	77.7 48	75 62	78.6 58.2	64 68	59.2 60.1	59 97	64 51
四月	温度F 湿度%	83.3 51	83 55	80.4 54.6	83 56	73.3 55.1	66.2 70	84 41
五月	温度F 湿度%	86.2 46	84 56	85.1 58.5	87 72	79.2 51.3	7.52 63	85 55
六月	温度F 湿度%	90.3 50	88 61	87.4 61.8	85 70	84.3 52.2	84.2 60	91 50
七月	温度F 湿度%	90.1 59	90 65	90.1 65.8	94 64	86.6 66.3	91.4 76	91 53
八月	温度F 湿度%	94.5 60	88 66	89.1 64.7	83 66	86.9 72.5	86 66	93 53
九月	温度F 湿度%	93 54	84 68	84 60.1	83 66	81.4 66.6	78.8 68	84 57
十月	温度F 湿度%	86.2 42	80 56	81.3 66.5	70 61	75.3 62.4	71 66	79 63
十一月	温度F 湿度%	79.5 52	77 59	77.5 60.3	64 65	66.6 63.4	64 69	76 47
十二月	温度F 湿度%	75.9 54	71 61	80.6 59	69 61	61.5 66	59 67	70 46

资料来源:工务课周报及各厂调查报告

4.粗纺间

月份	温湿度	第一厂	第二厂	第三厂	第四厂	第五厂	第六厂	第七厂
一月	温度F 湿度%	69.8 55	75 59	78.4 54.4	62 73	58 68.4	57.2 66	77 48
二月	温度F 湿度%	71.6 55	74 61	78.1 60.8	54 72	55.2 67.4	57.2 67	68 58
三月	温度F 湿度%	77.9 51	75 61	76.3 58.8	61 81	62 62.6	59 68	64 51
四月	温度F 湿度%	81.3 53	83 57	79.7 59.6	81 64	74 54.2	66.2 72	84 41
五月	温度F 湿度%	85.1 58	83 56	83.3 60.5	85 62	81 49.1	73.4 64	85 55
六月	温度F 湿度%	87.1 65	88 58	85.5 63.8	84 73	84 57.4	86 62	91 50
七月	温度F 湿度%	91 63	92 61	89.4 65.8	93 62	86.7 67.9	91.4 74	91 53
八月	温度F 湿度%	96.4 58	91 56	89.1 68.3	83 72	85.6 60.1	86 69	91 53
九月	温度F 湿度%	88 56	89 62	85.6 61.5	83 68	81.8 68.1	78.8 66	58 57
十月	温度F 湿度%	83.8 48	81 59	79.2 69.9	71 63	75.3 56.3	70.7 62.5	76 50
十一月	温度F 湿度%	77.2 58	77 61	72.9 62.8	64 67	67.8 63.4	63.5 63	73 48
十二月	温度F 湿度%	75.6 54	76 60	75.4 64.2	71 63	61.5 65.2	58.5 61	67 45

资料来源:工务课周报及各厂调查报告

5.精纺间

月份	温湿度	第一厂	第二厂	第三厂	第四厂	第五厂	第六厂	第七厂
一 月	温度F 湿度%	78.3 46	79 64	78.5 54.7	80 64	80.4 50.4	73.4 60	79 65
二 月	温度F 湿度%	80.1 55	80 62	80.6 52.9	72 62	74.9 52.3	73.4 62	67 62
三 月	温度F 湿度%	83.7 48	80 61	78.8 58.2	81 56	75.5 51.4	77 66	79 51
四 月	温度F 湿度%	84.7 46	88 55	84.6 49.6	85 55	84.2 49.4	80.6 65	87 43
五 月	温度F 湿度%	88.7 47	89 54	89.1 52.2	90 59	88.3 46.8	86 64	93 50
六 月	温度F 湿度%	92.3 46	91 57	90.5 58.6	91 66	89.2 54	93.2 63	94 46
七 月	温度F 湿度%	93.6 57	95 58	95.9 59.1	94 63	93.8 58.9	64.8 67	96 52
八 月	温度F 湿度%	96.1 58	95 58	95.4 59	90 65	95.3 53.2	98.6 63	67 55
九 月	温度F 湿度%	90.5 56	92 61	89.5 54.8	92 63	95.3 43	86 64	86 54
十 月	温度F 湿度%	84.4 51	87 60	84.9 55.3	88 58	90.2 45.7	77.9 57.5	82 56
十一月	温度F 湿度%	77.7 55	81 60	81 56.9	83 57	85 48.6	70.7 61.5	77 44
十二月	温度F 湿度%	80.6 49	81 63	79.9 58.9	78 57	85.2 54.9	60.3 56.5	63 46

资料来源:工务课周报及各厂调查报告

6.摇纱间

月份	温湿度	第一厂	第二厂	第三厂	第四厂	第五厂	第六厂	第七厂
一 月	温度F 湿度%	63.5 83	70 72	64.8 79.4	62 81	57.4 65.6	53.6 68	66 66
二 月	温度F 湿度%	68 84	70 74	65.7 78.8	57 83	56.2 70.4	53.6 63	57 62
三 月	温度F 湿度%	71.6 80	66 76	66 78.5	59 89	60.8 58.6	55.4 79	56 73
四 月	温度F 湿度%	74.3 72	75 77	80.4 80.4	72 70	62.8 72.4	59 82	70 63
五 月	温度F 湿度%	76.5 81	75 75	79.4 79.3	79 76	68,2 71.9	68 77	68 72
六 月	温度F 湿度%	78.4 77	82 60	78.8 78.1	80 80	76.1 74.6	80.6 74	77 66
七 月	温度F 湿度%	82.4 67	77 78	83.8 76.7	85 78	81.4 80	84.2 82	76 70
八 月	温度F 湿度%	82.9 83	85 81	80.6 82.3	80 78	82.1 77.3	82.4 77	76 74
九 月	温度F 湿度%	74.5 80	80 82	75.2 80.7	81 81	71.2 73.8	75.2 80	70 68
十 月	温度F 湿度%	69.3 70	75 80	70.3 81.2	68 82	59.7 73	63.5 74	61 69
十一月	温度F 湿度%	61.5 72	72 76	69.6 80.8	66 83	56.9 76.5	50.4 77	54 72
十二月	温度F 湿度%	66.2 69	73 80	72.7 84.1	68 72	59.9 75.5	50.9 80	51 64

资料来源:工务课周报及各厂调查报告

7.成包间

月份	温湿度	第一厂	第二厂	第三厂	第四厂	第五厂	第六厂	第七厂
一　月	温度F	67.5	73	62.8	56	63	53.6	66
	湿度%	74	68	72.1	50	64.3	65	66
二　月	温度F	70.7	71	67.8	50	59.8	53.6	57
	湿度%	74	71	73.4	48	63.4	63	62
三　月	温度F	75.8	67	64.4	56	60	55.4	56
	湿度%	70	75	71.5	52	60.6	79	73
四　月	温度F	77	71	75.7	81	62.6	59	70
	湿度%	66	75	68.8	53	70.4	75	63
五　月	温度F	80.4	75	86.8	74	69.7	68	68 72
	湿度%	75	77	74.3	60	79.3	70	77 66
六　月	温度F	82.2	78	77.2	83	77.3	78.8	77
	湿度%	73	75	74.1	70	64.5	70	66
七　月	温度F	85.8	86	84.6	88	82	84.2	76
	湿度%	70	79	72.2	68	74	78	70
八　月	温度F	85.6	82	84.2	79	81.8	80.6	76
	湿度%	75	82	75	69	73	72	74
九　月	温度F	78.6	79	72.5	78	72.6	73.4	70
	湿度%	73	81	77.3	78	67.6	74	68
十　月	温度F	72.3	73	64.4	67	61.7	66.2	61
	湿度%	59	81	72.4	78	69.9	64	69
十一月	温度F	61.2	72	64.1	55	58.1	59	54
	湿度%	54	77	72.4	73	60.1	62	72
十二月	温度F	68.5	72	63.3	53	62.3	55.4	51
	湿度%	46	64	72.6	76	67.3	64	64

资料来源:工务课周报及各厂调查报告

8.准备间

月份	温湿度	第一厂	第二厂	第三厂	第四厂	第五厂	第六厂	第七厂
一　月	温度C	16	21	20	10	10	17	17
	湿度%	76	70	74	76	70	69	88
二　月	温度C	17	19	20	7	12	14	11
	湿度%	61	69	74	74	72	68	84
三　月	温度C	22	21	21	9	17	19	18
	湿度%	71	70	75	76	76	70	83
四　月	温度C	23	22	23	18	19	25	24
	湿度%	80	72	75	76	82	68	88
五　月	温度C	25	24	26	24	21	26	25
	湿度%	76	69	75	65	84	67	73
六　月	温度C	27	26	29	27	23	26	27
	湿度%	75	80	78	72	85	69	80
七　月	温度C	29	30	30	30	25	27	27
	湿度%	85	76	80	85	86	69	72
八　月	温度C	29	28	29	30	25	27	28
	湿度%	83	68	77	77	86	69	76
九　月	温度C	25	22	27	25	23	26	26
	湿度%	80	74	75	84	85	70	75
十　月	温度C	22.5	18.3	25	21.1	17	18	17.2
	湿度%	70	73	76	76	81	59.5	77
十一月	温度C	17.1	17.2	23	11.7	13	13.5	12.2
	湿度%	80	59	78	72	76	66	74
十二月	温度C	15.4	15.5	19	11.7	10	11	13.9
	湿度%	80	60	78	69	70	64.5	70

资料来源:工务课周报及各厂调查报告

9.织布间

月份	温湿度	第一厂	第二厂	第三厂	第四厂	第五厂	第六厂	第七厂
一　月	温度C	23	26	24	21	15	21	26
	湿度%	83	84	85	87	87	89	89
二　月	温度C	23	24	23	19	17	17	23
	湿度%	84	83	86	88	88	89	85
三　月	温度C	25	24	24	19	23	20	28
	湿度%	84	83	85	90	89	89	84
四　月	温度C	27	26	27	28	28	26	28
	湿度%	81	84	85	86	90	90	94
五　月	温度C	29	28	30	29	29	30	28
	湿度%	85	85	86	85	90	91	90
六　月	温度C	30	29	33	31	30	31	32
	湿度%	80	86	86	85	90	89	90
七　月	温度C	32	30	34	32	31	31	32
	湿度%	84	80	86	84	90	90	85
八　月	温度C	32	28	32	31	31	31	32
	湿度%	82	85	86	85	90	89	90
九　月	温度C	30	26	30	30	29	31	29
	湿度%	82	84	86	85	90	90	90
十　月	温度C	29.5	26.7	29	28.3	26.7	29.5	28.9
	湿度%	82	85	85	85	90	87.5	90
十一月	温度C	27	21.7	26	23.9	23.9	29.8	25.5
	湿度%	85	83	86	84	87	85.5	90
十二月	温度C	25.2	21.7	24	22.2	21.1	26.8	24.4
	湿度%	83	83	86	82	87	84.5	89

资料来源：工务课周报及各厂调查报告

10.整理间

月份	温湿度	第一厂	第二厂	第三厂	第四厂	第五厂	第六厂	第七厂
一　月	温度C	8	21	21	11	11	17	12
	湿度%	73	55	64	85	65	56	
二　月	温度C	9	22	21	8	11	17	8
	湿度%	77	54	64	91	66	58	
三　月	温度C	14	20	22	11	16	18	12
	湿度%	59	51	63	92	69	58	
四　月	温度C	24	20	24	20	19	25	24
	湿度%	82	53	64	67	71	55	
五　月	温度C	26	22	27	24	24	27	25
	湿度%	56	52	65	65	74	56	
六　月	温度C	27	24	28	28	27	27	26
	湿度%	67	61	67	67	75	57	
七　月	温度C	30	72	29	31	32	28	27
	湿度%	72	77	65	95	77	59	
八　月	温度C	30	26	28	29	31	28	27
	湿度%	76	80	65	76	77	60	
九　月	温度C	25	24	27	25	27	27	26
	湿度%	81	84	63	83	75	60	
十　月	温度C	20.6	20	23	32	20	20.5	19
	湿度%	70	75	64	90	72	65.5	
十一月	温度C	15.2	13	22	25	14	19.5	16
	湿度%	74	68	65	89	67	62	
十二月	温度C	11.5	17	18	24	12	16.8	14
	湿度%	84	69	67	89	65	62.5	

资料来源：工务课周报及各厂调查报告

(11)耗用煤电

1.各厂用煤总量

单位:吨

月　份	第一厂	第二厂	第三厂	第四厂	第五厂	第六厂	第七厂	共　计
一　月	2430.27	3307.22	2188.18	789.81	769.50	1190.60	3096.23	13771.81
二　月	2334.93	3961.31	2654.97	774.07	696.15	954.20	3304.46	14680.09
三　月	3242.59	3522.11	3353.26	688.09	581.50	886.50	3473.99	15748.03
四　月	2681.15	3235.49	2548.42	428.91	209.15	628.65	2774.66	12506.44
五　月	2921.40	3014.93	2505.62	318.71	185.36	571.00	2940.83	12462.84
六　月	2969.15	2955.48	2845.60	341.62	187.20	565.57	3233.20	13097.82
七　月	2933.18	3626.39	2776.21	431.26	206.10	693.50	3078.89	13745.53
八　月	2909.67	3313.61	1954.00	417.20	210.80	637.50	2596.17	12038.95
九　月	2979.55	3443.83	2271.67	409.05	238.30	653.00	2701.53	12696.93
十　月	3051.79	3320.96	3991.50	454.95	262.60	716.75	2791.21	14589.76
十一月	2929.85	3490.97	2478.00	611.09	496.10	786.10	2712.12	13504.23
十二月	3575.58	4594.07	3178.50	1213.64	781.35	1233.10	2424.72	18000.96
合　计	34964.11	41786.37	32745.92	6878.40	4824.11	9516.47	38128.01	166843.39

资料来源:工务课月报

2.各厂用电总量

单位:度

月　份	第一厂	第二厂	第三厂	第四厂	第五厂	第六厂	第七厂	共　计
一　月	1274000	1421930	867110	415017	350810	346800	1233550	5909217
二　月	1381810	1465830	889590	438402	323770	342200	1195950	6037550
三　月	1534470	1488140	949810	340315	305580	235700	1267700	6121715
四　月	1649280	1595030	945090	430693	396880	323100	1306850	6646923
五　月	1804760	1625270	954500	406575	384040	313100	1306550	6794795
六　月	1709370	1516230	904400	457049	340600	350200	1241100	6518949
七　月	1787360	1541880	936000	601540	439400	439100	1267700	7012980
八　月	1887590	1491290	875140	557698	404560	430800	1235505	6882583
九　月	1888910	1589980	923700	552178	407020	421200	1370450	7153438
十　月	2118240	1662610	1106700	572700	448020	445800	1459905	7813975
十一月	1747580	1561530	951900	521900	481020	441100	1223910	6928940
十二月	2114110	1878400	1101800	632600	538340	546800	1521950	8334000
合　计	20897480	18838120	11405740	5926667	4820040	4635900	15631120	82155067

资料来源:工务课月报

3.各厂产纱每件纱扯用电量

单位:度

月　份	第一厂	第二厂	第三厂	第四厂	第五厂	第六厂	第七厂	共　计
一　月	250	250	307	226	205	189	307	248
二　月	250	246	311	235	214	179	319	251
三　月	251	255	298	235	209	166	305	246
四　月	248	248	270	214	201	148	292	232
五　月	238	242	247	212	193	173	284	227
六　月	252	245	251	213	186	180	283	230
七　月	260	233	245	238	206	195	278	236
八　月	312	236	237	266	206	219	275	250
九　月	275	243	239	282	210	211	272	247
十　月	248	238	236	280	210	195	258	238
十一月	252	212	221	255	219	218	241	231
十二月	260	230	242	216	242	284	245	249
合　计	258	240	259	239	208	197	280	240

资料来源:工务课

4.各厂产布每匹布扯用电量

月　份	第一厂	第二厂	第三厂	第四厂	第五厂	第六厂	第七厂	共　计
一　月	4.78	4.09	5.35	3.66	5.87	5.16	4.50	4.77
二　月	4.69	4.35	5.24	3.91	6.02	5.70	4.72	4.95
三　月	4.77	4.28	5.29	4.05	5.74	4.55	4.49	4.74
四　月	4.59	4,05	4.96	3.92	4.77	4.63	4.33	4.54
五　月	4.63	3.97	4.65	3.54	4.40	4.22	4.21	4.23
六　月	4.63	4.03	4.61	3.94	4.36	4.58	4.29	4.35
七　月	4.65	4.03	4.65	4.52	4.38	4.66	4.45	4.48
八　月	5.27	4.36	4.66	4.48	4.16	3.82	3.83	4.37
九　月	4.56	4.31	4.50	3.86	3.90	3.76	3.75	4.09
十　月	4.43	4.36	4.65	4.93	4.47	4.71	3.86	4.49
十一月	4.56	4.97	4.78	5.04	4.55	4.83	4.12	4.69
十二月	4.71	4.93	4.73	4.99	4.91	5.01	4.17	4.78
合　计	4.69	4.31	4.84	4.24	4.79	4.64	4.23	4.54

资料来源:工务课

5.各厂发电所发电每度用煤量

月　份	第一厂	第二厂	第三厂	第七厂
一　月	1.30	1.56	1.74	1.32
二　月	1.30	1.79	1.93	1.31
三　月	1.40	1.74	2.05	1.42
四　月	1.38	1.60	1.90	1.60
五　月	1.30	1.44	1.81	1.36
六　月	1.30	1.53	2.26	1.45
七　月	1.26	1.91	1.90	1.69
八　月	1.23	1.84	1.60	1.48
九　月	1.26	1.84	1.77	1.72
十　月	1.21	1.59	1.89	1.69
十一月	1.24	1.78	1.87	1.51
十二月	1.30	1.66	1.68	1.58
合　计	1.29	1.69	1.87	1.51

资料来源:各厂报告

6.各厂停电次数

月　份	第四厂	第五厂	第六厂	丝织厂
一　月	47	40		
二　月	56	38		9
三　月	53	33	5	13
四　月	53	58	8	3
五　月	42	77	11	9
六　月	32	48	12	6
七　月	27	2		1
八　月	27	9	2	
九　月	52	13	1	6
十　月	55	27	7	5
十一月	51	8	3	5
十二月	54	7	6	1
合　计	549	360	55	58

资料来源:各厂报告

7.各厂停电时数

月 份	第四厂	第五厂	第六厂	丝织厂
一 月	92:20′	197:00′	7:59′	
二 月	159:15′	252:20′	46:15′	46:25′
三 月	245:45′	311:40′	267:57′	73:30′
四 月	190:35′	184:40′	136:36′	8:45′
五 月	200:00′	236:10′	197:5′	38:35′
六 月	140:00′	236:10′	84:6′	21:15′
七 月	53:20′	150:40′	10:20′	3:25′
八 月	87:00′	142:00′	40:23′	
九 月	107:20′	193:30′	32:15′	20:25′
十 月	156:15′	174:40′	29:30′	22:20′
十一月	102:50′	242:00′	28:10’	8:00′
十二月	82:25′	256:00′	5:20′	30′
合 计	1617:5′	2576:50′	895:56′	243:10′

资料来源:各厂报告

(12)机械厂

1.各机械工场平均每日机器运转数

单位:部

月 份	第一工场	第二工场	第三工场	第四工场	第五工场	校管场	共 计
一 月	949	1224	1016	486	1189		4864
二 月	1257	1466	1112	1020	1412		6267
三 月	1461	1512	1284	1072	1584		6913
四 月	1566	1686	1508	1637	1895		8292
五 月	1639	1556	1695	2082	1952		8924
六 月	1613	1500	1610	1957	1885		8565
七 月	1748	1620	1772	2197	2027		9364
八 月	1608	1500		2087	1910	1684	8789
九 月	1724	1560		2191	1886	1416	8777
十 月	1851	1494		1869	2015	1065	8294
十一月	1585	1327		2170	1955	1200	8237
十二月	2057	1776		2440	2090	1200	9663
合 计	19058	18221	9997	21208	21208	6665	96949

资料来源:第一机械厂

2.各类制品生产数量

月份	铁铸件数量(公斤)	铜铸件数量(公斤)	纱布机零件数量(件。套)	木梭子(把)	木管数量		
					新制件(个)	修理件(个)	
一 月	37324.60	393.80	21531	600	9800		
二 月	53440.80	2746.50	25568	600	36149		注:(1)铸件数量为完好件(2)纱布机零件数量内包括自制零件(3)木管数量内包括木锭数量(4)纱布机零件数量内包括自制钢机363件,修理316件(5)木梭内有修理3012把
三 月	44667.70	1021.10	30715		49160		
四 月	59509.80	2515.20	81514	2000	8000		
五 月	41939.30	1674.40	44165	4000	55900	20020	
六 月	27277.80	990.70	37066	2500	52000		
七 月	20927.20	2878.90	158105	1600	40000		
八 月	28992.30	4137.10	54695	4012			
九 月	28459.65	3222.75	60792		34305	9065	
十 月	31539.55	2526.25	121297	5660	104320	5420	
十一月	37684.60	2030.00	61850			4020	
十二月	34141.75	1057.00	142182	7955	107888	4800	
合 计	446305.05	25103.70	839380	28927	497522	43325	

3.铁件镕铸重量

单位:公斤

月份	完好件		损坏件		浇　口		碎　铁		镕　损		共计化铁	共用焦炭	炭铁比	
	重　量	百分比	重　量	百分比	重　量	百分比	重　量	百分比	重　量	百分比			\计炭底	不计炭底
一　月	37324.60	68.65	1228.30	2.23	10455.20	19.03	1114.50	2.02	4429.40	8.07	54952.00	9980	1:5.50	1:7.90
二　月	53440.80	67.39	1885.80	2.38	15327.20	19.32	2116.70	2.67	6529.60	8.24	79300.10	13660	1:5.82	1:8.10
三　月	44667.70	65.71	1864.50	2.74	13897.50	20.45	1884.70	2.77	5662.80	8.33	67977.20	11500	1;5.90	1:8.60
四　月	59509.80	66.64	2168.30	2.42	16712.30	18.72	3991.20	4.47	6915.60	7.75	89297.20	13788	1:6.50	1:9.00
五　月	41939.30	64.89	1555.00	2.40	12029.10	18.61	4323.20	6.69	4788.40	7.41	64635.00	10497	1:6.10	1:8.80
六　月	27277.80	61.74	951.70	2.15	9759.40	22.08	2912.00	6.59	3286.10	7.44	44187.00	7268	1:6.10	1:8.70
七　月	20927.20	62.57	1312.80	3.92	7401.10	22.13	1514.20	4.53	2292.20	6.85	33447.50	6208	1:5.40	1:8.10
八　月	28992.30	62.71	1058.30	2.28	10588.10	22.90	2253.70	4.88	3341.10	7.23	46233.50	8052	1:5.70	1:7.80
九　月	28459.65	60.42	1079.75	2.29	10860.40	23.06	3215.60	6.83	3389.10	7.40	47104.50	6822	1:6.90	1:8.90
十　月	31539.55	62.80	2261.85	2.52	11145.30	22.19	2523.40	5.03	3754.40	7.47	50224.50	7215	1:6.96	1:8.71
十一月	37684.60	70.19	813.90	1.51	10317.10	19.21	1381.50	2.67	3485.90	6.42	53683.00	7664	1:6.99	1:8.60
十二月	34141.75	63.54	3078.35	5.73	10250.20	19.07	2573.80	4.79	361.40	6.87	53735.50	7843	1:6.70	1:8.20
合　计	446305.05	65.18	18258.55	2.66	138742.90	20.26	29804.50	4.35	51666.00	7.55	684777.00	110497	1:6.20	1:8.40

资料来源:第一机械厂

4.铜件镕铸重量

单位:公斤

月份	完好件		损坏件		浇口及碎钢		镕　损		共计化铜	共用焦炭	炭铜比
	重　量	百分比	重　量	百分比	重　量	百分比	重　量	百分比			
一　月	393.80	47.70	34.0	4.10	379.5	45.95	18.55	2.25	825.86	1195	1:0.69
二　月	2746.50	75.91	43.0	1.19	741.2	20.49	87.00	2.41	3617.70	4125	1:0.88
三　月	1021.10	78.01	8.7	0.66	236.6	18.08	42.60	3.25	1309.00	1640	1:0.08
四　月	2525.20	71.20			916.4	25.94	100.90	2.86	3532.50	3565	1:0.99
五　月	1674.40	66.87			752.4	30.05	77.20	3.08	2504.00	2775	1:0.92
六　月	990.70	67.10	1.5	0.10	428.2	29.00	56.10	3.80	1476.50	1491	1:0.99
七　月	2878.90	67.49	125.2	2.94	1034.9	24.26	226.50	5.31	4265.50	4155	1:1.03
八　月	4137.10	69.29	131.0	2.19	142.3	23.84	279.40	4.68	5970.50	5865	1:1.02
九　月	3222.75	63.56	475.1	9.37	1150.1	22.68	222.05	4.37	5070.00	5510	1:0.92
十　月	2526.25	70.56			890.8	24.88	163.45	4.56	3580.50	3243	1:1.13
十一月	2030.00	65.12	23.0	0.73	935.6	30.00	129.20	4.15	3117.80	2629	1:1.18
十二月	1057.00	60.70	111.2	6.38	484.3	27.81	89.00	5.11	1741.50	1467	1:1.18
合　计	25193.70	68.07	952.7	2.57	9373.0	25.33	1491.95	4.03	37011.35	37660	1:0.98

资料来源:第一机械厂

(13)丝毛麻染厂

1.丝毛麻各厂纺织机运转

月　份	丝织厂	毛织厂	麻	厂		
	丝织机(台)	毛织机(台)	麻纺机(锭)		麻织机(台)	
			日班	夜班	日班	夜班
一 月	48	16	111		32	
二 月	54	10	233		36	
三 月	50	15	418		64	
四 月	54	22	424	365	56	40
五 月	59	25	393	94	57	25
六 月	59	26	457	100	65	20
七 月	61	28	467	112	74	20
八 月	63	32	390	164	86	20
九 月	64	32	200	196	96	28
十 月	63	31	275	197	98	40
十一月	63	27	300	296	98	37
十二月	62	23	332	300	102	28

资料来源:丝毛麻厂报告

2.丝织品生产量

单位:匹

品　别	一月	二月	三月	四月	五月	六月	七月	八月	九月	十月	十一月	十二月	合计
缎背绉	210	168	198	256	270	250	317	266	284	280	280	328	3107
*噜	83	85	94	98	99	97	113	111	107	99	113	139	1238
羽缎	34	34	61	140	151	148	188	213	221	218	208	240	1856
斜纹羽纱	115	99	110	143	141	151	157	171	153	160	149	177	1726
艳光绸			45	175	252	54			131	159	4		820
棉麻绸(3000)						183	278	288	151				900
麻裹绸	252	214	241	255	276	58			134	292	270	322	2314
棉绸(2700)						189	302	288	162				941
九九纺	193	161	129	15						131	249	111	989
棉绸											19	112	131
共　计	887	761	878	1082	1189	1130	1355	1337	1343	1339	1292	1429	14022

资料来源:丝织厂

3.麻及毛织品生产量

月　份	纱(磅)	麻布(码)	毛呢(公尺)
一 月	8993	9179	2652.60
二 月	24541	20151	2129.70
三 月	27487	33011	2443.00
四 月	41971	68308	4576.60
五 月	65082	97763	7397.00
六 月	79726	104611	9168.00
七 月	92937	108751	8843.00
八 月	91066	95319	7210.20
九 月	60648	107250	9404.40
十 月	73143	102285	10982.50
十一月	80115	104587	8166.50
十二月	102162	130610	7834.50
共 计	747871	981824	80808.00

资料来源:第四厂麻场及第七厂毛场报告

4.染厂收入原布机染整布匹数量　　单位:匹

月份	每月收入原布		每月染整布匹	
	三厂附染场	七厂附染场	三厂附染场	七厂附染场
一月	1976	6030	1400	9963
二月	1307	1500	841	3230
三月	3175	2500	2980	103
四月	3545	9448	3810	3413
五月	3052	13010	3320	13783
六月	3697	15349	4099	13906
七月	5089	11987	5380	15364
八月	4586	18619	4480	17581
九月	5570	14140	4620	11990
十月	7300	13614	7288	15593
十一月	6128	16960	6517	17988
十二月	10027	27810	9560	28576
共计	55452	150967	54295	151495

资料来源:第三厂及第七厂染场报告

注:因上年度存有原布.故表内染整匹数由超过收入原布数情形

四、业务统计

(1)原棉

1.各地原棉行情比较　　单位:千元

月份	天津(廊坊中级)		北平(南苑中级)		上海(通州细绒)		青岛(济南中级)		汉口(老河口细绒)		沈阳(上级皮棉)	
	价格	价比	价格	价比	价格	价比	价格	价比	价格	价比	价格	价比
一月	226	100	231	100	250	100			243	100	156	100
二月	281	124	307	133	491	196	418	100	258	106	185	119
三月	477	211	470	203	517	207	503	120	370	152	281	180
四月	689	305	705	305	980	392	971	232	765	315	492	315
五月	1124	497	1176	509	1172	469	1388	330	964	397	828	531
六月	1240	549	1344	582	1325	530	1326	317	1081	445	847	543
七月	1470	650	1368	592	1740	697	1485	355	1400	576	874	560
八月	1748	773	1538	666			1496	358	1284	528	1668	1069
九月	1966	870	2187	947			1896	454	1802	742	1759	1128
十月	3032	1341	3140	1359	3378	1351	3160	756	2784	1146	2423	1553
十一月	4076	1804	4165	1803			4070	974	3263	1343	3642	2335
十二月	5370	2376	5976	2587	3865	1546	4848	1160	3818	1571	5210	3340

资料来源:业务课行情报告

2.天津市各级华北棉平均行情　　单位:千元

月份	CI15/16"	DI7/8"	EI13/16"	FI3/4"
一月	232	226	221	212
二月	290	281	272	263
三月	493	477	451	429
四月	719	689	666	638
五月		1124	1071	1024
六月		1240	1188	1131
七月		1470	1420	1355
八月		1747	1657	1587
九月	2098	1966	1896	
十月	3165	3032	2904	
十一月	4203	4076	3920	
十二月	5606	5370	5173	

资料来源:业务课原棉报告

3.收进总分公司原棉数量　　单位:市担

月　份	总公司	汉口办事处	天津分公司	共　计
一　月	26186.97		19686.05	45873.02
二　月	11009.85	20820.26	16588.26	48418.37
三　月	1389.89	20890.68	5275.08	27555.65
四　月	9126.07	4967.2	14184.84	28278.11
五　月	9264.61	18429.71	23630.22	51324.54
六　月	24775.26	16174.37	13742.6	54692.23
七　月	34476.41	2319.86	21633.26	48429.53
八　月	29850.92	14067.63	20020.46	63939.01
九　月	18026.58	1453.49	17570.04	37050.11
十　月	47369.18	4319.65	7758.6	59447.43
十一月	57954.48	2408.34	17682.41	78045.23
十二月	73113.87	11682.54	40924.29	125720.70
合　计	342544.09	117533.73	208696.11	668773.93

资料来源:业务课原棉报告

4.各收花处购进原棉数量　　单位:市担

月　份	北平	石家庄	保定	廊坊	唐山	天津	杨柳青	杨村	合　计
一　月	6446.61	5878.58		2339.80	8183.42		336.70		23185.11
二　月	1339.20	1199.91		227.46	1067.03	29.59	9.64		3872.83
三　月	2826.13	4226.30	1030.60	2451.42	5895.92		113.47		16544.84
四　月	5447.68	2938.55	4737.72	1415.30	6007.39		96.44		20643.08
五　月	4452.48		6129.38	935.42	8086.87	228.67	72.07		19904.89
六　月	2865.10		3404.23	238.99	5455.23	2298.93	38.83		14301.31
七　月	349.32		2070.74	614.11	7700.05	4132.02	22.19		14888.43
八　月	1090.77		931.11	421.76	11534.76	182.05	4.44	97.86	14262.75
九　月	119.97		734.48	2.48	2785.68	828.82	22.83	23.50	4517.76
十　月	2000.32	4224.30	2959.67	1335.17	4489.24	536.75	394.31	2849.03	18788.79
十一月	14019.17	579.49	2431.78	44.00	7417.22	2862.68	731.41	2210.27	30296.02
十二月	13241.45			140.55	9464.00	3789.64	1918.86	1374.02	29928.52
共　计	54198.20	19047.13	24429.71	10166.46	79086.81	14889.15	3762.19	6554.68	211134.33

资料来源:业务课原棉报告

5.各收花处运津原棉等级数量　　单位:市担

长度等级	天津	北平	石家庄	唐山	保定	杨村	杨柳青	廊坊	东北分公司	合　计
11/16" A		611.11						72.64		683.75
1" B	268.01	969.03	248.64				5.16	1002.28		2493.12
15/16" C	741.50	14762.23			10222.47		37.12	5206.90		30970.22
7/8" D	4103.71	31717.44	3716.76	1651.22	12318.79	3703.67	2380.64	3079.27		62671.50
13/16" E	2367.30	1164.52		33507.11	620.77	42.25	172.01	4743.04	7134.71	49751.71
3/4" F	761.30	228.99		45870.06	134.05		85.44	238.50	4168.36	51486.70
次　白	3584.37	620.75		434.98	1141.41	80.20	37.58	35.25		5934.54
红　花	883.98			1641.09	4.50					2529.57
粗　绒					51.00					51.00
残　棉	2124.00									2124.00
总　计	14834.17	50074.07	3965.40	83104.46	24492.99	3826.12	2717.95	14377.88	11303.07	208696.11

资料来源:业务课原棉报告

6.各种原棉收进数量

单位:市担

月 份	国棉	美棉	巴西棉	印棉	共 计
一 月	19686.05	26286.97			45873.02
二 月	37408.52	11009.85			48418.37
三 月	26165.76	1389.89			27555.66
四 月	19152.04	9126.07			28278.11
五 月	42059.93	9264.61			51324.54
六 月	29916.97	24775.26			54692.23
七 月	13953.12	29432.72	5043.69		48429.53
八 月	34088.09	15467.89	12469	1914.03	65939.01
九 月	19023.53	7600.56	7026.32	3399.7	37050.11
十 月	12078.75	11719.37	9325.72	26324.09	59447.43
十一月	20090.75	13160.66	3.99	44789.83	78045.23
十二月	52606.83	56652.63		16461.24	125720.70
合 计	326229.84	215786.48	33868.72	92888.89	668773.93

资料来源:业务课原棉报告

7.各种原棉付用数量

单位:市担

月 份	国棉	美棉	印棉	巴西棉	埃及棉	共 计
一 月	14379.26	29990.26	6348.37		176.87	50894.76
二 月	15300.35	30714.60	5972.19		266.36	52253.50
三 月	19656.91	26902.20	6107.72		245.63	52912.46
四 月	29672.77	29319.69	2597.53		202.09	61792.08
五 月	45490.73	20318.40	232.08		230.48	66271.69
六 月	43061.89	18814.89	294.17		226.75	62397.70
七 月	33576.2	27490.43		2935.66	88.63	64090.92
八 月	30470.95	24267.25	595.95	4684.62	70.52	60089.29
九 月	29935.31	19532.14	3675.88	13391.36		66534.69
十 月	25973.70	17310.85	14183.03	12110.65		69578.23
十一月	14591.47	8855.58	41460.03	696.36		65604.44
十二月	35958.62	15164.78	23792.26	64.66		74980.32
合 计	338068.16	268681.07	105259.21	33884.31	1507.33	747400.08

资料来源:业务课原棉报告

8.各厂原棉付用数量

单位:市担

月 份	第一厂	第二厂	第三厂	第四厂	第五厂	第六厂	第七厂	共 计
一 月	12064.38	11843.52	7124.70	4686.87	3575.98	3038.52	8560.79	50894.76
二 月	12818.45	12206.31	7616.97	4947.53	3312.54	3223.36	8128.34	52253.50
三 月	14062.65	12462.48	8427.63	3555.53	3312.80	1959.82	9151.55	52912.46
四 月	15673.73	13736.20	9227.30	5275.31	4137.67	3699.80	10042.05	61792.08
五 月	18129.23	15242.14	9440.90	5199.53	4740.93	3534.54	9924.42	66211.69
六 月	16078.24	14176.96	9399.34	5273.82	4126.70	3635.33	9707.31	62397.70
七 月	16063.86	14472.66	9475.77	6023.02	4808.35	3995.41	9251.85	64090.92
八 月	14920.63	12600.31	9121.29	5052.20	4636.01	4753.85	9005.00	60089.29
九 月	27620.21	14091.19	9800.01	5264.85	4982.84	4414.14	10361.45	66534.69
十 月	18729.06	15311.59	10113.97	4575.54	5322.10	4377.64	11148.33	69578.23
十一月	16417.22	15628.57	9274.82	5534.70	4954.50	4133.06	9661.57	65604.44
十二月	19702.02	16113.74	10916.48	6543.24	5451.83	5318.02	10934.99	74980.32
合 计	192259.68	167885.67	109939.18	61932.14	53362.25	46143.51	115877.65	747400.08

资料来源:业务课原棉报告

9.各单位各种原棉库存数量

单位：市担

厂　别	美棉	印度棉	巴西棉	汉口棉	华北棉	共　计
一　厂	12604.40	1729.86		621.46	8218.49	23174.21
二　厂	14591.52	1347.10	6.12	296.02	4005.40	20246.16
三　厂	2345.20	975.61		1559.96	2586.26	7467.03
四　厂	5640.52	850.46		294.03	2475.77	9260.78
五　厂	1449.83	715.86		1024.85	1557.04	4747.59
六　厂	3896.83	1428.38			4045.59	9370.80
七　厂	7788.94	967.31		545.75	6435.68	15737.68
分公司仓库	971.29				691.27	1662.56
各收花处					31854.25	31854.25
合　计	49288.53	8014.58	6.12	4342.07	61869.75	123521.05

资料来源：业务课原棉库存年报

注：各收花处存有籽棉7486.68市担，未列表内。

十二月份运来原棉14127包未及过秤，亦未列入。

(2)棉纱

1.分公司二十支棉纱开价与各地行情比较

单位：千元

月　份	天津分公司		天津		北平		上海		青岛		汉口		沈阳	
	价格	价比	价格	价比	价格	价比	价格	价比	价格	价比	价格	价比	价格	价比
一　月	2390	100	(十全)2385	100	(栗子)2491	100	(蓝凤)2491	100	(宝船)2182	100	(狮球)2387	100	(天女)2838	100
二　月	3040	127	3162	133	3718	151	4032	162	2792	128	3418	143	3738	132
三　月	3734	156	3849	161	3960	161	3431	138	3309	152	3609	151	4249	150
四　月	5586	234	6040	253	6088	248	5825	234	5978	274	4861	204	7856	277
五　月	7369	308	(天女)7814	328	9199	374	(天女)6667	268	7938	364	7187	301	10104	356
六　月	7400	310	8454	354	8790	358	8344	335	8141	373	8850	371	9059	328
七　月	988	410	10645	446	10743	437	10900	438	9947	456	10558	402	12543	454
八　月	10500	439	(八仙)10891	457	10608	432	(水月)10914	438	10459	479	11104	465	13081	474
九　月	14100	590	14693	616	14238	579	14011	562	13852	635	14371	602	17029	617
十　月	19980	836	(天女)21617	905	20177	821	20200	811	20186	925	21040	881	26450	958
十一月	29668	1241	29688	1247	28475	1158	27686	1111	26037	1193	27419	1149	41304	1496
十二月	35483	1485	37940	1591	36940	1503	31547	1266	30489	1224	33223	1392	48029	1377

资料来源：业务课行情报告

2.各厂棉纱销售数量

单位:件

月　份	第一厂	第二厂	第三厂	第四厂	第五厂	第六厂	第七厂	共　计
一　月	479	579	142	2	62	105	980	2349
二　月	1126	395	825	914	360	870	533	5023
三　月	900	527	1066	1052	170	167	221	4103
四　月	662	100	532	251	468	69	356	3342
五　月	509	241	783	405	82	60	655	2706
六　月	685	282	1177	356	125		802	3673
七　月	1276	5487	576	190	451		512	3492
八　月	1096	735	342	112	256	144	61	2746
九　月	879	512	1818	1326	465	986	69	6055
十　月	1404	828	1316	157	190	284	726	4905
十一月	1155	257	671	645	198	130	340	3396
十二月	1570	1138	855	20	125		368	4076
合　计	11741	7202	10103	5430	2952	2815	5623	45866

资料来源:业务课成品报告

3.棉纱批售对象

单位:件

月　份	纱布商号	织染工厂	机关团体	被服厂	共　计
一　月	2218	141	204		2563
二　月	3702	1103	218		5023
三　月	1818	1156	1050	100	4124
四　月	1162	1147	403	630	3342
五　月	1024	1262	320	100	2706
六　月	1406	1883	134	250	3673
七　月	1995	1260	137	100	3492
八　月	1147	1466	83	50	2746
九　月	2072	3693	95	195	6055
十　月	977	3702	206	20	4905
十一月	329	2753	204	110	3396
十二月	1033	2044	849	150	4076
合　计	18883	21610	3903	1705	46101

资料来源:业务课成品报告

4.棉纱自用及调拨数量

单位:件

月　份	二十支	其他支	共　计
一　月	1.78	0.23	2.01
二　月		2.18	2.28
三　月		1.43	1.43
四　月		4.15	4.15
五　月	1.90	0.45	2.35
六　月	2.45	9.84	12.29
七　月	12.30	31.73	44.03
八　月	8.50	24.56	33.06
九　月		28.34	28.34
十　月		13.92	13.92
十一月		11.67	11.67
十二月	3.00	265.01	268.01
合　计	29.93	393.61	423.54

资料来源:业务课成品报告

(3)棉布

1.分公司十二磅细布开价与各地行情比较

单位:千元

月份	天津分公司		天津		北平		上海		青岛		汉口		沈阳	
	价格	价比	价格	价比	价格	价比	价格	价比	价格	价比	价格	价比	价格	价比
一 月	96	100	(五福)110	100	(五福)112	100	(龙头)104	100	(花鸟)103	100	(龙头)109	100	(五福)123	100
二 月	130	135	161	146	166	148	139	134	136	132	174	160	171	139
三 月	142	148	170	155	169	151	150	144	157	152	155	142	186	151
四 月	170	177	224	204	245	219	210	202	242	235	196	180	282	229
五 月	283	295	315	286	369	329	274	263	308	299	299	274	362	294
六 月	312	325	(红五福)341	310	(红五福)370	330	(五福)332	319	335	325	370	339	280	319
七 月	380	396	408	371	444	396	403	388	(大双龙)401	389	448	411	527	443
八 月	390	406	413	375	443	396	400	385	402	390	403	370	497	418
九 月	461	480	490	445	537	479	490	471	465	451	549	504	570	479
十 月	669	697	763	694	770	687	733	705	748	726	944	774	840	702
十一月	908	946	1057	961	1029	919	1037	997	977	949	1113	1021	1300	1096
十二月	1200	1200	1398	1271	1373	1226	1150	1106	1169	1135	1403	1287	1872	1573

2.各厂棉布销售数量

单位:匹

月 份	第一厂	第二厂	第三厂	第四厂	第五厂	第六厂	第七厂	共 计
一 月	63540	92680	41140	26420	30760	22020	38057	314617
二 月	76849	105682	47940	42100	25480	24960	49446	372457
三 月	58111	64584	35872	6582	12789	13980	17083	209001
四 月	38653	108853	38027	23858	22320	19366	27391	278468
五 月	106620	113010	49500	20380	27400	19860	33980	370750
六 月	77347	112299	50137	5196	15040	16220	99794	376033
七 月	59624	98345	21331	44106	20000	40000	77578	360849
八 月	41736	70484	60193	16940	30000	30000	41972	291325
九 月	64760	106640	31563	12080	12680	18780	66056	310559
十 月	26694	26533	61500	91321	76876	6000	55785	344709
十一月	20532	64106	30890	14010	46599	61940	55848	293925
十二月	90618	86203	52180	31948	37700	37720	68037	404406
合 计	725084	1049419	520273	332941	357640	446188	631027	4392723

资料来源:业务课成品报告

3.棉布批售对象

单位:匹

月　份	纱布商号	织染工厂	机关团体	被服厂	委托零售	其他	共　计
一　月	195160	3120	74340	40000		7597	320217
二　月	188263	12300	81123	86000		5271	372957
三　月	61261	13820	96414	24000		13506	209001
四　月	180887	24380	81122			15554	301943
五　月	179340	18920	79110	90000	800	2580	370750
六　月	185694	21820	97570	60000	2400	9368	376852
七　月	157740	18400	75248	79481	2100	28120	361089
八　月	130862	17520	97365	36436	4080	5062	292325
九　月	208760	37600	64020		20937	11042	342359
十　月	173920	17360	92751	32957	14480	21421	352889
十一月	147180	37480	28676		17218	63371	293925
十二月	227120	31260	23110	10000	17326	95610	404426
合　计	2036187	253980	890849	458874	79341	278502	3997733

资料来源:业务课成品月报

4.棉布自用及调拨数量

单位:匹

月　份	十二磅细布	十二磅次布	十二磅色布	其他布	共　计
一　月	21100	76.40		1154.90	22331.30
二　月	46	154.94	11.72	1500.20	1712.86
三　月	13	106.30	34	996.30	1149.60
四　月	20	150.10	15	3023.75	3208.85
五　月	17	317.46	9	1790.08	2133.76
六　月	49	331.10		8942.90	9323.00
七　月	18	86.90		1452.00	1556.90
八　月	9	21.70	4	2011.80	2046.50
九　月	5023	910.78	28	752.50	6714.28
十　月	15001	206	8.14	8911.30	24126.44
十一月	30728	64.90	1.520	1334.59	33647.49
十二月	27	275.10	1.331	4837.61	6470.71
合　计	72051	2701.90	2960.86	36707.93	114421.69

资料来源:业务课成品月报

(4)成品

1.各种成品逐月销售数量

品名	单位	一月	二月	三月	四月	五月	六月	七月	八月	九月	十月	十一月	十二月	合　计
丝织品	码	34407.50	67320	6570	61670.50		34710	34590	3000	21090	41550	30000		334988
麻袋	条			10000	3000	28100	18100		600		2000	144.870		206670
麻布	匹	50	189	100	50					105	900	820	235	2440
缝纫线	打					1.66			7.36	23.34	6	12	12.83	63.19
麻包布	码											100		100
袜子	只					840		50		48			19	957
毛织品	公尺							1133.40		2993.20	3317.90		3693.73	11138.23
毛棉毯	条									1		3200	386	3578
小棉毯	条												96	96
毛裹腿	件												91	91
青色棉麻绸	匹											1		1
麻棉绳	磅												269	269
毛巾	条	175	404	590	698	553								2420
人造线	箱	30	85	30				60	103					373
土线	斤								3800					3800

资料来源:业务课成品报告

2.各种成品收销结存数量

品　名	单　位	上存	今收	销售	结存
棉纱	件	4560.19	53351.44	46291.42	11620.21
棉布	匹	242654.92	4873561.02	4041654.07	1074561.87
丝织品	码	113397.88	420118	334908	198607.88
麻袋	条	39139	181072	206670	13541
麻布	匹	85	5205.75	2440	2850.75
缝纫线	打	212.86		63.19	149.67
厚斜纹	码	102			102
帆布	码	677			677
麻包布	码		100	100	
碎帆布	磅	807			807
袜子	只	433	5742	957	5218
各种毛巾	米	2722			2722
毛织品	公尺		45112.80	11138.23	33974.57
毛棉毯	条		7250	3587	3663
小棉毯	条		96	96	
宽幅线毯	条	669			669
裁断衬裤料	条		1778		1778
毛裹腿	件		91	91	
哈叽零头	件		1.2		1.2
青蓝碎布	斤		220		220
漂白碎布	斤		900		900
青色棉麻绸	斤		1020	1	1019
麻线绳	磅		669	269	400
人造线	箱	373		373	
毛巾	条		2420	2420	

资料来源:业务课成品月报

3.各种成品外运数量

品　名	单位	上海 总公司	东北 分公司	北平 办事处	保定 采办处	唐山 采办处	廊坊 采办处	合　计
棉纱	件	2200		100	60			2360
棉布	匹	260000	40000	340800	5000	9000	400	655200
毛织品	公尺			1621.5				1621.5
棉绒品	打			1170				1170
呢绒	码			6206.25				1205.25
棉毛毯	条			300				300

资料来源:业务课成品年报

4.代销总公司来货数量

品　名	单　位	一月	二月	三月	四月	五月	六月	七月	八月	九月	十月	十一月	十二月	合　计
呢绒	码	3494.10	17887.25											21381.35
敌伪布	匹		7590.00	4251.00	2641		3493	3752	5789	20439	9175	1120	1834.50	60084.50
墨西哥布	公尺		498588.35	246457.80	6877									751923.15
缝纫线	打													
卫生衣	磅	117511/12												1175.11/12
42s/2蓝凤日光纱	件	200												200.00
卫生衫裤	打											1015	862.00	1877.00
棉毛衫裤	打											620	183.00	803.00
米鼠男袜	打											500	4987/12	998.7/12
制服呢	码											7625.75	10925.75	18555.50
麦尔登	码												2874.00	2874.00
哔叽	码												7928.75	7928.75
神鱼男袜	码											870	1266/12	996.6/12

资料来源:业务课代销月报

5.代销青岛分公司来货数量

月　份	棉布(匹)	棉纱(件)	卫生衣(打)	粗布(匹)
一　月	5600	14		
二　月	500			
三　月		21	3000	
四　月	23475			
五　月				
六　月	819			
七　月	106			
八　月				
九　月				31800
十　月				8180
十一月				
十二月				20
合　计	30500	35	3000	40000

资料来源:业务课代销月报

五、财务统计

1.分公司及各厂各项费用逐月增涨率

月　份	原料	间接材料	职员薪津	直接工资	警役工资	膳宿费	间接工资	福利开支	业务管理开支	财务开支	共　计
一　月	100	100	100	100	100	100	100	100	100	100	100
二　月	122	105	177	108	134	87	114	101	170	161	126
三　月	209	153	168	164	179	135	257	109	164	193	196
四　月	444	203	171	180	162	116	315	101	215	297	373
五　月	564	236	320	303	276	171	558	130	267	656	487
六　月	601	289	544	468	450	298	887	145	337	734	544
七　月	835	307	666	513	491	316	929	151	470	928	734
八　月	823	604	941	511	554	342	854	177	480	324	723
九　月	1111	702	745	531	685	377	868	183	675	29	944
十　月	1609	641	834	586	707	502	869	197	991	179	1338
十一月	2083	656	1478	788	806	682	1284	258	1466	463	1760
十二月	3368	1991	3380	1671	2186	875	1861	343	2663	85	2929

资料来源:分公司会计课

2.分公司及各厂各项费用百分比

月　份	原料	间接物料	职员薪津	直接工资	警役工资	膳宿费	间接工资	福利开支	业务管理费用	财务开支	共　计
一　月	70.85	2.71	1.01	8.46	0.52	0.37	0.57	2.70	10.38	2.43	100
二　月	68.56	2.26	1.42	7.21	0.55	0.26	0.51	2.17	13.97	3.09	100
三　月	75.85	2.12	0.87	7.08	0.48	0.26	0.75	1.51	8.68	2.40	100
四　月	84.48	1.48	0.46	4.08	0.23	0.12	0.48	0.73	6.00	1.94	100
五　月	82.01	1.31	0.67	5.27	0.30	0.13	0.65	0.72	5.68	3.26	100
六　月	78.29	1.44	1.02	7.27	0.43	0.20	0.92	0.72	6.44	3.27	100
七　月	80.55	1.13	0.92	5.91	0.35	0.15	0.72	0.56	6.64	3.07	100
八　月	80.56	2.27	1.32	5.97	0.40	0.18	0.67	0.66	6.88	1.09	100
九　月	83.36	2.02	0.80	4.76	0.38	0.15	0.52	0.52	7.42	0.07	100
十　月	85.18	1.30	0.63	3.70	0.28	0.14	0.37	0.40	7.68	0.32	100
十一月	83.87	1.01	0.85	3.79	0.24	0.14	0.41	0.40	8.65	0.64	100
十二月	81.48	1.84	1.17	4.82	0.39	0.11	0.36	0.32	9.44	0.07	100
平　均	79.59	1.74	0.93	5.69	0.38	0.18	0.58	0.95	8.16	1.80	100

资料来源:会计课月报

3.分公司各项业务费用逐月比较

月　份	职员薪津	警役工资	膳宿费	职工福利	业务各种费用	财务费用	共　计
一　月	100	100	100	100	100	100	100
二　月	735	3900	29	111	383	130	354
三　月	674	5500	206	179	99	2400	168
四　月	568	2800	66	50	91	990	118
五　月	639	8700	143	323	166	3090	245
六　月	2539	19700	426	476	302	2770	464
七　月	2448	21700	340	513	714	1080	773
八　月	3716	25500	414	717	625	1890	788
九　月	3074	54400	346	645	564	1870	739
十　月	3029	37000	686	758	1301	18780	1542
十一月	5465	59000	977	1081	2261	48580	2777
十二月	15964	170000	1426	1452	6526	8900	6390

资料来源:分公司会计课

4.分公司各项业务费用百分比

月　份	职员薪津	警役工资	膳宿费	职工福利	子弟小学经费	医院经费	业务管理费用	财务费用	共　计
一　月	3.79	0.12	4.27	10.26			80.34	1.22	100
二　月	7.86	1.34	0.31	3.20			86.84	0.45	100
三　月	15.16	3.99	5.24	10.88			47.31	17.42	100
四　月	18.26	2.90	2.38	2.49	1.56	0.31	61.83	10.27	100
五　月	9.86	4.33	2.49	12.84	0.40	0.25	54.45	15.38	100
六　月	20.72	5.19	3.92	10.24	0.21	0.08	52.35	7.29	100
七　月	11.99	3.43	1.88	6.48	0.16	0.17	74.19	1.70	100
八　月	17.85	3.95	2.25	8.69	0.37	0.26	63.70	2.93	100
九　月	15.73	8.98	1.99	8.35	0.53	0.07	61.26	3.09	100
十　月	7.44	2.93	1.90	4.14	0.32	0.58	67.81	14.88	1001
十一月	7.45	0.26	1.50	3.46	0.47	0.07	65.43	21.36	100
十二月	9.72	3.25	0.95	1.86	0.40	0.07	82.05	1.70	100
平　均	12.15	3.39	2.42	6.91	0.37	0.16	66.46	8.14	100

资料来源:分公司会计课

5.丝织厂各月各项开支百分比

月　份	耗用原料	直接人工	制造费用	厂务费用	共　计
一　月	72.11	3.84	5.43	18.62	100
二　月	70.05	3.73	6.76	19.46	100
三　月	69.20	7.95	7.95	14.90	100
四　月	77.96	6.53	6.12	9.30	100
五　月	72.28	11.23	6.32	10.17	100
六　月	74.76	9.37	4.33	11.54	100
七　月	74.06	9.31	4.16	12.47	100
八　月	72.50	8.05	7.07	12.38	100
九　月	80.77	5.88	5.07	8.28	100
十　月	81.92	5.68	4.34	8.06	100
十一月	82.02	5.68	4.24	8.06	100
十二月	83.48	4.93	3.86	7.73	100
平　均	75.93	6.85	5.47	17.75	100

资料来源:统计月报

6.第一机械厂各月各项开支百分比

月　份	耗用原料	直接人工	制造费用	厂务费用	共　计
一　月	8.79	15.14	18.01	58.06	100
二　月	8.79	23.96	18.71	48.54	100
三　月	3.43	25.20	16.74	54.63	100
四　月	10.98	25.17	22.63	41.22	100
五　月	12.10	21.45	30.36	36.09	100
六　月	5.84	28.32	30.97	34.87	100
七　月	7.47	28.99	30.97	32.57	100
八　月	15.89	26.76	27.37	29.98	100
九　月	11.84	24.37	29.16	34.63	100
十　月	18.35	22.30	28.02	31.32	100
十一月	14.67	22,02	31.18	32.31	100
十二月	9.62	16.83	37.65	35.90	100
平　均	10.65	23.38	26.81	39.16	100

资料来源:统计月报

六、成本统计

1.各厂二十支棉纱单位制造成本逐月增涨率

月　份	第一厂	第二厂	第三厂	第四厂	第五厂	第六厂	第七厂	平　均
一　月	100	100	100	100	100	100	100	100
二　月	105	105		118	108	98		107
三　月	169	183		169	183	207		182
四　月	313	282		304	329	271		300
五　月	386	332		364	418	333		367
六　月	437	398	599	431	456	391	653	481
七　月	761	474	861	579	630	525	899	676
八　月	610	443		565	655	539		562
九　月	618				732	582		644
十　月	991	896	1182	865	1038	818	993	969
十一月	1256	1110	1354	1153	1335	1128	1405	1249
十二月	1975	1713	2072	1753	2067	1714	1867	1880

资料来源:各厂会计月报及统计月报

2.各厂十二磅细布单位制造成本逐月增涨率

月　份	第一厂	第二厂	第三厂	第四厂	第五厂	第六厂	第七厂	平　均
一　月	100	100	100	100	100	100	100	100
二　月	125	125	128	127	124	108	127	123
三　月	172	179	168	174	172	196	162	275
四　月	300	323	271	280	274	258	259	281
五　月	378	385	341	365	350	311	327	361
六　月	435	441	393	416	404	381	382	407
七　月	520	531	461	497	474	445	477	486
八　月	534	564	491	535	506	470	473	510
九　月	694	748	652	691	662	645	627	674
十　月	883	977	842	902	862	808	800	868
十一月	1412	1489	1284	1380	1351	1246	1224	1341
十二月	1702	1879	1620	1742	1674	1605	1524	1678

资料来源:各厂会计月报及统计月报

注:五六两厂系特平布

3.各厂总制造成本逐月增涨率

月　份	第一厂	第二厂	第三厂	第四厂	第五厂	第六厂	第七厂	平　均
一　月	100	100	100	100	100	100	100	100
二　月	121	122	125	123	111	105	128	119
三　月	210	197	217	143	152	151	203	182
四　月	397	369	391	314	382	320	361	362
五　月	563	467	525	378	486	382	511	473
六　月	580	515	580	478	511	483	575	532
七　月	793	686	777	733	785	737	727	748
八　月	762	654	741	688	759	764	806	739
九　月	1032	862	953	863	942	940	990	940
十　月	1500	1222	1363	1122	1337	1269	1445	1323
十一月	1847	1578	1682	1533	1904	1715	1681	1706
十二月	3031	2573	2967	2667	2966	2759	3122	2869

资料来源:统计月报

各厂会计月报

4.各厂耗用原料价值对成本总值之百分比

月　份	第一厂	第二厂	第三厂	第四厂	第五厂	第六厂	第七厂	平　均
一　月	73.95	73.54	74.35	72.72	68.01	65.56	77.37	72.21
二　月	77.33	77.32	73.06	70.61	68.02	60.36	72.15	71.26
三　月	81.15	79.26	79.08	72.93	75.22	67.82	77.09	76.08
四　月	86.69	86.07	84.87	83.97	85.65	82.51	82.90	84.67
五　月	83.13	85.14	83.30	81.24	84.52	79.53	83.04	82.04
六　月	81.99	82.49	79.60	77.28	79.29	77.45	78.80	79.56
七　月	84.23	83.86	83.43	69.53	81.90	79.74	81.81	82.07
八　月	85.10	83.71	85.11	79.79	80.05	79.88	82.36	82.29
九　月	85.79	86.55	85.72	81.60	85.06	82.15	84.46	84.48
十　月	87.96	88.56	87.46	84.68	86.68	85.10	88.23	86.95
十一月	88.27	87.63	86.96	82.76	86.77	84.15	86.96	86.21
十二月	86.81	86.68	85.79	82.31	84.64	81.65	86.91	84.95
平　均	83.53	83.40	82.39	79.12	80.56	77.16	81.84	81.13

资料来源:统计月报

5.各厂直接工人工资对成本总值之百分比

月　份	第一厂	第二厂	第三厂	第四厂	第五厂	第六厂	第七厂	平　均
一　月	8.40	7.20	7.79	8.67	10.39	11.39	6.73	8.65
二　月	6.95	6.34	6.72	8.40	10.33	11.97	6.07	8.11
三　月	6.84	5.86	5.98	9.78	10.50	10.90	5.96	7.97
四　月	4.01	3.77	3.83	5.14	4.68	6.07	3.76	4.47
五　月	4.71	4.72	4.84	6.87	5.53	7.78	4.46	5.56
六　月	6.45	7.10	6.53	8.18	7.90	9.78	6.30	7.46
七　月	5.49	6.06	5.45	6.34	6.03	7.43	5.40	6.03
八　月	6.07	6.01	5.64	6.18	6.00	6.80	5.47	6.02
九　月	4.42	4.93	4.57	5.40	5.21	5.90	4.51	4.99
十　月	3.49	3.80	3.48	4.52	3.96	4.72	3.33	3.90
十一月	3.62	3.94	3.71	4.33	3.88	4.50	3.65	3.95
十二月	4.72	4.81	4.64	5.32	4.89	5.83	4.33	4.93
平　均	5.43	5.88	5.27	6.59	6.61	7.74	5.00	6.00

资料来源:统计月报

6.各厂制造费用对成本总值百分比

月　份	第一厂	第二厂	第三厂	第四厂	第五厂	第六厂	第七厂	平　均
一　月	8.21	9.84	9.03	11.57	10.75	15.13	9.21	10.53
二　月	7.42	8.26	11.08	10.82	10.27	16.62	13.11	11.08
三　月	5.46	8.67	9.31	9.83	7.15	13.56	9.64	9,09
四　月	5.11	6.02	7.23	6.33	5.82	7.01	8.61	6.59
五　月	5.23	5.04	6.38	6.13	5.33	6.71	7.27	6.01
六　月	5.58	4.90	7.57	8.17	6.99	7.28	8.54	7.00
七　月	4.92	4.80	5.54	8.31	6.36	7.46	7.24	6.38
八　月	5.96	5.89	6.00	9.93	7.32	8.87	8.19	7.45
九　月	7.29	5.75	7.10	9.76	6.20	8.81	7.86	7.54
十　月	6.93	5.57	7.28	8.76	7.01	7.96	6.68	7.17
十一月	6.59	6.20	7.36	10.66	6.80	8.46	7.09	7.59
十二月	6.65	6.25	7.74	10.40	7.32	9.12	6.52	7.71
平　均	6.28	6.43	7.64	9.22	7.28	9.75	8.33	7.85

资料来源:统计月报

7.各厂厂务费用对成本总值百分比

月　份	第一厂	第二厂	第三厂	第四厂	第五厂	第六厂	第七厂	平　均
一　月	9.44	9.42	8.83	7.04	10.85	7.92	6.69	8.60
二　月	8.30	8.18	9.14	9.97	11.38	11.05	8.69	9.53
三　月	6.55	6.21	5.53	7.46	7.13	7.72	7.31	6.84
四　月	4.19	4.14	4.07	4.56	3.85	4.41	4.73	4.28
五　月	6.93	5.10	5.48	5.76	4.62	5.98	5.23	5.59
六　月	5.98	5.51	6.30	6.37	5.82	5.47	6.36	5.97
七　月	5.36	5.28	5.58	5.82	5.71	5.37	5.55	5.52
八　月	2.87	4.39	3.25	4.10	6.63	4.45	3.98	4.24
九　月	2.50	2.77	2.61	3.24	3.53	3.14	3.17	2.99
十　月	1.62	2.07	1.78	2.04	2.35	2.22	1.76	1.98
十一月	1.52	2.23	1.97	2.25	2.55	2.89	2.30	2.24
十二月	1.82	2.26	1.83	1.97	3.15	3.40	2.34	2.38
平　均	4.76	4.80	4.70	5.05	5.63	5.34	4.83	5.01

资料来源:统计月报

8.第一机械厂各工场生产价值统计

单位:百万元

月　份	第一工场	第二工场	第三工场	第四工场	第五工场	校管工场	共　计
一　月	6	22	27	12	11		78
二　月	17	45	28	21	4		115
三　月	248	51	187	22	63		571
四　月	137	95	359	198	170		959
五　月	142	98	515	144	103		1002
六　月	113	77	526	315	271		1302
七　月	380	351	552	304	420		2007
八　月	43	117	53	33	139	610	995
九　月	106	237	91	242	242	116	1034
十　月	191	267	213	960	286	1814	3731
十一月	282	848	752	214	516	48	2660
十二月	505	438	495	762	694	2120	5014
合　计	2170	2646	3798	3227	2919	4708	19460

资料来源:机械厂月报

七、材料统计

1.分公司各月购入材料价值

单位:百万元

类　别	一月	二月	三月	四月	五月	六月	七月	八月	九月	十月	十一月	十二月	共　计
1.传动用料	12	52	56	147	142	85	175	12	232	815	300	529	2557
2.机器油类	71	51	126	138	46	35	378	309	574	647	294	630	3299
3.皮辊材料		15	141	85	76	28	10	483	719	24	549	2108	4238
4.浆料	557	446	1338	296	434	1394	2	2316	2456	603	1916	1074	12332
5.原动用料	58	21	54	71	135	210	122	243	97	93	211	(赤)198	1117
6.修配用料	6	6	192	1130	934	1397	357	319	410	1440	2357	6092	14640
7.纱机用料	1	1	36	12	16	46	178	21	58	150	171	118	808
8.布机用料	5	64	197	186	419	478	118	563		606	69	3554	6259
9.麻机用料													
10.漂染机用料													
11.打包用料	48	47	194	268	156	240	383	2	15	201	1652	5178	8384
12.各种工具	2	3	29	43	27	4	5	344	13	52	363	626	1511
13.筒管工具				42	369	114	31	180	46	195		702	1679
14.建筑材料	41	86	202	531	430	429	739	166	860	3022	673	4518	11697
15.电料	13	29	104	222	600	169	47	24	189	133	233	474	2237
16.医疗用品								72		29	210	239	550
17.文具		1	14	21	10	27			122	318	216	2531	3260
18.颜染涂料	7	52	648	243	218	445	87	4802	2793	3257	12335	18691	43578
19.食料			23								179		202
20.杂项	2	2238	9	33	71	76	85	53	108	464	645	633	4417
21.燃料	151	3540	5298	5010	3373	4414	7626	3713	709	417	1068	50623	85942
22.毛绒机用料												17	17
合　计	974	6652	8661	8478	7456	9591	10343	13622	9401	12466	23441	98139	209224

资料来源:各月统计月报

注:赤字系退料

2.分公司各月分配材料价值

单位:百万元

类　别	一月	二月	三月	四月	五月	六月	七月	八月	九月	十月	十一月	十二月	共　计
1.传动用料	5	12	1	9	38	7	4	23	24	95	158	388	764
2.机器油类	8	69	40	31	78	40	182	131	485	349	144	238	1795
3.皮辊材料	27			2	2	5	2	9	15	47	27	520	656
4.浆料	458	276	332	388	354	315	746	880	1514	1919	756	3145	11083
5.原动用料	35	13	5	1	10	9	39	103	231	41	43	94	624
6.修配用料	17	8	12	137	165	374	144	147	418	222	677	1678	3999
7.纱机用料		1	3	2	2		96	33	19	4	106	36	302
8.布机用料	30	5	22	48	310		284	405	380	549	332	1099	3464
9.麻机用料													
10.漂染机用料													
11.打包用料	74	32	43	150	30	26	40	43	492	80	1151	2725	4886
12.各种工具	1	2	1		6		4	172	33	23	48	399	689
13.筒管工具					71	15		288	151	65	14	388	992
14.建筑材料	25	34	51	294	287	242	581	317	657	624	948	1842	5902
15.电料	16	11	7	32	8	55	29	90	98	91	119	172	728
16.医疗用品	1									25	98	111	235
17.文具		1		3	4	2	3	5	6	191	151	298	664
18.颜染涂料	290	7	18	290	27	484	63	343	2095	1231	4626	10816	20290
19.食料			2	2	12	2				2	15	15	50
20.杂项	29	2237		5	10	11	12	13	58	393	490	535	3793
21.燃料		3691	5308		8383		12040		27	153	588	52450	82640
22.毛绒机用料												17	17
合　计	1016	6399	5845	1394	9797	1587	14269	3002	6703	6104	10491	76966	143573

资料来源:统计月报

3.分公司各月库存材料价值

单位:百万元

类　别	一月	二月	三月	四月	五月	六月	七月	八月	九月	十月	十一月	十二月
1.传动用料	12	52	106	245	349	427	599	588	796	1516	1658	1799
2.机器油类	68	50	136	242	210	204	400	578	667	965	1115	1507
3.皮辊材料		15	156	240	313	336	344	818	1522	1498	2020	3608
4.浆料	121	291	1297	204	1284	2363	1619	3055	3998	2682	3842	1771
5.原动用料	59	67	116	186	311	512	595	735	601	654	822	530
6.修配用料	6	4	183	1176	1945	2968	3181	3353	3346	4563	6243	10657
7.纱机用料	10	10	43	53	67	113	195	183	222	369	434	516
8.布机用料	6	65	238	375	484	962	796	954	574	631	368	2823
9.麻机用料												
10.漂染机用料												
11.打包用料	60	75	225	343	469	683	1026	985	507	628	1129	3582
12.各种工具	2	3	29	73	94	98	99	271	250	280	595	822
13.筒管工具				43	341	440	472	364	258	389	375	689
14.建筑材料	41	93	244	481	625	812	969	818	1021	3420	3145	5821
15.电料	29	47	150	340	932	1047	1065	999	1091	1132	1246	1548
16.医疗用品								72	72	76	188	316
17.文具	2	2	16	35	41	65	62	57	173	298	363	2596
18.颜染涂料	7	52	682	634	825	786	810	5269	5967	7993	15702	23577
19.食料			21	18	7	5	5	5	5	2	166	152
20.杂项	3	4	13	41	101	167	239	279	329	400	555	653
21.燃料	160	9		5010		4414		3713	4395	4660	5140	3313
22.毛绒机用料												
合　计	586	839	3655	10739	8398	16402	12476	23096	25794	32156	45106	66280

资料来源:统计月报及购委会各月材料库存价额月报

4.各厂委托分公司代购各类材料价值

单位:百万元

类　别	一月	二月	三月	四月	五月	六月	七月	八月	九月	十月	十一月	十二月	共　计
1.传动用料	12	44	175	151	311	233	473	200	283	61	151	760	2854
2.机器油类	1	34	46	48	18	154	64	115	375	243	451	502	2051
3.皮辊材料	107	78	4	164	144	236	287	164	345	92	287	280	2188
4.浆料	2	750	1533	1971	1153	1637	1709	2716	1855	1236	1712	4552	20825
5.原动用料	15	67	12	45	122	104	132	153	242	87	49	369	1397
6.修配用料	99	427	835	576	936	1145	698	944	250	409	756	1138	8213
7.纱机用料	35	91	154	200	390	843	424	1031	2423	403	940	1342	8276
8.布机用料	62	156	293	477	901	1131	725	1609	904	1127	2410	2660	12455
9.麻机用料					37		7	20	61	8	60	448	641
10.漂染机用料	148	125	360	177	598	216	771	28	574	169	718	6037	9921
11.打包用料	107	140	148	523	101	931	511	619	314	3410	811	5863	13478
12.各种工具	2	46	24	15	29	42	64	88	226	93	67	92	788
13.筒管工具	37	10	5	20	320	94	162	318	161	442	580	1838	3987
14.建筑材料	86	171	496	368	605	1054	1369	892	364	534	552	1570	8061
15.电料	33	62	88	104	97	94	127	158	85	121	133	346	1448
16.医疗用品		4	4	4	1	21	17	8	23	2	1	124	209
17.文具			8	3	3	6	8	15	5	10	40	282	360
18.颜染涂料		12	85	1088	1664	2338	1546	936	3486	209	1187	14070	27621
19.食料	4	31	6	10	110	122	76	312	68		220	246	1205
20.杂项	6	597	91	243	475	1010	553	269	333	409	4084	2640	10710
21.燃料	306	1479	5953	2826	7203	5140	7536	4692	11890	7278	10380	7866	72549
22.毛绒机用料		3	25	5	55	16	3	26	59	49	53	329	623
合　计	1062	4327	10345	10018	15273	16567	17262	15313	24326	16392	25642	53354	209681

资料来源:各厂材料库存价额月报及统计月报

5.各厂自购各类材料价值

单位：百万元

类　别	一月	二月	三月	四月	五月	六月	七月	八月	九月	十月	十一月	十二月	共　计
1.传动用料	47	24	29	29	59	104	24	19	16	10	41	140	542
2.机器油类	15	3	3		2	7	30	30	5	1	5	6	107
3.皮辊材料	10	5	4	361	98	173		4	2	2	29	8	696
4.浆料	183	72	577	125	127	64	11	213	83	19	11	18	1503
5.原动用料	64	24	52	63	70	35	27	3	34	16	12	36	436
6.修配用料	287	178	170	273	228	260	194	304	208	207	483	591	3383
7.纱机用料	100	31	103	126	176	178	289	1471	129	62	63	143	2871
8.布机用料	183	56	67	57	230	348	85	133	184	38	90	266	1737
9.麻机用料	1	11	5	2	6	15	77	14	2	29	55	54	211
10.漂染机用料	10	4	68	176	605	129	110	136	245	11	22	121	1637
11.打包用料	104	49	107	37	70	223	280	266	529	364	671	1068	3768
12.各种工具	14	25	35	23	50	59	48	31	46	25	35	61	452
13.筒管工具	9	6	15	11	2	155			1				199
14.建筑材料	252	150	377	483	250	252	417	323	277	137	196	266	2280
15.电料	58	36	55	46	17	44	64	79	52	34	64	123	672
16.医疗用品	1	5	8	12	7	21	24	20	41	61	72	144	416
17.文具	34	54	73	68	70	88	127	102	101	214	203	323	1457
18.颜染涂料	48	23	75	125	100	130	68	83	149	116	103	84	1474
19.食料	11	20	8	22	313	113	16	20	74	11	169	1	778
20.杂项	112	91	132	165	560	703	382	287	126	148	227	547	3480
21.燃料	502	38	109	373		237	22	3051		2	23	19	4376
22.毛绒机用料	46	21	68	57	152	65	104	46	65	33	85	243	985
合　计	2461	926	2140	2634	3192	3403	2339	6635	2369	1540	2659	4262	34560

资料来源：各厂材料库存价额月报及统计月报

6.各厂付用各类材料价值

单位：百万元

类　别	一月	二月	三月	四月	五月	六月	七月	八月	九月	十月	十一月	十二月	共　计
1.传动用料	42	47	52	70	160	128	104	395	418	239	303	409	2367
2.机器油类	29	28	35	41	41	35	113	170	194	177	395	531	1789
3.皮辊材料	28	24	27	58	175	84	73	196	295	255	233	229	1677
4.浆料	418	436	714	899	1013	1331	1415	3409	3584	4184	3519	4460	25382
5.原动用料	68	21	46	74	115	50	117	74	113	89	128	229	1124
6.修配用料	176	325	431	402	477	589	903	634	625	558	928	1133	7181
7.纱机用料	248	180	138	267	286	317	681	1765	1643	1193	761	982	8461
8.布机用料	137	174	155	367	546	780	659	1060	1077	1131	1609	2016	9711
9.麻机用料	1	5	5	2	19	9	22	43	23	34	99	104	366
10.漂染机用料	66	88	92	472	382	236	136	232	816	318	756	1619	5213
11.打包用料	125	242	239	291	353	578	696	1197	1562	1879	2114	2908	12184
12.各种工具	17	36	51	26	50	56	66	128	135	109	87	128	889
13.筒管工具	31	43	20	21	184	103	38	369	278	249	183	749	2268
14.建筑材料	261	226	483	530	808	699	1467	1136	1132	636	666	1340	9384
15.电料	49	54	64	88	123	89	140	220	204	126	175	278	1610
16.医疗用品	6	7	12	12	6	30	37	30	49	32	60	143	424
17.文具	31	34	55	59	53	62	58	111	89	169	192	329	1242
18.颜染涂料	231	29	107	106	310	271	81	1104	2025	2098	1145	6003	13510
19.食料	80	89	23	31	309	67	159	113	121	107	164	165	1128
20.杂项	90	424	144	263	416	889	914	617	471	479	769	3601	9077
21.燃料	1034	1342	5313	2847	4498	6029	5918	6881	4963	6786	7730	11435	64776
22.毛绒机用料	28	31	31	57	78	140	87	30	81	56	109	206	934
合　计	3196	3885	8237	6983	10402	12572	13884	19914	19898	20904	22125	38997	180997

资料来源：各厂材料库存价额月报及统计月报

7.各厂库存各类材料价值

单位:百万元

类　别	一月	二月	三月	四月	五月	六月	七月	八月	九月	十月	十一月	十二月
1.传动用料	326	344	503	616	833	1040	1392	4228	4109	3890	3777	4337
2.机器油类	249	258	276	283	262	385	363	1344	1350	1419	1480	1494
3.皮辊材料	549	606	586	1053	1120	1445	1649	5408	5312	5148	5228	5294
4.浆料	1243	1627	3023	4266	4531	4901	5018	12711	11333	8396	6576	6751
5.原动用料	135	204	226	258	335	423	470	698	670	686	659	797
6.修配用料	648	926	1538	1989	2671	3490	3405	6288	6310	6368	6680	7297
7.纱机用料	744	686	813	844	1155	1860	1822	12480	14418	13689	14114	14617
8.布机用料	988	1025	1230	1417	2002	2703	2999	15199	15635	15670	16454	17561
9.麻机用料	31	38	38	38	63	69	71	385	426	429	445	843
10.漂染机用料	197	238	575	456	1277	1386	2090	2022	1937	1800	1784	6322
11.打包用料	641	590	606	869	789	1365	1503	5958	5311	7220	6584	11206
12.各种工具	37	71	84	94	126	170	208	500	502	510	525	550
13.筒管工具	182	154	155	155	303	448	522	3160	3145	3338	3822	5012
14.建筑材料	296	391	781	1100	1147	1755	1919	2844	1879	1915	2001	2497
15.电料	301	345	423	484	484	536	566	1316	1242	1272	1293	1490
16.医疗用品	4	7	6	10	12	23	21	29	41	69	82	207
17.文具	57	79	107	118	139	171	231	243	260	317	369	644
18.颜染涂料	2413	182	2470	4511	5962	8162	9083	19381	22854	21045	21191	29343
19.食料	409	2636	367	371	482	652	598	885	909	813	888	971
20.杂项	401	643	542	685	903	1730	1435	1628	1615	1863	2899	3236
21.燃料	459	633	1607	1962	4665	2419	6200	7835	10085	10544	15887	14300
22.毛绒机用料	144	132	193	199	332	274	288	1597	1640	1667	1698	2061
合　计	10452	11815	16149	21778	29593	35405	41851	106139	110983	108068	114436	186830

资料来源:各厂材料库存价额月报及统计月报

8.各厂各月购入材料价值

单位:百万元

月　份	第一厂	第二厂	第三厂	第四厂	第五厂	第六厂	第七厂	丝织厂	合　计
一　月	801	770	534	206	160	243	802	7	3528
二　月	854	914	1307	259	168	730	1010	11	5253
三　月	4082	2595	2411	332	97	1136	1819	13	12485
四　月	1541	2040	2195	810	425	943	4686	12	12652
五　月	6282	2593	2106	1001	1374	978	1095	35	18464
六　月	5728	2984	3874	1398	1291	365	4306	24	19970
七　月	5521	4678	2467	752	1990	1029	3157	6	19600
八　月	1846	4878	4284	2473	4677	954	2820	16	21948
九　月	9615	4506	3502	1333	1130	373	6219	17	26695
十　月	3323	5388	5951	879	870	541	970	10	17932
十一月	9590	5626	6199	1256	828	1182	3531	89	28301
十二月	5993	8016	12571	5827	4651	1436	19042	80	57616
共　计	55176	44988	47401	16526	17661	9910	52452	320	244439

资料来源:各厂材料库存价额月报及统计月报

注:自购机代购均在内

9.各厂各月付用材料价值

单位：百万元

月　份	第一厂	第二厂	第三厂	第四厂	第五厂	第六厂	第七厂	丝织厂	合　计
一　月	723	958	449	185	194	159	525	3	3196
二　月	807	899	874	220	171	441	467	6	3885
三　月	2972	1705	1837	271	145	403	895	9	8237
四　月	1539	1781	1597	325	270	355	1104	12	6983
五　月	3633	2244	1419	371	450	505	1762	18	10402
六　月	4086	2391	2992	456	417	389	1823	18	12572
七　月	3674	2982	2007	749	410	1061	2991	10	13884
八　月	3374	3634	2045	1167	5068	1298	3311	17	19914
九　月	4687	4369	3221	1327	948	1197	4131	18	19898
十　月	4580	5195	3941	1100	1526	917	3620	25	20904
十一月	4439	6039	4203	1660	1470	1015	3264	25	22125
十二月	6685	9345	7719	2927	2393	1709	1856	63	30997
共　计	41199	41542	32304	10758	13462	9449	32049	234	180997

资料来源：各厂材料库存价额月报及统计月报

10.各厂各月库存材料价值

单位：百万元

月　份	第一厂	第二厂	第三厂	第四厂	第五厂	第六厂	第七厂	丝织厂	共　计
一　月	2090	1276	1259	1055	809	741	3180	42	10452
二　月	2138	1290	1689	1093	813	1027	3718	47	11815
三　月	3248	2182	2265	1156	799	1762	4685	52	16149
四　月	3250	2439	3863	1641	1020	2350	8163	52	21778
五　月	5898	2787	3550	2270	2054	2821	10140	73	29593
六　月	7541	3383	4436	3147	1400	2798	12621	79	35405
七　月	9390	5080	4900	3151	2833	2766	13655	76	41851
八　月	21747	19317	10615	12315	5650	7756	28578	161	106139
九　月	21622	19455	10891	11882	7509	6933	32532	159	110983
十　月	20428	19648	12892	11661	6853	6558	29882	146	108068
十一月	26771	19234	14890	11257	6210	6726	30148	200	114436
十二月	27771	18630	69741	14117	8468	6453	41033	617	136830

资料来源：各厂材料库存价额月报及统计月报

11.第一机械厂各月付用原料价值

单位：千元

月　份	钢类	铁类	铜类	五金杂类	木料类	共　计
一　月	1938	18339	250	698		21225
二　月	9401	25577	2759	3043		40780
三　月	7207	22067	922	3923		34119
四　月	8760	62536	1342	7841		80479
五　月	17212	33462	5137	8611		80097
六　月	18003	36497	14423	7963	15645	128244
七　月	43428	82391	29925	26072	51358	320790
八　月	142388	318667	44776	65455	138974	603508
九　月	167367	358216	56180	106010	32222	796102
十　月	80618	260364	32047·	81115	108329	483893
十一月	102307	309882	34943	52933	29749	545112
十二月	91715	178482	16931	153340	45047	694005
合　计	690374	1706480	239635	517004	253537	3828354

资料来源：机械厂月报

12.物料检验数量

类　别	十　月		十一月		十二月		共计	
	合格	不合格	合格	不合格	合格	不合格	合格	不合格
电料	17	17	27	31	9	10	53	58
油料	48	41	37	47	33	39	118	127
燃料	36	49	88	47	85	70	209	166
化学物料	49	35	58	42	34	43	141	120
非动力皮革	13	16	22	27	23	32	58	75
杂类	134	197	40	53	72	59	246	309
合　计	297	355	272	247	256	253	825	855

资料来源:检验组

说明:本组在九月内成立,自十月起开始检验

八、运输统计

1.运输室收入支出及其盈余状况　　单位:千元

月　份	收入	支出	盈余
一　月	66825	41184	25641
二　月	97635	55462	42173
三　月	83801	69360	14441
四　月	81410	72314	9096
五　月	128981	102394	26587
六　月	176804	134331	42473
七　月	194022	169437	24585
八　月	364080	264439	99641
九　月	322555	316486	6069
十　月	526960	393917	133043
十一月	414176	389682	24494
十二月	645120	638660	6460
合　计	3102369	2647666	454703

资料来源:运输室月报及统计月报

2.运输室各项支出费用逐月比较　　单位:千元

月　份	油料	汽车折旧	汽车修理	职员薪津	工资	利息	修缮	购置	伙食费	捐照	杂费	共计
一　月	5008	4000	610	6455	13694	1800	358	510	3673		130	36233
二　月	11331	4048	1419	9020	17156	1800	88	153	4221	72	1036	50344
三　月	11264	4046	2534	10752	23605	1800	237	707	5610	1355	3417	65327
四　月	11740	4692	2014	10752	26038	1800	589	112	6367		1988	66092
五　月	12095	4769	1525	25118	42955	1800	617	3951	8195		1369	102394
六　月	14511	4164	556	25118	70894	1800			14125	1370	1793	134331
七　月	16372	4656	5114	32379	84424	1800	1770		19746	478	2698	169437
八　月	26173	38612	166	43681	103434	15996	4236		22656		9485	264439
九　月	57855	44940	4173	43681	106642	15996	1744		33114	1602	6739	316486
十　月	73847	53611	8130	71508	123031	15996	4933		31313		11248	393917
十一月	67681	52874	6769	71508	167938	15996	2109				4807	389682
十二月	108000	49517	26096	72190	334581	15996	8000	5285		10	18985	638660
合　计	415877	270229	59106	422162	1114392	92580	24681	10718	149020	4887	63695	2627347

资料来源:运输室月报及统计月报

3.铁路运输进出口物品数量

月份	进口			出口					
	煤(吨)	棉(包)	布(匹)	纱(件)	打包布(件)	席(张)	篷布(块)	卫生衣(打)	其他(件)
一 月	5033	15180	16000		20	1787	26		
二 月	2942	2839	4000			1761	8	3000	
三 月	5573	6093	8000		8				
四 月	7090	10584	12000		43		8		
五 月	5830	9350	80400	60	44	2100	8		
六 月	3940	6666	4400				7		
七 月	4281	8031	24100		40	2100			
八 月	5204	7427	10300	100					
九 月	6587	2165	19000			400			
十 月	5855	2660	35000						
十一月	5670	13053	1359000					1170	18
十二月	3880	16334	45000						68
合 计	61885	100382	1617200	160	155	8148	69	4170	86

资料来源:运输室年报

4.水路运输进出口物品数量

月份	进口							出口					
	棉(包)	布(匹)	纱(件)	呢(匹)	五金(箱)	材料(箱)	其他(件)	布(匹)	纱(件)	麻(件)	烧碱(桶)	材料(箱)	其他(件)
一 月	4929		263	300	104		230			970			
二 月			528		89	184					200	3	
三 月	6493	20520	289		77	97	1			844	50	1	
四 月		4140		3680		178	4		1100				
五 月	13972	120				93	9				40		
六 月	10000	25140			324	270					170		
七 月	1348				22	222				1995	89	1	500
八 月	17537	40000				216	1			1047		90	
九 月	509				39	42		160000	100			215	
十 月	11561					162	383				1327		
十一月	17882		260	784	70	110	11	100000	1000	361		15	
十二月	32495				272	42	172			1561	1379		
合 计	116726	89920	1340	4764	997	1616	811	260000	2200	6777	3255	325	500

资料来源:运输室年报

5.第一仓库收发物品统计

类别	品名	单位	上存	收进	发出	结存
原棉类	河北棉	包	1117	106422	105976	1563
	汉口棉	包	1997	14106	15163	940
	沙市棉	包		1775	1685	70
	渭南棉	包		348	348	
	灵宝棉	包		1846	1846	
	陕西棉	包		1805	1805	
	印度棉	包		24316	19962	44354
	巴西棉	包		1730	1730	
	美 棉	包	2246	31169	30061	3354
	拾 棉	袋	1308(又1550斤		1308(又1550斤	
成品类	棉布	件	1796	17314	19110	
	棉纱	件	235	100	335	
	制服呢	件		287	287	
	呢绒	件		283	260	23
	麻绞布	件		6	6	
	包皮布	件		63	63	
	羊毛纱	件		182	182	
	棉毛衣裤	箱		15	15	
	棉毛袜	箱		10	10	
	卫生衣	箱	270	483	646	107
食粮类	美粉	大袋		3650	3650	
	面粉	小袋		8000	8000	
机件类	纱管	箱		208	208	
	毛纱管	箱	21		21	
其他	五金电料	件	1814		1814	
	青麻	包		4080	4029	51
	绳子	捆		68	68	

资料来源:运输室年报

6.第二仓库收发物品统计

类别	品名	单位	上存	收进	发出	结存
原棉类	河北棉	包		1520	1258	262
	汉口棉	包		6075	4734	1341
	美棉	包	483	5723	3832	2374
	印度棉	包		1267	1067	200
成品类	打包布	件	44		44	
	卫生衫	箱		230	230	
机件类	纱管	箱		140	1	139
	钢丝棕	件	2		2	
	机器零件	件	8		8	
化学品类	硫化碱	件		300	300	
	洋漆	件	2		2	
	水胶	件	1		1	
	黄凡士林	桶	3			3
	烧碱	桶		54		54
建筑类	杉木	根		2500	2500	
	杉板条	捆		385	247	138
	洋灰	袋		1090	1090	
其他	五金	件	16		16	
	红纸板	件	9		9	
	打包纸	件	9		9	
	牛油	桶		129	129	
	电石	桶		70		70

资料来源:运输室年报

7.自运运费价目变动状况　　　　　　　　单位:元

项目	单位	一月	二月至五月	六月至八月	九月至十二月
美棉	包	4800	5500	9000	15000
国棉	包	2000	2500	5000	10000
面粉	大袋	800	1000	1200	2000
面粉	小袋	400	500	600	1000
包车	日	120000	150000	250000	500000
包车	次	47000	50000	70000	150000

资料来源:运输室

注:本公司所订之运费较市价低约百分之四十

九、建筑统计

1.各单位新建工程面积及款额

厂别	纺织染场房		机动场房		仓库		宿舍及办公室		水管地沟		其他		合计	
	工程面积(方丈)	工程款额(百万元)	工程面积(方丈)	工程款额(百万元)	工程面积(方丈)	工程款额(百万元)	工程面积(方丈)	工程款额(百万元)	工程面积(方丈)	工程款额(百万元)	工程面积(方丈)	工程款额(百万元)	工程面积(方丈)	工程款额(百万元)
一厂							4.50	11	120.00	8	110.00	6	234.50	25
二厂														
三厂	37.50	332									51.50	140	89.00	472
四厂			24.80	228			20.00	98	110.00	250	35.00	120	189.00	696
五厂							35.00	290			0.70	46	35.70	336
六厂							143.00	764					143.00	764
七厂	41.00	329	31.10	187			296.50	1617			104.00	47	472.60	2180
机械厂			166.00	1375									166.00	1375
分公司					21.00	100							21.00	100
共计	78.50	661	221.90	1790	21.00	100	499.00	2780	230.00	258	301.20	359	1351.60	5948

资料来源:建筑委员会

注:1.本表所列各项工程,均系由建委会经办者,至各厂所自办者,并不在内。

2.其他栏内五厂工程面积系方丈。

2.各单位修缮工程面积及款额

厂别	纺织染场房		机动场房		仓库		宿舍及办公室		合计	
	工程面积(方丈)	工程款额(百万元)	工程面积(方丈)	工程款额(百万元)	工程面积(方丈)	工程款额(百万元)	工程面积(方丈)	工程款额(百万元)	工程面积(方丈)	工程款额(百万元)
一厂	8531.32	390			44.00	178	34.00	260	8609.32	828
五厂	270.00	59			505.00	280			775.00	339
六厂	1494.50	197			465.00	77	224.00	120	2183.50	394
七厂							541.00	950	541.00	950
机械厂			161.00	545	20.00	85	104.00	69	285.00	699
分公司					550.80	202	527.00	280	1077.80	482
共计	10295.82	646	161.00	545	1584.80	822	1430.00	1679	13471.62	3692

资料来源:建筑委员会

注:1.本表所列各项工程,均系由建委会经办者,至各厂所自办者,并不在内。

3.各单位新建工程逐月进度

单位别	工程摘要	开工日期	每月完成累计百分率												完工日期
		月日	一月	二月	三月	四月	五月	六月	七月	八月	九月	十月	十一月	十二月	月日
第一厂	工人宿舍附属工程	3:31				50	85	100							6:15
第三厂	增建原棉厂	3:31				30	75	85	95	95	100				9:20
第三厂	大王庄宿舍围墙	11:21											50	100	12:16
第三厂	厂内围墙	11:7											97	100	12:5
第四厂	托儿所	6:27						5	50	100					8:26
第四厂	警卫室	6:27						5	50	100					8:26
第四厂	工房锅炉房	3:31				30	70	100							6:16
第四厂	北厂锅炉房	10:9										60	95	100	12:8
第四厂	南厂锅炉房	10:9										60	95	100	12:8
第四厂	大厂围墙	6:7						15	50	100					8:6
第四厂	输水管	6:1						15	50	75	85	95	95	100	12:6
第五厂	小学教室	8:16								10	80	100			10:15
第五厂	水泵房	11:7											20	100	12:30
第六厂	工人宿舍	3:31				40	100								5:30
第六厂	栈务办公室	11:18											80	100	12:18
第七厂	增建染厂厂房	3:31				30	55	70	85	95	100				9:30
第七厂	锅炉房	3:31				40	65	75	90	90	95	99	100		11:15
第七厂	染厂腐化室	3:51				30	55	70	85	95	100				9:30
第七厂	保险金库	3:31				40	65	75	90	90	95	99	100		11:25
第七厂	女工宿舍	6:24						5	50	80	95	99	100		11:25
第七厂	小学教室	7:30							70	100					9:25
第七厂	小学厕所	7:30							40	100					9:25
第七厂	小学等围墙	10:6										35	95	100	12:31
第七厂	印染场调糊室	12:3												50	
第一机械厂	校管场场房	5:26					2	40	50	70	80	90	97	100	12:8
第一机械厂	校管场锯木部	8:26									20	30	97	100	11:6
第一机械厂	校管场烤窑	10:20										30	80	100	12:29
第一机械厂	第一工场锻工部	11:21											20	95	
第一机械厂	第二工场工人厕所	9:8									50	100			10:10
第一机械厂	第三工场铸工办公室	11:17											70	100	12:17
分公司	第一仓库修车场	7:22							5	80	100				9:20

资料来源:建委会年报

4.各单位修缮工程逐月进度

单位别	工程摘要	开工日期	每月完成累计百分率												完工日期
		月日	一月	二月	三月	四月	五月	六月	七月	八月	九月	十月	十一月	十二月	月日
一厂	场房屋顶修漏	7:9							40	60	85	100			10:29
一厂	浆纱车间外墙及天沟	6:9						40	100						7:30
一厂	乙字六号仓库屋顶	8:18								10	50	100			10:14
一厂	教室幼稚园及厕所	10:9										80	100		11:15
一厂	女工宿舍厕所	10:14										30	80	100	12:24
一厂	纱布两场抽换木柱	12:18												10	
三厂	场房天窗	3:17			40	100									4:10
五厂	仓库瓦面	4:8				30	95	100							6:6
五厂	纱布场外墙皮	6:9						20	80	97	100				9:9
五厂	仓库办公室	7:28								97	100				9:12
五厂	仓库加固	11:4											5	95	
六厂	布场及浆纱间油漆	2:18		10	60	100									4:29
六厂	细纱间瓦面	6:24						5	80	100					8:23
六厂	粗纱间瓦面	6:24						5	80	100					8:23
六厂	仓库瓦面	6:24						5	80	100					8:23
六厂	浆纱间瓦屋面	6:24						5	80	100					8:23
六厂	变电所屋面	6:24						5	15	85	100				9:23
六厂	怀安里工人宿舍	12:12												100	12:23
六厂	女工宿舍暖气等设备	1:17	10	60	95	100									4:14
七厂	花园里工人宿舍	8:25								2	40	80	100		11:23
第一机械厂	九江路职工宿舍	5:2					100								5:31
第一机械厂	九江路职工宿舍	5:2					100								5:31

续表

单位别	工程摘要	开工日期	每月完成累计百分率												完工日期
		月日	一月	二月	三月	四月	五月	六月	七月	八月	九月	十月	十一月	十二月	月日
第一机械厂	第一工场锻工部	6:27						5	70	100					8:15
第一机械厂	第二工场机工部	6:9						70	100						7:28
第一机械厂	第二工场钳工部	11:6											100		11:26
第一机械厂	第二工场仓库	6:9						70	100						7:28
第一机械厂	第二工场新机工部	6:9						10	70	95	95	95	98	100	12:15
第一机械厂	第三工场油漆部	8:25									10	80	100		11:7
第一机械厂	第三工场炉房屋面	11:24											20	100	12:24
分公司	第一仓库司机室	6:9						20	50	80	100				9:8
分公司	第一仓库库房	6:9						50	65	80	90	100			10:11
分公司	第一仓库库房	6:9						50	65	80	90	100			10:11
分公司	第一仓库库房	3:31				40	100								5:31
分公司	第一仓库库房	6:9						50	65	80	90	100			10:11
分公司	九江路宿舍	2:24			80	100									4:19
分公司	九江路宿舍	6:8						80	100						7:7
分公司	九江路宿舍	6:7						70	100						7:6
分公司	九江路小学	3:1			80	80	100								5:20
分公司	九江路技训班	7:21							100						7:31
分公司	九江路技训班实验室	7:21							100						7:31
分公司	九江路仓库	4:21				70	100								5:6
分公司	第一煤栈大门等	10:25										5	100		11:20
分公司	营口道仓库	11:4												100	12:26

资料来源:建委会年报

十、福利统计

(1)福利费用

1.各单位福利费用分配金额概况　　单位:千元

单位名称	文化	卫生	教育	福婴	运动	娱乐	其他	共计
分公司	243000	258000	456000		12000	11000	213000	1193000
第一厂	12000	296000	289000		21000	16000	351000	985000
第二厂	17000	335000	413000	6000	19000	16000	141000	947000
第三厂	13020	117600	253020	2330	17650	24590	125810	554020
第四厂	13000	127000	234000	4000	22000	7000	40000	447000
第五厂	12899	144391	131104	7018	20250	17588	19548	352798
第六厂	20000	109000	216000	19000	7000	18000	223000	612000
第七厂		239910	319509	245589	23213	10241	1639774	2478236
机械厂	16796	55800	4378		1844	1273	17200	97191
丝织厂	1359	2048	2644		169	4		6224
合计	349074	1684749	2318655	283937	144126	121696	2770332	7672569

资料来源:各单位福利报告表

说　明:其他项目内包括理发,沐浴,疾病,工伤,婚丧,死亡,分娩各种津贴及机械厂包括合作社一月至三月份费用

2.各单位福利费用分配金额逐月比较　　单位:千元

月　份	文化	卫生	教育	福婴	运动	娱乐	其他	共计
一月	4633	18236	37385	3736	2531	13214	58063	137798
二月	4566	30676	25047	4248	1376	4892	84446	155251
三月	9866	36413	30514	6834	6276	3325	84992	178220
四月	5027	40095	51153	6931	1406	7115	95218	206945
五月	10003	79471	52685	10492	13692	8549	147211	322103
六月	20620	72414	62768	20151	5861	13245	189899	334958
七月	18340	99749	68829	22296	9466	7066	201647	427393
八月	22087	135385	179081	23678	13840	6003	197862	577936
九月	67163	185857	212917	34263	18532	6849	262139	787720
十月	64506	268093	269646	40193	12077	13404	271254	939173
十一月	69736	257876	484688	41301	37011	15827	457615	1364054
十二月	52527	460484	483942	69814	22058	22207	719986	2191018
合　计	349074	1684749	2318665	283937	144126	121696	2770332	7672569

资料来源:各单位福利报告表

说　明:本表各项文化包含图书馆,卫生包含诊疗所,教育包含员工子弟小学及劳工补习班,福婴包含托儿所,运动包含国术球类,娱乐包含国剧音乐,其他包含理发沐浴等,福利金基金并不在内,合作社经费系独立故亦不在内,惟一至三月份机械厂合作社未独立时经费在内。

(2)文化

1.各单位图书馆购置图书数量

单位:册

月　份	分公司	第一厂	第二厂	第三厂	第四厂	第六厂	机械厂	共计
一月	3311							3311
二月		76						76
三月								
四月		50			187			237
五月		45						45
六月	37		413					450
七月	502		172		44			718
八月	4		10			85		99
九月	46	141	6	52		85	39	369
十月			4	56		85	66	211
十一月				57		85	67	209
十二月	66		26	59		85	46	282
合　计	3966	312	631	224	231	425	218	6007

资料来源:福利委员会

注:第七厂图书室在筹设中

2.各单位图书分类统计

单位:册

类别	分公司	第一厂	第二厂	第三厂	第四厂	第五厂	第六厂	机械厂	丝织厂	共计
总部	2981	324	22	256		10			15	3608
哲学	20	103	37	110	38	5				312
自然科学	41	115	65	240	9	25	2		5	502
应用科学	53	170	218	650	12	40	4	30	6	1183
社会科学	121	174	109	69	12	60	24	50	7	646
史地	49	172	130	115	77	15	8	20	6	592
语文	342	235	466	152	59	12	46	20	20	1352
美术	20		21	46	1	46	1			135
中文杂志	342	60	624	375	23	15	45	444	15	1943
西文杂志	236		2	4				20		262
合计	4205	1353	1694	2017	231	220	130	584	74	10516

资料来源:福利委员会

3.各单位借阅图书人数

月　份	分公司	第一厂	第二厂	第三厂	第四厂	第五厂	第六厂	机械厂	共计
一月	87	52				25			164
二月	51	63			118	27			259
三月	78	58			215	30			381
四月	38	90			147	31			306
五月	98	86			103	35			322
六月	40	84	210		40	42			416
七月	91	59	242		73	50			515
八月	107	60	281		52	53	95		648
九月	48	66	194	500	69	51	90	59	1077
十月	112	75	204	520	92	52	91	61	1207
十一月	93	82	191	530	93	58	98	65	1210
十二月	104	95	121	577	70	62	84	65	1178
合　计	947	870	1443	2127	1072	516	458	250	7683

资料来源:福利委员会

4.各单位借阅图书次数

月　份	分公司	第一厂	第二厂	第三厂	第四厂	第五厂	第六厂	机械厂	共计
一月	261	58				25			344
二月	157	68			225	27			477
三月	172	60			343	30			605
四月	114	91			248	31			484
五月	191	88			153	35			467
六月	120	85	633		42	42			922
七月	273	65	499		95	50			982
八月	214	70	862		64	53	103		1366
九月	96	75	279	670	75	52	92	142	1481
十月	336	80	682	750	102	58	95	151	2254
十一月	186	90	286	755	128	62	98	100	1705
十二月	231	103	428	780	85	62	90	84	1863
合　计	2351	933	3669	2955	1560	527	478	477	12950

资料来源:福利委员会

(3)教育

1.各单位小学及幼稚园班数及学生人数

单位别	小学班数	小学生人数			幼稚园 班数	幼稚生人数		
		男生	女生	合计		男生	女生	合计
分公司	6	154	116	270	2	30	45	75
第一厂	7	231	137	368	1	10	18	28
第二厂	9	373	163	536				
第三厂	7	297	108	405	1	10	12	22
第四厂	6	237	77	314	1	11	8	19
第五厂	4	125	81	206				
第六厂	5	136	62	198				
第七厂	8	273	109	382	1	21	23	44
共计	52	1826	853	2679	6	28	106	188

资料来源:福利委员会

说　明:本表系卅六年度第一学期人数

2.各单位小学及幼稚园各年级学生人数

班级别	分公司	第一厂	第二厂	第三厂	第四厂	第五厂	第六厂	第七厂	共计
幼稚园	75	28		22	19			44	188
一年级	66	136	155	172	90	80	108	115	922
二年级	46	121	143	69	72	57	49	115	672
三年级	43	65	110	48	72	41	23	50	452
四年级	47	38	54	44	38	28	9	49	307
五年级	33	8	48	38	25		9	32	193
六年级	35		26	34	17			21	133
合计	345	396	536	427	333	206	193	426	2867

资料来源:工务课周报及各厂调查报告

3.各厂劳工补习班班数及人数

厂别	班数			教师人数			学生人数								
							一期			二期			三期		
	一期	二期	三期	一期	二期	三期	男	女	合计	男	女	合计	男	女	合计
第一厂	4	4	4	7	8	16	308	99	407	186	46	232	134	46	180
第二厂	3	3	3	9	14	20	160	60	220	124	78	202	107	33	140
第三厂	3	4	4	8	10	26	133	21	154	183	22	205	152	53	205
第四厂	4	4	3	8	10	20	67	45	112	46	176	222	36	20	56
第五厂	2	2	3	6	9	7	56	69	125	51	46	97	55	29	84
第六厂	1	3	4	12	6	14	42	21	63	135	31	166	125	43	168
第七厂	8	6	6	16	16	15	277	42	319	204	30	234	122	53	175
机械厂		3	3		6	20				95		95	260		260
丝织厂			1			5							50		50
共计	25	29	31	66	79	133	1043	357	1400	1024	429	1453	1041	277	1318

资料来源:福利委员会

说　明:根据各厂劳工补习班学生名册

(4)福婴

1.各厂托儿所概况

厂别	成立年月	管理员人数	保姆及护士人数	受托婴儿数	每日哺乳次数	房间数	现有床位
第二厂	35年11月	1	5	65	4	5	45
第三厂	35年12月	1	4	24	3	4	24
第四厂	35年7月	1	3	46	3	3	32
第五厂	36年8月	1	2	29	4	4	30
第六厂	36年10月	1	3	39	3	4	40
第七厂	35年10月	1	4	75	3	12	38
合计		6	21	278		32	209

资料来源:福利委员会

说　明:第一厂托儿所在筹备中,现为哺乳室

2.各厂托儿所平均每日受托婴儿人数

月　份	第二厂	第三厂	第四厂	第五厂	第六厂	第七厂	共计
一月	24	8	40			19	91
二月	28	8	50			20	106
三月	36	17	50			20	123
四月	35	20	50			21	126
五月	40	20	50			19	129
六月	54	22	50			24	150
七月	56	20	50			24	150
八月	58	25	50	20		27	180
九月	60	27	40	28		32	187
十月	56	27	24	28	8	30	173
十一月	56	29	24	20	22	30	181
十二月	65	24	46	29	39	75	278
合　计	47	21	44	25	23	28	188

资料来源:福利委员会

说　明:机丝两厂因无女工故无托儿所

(5)卫生

1.各单位医务室诊病人数

月　份	分公司	第一厂	第二厂	第三厂	第四厂	第五厂	第六厂	第七厂	机械厂	共计
一月		2399	3292	604	1447	2667	759	3597	1059	15824
二月	46	2745	3825	836	2107	2511	1108	3461	1648	18287
三月	427	3441	5546	725	1599	2657	1147	3946	1923	21411
四月	429	4071	7025	962	2251	2736	1517	4048	2489	25528
五月	424	6037	7238	918	3185	3297	2424	4182	2332	30037
六月	351	6521	5889	664	2966	2910	2151	4201	2143	27796
七月	572	6407	6775	1439	4317	2609	2387	5678	2432	32616
八月	392	5510	6366	1508	3812	3046	2599	6101	2252	31585
九月	563	4910	8958	1618	2561	2985	1866	6087	2496	32044
十月	554	3650	7961	1677	2257	3284	1645	4398	2254	27680
十一月	599	3621	7055	1480	2592	3309	1985	3353	2805	26799
十二月	706	4128	7083	959	2793	2970	2325	3796	3364	28124
合　计	5063	53440	77013	13390	31887	34981	21913	52848	27197	317732

资料来源:各单位医务室

说　　明:分公司医务室系自二月十五日成立

2.各单位员工诊病科别人数

月　份	内科	外科	妇科	产科	小儿科	眼科	耳鼻喉科	皮肤科	其他	合计
一月	4166	5759	29	232	232	1980	510	1559	285	14752
二月	6162	6065	55	178	275	2356	651	1737	339	17818
三月	6781	7872	55	215	310	2576	720	2368	522	21419
四月	7549	9922	67	209	321	3274	726	2879	580	25527
五月	8116	11603	91	228	385	4241	1226	3409	738	30037
六月	7611	10766	83	262	352	4514	964	2849	901	28302
七月	9311	12315	118	360	386	4185	1226	3298	1316	32515
八月	9839	11615	116	380	284	3991	870	3731	860	31686
九月	9606	13243	74	486	294	4587	753	2712	289	32044
十月	8226	11009	59	280	281	3968	823	2810	214	27680
十一月	8720	9539	52	289	232	3760	1078	2940	189	26799
十二月	9554	10338	62	293	181	3403	1228	2878	188	28125

资料来源:各单位诊疗所报告

(6)合作

1.各单位员工消费合作社社员人数

月　份	第一分社	第二分社	第三分社	第四分社	第五分社	第六分社	第七分社	第八分社	第九分社	合计
一月		4829	2328	2334	1760	1876	3864	390	395	18076
二月		4914	2475	2334	1760	1855	3864	791	450	18443
三月		4941	2595	2319	1760	1858	4113	834	480	18900
四月		4891	2652	2298	1760	1852	4171	918	495	19087
五月	5135	5024	2833	2306	1760	1858	4159	956	508	24539
六月	5336	5063	2839	2317	1760	1857	4313	980	542	25007
七月	5342	5039	2920	2317	1760	1861	4136	980	575	24930
八月	5362	5017	2969	2317	1760	1861	4302	1004	603	25195
九月	5363	4985	2994	2298	1760	1867	4262	1026	636	25191
十月	5370	4939	3016	2287	1760	1867	4197	1047	695	25173
十一月	5355	4927	3022	2287	1760	1867	4316	1069	749	25352
十二月	5405	4911	3060	2257	1760	1867	4311	1132	807	25510

资料来源:福利委员会

说　　明:第一分社一至四月未开办,故无数字

2.各单位员工消费合作社职员人数

月　份	总社	第一分社	第二分社	第三分社	第四分社	第五分社	第六分社	第七分社	第八分社	第九分社	合计
一月	2		4	2	3	2	2	2	3	3	23
二月	2		4	2	3	2	2	2	3	3	23
三月	3		4	2	3	2	2	2	3	3	24
四月	3		4	2	3	2	2	2	3	3	24
五月	3	5	4	2	3	2	2	2	3	3	29
六月	3	4	4	2	4	2	2	2	3	3	29
七月	4	4	4	2	4	2	3	2	3	3	31
八月	4	4	4	2	4	2	3	2	3	3	31
九月	5	4	4	2	4	2	3	2	3	3	32
十月	5	4	4	2	4	2	3	2	3	3	32
十一月	5	4	4	2	4	2	3	2	3	3	32
十二月	5	4	4	2	4	2	3	2	3	3	32

资料来源:福利委员会

3.总社购进货品分类金额　　单位:百万元

月　份	食粮	食料	布匹	棉毛织品	燃料	日用品	杂品	合计
一月	235	15	95	18		102	8	478
二月	1793	106	832	102		36	5	2874
三月	48	7	1304	27		7	3	1396
四月	5		3	170				178
五月								
六月	2266		1	16	191			2474
七月						12		12
八月		4		61				65
九月		84	74	20		36		214
十月	1829	16	707	51		11		2614
十一月	62		491	61				614
十二月		55	796	686		426	31	1994
合　计	6236	287	4303	1212	191	630	47	12908

资料来源:福利委员会

4.总社分配各分社货品分类金额　　单位:百万元

月　份	食粮	食料	布匹	棉毛织品	燃料	日用品	杂品	合计
一月	246							246
二月		16	359	7		16	3	401
三月	1536	16	1071	10		49		2682
四月	388	22	731	45		102	11	1299
五月	3	40	245	120		80	8	496
六月	161	50	18	180		62	10	481
七月	2435	4	1	43		5		2488
八月		4		80	120	*		204
九月	14	12	23	39		16		104
十月	2055	97	70	40		18		2280
十一月	75	53		60		32		220
十二月		8		112			31	151
合　计	6913	322	2518	736		380	63	11052

资料来源:福利委员会

5.各分社购进货品金额

单位:百万元

月　份	第一分社	第二分社	第三分社	第四分社	第五分社	第六分社	第七分社	第八分社	第九分社	合计
一月		82.7	74	24	68.17	29.32	127.45	39	89	533.64
二月		37.6	56	78	59.90	67.63	176.55	41	58	574.68
三月		469	305	349	200.64	243.02	190.83	88	90	1935.49
四月			118	156	163.08	146.42	368.55	62	208	1222.45
五月			113	35	65.28	0.19	204.33		103	520.80
六月			24	45	32.02	78.33	476.83	126	73	855.10
七月	764	619.4	407	300	282.86	329.37	514.81	164	76	3457.44
八月	1153	25.9	40	83	83.74	35.06	19.99	39	77	1556.69
九月		378.2	79	24	123.50	24.41	17.50		138	784.61
十月	132	731.2	441	517	278.04	365.45	324.33	261	390	3429.02
十一月		273.9	455	89	146.03	130.61	338.38	33	115	1585.92
十二月	115	659	458	460	329.90	430.18	734.82	148	227	3561.90
合　计	2164	3276.9	2569	2160	1822.16	1878.99	3494.37	1006	1644	20017.42

资料来源:福利委员会

6.各分社平售货品金额

单位:百万元

月　份	第一分社	第二分社	第三分社	第四分社	第五分社	第六分社	第七分社	第八分社	第九分社	合计
一月		107.4	36	26	40.02	43.61	70.57	20	36	379.60
二月		68.1	69.03	67	58.39	36.53	185.62	41	86	611.67
三月		87.6	163.03	182	115.48	93.22	267.42	39	67	1014.75
四月			195.08	219	225.45	207.81	458.08	137	155	1597.42
五月	204		138.68	88	93.72	48.12	87.87	53	173	886.39
六月	485	240	93	32	62.34	104.25	135.29	114	75	1340.88
七月	283	293.4	68	58	123.79	136.22	178.09	98	91	1329.50
八月	310	558.9	116	269	104.74	63.87	121.44	30	69	1642.95
九月	181	142.5	86	38	158.80	302.32	426.13	50	146	1530.75
十月	276	601.4	486	288	277.50	138.89	410.35	239	349	3066.14
十一月	298	311.6	400	267	140.00	192.69	545.80	142	132	2428.09
十二月	241	394.8	395	331	165.24	426.71	531.84	152	261	2898.59
合　计	2278	2805.7	2245.82	1865	1565.47	1794.24	3418.50	1115	1640	18727.73

资料来源:福利委员会

7.各分社平售货品分类金额

单位:百万元

社　别	食粮	食料	布匹	棉毛织品	燃料	日用品	杂品	合计
第一分社	1028.00	131.00	437.00	347.00		241.00	94.00	2278.00
第二分社	1300.90	80.10	715.00	400.40	30.00	164.90	114.40	2805.70
第三分社	1064.56	290.55	372.00	301.03		121.40	96.28	2245.82
第四分社	241.00	252.80	351.70	407.70	101.80	239.00	271.00	1865.00
第五分社	725.51	200.46	299.72	191.60	4.10	74.65	69.43	1565.47
第六分社	819.10	202.46	477.72	146.80		131.82	16.75	1794.24
第七分社	1464.86	374.55	820.12	41.63		356.75	360.59	3418.50
第八分社	638.00	1.30	307.00	60.00	33.00	36.00	28.00	1115.00
第九分社	257.00	207.00	447.00	332.00	43.00	246.00	108.00	1640.00
共　计	7538.93	1751.51	4227.26	2228.16	211.90	1611.52	1158.45	18727.73

资料来源:福利委员会

8.平均每一社员逐月购用货品金额 单位:百万元

月份	第一分社	第二分社	第三分社	第四分社	第五分社	第六分社	第七分社	第八分社	第九分社	平均
一月		21	15	11	23	23	18	26	90	28
二月		13	27	29	33	19	32	47	200	50
三月		17	62	78	66	50	163	42	140	77
四月			74	95	128	112	165	137	310	146
五月	40		49	38	53	25	44	51	300	75
六月	91	46	32	14	35	56	31	107	140	61
七月	53	57	23	25	70	73	43	91	160	66
八月	58	109	39	116	60	34	3	28	110	62
九月	34	28	29	16	90	161	100	45	230	81
十月	51	119	160	126	158	74	98	210	500	166
十一月	56	62	132	116	80	103	128	125	190	110
十二月	45	79	129	147	94	228	142	129	320	146

资料来源:福利委员会

(7)住宿

1.各厂宿舍间数及住宿工人人数

月份	宿舍间数	在厂工人			住宿工人		
		男	女	合计	男	女	合计
一月	4197	11372	10891	22263	4396	2777	7173
二月	4198	11402	10984	22386	4478	2791	7269
三月	4198	11448	11140	22588	4511	2835	7346
四月	4198	11431	11026	22457	4510	2820	7330
五月	4339	11547	11194	22741	4518	2855	7373
六月	4339	11582	11305	22887	4537	2876	7413
七月	4339	11627	11367	22994	4603	2982	7585
八月	4339	11643	11317	22960	4596	3219	7815
九月	4489	11672	11329	23001	4602	3224	7826
十月	4489	11681	11271	22952	4905	3502	8407
十一月	4490	11691	11213	22904	4856	3523	8379
十二月	4500	11707	11263	22970	4921	3569	8490

资料来源:各厂报告

说　明:各厂系包括棉纺织七个厂,机械厂及丝织厂不在内。

2.各厂住宿工人占在厂工人人数之百分率

月　份	宿舍间数	在厂工人	住宿工人	平均每间住工人数	住宿工人占在厂工人%
一月	4197	22263	7173	1.71	32.2
二月	4198	22386	7269	1.73	32.5
三月	4198	22588	7346	1.74	32.6
四月	4198	22457	7330	1.75	32.6
五月	4339	22741	7373	1.70	32.4
六月	4339	22887	7413	1.71	32.4
七月	4339	22994	7585	1.75	33.0
八月	4339	22960	7815	1.80	34.0
九月	4489	23001	7826	1.74	34.0
十月	4489	22952	8407	1.87	36.6
十一月	4490	22904	8379	1.87	36.6
十二月	4500	22970	8490	1.89	37.0

十一、其他有关统计

(1)纺织设备

1.全国棉纺织厂主要设备

类别	家数		纱锭(枚)		线锭(枚)		布机(台)	
	国营	民营	国营	民营	国营	民营	国营	民营
四川	2	16	2000	162568		28000		1176
陕西		7		69200		1520		1519
云南		5		30230				
湖南		2		200000				
湖北		1		88000				1200
河南		3		54800		2000		
江西		2		8432				7100
河北	7	5	333256	105920	50756	9960	8647	894
山东	9	3	443494	91500	58848	2400	9748	480
山西		4		74900		4050		1304
江苏		76		583487		27124		6939
浙江		7		29958		376		730
安徽		1		18000				
南京		1		384				
上海	19	49	897328	1162204	238852	90855	18195	8756
东北	5		223208		13420		5330	
共计	42	182	1899286	2679553	361876	166285	41920	30098

资料来源:中纺高级业务人员训练班纪念刊及纺建要览

2.河北平津区棉纺织厂主要设备

厂名	纱锭(枚)	线锭(枚)	布机(台)
中纺一厂	96352	18432	2004
中纺二厂	65992	9984	2013
中纺三厂	49204	4920	1000
中纺四厂	29948	5400	700
中纺五厂	20640	4000	700
中纺六厂	21040	2300	700
中纺七厂	50080	5720	1530
恒源纱厂	25812		144
北洋纱厂	26688		
达生制线厂	7984	1960	
华新纱厂	33564	8000	500
大兴纱厂	11872		250
共计	439176	60716	9541

资料来源:第七区机械棉纺织工业同业公会及本分公司报告

3.本公司沪青津及东北各厂主要设备

地区	厂名	纱锭(枚)	线锭(枚)	织机(台)
上　海	上海第一纺织厂	73600	19200	2016
	二	46400	23000	
	三	51968	22336	891
	四	26208		895
	五	44964	6400	994
	六	64752	4000	1020
	七	84400	38400	
	八	39200	13320	700
	九			
	十	42000	3660	1508
	十一	20400	4200	450
	十二	100660	30024	1891
	十四	36048	15200	1232
	十五	42328	8800	
	十六	42208	3520	851
	十七	97892	27472	2822
	十八	6208	640	21
	十九	68528	16920	1635
	第二制麻厂棉纺部	9564	1760	1105
	第五印染厂棉纺部			184
	合计	897328	238852	18195
青　岛	青岛第一纺织厂	41628	6900	1200
	二	49252	8280	608
	三	35200	3600	716
	四	38780	6000	640
	五	36424	3960	800
	六	50184		1734
	八	34808	2184	752
	就	38248	5040	812
	合计	324524	35964	7262
天　津	天津第一纺织厂	96352	18432	2004
	二	65992	9984	2013
	三	49204	4920	1000
	四	29948	5400	700
	五	20640	4000	700
	六	21040	2300	700
	七	50080	5720	1530
	合计	333256	50756	8647
东　北	辽阳纺织厂	78760	3480	1045
	营口纺织厂	55728	3320	1730
	锦州纺织厂	50720	4620	1830
	安东纺织厂	23000		500
	复州纺织厂	15000	2000	225
	合计	223208	13420	5330
总计		1778316	338992	39434

资料来源:纺建要览及本公司报告

(2)棉田及棉产

1.世界棉产量　　　　单位:千包(每包重500磅)

国　别	1940	1941	1942	1943	1944	1945	1946
比属刚果	218	185	198	141	175	174	190
英属东非	409	296	160	212	283	237	229
英属西非	61	30	27	21	13	31	*
埃及	1900	1735	877	740	962	1082	1210
法属非洲	63	100	101	93	123	135	120
葡萄牙殖民地	96	133	117	117	121	116	130
苏丹	268	234	274	175	290	204	226
澳大利亚	12	10	7	6	1	2	2
缅甸	92	65	70	90	85	32	17
中国	2354	2406	*	1500	1600	1820	1930
印度	5089	5127	3935	4401	2996	2900	3000
伊朗	164	127	74	78	81	92	65
朝鲜	163	184	193	205	228	163	90
苏联	3000	*	*	*	*	1700	2240
土耳其	356	296	362	246	272	251	*
欧洲	177	135	74	69	108	76	118
海地	12	11	13	13	11	11	6
墨西哥	302	375	458	515	472	434	460
尼克拉瓜	5	8	4	3	3	4	1
美国	12566	10744	12817	11427	12230	9015	8640
阿根廷	232	373	498	553	332	285	360
巴西	2507	1844	2172	2700	1626	1350	1575
哥伦比亚	18	23	20	26	30	*	*
巴拉圭	29	32	39	72	40	44	57
秘鲁	329	322	262	310	325	329	296
其他	178	2470	4333	1637	1743	163	538
总　计	30600	27265	27085	25350	24150	20650	21500

资料来源:棉花贸易周报1947年年终增刊

有*号者,其数字包括在其他中

2.全国棉田及棉产

省别	棉田面积(千市亩)			棉产数量(千市担)		
	第一次估计	第二次估计	修正估计	第一次估计	第二次估计	修正估计
河北	5339	4319	4319	1430	1242	1255
山东	3405	3817	3840	1060	1061	1069
山西	660	660	660	178	178	178
河南	4310	4080	3847	1126	927	905
陕西	3020	3000	3000	900	880	880
湖北	7185	6927	7018	2431	2000	2117
湖南	1170	1170	1295	430	357	393
江西	277	279	279	82	86	86
安徽	952	1287	1230	231	350	286
江苏	6828	7093	7128	1920	2094	2188
浙江	1520	1520	1520	456	410	410
四川	3447	3416	3416	607	738	738
辽宁	960	960	853	240	240	167
辽北			15			1
福建			7			2
云南			16			2
甘肃			188			61
合计	39073	38528	38631	11091	10563	10738

资料来源:农林部棉产改进咨询委员会

中华民国机器纺织工业同业公会联合会

说　明:1.此项估计根据各省之报告编制。

2.河南省本年因阴雨旱魃相继肆虐复加兵燹,共有全无收获棉田二十二万一千亩,业已除去。

3.湖北省因水灾淹没棉田三十四万一千亩全无收获,已除去。

4.湖南省此次修正数字已将全省棉区三十二县并计在内,故较第二次估计之棉田面积为多。

5.安徽省本省除去一万二千亩被灾棉田外,无为等县棉田面积上次嫌高,已加修改。

6.江苏省徐属各县第二次估计时正值水灾,故面积与产量估计数额较少,幸水退以后若干棉田尚有收获,故亦改正。

7.此次加入甘肃等省尚有(A)宁夏省本年值棉面积估计五十万亩,惟产量估计至今尚未寄到;(B)云南省草棉调查估计结果亦未递到,故均缺,如将来刊印《棉产统计》时再行列入。

8.本年棉产调查因匪氛不靖,交通不便,工作比较困难,且若干地区均系依照最低限度估计,故云南之木棉一万六千亩仅估收获二千担,是若将宁夏等省产量计入,总数当在一千一百万担左右矣。

3.河北省棉田及棉产

区别	棉田面积(市亩)			每亩产量(市斤)		皮棉产量(市担)		
	中棉	美棉	合计	中棉	美棉	中棉	美棉	合计
北平区	17395	332214	349609	62.9	85.6	4214	96313	100527
天津区	67068	715478	782546	72.1	79.3	16968	216132	233100
保定区	137579	409571	547158	4.88	57.9	26073	79614	105687
石门区	759050	1885501	2644551	73	95	205678	600404	806082
共计	981092	3342764	4323656	66	81.8	252933	992463	1245396

资料来源:华北棉改进处

说　　明:北平区包括大宛,易,蓟等卅六县。

天津区包括青,沧,昌,滦等廿八县。

保定区包括定,徐,满,望等廿八县。

石门区包括大名,宁晋等四十二县。

每亩产量之数字,系原报告之数字,并非以面积除产量求得者。

(3)棉纺织品进出口贸易

1.中国棉纺织品进口贸易值　　　　单位:千元

月份	本色棉布	漂白或染色棉布	印花棉布	杂类棉布	棉花,棉纱,棉线	其他棉制品	共计
一月	90146	253164	19849	16206	7867979	422918	8670262
二月	204536	1223049	239564	223258	14777393	1055257	17723057
三月	86614	1207016	141434	33662	25328856	658059	27455641
四月	93941	992891	24671	171851	54601919	834746	56722019
五月	7115	1105556	2624	96414	32685409	663073	34560191
六月	603636	1482093	7657	95969	38221947	487370	40898672
七月	222285	1269909	598396	69130	199200907	295039	201655666
八月	139958	709373	82070	68882	147432404	248284	148680971
九月	322303	790612	9164	64555	234350544	754643	236291821
十月	10999	215048	45757	39507	453163170	1333485	454807966
十一月	3930200	574063	8286	179671	285613035	1679033	291984288
十二月	53024	833751	16724	98950	137903993	785274	139691716
合计	5764757	10656525	1196196	1160055	1631147556	9217181	1659142270

资料来源:中国进出口贸易统计月报

2.中国棉纺织品出口贸易值　　　　单位:千元

月份	纺织纤维	纱线,编织品,针织品	匹头	其他纺织品	共计
一月	4094	963457	597054	218220	1782825
二月	1168962	1171177	1832734	839216	5012089
三月	1508260	966965	11016489	1705268	15196982
四月	1388427	18287267	16255518	3979459	39910671
五月	2257866	7106561	25209314	2973395	37547136
六月	744264	15809047	9166980	1731309	27451600
七月	1140	2165899	8585470	4000098	14752607
八月	274533	11387155	28513364	5424699	45599751
九月	42378	4878638	18219780	4008655	27149451
十月	87131	17114595	45427736	3717990	66347452
十一月	8009568	78823168	333252507	16068028	436153271
十二月	12048325	318240893	430277262	19477818	780044298
合计	27534948	476914822	928354208	64144155	1496948133

资料来源:中国进出口贸易统计月报

3.天津棉纺织品进口贸易值

单位:千元

月份	本色棉布	漂白或染色棉布	印花棉布	杂类棉布	棉花,棉纱,棉线	其他棉制品	共计
一月						816	816
二月	16	3921	1354		135721	54236	195248
三月		48988	9829		13953	14043	86813
四月		6986	3560		5891	28822	45259
五月		289212		500	512	16175	306399
六月		229	421	3484	3379	38887	46400
七月				220	447	37941	38608
八月		7757	74099		21447518	22058	21551432
九月		45	3850	427	26561	37569	68452
十月		1239			53187503	36082	53224824
十一月				136400	1633147	24047	1793589
十二月		300			266	73885	74451
合计	16	358677	93113	141031	76454893	384561	77432291

资料来源:中国进出口贸易统计月报

4.天津棉纺织品出口贸易值

单位:千元

月份	纺织纤维	纱线,编织品,针织品	其他纺织品	共计
一月			73	73
二月				
三月	7344	386		7730
四月				
五月				
六月		5645	1816	7461
七月		10005	1349	11354
八月	80560		1526	82086
九月			196	196
十月		2260		2260
十一月		56		56
十二月	406584	73357	7846	487787
合计	494438	91709	12806	599003

资料来源,中国进出口贸易统计月报

(4)物价

1.天津市主要商品趸售价格

单位:千元

品名	单位	一月	二月	三月	四月	五月	六月	七月	八月	九月	十月	十一月	十二月	平均
1.稻米	百市斤	78	130	124	171	340	477	607	570	583	627	697	1227	469
2.小麦	百市斤	63	95	110	147	283	350	323	283	317	433	550	1003	330
3.大米	百市斤	33	67	66	93	220	298	357	307	327	370	463	850	298
4.面粉	袋(44斤)	46	66	74	89	178	217	227	185	205	270	320	610	207
5.玉黍蜀	百市斤	24	41	43	59	150	213	220	212	250	288	338	580	201
6.黄豆	百市斤	29	65	68	85	207	235	213	223	280	350	453	720	244
7.高粱米	百市斤	29	59	56	90	213	292	320	283	287	310	397	727	265
8.猪肉	百市斤	209	240	252	310	537	823	967	1100	1383	1833	1800	2633	1007
9.鸡蛋	百个	27	28	25	24	32	57	63	72	97	137	217	363	95
10.香油	百市斤	163	250	289	433	713	905	1360	1277	1447	1817	2180	3320	1179
11.白糖	百市斤	348	267	287	367	517	590	807	837	950	1207	1483	2017	806
12.香片茶业	百市斤	870	900	953	1088	1383	1667	1900	1938	2100	2500	2733	3600	2635
13.盐	百市斤	20	25	28	37	53	65	70	133	160	167	187	287	103
14.棉花	百市斤	270	373	480	627	930	1280	1433	1733	2233	3300	4200	5833	1891
15.廿支八仙纱	件	2373	3200	3870	6067	7567	8133	10063	10637	15067	20467	30333	36167	12912
16.五福市布	匹	110	161	170	224	315	341	408	413	490	763	1057	1398	154
17.长生殿冲哔叽	匹	113	170	180	227	305	353	453	493	647	967	1150	1400	422
18.滑冰蓝布	匹	197	270	287	342	460	508	638	723	898	1453	1790	2533	842
19.开滦块煤	吨	320	400	440	427	600	680	783	750	880	1550	1750	2017	884
20.门头沟块煤	吨	367	420	563	417	677	727	900	813	893	1567	1783	1917	920
21.酒精	十加仑	100	153	200	220	420	533	700	640	640	980	1180	1633	617
22.北洋火柴	箱	215	464	450	450	819	819	1140	1228	1228	1228	1371	1870	940
23.生铁	百市斤	26	63	75	85	120	120	113	100	102	160	517	550	169
24.铅	百市斤	57	138	187	227	550	583	583	550	683	1767	2500	4000	985
25.黄铜	百市斤	80	133	173	238	362	425	413	390	500	983	1333	2167	600
26.铜板	百市斤	80	213	250	317	380	417	417	425	717	1233	1667	2967	757
27.铁钉	百市斤	92	177	220	240	373	470	497	500	603	1217	2117	3550	838
28.红砖	万块	850	893	1200	1483	1800	1800	2067	2200	2267	3533	4333	7500	2494
29.石灰	百市斤	9	9	11	13	21	24	28	28	30	63	93	107	36
30.生漆	百市斤	360	433	583	783	1100	1400	1633	1687	1867	2933	4700	6333	197
31.桐油	百市斤	180	360	550	610	720	720	883	850	1100	1333	2067	3200	1049
32.天美仁毛边纸	百刀	1350	3933	3913	4040	5000	4900	6033	7033	9500	15700	19667	31000	9347
33.地球报纸	令	55	118	127	176	227	233	293	327	490	777	990	1633	454
34.刀牌香烟	箱	993	1947	2400	2750	3700	4077	6600	7150	8477	11933	14767	21000	7149

资料来源:天津经济统计月报及第十六项五福市布系本公司业务课行情

2.天津市生活必需品零售价格

类别	品名	单位	一月	二月	三月	四月	五月	六月	七月	八月	九月	十月	十一月	十二月	平均
食物类	稻米	市斤	827	1400	1333	1767	3533	4964	6233	5867	6233	6433	7267	13000	4905
	土面粉	市斤	813	1267	1400	1833	3467	4167	4067	3233	3833	5000	6267	12167	3960
	玉米面	市斤	280	490	517	667	1683	2300	2533	2400	2867	3267	3783	6500	2270
	猪肉	市斤	2400	1667	2867	3533	6067	9000	10667	12333	15667	21333	21333	30667	11545
	牛肉	市斤	2367	2733	2933	3267	5200	8333	9667	9000	9800	16000	14667	24667	9061
	鸡蛋	个	267	283	253	243	320	570	633	717	967	1367	2367	4000	1000
	盐	市斤	240	300	350	417	617	700	767	1533	1800	1867	2133	3733	1171
	白糖	市斤	2367	3800	3333	4200	5800	6933	9000	9733	11167	14667	16667	17467	8803
	酱油	市斤	500	800	800	1067	1400	2133	2400	2933	3200	3933	4767	7467	2617
	麻油	市斤	1833	3000	3467	4833	7867	9867	15467	15133	16000	20000	23000	37333	13148
衣着类	棉花	市斤	3000	4133	5733	6933	10000	14333	15333	20667	25667	38000	47667	65667	21428
	蓝布	市尺	2133	3133	3400	3900	5167	5833	7533	8400	10167	16838	20167	29000	9597
	市布	市尺	1233	1800	1833	2450	3400	3567	4433	4367	5217	7993	11400	15167	5326
	线袜	只	3233	5200	5167	5567	8000	8333	11000	12000	13000	19333	22000	35000	12319
燃料类	开滦块煤	市斤	170	220	247	243	320	357	433	400	450	820	917	1283	488
	门头沟块煤	市斤	163	223	317	240	353	373	500	430	457	833	933	1267	507
	木柴	市斤	250	283	400	400	500	507	583	717	800	1367	2133	2500	870
	北洋火柴	市斤	120	173	200	233	400	400	500	500	500	500	500	733	392
杂项类	先施牙膏	支	967	2200	2800	2867	3500	3667	6500	8000	8167	9667	13000	16000	6445
	椰子肥皂	块	1067	2533	3000	3067	3200	3200	5167	6500	5833	6333	8000	12333	5019
	利和毛巾	条	2067	3500	4000	5333	7500	7833	12000	12000	13667	19333	25333	36667	12408
	茶叶	市斤	9600	9600	11200	12000	16000	18667	20000	20333	22667	28000	30000	39667	19811

资料来源:天津经济统计月报

(5)物价指数与生活费指数

1.天津市趸售国货价格指数　基期:廿六年一月至六月=100　指数公式:简单几何平均

月份	总指数	食物类			衣着类	燃料类	金属类	建筑材料	杂项类
		合计	粮食	其他					
	49项	18项	9项	9项	8项	5项	4项	5项	9项
一月	834587	713211	696465	730360	1069114	1315761	546029	1804934	560179
二月	1264554	1044975	1216624	897539	1415594	1979181	1135816	1978906	1068217
三月	1419989	1076154	1264667	915741	1637706	2298937	1440466	2430151	1228544
四月	1721433	1386215	1719121	1117777	2069378	2192502	1726637	3054908	1430883
五月	2676396	2524709	3810172	1672931	2764767	3317111	2911622	4079612	1964663
六月	3172826	3419085	4950040	2361626	3255131	3677275	3258690	4499292	2002635
七月	3778015	3833668	5220082	2815475	4110873	4710204	3234495	5407558	2643733
八月	3936043	3868718	4693258	3189040	4412585	4876743	3049625	5804583	2949463
九月	4574905	4431431	5249393	3740923	5525765	5130541	3605635	6370769	3577385
十月	6494190	5532505	6340764	4827276	8192832	7931285	7226615	9599909	4998899
十一月	8158881	6564150	7700625	5595399	10871571	9291381	11184405	12044665	6360662
十二月	12100259	10770471	13724688	8452144	14138612	12370667	18922052	16157149	9171083
平均	3150000	2814200	3464900	2285600	3662500	4008300	3102700	4878700	2382800

资料来源:天津市政府统计处

2.天津市零售国货价格指数　基期:廿六年一月至六月=100　指数公式:简单几何平均

月份	总指数	食物类			衣着类	燃料类	杂项类
		合计	粮食	其他食品			
	50项	25项	9项	16项	10项	6项	9项
一月	872972	777251	665456	848199	1197247	1331043	640551
二月	1320724	1164089	1166983	1162464	1683597	1731736	1195418
三月	1472516	1223838	1212047	1230521	1890449	2105496	1469347
四月	1720735	1528858	1604430	1487925	2197896	2127890	1580341
五月	2693919	2654282	3524850	2262823	3009335	3329195	2155430
六月	3217706	3402454	4568288	2882797	3531146	3444042	2374987
七月	3971115	4014443	4844098	3611872	4387711	4263780	3289227
八月	4215044	4151615	4368386	4034443	4826732	4459095	3642566
九月	4785933	4716107	4962514	4582918	5801320	4713317	4067050
十月	6421600	5833277	5893576	5799632	9095515	7211607	5272410
十一月	7773064	6902587	7208970	6736006	11369777	8666120	6859802
十二月	11760767	11110533	12846574	10239245	15199462	12803738	9787605
平均	3208700	3002900	3251000	2871700	4008100	3779300	2701100

资料来源:天津市政府统计处

3.天津市公务员生活费指数　公式:加权总值平均

月份	公务员消费总值(元)	26年1月至6月为基期	主计处规定30年10月为基期	连环指数
一月	172893	910299	269892	196.75
二月	221496	1166198	345763	128.11
三月	261993	1379419	408981	118.28
四月	283181	1490976	442056	108.09
五月	441970	2327015	689931	156.07
六月	584100	3075344	911801	132.16
七月	791724	4168504	1235910	135.55
八月	807441	4251256	1260445	101.99
九月	888648	4678819	1387212	110.06
十月	1032253	5434913	1611385	116.16
十一月	1154396	6078008	1802054	111.83
十二月	1723128	9072437	2689866	149.27

资料来源:天津市政府统计处

4.天津工人生活费指数　基期:廿六年一月至六月=100　　公式:加权总和平均

月份	总指数34项	食物类			衣着类6项	燃料及水4项	房租类1项
		合计 23项	粮食 8项	其他食品 15项			
一月	670398	686916	670489	732358	1379829	950636	243434
二月	1027760	1084207	1067927	1129241	1898173	1263735	323232
三月	1174934	1248502	1201651	1378110	2024539	1746793	333333
四月	1521494	1661392	1587344	1888087	2415538	2001677	333333
五月	2787740	3176800	3449921	2340641	3493432	2416644	484848
六月	3395102	3909954	4214609	3977254	3944654	2718349	535353
七月	3470208	4094900	4235066	3737957	4829203	2170268	712121
八月	3405730	3891199	3985394	3578322	4901721	2789038	712121
九月	3750247	4280085	4289486	4253913	5724241	3614070	712121
十月	4999469	5204097	5028853	5641013	9154129	6510544	777778
十一月	5943182	6113534	6029029	6324220	11889302	7603753	1011111
十二月	9974581	11170946	11392064	10619657	15941722	10480373	1477778
平均	3510100	3876900	3929300	3716700	5633000	3688800	638000

资料来源:天津市政府社会局

(6)金融

1.天津市利率行情　　单位:元(每千元日息)

月　别	中央银行拆放		商业银行贴现		银钱业拆息		
	同业	商业	最高	最低	同业	商业往来	商业贴现
一月	3.00	4.50	3.55	2.67	2.50	5.50	5.00
二月	3.00	4.50	3.66	3.22	3.17	6.00	5.50
三月	3.33	4.83	3.78	2.78	2.83	5.50	5.33
四月	3.50	5.00	3.78	2.78	2.67	5.50	5.17
五月	3.50	5.00	4.00	2.34	3.75	6.33	5.94
六月	3.67	5.33	4.00	2.33	3.50	6.67	6.33
七月	4.00	6.00	4.00	3.50	3.68	7.00	6.67
八月	4.00	6.00	4.00	3.33	3.50	7.00	6.58
九月	4.00	6.00	4.33	3.50	3.98	6.83	6.47
十月	4.00	6.00	4.67	3.83	4.58	7.33	6.92
十一月	4.42	6.42	5.83	4.00	4.67	7.33	7.33
十二月	4.50	6.50	6.50	4.00	5.33	7.83	7.50
平　均	3.74	5.51	4.34	3.18	3.67	6.57	6.23

资料来源:天津经济统计月报

2.天津市银钱业存放款额　　单位:百万元

月　别	银行存放款				钱庄存放款				共计	
	定期存款	活期存款	定期放款	活期放款	定期存款	活期存款	定期放款	活期放款	存款	放款
一月	1142	20783	7581	6304	942	18582	1751	16291	41446	31927
二月	1132	25032	10789	9725	1081	24138	1887	27361	51383	49762
三月	1832	39183	16651	10436	1816	39138	2569	35961	81969	65617
四月	1750	51608	35175	15614	2141	83239	2095	64217	138738	117101
五月	2659	79490	34468	21237	1836	52232	1228	64183	136217	121116
六月	2555	64211	20695	25339	2117	86621	1660	74145	155504	122339
七月	2348	81944	33906	30855	2741	102190	2929	183308	189223	250998
八月	3508	93106	51688	36210	5128	137710	3966	93998	239452	185862
九月	5036	90533	66740	40500	6207	174042	4430	114431	275818	226101
十月	10041	123526	43744	42936	7794	228124	6496	111428	369485	204604
十一月	11930	148162	91265	72452	10425	250705	6128	171956	421222	341801
十二月	13408	193057	90731	52227	10754	247882	6415	143298	465101	292671
合　计	57341	1010635	503433	364335	52982	1444603	41554	1100577	2565561	2009899

资料来源:天津市银行业及钱商业同业公会

3.天津市银钱业汇款额 单位：百万元

月别	银行		钱庄		共计	
	汇出	汇入	汇出	汇入	汇出	汇入
一月	49605	39987	8775	22942	58380	62929
二月	63039	45350	27678	59289	90717	104639
三月	86283	63019	41243	69670	127526	132689
四月	132293	94172	61412	114299	193705	208471
五月	142867	97891	90316	136145	233183	234036
六月	138238	89848	89106	137897	227344	227745
七月	184608	118846	89838	133625	274446	252471
八月	258543	174544	121211	192193	379754	366737
九月	351187	219188	192411	324237	543598	543425
十月	414600	300411	269741	406282	684341	706693
十一月	555927	460900	377073	532561	933000	993461
十二月	395651	439878	428006	710374	823657	1150252
合计	2772841	2144034	1796810	2839514	4569651	4983548

资料来源：天津市银行业及钱商业同业公会

4.天津市票据交换额

月别	张数	交换差额	交换总额
一月	19955	6715967	29754093
二月	24185	9622634	69757364
三月	28638	11894440	92682952
四月	43732	17870220	171740836
五月	42026	20694122	184124138
六月	38724	20018193	188292316
七月	43222	26280874	259974672
八月	44071	30997946	335152125
九月	54207	42977736	440023345
十月	60338	48655923	551867760
十一月	66894	61190190	795738639
十二月	72245	81343000	944557000
平均	44851	31521770	338638770

资料来源：中央银行天津分行

5.天津市买卖外汇行市 单位：一单位外币值法币元

月别	美金		英镑		港币		卢比		坡币	
	售价	买价	售价	买价	售价	买价	售价	买价	售价	买价
一月	3570	3470	14488	13925	906	871	1089	1044	1692	1614
二月	8258	7855	33390	31600	2071	1960	2493	2347	3869	3649
三月	12500	11850	49300	40000	3100	2450	5775	3575	5875	5550
四月	12913	12258	43600	41600	2683	2580	3230	3093	5000	4788
五月	12800	12150	46700	44100	2920	2745	3505	3310	5505	5130
六月	12875	12325	51400	48000	3235	2990	3875	3620	6088	5613
七月	13308	12628	53076	49912	3318	3102	3981	3739	6250	5810
八月	24333	23389	82957	79557	5191	4953	6245	5952	9722	9220
九月	46200	44800	136750	132250	8575	8225	10250	9875	16050	15350
十月	56342	54296	166731	160923	10410	10062	12496	12013	19462	18765
十一月	67330	64861	207891	200326	12957	12437	15572	14967	24243	23391
十二月	92081	87842	289422	276249	18017	17169	21704	20667	33765	32219
平均	30209	28977	97977	93203	6115	5795	7518	7017	11460	10925

资料来源：天津中国银行

(7)其他生产

1.河北省四大民营纱厂生产量及销售量

月份	新华				北洋		达生		恒源				总计			
	生产		销售		生产	销售	生产	销售	生产		销售		生产		销售	
	纱	布	纱	布	纱	纱	纱	纱	纱	布	纱	布	纱	布	纱	布
一月	173	9552	116	9152	442	483	144	120	392	1940	462	320	1151	11492	1181	9472
二月	177	8320	289	9685	465	297	164	141	394	1960	176	1000	1200	10280	903	10675
三月	197	11056	200	8048	682	341	174	98	427	2240	402	2940	1480	13296	1041	10988
四月	216	10176	101	7537	858	1213	186	257	442	2420	688	2000	1702	12596	2259	9537
五月	261	9408	186	12144	977	737	200	170	492	2880	496	1660	1930	12288	1589	13804
六月	242	8656	257	9168	890	726	220	180	443	2380	443	4740	1795	11036	1606	13908
七月	268	12118	246	7980	836	984	225	216	486	2160	425	3620	1815	14278	1871	11600
八月	328	13768	228	10540	907	885	255	365	389	2720	409	1820	1179	16488	1887	12360
九月	458	15452	491	10490	1088	1093	175	208	517	3320	670	4905	2238	18772	2462	15395
十月	573	18560	552	18548	1290	1010	227	255	626	3280	510	1760	2716	21840	2327	20308
十一月	652	19784	367	20734	1224	1325	245	262	741	2820	525	2240	2862	22604	2479	22974
十二月	866	24560	43	18880	1342.5	843	250	197	970	4740	912	4960	3428.5	29300	2000	23840
合计	4411	161410	3076	142896	11001.5	9937	2466	2469	6319	32860	6123	31965	24196.5	194270	21605	174861

资料来源：恒源、华新、北洋及达生纺织厂

2.天津市主要面粉厂生产量及销售量

单位：袋=(44市斤)

月 份	寿丰		福星		益泰		裕丰		总计	
	生产	销量	生产	销量	生产	销量	生产	销量	生产	销量
一月	30100	27933	10100	16738	9865	9181	4175	3921	54520	57773
二月	24050	29357	25445	29083	12459	11473	4248	4218	66202	74131
三月	24120	18542	36684	11455	9253	8896	2514	2594	72571	41487
四月	23510	29656	5345	26474	8571	10564	4289	4185	41715	70879
五月	20660	18159	14282	16682	8443	7182	3419	3276	46804	45299
六月	15675	20408	17594	18819	10271	11473	4406	4816	47946	55516
七月	21596	12239	21512	19971	9678	9364	7128	7001	59914	48575
八月	48044	52790	47439	46987	9077	8796	6744	6191	111304	114764
九月	53764	43579	51293	47766	8159	8225	7264	7240	120480	106810
十月	31304	30646	45354	38582	6101	4952	5531	5026	88290	79206
十一月	16770	28238	14237	27239	7816	8013	3990	4844	42813	68334
十二月	11759	12221	10695	11827	3369	4959	3610	3913	29433	32920
合 计	321351	323768	299930	311622	103062	103078	57318	57225	781662	795694

资料来源：天津寿丰、福星、益泰及裕丰面粉公司

3.永利碱类生产量及销售量　　单位：吨

月份	纯碱		烧碱		共计	
	生产量	销售量	生产量	销售量	生产量	销售量
一月	1174.00	1715.92	182.70	108.42	1356.70	1824.34
二月	1249.00	2196.88	154.00	260.81	1403.00	2457.69
三月	1319.00	882.48	185.50	138.40	1504.50	1020.88
四月	1285.00	1782.00	131.60	217.18	1416.60	1999.18
五月	1402.00	160.48	180.60	132.79	1582.60	293.27
六月	1255.00	584.88	171.50	105.09	1426.50	589.97
七月	1479.00	1418.32	226.80	61.65	1705.80	1479.97
八月	1548.00	204.64	172.20	114.20	1720.20	318.84
九月	1556.00	847.28	255.50	520.70	1811.50	1367.98
十月	1492.00	746.08	164.50	57.50	1656.50	803.58
十一月	1309.00	495.60	237.30	214.74	1546.30	710.34
十二月	1519.00	993.52	250.60	169.44	1769.60	1162.96
合计	16587.00	12028.08	2312.80	2100.92	18899.80	14129.00

资料来源：永利化学工业公司

4.久大盐类生产量及销售量　　单位：吨

月份	再制盐		洗涤盐	
	生产量	销售量	生产量	销售量
一月	887.500	204.000	536.800	
二月	734.400	573.600	202.200	35.000
三月	1501.300	3950.460	644.800	2129.000
四月	1661.900	1788.200	1236.700	980.000
五月	1273.464	1329.600	1155.900	1125.000
六月	1355.200	881.000	1923.200	1060.000
七月	1419.900	1966.000	2691.000	2850.000
八月	999.200	1330.000	3490.700	3375.000
九月	1276.300	591.000	2880.700	1030.000
十月	1574.700	2308.636	2089.900	4375.000
十一月	1507.900	1820.000	2374.200	2250.000
十二月	1169.900	685.000	1630.800	1590.000
合计	15361.664	17427.496	20856.800	20799.000

资料来源：久大精盐公司

5.其他一般生产概况

月份	开滦烟煤（吨）	启新洋灰（吨）	颐中纸烟（箱）	丹华火柴（箱）
一月	251056	7520	4364	578
二月	383166	11675	4794.8	974
三月	356465	12491		1077
四月	403233	14692	1914.2	1193
五月	426484	18063	2796.4	1263
六月	432261	10365	2077.4	1097
七月	476275	12880	2309.8	906
八月	466716	13705	2070.6	1167
九月	453276	15952	2340.4	1261
十月	466716	17251	2303.8	1292
十一月	437897	15823	2342	1197
十二月	418315	16747	2579.2	1129
合计	4971860	167164	29892.6	13134

资料来源：开滦矿务局，启新洋灰公司，颐中烟公司及丹华火柴公司

(8)花纱布与主要食粮

1.天津市花纱布与主要食粮价格

单位:元

月 份	花	纱	布	稻米	伏地面	玉米面
	(市担)	(件)	(匹)	(市斤)	(市斤)	(市斤)
一月	226000	2385000	110000	827	813	280
二月	281000	3162000	161000	1400	1267	490
三月	479000	3849000	170000	1333	1400	517
四月	689000	6040000	224000	1767	1833	667
五月	1124000	7814000	315000	3533	3467	1683
六月	1421000	8454000	341000	4964	4167	2300
七月	1488000	10645000	408000	6233	4067	2533
八月	1748000	10891000	413000	5867	3233	2400
九月	1966000	14693000	490000	6233	3833	2867
十月	3032000	20617000	763000	6433	5000	3267
十一月	4076000	29668000	1057000	7267	6267	3733
十二月	5382574	36924074	1329100	13000	12167	6500

资料来源:花纱布系业务课天津市花纱布行情比较表

稻米伏地面玉米面系天津经济统计月报

2.天津市花纱布与主要食粮联销价比

月 份	花	纱	布	稻米	伏地面	玉米面
一月						
二月	124	133	145	156	175	169
三月	170	122	106	110	106	95
四月	144	157	132	131	129	133
五月	163	129	141	189	252	200
六月	110	108	108	120	137	141
七月	120	131	120	98	110	126
八月	117	102	101	79	95	94
九月	112	135	119	119	119	106
十月	154	140	156	131	114	103
十一月	134	144	139	112	125	114
十二月	132	124	126	179	194	174

3.天津市花纱布折合主要食粮数量

单位:市斤

月 份	花(每市斤)			纱(每市斤)			布(每码)		
	稻米	伏地面	玉米面	稻米	伏地面	玉米面	稻米	伏地面	玉米面
一月	2.73	2.78	8.07	7.95	8.08	13.47	3.33	3.38	9.82
二月	2.01	2.22	5.73	6.91	7.63	19.74	2.88	5.18	8.21
三月	3.59	3.42	9.26	7.96	7.58	20.92	3.19	3.04	8.22
四月	3.90	3.78	10.32	9.42	9.08	24.96	3.17	3.06	8.40
五月	3.18	3.24	6.68	6.09	6.21	12.72	2.28	2.27	4.68
六月	2.50	2.98	5.40	4.69	5.59	10.13	1.72	2.05	3.71
七月	2.39	3.66	5.87	4.71	7.21	11.58	1.64	2.51	4.03
八月	2.98	5.41	7.28	5.12	9.28	12.51	1.76	3.19	4.30
九月	3.15	5.13	6.86	6.50	10.56	14.12	1.97	3.20	4.27
十月	4.71	6.06	9.28	8.83	11.36	17.39	2.97	3.82	5.84
十一月	5.61	6.50	10.91	11.25	13.04	21.90	3.64	4.21	7.08
十二月	4.14	4.42	8.28	7.83	8.36	15.65	2.56	2.73	5.11

注:1.花一担=100市斤,纱一件=362.88市斤,布一匹=40码。

2.花系1–5级平均数,纱系20支,布系12磅。